晋江年鉴

2023（总第28卷）

中共晋江市委党史和地方志研究室　编

方志出版社
Publishing House of Local Records

图书在版编目(CIP)数据

晋江年鉴. 2023/中共晋江市委党史和地方志研究室编.—北京：方志出版社，2023.11

ISBN 978-7-5144-5937-1

Ⅰ. ①晋… Ⅱ. ①中… Ⅲ. ①晋江－2023－年鉴 Ⅳ. ①Z525.74

中国国家版本馆CIP数据核字(2023)第235076号

责任编辑：刘方圆
责任校对：张玉霞
责任印制：梅中英
出 版 者：方志出版社
地　　址：北京市朝阳区潘家园东里9号（国家方志馆4层）
邮　　编：100021
网　　址：http://www.zgfzcb.cn
发　　行：方志出版社图书营销中心(010-67110500)
印　　刷：福州麟造印刷有限公司
开　　本：889毫米×1194毫米　1/16
印　　张：28
字　　数：1158千字
版　　次：2023年11月第1版
印　　次：2023年11月第1次印刷
定　　价：298.00元

晋江市地图

比例尺 1:190 000

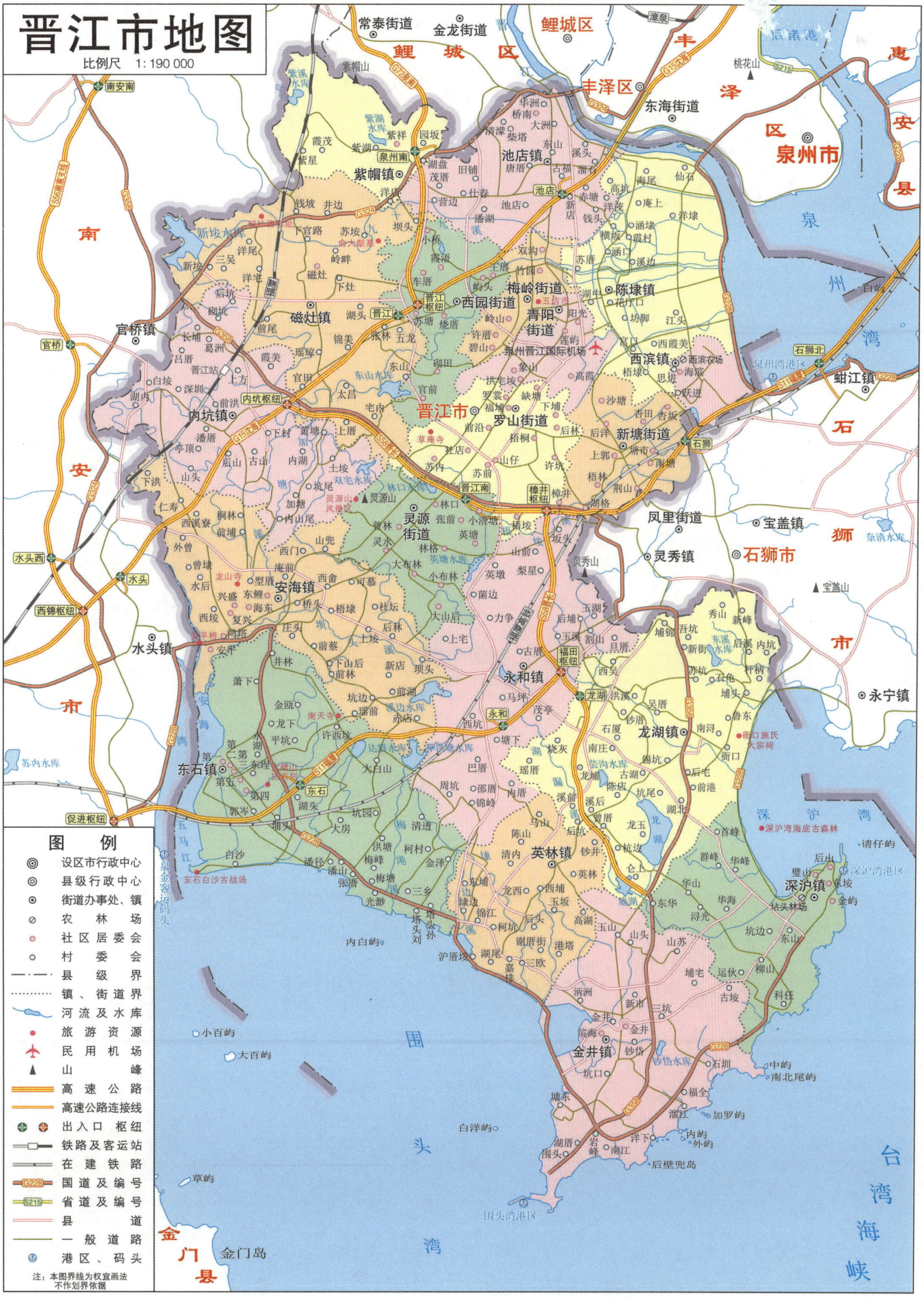

编制单位：福建省地图出版社　审图号：泉S〔2023〕18号　资料截至：2022年12月

《晋江年鉴》编纂委员会

《晋江年鉴（2023）》编辑部

编 辑 说 明

一、《晋江年鉴》是中共晋江市委、晋江市人民政府主办，中共晋江市委党史和地方志研究室编纂的综合性年鉴，是集中展示晋江市年度发展状况的权威性资料文献。《晋江年鉴》于1996年开始编纂，2023卷为第28卷。

二、《晋江年鉴》以马克思列宁主义、毛泽东思想、邓小平理论、“三个代表”重要思想、科学发展观、习近平新时代中国特色社会主义思想为指导，坚持辩证唯物主义和历史唯物主义的立场、观点和方法，实事求是地记载晋江市年度发展状况，反映晋江市自然、政治、经济、文化、社会等领域发展状况，为读者了解晋江、研究晋江、置业晋江、游历晋江提供尽可能全面、翔实的地情资料。

三、《晋江年鉴（2023）》记述时限为2022年1月1日至12月31日。为完整反映事物的全貌，在个别条目中略有突破。全书采用分类编辑法，主体内容设类目、分目、条目3个结构层次，以条目为基本记述单元。

四、《晋江年鉴（2023）》设数字晋江·2022、专题图片、年度聚焦、大事记、市情概貌、中共晋江市委员会、晋江市人民代表大会、晋江市人民政府、中国人民政治协商会议晋江市委员会、纪检监察、民主党派和工商联、群众团体、法治、军事、外事 侨务 台港澳事务、经济管理、农业 农村、工业、产业园区、交通 邮政 通信、商贸服务业、金融、城乡建设、自然资源管理、生态环境保护、教育、科学技术、文化、旅游、体育、卫生健康、社会生活、应急管理、街道 镇、人物 荣誉、附录、索引等，约110万字。

五、《晋江年鉴（2023）》采用现代语体文记述。数字用法、标点符号用法分别采用国家标准《出版物上数字用法》（GB/T 15835—2011）、《标点符号用法》（GB/T 15834—2011），计量单位采用国家技术监督局1993年12月发布的《量和单位》系列国家标准。涉农业部分内容，适当保留计量单位“亩”。文中凡称“省”指福建省，“市”指晋江市，除民生党派外，其余地方“党”均指中国共产党。

六、《晋江年鉴（2023）》资料由晋江市各级机关、群众团体、企事业单位提供；部分类目的内容，编者亦采集有关资料编纂或融合成文。统计数据以晋江市统计部门资料为准。部分数字由于四舍五入原因，可能存在一定误差。所采用照片由供稿单位、晋江市摄影家协会、晋江市新闻摄影学会等提供。

七、为便于读者查阅，《晋江年鉴（2023）》在卷首设有目录，卷后配有索引，采用内容分析法，内容按条目的汉语拼音字母顺序排列。

数字晋江·2022

行政区划：陆域面积 649 平方千米，海域面积 957 平方千米，海岸线长 121 千米；辖 6 个街道、13 个镇，399 个村（社区）。

人口：年末常住人口 207.6 万人，城镇化率 69.85%；户籍人口 124.91 万人。

国内生产总值：3207.43 亿元，比上年增长 4.0%，总量分别占全省、泉州市的 6.0%和 26.5%。其中，第一产业增加值 22.31 亿元，比上年增长 2.6%；第二产业增加值 1972.91 亿元，比上年增长 4.3%；第三产业增加值 1212.21 亿元，比上年增长 3.4%。三次产业比例为 0.7 : 61.5 : 37.8。人均地区生产总值 154762 元，比上年增长 3.6%。

财政：一般公共预算总收入 230.95 亿元，扣除留抵退税因素后比上年下降 6.3%。其中，地方一般公共预算收入 150.88 亿元，扣除留抵退税因素后比上年增长 6.2%。

市场主体：总数 281858 户，比上年增长 11.7%。其中，企业 94003 户，比上年增长 9.1%；个体工商户 187638 户，比上年增长 13.1%；农民专业合作社 217 户。

农业：农林牧渔业总产值 45.98 亿元，比上年增长 3.1%。

工业：全部工业增加值 1907.18 亿元，比上年增长 4.4%。其中，规模以上工业增加值比上年增长 5.4%。

消费：社会消费品零售总额 1668.52 亿元，比上年增长 1.7%；限额以上零售额 453.14 亿元，比上年增长 5.6%。

投资：固定资产投资（不含农户）627.48 亿元，比上年增长10.0%；工业投资 309.19 亿元，比上年增长 15.4%；房地产开发投资 200.01 亿元，比上年增长 6.2%。

外贸：进出口总额 893.80 亿元，比上年下降 11.4%。其中，出口额 776.65 亿元，比上年下降 12.8%；进口额 117.15 亿元，比上年下降 1.4%。

外资：实际使用外资 3.25 亿美元，比上年增长 102.8%。

上市企业：50 家。

居民收入：居民人均可支配收入 51467 元，比上年增长 5.4%。其中，城镇居民人均可支配收入 62055 元，比上年增长 5.1%；农村居民人均可支配收入 31916 元，比上年增长 5.7%。

专利：专利授权量 11271 件，比上年下降 7.6%。其中，发明专利 658 件，比上年增长 32.4%。年末有效发明专利拥有量 3209 件，每万人口发明专利拥有量 15.57 件。

教育：各级学校（包括普通中学、中职学校、完全小学、幼儿园、教师进修学校、特殊教育学校）698 所，专任教师 2.52 万人。中小学、幼儿园在校生 38.70 万人。

卫生：医疗卫生机构 1147 家，床位 6991 张，各类卫技人员 8663 人。

旅游：接待游客 932.08 万人次，比上年下降 18.4%；旅游总收入 118 亿元，比上年下降 19.1%。

环境：市区环境空气质量优良以上天数 363 天，空气质量优良率 99.5%，PM2.5 年均值 11 微克 / 立方米。市区绿化覆盖率 44.04%，城乡绿地率 40.03%，人均公园面积 14.4 平方米。

（郑智政）

经济发展

晋江恒盛玩具有限公司是负责生产北京冬奥会及残奥会吉祥物的三大生产商之一。图为恒盛产冰墩墩和雪容融

（摄于 2022 年 2 月 8 日　图/陈巧玲）

晋江组织企业点对点接员工返岗

（摄于 2022 年 2 月 14 日　图/秦越）

2022 年 2 月 15—16 日，晋江市举办第一季度重大项目集中开竣工活动。图为晋江市养正中学开发区校区项目开工仪式

（摄于 2022 年 2 月 15 日　图/晋江经济报社）

华昂体育生产线智能化助力企业提质增效。图为华昂体育生产车间

（摄于 2022 年 2 月 17 日 图/陈巧玲）

2022 年 2 月 18 日，华为（晋江）工业互联网云孵化中心在晋江市三创园研发中心举行揭牌仪式

（图/晋江经济开发区管委会）

2022 年 2 月 18 日，“云端赋能 数智晋江”晋江市数字经济发展三年行动启动仪式暨项目签约大会在晋江金玛酒店举行。图为大会现场展示机器巡逻犬

（图/陈巧玲）

2022 年 4 月 26 日，2022 年晋江市企业创新发展大会召开。图为产业母基金发布仪式　　（图/董严军）

2022 年 7 月 13 日，以“买全球 卖全球”为主题的 2022 晋江跨境电商创新发展大会在晋江国际会展中心举行。图为晋江市与浙江国贸数字科技、Wholee 平台、杭州特看科技战略合作签约仪式　　（图/晋江经济报社）

2022 年 8 月 4 日，中国首座无砟轨道高铁跨海斜拉桥——福厦铁路安海湾特大桥完成无砟轨道施工。图为安海湾特大桥　　（图/陈巧玲）

2022 年，晋江经济开发区推进“1+6+N”园区标准化建设。图为晋江经济开发区五里园区

（摄于 2022 年 8 月 16 日 图/陈巧玲）

2022 年 11 月 3 日，以“点燃新烯望，一起向未来”为主题的 2022 福建（晋江）石墨烯大会举行。图为联合实验室签约仪式

（图/董严军）

晋江经济开发区龙湖园紧扣“产业集聚 + 数字化”两条主线，通过引进高新技术、先进设备和制造技术，让传统纺织迈向现代纺织，以产业集聚推动高质量发展。图为位于龙湖园的华兆（华宇）绿色纺织微工业园项目建设现场

（摄于 2022 年 11 月 13 日 图/陈巧玲）

城乡建设

2022 年 1 月 16 日，安海镇组织龙山寺片区被征迁户选房抽签 （图/秦越）

2022 年 5 月 22 日，石鼓路—梅园路人行天桥正式通行。图为石鼓路—梅园路人行天桥夜景 （图/晋江经济报社）

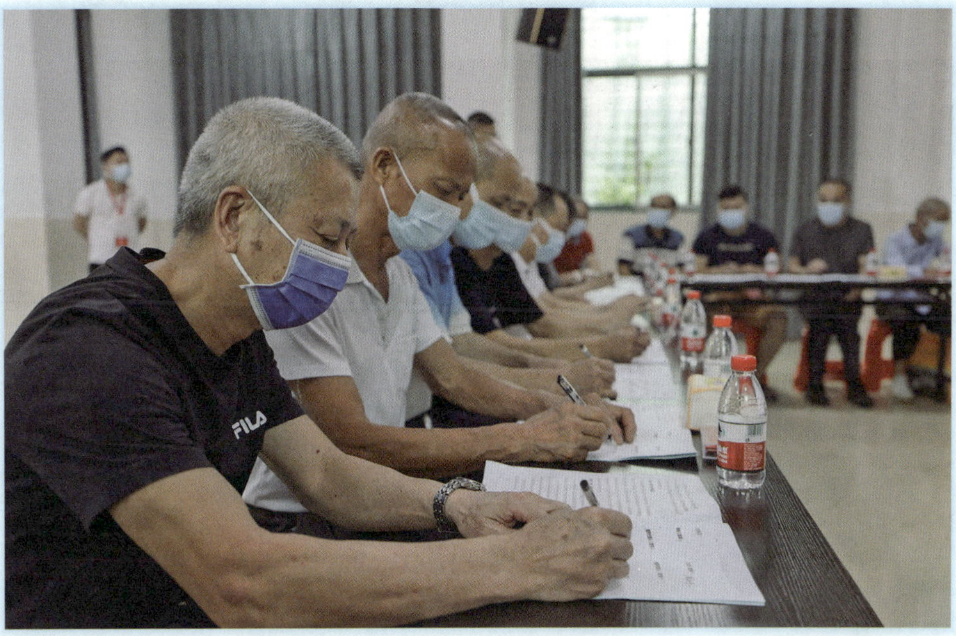

2022年6月6日，晋江池峰路南延片区改造项目进行首日集中签约。图为市场监管征迁工作组举行集中签约仪式

（图/陈巧玲）

五店市夜景　（摄于2022年8月26日　图/秦越）

社会民生

2022 年 1 月 25 日，安海镇溪边村首次给村民分红　　(图/秦越)

2022 年 2 月 28 日，晋江首艘集渔政、海监、渔港管理于一身并具有一定港口消防救助功能的镇级执法船“闽晋渔巡 09001”在东石镇首航　　(图/秦越)

2022 年，晋江市人社局推行人社业务“掌上办”“自助办”。图为在晋江市行政服务中心，工作人员引导市民“掌上办”人社业务

(摄于 2022 年 9 月 23 日　图/董严军)

2022 年，晋江市将“新建婴幼儿照护服务机构示范点”纳入“为民办实事”项目。图为晋江经济开发区五里金童幼儿园

（摄于 2022 年 11 月 4 日　图/董严军）

2022 年 11 月 22 日，安踏集团和敏基金会“和敏健康”援助基金窗口在晋江市行政服务中心揭牌启动　（图/晋江经济报社）

2022 年 12 月 5 日，晋江市养正中学开发区校区项目行政主楼封顶。至此，该校区 7 栋主体建筑全部封顶

（图/陈巧玲）

文化繁荣

2022 年 1 月 12 日,"大美晋江"文化惠民工程——2022 晋江市民族乐团新年音乐会在晋江市祖昌音乐厅举行

（图/陈巧玲）

2022 年 1 月 15 日,晋江市 2022 寒假儿童关爱服务活动启动仪式暨第四届家庭趣味运动会在梧林传统村落举行。图为 3 号参赛家庭 （图/陈巧玲）

2022 年 1 月 18 日,晋江市开展春节"三下乡"暨"暖冬行动"书赠春联志愿服务活动。图为春联书写现场 （图/陈巧玲）

晋江梧林传统村落开展元宵民俗——舞龙、花灯、烧塔仔等活动。图为烧塔仔活动现场

（摄于 2022 年 2 月 15 日 图/陈巧玲）

2022 年，安海入选《中国古镇（第四组）》特种邮票。图为安海镇邮票票面取景点——白塔

（摄于 2022 年 3 月 30 日 图/安海镇）

2022 年 6 月 3 日，央视记者到晋江梧林传统村落，以《福建晋江：特色民俗迎端午 传统文化焕光彩》为题，直播晋江传统端午民俗活动，向全国观众呈现弄龙、刣狮等晋江传统民俗表演。图为掌中木偶表演

（图/陈巧玲）

2022 年 6 月 11 日，晋江市第十六届南音演唱节开幕 （图/陈巧玲）

2022 年 6 月 19 日，“亲亲闽台缘”两岸非遗文化嘉年华、晋江市 2022 年文化体育旅游节暨文化和自然遗产日活动在晋江市文化中心广场举办。图为启动仪式现场

（图/陈巧玲）

2022 年 9 月 23 日，第二届福建省民间职业剧团（木偶戏）优秀剧目展演在晋江五店市传统街区启幕。图为新创木偶小戏表演

（图/陈巧玲）

2022 年 11 月 17 日，晋江市西园街道开展“传承传统文化 感受非遗魅力”官前竹篮非遗进校园活动。图为非遗手艺人在官前小学现场进行竹篮创作和编织教学

（图/陈巧玲）

2022 年 5 月 8 日，在晋江市九十九溪田园风光项目区的一片藕田里，国家一级保护鸟类——彩鹮在觅食，这是晋江市首次记录到彩鹮 (图/董严军)

晋江市环境保护监测站的数据显示，2022 年上半年，晋江空气质量优良率 100%，环境空气质量在全省县市排名比上年同期前进 6 位。图为晋江八仙山公园 (摄于 2022 年 7 月 11 日 图/董严军)

2022年10月18日，泉州鸟类监测站“巨蛋”落户晋江　（摄于2022年10月18日　图/秦越）

小天鹅首现晋江市九十九溪田园风光项目区　（摄于2022年11月22日　图/泉州市观鸟协会）

“晋江经验”20 周年系列活动

2022 年 8 月 19 日，福建省弘扬“晋江经验”促进民营经济高质量发展大会召开，在福州设主会场、泉州晋江设分会场。图为晋江分会场现场

（图/刘翼）

2022 年 8 月 19 日，“晋江经验”与习近平经济思想理论研讨会在福州举行。研讨会在晋江设分会场，专家学者、“晋江经验”亲历者代表等 100 多人以线上、线下形式参加会议

（图/董严军）

2022 年 9 月 28 日，晋江召开“传承弘扬‘晋江经验’解放思想再出发研讨会”。图为研讨会现场

（图/董严军）

2022 年 3 月 15 日，以全面展现晋江改革开放历程的电视剧《爱拼会赢》在央视一套黄金档开播。图为《晋江文评》第 35 期——《爱拼会赢》电视剧评论专刊 （图/晋江市文联）

2022 年 8 月，中国社会科学院社会学研究所副所长王春光主编的《晋江经验——中国式现代化道路的县域探索》一书由福建人民出版社出版 （图/晋江市委宣传部）

2022 年 12 月 15 日，“晋江经验”20 周年成就图片展揭展仪式在晋江市博物馆举行。图为群众参观晋江经验图片展 （图/陈巧玲）

2022 年 12 月 18 日，《何以晋江——一座城市的而立之年》画册首发。图为该画册封面 （图/晋江市文联）

“传承弘扬‘晋江经验’，全方位推进高质量发展”集中采访

2022 年 8 月 11 日，由省委宣传部主办，市委宣传部、省宣传新闻中心承办的“传承弘扬‘晋江经验’，全方位推进高质量发展”集中采访活动在泉州晋江启动。

8 月 11—14 日，中央、省、泉州 28 家主流媒体深入晋江企业、乡村、社区、产业园等 22 个点位，实时推出全媒体报道 300 余篇。8 月 15 日，福建省委宣传部邀请 30 多家各级媒体参加新闻发布会，中国发布、福建发布、人民网、海博 TV 等平台同步直播新闻发布会实况，各级主流媒体推出报道 30 多篇，国内外近百家媒体转载转发，观看量累计 1000 万人次。

2022 年 8 月 11 日，采访团走进恒安集团。图为交流现场

（图/陈巧玲）

2022 年 8 月 11 日，采访团走进晋江经验馆

（图/陈巧玲）

2022 年 8 月 12 日，采访团走进信泰集团。图为信泰集团工作人员向记者介绍公司万物智联平台　（图/董严军）

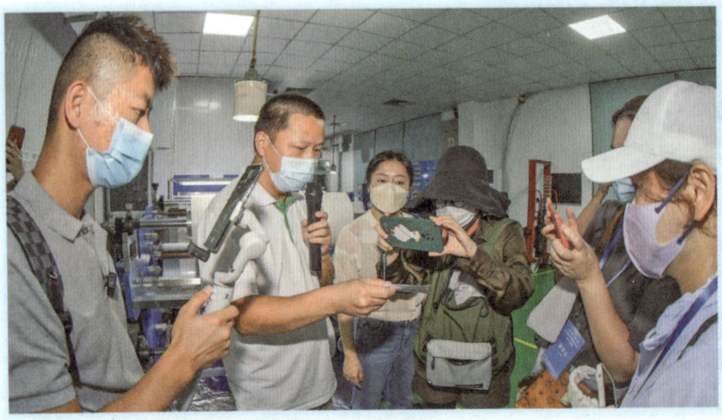

2022 年 8 月 12 日，采访团走进华清电子公司。图为华清电子公司工作人员向记者展示陶瓷基片材料　（图/董严军）

2022 年 8 月 12 日，采访团走进安海镇溪边村。图为采访团参观书藏楼　（图/陈巧玲）

2022 年 8 月 12 日，采访团走进梅岭街道梅青社区。图为梅青社区党建 + 邻里中心　（图/陈巧玲）

2022 年 8 月 12 日，采访团走进三创园。图为采访团记者观看石墨烯材料　（图/陈巧玲）

2022 年 8 月 12 日，采访团走进中国科学院泉州装备制造研究所。图为在中国科学院泉州装备制造研究所，媒体记者关注研究所的科研产品

（图/董严军）

2022 年 8 月 13 日，采访团走进福州大学晋江校区（科教园）

（图/陈巧玲）

2022 年 8 月 13 日，采访团走进晋江陆地港。图为陆地港展厅

（图/陈巧玲）

2022 年 8 月 13 日，采访团走进晋江市人民法院磁灶人民法庭。图为晋江法院磁灶人民法庭一楼大厅

（图/陈巧玲）

2022 年 8 月 13 日，采访团走进全国食品企业龙头——盼盼食品集团。图为工作人员为采访团记者介绍盼盼的产品　（图/陈巧玲）

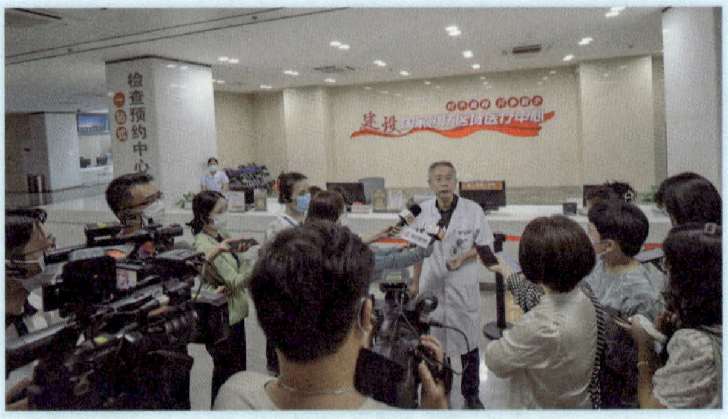

2022 年 8 月 13 日，采访团走进上海六院福建医院。图为采访团记者采访上海六院福建医院党委书记王建波　（图/陈巧玲）

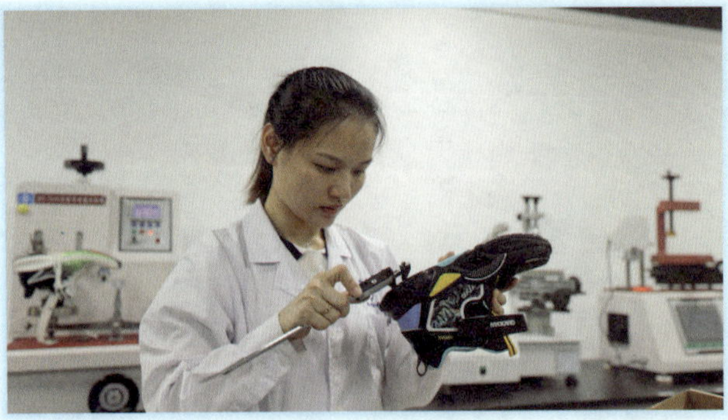

2022 年 8 月 13 日，采访团走进中国皮革和制鞋工业研究院（晋江）有限公司。图为工作人员检查测试鞋子　（图/陈巧玲）

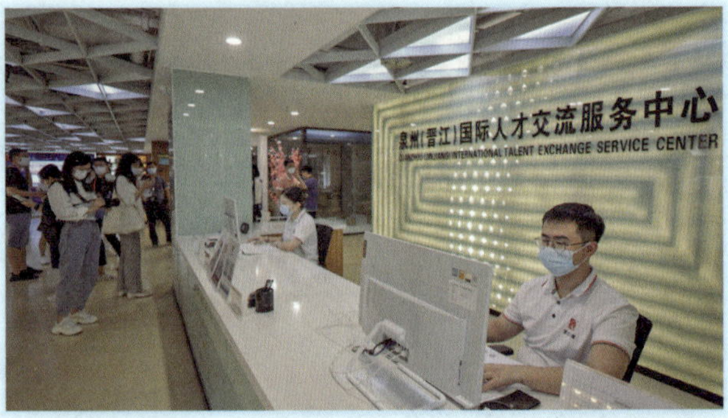

2022 年 8 月 13 日，采访团走进泉州（晋江）国际人才港。图为泉州（晋江）国际人才交流服务中心窗口　（图/陈巧玲）

2022 年 8 月 13 日，采访团走进国际高端人才社区。图为国际高端人才社区中亭　（图/陈巧玲）

2022 年晋江市承办的全国性、省级赛事精选

2022 年，晋江市承办全国性、省级以上赛事 17 个。其中，7 月举办省级以上赛事 9 个，11 月连续举办 NEST 全国电子竞技大赛、中超联赛、WCBA 联赛三大全国性赛事。

2022 年 1 月 1 日，晋江市体育局举办 2022 年福建省全民健身运动会晋江市元旦迎新登高活动。图为在起点罗裳山下的晋江城市展馆，运动员蓄势待发

（图/晋江市体育局）

2022 年 3 月 5—6 日，2022 年福建省体教融合学生（青少儿）击剑联赛第一站在晋江市第二体育中心举行。图为 U10 花剑比赛现场

（摄于 2022 年 3 月 5 日　图/晋江市体育局）

2022 年 6 月 24 日至 7 月 1 日，卡尔美"体总杯"福建省首届城市篮球联赛在晋江市祖昌体育馆举行。图为比赛现场

（摄于 2022 年 6 月 24 日　图/秦越）

2022 年 7 月 2 日，2022 年福建省全民健身运动会气排球锦标赛（南片赛区）在晋江市毓英中学正式开赛　　（图/晋江市体育局）

2022 年 7 月 16 日，福建省第十七届运动会青少年部社会俱乐部组田径比赛在晋江市少体校开赛　　（图/晋江市体育局）

2022 年 7 月 23—24 日，2022 年福建省青少年围棋锦标赛在晋江举行。图为围棋锦标赛初赛现场　　（图/晋江市体育局）

2022 年 11 月 18 日，2022 NEST 全国电子竞技大赛年度总决赛在晋江市第二体育中心开赛。比赛为期 3 天

（图/晋江市体育局）

2022 年 11 月 21 日，中国足球协会超级联赛中立赛区在晋江市足球训练中心体育场开赛

（图/晋江市体育局）

2022 年 11 月 30 日，2022—2023 赛季中国女子篮球联赛（恒安集团晋江赛区）在晋江市第二体育中心开赛

（图/晋江市体育局）

第 20 个“晋江慈善日”

2022 年 12 月 18 日，是第 20 个“晋江慈善日”。截至 2022 年底，晋江市有注册登记慈善公益机构近 200 家，累计募集善款 170 多亿元，形成立体式慈善保障体系。20 年间，晋江的慈善资金增加 57 倍，规模居全国县级民间慈善基金首位。

2002 年 12 月 18 日，晋江市慈善总会创立。至 2022 年，晋江形成以晋江慈善总会为龙头，由镇慈善协会、村慈善组织、慈善基金会和冠名慈善协会组成的立体化慈善网络。晋江先后获“中国爱心城市”“全国七星级慈善城市”等称号。是入选福布斯“中国十大慈善城市”的唯一县级市。

2022 年 12 月 18 日，泉州市委常委、晋江市委书记张文贤(右)在晋江市慈善文艺晚会上为晋江市慈善总会会长许连捷(左)颁奖　　(图/晋江市慈善总会)

2022 年 12 月 18 日，晋江市人民政府授予洪维和等 36 人“慈善世家”“慈善家”“慈善大使”称号。图为授牌现场　　(图/晋江市慈善总会)

2022 年 12 月 18 日，以“潮涌新时代 奋进向未来”为主题的晋江市慈善文艺晚会在晋江市委党校会堂举行。图为晚会现场为晋江市第四批荣誉市民授奖　　(图/晋江市慈善总会)

年度聚焦

大 事 记

市情概貌

中共晋江市委员会

晋江市人民代表大会

晋江市人民政府

中国人民政治协商会议晋江市委员会

纪检监察

民主党派和工商联

群众团体

法　治

军 事

外事 侨务 台港澳事务

经济管理

农业 农村

工 业

产业园区

交通 邮政 通信

金　融

城乡建设

生态环境保护

教　育

科学技术

文 化

体 育

卫生健康

应急管理

街道　镇

人物　荣誉

附　录

“晋江经验”20周年系列活动综述

2022年，是“晋江经验”提出20周年，晋江全市上下解放思想再出发，以实际行动传承弘扬、创新发展“晋江经验”。晋江市举办福建省弘扬“晋江经验”促进民营经济高质量发展大会、“晋江经验”与习近平经济思想理论研讨会，全市域开展解放思想大讨论，晋江成为中央主流媒体宣传报道焦点，主题电视剧《爱拼会赢》在央视一套黄金时段热播，“晋江经验”的理论价值和实践指导意义更加彰显。

福建省弘扬“晋江经验”促进民营经济高质量发展大会

2022年8月19日，福建省弘扬“晋江经验”促进民营经济高质量发展大会举行，大会在福州设主会场、在泉州晋江设分会场。福建省委书记、省人大常委会主任尹力出席大会并讲话，强调要深入学习贯彻习近平总书记关于民营经济发展的重要论述，坚持“两个毫不动摇”，弘扬“晋江经验”，鼓励、支持、引导民营企业大胆创新、放心创业、放手创造，促进民营经济高质量发展，让“晋江经验”在新时代新征程上绽放更加耀眼光芒。大会由福建省委副书记、省长赵龙主持。福建省政协主席崔玉英出席大会。

福建省领导张彦、林宝金、郭宁宁、王永礼、梁建勇、康涛、王光远，省级老干部潘征出席大会。福建省委常委、泉州市委书记刘建洋在会上介绍福建省20年间传承弘扬“晋江经验”的情况。施永康、张文贤、许连捷、丁世忠、叶仁佑、严正等“晋江经验”亲历者代表在会上作发言。全省各设区市和平潭综合实验区以及省直有关部门主要负责人，社科理论界代表，企业家代表，泉州市、晋江市干部群众代表等参加大会。

“晋江经验”与习近平经济思想理论研讨会

2022年8月19日，在“晋江经验”提出20周年之际，由福建省委和人民日报社共同举办的“晋江经验”与习近平经济思想理论研讨会在福州举行。福建省委副书记、省长赵龙，人民日报社副总编辑方江山，中国人民大学校长刘伟，福建省委常委、宣传部部长张彦，福建省政协副主席、省工商联主席王光远参加会议。此次研讨会旨在挖掘“晋江经验”的丰富内涵、理论贡献和时代价值，深化对习近平经济思想的认识和把握，为推动高质量发展、推进和拓展中国式现代化贡献智慧和力量。研讨会在晋江设分会场，专家学者、“晋江经验”亲历者代表等100多人以线上、线下形式参加会议。

“传承弘扬‘晋江经验’解放思想再出发”研讨会

2022年9月28日，晋江市召开“传承弘扬‘晋江经验’解放思想再出发”研讨会，贯彻落实福建省弘扬“晋江经验”促进民营经济高质量发展大会、“晋江经验”与习近平经济思想理论研讨会精神和“强产业、兴城市”双轮驱动战略部署，掀起解放思想热潮。晋江市领导，19个镇（街道），经济开发区及产业发展、城市建设、要素保障、基层治理等方块中的市直部门、三大医共体、各一级达标完中校、清华附中晋江学校和国有企业等相关负责人，围绕“传承弘扬‘晋江经验’解放思想再出发”，聚焦科技创新、数智转型、综合产业园区建设、城市品质提升、党建引领基层网格治理等重点工作进行交流发言。

“晋江经验”20周年成就图片展揭展

2022年12月15日，“晋江经验”20周年成就图片展揭展仪式在晋江市博物馆举行。省委常委、泉州市委书记刘建洋，泉州市市长蔡战胜为图片展揭展并参观展览。

“晋江经验”20周年成就图片展分为“前言”“孕育”“笃行”“弘扬”“结语”5个篇章，收录图片357张，辅以文字解说，从经济、政治、社会、文化、生态环境等角度，反映泉州、晋江20年间传承弘扬“晋江经验”的历程和系列成就，展现“晋江经验”的时代价值和指导意义，印证习近平新时代中国特色社会主义思想的真理力量和实践伟力。

（陈艺武　谢佩龙）

晋江市慈善事业发展20周年综述

2022年12月18日，晋江市慈善总会成立20周年，历年累计募集善款43.57亿元，在全国县级民间慈善基金规模中列首位。晋江慈善总会累计投入28.65亿元，开展扶贫济困、赈灾救灾慈善活动，打造民间慈善事业的“晋江样本”。

2002年12月18日，晋江市慈善总会创立。许连捷任首届理事会会长，龚子猛任常务副会长兼秘书长。慈善总会成立后资金规模发展壮大，资金筹募渠道逐步拓宽，帮扶救助水平不断提升，慈善文化宣传深入开展，机构体制机制不断创新完善，为提高民生质量和构建和谐社会作出重要贡献。

晋江市在做大做强慈善事业、筹募慈善资金、开展扶弱济困、弘扬慈善文化等方面表现突出，2012年获评“中国爱心城市”，2014年获评“七星级慈善城市”，2016年获评城市公益慈善指数百强县级市，2017年获评全国文明城市等。

善款筹募

2002—2022年，晋江市借鉴境内外先进地区发展民间慈善事业的经验，探索灵活规范、高效务实的善款筹募机制，拓宽慈善资金筹募渠道。善款筹募包括日常募捐、定向捐赠、冠名基金、留本捐息等以企业家为主要对象的募捐形式，涵盖以“慈善一元捐”、重大突发性灾难紧急募捐等面向普通群众的募捐形式，调动不同社会阶层、不同经济状况和不同人生阅历的人共同参与慈善事业、履行社会义务的责任心和积极性。截至2022年12月31日，慈善总会累计募集慈善资金43.69亿元。其中，设立冠名慈善基金200个、17.93亿元，设立留本捐息冠名慈善基金61个、18.23亿元。

晋江市委、市政府支持晋江市慈善总会探索慈善资金保值增值的途径，在实行阳光操作、确保资金安全的前提下，经营零风险增值项目。为晋江市财政提供有偿贷款，每年利息收入6568万元（利率根据实时变动）全部用于扶贫济困活动；投资500万元参股《晋江经济报》，占总股本的25%，2011—2022年分红145万元；投资兴建仙塔山庄公墓区，销售墓位5653位，销售总额48849万元，回收资本金8400万元，分红1200万元；晋江市慈善总会永远荣誉会长陈建福独资捐建“金锭慈善大厦”，出租收入全部用作慈善公益资金。经过20年的探索和实践，晋江市善款筹募机制从单一走向多元、从偶发走向常态、从惯例走向规范。

慈善救助工程

2002—2022年，晋江市慈善总会围绕基本民生，紧扣社会发展，打造解困、助学、助行、复明、安居、荧屏文化、助孤、关爱母亲、“两癌”（乳腺癌、宫颈癌）特困妇女救助、扶助被征地低保人员缴纳养老保险，扶助低保户参加新农合、扶建镇村敬老院等慈善救助工程，提升帮扶水平和救助效益。截至2022年12月31日，累计投入29.13亿元，开展近20项慈善工程和慈善公益项目建设，救助困难群众18.67万人次。其中，通过解困工程为特困对象3.51万人次（其中外来务工者3000多人次）解决治病、生活困难问题；通过助学工程资助贫困学生21981人次就学；通过助行工程为特困残疾人675人配置轮椅、假肢，助听工程为失聪老人和儿童931人装配助听器，复明工程为特困白内障患者1442人进行复明手术；通过安居工程为特困残疾人299人、“五保户”100人及贫困二女户92户援建住房；通过荧屏文化工程为特困户3200户购置电视机并安装有线电视；通过关爱母亲工程慰问贫困母亲1600人；通过“两癌”特困妇女工程慰问“两癌”特困妇女755人次；通过孤儿“五保”门诊项目为孤儿310人次和“五保”特困对象500人次解决生活困难问题。发挥慈善组织的重要补充作用，先后补助被征迁困难群众6204人次，扶助被征地低保人员1431人次缴纳养老保险，扶助低保户91734人次参加新农合，为低保人员20296人次发放物价上涨一次性补贴

50元/人，投入1500万元扶助市消防大队购买101米登高平台的消防救援车，扶持15个镇、村建设敬老院，支持“百万孤老关爱”行动。通过“慈善文化进校园”活动定制10万册《慈善读本》，分发给全市各中小学校；为安海育婴院购置校车，配合开展老年人长期照护保险项目，在学校、住宅小区、敬老院等公共场所配备AED（体外自助除颤仪）急救设备，为城乡低保、特困人员及孤儿等对象每人发放价值200元的“爱心消费券”，开展革命老区村扶建项目。定向投入26.08亿元用于晋江市卫生、教育及老年福利等慈善公益项目。

慈善理念倡导宣传

2002—2022年，晋江市将构建良风美俗与弘扬慈善精神结合起来，倡导移风易俗，传播慈善文化，激发起全社会参与慈善事业的热情。结合移风易俗，倡导俗事节约简办。针对晋江当地红白喜事大操大办的传统习俗，2003年起，发出移风易俗、简办节约、捐资行善的倡议，引导社会各界把简办俗事的节支用于扶贫济困等慈善公益事业，“不重面子重里子，不讲排场讲慈善”，得到社会认同。截至2022年12月31日，晋江市慈善总会接受民俗捐资19.09亿元，占慈善捐资总额的近半。包括央视在内的全国各新闻媒体报道晋江市将婚丧喜庆节约礼金用于捐赠慈善事业的做法。

2003年11月5日，晋江市人大常委会通过把每年12月18日定为“晋江慈善日”的决定，在全国县级城市中首创以人大立法形式专门设立“慈善日”。每年“晋江慈善日”期间，晋江市开展慈善宣传活动，活动内容包括新闻发布会、慈善万人踩街（2013年起，取消踩街活动）、市领导发表慈善日电视讲话、名家慈善画展、慈善晚会、中华慈善文化（晋江）学术论坛，“慈善杯”篮球赛、青年辩论赛、演讲比赛、摄影比赛、明星篮球邀请赛以及老年义诊、慈善文化进校园赠书仪式等一系列慈善活动，成为晋江市慈善活动的一个常态化品牌项目。

晋江市的慈善系列活动、慈善救助工程、慈善人物先进事迹及简办俗事移风易俗等经验做法，先后在《人民日报》《经济日报》《中国社会报》《福建日报》《泉州晚报》《晋江经济报》，以及中央电视台、福建电视台、泉州电视台、晋江电视台等数十家媒体刊播。

晋江市慈善总会坚持每月编印《晋江慈善》月刊，每年编印《晋江慈善》汇编、《文件汇编及新闻集锦》、《慈善活动剪影集》，及时做好总会各类文档材料的整理归档。先后制作《情暖晋江》《爱在晋江》《大爱晋江》《民间慈善事业的“晋江样本”》等慈善专题视频，传播晋江市慈善文化。

紧急动员募捐机制

2002—2022年，晋江市建立起重大突发灾难紧急募捐机制，在遇到重大自然灾害时，发动社会各界为灾区提供人道主义援助。先后筹募资金4亿多元，为国内外海啸、洪水、地震、雪暴、台风、泥石流等受灾严重地区提供支援。在汶川、玉树、雅安等3次特大地震中，晋江市慈善总会分别筹募款物折合9809.1万元、1199.3万元和9442万元，驰援灾区；2009年，台湾省遭受强台风“莫拉克”袭击，晋江市慈善总会在不到2小时里动员恒安、安踏、浔兴等11家晋江企业捐资220万元，连同晋江市慈善总会的30万元，捐赠给台湾同胞。2021年7月，河南省突发特大洪水，晋江企业捐赠款物累计2亿多元。为印度洋海啸受灾区募捐100万元，为闽北洪涝灾区募捐53万元，为漳州台风灾区募捐200万元，为南部五省雪灾灾区捐赠500万元，为闽西北水灾灾区募捐1430.5万元，为甘肃舟曲泥石流灾区募捐218.8万元等。晋江市慈善总会还建立定向捐赠渠道，为晋江企业家与贫困地区和后发展地区牵线搭桥，接受企业、社团和个人提供的定向捐赠资金，支持闽北、闽西以及少数民族地区繁荣经济、保障民生。

（林桂林）

晋江市获评全国法治政府建设示范市

2022年11月，晋江市获评“全国法治政府建设示范市”。

2022年，晋江市坚持以“晋江经验”为引领，把政府工作全面纳入法治轨道，以法治护航经济发展，以法治推动社会进步，推进县域治理体系和治理能力现代化。为建设新型服务型政府，晋江深化简政放权、放管结合、优化服务改革。晋江全市行政许可事项承诺时限在法定时限基础上平均压缩91.89%，“一趟不用跑”事项占比90.47%，网上可办率99.21%，全流程网办率85.07%。

2022年，晋江市作为全国改革试点最多、成果最丰富的县级城市之一，构建系统完备、科学规范的制度体系。成立国家级知识产权快速维权中心——中国晋江（鞋服和食品）知识产权快速维权中心，构建知识产权大保护大服务格局，将符合条件的外观专利申请获得的时间，从原来的6—8个月缩短至10个工作日。每万人有效发明专利拥有量15.57件，通过首批国家创新型（县）市验收，获评首批国家知识产权强县建设示范县、全国工业互联网推动数字化创新领先县（市），入选国家第一批知识产权纠纷快速处理试点地区。

（方　文）

晋江入选全国首批创新型县(市)

2022年8月,科技部公布首批创新型县(市)验收通过名单,晋江市成为全国首批创新型县(市),为全国47个创新型县(市)之一。2018年,晋江市入选全国首批52个创新型县(市)建设名单,建设主题为“科技支撑产业发展”,建设周期3年。对照《晋江市建设国家创新型县(市)实施方案》,晋江市高质量完成22项创建指标。其中,9项完成150%以上,5项完成200%以上。

2018—2021年,晋江市把科技创新作为“一把手”工程,在全省率先设立市委科创委,配齐20个镇域科技副镇长和科技专干,统筹调度科技创新工作,规划布局“一廊两区多平台”科创版图,每年召开企业创新发展大会,分行业开展科技赋能对接活动,举办系列创新创业赛事,全社会研发投入平均增速27.9%。

产业升级,协调发展 2018—2021年,晋江坚持创新驱动和数字赋能并重,重点发展集成电路、智能装备和医疗健康产业,推动传统产业高新化、高新产业集群化,晋江制造产品出征太空、亮相冬奥,全市90%以上企业实现“触网”,1500多家企业上云上平台。2021年高新技术产业产值1659.7亿元。

创新主体,量质并举 2018—2021年,晋江重点实施规模以上企业研发活动、研发机构、发明专利“三个覆盖”和高新技术企业倍增工程,培育省级以上企业研发机构112个、国家技术创新示范企业4家、省级以上“专精特新”企业41家。规模以上企业研发费用年均增长26.2%;高新技术企业数年均增长50%,2021年保有量409家。

平台带动,建强引擎 2018—2021年,晋江立足产业引平台,建好平台促产业,投入近百亿元,引进建设中国科学院海西研究所泉州装备制造研究中心、中国皮革院等9家高水平研发检测平台,构建“一产业一平台”的创新支撑体系。对辖内所有公共科技创新平台统一归口管理,优化完善运行管理、资金规范、绩效考核机制,提升服务产业能力,率先开展技术经纪人培训班,引进中关村中试熟化服务平台,设立知识产权快速维护中心,定期组织成果对接推介,发布技术需求1720项,转化科技成果785项。2021年,登记技术合同金额比2018年增长6.9倍。

优化生态,厚植土壤 2018—2021年,晋江坚持“政、产、学、研、资、介”一体发展,促进产业链与人才链、创新链、资本链有机衔接,聚集各类高层次人才8675人次;财政科技支出18.89亿元;引进晋金私募汇,落地国家科技成果转化引导基金子基金、泉州创新引导基金等科技基金,基金规模20亿元。

(方 文)

晋江获批国家进口贸易促进创新示范区

2022年11月3日,商务部、国家发展改革委、财政部、中国人民银行、海关总署、国家市场监督管理总局、国家外汇管理局、国家药监局决定,在全国增设29个国家进口贸易促进创新示范区,晋江市入选。系泉州首个、该批次福建唯一。

进口贸易促进创新示范区是国家发挥政策优势,鼓励创新监管制度、服务功能和交易模式等创建的具有示范和辐射带动作用的进口贸易集散地和创新平台。此次获批增设的29个示范区,主要有两大功能定位:“贸易促进”(即促进口、促产业、促消费)、“贸易创新”(政策创新、服务创新、模式创新)。

晋江市推进“国际化”战略,构建市场采购、综合保税、国际陆港、国际机场、围头港等开放平台,形成海陆空港立体格局,对外贸易规模常年列福建省县级市首位。2021年实现进出口总值1009.02亿元,比上年增长59.3%,其中进口118.8亿元,进口来源涉及103个国家和地区;国际及港澳快递年业务量突破1000万件,跨境电商企业1000多家。

(方 文)

华为(晋江)工业互联网云孵化中心揭牌

2022年2月18日,华为(晋江)工业互联网云孵化中心在晋江市三创园研发中心19号楼揭牌。市领导张文贤、王明元、赖有为参加揭牌仪式。

2021年2月,华为(晋江)工业互联网云孵化中心由晋江市政府与华为软件技术有限公司、福建万物智联科技有限公司共建。依托华为技术及相关资源,为企业提供华为云资源以及基于华为云的设计仿真、ERP(企业资源计划)、MES(制造执行系统)设备物联等工业数字化解决方案及线上线下服务,为当地企业提供一站式开发平台,助力企业数字化转型,加速晋江企业迈向云端走向智能化。

晋江入选首批国家知识产权强县建设示范县

2022年8月24日，国家知识产权局公布首批国家知识产权强县建设示范县名单，全国有48个县（市、区）入选，福建省有3个县（区）入选，晋江市榜上有名。知识产权强县建设试点示范工作是国家知识产权局落实知识产权强国建设的重要举措，将集聚各方面优势资源，打造知识产权强国建设第一方阵。该次晋江入选首批国家知识产权强县建设示范县，建设周期为2022年8月至2025年7月。

2022年上半年，晋江市每万人发明专利拥有量14.08件，有效发明专利3094件，商标有效注册量180559件，驰名商标46件，马德里国际注册商标404件，地理标志商标13件。

截至2022年7月，晋江市累计培育知识产权服务机构15家，约占泉州市的40%。2022年，晋江市有3家单位入选福建省知识产权信息公共服务网点。在第二十三届中国专利奖评审中，晋江市4个专利项目获中国专利奖，获奖数量创历史新高。

截至2022年8月，晋江市有国家知识产权示范（优势）企业15家、福建省知识产权优势企业23家、知识产权贯标认证企业102家。晋江市实施高价值专利培育项目7个，专利导航发展计划11个。

（方　文）

福州大学晋江校区获批

2022年6月19日，福建省教育厅批复同意设立福州大学晋江校区，开启晋江校区办学新纪元。

晋江校区集聚福州大学学科优势和晋江市产业集群优势，面向先进制造业和战略性新兴产业，推进新工科背景下多学科交叉融合，本科教育开展闽台高校联合培养人才项目，2022级招收电子信息工程、生物技术、物流管理等3个本科专业。研究生教育招收新一代电子信息技术（含量子技术等）、集成电路工程、机械工程、材料工程、环境工程、土木工程和生物技术与工程等7个全日制专业学位研究生专业。晋江校区以国家、行业和企业需求为导向，整合学院、行业和企业优势资源，协同创新，吸引国内外优秀院校、研究机构、创业团队入驻，鼓励企业在校区内合作共建实验室。校区入驻18个科研平台，包括12个省级研发平台、3个校级研发平台、2个校企共建平台和1个校地共建平台。

晋江市与福州大学于2015年11月签约共建福州大学晋江校区，校区位于晋江市金井镇。项目控制性规划用地92公顷，突破以往分校区的建设模式，在全省乃至全国创造性实行“两院两园”（“两院”即福州大学先进制造学院、福州大学海洋学院；“两园”即福州大学国家大学科技园晋江分园、福州大学大学生创业教育园）。2018年4月，福州大学晋江校区“两院”投入使用，首批研究生入驻园区。2019年9月，首批成建制本科新生入驻。福州大学国家大学科技园晋江分园于2021年5月投入使用。福州大学先进制造学院、海洋学院成建制入驻，工艺美院服装专业三、四年级学生在该校区开展“2+2”模式培养，入驻学生1500人。

2022年5月，福州大学海洋工程研发中心、高分子复合材料研发中心等21个科研平台入驻科技园A区，开展产学研对接。累计合作企业91家，意向合作企业153家，立项项目130余项，总投资约2.7亿元。

校地双方围绕建设“创新型、创业型、国际化、高水平”的示范校区，创新体制机制，倾斜优势资源，共同打造产学研用融合发展高地。双方合作办学，发挥园区的科研技术优势，让晋江形成从本科教育到研究生教育的人才培养体系。通过推进高层次人才的引进，助推晋江市硕博人才倍增计划。

（赖霜梅　方　文）

南天寺保护修缮项目获“亚太地区文化遗产保护优秀奖”

2022年11月26日，联合国教科文组织亚太地区文化遗产保护奖举行线上颁奖典礼，晋江市南天寺石佛造像和摩崖石刻之南天寺保护修缮项目从亚太地区11个国家的50份参赛作品中脱颖而出，获得2022年联合国教科文组织“亚太地区文化遗产保护优秀奖”。这是继2001年泉州市中山路获优秀奖后，泉州文化遗产保护项目时隔21年再获此荣誉。也是这次中国唯一一个修缮类获奖项目。专家评委认为，晋江南天寺项目进行细致的保护工作，赋予该建筑群新的生命，延续其宗教礼拜和社会集会的用途。项目团队在全面记录和研究的基础上，恢复建筑构件和结构稳定性，并修复建筑装饰，特别是壁画，保证高度的真实性。

南天禅寺位于晋江东石镇许西村岱峰山南麓崖壁兀立处，因崖刻石佛又称石佛寺，2013年被国务院公布为第七批全国重点文物保护单位。南天禅寺原建于南宋嘉定九年（1216年），后殿宇历代均有重修。2019年，经国家文物局批示同意修缮保护。2021年5月28日修缮工程开工，2022年7月下旬基本完工，含雨季修缮时间历时将近1年2个月。南天寺保护修缮项目由泉州市刺桐古建筑团队承接修缮，在保证文物结构安全及使用要求的前提下，针对梁架歪闪倾斜的问题，采用“打牮拨正”传统工艺，遵循“最小干预原则”，传承和弘扬古建筑传统修缮工艺，文物建筑真实性、完整性和可持续性得到保护和延续。

（李少荣）

电视连续剧《爱拼会赢》获“五个一工程”奖

2022年12月，中共中央宣传部印发表彰决定，表彰第十六届精神文明建设“五个一工程”组织工作先进单位和优秀作品。传承弘扬“晋江经验”的现实题材文艺精品力作——35集大型电视连续剧《爱拼会赢》获“优秀作品奖”。《爱拼会赢》是泉州获得“五个一工程”奖的首部电视剧，也是继高甲戏《大河谣》《玉珠串》之后，泉州第三部获此荣誉的文艺作品。

《爱拼会赢》由省广电局申报立项，福建省委宣传部，省广电局，省文联，泉州市委宣传部，晋江市委、市政府，省广播影视集团等联合摄制，晋江金天地文化传媒有限公司等联合出品，以两家族、三代人、四十年的维度架构，从制鞋、纺织服装、农业食品等多个领域，讲述晋江人白手起家、创业发展的故事。

《爱拼会赢》是国内第一部传承弘扬“晋江经验”，全面展现晋江改革开放历程的电视剧作品，强化闽南风情、突出地域特色，展现晋江跟随时代潮流，发展新产业，走出国门与世界经济融为一体的大格局。该剧由李小平、李小亭执导，宋凌云、张多编剧，于晓光、甘婷婷、曹征、张润领衔主演，张丰毅、王姬特别出演。主创班子多次赴晋江、泉州、厦门、上海等地，采访近百位晋江企业家及各界相关人士，积累创作素材，参考地方文献资料，为剧本创作奠定基础。

《爱拼会赢》于2022年3月15日在央视一套黄金时间首播，4月8—16日在央视一套下午时段重播。根据央视官方数据，该剧首播平均收视率1.13%，位居全上星频道同时段电视剧类节目第一名；根据国家广播电视总局节目收视综合评价大数据系统（CVB）统计，该剧平均收视率1.766%，居2022年全国播出的542部电视剧第二位，仅次于《人世间》。

（周夏萍　方　文）

全国性赛事落地晋江

2022年，晋江市举办17个省级以上赛事，连续落地NEST全国电子竞技大赛、中超联赛、WCBA联赛等全国赛事，扩大晋江体育城市影响力，推动文体旅融合发展。

中国足球协会超级联赛　2022年11月21日至12月31日，晋江市作为2022赛季中超联赛中立赛区，晋江市足球训练中心体育场、晋江市体育中心体育场作为中立赛区比赛场，有16支球队进行22场次比赛。泉州职业技术大学体育场、泉州轻工职业学院体育场、晋江经济开发区体育场、松熹中学体育场、远华中学体育场、晋江少体校体育场6个足球场作为此次14支中超球队在晋江期间的训练场地。

2022 NEST全国电子竞技大赛　2022年11月18—20日，由国家体育总局体育信息中心主办，北京华奥电竞文化传媒有限公司、福建广电网络集团、晋江市政府联合承办，晋江市体育局、福建广电网络实业集团有限公司、晋江体城公司联合协办的2022 NEST全国电子竞技大赛总决赛在晋江市第二体育中心举办。比赛设“街头霸王V”“FIFA22”“英雄联盟”3个项目，8支队伍参赛。由虎牙平台全程独家直播，总观看9750万人，累计观赛2.35亿人次。赛事获得30多家全国主流媒体、14家省内媒体曝光，邀约21家体育专业媒体进行深度报道，媒体发稿376篇，曝光量10.32亿次。开设“福建晋江”“NEST 2022在晋江争冠”两个带地标话题，实现新媒体阅读量约7.51亿人次，赛事关联话题6次冲上全国热搜榜。

WCBA（中国女子篮球甲级联赛）　2022年11月30日至12月26日，由中国篮协、晋江市政府主办，北京深篮体育联合主办，晋江市体育局承办的2022—2023赛季中国女子篮球甲级联赛（晋江赛区）在晋江市第二体育中心举行，有17支队伍参赛。比赛期间，有10多家网络直播平台全程直播，部分场次得到CCTV-5直播。此次比赛主体育馆依照NBA篮球赛事标准设计建设，设有训练馆、健身房，配套五星级标准晋江温德姆花园酒店，为球员训练、比赛和休养提供保障。

CBA（中国男子篮球职业联赛）　2022年9月28日，福建浔兴股份男子篮球队在晋江举办新赛季出征仪式，代表福建征战2022—2023赛季中国男子篮球职业联赛。根据赛程安排，新赛季分为常规赛和季后赛，常规赛设42轮，第一、二阶段仍为赛会制，第三阶段恢复主客场制，福建浔兴股份男篮主场设在晋江市体育中心祖昌体育馆。

（曾凯迪）

1月

3日，代省长赵龙赴晋江调研民营经济工作，主持召开企业家座谈会。省委常委、泉州市委书记刘建洋参加活动。

5日，晋江市被福建省城市建设品质提升工作组和福建省农村建设品质提升工作组联合评为2021年城乡建设品质提升综合绩效优异县(市)，是泉州唯一获评的县(市)。

5日，晋江市安海镇被列为2021年省级重点改善提升历史文化名镇。

7日，晋江市获评第一届(2019—2021年度)福建省全民运动健身模范县(市、区)。

7日，福建万贯仓储有限公司首次通过福建电子税务局申报并缴纳国有土地使用权出让收入1081.52万元，开出晋江市第一份国有土地使用权出让收入中央非税收入统一票据。

12日，副省长康涛到晋江调研农业农村工作。并实地走访福建省力豪现代农业有限公司、内坑镇长埔村。

13日，华侨大学研究生工作站授牌仪式在晋工机械举行，这是晋江市首个知名大学在企业设立的研究生工作站。

13日，晋江市首届博士后学术沙龙活动在海峡青年人才社区举办。

13日，晋江市煜亿机械阀业有限公司取得“建设工程规划许可证”，为晋江市首宗采用“告知承诺制”模式取得工程规划许可的项目。

14日，晋江市召开海洋灾害风险普查项目验收会。会上，验收组一致同意项目通过验收，标志着晋江市完成首次海洋灾害风险普查。

14日，晋江市科技馆入选2022年福建省优秀科普教育基地建设项目。

16日，新塘街道乡贤、安踏集团王文默、王明珠伉俪向晋江市慈善总会捐赠港币1亿元。

16日，国际剑联2021—2022赛季女子花剑世界杯第二站，中国击剑队选手陈情缘(晋江磁灶)摘得女子花剑世界杯个人铜牌。

18日，晋江市人民法院入榜中央政法委第三届“四个一百”优秀政法新媒体评选榜单。

25日，晋江市中医院紫帽院区整体搬迁至新院区并投用。

25日，中国建设银行晋江分行“抵押快贷”业务授信新增突破1亿元，为全省建行首家完成一季度“抵押快贷”授信新增目标的二级分行。

1月，晋江市委、市政府印发《晋江市实施“重龙头、强品牌、铸链条”专项行动方案》，加快推动晋江产业高质量跨越式发展。

1月，晋江市五店市传统文化旅游街区入选文化和旅游部公布的首批国家级旅游休闲街区名单(公示)。

1月，晋江市市场监督管理局办理1起外观设计专利侵权纠纷案件。为晋江市知识产权快速维权中心审理庭设立后首次受理的专利侵权纠纷。

1月，省卫生健康委认定晋江市第二医院(晋江市安海医院)为三级综合医院。这是晋江市第二家三级综合医院。

1月，晋江市医院(上海市第六人民医院福建医院)开展首例体外膜肺氧合(ECMO)治疗。标志着晋江市医院(上海市第六人民医院福建医院)重症医学科抢救治疗技术取得重大突破，填补晋江市医院ECMO技术的空白。

2月

9日，省委常委、泉州市委书记刘建洋带队到晋江，实地调研第18届世界中学生运动会赛事筹办进展，对下阶段工作再动员、再部署。

10日，晋江市首个社区“离退休党员工作室”——华泰社区离退休党员工作室揭牌。

16日，福建省影视文化传媒行业协会拍摄基地揭牌仪式暨晋江市影视产业文化沙龙在梧林传统村落举行。

18日，“云端赋能 数智晋江”——晋江市数字经济发展三年行动启动暨项目签约大会在晋江金玛国宾酒店国宴厅举行。

18日，华为(晋江)工业互联网云孵化中心揭牌，数字化展厅开放。

22日，全国高新技术企业认定管理工作领导小组办公室发布2021年福建省第一批、第二批高新技术企业国家备案名单，晋江市203家企业入围。

26日，中央广播电视总台《2021城市营商环境创新报告》发布。晋江经济开发区“双零”服务(服务企业零距离、服务项目零收费)作为泉州市营商环境创新实践典型做法入选，成为2021年度全国41个创新案例之一。

28日，依托晋江市百亿级“晋金私募汇”基金集聚区，晋江市创投与股权投资协会成立。

28日，晋江市东石镇“闽晋渔巡09001”船入列暨首航仪式在东石镇第一社区旧码头举行。该船为晋江首艘集渔政、海监、渔港管理于一身并具有一定港口消防救助功能的镇级执法船。

2月，泉州支点投资合伙企业(有限合伙)执行事务合伙人陈先生在晋江市行政服务中心领取外商投资合伙企业营业执照，这是泉州地区发放的首家内资转外资有限合伙企业营业执照。

2月，福建省政府公布第七批省级非物质文化遗产代表性项目名录，晋江磁灶窑陶瓷烧制技艺入选传统技艺代表性项目。

3月

3日，晋江印发《“‘晋江经验’20周年”活动实施方案》《开展解放思想大讨论活动的实施方案》《晋江市“开放招商科技创新项目落地攻坚年”活动方案》《晋江市“城市品质提升年”活动方案》《晋江市“工业(产业)园区标准化建设推进年”活动方案》《晋江市工业(产业)园区标准化建设三年行动方案》《晋江市“世中运举办年”活动方案》。

4日，晋江一中、养正中学被确定为福建省首批示范性普通高中。

8日，省委常委、常务副省长郭宁宁率队到晋江市调研，实地调研渠梁电子有限公司。

8—22日，为期14天的“梧林南洋文化节——新加坡娘惹文化季”在晋江市梧林传统村落启动。来自新加坡、菲律宾、柬埔寨、越南等国家和地区的100多名华侨华人体验“娘惹的一天”。

9日，中国文化管理协会电子竞技管理委员会与晋江市政府全面战略合作签约仪式在北京举行。

30日，晋江市科技馆获评“2021—2025年第一批全国科普教育基地”。

3月，中国工商银行晋江分行为福建百宏聚纤科技实业有限公司办理600多万美元贷款，通过配套办理利率互换业务锁定财务成本，为福建省首笔挂钩美元SOFR外币利率掉期业务。

3月，晋江市出台《晋华公司留才房购房政策》《晋江市集成电路产业高端人才社区人才房优惠购房政策》，统筹保利上城300套人才房定向园区企业，符合条件的人才可直接购买，无须租满5年，解决人才购房刚需。

4月

16日，晋江公布2022年春季复课时间为4月22日起，全市将采取分段、分期、分批的形式恢复线下教学。

21日，省委常委、统战部部长王永礼率队到晋江市调研民营经济工作。

26日，副省长康涛率队到晋江市调研渠梁电子有限公司。

29日，泉州市退役军人和其他优抚对象优待证首发仪式在晋江举行。

29日，省委书记尹力率队到晋江市调研，实地调研三六一度(中国)有限公司、渠梁电子有限公司渠梁电子封装测试项目复工复产情况并看望慰问科研人员。

29日，泉州市委常委、组织部部长，泉州市总工会主席卢秀萍，晋江市委常委、组织部部长，晋江市总工会主席陈友爱为安踏(中国)有限公司颁发2022年全国五一劳动奖状。

4月，中央文明办印发关于2021年全国文明城市年度测评结果通报，公布307个全国文明城市(区)和127个地级以上提名城市(区)年度测评成绩，晋江市通过2021年全国文明城市年度测评。

4月，“晋江市书法创作基地”获评省委宣传部、省文联评选的“福建省新时代特色文艺示范基地”。

5月

4日，晋江太平洋深沪港区首次开通欧洲航线，“博威(BORE WAY)”轮装载近4000件花岗岩石制品，从深沪港区运往鹿特丹、汉堡。

5日，晋江市“党建＋”邻里中心建设工作推进会暨2022年首届“五五邻里节”开幕式举行。

10日，福州大学与晋江气电公司联建的国内首个校企合作海洋试验平台——海洋环境暴露试验站在晋江落地。

19日，第七届SportIN体育产业大会暨体育BANK颁奖盛典在线上举行，晋江市第二体育中心入选“2021年度最佳体育场馆案例”。

19日，晋江养正中学林梅芳在第19届法国诺曼底世界中学生运动会中夺得击剑项目女子重剑金牌。

19日，《中国古镇(四)》特种邮票首发式在晋江安海镇安平桥景区举行。《中国古镇(四)》特种邮票中有1枚邮票图案名称为福建晋江安海镇。

24日，省政协副主席薛卫民率调研组到晋江开展“深化我省医改工作，推动‘三医联动’深入发展”专题调研，实地考察晋江市医院(上海六院福建医院)。

26日，晋江市召开梅岭中片区项目实施动员部署会议，拉开梅岭中片区项目征迁序幕。

5月，百宏聚纤入选大连商品交易

所乙二醇指定厂库，为晋江市企业首次获得大宗商品期货交割厂库资质。

6月

2日，省政协副主席洪捷序率队到晋江市开展提升福建制造数字化水平、加快制造强省建设课题调研。同时到安踏982创动空间、柒牌时装科技股份有限公司、华宇公司等地调研。

2日，晋江市“乡贤＋”同心圆项目启动仪式暨招商项目推介会在泉州（晋江）国际人才港举行。

2—5日，第31届泉州（晋江）汽车展览会暨首届新能源汽车展览会在晋江国际会展中心举办。展会汇集德系、美系、法系、日系、韩系及国产车等70多家主流汽车品牌、700余款车型，展出规模3万平方米。产生5100多辆汽车订单，成交额近15亿元。

6日，晋江市举行“调解＋慈善”启动仪式，作为晋江市平安行公益慈善基金会子项目，获得启动金1000万元。晋江市平安行公益慈善基金会先后启动“执行＋慈善”“未检＋慈善”“警务＋慈善”“调解＋慈善”4个项目，救助困难群众75起，发放慈善救助金154.5万元。

10日，中国古陶瓷学会磁灶窑研究中心揭牌仪式在世界遗产点磁灶窑址（金交椅山窑址）举行，为福建首个、全国第三个地方窑口研究中心。

10日，副省长李德金率队到福州大学晋江科教园调研。

14日，晋江市稀有血型协会成立，协会“熊猫人”200余人组建流动恒温血库，随时在线、随时待命、随时献血挽救生命。该协会是福建省第一个、全国第十个稀有血型协会。

14日，省委副书记罗东川到龙湖镇调研金门供水工程对台交流基地建设情况。

15日，晋江市公证处陈埭便民工作站运行。这是晋江市公证处首个镇级工作站。

17日，晋江金交椅山窑址被福建省文物局公布为第二批省级考古遗址公园并授牌。该次获评第二批省级考古遗址公园的遗址有3处，泉州仅晋江1处。

18日，晋江梅岭街道许厝农贸市场开业。该市场占地约5000平方米，是晋江建成的最大的农贸市场。

19日，“亲亲闽台缘”两岸“非遗”文化嘉年华、晋江市2022年文化体育旅游节暨文化和自然遗产日活动启动仪式在晋江市文化中心举行。

19日，福建省教育厅批复同意设立福州大学晋江校区，开启晋江校区办学新纪元。

24日，卡尔美“体总杯”福建省首届城市篮球联赛在晋江市体育中心祖昌体育馆开幕。

27日，晋江市人民法院举行司法崇军拥军工作室揭牌仪式。

29日，在平安福建建设表彰大会暨更高水平的平安福建建设工作会议上，晋江市被授予福建省2017—2020年度平安建设示范县（市、区）称号。

30日，2022年晋江市“智造融合·数创未来”企业创新发展大会在晋江市委党校召开。由晋江市政府主导，国有企业出资设立，总规模50亿元的晋江市产业发展母基金在会上成立。会上还出台《晋江市支持产业数字化转型升级十二条措施》，支持企业数字化转型升级，最高补助限额100万元。

6月，财政部公布全国首批中央财政支持普惠金融发展示范区名单，晋江市入选，并获中央财政奖补资金1000万元。该批次福建有四个地方入选中央财政支持普惠金融发展示范区，晋江是省内唯一入选的县级市。

7月

4日，晋江市首家“爱心助残驿站”揭牌。

5日，省委常委、泉州市委书记刘建洋率队到龙湖调研百宏集团。

7—8日，中共中央政治局常委、国务院总理李克强到池店镇安踏集团晋江考察。

8日，纪念“晋江经验”提出20周年企业家座谈会在福州召开。省政协主席崔玉英主持会议并讲话。全国政协经济委副主任马建堂致辞。省委常委、统战部部长王永礼出席并讲话。

9日，晋江市首个村级房东协会——晋江市陈埭镇湖中村房东协会成立。

11—12日，省政协副主席林钟乐率调研组到晋江市就“晋江经验”全国政协重点提案办理协商活动开展前期调研，参观晋江经验馆、中国科学院海西创新研究院，调研安踏集团、恒安集团、百宏集团、利郎公司等民营企业。

11—13日，2022年福建省青少年人工智能大赛在晋江市举行，来自全省各地的652支代表队、852名选手参赛。

13日，“买全球 卖全球”——2022晋江跨境电商创新发展大会在晋江国际会展中心举行。

13日，晋江产业数字化转型工作现场会在晋江市召开，副省长康涛出席并讲话。晋江市政府、安踏物流与来自福州、厦门、漳州、三明、莆田、宁德等地的相关企业代表进行交流发言。

13—14日，“海丝芯城 数创未来”集成电路分析测试及关键材料装备技术研讨会在晋江市召开，中国科学院院士、物理化学家姚建年，中国半导体行业协会副会长刘源超，福州大学党委书记陈国龙，以及行业代表、高校专家、企业代表、创投代表共100余人参会。

15日，晋江市首个新时代文明实践示范基地在国网晋江市供电公司揭牌。

16日，以“拓局赢变，科技向未来”为主题的第十四届全国皮革科学技术会议暨第25届中国皮革协会科技委员会年会在晋江市召开。

18日，晋江五店市获评“第二批国家级夜间文化和旅游消费集聚区”。

21日，《龙园村志》发行仪式在龙

湖镇龙园村史馆举行。这是晋江首部出版的村志。该书由海峡书局出版社出版发行。

27日，省委常委、泉州市委书记刘建洋带队到晋江市调研帮扶重点企业。

28日，晋江市19个镇(街道)便民服务中心全部开放医保经办服务业务，实现全市所有镇(街道)经办服务窗口全覆盖。

28日，中国侨联确认第十批92个“中国华侨国际文化交流基地”，晋江梧林传统村落名列其中，是晋江市唯一入选单位。

7月，晋江市入选国家知识产权局公布的第一批知识产权纠纷快速处理试点地区。

8月

3日，中央统战部副部长，全国工商联党组书记、常务副主席徐乐江率队到位于晋江市内坑镇的恒安智能化生产用品有限公司调研。

4日，晋江市发布《晋江市现代产业体系人才认定和团队评审及政策支持办法》《晋江市现代产业体系人才目录图谱》《关于集聚高校毕业生来(留)晋创业就业的若干措施》。

4日，第七届海峡两岸(晋江金井•围头)七夕返亲节在晋江金井镇开幕。

4日，金门供水工程(取水泵站及陆地管道部分）获2022年度福建省“闽水杯”水利优质工程奖(金奖)、优秀水利水电工程设计金奖。

11日，省委常委、组织部部长邢善萍率队到晋江市调研晋华集成电路有限公司。

12日，省委常委、泉州市委书记刘建洋率队到晋江市调研工业（产业)园区标准化建设，实地调研集成电路小微工业园区项目。

16日，泉州市委、市政府在晋江市举行“晋江经验”20周年招商签约大会。

17日，“2022年晋江市—福州大学科技成果对接会暨高水平科研平台推介会”在福州大学晋江校区举行。

19日，福建省弘扬“晋江经验”促进民营经济高质量发展大会举行，大会在福州设主会场、在泉州晋江设分会场。省委书记、省人大常委会主任尹力出席大会并讲话。

19日，“晋江经验”与习近平经济思想理论研讨会在福州召开。研讨会由福建省委和人民日报社共同举办。

24日，国家知识产权局公布首批48个国家知识产权强县建设示范县，全省有3个县(市、区)入选，晋江市名列其中。

26日，晋江新智造产业园项目交地，项目业主当天从晋江市自然资源局工作人员手中一次性拿到土地出让合同、建设用地规划许可证、不动产权证书和建设工程规划许可证等手续，该宗项目成为晋江市施行“交地即交证”“拿地即开工”模式后，首宗带建筑设计方案出让并实现“四证同发”的工业项目。

26—27日，晋江籍运动员林婧雯参加在越南胡志明市举行的2022年亚洲跆拳道青年锦标赛，获女子49公斤级冠军，这是泉州首枚国际跆拳道大赛金牌。

31日，福建高级人民法院党组书记、院长金银墙，党组副书记、副院长欧岩峰，泉州中级人民法院党组书记、院长姚丽青到磁灶法庭调研指导工作。

8月，科技部公布首批创新型县(市)验收通过名单，晋江市与福清市一起成为省内2个上榜县(市)，建设主题为“科技支撑产业发展”。

9月

1日，在泉州海关监管下，从印度尼西亚进口的2.1万吨卷钢运抵晋江围头港区并迅速进入港区建发公共保税仓库，标志着围头港区公共保税仓库和出口监管仓库启用。

1日，晋江新奥智能运营中心投入使用，标志着晋江燃气迈入安全数智化时代。

13—14日，全省乡村“五个美丽”建设现场推进会在晋江市召开。

15日，省政协副主席、省工商联主席王光远率队到晋江市开展民主监督调研工作，实地调研龙湖百宏集团。

16日，晋江市芯海电子科技有限公司通过挂牌方式竞得泉州市首宗历史围填海项目海域使用权，成交价1.62亿元。该宗用海项目海域使用权招拍挂的落地，实现晋江市海域使用权从行政审批到市场化配置“零”的突破，填补晋江市海域招拍挂领域的历史空白，标志着晋江市海域资源迈向市场化配置时代。

20日，省委常委、泉州市委书记刘建洋到晋江市调研“1+3”专项行动推进落实情况。

26日，2022中国机器人大赛暨RoboCup机器人世界杯中国赛新闻通气会在晋江市举行。

28日，晋江市召开“传承弘扬‘晋江经验’解放思想再出发”研讨会。

9月，兴业科技博士后科研工作站通过评估。为晋江市首家设在企业的博士后工作站。

10月

3日，中国建设银行晋江分行与泉州轻工职业学院签约《设备更新改造贷款合同》，为全省建行系统首笔与民办学校签约的合同。

12日，晋江市政协举行首批政协委员基层联系点揭牌仪式，并实地考察指导各联系点建设情况。首批4个政协基层联系点，分别为许厝社区联系点、文化艺术界委员联系点、晋江经济开发区职工法律服务一体化基地联系点、妇联界委员联系点。

13日，中国泉州—俄罗斯远东航线围头港首航暨“沃德菲泉州”轮命名仪式在晋江围头港举行。

24日，晋江市快递行业工会联合会成立暨第一次会员代表大会在晋江邮政分公司召开，来自全市20个快递品牌法人企业的47名职工代表参加会议。

28日，全省首家镇级“24小时自助车管所”在池店试运行。

29日，泉州市市长、市林长蔡战胜带队到晋江开展林长巡林暨督导互花米草除治攻坚行动。

10月，晋江市召开泉州市“蓝色海湾”综合整治行动项目(泉州湾海域)验收会，同意项目通过县级验收。

11月

1日，晋江市不动产登记中心发放首本“一证一码”不动产权证。

3日，晋江市入选国家进口贸易促进创新示范区，为泉州首个、该批次福建唯一。

3日，2022福建(晋江)石墨烯大会在晋江市举行。

10日，晋江市“资本＋空间”赋能产业发展大会召开。

10日，省委副书记、政法委书记罗东川率队到晋江市调研，实地调研胜科纳米(福建)有限公司、渠梁电子有限公司、集成电路小微工业园项目。

11日，副省长李建成率队到晋江市调研，实地走访晋江国际鞋纺城、华昂公司。

16日，晋江市磁灶镇获评“中国陶瓷名镇•磁灶”。

17日，金井镇入选福建省文化和旅游厅发布的2022年福建省“全域生态旅游小镇”名单。

18日，2022 NEST全国电子体育大赛年度总决赛开幕式在晋江市举行。比赛为期3天。

18日，以晋江陆地港片区为主体的泉州商贸服务型国家物流枢纽入选2022年国家物流枢纽建设名单。

21日，中国足球协会超级联赛中立赛区在晋江市足球训练中心体育场开赛，至12月31日结束，有16支球队进行22场次比赛。

23日，福建省人民政府发展研究中心发布2022年度福建省县域经济实力“十强”县(市)、经济发展“十佳”县(市)和城市发展“十优”区评价结果，晋江市登上经济实力“十强”县(市)首位，连续29年领跑福建县域经济。

26日，联合国教科文组织亚太地区文化遗产保护奖公布，“南天寺石佛造像和摩崖石刻之南天寺保护修缮项目”获优秀奖。

26日，由中央广播电视总台与文化和旅游部联合摄制的大型文旅探访节目《山水间的家》摄制组走进金井镇围头村，讲述围头鲍鱼产业发展故事。

28日，中央全面依法治国委员会办公室公布第二批全国法治政府建设示范市(县、区)，晋江市榜上有名。

30日，由中国篮协、晋江市政府主办，北京深篮体育联合主办，晋江市体育局承办的2022—2023赛季中国女子篮球联赛(晋江赛区)在晋江市第二体育中心举行。比赛持续至12月26日，有17支队伍参赛。

11月，在晋江市九十九溪池店段发现7只豆雁。

12月

10日，池店镇成立晋江首个镇级流动党员兼合党委。

13日，省委常委、省纪委书记、省监委代理主任迟耀云带队到晋江市调研，实地察看晋江经验馆、安踏公司。

14日，晋江市省级节水型社会建设通过省级(省水利厅水资源管理处和技术审核组)验收。

15日，“晋江经验”20周年成就图片展揭展仪式在晋江市博物馆举行。图片展分为“前言”“孕育”“笃行”“弘扬”“结语”5个篇章，收录图片357张，辅以文字解说，从经济、政治、社会、文化、生态环境等角度，反映泉州、晋江20年间传承弘扬“晋江经验”的历程和系列成就。

17日，副省长李建成率队到龙湖镇调研金门供水工程，实地参观龙湖泵站观景平台、两岸通水交流中心和福建向金门供水展厅。

18日，晋江慈善总会成立20周年，累计募集善款43.57亿元，在全国县级民间慈善基金规模中列首位。

19日，晋江市委编办批复成立晋江市长期护理保险服务中心，为全国首个县级事业编制的长期护理保险专门机构。

21日，省委统战部在晋江市举行第16期“同心•半月座谈”，围绕“知侨为侨•团结聚力——以中共二十大精神引领涉侨服务工作提质增效”主题交流研讨。省委常委、统战部部长王永礼主持会议并讲话。

27日，国家体育总局公布第一批全民运动健身模范市(区)和全民运动健身模范县(市、区)名单。其中，晋江市被授予“全民运动健身模范县(市、区)”称号，是全省唯一获该荣誉的地区。

28—30日，2022中国上市公司高峰论坛在晋江市举办。

12月，东石镇白沙水产品加工二厂被认定为省级农业国际贸易高质量发展基地。

12月，晋江东石凭借胡萝卜特色农产品获2022年度大国好货“一县一品”称号。

12月，晋江三伍微电子有限公司、福建信同信息科技有限公司获批国家高新技术企业。

12月，国家体育总局体育文化发展中心发布“2022中华体育文化优秀项目”名单，晋江安海“水上掠鸭”上榜，安海“水上掠鸭”连续两年入选中华体育文化优秀项目。

12月，传承弘扬“晋江经验”的现实题材文艺作品——35集大型电视连续剧《爱拼会赢》获中共中央宣传部表彰为第十六届精神文明建设“五个一工程”优秀作品。是泉州获得“五个一工程”奖的首部电视剧。

自然环境

【位置和面积】 晋江市地处福建省东南沿海，位于北纬24°30′44″—24°54′21″、东经118°24′56″—118°41′10″。东濒台湾海峡，西和南安市接壤，南与金门县隔海相望，北同鲤城区、丰泽区毗邻，东北与石狮市相连，境内陆地面积649平方千米；三面临海，海岸线长121千米，海域面积957平方千米。

【地质地貌】 晋江市地质属闽东滨海加里东隆起带。地势由西北向东南倾斜。地貌以台地平原为主，丘陵多为低丘，呈条带状或弧丘状分布。西北部的紫帽山海拔517.8米，为境内最高峰。海拔100—300米的罗裳—灵源和灵秀山脉分别纵贯中部东西。福建省第三大河流——晋江，流经东北部，与横贯市境的支流九十九溪于泉州湾汇合入海。流域一带的晋东平原是泉州市最大的冲积平原，土地肥沃，河网密布，为水稻主要种植区。中部及南部广大地区丘陵起伏，多属侵蚀剥蚀台地，为甘薯、花生、大豆主产区。湖泊分布在滨海一带。东部的龙湖、虺湖是福建著名的淡水湖。海岸曲折，多港湾、岛礁，海岸线长，主要港湾有泉州湾、深沪湾、围头湾。

（方 文）

【气候】 2022年，晋江市气温起伏大，降水分布不均，极端天气气候事件频发。雨季雨多涝重，夏秋季高温少雨极端性强，气象干旱发展迅速，台风影响轻。全市年平均气温21.2℃，比2021年低0.8℃；年降水量1315.3毫米，比常年偏多34.7毫米；年日照时数2339.8小时，比常年偏多284.2小时。年内经历3次低温过程、14次高温、6场强对流和4场暴雨过程，3个台风影响。

2022年，晋江市主要气候特点：汛期连续性暴雨持续时间长。6月全市平均降水343.3毫米，比历年同期偏多66%。6月6日傍晚至17日，晋江市出现持续性强降水过程，其中7—8日、11日、15日部分镇（街道）出现暴雨。统计6日16时至17日20时降水，有16个站点超过300毫米，以西园街道霞浯社区363.7毫米为最大，晋江国家气象观测站332毫米。高温过程多，持续时间长，极端高温强。8月，35℃以上高温日数10天，与历史同期纪录持平。夏秋季气象干旱持续发展，持续时间长，范围广，强度大：自7月后高温少雨，晋江市气象干旱发生发展。至10月全市普遍达到中旱到重旱。10月下旬开始降水逐渐增多，旱情逐步缓解。台风影响较小。全年有3个台风影响晋江市，与常年（5.3个）相比偏少，影响偏轻。影响台风分别为2203号台风“暹芭”、2220号“纳沙”和2222号“尼格”。

（杨舒琳）

【主要气候事件及其影响】 2022年，晋江市气象灾害较为严重。主要灾害性天气有强对流、暴雨、台风、强冷空气、高温、干旱、大雾，以强对流、暴雨、台风和强冷空气造成的气象灾情为重。

强对流 2022年，晋江市出现6次强对流过程，其中春季1次、夏季5次。春季冷空气较为活跃，强对流过程主要出现在5月13日。夏季强对流天气主要出现在7月3—4日、6日，8月1日、7日、28日。5月13日，受低层切变和西南急流影响，晋江市普降大雨，部分地区暴雨。统计12日20时至13日20时最大小时雨量，有5个镇（街道）降水量超过50毫米，分别为陈埭镇、梅岭街道、磁灶镇、内坑镇、罗山街道，最大为陈埭镇56.2毫米。7月3日，受台风“暹芭”外围环流影响，晋江市出现暴雨，统计2日20时至3日20时降水量，全市有9个镇（街道）降水量超过50毫米，最大为池店镇80.3毫米。7月4日，受台风“暹芭”减弱后低压外围环流影响，全市小雨到中雨，局地伴有雷雨大风，其中晋江本站极大风18.2米／秒（8级）。7月6日，受西南急流影响，晋江市暴雨，局部大暴雨。统计5日20

时至6日20时降水量，晋江市有18个镇（街道）降水量超过50毫米，其中3个镇（街道）超过100毫米，最大为深沪镇140.0毫米。8月1日，受低层偏东气流影响，午后多阵雨或雷雨等强对流天气。统计7月31日20时至8月1日20时降水量，全市有2个镇（街道）降水量大于25毫米，其中以西园街道27.5毫米为最大。8月7日，受低层偏东气流影响，全市有小雨到中雨，部分有大雨。统计6日20时至7日20时降水量，全市2个镇降水量大于25毫米，以安海镇37.4毫米最大。8月28日，受偏东气流影响，白天全市大部分镇（街道）出现阵雨或雷阵雨，局部大雨。统计27日20时至28日20时最大小时雨强，全市有1个镇降水量大于25毫米，为紫帽镇28.2毫米。

暴雨　2022年，晋江市出现4次暴雨过程，主要出现在2月3日、5月13日、6月6—7日、6月11—16日。其中有1次冬季暴雨过程。汛期连续性暴雨持续时间长，降水强度较强。2月3日，受高空槽和低层切变影响，晋江市出现大雨到暴雨。统计2日20时至3日20时累计降水，全市有18个镇（街道）超过25毫米，其中2个镇（街道）超过50毫米，以紫帽镇53.9毫米为最大。5月13日，受低层切变和西南急流影响，全市出现大雨，部分镇（街道）有暴雨。统计12日20时至13日20时累计降水，全市有15个镇（街道）降水量25毫米以上，其中有5个镇（街道）超过50毫米，以陈埭镇56.2毫米为最大。6月7日，受低层切变影响，全市出现大雨，部分镇（街道）有暴雨。统计6月6日20时至7日20时累计降水量，全市有15个镇（街道）降水量25毫米以上，其中有2个镇（街道）超过50毫米，以永和镇50.5毫米为最大。6月11—16日，受冷暖气流交汇影响，晋江市出现持续性暴雨过程。统计10日20时至16日20时累计降水，全市有19个镇（街道）降水量100毫米以上，以西园街道226.4毫米为最大。

台风　2022年，影响晋江市的台风3个，与常年（5.3个）相比偏少，影响偏轻。分别为2203号台风“暹芭”、2220号“纳沙”和2222号“尼格”。2022年第三号台风“暹芭”于6月30日上午在南海洋面生成，夜间由热带风暴级加强为强热带风暴级，7月2日8时加强为台风级。7月2日15时，“暹芭”在广东电白沿海登陆，是2022年首个登陆中国的台风，登陆时中心附近最大风力12级（35米／秒），登陆强度为1991年以来初台登陆强度第四强。“暹芭”登陆后向北移动，7月4日早晨位于广西东北部，强度进一步减弱，7月4日8时，停止编号。受台风“暹芭”影响，7月2—3日晋江市普降中雨到大雨，局部暴雨。其中3日出现暴雨，9个镇（街道）超过50毫米，最大为池店镇80.3毫米。统计台风影响期间（6月30日20时至7月4日20时）累计降水，全市有12个镇（街道）超过50毫米，6个镇（街道）超过100毫米，最大为紫帽镇108.3毫米。7月4日晋江本站极大风18.2米／秒（8级）。2022年第20号台风“纳沙”于10月15日14时生成，经南海东北部海面，18日5时中心位于海南省三沙市东北方向约285千米的南海海面上，中心附近最大风力14级（42米／秒，强台风级），后向西偏南方向移动，逐渐向海南岛南部一带沿海靠近。10月18日11时中心附近最大风力14级（42米／秒，强台风级），中心最低气压955百帕，中心离开福建省警戒区，对福建省影响结束。受台风“纳沙”影响，晋江市出现大风天气，统计10月17日20时至18日20时，晋江市出现7—9级阵风，最大阵风为晋江崎山本站9级（22.9米／秒）。第22号台风“尼格”10月27日8时在菲律宾以东洋面上生成，以每小时15—20千米的速度向西偏北方向移动，强度逐渐增强，28日20时加强为强热带风暴级，29日5时30分前后在菲律宾吕宋岛东南部沿海登陆，自东向西越过菲律宾吕宋岛，于30日凌晨进入南海中东部海面，30日夜间转向北偏西方向移动，31日8时加强为台风级，11月1日22时减弱为强热带风暴级，11月2日17时减弱为热带风暴级，减弱后的热带低压于11月3日4时50分前后在广东珠海香洲区登陆，登陆时中心附近最大风力7级，中心最低气压1003百帕，之后在广东中南部地区进一步减弱，中央气象台于3日8时对其停止编号。受冷空气和“尼格”共同影响，10月28日夜间起晋江市出现大风天气，10月29日至11月2日有明显大风天气，出现7—9级阵风，最大阵风为灵源街道9级（24.3米／秒）。10月31日至11月3日，晋江市有小雨。

低温　暖冬冷空气虽然频繁，但强度较弱。2022年冬季（2021年12月至2022年2月）季平均气温正常。季内冷空气活跃：季前期出现多次冷空气降温过程，气温偏低，先后出现在2021年12月1—2日和12月25—27日；季后期冷空气频繁，强度较弱，气温明显偏高，但2022年2月19—21日晋江达强冷空气标准。2022年春季（2022年3—5月）季平均气温正常，5月全市气温异常偏低，全市平均气温21℃，偏低2.6℃，为1961年以来历史同期最低。2021年11月30日起受冷空气影响，出现降温大风天气，11月30日至12月2日过程降温6—8℃，过程最低气温出现在12月1日早晨，低至9.5℃，沿海出现8—9级东北大风。2022年1月30—31日受冷空气影响，沿海出现8—9级东北大风，气温下降，31日达较强冷空气标准。2月19—25日受冷空气影响，沿海出现8—10级东北大风，20日气温大幅下降；21日晋江最低气温3.1℃，创入冬后新低，达到强冷空气标准；22日气温回升，冷空气趋于结束；21—23日达低温阴雨过程标准。

高温　2022年，晋江市高温过程多，持续时间长，极端高温强，全年有14次高温过程，分别为夏季10次和秋季4次。其中夏季高温过程具有持续时间长、范围广、局地强的特点。高温天气主要出现在6月23—24日、28日、30日，7月9—17日，7月21日至8月1日，8月1日、6日、9日、11—18日、21—27日，9月3—4日、12—15日、18日、10月1—4日。其中，8月内气温≥35℃的高温日数10天，居历史同期第一位；8月内气温≥35℃的连续高温日数有4天，连续高温日数居当地历史同期第一位。

干旱　2022年，晋江市降水分布时空不均，干旱主要出现在前冬季和夏秋季。其中7月起高温少雨，晋江市气象干旱持续发展，呈现持续时间长、范围广、强度强的特点。2021年12月上、中旬，持续少雨导致秋冬气象干旱持续，晋江达中旱；12月20日，出现全市性阴雨天气，气象干旱有所缓解；12月21日，受台风“雷伊”和冷空气的影响，晋江市普降大雨，全市气象干旱全面缓解。2022年1月2—22日，全市无有效降水，气象干旱再度发展，晋江达气象中旱。1月21日，全市普降小雨，气象干旱全面缓解。7月后高温少雨，晋江市气象干旱发生发展。根据福建气象干旱风险监测方法，此次全市性气象干旱开始于8月中旬，10月中旬旱情最严重，全市普遍达到重旱。10月下旬开始降水逐渐增多，旱情逐步缓解，11月24日起全市气象干旱解除。

大雾　晋江市春季多连续性大雾天气：2022年春季出现大雾或浓雾天气8天，多为雨雾带来的低能见度。春季能见度≤500米的浓雾天气主要出现在3月25—26日、5月12—13日、5月25—30日。3月25—26日，受暖湿气流影响，全市出现大雾天气，大部分镇（街道）最小能见度不足500米。5月12—13日夜晨，部分镇（街道）出现大雾天气，12日夜间晋江能见度140米；25—26日夜晨，部分镇（街道）出现大雾天气，晋江能见度120米；26—27日夜晨，部分镇（街道）出现大雾天气，晋江能见度530米；27—28日夜晨，部分镇（街道）出现大雾天气，晋江能见度130米；28—29日夜晨，部分镇（街道）出现大雾天气，晋江能见度460米；29—30日夜晨，沿海部分镇（街道）出现大雾天气，晋江沿海能见度300米；30—31日夜晨，沿海部分镇（街道）出现大雾天气，晋江沿海能见度350米。

沿海大风（冷空气）　2022年，晋江市沿海大风主要出现在冬春秋季，呈现日数多、持续时间长、强度强的特点，其中秋季冷空气与热带系统相互影响，沿海大风强度强。冬季季内冷空气大风主要出现在2021年12月1—2日、12月17日、12月25—28日，2022年1月6—8日、2月1—2日、2月19—25日。10月起冷空气活动频繁，受冷空气影响，沿海大风主要出现在10月5—8日、10月10—24日、10月28日、11月21日、11月23—24日、11月30日。

表1　**2022年1—12月晋江市气象要素及评价统计表**

月份	气温(℃)		降水量(毫米)		日照(小时)		最大风速(米/秒)	相对湿度(%)
	实况	评价	实况	评价	实况	评价		
1月	13.8	正常	43.9	正常	119.6	正常	12.0	74.0
2月	11.4	偏低	191.3	异常偏多	92.4	正常	12.4	81.0
3月	17.9	显著偏高	109.2	正常	228.1	异常偏多	11.6	78.0
4月	20.2	正常	9.4	异常偏少	271.1	异常偏多	15.6	68.0
5月	21.0	异常偏低	236.8	偏多	166.3	正常	12.7	81.0
6月	26.0	正常	343.3	显著偏多	204.0	正常	11.9	89.0
7月	28.9	正常	172.0	偏多	316.6	显著偏多	12.6	81.0
8月	29.4	正常	30.3	异常偏少	316.7	显著偏多	14.3	75.0
9月	27.9	正常	23.2	异常偏少	227.3	正常	12.6	65.0
10月	23.4	正常	4.8	异常偏少	163.6	正常	16.3	65.0
11月	21.1	偏高	122.9	异常偏多	118.8	正常	15.3	78.0
12月	13.4	显著偏低	28.2	偏少	115.3	正常	14.2	70.0

表 2

2022 年各季度晋江市气象要素及评价统计表

季度	气温(℃)		降水量(毫米)		日照(小时)		最大风速(米/秒)	相对湿度(%)
	实况	评价	实况	评价	实况	评价		
冬季	13.4	正常	273.2	显著偏多	378.7	正常	13.0	72.7
春季	19.7	正常	355.4	正常	665.5	异常偏多	13.3	75.7
夏季	28.1	正常	545.6	正常	837.3	异常偏多	12.9	81.7
秋季	24.1	正常	150.9	偏少	509.7	正常	14.7	69.3
全年	21.2	正常	1315.3	正常	2339.8	显著偏多	4.8	75.0

（杨舒琳）

【水文】 晋江市域河流除晋江、九十九溪外，其他溪河均发源于市域内的丘陵、台地，源短流促，且自成单元向东、向南独流入海。河道浅窄、河网密度大。河流流量、水位季节变化明显，春夏季溪河水量多、水位上涨，为丰水期，尤其7—9月受台风影响，流量激增，水位暴涨，在干旱季节则多为断流。晋江市域的湖泊中，龙湖、虺湖是境内两大淡水湖，也是福建省境内著名的淡水湖。

晋江市属亚热带海洋季风气候，多年平均降水量1240毫米，最丰年份与最枯年份降雨量之比各雨量站均在3倍左右。年最大降雨量2028.5毫米（1983年磁灶站），最小降雨量421毫米（2015年龙湖镇东溪水库站），降雨量年际变化和年内分布不均。多年平均径流深534毫米，径流年际变化较大，年内分配不均匀，汛期（4—9月）径流量占年径流量的80%。特别是梅雨季节和台风季节，短时间内雨量大，极易产生涝水，而春灌期水量只占年水量的10%左右，缺水现象严重。流域面积在20平方千米以上主要河流有九十九溪、梧垵溪、湖漏溪、阳溪、坝头溪和加塘溪等。2022年，全市降水总量正常，时空分布不均，局地性较强，据统计，年降雨量624.7毫米，折合年水量4.55亿立方米，比上年降雨量多3%，比多年平均少50.0%，属枯水年。

（蔡聪语）

【大气环境质量】 2022年，晋江市城市环境空气质量达到《环境空气质量标准》二级标准；空气质量优良以上天数363天，优良率99.4%；轻度污染天数2天，首要污染物为臭氧。空气质量综合污染指数2.19，比上年下降9.1%，环境空气质量居全省58个县（市、区）第38位。六项主要污染因子均优于国家环境空气质量二级标准，可吸入颗粒物、细颗粒物、二氧化硫、二氧化氮平均浓度分别为32微克/立方米、11微克/立方米、4微克/立方米、15微克/立方米，一氧化碳日均值第95%位数值为0.8毫克/立方米、臭氧日最大8小时值第90%位数值为123微克/立方米。其中，二氧化硫、一氧化碳与上年持平，可吸入颗粒物、细颗粒物、二氧化氮分别比上年下降13.5%、31.2%、16.7%，臭氧比上年上升9.8%。降水酸碱度在5.28—7.00，酸雨（酸碱度低于5.6）出现频率4.4%。

【水环境质量】 2022年，晋江市国控断面为晋江流域鲟埔断面，执行《地表水环境质量标准》Ⅲ类标准，2022年度监测频次12次，监测达标频次7次，全年水质达标率58.3%，年度水质符合Ⅲ类标准。省控断面为九十九溪乌边港桥，执行《地表水环境质量标准》Ⅳ类标准，2022年度监测频次6次，监测达标频次4次，全年水质达标率66.7%，年度水质符合Ⅳ类标准。晋江市饮用水水源地分为县级饮用水水源和乡镇饮用水水源。其中，县级饮用水水源为南高干渠（晋江段），乡镇饮用水水源为"三库一湖"（草洪塘水库、东山水库、溪边水库，龙湖），均达到《地表水环境质量标准》Ⅲ类标准，水质达标率100%。全市21条生态水域末端水化学需氧量平均浓度42毫克/升，比上年下降19.2%；氨氮平均浓度7.60毫克/升，比上年下降1.2%；总磷平均浓度0.76毫克/升，与上年持平。

【声环境质量】 2022年，晋江市设置交通噪声监测点位21个，昼间监测均值70.3分贝，道路交通噪声强度等级为三级，对应评价为一般。城市区域噪声设置监测点位128个，监测均值57.3分贝，城市区域环境噪声总体水平等级为三级，对应评价为一般。城市功能区噪声设置监测点位7个，昼间、夜间达标率均100%。

（王丹妮）

自然资源

【土地资源】 2022年，晋江市国土调查面积73403.35公顷。其中，耕地12717.74公顷，园地1197.89公顷，林地7274.47公顷，草地1952.64公顷，城镇村及工矿用地33127.86公顷、交通运输用地4441.33公顷、水工建筑用地177.87公顷，水域3509.36公顷，湿地7044.12公顷，其他土地1960.07公顷。

（张金前）

【矿产资源】 至2022年底，晋江市境内发现矿产12种，其中金属矿产2种，非金属矿产10种。优势矿产主要是饰面用花岗岩、建筑用石材、玻璃用砂和铸型用砂4种。其中深沪镇有一探明石英砂矿区（1986—1988年勘探），位于深沪湾海积一级阶地，为一大型优质玻璃砂、型砂矿床，石英砂总储量7534万吨（其中玻璃砂储量1671万吨、型砂5863万吨），分布面积6.51平方千米，尚未开发利用。另外，晋江市花岗石资源较为丰富，主要分布于永和、东石、英林、龙湖、金井等镇。开发利用的主要为饰面用花岗岩和建筑用石材。石材荒料的主要品种有巴厝白、清透白、陈山白、内厝白、东石白等5个品种，其中巴厝白、内厝白花岗石于1998年被评为"中国名特石材品种"。

（王玉志）

【海洋资源】 晋江市三面临海，陆域面积649平方千米，海域面积957平方千米，海岛35个，海域广阔，资源丰富；海岸线蜿蜒曲折，长约121千米，占泉州市的22.1%。主要功能区划中工业与城镇用海区面积4977公顷，港口航运区面积553公顷，旅游休闲娱乐区面积679公顷，保护区面积2917公顷。拥有泉州湾、深沪湾、围头湾和安海湾4个主要海湾，陈埭、安海、东石、英林、金井、龙湖、深沪、西滨镇8个沿海镇。

（周锦昭）

【林业资源】 2022年，晋江市土地总面积73403.35公顷，其中林业用地7900.1公顷，占全市土地总面积的10.76%。森林覆盖率9.17%。全市区划生态公益林面积1378.47公顷，占全市林地面积的17.45%。

【水资源】 晋江市境内水资源贫乏，多年平均水资源量3.22亿立方米。2022年，地表水资源量1.04亿立方米，地下水资源量0.38亿立方米，扣除重复计算量，全市水资源总量1.21亿立方米，人均水资源量58立方米，属于绝对贫水区，只能依靠外引晋江客水来弥补工业、农业、生活和生态用水需要。

（蔡聪语）

【水产资源】 晋江市海岸线长121千米，有滩涂面积0.7万公顷，10米等深线以内浅海面积1.16万公顷，内陆水域面积0.2万公顷。水生生物资源丰富，种类繁多。海洋捕捞的主要渔获种类有100多种，其中，经济价值较高的有带鱼、鲨鱼、海鳗、鲳、鲷、毛虾、梭子蟹、鱿鱼、乌贼等。浅海滩涂和陆上工厂化养殖的主要贝藻类有牡蛎、缢蛏、花蛤、鲍鱼、紫菜、海带、江蓠等。淡水鱼类有青鱼、草鱼、鲢鱼、鳙鱼、鲤鱼、鲫鱼、罗非鱼、胡子鲶、鲈鱼等20多种。海珍品有大黄鱼、石斑鱼、西施舌、鲍鱼、海参、日本对虾、青蟹等10多种。

（赖永铅）

人文历史

【建置沿革】 晋江历史悠久，新石器时代即是古闽人聚居地。春秋战国时，越人迁入，融合成为闽越族。西晋永嘉年间（307—313年），中原战乱，大批士庶南迁避乱，在这里沿江而居，称江为晋江。唐开元六年（718年），析南安县东南部置县，因地处晋江下游而得名。历来是泉州首邑。北宋太平兴国六年（981年），析东乡十六里置惠安县。南宋乾道七年（1171年）起，兼辖澎湖列岛；澎湖列岛至清康熙二十二年（1683年）划属台湾府。元时，属泉州路。明清时，属泉州府。民国元年（1912年），实行省、道、县三级建制，泉州府所领晋江等县属南路道。民国16年（1927年）废道，晋江县直属福建省。中华人民共和国成立后，晋江行政区域几经析变。1951年划出县城及部分近郊建立泉州市，县治南迁青阳镇；1958年和1971年分别划出部分与泉州近郊相邻地归泉州市管辖；1988年，划出石狮、永宁等乡镇设立石狮市。1992年3月6日，经国务院批准撤县设市。2001年，晋江市被列为福建省中等城市，是福建省综合改革试验区、加快闽东南开放开发、建设海峡西岸经济区的前沿区域。2003年11月，为适应建设中等城市的需要，加快农村城市化进程，启动行政区划调整和社区建设。撤销青阳、罗山2个镇建制，设立青阳、梅岭、西园、罗山、新塘和灵源6个街道。

（方　文）

【古代海上交通贸易】 晋江的发展，离不开港口的开放、国门的开放和与世界的经济交流。晋江地理条件优越，沿海港湾多，水陆交通便利。早在1000多年前的唐代，晋江入海口的泉州港就是中国对外贸易的四大港口之一。宋元时期，泉州港更加鼎盛，号称"东方第一大港"，是"海上丝绸之路"的起点之一，海外交通贸易直达东西大洋彼岸。海外贸易是晋江人走向海洋、走向世界的主要途径。他们的足迹遍布菲律宾、新加坡、泰国、印度尼西亚、越南、马来西亚、朝鲜、美国、日本等国家。宋元时期，晋江人从事海外贸易，市场十分活跃，使县城泉州成为当时国内屈指可数的大城市之一。海外贸易迅速发展，使晋江的农业、手工业获得较快发展。为适应海外交通贸易进出口物资的集散转运，晋江在两宋时期共造石桥90座，而以"天下无桥长此桥"闻名的安平桥（俗称"五里桥"）为最，因而有"闽中桥梁甲天下"之称。

【文化积淀】 晋江历史悠久，孕育丰富的文化，山川毓秀，人文荟萃，素享"声华文物、雄称海内""泉南佛国""海滨邹鲁"之美誉。晋人南迁到晋江后，中原文化即在晋江这块土地上扎根、衍化。海外交通贸易空前繁荣，招来四面八方商旅。中世纪的晋江县城，既是贸易大港，又是中外文化交流中心。外国商人及传教士把他们的文化习俗、宗教信仰传入晋江，使晋江文化既有中原古老文化遗风，又有外来文化痕迹相映交融的特色。出现既有中国古老的道教、汉化的佛教，又有阿拉伯世界的伊斯兰教、中亚的摩尼教、南亚次大陆的印度教和欧洲的基督教等多种宗教自传共存的盛况。境内拥有全国唯一、世界仅有的保存比较完整的摩尼教遗址——草庵。2021 年，“泉州：宋元中国的世界海洋商贸中心”申遗成功，晋江的草庵摩尼光佛造像、磁灶窑址（金交椅窑址）、安平桥等 3 个遗产点被列入《世界遗产名录》。在艺术方面，既保留中原文化遗韵又汲取闽南风土文化精华的南音、民间乐曲、舞蹈，以及木偶、梨园、高甲等戏曲，风靡海内外。海外贸易发展也促进晋江文教事业兴旺发达，使晋江人才辈出，历史上先后出现宰相 16 人、文状元 8 人、武状元 3 人、文武进士 1853 人。海洋文化造就晋江人勇敢拼搏、开拓创新、富于冒险的精神和强烈的商业意识、竞争意识、开放意识、创业意识。这种文化积淀，成为晋江最宝贵的历史财富，使晋江人更富有“敢为天下先”的改革创新精神，更注重于发展经济，更敢于面向世界、走向世界。

【华侨华人和台胞重要祖籍地之一】 晋江是全国著名侨乡之一。早在宋元时期，即有晋江人移居海外。在明朝中后期、鸦片战争时期、抗日战争期间、中华人民共和国成立前后 4 个时期，晋江人大量外迁，足迹遍及世界各地，侨居地区以东南亚为最。晋江素有“十户人家九户侨”“海内外 500 万晋江人”之说。晋江也是台湾汉族同胞的祖籍地之一。晋江与台湾一衣带水。历代迁居台湾宝岛者为数不少，世代相传，绵延不断，地理相近，语言相通，习俗相同，血缘相亲。

（方　文）

【行政区划】 2022 年，晋江市新塘街道新增晋新社区。全市设 6 个街道、13 个镇；399 个村（社区），其中社区居委会 106 个（街道直接管理的社区 79 个，镇辖社区 27 个）、村委会 293 个。

表 3

2022 年晋江市行政区划情况表

单位：个

街道（镇）名称	社区居民委员会和村民委员会			
	数量			名称
	总数	其中		
青阳街道	14	社区	14	高霞、普照、陈村、象山、阳光、锦青、莲屿、霞行、曾井、青新、青华、洪宅垵、永福里、晓升
梅岭街道	15	社区	15	岭山、许厝、竹树下、三光天、蔡厝、双沟、沟头、赤西、梅山、桂山、梅青、竹园、梅庭、碧山、晋阳
西园街道	11	社区	11	王厝、霞浯、小桥、屿头、苏塘、赖厝、官前、砌田、后间、车厝、烧厝
罗山街道	16	社区	16	福埔、罗裳、前沿、社店、苏内、苏前、梧垵、山仔、樟井、许坑、缺塘、梧桐、后林、下埔、华泰、兰峰
新塘街道	13	社区	13	沙塘、后洋、后库、杏坂、杏田、南塘、塘市、湖格、上郭、梧林、荆山、晋良、晋新
灵源街道	10	社区	10	灵水、曾林、大山后、大布林、小布林、林口、张前、英塘、林格、小浯塘
陈埭镇	26	社区	2	四境、江浦
		村	24	南霞美、梧埭、宫口、桂林、坊脚、西霞美、江头、溪边、岸兜、鹏头、西坂、花厅口、湖中、苏厝、大乡、涵口、横坂、霞村、涵埭、洋埭、庵上、海尾、仙石、高坑
池店镇	25	社区	1	桥南
		村	24	池店、新店、钱头、洋茂、赤塘、潘湖、溪头、古福、东山、大洲、溜石、营边、霞福、霞美、唐厝、华洲、旧铺、茂厝、屿崆、仕春、御辇、清濛、柴塔、浯潭
安海镇	42	社区	6	海东、鸿塔、东鲤、兴胜、复兴、安平
		村	36	安东、西安、型厝、可慕、社坛、梧埭、丙厝、后蔡、庄头、前埔、桐林、仁寿、下洪、坑边、瑶前、前林、下山后、前蔡、外曾、西溪寮、西边、曾埭、水后、桥头、西畲、梧山、山兜、西门、庵前、菌柄、上垵、后林、坝头、新店、前湖、赤店

续表 3

街道(镇)名称	社区居民委员会和村民委员会			
	数量			名称
	总数	其中		
磁灶镇	26	社区	2	磁灶、延泽
		村	24	湖头、大埔、下灶、前尾、洋宅、下官路、岭畔、苏垵、钱坡、井边、新垵、三吴、洋尾、坝头、大宅、瑶琼、官田、太昌、张林、东山、五龙、锦美、上厝、宅内
内坑镇	28	村	28	潘厝、亭顶、山头、白垵、深圳、湖内、后山、宅内、古山、东宅、下村、土垵、黎山、内湖、坑尾、加塘、内山尾、东村、吕厝、葛洲、长埔、砌坑、后坑、柑市、霞美、上方、前洪、黄塘
紫帽镇	9	社区	1	紫祥
		村	8	紫星、霞茂、紫湖、涪垵、塘头、洋店、湖盘、园坂
东石镇	34	社区	5	第一、第二、第三、第四、第五
		村	29	白沙、檗谷、郭岑、埔头、湖头、井林、萧下、龙下、永湖、东埕、金瓯、许西坑、大白山、平坑、大房、坑园、清透、洪塘、柯村、潘径、潘山、张厝、梅塘、梅峰、金泽、三乡、光渺、塔头刘、塔头孙
永和镇	24	村	24	坂头、山前、梨星、菌边、英墩、力争、上宅、古厝、永和、福田、玉溪、割山、后埔、旦厝、玉湖、茂亭、西坑、马坪、塘下、巴厝、内厝、周坑、邵厝、锦岭
英林镇	20	村	20	锦江、嘉排、湖尾、沪厝垵、英林、钞井、陈山、马山、高湖、玉坂、港塔、后头、龙西、清内、东埔、西埔、埭边、谢厝街、三欧、柯坑
金井镇	22	社区	2	金井、滨海
		村	20	古垵、埔宅、山苏、山头、玉山、丙洲、新市、三坑、石圳、溜江、福全、洋下、岩峰、围头、湖厝、塘东、南江、金井、钞岱、坑口
龙湖镇	42	村	42	新丰、后溪、内坑、鲁东、埔头、杆柄、石龟、秀山、新街、埔锦、梧坑、苏坑、衙口、南浔、前港、埭头、湖北、吴厝、锡坑、古盈、坑尾、后宅、枫林、福林、石厦、钞厝、洪溪、西吴、瑶厝、烧灰、南庄、龙埔、陈店、古湖、龙园、溪后、后坑、溪前、仓上、杭边、龙玉、曾厝
深沪镇	19	社区	7	狮峰、金屿、东垵、后山、璧山、南春、港阜
		村	12	首峰、华峰、群峰、东华、华山、浔光、华海、运伙、柳山、东山、坑边、科任
西滨镇	3	社区	1	海滨
		村	2	跃进、思进

（吴永庆）

人口　民族　宗教

【人口】 2022 年，晋江市户籍人口总户数 360688 户；总人口 1249083 人（男性 634084 人、女性 614999 人），比 2021 年增加 16611 人。其中，出生 11884 人，死亡 4664 人；迁入 22879 人（省内迁入 17899 人、省外迁入 4980 人），迁出 13434 人（迁往省内 11279 人、迁往省外 2155 人）。流动人口 1306858 人，比上年增加 142331 人，其中 2022 年新登记流动人口信息 1465457 人、注销 1323126 人。

表 4　**2022 年晋江市及各镇(街道)户籍人口及其性别构成情况统计表**

地区	户籍人口(人)	占户籍人口比重(%)	
		男	女
全市	1249083	50.76	49.24
青阳街道	68868	49.73	50.27
梅岭街道	76284	46.14	53.86
西园街道	42451	52.80	47.20
罗山街道	60941	51.30	48.70
新塘街道	38395	51.38	48.62
灵源街道	31379	51.75	48.25
陈埭镇	83633	51.11	48.89
池店镇	107104	47.35	52.65
安海镇	132428	50.28	49.72
磁灶镇	97943	52.85	47.15
内坑镇	72714	52.09	47.91
紫帽镇	18308	49.52	50.48
东石镇	108629	51.59	48.41
永和镇	71176	52.76	47.24
英林镇	47256	51.95	48.05
金井镇	56936	50.01	49.99
龙湖镇	83664	52.12	47.88
深沪镇	48977	51.00	49.00
西滨镇	1669	52.37	47.63
泉州出口加工区	150	45.33	54.67
晋江经济开发区	178	55.62	44.38

说明：数据统计基准日为 2022 年 12 月 15 日

表 5　**2022 年晋江市及各镇(街道)户籍人口年龄构成情况统计表**

地区	户籍人口数(人)	占户籍人口比重(%)		
		0—17 岁	18—59 岁	60 岁及以上
全市	1249083	23.28	60.48	16.25
青阳街道	68868	28.53	58.03	13.45

续表 5

地区	户籍人口数(人)	占户籍人口比重(%)		
		0—17 岁	18—59 岁	60 岁及以上
安海镇	132428	23.37	59.75	16.89
东石镇	108629	20.08	62.30	17.61
金井镇	56936	17.28	60.96	21.75
深沪镇	48977	16.59	62.28	21.13
磁灶镇	97943	21.65	61.83	16.52
陈埭镇	83633	20.10	62.88	17.01
池店镇	107104	34.48	54.21	11.31
罗山街道	60941	25.47	61.04	13.48
内坑镇	72714	21.85	60.88	17.27
永和镇	71176	19.55	63.82	16.63
龙湖镇	83664	17.00	63.10	19.91
英林镇	47256	18.76	62.59	18.65
西滨镇	1669	16.54	66.03	17.44
紫帽镇	18308	24.52	59.75	15.73
新塘街道	38395	20.10	62.07	17.84
梅岭街道	76284	36.98	53.73	9.29
西园街道	42451	21.19	62.58	16.23
灵源街道	31379	23.04	61.57	15.39
泉州出口加工区	150	48.67	51.33	0.00
晋江市经济开发区	178	7.87	90.45	1.69

说明：数据统计基准日为 2022 年 12 月 15 日

（蔡其富）

【民族】 晋江先民主要为中原南迁的汉族，也有当地的土著居民和先期到达的部分畲族及来自北方少数民族和到中国经商滞留的东南亚、中东地区其他族裔。晋江市回族人口比较集中的聚居村落有陈埭镇四境、花厅口、溪边、西坂、江头、岸兜、鹏头 7 个回族建制村（社区）。丁氏回族为最多。郭氏回族分散在西园街道、罗山街道、龙湖镇、金井镇、东石镇。畲族主要聚居在内坑镇霞美村。满族主要聚居在龙湖镇衙口村、福林村粘厝铺，均为粘姓，其原来姓氏为“完颜”。还有散居在东石镇的蒲氏回族、白氏回族，内坑镇雷氏（今为许氏）畲族，青阳街道出氏蒙古族，以及壮族、藏族、彝族、高山族等少数民族。

【宗教】 晋江宗教有佛教、道教、伊斯兰教、基督教、摩尼教、印度教，以及信众众多的天公、王爷等民间信仰。每种宗教都有相对固定的宗教群体、固定的活动场所和活动仪式，定期开展宗教活动，各宗教之间和谐相处，有序发展。20 世纪 90 年代初，晋江县政府陆续开放各种宗教活动场所，宗教活动场所及信徒日益增多。晋江草庵存有世界保存最完好的摩尼石雕佛像。

（方　文）

经济社会发展

【概况】 2022 年，晋江市地区生产总值 3207.43 亿元，比上年增长 4.0%，总量分别占全省、泉州市的 6.0% 和 26.5%。其中，第一产业增加值 22.31 亿元，比上年增长 2.6%；第二产业增加值 1972.91 亿元，比上年增长 4.3%；第三产业增加值 1212.21 亿元，比上年增长 3.4%。三次产业比例为 0.7：61.5：37.8。全年人均地区生产总值 154762 元（按年平均汇率折合 23009 美元），比上年增长 3.6%。一般公共预算总收入230.95亿元，扣除留抵退税因素后比上年下降6.3%，其中地方一般公共预算收入150.88亿元，扣除留抵退税因素后比上年增长6.2%。全年城镇新增就业人员27139人，城镇失业人员再就业4484人，城镇就业困难对象再就业156人；组织就业技能培训16017人，其中岗位技能提升培训13102人。举办公益性招聘会83场，帮助企业招工6944人。年末市场主体281858户，比上年增长11.7%。其中，企业94003户，比上年增长9.1%；个体工商户187638户，比上年增长13.1%；农民专业合作社217户。晋江市县域经济基本竞争力连续5年居全国第四位，县域经济实力连续29年居福建省首位。

【农业】 2022年，晋江市农林牧渔业总产值45.98亿元，比上年增长3.1%。其中，农业产值8.11亿元，比上年增长3.1%；林业产值89万元，比上年增长142.5%；牧业产值3.44亿元，比上年下降5.6%；渔业产值32.29亿元，比上年增长4.3%；农林牧渔服务业产值2.13亿元，比上年增长4.2%。全年粮食播种面积3586.67公顷，比上年增长4.1%；产量2.44万吨，比上年增长3.6%。蔬菜种植面积8293.33公顷，比上年增长1.4%；产量19.86万吨，比上年增长1.2%。食用菌产量9485吨，比上年增长0.2%。水果产量4756吨，比上年增长4.5%。肉蛋奶总产量1.24万吨，比上年下降3.9%。水产品产量24.91万吨，比上年增长4.2%。

【工业和建筑业】 2022年，晋江市全部工业增加值1907.18亿元，比上年增长4.4%。其中，规模以上工业增加值比上年增长5.4%。在规模以上工业中，分经济类型看，股份制企业增加值比上年增长10.8%，外商及港澳台投资企业增加值比上年下降3.0%，股份合作制企业增加值比上年下降19.8%，其他经济类型企业增加值比上年下降7.5%。分行业情况看，鞋服产业增加值比上年增长9.1%，纺织产业增加值比上年增长13.3%，建材产业增加值比上年下降21.0%，食品产业增加值比上年下降11.8%，医疗健康产业增加值比上年下降2.6%，智能装备产业增加值比上年增长6.9%，新一代信息技术产业增加值比上年增长28.4%。从能耗情况看，规模以上工业单位增加值能耗比上年下降10.5%。年末当地资质建筑业企业386家（含劳务分包企业、工业性企业、一体化企业），完成建筑业总产值104.93亿元，比上年增长1.1%。

【服务业】 2022年，晋江市第三产业增加值1212.21亿元，比上年增长3.4%。批发和零售业增加值418亿元，比上年增长4.8%；住宿和餐饮业增加值44.07亿元，比上年增长3.1%，商贸领域对第三产业增加值增长的贡献率52.3%。金融业增加值127.74亿元，比上年增长7.7%，增速居第三产业各行业之首。规模以上其他营利性服务业营业收入比上年增长15.0%，其中租赁和商务服务业营业收入增长22.8%，拉动规模以上其他营利性服务业增长11.5个百分点。规模以上其他交通、仓储和邮政业营业收入比上年增长30.4%，水上运输总周转量比上年增长16.9%，邮政业务总量比上年增长5.0%；航空旅客吞吐量、货物吞吐量分别比上年下降38.0%、22.9%，其中，下半年降幅较上半年分别缩窄14.4个百分点、12.2个百分点。商品房销售面积448.49万平方米，与2021年持平；年末商品房待售面积33.61万平方米，比上年末减少51.47万平方米。

【固定资产投资】 2022年，晋江市固定资产投资627.48亿元，比上年增长10.0%。其中，第一产业投资1.47亿元，比上年增长179.1%；第二产业投资309.19亿元，比上年增长15.4%；第三产业投资316.82亿元，比上年增长4.9%。项目投资427.47亿元，比上年增长11.8%。工业投资309.19亿元，比上年增长15.4%。民间投资443.13亿元，比上年增长13.9%。先进制造业投资74.83亿元，比上年增长20.8%。房地产开发投资200.01亿元，比上年增长6.2%；其中住宅投资146.54亿元，比上年增长2.5%。

【国内贸易】 2022年，晋江市社会消费品零售总额1668.52亿元，比上年增长1.7%。其中，限额以上单位消费品零售额453.14亿元，比上年增长5.6%；限额以下单位消费品零售额1215.39亿元，比上年增长0.3%。在限额以上企业商品零售额中，体育娱乐用品类零售额比上年增长73.9%，家具类比上年增长36.8%，日用品类比上年增长30.3%，五金电料类比上年增长28.8%，建筑及装潢材料类比上年增长24.1%，文化办公用品类比上年增长22.4%，通信器材类比上年增长19.5%，粮油食品、饮料、烟酒类比上年增长15.5%，家用电器和音像制品类比上年增长5.9%，中西药品类比上年增长4.3%，石油及制品类比上年增长3.4%，服装鞋帽针纺织品类比上年增长0.3%，汽车类比上年下降2.3%。

【对外经济】 2022年，晋江市进出口总额893.80亿元，比上年下降11.4%。其中，出口额776.65亿元，比上年下降12.8%；进口额117.15亿元，比上年下降1.4%。进出口顺差659.51亿元，比上年减少111.90亿元。新设外商直接投资企业150家，比上年下降4.5%。合同外资金额3.35亿美元，比上年增长31.6%；实际使用外资3.25亿美元，比上年增长102.8%。

【金融】 2022年末，晋江市金融机构本外币各项存款余额2826.09亿元，比上年末增长17.1%。其中，人民币各项存款余额2760.31亿元，比上年增长16.6%。金融机构本外币各项贷款余额2050.56亿元，比上年增长12.4%；其中人民币各项贷款余额2042.37亿元，比上年增长12.8%。拥有境内外上市公司50家，发行存托凭证2只，首发募集资金207亿元，证券市场总市值4300亿元，再融资

620亿元。场外市场挂牌交易企业49家,其中"新三板"(全国中小企业股份转让系统)15家、海峡股权交易中心34家。全年保险业实现各项保费收入60.66亿元。其中,财产险保费收入21.03亿元,赔款支出11.49亿元;人身险保费收入39.63亿元,理赔支出5.75亿元。

【人民生活】 2022年,晋江市居民人均可支配收入首次突破5万元,达51467元,比上年增长5.4%,总量比全国、全省、泉州市分别高出14584元、8349元、4760元。按常住地分,城镇居民人均可支配收入62055元,比上年增长5.1%;农村居民人均可支配收入31916元,比上年增长5.7%。城乡居民人均可支配收入比值1.94,比上年缩小0.01,比全国、全省、泉州市分别低0.51、0.21、0.15。

【社会保障】 2022年末,晋江市城镇职工基本养老保险参保59.78万人、工伤保险参保36.94万人、失业保险参保22.1万人、医疗保险参保23.55万人、生育保险参保21.06万人,城乡居民基本养老保险实时参保人数632857人。城乡居民社会养老保险基础养老金每人每月197元,65周岁以上的每人每月202元;被征地人员养老险养老金300元,养老补助金140元。企业退休人员人均月养老金2515.72元。城乡低保、特困人员6419户11043人,年发放保障金9527万余元。城乡低保标准每人每月900元,特困人员救助标准按护理需求分别为每人每月1366元、1660元、2150元,对机构集中供养的人员救助供养标准提高到分散供养的150%。城乡居民医保人均筹资标准提高到940元,参保98.54万人、比上年增加1.08万人。长期护理保险人均筹资标准90元,参保34.6万人。全年新增医保定点医药机构36家,年末有医保定点医疗机构60家、医保定点零售药店310家,实现医保"村村通"。

【科学技术】 2022年,晋江市专利授权量11271件,比上年下降7.6%。其中,发明专利658件,比上年增长32.4%;年末有效发明专利拥有量3209件,每万人口发明专利拥有量15.57件。截至年末,全市高新技术企业647家、科技型中小企业425家、省级科技"小巨人"企业110家、省级技术先进型服务企业1家,省级企业工程技术研究中心17家、泉州市企业工程技术研究中心35家、省级(企业)重点实验室7家、省级新型研发机构6家、泉州市级新型研发机构20家,省级技术转移机构8家,国家知识产权优势企业10家、国家知识产权示范企业5家、省知识产权优势企业22家,省级科技企业孵化器1家、省级众创空间9家、省级星创天地3家、泉州市级众创空间12家、泉州市级星创天地7家。晋江市企事业单位获得中国专利优秀奖2项,省科学技术进步奖二等奖1项、三等奖3项。

【教育】 2022年,晋江市有普通中学56所,中职学校4所,完全小学268所(未包含14个分校区,7所一贯制学校统计在中学中),幼儿园368所(未包含18个分园区,其中公办86所),教师进修学校1所,特殊教育学校1所,特教辅读班12个。全市中学专任教师7477人,中职教育专任教师885人,小学专任教师10747人,幼儿园专任教师5971人,特殊教育学校专任教师120人。2022年秋,中小学、幼儿园在校生387012人,比上年增长1.0%;其中到晋江务工人员子女182221人,比上年下降4.0%。全市幼儿园在班幼儿80926人,比上年下降5.3%,其中到晋江务工人员子女34129人,比上年下降10.3%。全市学前三年入园率99.53%,学前一年入园率99.89%。全市义务教育阶段学生272873人,比上年增长2.3%,其中到晋江务工人员子女131971人,比上年下降3.3%。全市小学适龄儿童入学率100%;小学在校生194537人,比上年增长1.0%,其中到晋江务工人员子女94006人,比上年下降5.0%。全市义务教育阶段初中学生78336人,比上年增长5.6%,其中到晋江务工人员子女37965人,比上年增长1.6%。应届初中毕业生升入高中阶段教育的升学率77.67%。全市普通高中在校生32614人,比上年增长5.9%,其中到晋江务工人员子女16121人,比上年增长4.9%。高中阶段毛入学率138.8%。中职在校生15037人,比上年增长1.1%,其中到晋江务工人员子女8160人,比上年下降2.0%。市特教学校学生599人;12个特教辅读班、学生88人,随班就读学生222人,6—14周岁三类残疾儿童入学率100%。

【卫生健康】 2022年末,晋江市有医疗卫生机构1147家,编制床位5265张,开放床位6991张;各类卫技人员8660人(不含乡村医生387人),其中执业(助理)医师3593人、注册护士3201人、药剂师495人、技师(含检验人员)557人、卫生监督员22人、其他卫生技术人员792人。

【环境】 2022年,晋江市区环境空气质量优良以上天数363天,空气质量优良率99.5%,PM2.5年均值11微克/立方米。市区绿化覆盖率44.04%,城乡绿地率40.03%,人均公园面积14.4平方米。

(郑智政)

中共晋江市委员会

综　述

【创新发展】　2022年，晋江市加速“一廊两区多平台”科创版图落子布点，推动国家知识产权快速维权中心建成投用，落地省级高端绿色鞋服制造业创新中心，引进建设北京石墨烯技术研究院，实施“四个倍增”计划，推进规模以上企业研发活动、研发机构、发明专利“三个覆盖”工程，全市规模以上研发投入比上年增长26%，高新企业保有量640家，获批首批国家创新型县（市），入选首批国家知识产权强县建设示范县。

【城市提升】　2022年，晋江市推进新型城镇化，蝉联全省城乡建设品质提升优异县（市），跻身Ⅱ型大城市行列。高铁新区、科创新区等组团片区提速建设，推进梅岭中片区、池峰路南延片区、世纪大道南延伸暨北环片区、英林中心镇区有机更新，区域协同、跨江融合、片区联动发展。抓好中央生态环保督察反馈问题整改，全年空气优良率99.4%，21条流域水质总体向好。深化集体林权制度改革，推进全民植树造林、防治松材线虫病、清理互花米草。实施环卫考评新规，城乡人居环境质量明显提升。新型智慧城市建设稳步推进，城市管理联合执法协同高效。

【改革开放】　2022年，晋江市聚焦科技创新、共同富裕、国有企业等领域改革，统筹推进22项国家级、省级改革试点和78个集成改革项目，启动国家盘活利用低效用地试点，“多评合一模拟审批”在全省推广，获批中央财政支持普惠金融发展示范区，获评全国法治政府建设示范市。稳外贸、抢订单、拓市场，创新“代参展”、包机组团参展模式，增开围头港—马尼拉、围头港—俄罗斯航线，市场采购贸易方式试点出口274亿元，陆地港纳入商贸服务型国家物流枢纽，获批国家进口贸易促进创新示范区。

【民生事业】　2022年，晋江市办好22件为民实事、239件民生微实事。开展“四帮四扶”，347户困难家庭脱贫解困，新增城镇就业2.7万人，纳入省级发展保障性租赁住房重点城市，社会救助工作获全国先进表彰。强化“一老一小”服务供给，创新推出高龄补贴免申即享，新建提升一批市、镇、村养老服务设施，清华附中晋江学校实现小初高一体化招生办学，福州大学晋江校区获批，新增学前教育公办学位9840个、义务教育学位15710个、高中阶段学位2440个。深化医药卫生体制改革，实施55个公共卫生补短板项目，创新推行医疗机构信用监管体系，上海六院福建医院晋东院区启动建设。推进世遗点保护，五店市传统街区获评国家级旅游休闲街区，文明城市常态创建水平提升，高分通过全国文明城市年度考评。中超、WCBA（中国女子篮球甲级联赛）、NEST全国电竞大赛等品牌赛事相继举办，晋江市入围全国首批全民运动健身模范市名单。

【平安创建】　2022年，晋江市构建三级网格实体阵地，建成“智慧网格”基础平台，“网格＋网络”融合推动“人房匹配、数据共享、高效治理”。常态化开展扫黑除恶斗争，深化“六守六无”平安创建，严打严防电信诈骗、非法集资等各类违法犯罪，防范化解企业金融风险，安全生产专项整治三年行动取得成效，全市域开展消防安全综合整治“雷霆”行动、安全生产标准化建设，房屋安全、渔船安全、食品药品安全、社会治安、防汛抗灾等工作协同推进、全面加强，安全事故指数下降，群众安全感、满意度稳步提升。

【从严治党】 2022年，晋江市完成市人大、政府、政协换届。实施村级组织换届选举，加快推进党支部标准化规范化建设，健全完善村级组织运行机制，推动非公有制企业"党建入章"扩面提质增效，建成35个"党建+"邻里中心，增强基层党组织战斗堡垒作用和党员先锋模范作用。树立选人用人导向，开设数字经济、现代金融、基层治理等专题研修班，选派干部赴先进地区跟班学习、到一线历练成长，加速培养"复合型""专业型"干部，提振干部队伍精气神。落实意识形态工作责任制，把握意识形态工作领导权和主动权。推进全面从严治党，纠治"四风"，惩治群众身边不正之风和腐败问题，抓好各级巡视巡察反馈问题整改。

（陈艺武）

重要会议

【概况】 2022年，晋江市委召开代表大会1次，全体会议1次，市委常委会会议（含扩大会议）72次，专题会议420次，共同商讨全市政治、经济、文化、社会、生态等工作。

【中共晋江市第十四届代表大会第二次会议】 2022年12月14日，中共晋江市第十四届代表大会第二次会议召开。泉州市委常委、晋江市委书记张文贤代表中共晋江市第十四届委员会向大会作题为《深入学习宣传贯彻党的二十大精神 奋力推进中国式现代化晋江实践谱写"晋江经验"新篇章》的工作报告。

【市委十四届二次全会】 2022年1月18日，晋江市委十四届第二次全体会议召开。出席会议有晋江市委委员33人、晋江市委候补委员8人。晋江市纪委委员、有关方面负责人等列席会议。全会由晋江市委常委会主持。泉州市委常委、晋江市委书记张文贤讲话。全会书面听取和审议晋江市委常委会工作报告，审议通过《中共晋江市委关于深刻领会党的百年奋斗重大成就和历史经验 汇聚谱写"晋江经验"新篇章强大精神动力的决定》。张文贤就"决定"（讨论稿）起草情况向全会作说明。

【市委常委会（扩大）会议】 2022年，泉州市委常委、晋江市委书记张文贤主持召开中共晋江市委常委会（扩大）会议46次。

表6 **2022年中共晋江市委常委会（扩大）会议情况表（部分）**

会议名称	召开时间	主要内容
十四届市委常委会第21次（扩大）会议	1月11日	传达贯彻省政府主要领导到晋江调研指导有关精神及泉州市两会精神，听取市委常委2021年度述责述廉报告，听取市人大常委会党组、市政府党组、市政协党组和市纪委监委及市法院党组、市检察院党组工作汇报
十四届市委常委会第22次（扩大）会议	1月17日	传达贯彻习近平总书记在全国政协新年茶话会、中央政治局专题民主生活会上的重要讲话和2022年新年贺词及省委、泉州市委常委会会议精神，研究部署近期工作（同时作为市委深入学习贯彻落实习近平总书记重要讲话重要指示批示精神和党中央决策部署工作小组会议），研究《晋江市数字经济发展三年行动计划》《晋江市制造产业数字化转型升级实施意见》，传达贯彻全国宗教工作会议及省委、泉州市委常委会会议精神（同时作为市委理论学习中心组会议、市委统一战线工作领导小组会议），听取涉粮专项巡视巡察反馈问题整改工作情况汇报，听取市委常委班子党史学习教育专题民主生活会准备工作情况汇报，研究市委常委班子对照检查材料，研究召开市委十四届二次全会有关事宜，研究《市委常委会工作报告》《张文贤同志在市委十四届二次全会上的讲话》《中共晋江市委关于深刻领会党的百年奋斗重大成就和历史经验 汇聚谱写"晋江经验"新篇章强大精神动力的决定》
十四届市委常委会第24次（扩大）会议	1月29日	传达贯彻习近平总书记在省部级主要领导干部学习贯彻中共十九届六中全会精神专题研讨班上的重要讲话和王沪宁在结业式上的讲话精神，省委常委会会议、省委常委班子党史学习教育专题民主生活会、省两会及泉州市委常委会会议、泉州市委常委班子党史学习教育专题民主生活会精神，部署春节期间有关工作。传达贯彻十九届中央纪委六次全会、省纪委十一届二次全会、泉州市纪委十三届二次全会精神，研究市纪委十四届二次全会召开有关事宜及市纪委十四届二次全会工作报告。研究市工商联（总商会）第十一届执委会换届工作有关事宜

续表 6

会议名称	召开时间	主要内容
十四届市委常委会第 25 次(扩大)会议	2 月 15 日	研究《关于进一步明确晋江经济开发区管委会与市直部门属地政府有关职责分工的方案》《关于晋江经济开发区经济指标单列管理双重考核制度实施细则（试行)》《晋江经济开发区招商选资工作机制》《晋江经济开发区土地报批及企业报建工作机制》。传达贯彻习近平总书记在 1 月 6 日中央政治局常委会、1 月 24 日中央政治局会议、中央政治局第三十六次集体学习、2022 年春节团拜会、2022 年世界经济论坛视频会议、赴山西看望慰问基层干部群众、1 月 29 日同党外人士共迎新春时的重要讲话和对党的建设研究工作重要指示精神及省委、泉州市委常委会会议精神。传达贯彻习近平总书记对政法工作的重要指示精神、上级政法工作会议精神，听取市 2021 年平安建设等工作汇报。传达贯彻上级网信办主任会议精神。传达贯彻习近平总书记在中国文联第十一次全国代表大会、中国作协第十次全国代表大会开幕会上的重要讲话以及省委、泉州市委常委会会议精神。传达贯彻上级宣传部部长会议、文明办主任会议精神[同时作为市委宣传思想工作领导小组(意识形态工作领导小组)会议]。传达贯彻习近平总书记对党内法规工作重要指示、全国党内法规工作会议及省委、泉州市委常委会会议精神。听取 2021 年市委巡察工作总结和 2022 年工作思路汇报。传达贯彻全国、省、泉州市组织工作有关会议精神
十四届市委常委会第 26 次(扩大)会议	2 月 28 日	酝酿提出福建省出席中共二十大代表候选人初步人选建议名单
十四届市委常委会第 27 次(扩大)会议	3 月 1 日	研究《“‘晋江经验’20 周年”活动实施方案》《晋江市“开放招商科技创新项目落地攻坚年”活动方案》《晋江市“城市品质提升年”活动方案》《晋江市“世中运举办年”活动方案》《晋江市“工业(产业)园区标准化建设推进年”活动方案》《晋江市工业(产业）园区标准化建设三年行动方案》《关于开展解放思想大讨论活动的实施方案》《关于实施“提高效率、提升效能、提增效益”行动方案》《2022 年主要经济指标预期目标分解方案》。听取全市城市基层党建工作汇报，研究《晋江市物业管理服务工作属地职责规定》《晋江市物业管理服务机构社会责任规定》。研究部署全市维稳工作。听取 2021 年度全市基层党支部建设和党员队伍建设工作汇报
十四届市委常委会第 28 次(扩大)会议	3 月 7 日	研究泉州市委涉粮问题专项巡察整改情况报告，通报省委专项巡视泉州涉及晋江市涉粮问题整改进展情况
十四届市委常委会第 39 次(扩大)会议	4 月 27 日	部署涉诈重点人员管控工作
十四届市委常委会第 40 次(扩大)会议	4 月 29 日	传达贯彻习近平总书记在 3 月 17 日中央政治局常委会会议、中央政治局常委会会议听取“3·21”东航 MU5735 航空器飞行事故应急处置情况汇报、北京冬奥会残奥会总结表彰大会、中央全面深化改革委员会第二十三次和第二十四次会议、中央党校(国家行政学院)中青年干部培训班开班式上、在海南省考察调研、参加首都义务植树活动时的重要讲话，审阅中央政治局委员等人述职报告时提出的重要要求，3 月 24 日专门对安全生产作出的重要指示、对东航客机坠毁作出的重要指示，全国安全生产电视电话会议、省委常委会会议、第十一届省委深改委第一次和第二次会议，省委主要领导到晋江调研指示、全省安全生产电视电话会议，书面传达学习习近平总书记出席全国两会有关会议时的重要讲话精神和全国两会精神、习近平总书记在 2 月 25 日中央政治局会议上、中央政治局第三十七次集体学习时的重要讲话精神，部署市经济运行、安全生产等工作

续表 6

会议名称	召开时间	主要内容
十四届市委常委会第 41 次(扩大)会议	5 月 9 日	传达贯彻习近平总书记、国务院总理李克强对湖南长沙居民自建房倒塌事故重要指示精神，听取市房屋安全隐患大排查大整治指挥部近阶段工作情况汇报。研究《晋江市推进“党建＋”邻里中心建设的工作方案》。传达贯彻《中共中央办公厅印发〈关于 2021 年中央政治局贯彻执行中央八项规定情况的报告〉、〈关于 2021 年整治形式主义为基层减负工作情况的报告〉的通知》文件精神。传达贯彻全省、泉州市宗教工作会议精神。研究《中共晋江市委全面深化改革委员会 2022 年工作要点》《中共晋江市委全面深化改革委员会 2021 年工作总结报告》。听取省委巡视晋江反馈问题长效整改综合分析情况汇报。审议《晋江市政协 2022 年度协商与监督计划》。研究《晋江市人民政府重大行政决策若干规定》。传达贯彻中办、国办《地方党委和政府领导班子及其成员粮食安全责任制规定》，省委《关于研究抓好粮食安全和耕地保护工作专题会议纪要》，全省粮食购销领域腐败问题专项整治工作推进会及泉州市委常委会会议精神。传达贯彻上级对台工作会议精神、统战部部长会议精神、民宗局长会议精神、泉州市委人才工作会议精神。研究修订《中国共产党晋江市委员会工作规则》。研究《中共晋江市委、晋江市人民政府关于认真落实〈福建省弘扬“马上就办、真抓实干”优良传统作风若干规定〉的通知》。研究《中共十四届晋江市委巡察工作规划》
十四届市委常委会第 42 次(扩大)会议	5 月 18 日	传达贯彻习近平总书记在博鳌亚洲论坛 2022 年年会开幕式上的主旨演讲，在 5 月 5 日中央政治局常委会会议、4 月 29 日中央政治局会议上、在中央政治局第三十八次集体学习时、在中央全面深化改革委员会第二十五次会议上、在中国人民大学考察时的重要讲话，给北京科技大学的老教授和中国航天科技集团空间站建造青年团队回信，就气候变化问题给英国小学生复信，致首届全民阅读大会和首届大国工匠创新交流大会贺信精神及省委常委会会议、泉州市委常委会会议精神。研究《晋江市农村宅基地使用权和农房财产权抵押贷款实施方案》《晋江市发展壮大新型村级集体经济的若干措施(2022—2025 年)》。传达贯彻中央领导、省领导对信访工作重要指示及上级《关于认真学习宣传贯彻落实〈信访工作条例〉的通知》文件精神。传达贯彻中央、省、泉州市审计委主要领导重要指示批示，全国、省、泉州市审计工作会议，泉州市委审计委有关文件精神，听取 2021 年度全市审计工作情况汇报，审议《晋江市“十四五”审计工作发展规划》《晋江市 2022 年度审计项目计划》
十四届市委常委会第 43 次(扩大)会议	5 月 30 日	传达贯彻全国稳住经济大盘电视电话会议、省委常委会会议、省政府专题会议、泉州市委常委会会议以及泉州市项目攻坚 2022、工业(产业)园区标准化建设、抓城建提品质、抓开放招商促项目落地推进会议精神。研究《晋江市村镇集合式住宅试点建设管理导则(试行)》。传达贯彻《中央生态环境保护督察整改工作办法》《福建省环境保护督察监察办公室关于建立生态环境保护督察整改红黄牌警示机制的通知》文件精神。听取 2021 年市委全面从严治党主体责任落实情况检查的报告，研究《市委党的建设工作领导小组 2022 年工作要点》。传达贯彻上级网信委会议精神。研究《晋江市 2022 年政党协商(会议协商)计划》
十四届市委常委会第 44 次(扩大)会议	6 月 17 日	传达贯彻省委书记尹力到泉州调研讲话精神。部署推进市滞留境外涉诈重点人员管控工作。通报部署市滞留境外涉诈重点人员管控工作；传达贯彻《机构编制违规违纪违法行为处理和问责规则(试行)》精神。传达贯彻各级基层党建工作重点任务推进会精神。研究《晋江市关于开展及时奖励工作激励干部担当作为的意见(试行)》。研究党委(党组)书记 2021 年度抓基层党建述职评议考核结果

续表 6

会议名称	召开时间	主要内容
十四届市委常委会第 45 次(扩大)会议	6 月 25 日	传达贯彻习近平总书记在庆祝中国共产主义青年团成立 100 周年大会、5 月 27 日中央政治局会议、中央政治局第三十九次集体学习和四川省考察调研时的重要讲话、在庆祝中国国际贸易促进委员会建会 70 周年大会暨全球贸易投资促进峰会上的视频致辞、致中国宋庆龄基金会成立 40 周年和中国儿童中心成立 40 周年及 2022 年“6•5”环境日国家主场活动的贺信、给南京大学留学归国青年学者的回信和中国共产党福建省代表会议及省委、泉州市委常委会会议精神，部署近期工作。研究《晋江市关于集聚高校毕业生来(留)晋就业创业的若干措施》。研究《晋江市关于深化党建引领基层网格管理工作实施方案》、《晋江市村(社区)网格员管理办法》、国有企业改革有关工作、《关于支持推进工业(产业)园区标准化建设十五条措施的通知》、《关于深化工业企业亩均效益综合评价及结果应用的实施意见 (试行)》、《晋江市 2022 年工业(产业)园区标准化建设考核评价暂行规定》
十四届市委常委会第 46 次(扩大)会议	7 月 11 日	传达贯彻习近平总书记在 6 月 17 日中央政治局会议(审议《关于十九届中央第八轮巡视金融单位整改进展情况的报告》)、在金砖国家领导人第十四次会晤、全球发展高层对话会上、在湖北武汉考察、出席庆祝香港回归祖国 25 周年大会暨香港特别行政区第六届政府就职典礼时的重要讲话，在金砖国家工商论坛开幕式上的主旨演讲，就研究吸收网民对中共二十大相关工作意见建议作出的重要指示，给种粮大户的回信，向“全球发展:共同使命与行动价值”智库媒体高端论坛致贺信精神及省委常委会会议、泉州市委常委会会议精神。传达贯彻中央政治局常委、国务院总理李克强到闽、到泉州考察和在东南沿海省份政府主要负责人经济形势视频座谈会上的讲话精神及省委、泉州市委常委会会议精神，部署经济社会发展工作。传达贯彻习近平总书记在中央政治局第四十次集体学习时的重要讲话精神，并开展集体廉政谈话。传达贯彻纪念“晋江经验”提出 20 周年企业家座谈会精神。研究人才有关工作。书面汇报民营企业优秀青年人才到机关事业单位兼职锻炼工作开展情况;汇报《晋江市现代产业体系人才认定和团队评审及政策支持办法》《晋江市现代产业体系人才目录图谱》《晋江市委人才工作领导小组工作规则》《晋江市委人才工作领导小组办公室工作细则》起草情况;传达贯彻平安福建建设表彰大会暨更高水平的平安福建建设工作会议精神，通报上半年全市社会稳定工作，部署中共二十大安保维稳工作。传达平安福建建设表彰大会暨更高水平的平安福建建设工作会议精神并讲话。传达贯彻中央、省、泉州市巩固拓展脱贫攻坚成果同乡村振兴有效衔接工作会议精神。研究《晋江市妇女发展纲要(2021—2030 年)》《晋江市儿童发展纲要(2021—2030 年)》。传达贯彻中央、省、泉州市机要密码工作会议精神
十四届市委常委会第 48 次(扩大)会议	7 月 23 日	传达贯彻习近平总书记给参加海峡青年论坛的台湾青年回信、给中国国家博物馆的老专家回信、向世界互联网大会国际组织成立致贺信精神，中央政治局常委、全国政协主席汪洋来闽考察和出席第十四届海峡论坛时的讲话精神及省委、泉州市委常委会会议精神。传达贯彻全省、泉州市 2022 年上半年经济运行分析会议精神，研究分析 2022 年上半年全市经济运行情况，部署下阶段经济工作。研究全市部分农村发展党员违规违纪问题排查处理意见
十四届市委常委会第 49 次(扩大)会议	7 月 25 日	研究《渠梁电子集成电路封装测试二期项目投资协议》补充协议。听取市委常委 2021 年度述责述廉整改情况报告等

续表 6

会议名称	召开时间	主要内容
十四届市委常委会第 50 次(扩大)会议	8 月 11 日	传达贯彻习近平总书记在省部级主要领导干部专题研讨班上、在新疆考察时的重要讲话,向全球重要农业文化遗产大会和世界青年发展论坛致贺信精神及省委、泉州市委常委会会议精神,部署近期重点工作。部署推进全国文明城市常态化创建工作。传达贯彻中央、省委、泉州市委财经委会议精神,部署工业(产业)园区标准化建设“千万平米产业园区”建设工作。研究“晋江经验”20 周年系列活动筹备工作
十四届市委常委会第 52 次(扩大)会议	8 月 29 日	传达贯彻习近平总书记在 7 月 28 日中央政治局会议、中央政治局第四十一次集体学习、党外人士座谈会上、在辽宁考察调研时的重要讲话,关于防汛救灾的重要指示,给“中国好人”李培生和胡晓春回信、向中国共产党与世界马克思主义政党论坛、国际民间社会共同落实全球发展倡议交流大会、世界职业技术教育发展大会致贺信精神及省委、泉州市委常委会会议精神,部署近期重点工作。传达贯彻福建省弘扬“晋江经验”促进民营经济高质量发展大会、“晋江经验”与习近平经济思想理论研讨会及《中共福建省委、福建省人民政府关于传承弘扬“晋江经验”支持泉州建设 21 世纪“海丝名城”的意见》《中共福建省委办公厅、福建省人民政府办公厅印发〈关于推动民营经济创新发展的若干措施〉的通知》文件精神。研究《晋江市建设用地全流程监管实施方案》。传达贯彻中办、国办《关于更加有效发挥统计监督职能作用的意见》文件精神。研究修订《晋江市党委(党组)意识形态工作责任制实施细则》。研究民进晋江市总支部换届事宜
十四届市委常委会第 53 次(扩大)会议	9 月 9 日	传达贯彻习近平总书记在 8 月 30 日中央政治局会议上的重要讲话、向 2022 年中国国际服务贸易交易会致贺信精神及省委、泉州市委常委会会议精神,部署近期重点工作。传达贯彻省委 2022 年全面从严治党主体责任落实情况检查集体约谈会议精神,部署市整改工作,并开展集体廉政谈话。通报当前安全生产工作存在问题,部署下阶段安全生产工作
十四届市委常委会第 54 次(扩大)会议	9 月 14 日	听取总工会、团委、妇联、科协、文联、社科联、侨联、残联、贸促会工作汇报
十四届市委常委会第 55 次(扩大)会议	9 月 22 日	传达贯彻省委常委、泉州市委书记刘建洋到晋江调研指示精神,部署近期重点工作。研究《晋江市贯彻落实“提高效率、提升效能、提增效益”优化营商环境攻坚行动方案》。听取中央生态环境保护督察信访件整改及省级生态环境保护例行督察情况汇报。传达贯彻习近平总书记对机关事务工作作出的重要指示、全国机关事务工作先进集体和先进个人表彰大会及省委、泉州市委常委会会议精神。传达贯彻全省、泉州市宣传部部长电视电话会议精神。传达贯彻《中央全面依法治国委员会关于印发〈进一步加强市县法治建设的意见〉的通知》文件精神,研究《中共晋江市委全面依法治市委员会 2022 年工作要点》《晋江市法治政府建设实施方案(2021—2025 年)》
十四届市委常委会第 57 次(扩大)会议	9 月 27 日	传达贯彻习近平总书记在 9 月 9 日中央政治局会议和上海合作组织成员国元首理事会第二十二次会议上的重要讲话,给北京师范大学“优师计划”师范生的回信,向全国“专精特新”中小企业发展大会、第七届中国—亚欧博览会及产业链供应链韧性与稳定国际论坛致贺信,对中国农民丰收节的贺信,对四川甘孜泸定县 6.8 级地震作出的重要指示和省委常委会会议、泉州市委常委会会议精神,部署国庆节和中共二十大期间重点工作。部署全市值班值守工作。传达《泉州市进一步强化消防安全责任制落实坚决防范重大火灾风险若干措施》文件精神,部署全市安全生产、防灾减灾等工作。研究城建领导机制调整有关事项。传达贯彻省委审计委、泉州市委审计委有关文件精神,听取 2018 年以来各级审计发现涉及晋江问题的整改落实情况汇报,研究下一步审计整改工作等

续表 6

会议名称	召开时间	主要内容
十四届市委常委会第 58 次(扩大)会议	10 月 9 日	传达贯彻习近平总书记对国防和军队改革研讨会作出的重要指示、致中国新闻社建社 70 周年的贺信、为《复兴文库》作序言、参观“奋进新时代”主题成就展时的重要指示和省委常委会会议、10 月 7 日省委专题会议、泉州市委常委会会议精神，部署中共二十大期间全市重点工作。传达贯彻泉州市委 2022 年全面从严治党主体责任落实情况检查集体约谈会议精神，部署晋江市整改工作。听取《晋江市 2022 年落实泉州市委全面从严治党主体责任问题清单整改任务分工方案》起草情况及整改工作建议。传达贯彻中央、省委、泉州市委统战工作会议及省委、泉州市委常委会会议精神。通报市委党建引领基层网格治理专项巡察情况，并开展集体约谈。传达贯彻中央、省委、泉州市委国安委有关会议精神。传达贯彻《纪检监察机关派驻机构工作规则》文件精神。研究民盟晋江市委会换届事宜。研究遴选第三批片区市委组织员有关事宜
十四届市委常委会第 59 次(扩大)会议	10 月 25 日	传达贯彻中共十九届七中全会和中共二十大精神以及省委、泉州市委常委会（扩大）会议精神。传达贯彻《中共中央办公厅关于印发〈推进领导干部能上能下规定〉的通知》文件精神。传达贯彻中央退役军人事务工作领导小组第十三次全体会议及省委、泉州市委退役军人事务工作领导小组文件和全国省（区、市）双拥办主任会议、全省双拥模范城（县）命名大会精神
十四届市委常委会第 60 次(扩大)会议	11 月 4 日	传达贯彻习近平总书记在 10 月 25 日中共中央政治局会议上和 27 日带领中共中央政治局常委赴陕西延安瞻仰延安革命纪念地时的重要讲话，会见 C919 大型客机项目团队代表并参观项目成果展览时作出的重要指示，给山东省地矿局第六地质大队全体地质工作者回信，向中国国际可持续交通创新和知识中心成立致贺信及省委、泉州市委常委会会议精神。传达贯彻《中共中央关于认真学习宣传贯彻党的二十大精神的决定》和中宣部、省委宣传部、泉州市委宣传部学习宣传贯彻党的二十大精神电视电话会议精神，研究晋江市《关于认真学习宣传贯彻党的二十大精神的通知》《党员市领导赴基层宣讲党的二十大精神方案》。传达贯彻《中共中央办公厅印发〈十九届中央政治局贯彻执行中央八项规定情况的报告〉〈关于党的十九大以来整治形式主义为基层减负工作情况的报告〉的通知》文件精神。研究《晋江市关于深化集体林权制度改革推进林业高质量发展的实施方案》
十四届市委常委会第 62 次(扩大)会议	11 月 14 日	传达贯彻习近平总书记在二十届中央政治局第一次集体学习时、在陕西延安和河南安阳考察时的重要讲话、向 2022 年世界城市日全球主场活动暨第二届城市可持续发展全球大会致贺信、在第五届中国国际进口博览会开幕式上的致辞、在《湿地公约》第十四届缔约方大会开幕式上的致辞、向国际竹藤组织成立二十五周年志庆暨第二届世界竹藤大会致贺信，省委常委会会议，省委副书记罗东川到晋江调研指示和泉州市委常委会会议精神，部署近期重点工作。研究推进治重化积专项工作。传达贯彻省委《关于贯彻〈中国共产党统一战线工作条例〉的实施意见》文件精神。传达贯彻全国、全省禁毒工作电视电话会议和上级领导指示批示及泉州市委常委会会议精神，听取市禁毒工作情况汇报。研究《晋江市“十四五”科技创新发展专项规划》《晋江市创新型县（市）建设三年工作方案（2022—2024 年）》。研究部分村（社区）党组织调整设置和党组织书记届中调整备案事宜。研究召开市第十四届党代会第二次会议有关事宜

续表 6

会议名称	召开时间	主要内容
十四届市委常委会第 63 次(扩大)会议	12 月 3 日	传达贯彻习近平总书记 11 月 10 日在中央政治局常委会会议上、在二十国集团领导人第十七次峰会上、出席亚太经合组织第二十九次领导人非正式会议时的重要讲话,在亚太经合组织工商领导人峰会上的书面演讲,向 2022 年世界互联网大会乌镇峰会、第六届中国—南亚博览会、发展中国家科学院第 16 届学术大会暨第 30 届院士大会、联合国/中国空间探索与创新全球伙伴关系研讨会致贺信,向“杂交水稻援外与世界粮食安全”国际论坛发表书面致辞,给中国航空工业集团沈飞“罗阳青年突击队”队员们的回信和省委、泉州市委常委会会议精神。传达贯彻省委书记周祖翼到泉州调研讲话精神。研究《关于进一步明确安全生产监管职责构建安全生产长效机制的通知》。研究 2022 年度本级财政预算调整方案。研究召开市十八届人大二次会议以及市政协十四届二次会议有关事宜。研究老干部工作有关事宜
十四届市委常委会第 64 次(扩大)会议	12 月 5 日	传达贯彻中共中央、全国人大常委会、国务院、政协全国委员会、中央军委《告全党全军全国各族人民书》,省委常委(扩大)会、省委常委会会议精神和省委《通知》要求,泉州市委常委会会议精神、泉州市委《通知》要求,部署晋江市在江泽民治丧期间有关工作。研究《晋江市贯彻落实泉州市进一步强化消防安全责任制落实坚决防范重大火灾风险若干措施的工作方案》《关于当前我市意识形态领域形势的通报》
十四届市委常委会第 65 次(扩大)会议	12 月 11 日	传达贯彻省委十一届三次全会、泉州市委十三届四次全会精神。研究《中共晋江市委关于深入学习宣传贯彻党的二十大精神 奋力推进中国式现代化的晋江实践谱写“晋江经验”新篇章的决定(讨论稿)》《中共晋江市第十四届委员会在中共晋江市第十四届代表大会第二次会议上的报告(讨论稿)》《中共晋江市纪律检查委员会向中共晋江市第十四届代表大会第二次会议的工作报告(讨论稿)》。研究市十四次党代会以来党费收缴、使用和管理情况的报告。研究市十四届党代会二次会议筹备工作。听取关工委工作汇报
十四届市委常委会第 66 次(扩大)会议	12 月 21 日	传达贯彻习近平总书记在中央经济工作会议、12 月 6 日中央政治局会议和 12 月 2 日党外人士座谈会上的重要讲话、向第四届中俄能源商务论坛和国史学会成立 30 周年致贺信、在首届中国—阿拉伯国家峰会开幕式和首届中国—海湾阿拉伯国家合作委员会峰会上的主旨讲话及关于实施好福建古雷乙烯等大型能源合作项目的重要指示、对非物质文化遗产保护工作作出的重要指示、向第十五届中国—拉美企业家高峰会开幕式发表书面致辞、在《生物多样性公约》第十五次缔约方大会第二阶段高级别会议开幕式上的致辞精神和省委常委会会议,省委常委、省纪委书记、省监委代理主任迟耀云到晋江调研指示及泉州市委常委会会议精神。传达中央领导重要批示精神。研究《政府工作报告》《法院工作报告》《检察院工作报告》《晋江市 2022 年国民经济和社会发展计划执行情况及 2023 年计划草案报告》《晋江市 2022 年预算执行情况及 2023 年预算草案报告》。研究 2023 年重点项目安排。研究《晋江市 2023 年国民经济和社会发展主要预期目标建议方案》,《关于进一步加强和改进新时代人大工作的若干措施》,《晋江市深入打好污染防治攻坚战实施方案》,2023 年市委、市政府为民办实事项目,《市人大常委会工作报告》,《市政协常委会工作报告》,政协十四届晋江市委员会委员和常务委员调整事宜。研究全国巾帼建功标兵推荐名单

(陈艺武)

组织工作

【概况】 2022年，晋江市加强党的组织体系建设，增强领导班子和干部队伍战斗力，完善人才生态链条，提升“晋江组工”品牌美誉度。全年，晋江市获泉州市级以上表彰34项，组工信息考评蝉联全省83个县(市、区)首位，相关工作经验被中组部和省级信息刊物刊发30多条次，开展全国规范地方行政执法队伍人员编制管理试点、省流入党员管理试点及省人才发展体制机制改革综合试点等。发展党员653名。

至2022年底，全市有厅级干部1人，处级干部57人，科级干部1290人(其中正科级干部398人、副科级干部892人，不含教育、医疗卫生单位)，市直医疗卫生单位市管干部18人，中学（职校）市管校级干部147人，市属一、二级国有企业市管干部57人；国家重点联系专家9人、省“百人计划”专家31人、泉州市高层次人才4397人(含自主认定)，拥有院士工作站19家，博士后工作站4个，引育博士340人。有基层党委(含派出工委)187个。其中，镇党委13个；市直各系统党委16个；派出工委11个(街道工委6个，经济开发区工委、市直机关工委、国企工委、“两新”工委、离退休工委各1个)；镇(街道)、经济开发区企业和社会组织党委20个；泉州半导体高新区晋江分园区党委1个；村(社区)党委69个；机关事业单位党委34个；国有企业党委6个；“两新”组织党委17个。党总支291个，其中村(社区)党总支219个、机关事业单位党总支42个、国有企业党总支9个、“两新”组织党总支21个。党支部3262个。其中，村(社区)党支部1323个，机关事业单位党支部588个，国有企业、集体企业党支部136个，“两新”组织党支部1215个。全市党员54706人，其中各镇党员30499人、各街道党员9269人、开发区党员628人、市直机关党员13667人、国有企业工委党员548人、泉州半导体高新区晋江分园区党委党员43人、社会组织综合党委党员52人。全市建制村党员20471人，社区党员8835人（其中街道社区6796人，镇社区2039人），“两新”组织党员7951人，机关事业、公有经济组织党员17449人。

【中共二十大精神学习贯彻】 2022年，晋江市完成中共二十大代表基层党组织推荐工作。在全市各级党群服务中心、基层党校、邻里讲习堂等举办中共二十大开幕会线下集中收看活动，引导全市党员干部统一思想、凝聚共识。制发《中共晋江市委组织部关于组织全市基层党组织和广大党员认真学习宣传贯彻党的二十大精神的通知》，将中共二十大精神培训任务纳入干部、基层党支部书记、党员轮训计划，分期对全市5万余名党员进行轮训，将“学习党的二十大踔厉奋进新征程”作为2022年度基层党组织“两学一做”第四专题学习讨论主题和“三会一课”的重要内容，为全市各级党组织订赠中共二十大精神辅导读物4626套，整合党校教师、老干部等资源开展中共二十大精神宣讲下基层活动，引导党员学习中共二十大报告。依托“万屏联动”社会宣传机制，统筹全市各单位所属所辖的LED、宣传栏、宣传牌和“两微一端”各类平台，转发中共二十大权威媒体评论解读文章、应知应会百题及二十大代表风采录等内容，相关做法在中组部《组工信息》《福建组工信息》刊发。

（许燕咪）

【村（社区）党组织建设】 2022年，晋江市贯彻落实近邻党建工作要求，推行居住小区“党建＋物业”运行机制，出台属地、物业2份责任清单，建立完善小区联席会议机制，推动全市小区党组织、物业机构党组织覆盖率100%，宝龙金色家园等12个小区完成试点示范创建。在全市域范围内开展村(社区)党组织书记积分评价，启动第三批农村(治理)人才认定，面向全市19个镇(街道)399个村(社区)开展村级组织换届选举“回头看”，推动49个村(社区)升格党委、3个村升格党总支，以网格为基本单元设立党支部1328个、党小组441个，全市“达标创星”五星级先进党支部90%以上，初步构建“村(社区)党委(党总支、党支部)—网格(小区、园区、自然村)党支部—楼栋(单元)党小组—党员联系户”四级穿透式组织体系。按照1个党建片区1名组织员、1名联络员，遴选第三批片区市委组织员、党建联络员，通过定期发布督导任务清单，督促各领域基层党建工作落地落实。

【全省首创三级网格党群服务中心(站、点)】 2022年，晋江市级设置基层网格管理综合保障中心实体机构，19个镇(街道)设立网格办，全市划分一级网格429个、二级网格2132个、三级网格2426个，在全省首创建设“一级网格党群服务中心、二级网格党群服务站、三级网格党群服务点”三级网格实体阵地。配强网格工作队伍，推动346名镇(街道)科级干部1人1个村包干担任村(社区)第一网格长，1064名镇(街道)干部职工下沉担任二级网格指导员，396名村（社区)党组织书记担任一级网格长(池店镇大洲、华洲、霞美3个村因由桥南社区统一管理，只设置桥南社区1个一级网格)，2472名其他“两委”成员担任二级网格长，全市新聘、整合专职网格员2646人，同步规范各类村级工作人员，建立1支1.8万人的兼职网格员队伍，以人员下沉抓实源头治理。

【“智慧网格”信息平台启用】 2022年，晋江市以建设“一网统管”的智慧城市为目标，开发智慧网格信息管理平台、手机端App，全市访查登记标准地址161.9万个、实有房屋158.2万间，采集录入实有人口273.6万人

2022 年 10 月 15 日，晋江市“智慧网格”信息平台启用仪式举行

（图/晋江市委组织部）

次、实有单位 5.3 万个，“一标三实”（标准地址和实有人口、实有房屋、实有单位）信息底座初步建成；推动组织、政法、公安、卫健、民政等部门信息共享和交换，联通“人、房、物、事、组织”等管理数据，装载人房匹配、人房互查、风险人群排查等功能，实现人员信息、统计分析和指挥调度可视化、智能化，以信息化手段抓实精细治理。晋江市建强“小网格”实现“大治理”相关做法在人民日报客户端、《中国城市报》等媒体刊发、转载。

【“党建＋”邻里中心建设】 2022 年，晋江市出台“党建＋”邻里中心建设全市实施方案，组建邻里中心建设专班，创设国企统一运营模式，根据不同村（社区）资源禀赋、实际需求，“一村社一亮点”建成首批农村、社区、园区 3 种形态“党建＋”邻里中心阵地品牌 35 个。以“服务进邻里”公益项目为抓手，联动 38 个市直单位、社会组织下沉 146 项活动资源、36 个资金项目，统筹资金盘近 2500 万元，先后孵育“梦想家成长课程”“安心工程”“校长有约”等公益性服务资源“品牌化”落地；完善社区“大党委”工作机制，推动养老、托幼等第三方资源集聚下沉；建设邻里食堂、邻里会事厅等基本功能阵地，拓展零工市场、红蜂驿站等特色阵地，打造“15 分钟邻里服务圈”。线上线下融合推进，按照“N（N 种资源）—1（邻里专班）—N（N 个邻里中心）”沙漏型运行模式，由邻里专班向上整合资源、向下分配资源；建设“邻里乐享”线上服务平台，提供阵地场所预约、活动报名等 6 类 23 项民生服务。坚持“市场反哺公益”，以“有偿＋普惠＋公益”形式推动村（社区）与第三方机构合作联营，提供便民惠民服务，实现村（社区）、商家、运营三方互利共赢，相关做法在《农民日报》《中国乡村治理》等刊发。

【非公有制企业和社会组织党建】 2022 年，晋江市围绕“党建入章”拓面增效，实施非公有制企业党建品牌提升工程，遴选 15 个市级创建试点推进示范点建设。做好“两个覆盖”（党的组织覆盖和工作覆盖），推动基层企业党组织应建尽建，新组建党组织 40 个，新发展党员 199 人。创新党组织组建形式，推动成立滨江商务区兼合式党组织。完善党群工作者职级调整和日常管理规定，落实党群工作者待遇保障，全年新增党群工作者 64 人，累计 675 人。制发年度党支部书记集中轮训方案，通过“分片区”集中教学、“分行业”按类施教，培训 1301 人次。开展岗位竞技活动，策划人才发展、安全生产、信用体系等主题的红领项目 205 个，通过搭台比拼晾晒选出市级项目 17 个。

【干部培养】 2022 年，晋江市制定《2022 年晋江市干部教育培训计划》，加强对全市干部教育培训工作的规划指导和统筹协调，分层级、分类别、分领域组织实施干部教育培训，全年举办各类培训 465 场，培训党政干部 1.65 万人次。举办市管干部学习贯彻中共十九届六中全会精神暨思想解放大讨论专题研讨班，创新开设“青马成才”训练营，集中调训一批 30 周岁以下年轻干部。实施干部专业素质能力跃升计划，开设数字经济、现代金融与资本运作、城乡规划建设管理、基层治理能力提升、外向型经济五大专业研修班，更新干部专业知识储备，提升专业能力素质。选派干部到项目建设、基层治理等全市中心工作一线开展工作，组织赴上海、深圳开展“向上看、往深学”跟班学习，选送干部到上级单位跟岗学习，开阔视野、拓宽思维。举办新录（聘）用干部暨市情专题培训班 4 期，培训干部 226 人次；举办股级干部学堂专题讲座 8 期、新提任股级干部培训班 1 期，培训股级干部 1337 人次，带动单位开设菁英训练营、“育良苗”孵化班、“沪航计划”等年轻干部培训交流活动。

（黄博瀚）

【干部管理】 2022 年，晋江市树立正确选人用人导向。组建驻村工作队，推动陈埭镇党建引领基层治理试点工作；推进池店池峰路、安海龙山寺、梅岭中片区等区域征迁，专班破题园区标准化建设。提拔担任正科级领导职务 18 人，提拔（转任）副科级年轻干部 10 人。配强调优公安局领导班子，平均年龄下降 3.5 岁。制发国企领导人员管理暂行规定，选派机关干部 33 人到企业挂职，放弃身份到企业任职干部 5 人。落实公立医院领导人员管理办法精神，选拔医疗干部进入晋江市医院领导班子 3 人，提拔担任医疗疾控单位副科级职务 5 人。秋季开学前配强个别头部领军学校正职尤其是党组织负责人，提升集团化办学、联合办学质量。健全日常考核、分类考核、近距离考核的知事识人体系，组织开展池店池峰路、陈埭基层治理等专项考核，深入陈埭各村开展“雷霆”行动蹲点调研，掌握干部在急难险重一线表现、政治素质。改进市管领导班子和市管干部年度考核方式，铺开线上平时考核，引导单位制定量化考评方案，明晰“共性＋个性”指标，提高考核指标化、智能化、规范化水平。制定常态化职级（职员等级）晋升原则，分批组织晋升职级（职员等级）110 人。核发医疗救助金、慰问帮扶金、直系亲属身故慰问金 55 人次 102.65 万元。规范执行选任报批制度，执行选拔任用全程纪实制度，参与四方会商，落实组织部与巡察机构协调机制，督促被巡察单位做好巡察整改“后半篇文章”。强化对主要领导任职期间经济责任履行情况监督，全年开展经济责任审计项目 10 个、涉及领导干部 13 人。组织个人有关事项填报，诫勉处理个人有关事项报告漏报对象 3 人。探索实行股级干部“一报告两评议”[“一报告”：县（市、区）党委常委会每年至少应向全委会报告一次干部选拔任用工作情况；“两评议”：本年度党委干部选拔任用工作接受评议；对本年度党委提拔任用的干部履行职责情况进行测评]，组织股级干部选任检查，提升股级选任质效。强化分析预警，针对干部队伍存在的年龄结构、年轻干部培养、股级干部轮岗等问题向 34 个单位制发提醒函。

（曾思思）

【人才队伍建设】 2022 年，晋江市承办集成电路分析测试及关键材料装备技术研讨会、2022 年中国机器人大赛暨 RoboCup 机器人世界杯中国赛、第六届“海峡杯”创新创业大赛、晋江海峡两岸大学生设计营等活动赛事，年度新增国家级人才 1 人、省 ABC 类人才 72 人、省工科类青年专业人才 103 人、泉州高层次人才 127 人、晋江优秀人才 107 人、博士后人才 5 人、集成电路优秀人才 171 人，兑现各类人才补贴资金 1.35 亿元。延续“创二代、新生代企业家＋初创孵化人才＋涉才部门干部”政企才互动模式，组织领航混沌创新班一期课程学习、二期开班，招收学员 113 人，组织线下课程体系学习 9 次、学员企业不定期互访等。开展硕博人才需求摸底，开设“晋待君来”栏目，开展“送岗留才进校园”政策专场推介活动，建立晋籍硕博人才库、意向到晋江硕博人才储备池，征集 264 个硕博招聘岗位、需求 724 名硕博人才，申报兑现 3 批硕博人才生活待遇，引育硕士研究生学历 1193 人、博士研究生学历 138 人。出台技能人才振兴行动方案，拥有产业实训基地、技能大师工作室等各级培养平台 18 家。扩大职业技能等级评价主体数量，新增批准设立佶龙公司职业技能登记认定点，海西培训、童领未来 2 家技能等级考点。开展 2022 年度晋江籍大学生“返家乡”社会实践暨“扬帆计划”引才进企活动，征集机关企事业单位、科研院所等各领域岗位 2271 个，实习上岗 825 人。依托全国晋江籍大学生联合会，线上开展云端沙龙分享会，加深链接大学生群体。开展“千百十一”[新选拔并确认各类名教师 1000 名以上、新培养教学名师（含学科教学带头人）100 名以上、每年新设立名教师工作室（含名师孵化工作室、名校长孵化工作室、名班主任孵化工作室）10 个以上、让每所公办学校都有 1 名以上的名教师]名师名校长名班主任孵化计划及市骨干校长培训、中青年管理干部研修等培训，新增引进教育人才 4 人，认定优秀教育人才 78 人；实施“医路启航”青年医政成长计划，在全省率先举办“西医学习中医培训班”；实施“督导人才领航计划”，建立以星级社工和督导为主体的本土社工督导人才队伍。

【人才政策支撑和创新】 2022 年，晋江市整合提升产业人才政策，围绕晋江市“4341”现代产业体系需求，出台《晋江市现代产业体系人才认定和团队评审及政策支持办法》，修订集成电路产业专项人才政策，出台《集成电路研发人才积分评定办法》，研究起草卫生、教育领域专项人才政策，以及人才认定中期评估积分评定暂行规定。落实“涌泉”行动，衔接出台《关于集聚高校毕业生来（留）晋创业就业的若干措施》，提出 20 条政策。动态储备 3307 个优质就业岗位，引进高校毕业生 2656 人，优才卡提交

2022 年，晋江市举办领航混沌创新班。图为 2 月 5 日，一期毕业典礼

（图/晋江市委组织部）

申请530条，短期住宿房源150套，分批次募集免费创业工位263个，发放一次性生活补贴76万元。推动人才体制机制改革试点。贯彻落实省委关于传承弘扬“晋江经验”支持泉州建设21世纪“海丝名城”的意见，申请同意晋江开展人才发展体制机制综合改革试点，在民营企业用人主体激励、专技职称评聘、人才评价等方面探索。支持企业自主开展高技能人才评价，直接认定泉州高技能人才428人，其中高级工415人、技师13人。开展产业领军企业、高新技术企业、“专精特新”企业人才自主认定申报，年度入选省高层次人才（自主认定）3人、泉州市高层次人才（自主认定）3人，确定98人为2020年度产业领军企业自主认定人才。

【人才服务】 2022年，晋江市完成《晋江市现代产业体系人才目录图谱》编制，明确“4341”各产业链人才需求及招引方向，制定高端人才、高技能人才、高校及科研院所、产业集聚区等名录，分析产业链上中游发展现状和招才缺口，梳理各行业急需紧缺人才的地域、行业、职称和技能分布，并分解给产业链办单位、招商机构等，支持支撑用人单位“按图索骥”引才育才。试点国有企业人力资本公司设立异地劳务合作站，开发劳务经济系统，支持组建企业“人力资源共享联盟”，建立网络线上调剂平台。年度投用5个实体零工市场和1个线上零工市场服务平台，新增人力资源服务（含劳务派遣）机构36家、累计113家。实施规模以上企业研发活动、研发机构、发明专利“三个覆盖”工程以及高企倍增工程，加快壮大以高新技术企业为核心的科技型企业梯队。新增认定科技型中小企业426家、科技“小巨人”企业49家，进入高新技术企业公示310家、保有量640家。组织推荐27个企业（人才）申报2022年省市两级科技计划项目、泉州市高层次人才创新创业项目，立项11个。1个海外人才项目入围省“外专百人计划”，实现“零”的突破；浔兴拉链公司获评首家泉州市特级人才创新实验室。高标准通过验收成为首批国家创新型县（市），创建省高端绿色鞋服制造业创新中心，引进建设北京石墨烯技术研究院等高能级平台，落地北理工东南院等数字化平台，中关村硬创空间入选全省唯一“揭榜挂帅”平台项目。柔性引进院士（专家）及团队52人、院士（专家）对接合作项目8项，获批国家级学会服务站2家、省级学会服务站1家、省级院士工作站1家；新增省级技术转移机构3家、省级新型研发机构2家。出台《晋江市科技企业孵化器（众创空间）年度绩效考核评价实施细则（试行）》。中国鞋都电商创业园众创空间获评泉州市众创空间，伞都空间、晋江安东园创客中心等2家入选省级众创空间，申报国家级科技企业孵化器1家，全市各载体新增入孵团队74个。制发《关于进一步规范“人才之家（驿站）”管理的通知》，整合撤并、新建一批晋江市人才之家，设立人才港作为全市人才之家总站，强化全市人才之家阵地作用。人才港、泉商创享空间人才之家被推荐申报省级人才之家示范点。泉州（晋江）国际人才港人才社区在全省人才驿站与“党企新时空•政企直通车”联合行动服务月上作经验交流。统筹保障优秀人才刚需购房、子女入学政策落实，为优秀人才提供3个项目共98套房源，向集成电路全产业链人才提供分类保障公租房553套1431间。69名人才子女享受就学及中考加分政策。组织3307名人才进行健康体检。坚持推动市人力资本公司全体人员挂钩联系全市市直涉才部门、镇（街道）及人才，联系人才2154人。策划开展创新“Ye”话、人才疗休养、“人才杯”等赛事活动10场，举办人才“留晋过年”“相约人才港•共话人才路”人才沙龙等活动。加大人才故事等先进典型宣传，刊发相关信息650多篇次。推荐5名人才获晋江市荣誉市民称号。

（吴婧怡）

宣传工作

【概况】 2022年，晋江市委全面贯彻中共十九大、十九届历次全会精神，深入学习宣传贯彻中共二十大精神，推进宣传思想文化工作，为传承弘扬“晋江经验”、奋力推进中国式现代化晋江实践营造良好氛围。全年承办福建省弘扬“晋江经验”促进民营经济高质量发展大会、“晋江经验”与习近平经济思想理论研讨会，改造提升晋江经验馆，举办“晋江经验”20周年成就图片展，出版《晋江经验——中国式现代化道路的县域探索》《何以晋江——一个城市的而立之年》画册；晋江市委宣传部、融媒体中心联合报送的基层宣讲视频《我眼中的“晋江经验”》获评2022年中宣部基层理论宣讲优秀短视频；主题电视剧《爱拼会赢》在央视一套黄金时段开播，入选第十六届精神文明建设“五个一工程”优秀作品电视类奖项；举办壬寅年名家笔会，出版《产•城•人——“晋江经验”的文学书写》；举办“潮涌新时代 奋进向未来”晋江慈善文艺晚会；编撰晋江战“疫”纪实书籍《守护》。晋江市宣传工作绩效在泉州市名列第一。

（王玉凤）

【党委（党组）理论学习中心组学习】 2022年，晋江市围绕学习宣传贯彻习近平新时代中国特色社会主义思想，聚焦中共二十大精神、习近平总书记到闽考察一周年等重点，加强和改进党委理论学习中心组学习，在学懂弄通做实上取得成效。印发《2022年全市党委（党组）理论学习中心组专题学习重点内容安排》，明确学习内容，督促引导各级党委（党组）理论学习中心组开展中共十九届六中全会、中共二十大精神、《闽山闽水物华新——习近平福建足迹》等专题学习。编发《中心组学习参考资料》9期，赠送《中国共产党宣传工作简史》

《党的二十大辅导读物》等阅读书目24本，拓展“中心组＋读书班”“中心组＋报告会”等“中心组＋”学习模式，推动理论学习中心组学习提质增效。2022年，全市各级党委（党组）理论学习中心组运用集体研讨、专题调研、参观考察、观看视频、专家辅导、基层宣讲等形式开展学习。其中，市委理论学习中心组开展集体学习34场，各基层党委（党工委、党组）理论学习中心组开展集体学习1185场，形成关键少数带头学、分类施策全员学的局面，掀起“大学习”热潮。

（陈瑞清）

【“晋江经验”20周年系列宣传活动】 2022年，晋江市根据中宣部《走进县城看发展》统一部署安排，紧扣“晋江经验”主题，先后配合人民日报社、新华社、央视、经济日报社、光明日报社等中央主流媒体开展调研采访。特别是央视首期聚焦晋江高质量发展、建设县城专业功能，节目在《新闻联播》《焦点访谈》《新闻和报纸摘要》和央视新闻客户端等重要栏目平台播出。

集中采访报道　围绕“实体经济高质量发展”“提升营商环境”“产城融合发展”“推动共同富裕”4个维度，策划开展集中采访活动，挖掘晋江践行和丰富“晋江经验”的生动实践，实时推出全媒体报道300余篇。配合做好福建省传承弘扬“晋江经验”新闻发布工作，在中国发布、福建发布、人民网、海博TV等平台同步直播新闻发布会实况，累计获得1000万人次观看量。围绕“晋江经验”20周年招商签约大会、“晋江经验”20周年重大项目开工等活动，各级媒体集中推出一批专题报道，助推掀起开放招商新攻势和“抓项目促发展”热潮。

聚焦主题宣传　中央媒体刊发重磅文章报道。人民日报社刊发省委主要领导署名文章《弘扬“晋江经验”促进民营经济高质量发展》，新华社播发《福建晋江：弘扬“晋江经验”创新驱动实体经济发展》视频报道，央视新闻客户端推出《敢拼会赢　潮涌晋江》系列报道，经济日报社推出整版调查报道《“晋江经验”如何历久弥新》。省、泉州、晋江各级媒体采用消息、侧记、现场新闻、言论评论等形式全程做好纪念大会、研讨会等活动的新闻报道，采访参加活动的嘉宾、专家学者，刊播专访和短视频报道。

理论研讨交流　2022年8月19日，举办“晋江经验”与习近平经济思想理论研讨会，设置福州主会场和晋江分会场，以“代表发言＋书面交流”“线上＋线下”形式，邀请100多名专家学者、“晋江经验”亲历者代表参加会议，深入阐释“晋江经验”的理论价值、实践贡献以及与习近平经济思想的内在联系，汇编形成《“晋江经验与习近平经济思想理论研讨会论文集》，专家学者优秀论文、观点摘要在中央、省级主要媒体刊发。对接中国社会科学院、福建社科院等理论研究高端资源，推出《“晋江经验”的理论价值、实践意义与重要启示》《“晋江经验”对推进新型城镇化建设的启示》《“晋江经验”对构建“亲”“清”新型政商关系的现实启示》《传承弘扬“晋江经验”　深化“产城人”融合发展》等4篇调研文章，编辑出版《“晋江经验”——中国现代化道路的县域探索》主题书籍，深化“晋江经验”实践探索和理论提升。

（林锦鑫　陈瑞清）

2022年12月15日，“晋江经验”20周年成就图片展揭展仪式在晋江市博物馆举行。图为揭展仪式现场

（图/刘翼）

【重要主题宣传】 2022年，晋江市委宣传部组织晋江市融媒体中心、《晋江经济报》、晋江新闻网先后开设“奋进新征程　建功新时代”“传承弘扬‘晋江经验’　奋力推进‘五个年’”“喜迎二十大”“深入学习宣传贯彻中共二十大精神　奋力推进中国式现代化晋江实践”等10余个重点专栏，累计推出成就宣传报道600多篇，展示晋江经济社会建设成就，展现晋江踔厉奋发、爱拼会赢的精神风貌。结合新春开工、项目落地、北京冬奥会、全省拉练、重大项目集中开工、数字经济等时事热点和重要活动，对接配合中央主流媒体到晋江开展调研采访30多次，累计推出相关报道近200篇，形成多份内参调研报告，其中《人民日报》刊发涉及晋江报道20多篇，新华社推出专题、深度、内参、调研报告等近100篇。围绕传统村落传承保护、晋江数字化转型工作，邀请央视走进梧林传统村落、晋江数字化标杆企业开展探访工作，以网络直播、专题片等形式推出宣传报道，展示晋江数字化转型升级的成效和晋江历史人文之美和文物保护的成果。联合福建画报社出版《何以晋江》画册。

【媒体宣传】 2022年，晋江市被央视纳入“喜迎党的二十大”特别报道《走进县城看发展》范畴，作为系列报道开篇之作。6月8日，央视新闻频道推出20分钟的电视直播，总台央广《中国之声》推出时长30分钟的广播直播以及在新媒体平台推出一个小时的新媒体直播，当天的《新闻联播》《焦点访谈》《新闻和报纸摘要》等重要栏目平台播发报道《福建晋江：爱拼才会赢》《福建晋江：弘扬“晋江经验”推进高质量发展》，央视新闻客户端直播节目，累计观看量600万人次，微博相关话题阅读量近千万人次，该期特别节目得到中宣部和中央广播电视总台高度肯定和表扬。随后，《人民日报》、新华社、央视、《光明日报》、中新社等中央主流媒体先后推出专题报道。8月11—14日，中央、省、泉州28家主流媒体深入晋江企业、乡村、社区、产业园等22个点位，实时推出全媒体报道300余篇。8月15日，邀请30多家各级媒体参加新闻发布会，中国发布、福建发布、人民网、海博TV等平台同步直播新闻发布会实况，各级主流媒体推出报道30多篇，国内外近百家媒体转载转发，观看量累计1000万人次。

【“晋江经验”新时代内涵主题宣传活动】 2022年，中央、省、泉州市30多家媒体结合各自优势集中推出“晋江经验”新时代内涵主题宣传活动各类报道50多篇。晋江市委宣传部承办“传承弘扬‘晋江经验’共享品质泉州”晋江专场新闻发布会，组织开展“侨与晋江经验”主题宣传，持续彰显“晋江经验”新时代内涵。

（谢佩龙）

【网络宣传】 2022年，晋江市开设“深入学习宣传贯彻中共二十大”“奋进新征程 建功新时代”“传承弘扬‘晋江经验’奋力推进‘五个年’”等网络专题专栏，推出报道1000多篇次，阅读量200万人次。结合晋江市委、市政府中心工作，围绕学习宣传贯彻中共二十大、传承弘扬“晋江经验”等重大主题活动，策划制作图文、音视频、H5等网络宣传报道7000余篇（条），晋江新媒体联动发布信息700多篇，上级主流网络媒体刊发报道100多篇次。

【网络空间治理】 2022年，晋江市委宣传部发挥晋江市互联网信息办公室职能，深化网络安全和信息内容管理联席会议作用，开展网络生态治理专项行动。联动查处不实有害信息2000余条（篇），落实网络安全协调处置机制，组织召开全市网络安全专题会议，不定期开展网络安全检测、信息内容专项巡查，发现整改网络安全问题57件。

（丁志俭）

【社会宣传】 2022年，晋江市委宣传部统筹策划主题宣传。围绕“福”文化、“晋江经验”20周年、国庆、中共二十大、撤县设市30周年等重大主题，统一设计制作系列主题宣传标语、宣传海报、景观小品，在进出晋江主要路口、重要点位周边、市区主次干道等重点区域布设灯杆旗、公交站亭广告、天桥广告、LED显示屏广告等各类宣传品1万余处。依托“万屏联动”社会宣传机制，统筹全市各级各单位所属、所辖的LED显示屏、宣传栏、宣传牌、“村村响”喇叭、社区（小区）广播、商超广播和“两微一端”等公共领域宣传载体渠道，发动全市新媒体和室内外公共载体刊播中共二十大、“晋江经验”、“岗位学雷锋”主题公益广告等各类主题海报和视频，累计刊播各相关主题版面、标语、视频、音频频次10多亿次，新媒体内容累计发布、转载1.5万篇次。

（黄亚衡）

【对外宣传与交流】 2022年，晋江市委宣传部以传统建筑、地道美食、民俗文化、人文精神和文化遗产为载体，打造城市文化品牌。1月19日，中央广播电视总台《古厝里的中国》栏目组走进梧林传统村落，以实地直播、探访的方式，聚焦闽南红砖古厝，让海内外观众感受泉州多元文化的独特魅力。端午节期间，央视《新闻直播间》、央视财经频道、央视频App推出《福建晋江“特色民俗迎端午 传统文化焕光彩”》报道，向全国人民展示在梧林上演的闽南端午特色民俗。组织开展晋江市“勇立潮头”2022年全国原创歌曲征集活动，征集作品135首，评选出获奖作品9首。举办第七届海峡两岸（晋江金井·围头）七夕返亲节、“我们的节日·元宵”、2022年“闽台东石灯俗”、“晋江市（安海）第九届两岸端午线上民俗旅游文化

2022年8月4日，福建省妇女联合会、泉州市委文明办、泉州市妇女联合会、晋江市人民政府共同主办的第七届海峡两岸（晋江金井·围头）七夕返亲节在晋江市金井开幕。图为晚会现场 （图/晋江市文旅局）

节”、“侨春有禧”、“梧林家国情 唱响新时代”等活动，获海内外媒体关注报道。按照省委宣传部统一部署要求，组建一支福建形象外宣专项工作队伍，分批次分场地开展培训。日常在社交账号上发布有关文化、体育、美食和人文景观动态。

（谢佩龙）

【社会主义核心价值观建设】 2022年，晋江市紧扣迎接中共二十大召开和学习宣传贯彻中共二十大精神，深化党史学习教育常态化、“四史”（党史、新中国史、改革开放史、社会主义发展史）宣传教育、“强国复兴有我”“我为群众办实事”群众性主题宣传教育，组建“福小宣•‘泉’民讲•新晋讲”宣讲小分队，深入基层、深入群众，用群众视角、百姓语言，开展宣讲25场，强化广大干部群众对习近平新时代中国特色社会主义思想的政治认同、思想认同和情感认同。结合“扣好人生第一粒扣子”主题实践活动。开展“我们的节日•清明”主题活动，累计参与“云祭扫”突破百万人次；2022年“向国旗敬礼”网上签名寄语活动，通过“文明晋江”微信公众号留言1.5万多条。开展“童心向党”系列活动、“劳动美”社会实践活动、学雷锋志愿活动。鼓励主题文艺作品创作。依托高甲、木偶、诗歌、书法、闽南四句等优秀传统文化和爱国主义教育基地等阵地载体，推动全市文艺社团和文艺工作者挖掘社会主义核心价值观主题作品创作，推出现代高甲戏《许书记借金记》、廉政高甲折子戏《知府义审》、道德模范故事短剧《微光成炬》、红色创意快闪《领航》、群口快板《二十大精神在心中》等文艺精品，弘扬社会主义核心价值观。组织推荐参评2022年泉州市学雷锋活动示范点和岗位学雷锋标兵，晋江市金井镇围头村新时代文明实践站、晋江市爱心格子铺爱心储蓄所获评2022年度泉州市学雷锋活动示范点，东石的张百隐获评2022年度泉州市岗位学雷锋标兵。加强红色遗址、革命文物和纪念设施等红色资源保护管理，加大爱国主义教育基地宣传推介力度，晋江市博物馆获评第七批福建省爱国主义教育基地，举行“传承红色基因 强国复兴有我”晋江市“喜迎二十大”爱国主义教育主题线上活动，配套开设“网上展厅”“云游基地”2个展陈栏目和“有奖问答”，讲好爱国主义故事、涵养红色文化基因，培育践行社会主义核心价值观。

（黄亚衡　苏桂清）

【社会主义文化建设】 2022年，晋江市紧扣“文化惠民”、立足“群众参与”，融入“我们的中国梦——文化进万家”“我们的节日”“三下乡”等成熟文化活动品牌及各类核心价值观教育、民俗节庆活动等，策划生成一批群众性文化活动，加强社会主义文化建设。提升文化惠民工程实效，在梧林传统村落举办2022年晋江市文化科技卫生“三下乡”集中活动，配套开展“百福古厝送新福”“翰墨传家风 迎新送春‘廉’”主题书赠春联、义务诊疗服务等惠民服务活动，开展科普知识宣传、卫生健康知识宣传等，将书法、舞蹈、朗诵、古琴、南音等乡土特色文艺形式融入“三下乡”活动中，给基层群众送温暖、送服务、送健康。强化传统文化保护传承，通过“砥砺书写未来 强国复兴有我”书法公益讲座、“喜迎二十大 古乐庆中秋”南音公益惠民交流展演、“喜迎二十大•悦读向未来”主题书展和科普活动等主题活动，挖掘阐释闽南优秀传统文化。开展“强国复兴有我”主题活动，推出“强国复兴有我——喜迎二十大 舞动新征程”线上文艺作品展播，举办主题征文、演讲、朗诵、研学等中小学生新时代好少年“强国复兴有我”主题教育，引导群众特别是广大青少年树立正确理想信念，涵养爱党爱国爱家情怀。

（黄亚衡）

精神文明建设

【概况】 2022年，晋江市围绕学习宣传贯彻中共二十大精神，组织开展“福小宣•‘泉’民讲•新晋讲”主题宣讲25场。抓好社会主义精神文明建设，做好文明创建、文明实践、文明培育“三篇文章”，以高质量精神文明建设推动高质量社会经济发展。开展各级各类精神文明创建工作，建设167个泉州市第一批“复兴少年宫”点位。全市有实名注册的志愿者29.86万人、注册志愿服务团体1578个。活出爱志愿服务队陈论超获评全国百名最美生态环境志愿者。

2022年1月18日，市文联在文化中心开展春节“三下乡”暨“暖冬行动”书赠春联志愿服务活动

（图/晋江市文联）

【城市文明建设】 2022年，晋江市围绕“人民城市人民建，人民城市为人民”，坚持“以文化城、文明育城”，统筹全面创建、全域创建、全民创建、全程创建，以创建全国文明城市为龙头和抓手，探索与经济治理、社会治理、城市治理统筹推进、有机衔接的文明城市创建体系。

完成全国文明城市年度测评工作。晋江市印发《2022年全国县级文明城市实地考察任务分解方案》《2022年全国县级文明城市网上申报材料任务分解方案》等文件，推动创城任务落细落实。抽调16名干部组建实地督导组，通过工作群调度及信息动态、整改提示、重大问题交办清单等方式，确保督导成效，制发工作提示和问题交办单58期、创建工作动态10期。拍摄制作《一座城 一条心 一起拼 一定赢》《晋江东石：文明仁和里 幸福东石城》《晋江安海：千年古镇 文明新风》《金井围头：传承红色文化，打造渔村文明新气象》等宣传短视频，展示晋江文明城市、文明村镇创建成果。11月21日，《晋江安海：千年古镇 文明新风》在中央文明办“奋进新征程 城乡文明行”全国文明村镇创建巡礼第77期刊播。组织创作、推荐一批主题网络公益广告，获2022年“全国公益广告大赛最佳组织奖”，《奋斗致青春，平凡亦不凡》获党政机构组（视频类）优秀奖。

专项整治提升。2022年，晋江市创城指挥部各专项小组围绕职责分工，由晋江市城管局、应急局、住建局、商务局、工信局和交警大队等单位牵头，常态开展文明城市专项整治工作。组织占道经营专项、错峰执法，实行共享单车车企包区、定责、定人的制度，加大违规广告和畜禽散养整治力度，整治占道经营17843宗，拆除户外广告647块，清理小广告4万多张，拆除饲养鸡鸭搭盖212宗，纠正养犬“不系犬绳”“不清除犬粪”等不文明行为232次，立案查处违规张贴行为、违法占道经营182宗。督促各缆线权属单位投入整治队伍25支，完成第二批70个村（社区）架空缆线首轮整治工作。采取“一场一案一专班”和疏堵结合、引摊入市、规整改造等措施，改造活禽交易“三分离”场所4处，整改发现农贸市场不规范经营问题154个。抓电动车、消防设施、消防通道、消防安全制度、微型消防站建设等安全隐患，累计排查各类场所78家，发现整改消防安全隐患问题285个。落实物业公司“黑名单”、项目经理信用评价管理制度，督促物业管理服务机构履职尽责，组织全市266个物业小区开展环境整治，督促整改楼道杂物堆积、小区卫生死角等问题。规范动静交通秩序。采取“高峰站点，平峰巡线”的勤务模式，常态化加强中心市区动态交通秩序管理和停车秩序整治，强化设施管理，增加电动车上牌服务点位，2022年，完善电子警察设备12个，抓拍机动车不礼让行人9740起、变道压实线148730起，推动电动自行车注册登记29106辆。整合城市管理综合考评中心和创城办实地督导组两支队伍，融合全国文明城市创建体系和城乡环卫管理考评体系两个体系，修订《晋江市城乡环境卫生考评办法》，落实《关于城乡环卫管理考评结果应用的意见（试行）》，促进城乡环卫管理主体责任落实，2022年共约谈21个（次）镇（街道）主要领导、分管领导和36个（次）村（居）包片挂点领导81人次，提升全市城乡环境卫生总体水平。

【群众性精神文明创建】 2022年，晋江市统筹文明村镇、文明单位、文明家庭、文明校园等群众性精神文明创建工作，扩大创建覆盖面和长效性。完成晋江市2019—2021年度文明单位、文明村镇、文明校园总评工作，推荐公布2019—2021年度文明单位77个、文明村镇131个、文明社区36个、文明校园31所，参评单位数较2016—2018年度届期提升6.6%。组织新一届全国级和2021—2023年度省级、2020—2022年度泉州市级精神文明创建各类先进参评对象开展网上材料动态申报，配合泉州市开展2020—2022年文明单位、村镇、校园材料审核和总评工作，做好指标解读分析、问题反馈整改、材料申报督促等指导工作。联合教育局组织完成晋江市2019—2021年度文明校园总评工作，31所学校获评晋江市2019—2021年度文明校园；依托“泉州市精神文明创建测评系统”，组织开展第二届泉州市级文明校园届末实地考察。召开全国文明村镇创建工作推进会，制定全国文明村镇创建工作操作要点，开展文明村镇实地督导，督促村镇搭建工作结构、明确核心创建区域、树立一批创建清单、推进系列整改提升行动。安海、东石、金井围头、深沪运伙等4个全国文明村镇确定重点考察点位242个，施画考察点位分布图，把准创建重点难点，完成实地考察工作。以全国文明村镇创建为示范，以点带面，推动全市村镇提升文明创建水平。强化“文明家庭”选树培育、慰问宣传，组织推荐五好家庭、最美家庭、绿色家庭，深化家庭文明建设。2022年，推荐全国五好家庭1户，推荐福建省级五好家庭1户、最美家庭3户、绿色家庭3户，推荐泉州市级五好家庭2户、最美家庭6户、绿色家庭6户，揭晓2022年度晋江市最美家庭90户。

（吴文博）

【新时代公民道德建设】 2022年，晋江市围绕贯彻落实《新时代公民道德建设实施纲要》《新时代爱国主义教育实施纲要》，培育和践行社会主义核心价值观，强化教育引导、实践养成，推进社会公德、职业道德、家庭美德、个人品德建设，培养担当民族复兴大任的时代新人。围绕培养担当民族复兴大任的时代新人、弘扬共筑美好生活梦想的时代新风，深化党史学习教育常态化、“四史”宣传教育、“强国复兴有我”、“我为群众办实事”群众性主题宣传教育。紧扣迎接中共二十大召开和学习宣传贯彻中共二十大精神，组织开展“福小宣•‘泉’民讲·新晋讲”分众化主题宣讲25场。贯彻落实中央文明办、全国爱卫办关于倡导文明健康绿色环保生活方式的精神，推动落实《文明健康绿色环保生活方式培育行动实施方案》，组织开展“文明伴我行”等爱国卫生运动70周年暨第34个爱国卫生月主题系列活动，重点推进“健康科普、爱卫运动、良好习惯、全民健身、心理健康、移风易俗、绿色创建、控烟环境”8项行动和环境卫生大扫除、公共秩序大整治、基础设施大改善、城乡文明大融合等5项重点工作，举办文明健康、生态环保等主题宣传实践活动进机关、进村(居)247场次。2022年，新增“文明健康 绿色环保”主题景观小品近100处，更新公益广告1万余幅。

【网络精神文明建设】 2022年，晋江市强化网上道德示范引领，发挥晋江市融媒体中心及属地新媒体作用，发挥榜样示范网上引领作用，开展文明家庭、道德模范、美丽晋江人、新时代好少年等宣传推介，推动形成崇德向善、见贤思齐的网络文明环境。利用清明节、国庆节等重要传统节日、重大节庆和纪念日组织开展“清明祭英烈”“向国旗敬礼”等网络文明主题实践活动，教育广大网民自觉抵制歪风邪气，弘扬文明风尚。在“文明晋江”微信公众号推送《我怎样，社会就怎样》倡议，制作《我们都爱这座城市》《文明实践在晋江》等21个主题H5，传播量累计350万人次，将文明创建宣传面延伸到镇(街道)、村(社区)，提高群众对文明城市的知晓率和认识度。开展晋江市民间绘画作品云展览、“喜迎二十大、童赞家乡美”少儿合唱音乐会线上直播等主题线上文化活动12场。“一报一网一中心”、晋江文明网、“文明晋江”微信公众号及全市相关媒体矩阵全年刊播主旋律报道、推文5500多篇次，“粉丝”群32万人。

【道德典型学习宣传】 2022年，晋江市开展道德模范先进典型推荐、事迹宣传，组织道德模范故事巡演巡展活动，树立好人好报、德者有得的价值导向。新晋江人兰靖翔、谢中华入选“福建好人”，泉州市青年志愿者协会祥和服务队、陈埭志愿者协会丁思雄获评2022年度福建省第六批五星级志愿者，“母亲的房子”图书馆、“英林心·心商店”等5个项目获泉州市志愿服务项目大赛奖项，金井镇围头村新时代文明实践站、晋江市爱心格子铺爱心储蓄所获评泉州市学雷锋活动示范点，张百隐获评泉州市岗位学雷锋标兵，陈论超、吴蓉蓉等5名志愿者获泉州市四星级志愿者称号。学习传达贯彻习近平总书记给“中国好人”李培生、胡晓春的回信精神和中宣部、中央文明办座谈会精神。深化道德模范学习宣传，开展基层道德讲堂宣讲、故事分享会、事迹报告会、文艺巡演、视频展播等学习宣传活动133场次，创作模范事迹小戏《微光成炬》。在晋江电视台、《晋江经济报》等媒体开设“学习宣传道德模范”等专题专栏。

（苏桂清）

【未成年人思想道德建设】 2022年，晋江市围绕“扣好人生第一粒扣子”，培养担当时代重任的社会主义合格建设者和接班人，推进新时代未成年人思想道德建设。推选晋江一中学生苏子尧、晋江市第二实验小学学生吴楷翔分别获评年度全国、泉州“新时代好少年”，推选黄壹镕等20人作为晋江“新时代好少年”。引导未成年人传承红色基因，弘扬中华优秀传统文化。举办“童心向党·党的故事我来讲”故事汇，向全市中小学生征集讲故事视频，参与省市展播。开展“听党话、感党恩、跟党走”红色经典、中华经典等诵读活动，推选40支中小学队伍参加“唱支红歌给党听”歌唱比赛。引导青年培养良好心理素质，推动学校、家庭、心理健康从业者及社会各界多主体的高效联动和互相配合。加强学生心理健康教育和服务，举办未成年人心理健康辅导“公益九月”活动，通过“晋江心理辅导”微信公众号推送家庭心理教育系列课程45节，开展“心理辅导课程进校园”10场。晋江市未成年人心理健康辅导站接待来访近200人次、个案面询118人次、心理热线146起，并获评省级未成年人心理健康辅导示范站。

【未成年人课外活动阵地建设】 2022年，晋江市整合各类场所资源，搭建未成年人课外活动阵地。协助完成晋江市未成年人心理健康辅导站建设搬迁事宜，与晋江市教育局、进修学校一同推进未成年人社会心理服务体系建设。开展晋江市167个泉州市第一批“复兴少年宫”点位建设，依托新时代文明实践所(站)和中小学校，组建专兼结合师资队伍，引入优质品牌项目、规范工作机制，丰富活动内容和形式，确保“复兴少年宫”活动常态长效。

（陈　琳）

【新时代文明实践志愿服务】 2022年，晋江市实名注册的志愿者29.86万人，注册志愿服务团体1578个。召开新时代文明实践所(站)建设观摩推进会，将实践所(站)融合融入“党建+”邻里中心，培育梅青、青华、许厝、华泰等一批示范社区。选优用好志愿者、楼栋长等工作力量，开展“我为群众办实事”“晋江文明·没我不行”志愿服务活动，推进“积分换服务”行动。整合党政群、企社学资源，将文明实践与党政关注、群众关心、社会关切的大事要事结合起来，推动全市相关单位主题活动统一到“新时代文明实践”旗号下，开展理论宣讲、文艺巡演、扶贫扶弱、环境整治、文明城市常态创建等志愿服务活动，“新时代大讲堂”志愿讲师团、市新时代文明实践宣讲小分队开展中共二十大精神宣讲、《闽山闽水物华新——习近平福建足迹》主题宣讲活动442场，引发党员干部、基层群众、企业员工及志愿者的热烈反响。部署“强国复兴有我”群众性主题宣传教育活动，打造大美晋江品牌，讲好晋江故事。2022年，开展主题志愿服务活动3000场次，服务群众20万人，服务有效度、社会参与度和群众满意度持续提升。

（苏桂清）

统战工作

【概况】 2022年，晋江市统一战线开展“喜迎二十大、同心谱新篇”主题宣传教育，通过“晋江统战”新媒体推出学习贯彻中共二十大精神报道14期。印发《在全市统一战线开展传承弘扬“晋江经验”暨解放思想大讨论活动的方案》，开展解放思想大讨论活动10场次，举行晋江市统一战线纪念“晋江经验”提出20周年座谈会。引导党外人士建言献策、生产保供，发动统战各界捐款捐物5亿多元。打造《“亲”“清”暖企心——惠企政策》一堂好课，开展宣讲活动50余场。联合商务部门举办“以侨为桥 贸促优配”晋江“千企万品”出海行动大会，启动“晋江侨商贸促优配云平台”，设立菲律宾、新加坡、澳大利亚、美国等27个海外经贸联络处，促成8个晋江跨境电商企业与侨商海外仓共建合作。在中国香港、澳门、安徽、重庆等地以及菲律宾设立招商联络点，落实港澳台商、侨商及异地商会招商，促成回归项目16个，计划投资额143.9亿元。支持民主党派开展重点调研58项，收集调研成果73篇。引导海内外乡贤参与家乡建设，促成侨捐项目203个，金额1.45亿元；促成乡贤（企业）捐赠项目27个，金额9.46亿元。打造“乡贤＋”同心圆特色统战工作品牌，相关工作经验做法得到中新网、中侨网、福建统战等各级媒体报道，得到泉州市委分管领导批示表扬。基层统战工作理论晋江研究基地连续第4年获得全省“研究基地流动奖杯”。

（苏泽顿）

【凝聚思想共识】 2022年，晋江市委统战部引导各民主党派学习贯彻习近平新时代中国特色社会主义思想和中共二十大精神，举办晋江市2022年统战委员、党外人士、新生代非公有制经济代表人士教育培训班暨“四史”研修班。围绕传承弘扬“晋江经验”和解放思想大讨论活动，开展《新时代统一战线事业发展的根本指针》专题讲座，向民主党派人士宣讲中共二十大精神，学习宣传贯彻中央统战工作会议精神和中共二十大精神，强化各民主党派的思想政治理论建设，凝聚思想政治共识，引导各民主党派坚定不移听党话、跟党走。召开“矢志不渝跟党走、携手奋进新时代”政治交接主题教育动员部署会，引导各民主党派开展“矢志不渝跟党走、携手奋进新时代”政治交接主题教育30余场次。开展“喜迎二十大、同心谱新篇”暨庆祝“晋江经验”20周年系列活动，举办图片展和书画展系列活动，收集书画、诗词等作品60余幅，图片1000多张。

【民主党派工作】 2022年，晋江市委统战部协助晋江市委制订、实施《2022年度政党协商（会议协商）计划》，举办晋江市委上半年经济形势分析会、市政府工作报告征求意见座谈会及党外代表人士新春座谈会。引导各民主党派履职参政，有19篇提案提交至泉州市政协，77篇集体提案提交至晋江市政协。落实年度调研计划，形成调研成果70多项。其中，统战理论晋江研究基地1篇调研成果获全省统战理论政策研究优秀创新成果二等奖，2篇获三等奖。1篇参与调研撰写的调研报告获泉州市主要领导肯定批示，5篇获晋江市市长批示肯定。收集汇编49篇《赓续百年薪火秉初心，奋楫笃行致远再启程》主题研讨成果。民盟晋江市委会、民进晋江市总支部完成换届工作，引导各民主党派做好传帮带工作，传承弘扬党派的优良传统及政治交接。

（陈红瑜）

【新的社会阶层人士工作】 2022年，晋江市委统战部指导推动各镇（街道）加强与晋江市新的社会阶层人士联谊会（简称“晋江新联会”）的对接联系，先后与磁灶镇、龙湖镇、紫帽镇、新塘街道等镇（街道）联合开展“不忘初心 同心同行”镇（街道）联谊活动。开展“荟萃英才 共创未来”互动联谊活动，组织新的社会阶层代表人士参加厦门培训班，组织新的社会

2022年7月24日，晋江市2022年统战委员、党外人士、新生代非公有制经济代表人士教育培训班暨“四史”研修班开班式在晋江市委党校举行

（图/晋江市委统战部）

阶层人士党员前往井冈山，缅怀革命先烈，传承学习红色精神。定期召开晋江市新联会会长会、秘书处办公会，举办线上分享会、主题沙龙等活动，开展“凝聚新力量 筑梦新时代”红色主题教育系列活动，增强新联会的凝聚力和影响力。成立志愿者服务队，开展社会公益服务活动，并协同企业捐赠物资。晋江市新联会2名理事担任泉州市、晋江市人大代表，12名理事担任晋江市政协委员，提交提案25篇。

【民营经济工作】 2022年，晋江市委统战部加强对年青一代民营企业家的教育培养，举办新生代民营经济代表人士厦门培训班，合力晋江青年企业家“领航混沌创新班”，引导青年企业家与党同心同向，听党话、跟党走，推动民营经济健康发展。打造《“亲”“清”暖企心——惠企政策》一堂好课，采用“线上＋线下宣讲”“走出去”“面对面”等形式，开展宣讲活动50余场。

2022年，晋江市委统战部在菲律宾以及中国香港、澳门、安徽、重庆等地设立招商联络点，组织100余名乡贤线上参与招商“云推介”，落实港澳台商会及异地商会招商，促成回归项目16个，计划投资额143.9亿元。

2022年，晋江市委统战部选好配强新一届工商联组织领导班子，推进市工商联换届工作，晋江市工商联获评全国“五好”县级工商联标杆。成立晋江市伞业行业协会，推动广东省晋江商会和内坑商会、龙湖商会、西滨商会、深沪商会、东石商会、青阳商会换届。推动“四好”（政治引领好、队伍建设好、服务发展好、自律规范好）商会创建活动，英林商会、经济开发区商会、福州市晋江商会、郑州市晋江商会、昆明市福建晋江商会5家商会获全国“四好”商会称号，永和商会、东石商会、池店商会、内坑商会、龙湖商会、金井商会、新塘商会和晋江市温州商会8家商会获省“四好”商会称号。

2022年，晋江市委统战部注重加强信息统计和舆论宣传，通过微信公众号、微信群等线上渠道宣传民营经济人士参与光彩事业、抗疫救灾等公益慈善活动，动员统一战线成员助力“百企帮百村·乡贤促振兴”行动，促成乡贤（企业）捐赠项目27个，金额9.46亿元。推进民营经济代表人士推荐任用工作，推荐参与各级评先评优活动，企业家丁世忠当选全国工商联副主席，丁思泉、丁辉煌、许清流、施人玮、施俊侨、施能狮、洪顶超、赖世贤、蔡友志等9名晋江籍乡亲获评“福建省非公有制经济优秀建设者”，获评人数居全省县级市第一。

（林泽峰）

【海外工作】 2022年，晋江市委统战部对接海外侨亲资源，联动侨商侨力侨资，发挥行业商协会桥梁作用，助力企业抱团跨境出海。举办“以侨为桥 贸促优配”晋江“千企万品”出海行动大会，启动“晋江侨商贸促优配云平台”，在全球设立菲律宾、新加坡、印度尼西亚、泰国、缅甸、澳大利亚、美国等27个海外经贸联络处，促成8个晋江跨境电商企业与侨商海外仓共建合作。相关做法在《八闽快讯》刊发，并得到省委常委、统战部部长王永礼批示肯定。

2022年，晋江市助推海内外晋江侨资源融入“一带一路”“双循环”格局，组织侨胞参与2022年晋江跨境电商创新发展大会、2022年晋江外贸云展会等活动，策划组织100余名乡贤线上参与“乡贤＋”同心圆招商“云推介”。加强新生代联络联谊，开展“世晋青 一路绽Fun”银川学习交流活动、晋江留联赴重庆交流学习活动等。组织菲律宾福建青年联合会等社团回乡联谊活动，为海内外晋江人的交流合作、优势互补、互利共赢提供渠道、搭建平台、创造条件。

（陈超颖）

机构编制

【概况】 2022年，晋江市机构编制部门实施“提高效率、提升效能、提增效益”（简称“三提三效”）行动，统筹抓好各项体制机制改革，优化各类编制资源配置，晋江市被省委编办确定为全省基层管理体制改革经验交流会发言单位。探索事业单位登记管理多形式监管方法的综合运用，办理事业单位法人设立登记10家、变更登记190家、注销登记18家。

（洪荣滨）

【经济发达镇行政管理体制改革】 2022年，晋江市机构编制部门深入指导9个经济发达镇推进八大领域24项改革，根据福建省考核评估机制落

2022年12月23日，晋江市举办“以侨为桥 贸促优配”晋江市“千企万品”出海行动。图为福建省晋江市海外经贸联络处授牌仪式（图/晋江市委统战部）

实落细考评标准，借助融媒体平台开展“强镇改革在路上”系列宣传。发挥经济发达镇改革领导小组的督促作用，定期汇总通报各镇政策落实和改革进展情况。2022年，省委编办从8个设区市中抽取12个经济发达镇开展行政管理体制改革实地调研评估，其中金井镇综合考评成绩居全省第一、深沪镇居全省第三。

【综合行政执法体制改革】 2022年，晋江市机构编制部门以晋江市被确定为全国规范地方行政执法队伍人员编制管理试点为契机，统筹推进综合行政执法改革、镇（街道）“一支队伍管执法”改革工作，构建市、镇联动的综合执法体系。明确晋江市城市管理局为镇（街道）综合行政执法主管部门，保障市、镇综合执法工作有效衔接；编印《晋江市镇（街道）综合行政执法规范化实用手册》，加强基层综合执法规范化建设；出台《关于理顺监管与执法运行机制的意见（试行）》等文件，构建市、镇监管和执法管理闭环；启动新一轮镇（街道）赋权有关工作，逐条梳理执法程序简便易行的11个领域共282项执法职权，分两批赋予镇（街道），同步推进综合执法队伍培训工程。开展镇（街道）综合执法队法制员专项业务培训2场次、赋权业务培训3场次，培训人员700人次。

【开发区管理体制改革】 2022年，晋江市机构编制部门深化经济开发区体制机制改革，推动开发区整合形成“全市一区＋若干专业产业园”发展格局。制定开发区管委会及其下属事业单位“三定”规定，细化开发区管委会与市直部门、镇（街道）职责分工方案，明确安全生产监管、生态环保、土地管理、“两违”整治等方面职责分工，理顺开发区与属地政府权责关系。强化开发区及单镇域园区人员编制保障，推动城管、人社等部门人员派驻开发区充实工作力量，促进开发区集中精力抓招商、抓规划、抓发展，激发创新活力。

【党政机构职能体系调优】 2022年，晋江市机构编制部门组织19个镇（街道）开展机构改革“回头看”自评，实地开展调研评估，了解镇（街道）机构改革后机构挂牌、人员配备、设岗定责、整体运转等情况及有关问题建议；开展特大镇现代化治理模式专项调研，健全镇（街道）各项体制机制。根据上级要求，调整理顺晋江市“12345”政务服务便民热线管理体制；理顺市直部门之间、市和镇之间的执法与监管职责，为推进下一轮机构改革、提升县域治理效能奠定基础。

（黄一峰）

【机构编制日常管理】 2022年，晋江市机构编制部门做好事业单位改革前期准备，按照“政事分开、事企分开、管办分离”的原则，调整规范全市9家科级市直事业单位机构名称等机构编制事项。优化疾控行政机构设置，在市卫健局加挂“晋江市疾病预防控制局”牌子，依照标准核定市疾病预防控制中心事业编制。提供71名行政及事业参公编制用于公务员招考、120名事业编制用于机关事业单位公开招聘，提供862名事业编制用于公开招聘公办教职工，提供433名事业编制用于公开招聘编内卫技人员，优化各领域干部队伍学历结构，补充机关事业单位紧缺岗位专技人员，补齐教育、卫生等民生短板。以《机构编制管理评估办法（试行）》为抓手，针对2020—2022年新设立或增编时间满一年的机构，开展机构编制执行情况与使用效益评估工作，推动机构提高履职尽责能力和水平。

【机构编制资源统筹配置】 2022年，晋江市机构编制部门深化完善机构编制“实名制”管理和用编计划申报机制，跨部门、跨领域、跨层级统筹调剂机构编制资源，保障市委、市政府重点中心工作用编需求，集中存量空编，倾斜机构编制资源保障急救网络体系建设、疾病预防控制、城市规划建设、消防应急救援、数字化升级、社保服务、粮食安全、基层网格治理等重点工作。探索试行公办幼儿园人员总量控制备案管理办法，依标足额核定公办中小学教职工编制16172名，满足教育领域编制刚需；完成选调生安排、团营级军转干部安置等政策性任务。

（陈弘光）

【事业单位登记管理】 2022年，晋江市机构编制部门探索多形式监管方法的综合运用，组织开展事业单位法人“双随机”抽查、事业单位法人登记清理规范工作，研究制定标准化抽查文书，现场抽查事业单位132家，跟踪问效、督促整改。加大“互联网＋监管”力度，监管主项覆盖率、监管行为录入率均100%。在推行容缺预审预批的基础上，优化审批流程，简化办事环节，完成617家事业单位法人年度报告公示工作，审核完成率及年度公示率均100%。依法做好事业单位设立、变更和注销登记工作，办理事业单位法人设立登记10家、变更登记190家、注销登记18家，即时办结率100%。完成中文域名注册及续费单位825家，其中机关单位82家、事业单位743家。

（吴雪莲）

机关党建

【概况】 2022年，晋江市完成全市机关企事业单位基层党组织集中换届工作，同步成立、换届机关纪委22个，理顺机关党建工作机制。调整优化市属国有企业党组织设置和隶属关系，以及晋江市医院（上海六院福建医院）党委设置，配强党组织班子，提高行业领域党建质量。举办“喜迎二十大·奋斗更青春”青年干部辩论赛。开展模范机关“一堂好课”第三轮创建活动及第12轮市直机关特色党

2022 年 10 月 15 日，晋江市举行“喜迎二十大·奋斗更青春”青年干部辩论赛启动仪式
（图/晋江市委组织部）

建项目展评活动，《支部建到审批链“晋江经验”新实践》《党建红引领检察蓝 守护传承“晋善晋美”》项目分别获泉州特色党建项目评展一等奖、三等奖，晋江市直机关工委获特别成就奖、优秀组织奖。

【流入党员管理试点】 2022 年，晋江市完成全省流入党员管理试点任务，制发《晋江市加强和改进流入党员管理试点工作方案》，围绕精准管理、日常教育、作用发挥、党内帮扶、典型激励等核心内容，首批聘请 12 名流入党员企业家担任政策推介员、就业信息发布员，聘请 396 名流入党员兼任楼栋长、网格长等职务，参与政策宣传、邻里联络等工作，将其纳入晋江市外来人口市民化积分项目，破解流入党员“底数难摸清”“管教难落实”“作用难发挥”三大难题。《晋江市加强流入党员管理让入“晋”党员心有所安》被《福建组工信息》刊发。

【数字支部平台推广】 2022 年，晋江市依托大数据功能，开展活动纪实，查漏补缺，提升发展党员、“三会一课”、主题党日、关系转接、党务公开、积分评价等工作质量，全市各领域基层党组织通过“JIN 智先锋”数字支部平台完成达标创星工作，提升党支部标准化、规范化、信息化、精细化水平。

【党员队伍建设】 2022 年，晋江市推广共产党员“政治生日”制度，开展党员远程教育“固定学习日”“千堂党课进邻里”活动，拍摄《脱掉戏服 穿上防护服》《人世间》《距离病毒最近的“隐形战士”》，分别获得泉州市“镜头里的抗疫先锋”展评活动一、二、三等奖。在“晋江组工”微信平台开辟“先锋力量”专栏，定期刊发各领域党员先锋事迹。

（丁若莎）

巡察工作

【概况】 2022 年，晋江市委开展常规巡察 5 批次、联动巡察 3 批次、专项巡察 1 次，发现问题 2309 个，移交问题线索 10 件，推动问题整改 417 个，整改到期率 94.13%，建章立制 235 项，挽回经济损失 2234 万元。市委党建引领基层网格管理专项巡察做法获泉州市纪委监委主要领导、晋江市委主要领导批示肯定。

【巡察机制体制创新】 2022 年，晋江市委巡察办筹备组织召开常委会会议 7 次、市委书记专题会议 4 次、巡察工作领导小组会 4 次，研究审定巡察工作规划、年度计划等重要事项，做到巡察工作与全市中心工作同部署、同推动、同落实。坚持有形覆盖和有效覆盖相统一，制订出台《十四届晋江市委巡察工作规划》，明确 5 年内 110 个单位、399 个村（社区）党组织的监督重点、组织方式和实现路径。建立“四联两提”工作机制，在上下联动巡察、本级巡察乡镇（街道）时，采取“点兵点将”“半成建制”方式，同步派出联动巡察组对所辖村（社区）开展“点穴式”“连片”巡察；在巡察完全中学时，同步抽调教育系统干部组成联动小组对 1 所小学开展“点穴式”巡察，受理群众信访举报 141 件次，开具“体检”报告、清单 97 份，发现问题 1957 个，梳理制约基层治理共性问题 28 个、民生领域突出问题 191 个。加强

2022 年 8 月 10 日，池店镇党建引领基层网格治理专项巡察见面沟通会召开
（图/池店镇）

巡察监督与其他监督贯通融合，开展意识形态工作责任制专项检查5批次，形成专项报告23份；建立巡察监督与审计监督计划共商、队伍共建、信息共享、成果共用等四项联动机制，开展“巡审联动”监督2批次，其中对市城管局党组开展“巡审联动”监督时，同步委托社调队开展市容和环境卫生社会调查，校准监督方向、释放监督效能。创新“重点问题”项目化清单化管理机制，紧扣被巡察单位职责特点，聚焦关系改革发展的体制机制障碍、群众急难愁盼问题、权力运行风险隐患等方面，确定重点问题清单87个，提出对策建议91条，向全市各机关企事业单位通报共性问题2次，移交国有企业资产管理、政府购买服务、居家养老服务机构、基层网格管理等方面意见建议19条，为市委、市政府深化改革、完善制度提供参考。

【巡察整改】 2022年，晋江市委巡察办贯彻落实中共中央、省委关于加强巡视整改和成果运用要求，健全巡察整改工作机制，构建“查改贯通、建治结合”工作闭环。坚持常规巡察“一对一”反馈和专项巡察集中通报相结合，“面对面”传导整改压力。创新督查督办十条措施、“3＋N”日常监督协作机制和质效评估办法等制度，绘制整改监督“十步”流程图，明确纪检监察机关、基层纪（工）委、派驻纪检监察组巡察整改监督责任。坚持市领导约谈提醒制度，做实巡察整改“前期指导、中期督导、期满会审”全过程日常监督，整合市纪委监委、市委组织部和巡察机构力量，联合制定整改监督方案、建立整改监督台账，召开整改业务培训会3次，开展中期督导3次，综合运用列席民主生活会、实地检查、发函提醒、集中会审整改报告等方式，督促市委第一轮13个被巡察单位完成整改任务，相关整改成效被《福建日报》《泉州晚报》等刊载26次。通报2起整改责任落实不到位的典型案例，形成震慑。

【巡察成果运用】 2022年，晋江市委巡察办坚持重点整改推动全面整改，对巡察发现的共性问题和深层次问题，深入剖析根源、堵塞漏洞，一体推进不敢腐、不能腐、不想腐。紧盯国有企业资产管理、残疾人“两项补贴”等重点领域、关键环节，督促相关职能部门开展专项治理，追回资产收益拖欠款2012万元，盘活闲置资产15宗、回笼资金21.14亿元，建立完善长效机制14项，防范国有资产流失；推动建立残疾人“两项补贴”动态管理机制，新增补贴对象1582人次，发放补贴74.53万元，确保建档对象应补尽补、不漏一人。

【巡察队伍建设】 2022年，晋江市委巡察办开展“三提三效”“能力作风建设年”等活动，把建机制、提素质、强作风融入巡察干部日常教育管理，打造一支忠诚干净担当的巡察“尖兵”。优化充实巡察人才库，新增入库457人、调整出库175人，探索“履历＋面谈”择优抽调机制，每批次至少抽调一名新提拔副科级干部或优秀年轻干部参与巡察，保障巡察组力量。全年抽调干部213人次，其中新提拔副科级干部、优秀年轻干部19人次。建立“鉴定＋站队”评价机制，试行参加半年以上巡察干部年度单列考核管理，对巡察期间表现优秀的29名干部给予工作鉴定，同步向市委组织部和被抽调单位通报，作为提拔使用、职级晋升、评先评优的重要参考。相关做法获泉州市委巡察工作领导小组批示肯定，并在泉州市范围内推广。

（高少蓉）

老干部工作

【概况】 截至2022年末，晋江市有离休干部31人、“5·12”退休干部（1949年10月1日到1950年5月12日参加工作，享受供给制待遇的退休干部）5人，其中享受地厅级待遇离休干部1人、县处级离休干部16人；离休干部遗偶139人，其中无工作遗偶78人。有退休干部7068人，其中实职县处级退休干部68人，享受县处级待遇退休干部40人，科级退休干部711人。

【离退休干部党建】 2022年，晋江市创新开展离退休干部党建“1+3”提升行动，深化“点亮计划”，编制《党支部标准化规范化建设指标积分规则》，先后成立市公安局、梅岭街道离退休干部党委。出台离退休党员工作室创建方案、助力乡村振兴建设实施方案，激励老干部担任“五大员”（党建指导员、产业辅导员、文化传播员、环境监督员、志愿引领员），先后建成19个离退休干部工作室。以“喜迎二十大 建功新时代”为主题，举办第六届离退休干部“党建文化活动月”，组织收看7场次全国、省、泉州离退休干部专题报告会。开展离退休干部党建“头雁工程”，首批上报培育75名“头雁人才”。培育上报市委组织部机关第三党支部等10个支部获评第三批省级离退休干部示范党支部，华泰社区入选全省离退休干部党员在近邻党建中发挥作用试点社区。

【老干部服务保障】 2022年，晋江市面向老干部开展离退休干部工作相关制度执行情况评估调研，回收1800多份调研数据，汇总200余个意见建议。总结2008年以来晋江市涉老专干队伍建设经验，制发《晋江市镇（街道）涉老专干管理办法（试行）》。简化离休干部医药费报销流程，用好离休干部医药费保障和离退休干部帮扶解困基金，提高离退休干部住院慰问标准，落实“五必访”制度，先后帮扶老干部及遗偶178人次，补助各类资金337.2万元。抓实“七个一”服务管理机制，定期组织助老志愿者提供义务服务，协调医疗单位办理“就诊优待卡”开辟“绿色通道”。增设“晋江市委老年工作服务中心”事业单位，核定5名事业编制。2022年被授予全省老干部工作先进集体称号。

【老干部作用发挥】 2022年，晋江市开展“见证‘晋江经验’20周年”留言墙征集活动，收到82条各领域老干部感人故事。举办“忆初心 感党恩 迎盛会”线上文艺风采展，收到96幅各类型文艺作品。策划举办“喜迎二十大·银龄展风采”晋江市第十一届老年文化艺术节，召开“互联网+”启动仪式，先后举办离退休人员书法展、钓鱼比赛、游园活动。开展“学示范、做先锋、跟党走”喜迎党的二十大主题微视频录制工作，拍摄《济阳楼的红色传承》《热情可抵岁月漫长》两部微视频，分别获省十佳微视频第一、二名。

（庄劲聪）

【关心下一代工作】 2022年，晋江市关心下一代工作委员会（简称“晋江市关工委”）强化青少年思想道德建设，推进“基层建设提升年”活动、精准关爱等各项工作，得到市主要领导和上级关工委的肯定。晋江市委办和政府办印发《关于加强新时代关心下一代工作委员会工作的若干措施》。建立包括38个成员单位的联席会议（同时作为晋江市“百万大手牵小手”关爱活动“十大工程”联席会议）制度。协调出台《晋江市对镇（街道）教育工作督导评估标准及计分办法》及《关于进一步推动全市老年教育高质量发展的若干措施》。宣传关工委队伍中的先进典型和感人事迹，“孝老敬贤月”活动推出“五老”（老干部、老战士、老教师、老专家、老模范）典型56人，推荐泉州市关工委“最美五老”10人、泉州市关心下一代“最美志愿者”10人，获“福建省关工委百佳五老故事员”称号1人。晋江市关工委获评中国关工委主办杂志《中国火炬》宣传工作标兵。8月31日，泉州市关工委在晋江召开基层建设提升年现场会，晋江市关工委主任陈晋永在会上介绍工作经验。

基层关工委建设　2022年，晋江市关工委开展“基层建设提升年”活动，1月13日、9月8日先后召开全市性工作会、推进会，组织现场参观、经验交流。制定印发《关于创建首批晋江市基层“五好”关工委示范点的通知》和《关于扎实推进“五老关爱工作室”建设的通知》。联合晋江市委组织部设立首批“晋江市基层‘五好’关工委示范点”106个。其中，被确定为全省基层“五好”关工委示范点4个，被确定为泉州市“五好”关工委示范点10个。调整市关爱工作团、市青少年普法教育宣讲团成员以及政法系统、教育系统关爱工作团成员，政法系统关工委、教育系统关工委组成人员。推动市老年大学及罗山街道商会、永和镇青商会、深沪小吃同业公会3个商会（同业公会）成立关工委。至年底，全市基层关工委组织676个，覆盖19个镇（街道）、1个经济开发区、3个市直（教育、政法、市老年大学）、399个村（社区）、346所幼儿园、274所小学、57所中学和部分非公有制企业；有关工委工作者8085人，其中“五老”5659人、占70%。

关心下一代阵地建设　2022年，晋江市关工委新命名1个党史国史教育示范基地（晋江经验馆）、4个革命传统教育基地，新建5个青少年社会教育活动中心，重点推进梅岭街道梅青社区、青阳街道阳光社区、罗山街道华泰社区、池店镇桥南社区、安海镇安平社区、东石镇第二社区、磁灶镇岭畔村、金井镇围头村以及晋江市老年大学、晋江市教育系统关工委10个泉州市关工委“五老工作室”建设。依托“党建＋”邻里中心设立13个晋江市关工委“五老工作室”、7个青少年社会教育活动中心。

青少年思想道德建设　2022年，晋江市关工委以“老少同声颂党恩、携手喜迎二十大”为主题，与宣传、政法、教育、科协等部门以及工、青、妇等群团组织对接，构建“两结合”（“五老”、社工、志愿者相结合，关工委与其他部门相结合）、“四个联”（阵地联用、资源联享、活动联办、力量联动）工作模式，开展各项主题教育实践活动。暑期“大手牵小手，喜迎二十大”社会实践活动开展主题活动613场次，参加活动青少年3.39万余人次，招募高校大学生志愿者106人及“五老”、巾帼、社工、学校辅导老师556人参与。“寒假主题月”开展主题活动168场次，参加活动青少年1.22万余人次。晋江市关工委选送的节目《唱支山歌给党听》在泉州市关工委“老少颂党恩、喜迎二十大”文艺会演中获金奖。制定《晋江市关工委“党的二十大精神”集中宣讲活动方案》，组建21人的“五老”宣讲团。在媒体推出“追寻晋江红色印记”“寻找百年党龄家庭讲述平凡初心故事”“缅怀先烈学党史”等栏目，举办校园“学党史”

2022年7月20日，在泉州市教育局、泉州市关心下一代工作委员会联合举办的“大手牵小手，永远跟党走”青少年演讲（讲故事）比赛中，晋江第二实验小学吴楷翔（右一）获得小学组二等奖。图为颁奖仪式　（图/晋江市关工委）

灯谜艺术节等活动，促进学校、家庭、社会协作配合。

青少年法治教育　2022年，晋江市关工委配合有关部门开展“关爱明天、普法先行”青少年法治宣传教育活动，12月3—7日，在各级各类学校关工委、各青少年社会教育活动中心开展青少年法律知识竞答活动，采取线上线下相结合的方式，参加青少年7000多人次。推进“法治进校园”活动，重点突出对农村留守儿童较多、城乡接合部等地中小学校、幼儿园的普法宣教，开展专题宣讲67场，覆盖学校25所，参与学生1.3万余人次，发放宣传手册3.9万余份。选择3所小学、2所初中、1所高中、1所职校作为首批“校园学生法治委员”试点学校，加强青少年法治教育，增强青少年法律意识，维护青少年合法权益。联合相关职能部门创建28个未成年人“零犯罪村(社区)”。

特殊青少年帮教转化　2022年，晋江市关工委依托“未成年人保护联盟”，形成保护未成年人合法权益、救助困境儿童、挽救失足未成年人的工作合力。协助检察院等部门加大对被侵害未成年人身心医疗保障及困难救助等权益维护工作力度。依托晋江市妇幼保健医院建立“一站式”办案场所，与市妇幼保健医院签订《未成年被害人医疗救助合作协议》，进行“一对一”医疗救助，为未成年受害人开辟建档、诊治、检查、住院等绿色通道，提供心理疏导13人。为未成年受害人及其亲属申请司法救助金近20万元。首创“未检＋慈善”救助机制，在晋江市委政法委牵头下，筹集启动资金2000万元，推动成立“晋江市未成年人慈善基金”，帮助涉案未成年人及其家庭渡过难关，发放未成年人慈善基金43.4万元，救助13人。配合司法部门强化对有严重不良行为未成年人的帮教转化工作，开展帮教活动48场次，协助司法机关对4名触法未成年人开展教育、感化、挽救工作。

爱心助学　2022年，晋江市关工委发挥“爱心助学”工程牵头单位作用，与各级慈善组织、工商联、侨联、商会、工会、团委、妇联、教育、民政、融媒体中心等有关单位加强协作，发动社会力量参与爱心助学，举行“爱心助学金”发放仪式。成立晋江融媒公益联盟，开展“一帮一”结对助学、“写给爱心企业家的一封信”活动，为青少年成长成才办实事解难事。市关工委助学1911人，发放助学金659.65万元；教育系统关工委及下属各学校关工委发动开展“捐资助残”活动，筹措并颁发助学资金近214万元，资助学生1169人次。

“五老”关爱下一代工程　2022年，晋江市关工委开展“五失”(失足、失管、失学、失业、失亲)青少年关爱活动，“五老”担任校外辅导员239人；组建“五老”报告团(宣讲团)20个，参与“五老”367人，组织慰问“五失”青少年、“四帮四扶”特困户。“六一”儿童节走访慰问部分幼儿园、小学，其中慰问“失亲”未成年学生286人、金额61.9万元。举办家庭教育讲座194场次，受教育家长49371人次。开展“种子工程”培训17场，受教育农村青年3137人次。开展“小小新晋江人”微心愿征集活动，爱心志愿者认领微心愿104个。

(陈孟桔)

2022年“六一”儿童节期间，晋江市关工委组织到部分学校开展走访慰问活动。图为到晋江市实验幼儿园走访慰问　(图/晋江市关工委)

保密工作

【概况】　2022年，晋江市委、市政府主要领导多次作出重要批示，要求领导干部要增强保密意识，严格执行保密有关规定。晋江市委保密委召开市委保密委员会全体会，市委常委、政法委书记、保密委主任李志强在会上强调各单位要认真落实保密工作主体责任，增强保密责任意识，严格执行保密制度，推动保密各项工作扎实开展。开展部分重点单位现场保密督查，保密教育线上培训涉密人员500多人。做好中、高考保密监管。

【保密督查】　2022年，晋江市委保密办、市国家保密局组成检查组，对部分重点单位开展现场督查，通过查阅资料、检查计算机等形式，全面了解受检单位保密自查自评开展情况，提升保密综合防范能力。

【保密宣传教育】　2022年，晋江市委保密委召开全市保密工作培训会，邀请上级有关领导专家为晋江市各级机关单位保密工作分管领导、业务骨干作保密培训。市委保密办、市国家保密局开展“保密讲座进机关、单位”品牌活动，为10家单位提供一堂“量身定制”的保密讲座，900多名领导干部参加培训讲座。开展保密教育线上培训，涉密人员完成保密教育线上培训并通过考试取得证书。推广国家保密局金城出版社“保密观”微信公众号，组织领导干部、涉密人员进行关注学习。

【中高考保密监管】 2022年中、高考前，晋江市委保密委强化对中、高考保密管理工作，做好中、高考试卷保密室规范化建设的检查验收工作。高考期间，晋江市委保密办、市国家保密局联合晋江市公安局、教育局做好高考试卷的接送、押运工作，对全市9个高考试卷保密室进行每天3—4次的安全保密巡检、巡查，确保高考试卷安全保密，实现“平安高考”目标。

（上官泽伟）

党校工作

【概况】 2022年，晋江市委党校（行政学校、社会主义学院，统称“市委党校”）紧扣“晋江经验”提出20周年、解放思想大讨论活动和“三提三效”行动等主线，以迎接全省县级党校（行政学校）质量评估为抓手，发挥干部培训、思想引领、决策咨询作用。全年举办培训班26个，培训4855人次；承接外来培训班15个，培训630余人次。举办主题宣讲60余场次。

【干部培训教育】 2022年，晋江市委党校举办市管干部学习贯彻中共十九届六中全会精神暨思想解放大讨论专题研讨班、入党发展对象培训班（共7期）、机关年轻党员干部“青马成才”训练营等。联合职能部门先后举办数字经济专题研修班、现代金融与资本运作专题研修班、城乡规划建设管理专题研修班、基层治理专题研修班、外向型经济专题研修班5个干部专业化能力跃升研修班。全年举办各类班次26个，培训4855人次；会同晋江人力资本公司承办承接委培班次15个，培训630余人次。2月，与数字中国研究院（福建）、华为技术有限公司签订“数字经济”教育培训战略合作协议。

【理论宣讲宣传】 2022年，晋江市委党校开展“晋江经验”专题宣讲近40场次、“强国复兴有我”群众性主题宣讲20余场次。联合晋江市融媒体中心开辟“讲习之声”特色栏目，推出“讲习之声”之“晋江经验”“讲习之声——学习宣传贯彻党的二十大精神”系列专题栏目8期。开展习近平新时代中国特色社会主义思想、中共二十大精神、习近平总书记来闽考察重要讲话精神、《闽山闽水物华新——习近平福建足迹》、意识形态、党史国史等专题理论宣讲近160场次。对接融入全市“党建＋”邻里中心建设，在青阳街道青华社区、东石镇萧下村、夜光达公司等6家村（社区）、企业挂牌设立“邻里讲习堂”，服务基层组织的理论宣讲、思想引领、课题研究等需求。

【科研咨政】 2022年，晋江市委党校与中央党校联合开展《打造共同富裕全国县域范例研究》课题调研，《发动企业家助力乡村振兴的建议》在国家发改委主管刊物《改革内参》刊发，3篇研究成果在“学习强国”学习平台刊发。聚焦“晋江经验”20周年，联合晋江市委宣传部、社科联编印出版《“晋江经验”论谈》；聚焦决策咨询，探索推动党校教师参与2022年度政协协商与监督的调研工作，开展“园区标准化建设”“住宅小区物业管理”等专题调研；聚焦社会热难点问题，围绕高质量发展、乡村振兴、社会治理等主题开展课题调研，刊发8期《“晋江经验”研究》《晋江市情研究参考》。全年完成各级科研任务27项。其中，1项课题获泉州社科立项（泉州县级党校唯一立项课题）；3项课题获省委党校立项；8项课题获泉州市委党校立项。1项泉州社科课题、3项省委党校课题、8项泉州市委党校课题结项，1项获评省委党校年度优秀成果；4篇文章入选省委主办的“‘晋江经验’与习近平经济思想理论研讨会”，2名教师受邀作为“晋江经验”研究的专家学者代表出席研讨会。

【会议中心后勤服务】 2022年，晋江市委党校把规范标准理念贯穿于会务保障服务工作中，重点关注会场布置、灯光音响、消防安全等后勤保障工作落实情况，做好创新发展大会等会议会务保障及巡察组设点办公后勤保障工作，接班接会195场次，服务30370余人次，学习平台学员入住2100余人次。

（刘雅铮）

2022年11月4日，晋江市委党校“邻里讲习堂”授牌仪式暨“二十大精神进邻里”首场活动在晋江滨江商务区“党建＋”邻里中心举行。图为“邻里讲习堂”授牌仪式暨“红帆领航 助力楼宇经济”活动 （图/晋江市委党校）

党史和地方志工作

【概况】 2022年，中共晋江市委党史和地方志研究室（简称“晋江市委党史方志室”），围绕“晋江经验”总结提出20周年、“党建＋”邻里中心建设、项目攻坚等重要节点任务，聚焦“存史、资政、育人”职能职责，推动晋江党史方志工作高质量发展，全年出版史志书籍9部420多万字，期刊4本27.7万字。12月，《晋江年鉴（2021）》获福建年鉴质量评审一等奖。

【地方党史研究和书籍编纂】 2022年，晋江市委党史方志室编纂的《激流飞浪——百年党史晋江纪事》由福建人民出版社出版。全书11.6万字，收录晋江党史大事要事67件，通过简短的文字说明，辅以250余张照片，再现中国共产党晋江地方史近百年间的发展脉络、重大事件，记述中共晋江地方组织自1927年1月建立后，在党中央和上级党组织的领导下，在革命、建设、改革各个历史时期，发动和依靠广大群众，矢志不渝、英勇斗争，艰苦创业、开拓奋进的历程。

2022年12月，由晋江市委党史方志室编纂的《晋江重要文献选编（第二十辑）》（2000年）内部汇编成书。全书53.7万字，收录2000年1—12月中共晋江市委、晋江市人大常委会、晋江市人民政府、政协晋江市委员会及人民武装部的重要文件资料。

【地情资料编纂】 2022年5月，晋江市委党史方志室编纂的《海的子民——蔡其矫年谱新编》由海峡文艺出版社出版。全书70.9万字，辑录和考证蔡其矫生平和诗歌成就。

2022年5月，晋江市委党史方志室编纂的《史志情缘》由海峡文艺出版社出版。全书30.5万字，主要介绍晋江历史知识、专业知识、地域行业概况等，勾勒晋江地情的基本框架。

2022年6月，晋江市委党史方志室编纂的《泉南文史手记》由海峡文艺出版社出版。全书30.2万字，是原晋江市方志办主任蔡长安近30年所作或参与编写的文史作品结集。该书选录文章60多篇，内容包括志书的编纂和写作、历史文化人物及其作品的评价、侨批研究、涉台书契、闽南方言研究、宗谱的研究、民俗的研究、建筑工艺、风光文物览介、风光电视片解说词、域外中国文学、人物写照等。

【《晋江史志》编印】 2022年，晋江市委党史方志室继续编印内部出版物《晋江史志》期刊4期6000册。《晋江史志》常设理论园地、史事纵横、乡村记忆文化、史海探研、晋江英烈、红色遗址、晋江名人等栏目，按季度记载晋江史志事业发展情况，收录各类专家学者文章，在行业内、系统内分发、赠送，为史志文化交流提供平台。

【村史村志编修指导】 2022年，晋江市委党史方志室按照“六个一”（开展一轮摸底调查、举办一次专题培训、组建一支专家队伍、引进一批服务机构、出台一项鼓励政策、培育一批先进典型）部署，推进村史村志编修指导及村史馆建设工作。9月底，结合印发《关于推进“党建＋”邻里中心史志文化服务功能建设的实施方案》，在全市开展镇志、村史村志编修情况调查；出台奖励政策，规定村（社区）志出版［有图书在版编目数据（CIP）］的给予奖励3万元，出版并入选中国名村志文化工程通过验收的给予奖励5万元。11月22日，举行村（社区）志编纂工作培训会，组织全市30个有意向或在编村（社区）志的相关村（社区）负责人参加会议。组成一支有9名成员的晋江市史志专家队伍，物色4家具备修史编志能力的文化传播企业作为第三方服务机构，为村史村志编修和村史馆建设提供专业服务。3月，《龙园村志》出版，是由晋江市委党史方志室指导的全市首部出版的村志。有10余部镇村志（包括街道、社区志和村史等）启动编修。

【史志文化宣传宣讲】 2022年，晋江市委党史方志室组建以业务骨干、当地史志爱好者、优秀教师、学生、“红色记忆传承人”等为成员的红色故事宣讲团，开展红色根脉文化“八进”（进机关、进社区、进农村、进学校、进企业、进军营、进网络、进“两新”组织）活动，深入青华社区、永和中学、泉州职业技术大学等，开展主题宣讲和“激流飞浪——百年党史晋江纪事”图文展。先后为梅青社区、曾林社区、围头村等邻里中心授牌设立“史志文献查阅点”、赠送史志书籍，逐步形成与晋江党史方志文献馆相呼应、

2022年12月10日，晋江市委党史方志室在灵源街道曾林社区举行“史志文献查阅点”授牌活动 （图/晋江市委党史方志室）

覆盖全市的史志文献传播利用网络。强化“晋江史志”微信公众号运营管理，推送信息471条，阅读量3.5万人次。

【史志文化交流和保护利用】 2022年，晋江市委党史方志室先后与长泰、安溪、永春等11个县（市、区）史志部门开展工作交流，送出史志书籍900多本，收集各地史志书籍1100多本。组织72个项目申报泉州“乡村记忆”系列“传承人”“传习所”“名特产”，促进乡村记忆文化建设。

【晋江党史方志文献馆开馆】 2022年12月21日，晋江党史方志文献馆（晋江地方文献室）揭牌。晋江党史方志文献馆（晋江地方文献室）系晋江市市直机关2022年度党建工作重点项目，由晋江市委党史方志室联合晋江市文化和旅游局，依托晋江市图书馆共同建设。晋江党史方志文献馆（晋江地方文献室）设在晋江市图书馆四楼，馆内面积1041平方米，馆藏文献28204册，分“党建文献区”“党史志书年鉴区”“产业经济文献区”“海外华人华侨文献区”“晋江名人专题区”“文化共享交流区”6个功能区。

【《蔡忠烈公遗集》出版】 2022年5月，晋江市委党史方志室编纂的《蔡忠烈公遗集》由鹭江出版社出版。全书40.5万字，综合闽本、楚本的资料编辑而成，主要介绍明末晋江先贤蔡忠烈公（原名蔡道宪）生平事迹，收录其诗文集和后人对他吊挽的诗歌等。通过典籍文献的挖掘、整理、研究，出版此书。

【《晋江年鉴（2021）》获福建年鉴质量评审一等奖】 2022年12月，《晋江年鉴（2021）》获福建年鉴质量评审一等奖。《晋江年鉴（2021）》由中共晋江市委、晋江市人民政府主办，晋江市委党史方志室编纂，2021年12月由方志出版社出版，全书113.2万字，记述2020年晋江市自然、政治、经济、文化、社会等方面的情况，展示晋江社会主义现代化建设新风貌、新动态、新经验，以及2020年晋江市在改革和发展中取得的新成果。

【“精品年鉴品读季”系列活动】 2022年12月21日，由中共福建省委党史研究和地方志编纂办公室主办，中共泉州市委党史和地方志研究室、中共晋江市委组织部、中共晋江市委宣传部协办，中共晋江市委党史和地方志研究室、晋江市社会科学界联合会承办的以“‘晋江经验’二十年 精品年鉴展风采”为主题的“精品年鉴品读季”系列活动在晋江城市展馆举行。中共福建省委党史研究和地方志编纂办公室一级巡视员林浩、中共泉州市委党史和地方志研究室三级调研员许晓松、晋江市委副书记吴忠刘等出席活动并讲话。活动中，与会人员围绕学习贯彻中共二十大精神、传承弘扬“晋江经验”，聚焦发挥年鉴记录时代、服务发展的功能，提高年鉴撰稿质量、打造年鉴精品，以及各自读鉴用鉴的收获体会作交流发言。此前，晋江市委党史方志室开展“读精品、用精品、编精品”相关系列活动。在“晋江史志”微信公众号推出“中国精品年鉴推介”专栏等；从框架设计、篇目架构、卷首彩页、资料信息、版式布局、条目编写等方面进行对标找差、优化提升，谋划新一年晋江年鉴精品工程工作；开展“精鉴”啄木鸟计划。组织干部职工全员参与，通读《晋江年鉴（2022）》送审稿，提高年鉴质量。开展每年一本《晋江年鉴》回读计划。每年选取一部出版的《晋江年鉴》，组织全体干部职工进行精读精评，评析存在的问题，提出改进意见。人民网、中国新闻网、中国网、东南网、晋江电视台等媒体报道“精品年鉴品读季”系列活动。

（黄淦楠）

2022年12月21日，以“‘晋江经验’二十年 精品年鉴展风采”为主题的“精品年鉴品读季”系列活动在晋江城市展馆举行。图为精品年鉴品读会活动现场 （图/晋江市委党史方志室）

档案工作

【概况】 2022年，晋江市档案馆规范行业管理，开展档案管理利用、民生服务提升、侨批编研开发和宣传推广等工作。接待档案利用者2.4万人次，查阅档案2.3万卷次，接收档案1.4万卷1.2万件，馆藏档案数字化副本约1589.58万页，数字化比例99%。晋江市档案馆黄项飞获评泉州市首届“档案专家”，潘冰冰、张琼琳获评泉州市首届“档案工匠”。

（林锦秀）

【档案服务】 2022年，晋江市档案馆指定专人对接征迁项目查档服务，助力和谐征迁，配合池店、英林、梅岭等征迁项目指挥部及征迁区域百姓查阅土地档案8680卷次、8736人次；指定专人对接退役军人事务局退伍档案查档服务，为退役军人优待证办理提供便利。协助在校学生、地方史志专家查阅馆藏档案资料1744卷次。利用全国档案查询利用服务平台、档案跨馆服务等线上查档方式为群众提供查档便利，接待档案利用者2.4万人次，查阅档案2.3万卷次。

【档案资源建设】 2022年，晋江市档案馆做好档案移交的检查、清点、编目、消毒、上架入库工作，确保档案完整与安全。接收档案1.4万卷1.2万件。其中，文书档案10655件78卷，拆迁安置档案12062卷、民间档案264件、侨批档案1562件，做好各类资料的收集、整理、登记工作，提升实体档案管理水平。接收政府公开信息文件3438份，其中正式文件1445份、非正式文件1993份（年报37份）。抽检馆藏档案特别是年代久远或较为珍贵的档案史料，对馆藏侨批档案、族谱档案、民国报纸等进行全面检查，做好档案保管保护工作。

（黄诗昕）

【档案数字化】 2022年，晋江市档案馆按照“存量数字化、增量电子化”的工作思路，档案移交进馆时同步接收档案数字化副本，丰富馆藏档案数字资源。接收档案数字化副本13997卷10868件，共563155页。截至12月底，馆藏档案数字化副本约1589.58万页，数字化比例99%。

（张琼琳）

【档案监管指导】 2022年，晋江市档案局组织对14个市直单位、镇（街道）以及7家一类国企开展2022年度档案行政执法检查，开展年度档案登记及目录数据报送工作，规范机关档案管理工作。推荐获评2022年度档案专业助理馆员职务任职资格4人、管理员职务任职资格3人。

（潘冰冰）

【侨批档案开发利用】 2022年，晋江市档案馆开展“闽南侨批”活化利用课题调研，召集泉州、漳州等地侨批研究专家和高校历史学专业学生，通过田野调查和学术座谈等形式，就“闽南侨批”活化利用可行性、重要性和闽南侨批活化利用工作方向目标进行探讨分析。打造华侨家庭侨批档案系列图书，选取晋江华侨詹廷团、郭燕趁等家庭侨批档案，结合史料记载，解析侨批内容，透过华侨家庭的缩影，阐述海外华侨华人移民史、奋斗史，见证晋江侨乡社会的历史变迁。发挥“世界记忆项目福建学术中心实践基地”作用，开设梧林“侨批文化”研学实践课堂，通过“汉字传情、‘侨’字见义”“解读侨批、写信寄情”等环节，解读侨批里的家国情，感悟华侨精神，弘扬传承侨批文化。

（洪佳玲）

【档案宣传】 2022年，晋江市档案馆发掘馆藏档案珍品价值，甄选红色侨批档案，策划《家书载国魂》节目，参加泉州市第十六届全民阅读月活动，通过诵读侨批内容，配合影像背景，分别在活动现场和“学习强国”学习平台展播。在省档案馆指导下，以泉州侨批馆和晋江侨批馆为主要背景，联合泉州市档案馆出品原创歌曲《侨批》主题MV，采用普通话和闽南语相结合方式，宣传侨批文化内涵。依托馆内“泉州市爱国主义教育基地”，开展“6•9”国际档案日“喜迎二十大档案颂辉煌”主题宣传活动。

【婚姻数字档案共享】 2022年，晋江市档案馆推动部门间民生档案数据共享，与市民政局签订婚姻档案登记数字档案共享协议，共享1961—2020年婚姻登记档案（包含电子目录和全文数据库）电子数据421681条，解决群众查询婚姻相关事项时婚姻登记中心和档案馆两头跑问题。

（张琼琳）

【《晋江詹廷团侨批档案》出版】 2022年1月，晋江市档案馆主编的《晋江詹廷团侨批档案》由海峡文艺出版社出版。该书有324个标题60.2万字。聚焦馆藏家族侨批档案，选取詹廷团家庭的部分侨批，通过对侨批档案原文的解读，透过华侨家庭缩影，阐述海外华侨华人移民史、奋斗史，解析侨居地与家乡之间的华侨生活，反映特定时期晋江侨乡的经济、文化和社会发展，传承和发扬晋江华侨精神。

（洪佳玲）

2022年10月14日，泉州市档案馆和晋江市档案馆联合出品的原创歌曲《侨批》主题MV首发。图为首发式 （图/晋江市档案馆）

晋江市人民代表大会

综　述

【人大代表构成】 2022年，晋江市召开晋江市十八届人大二次会议时，晋江市有市级人大代表381人，平均年龄48.57岁。其中，男性290人，占比76.1%，女性91人，占比23.9%；大专及以上学历226人，占比59.3%，高中、中专（职高）学历80人，占比21.0%，初小以下学历75人，占比19.7%；汉族369人，占比96.9%，少数民族占比3.1%（回族8人，满族2人，苗族1人，土家族1人）；非公有制经济人士141人，占比37.1%，公务员98人，占比25.7%，农民55人，占比14.4%，其他基层代表47人，占比12.3%，专业技术人员18人，占比4.7%，一线工人9人，占比2.4%，事业单位负责人7人，占比1.8%，其他人员6人，占比1.6%；中共党员225人，占比59.1%，党外人士156人，占比40.1%（民革党员3人，民盟盟员3人，民建会员8人，民进会员2人，农工党党员2人，台盟盟员1人，致公党党员3人，无党派人士2人，群众131人，中共党员、民革党员1人）。

【重大事项决议】 2022年，晋江市人大常委会对人大常委会领导及委员分工、本级决算、驻会委员联系指导镇（街道）人大工作等有关事项依法作出相应的决议或决定14项，推动人大各项工作稳步开展。

【重要工作监督】 2022年，晋江市人大常委会组织实施产业转型升级、工业园区标准化建设等41项监督议题，完成产业空间提质增效、开放招商科技创新项目落地等7项调研课题。

【履职服务】 2022年，晋江市人大常委会围绕“解放思想再出发，人大代表在行动”专题“双联”（市人大常委会组成人员联系代表、代表联系人民群众）活动，结合“千名干部进千企，一企一策促发展”活动，深入一线走访，为企业解决急难愁盼问题。

【人大宣传工作】 2022年，晋江市人大常委会承办省人大书画院、泉州市人大“喜迎党的二十大暨纪念‘晋江经验’提出20周年”书画展，展出省、市人大系统及省内书画名家100多件书画作品，展示人大干部奋进新征程的精神风貌。落实意识形态工作责任制，办好《热点观察室》《代表监督镜》，与晋江市融媒体中心联合推出“创新党媒融合发展机制”获评全省机关体制机制创新优秀案例。全年有43篇信息通讯在新华社、中央广播电

2022年6月22日，晋江市人大常委会主任林仁达（右三）带队开展开放招商专题调研活动。图为在陈埭镇华宝智能科技与上工申贝合作项目调研

（图/晋江市人大办）

视总台国际在线、《人民代表报》、《人民政坛》等媒体刊发。

【镇级人大工作指导】 2022年，晋江市人大常委会完善常委会组成人员联系镇（街道）人大工作制度，坚持工作指导和基层探索有效互动，镇级人大“一年两例会”（镇级年中人民代表大会、年底人民代表大会）、活动室建设等工作规范化、制度化。召开解放思想大讨论交流会暨镇（街道）人大工作会议，推进19个“一镇街一亮点”创建项目，在比拼晾晒中找差距、谋对策、求突破，推动形成梅岭人大代表物业专家工作室等一批特色创新典型。

【“晋江市荣誉市民”称号授予】 2022年12月15日，经晋江市第十八届人大常委会第六次会议表决通过，决定授予计红日、王春光、朱双虹、张长青、张达斌、罗概、段力民、黄晶涛8人“晋江市荣誉市民”称号。

（吴媚娜）

重要会议

【概况】 2022年，晋江市召开人民代表大会会议1次，召开人大常委会会议6次，召开主任会议14次。作出决议、决定14个，听取审议专项工作报告22项，组织视察、调研、执法检查、跟踪检查等活动19次，授予第四批“晋江市荣誉市民”称号8人，完成市十八届人大一次会议确定的目标任务。

【市人民代表大会会议】 2022年12月27—29日，晋江市第十八届人民代表大会第二次会议在罗山召开。大会听取和审议《晋江市人民政府工作报告》；审查和批准《晋江市2022年国民经济和社会发展计划执行情况及2023年国民经济和社会发展计划草案的报告》（书面），批准《晋江市2023年国民经济和社会发展计划》；审查和批准《晋江市2022年预算执行情况及2023年预算草案的报告》（书面），批准《晋江市2023年预算》；听取和审议《晋江市人民代表大会常务委员会工作报告》《晋江市人民法院工作报告》《晋江市人民检察院工作报告》。大会在听取和审议各项工作报告后，作出相应决议。大会选举洪炳文、蔡荣华2人为晋江市第十八届人民代表大会常务委员会委员。该次会议收到代表议案20件，经议案审查委员会审查，将东石代表团黄文福等16名代表提出的《关于传承弘扬“晋江经验”，加快推进文体旅经济高质量发展的议案》列入大会议程，其余19件议案转为建议处理。会议期间，收到代表工作建议183件。

【市人大常委会会议】 2022年，晋江市人大常委会先后召开市第十八届人大常委会第一次至第六次常委会会议。会议听取和审议“一府一委两院”重大工作情况报告和专项工作报告，审议通过国家机关工作人员职务任免，讨论决定有关重大事项等。

表7 **2022年晋江市人大常委会会议情况一览表**

次别	会议时间	会议议程
第一次会议	2月22日	1.审议《晋江市人大常委会主任会议关于设立市第十八届人民代表大会常务委员会代表资格审查委员会的议案》，并作出相应的决定； 2.审议人事任免事项； 3.传达省十三届人大六次会议、泉州市十七届人大一次会议精神； 4.听取《晋江市人大常委会2022年工作要点》的报告； 5.通报晋江市十八届人大一次会议重点督办的代表建议； 6.听取和审议市人大常委会内司委关于2021年度规范性文件备案审查情况的报告； 7.审议《晋江市人大常委会主任会议关于市第十八届人大常委会领导及委员分工的议案》，并作出相应的决定； 8.审议《晋江市人大常委会主任会议关于市第十八届人大常委会驻会委员联系指导镇（街道）人大工作的议案》，并作出相应的决定； 9.审议《晋江市人大常委会主任会议关于调整市人大常委会信访工作领导小组组成人员的议案》，并作出相应的决定； 10.审议《晋江市人大常委会主任会议关于调整市人大常委会依法治市领导小组组成人员的议案》，并作出相应的决定； 11.审议《晋江市人大常委会主任会议关于调整市人大常委会妇女儿童工作组组成人员的议案》，并作出相应的决定； 12.审议《晋江市人大常委会主任会议关于市人大常委会各委员会聘请兼职委员的议案》，并作出相应的决定； 13.审议《晋江市人大常委会主任会议关于调整街道人大工作委员会委员的议案》，并作出相应的决定

续表 7

次别	会议时间	会议议程
第二次会议	4月28日	1. 传达贯彻十三届全国人大五次会议精神； 2. 审议市政府《关于提请审议 2022 年第一批地方政府债券预算调整方案的议案》，并作出相应决议； 3. 听取市政府关于 2021 年法治政府建设情况的报告； 4. 听取市政府关于全市文化产业发展工作情况的报告； 5. 听取和审议市政府关于 2021 年度环境状况和环境保护目标完成情况的报告，并进行满意度测评； 6. 审议人事任免事项
第三次会议	6月23日	1. 听取和审议市政府关于 2021 年度本级预算执行和其他财政收支情况的审计工作报告，并进行满意度测评； 2. 审议市政府《关于提请审查批准 2021 年本级决算草案的议案》，并作出相应决议； 3. 审议市政府《关于提请审议 2022 年第二批地方政府债券预算调整方案的议案》，并作出相应决议； 4. 听取市政府关于 2021 年度地方政府性债务管理情况的报告； 5. 听取和审议市公安局打击侵犯企业权益经济犯罪，助力优化营商环境工作情况的报告，并进行满意度测评； 6. 听取和审议市政府关于进一步减轻义务教育阶段学生作业负担和校外培训负担工作情况的报告，并进行满意度测评； 7. 听取市政府关于侨乡文化建设情况的报告； 8. 听取和审议市政府研究处理《晋江市人大常委会关于城乡人居环境整治工作专题询问的意见》情况的报告，并对办理情况开展满意度测评； 9. 听取和审议市政府研究处理《晋江市人大常委会关于〈泉州市市容和环境卫生管理条例〉实施情况的审议意见》情况的报告，并对办理情况开展满意度测评； 10. 听取和审议市政府研究处理《晋江市人大常委会关于〈中华人民共和国消防法〉及〈福建省消防条例〉实施情况的审议意见》情况的报告，并对办理情况开展满意度测评
第四次会议	8月30日	1. 审议人事任免事项； 2. 听取和审议市政府关于 2022 年上半年晋江市国民经济和社会发展计划执行情况的报告，并进行满意度测评； 3. 听取和审议市政府关于 2022 年上半年本级预算执行情况的报告，并进行满意度测评； 4. 听取和审议市政府关于晋江市乡村振兴工作情况的报告，并进行满意度测评； 5. 听取市政府关于铸牢中华民族共同体意识，推动新时代晋江市民族工作高质量发展情况的报告； 6. 听取和审议市监委关于惩治涉黑涉恶腐败和“保护伞”专项工作情况的报告； 7. 对市法院部分法官、市检察院部分检察官进行履职评议； 8. 听取和审议市公安局关于提请许可对个别市人大代表采取刑事强制措施的报告，并作出相应决定
第五次会议	10月28日	1. 传达学习贯彻中共二十大精神和中共十九届七中全会、二十届一中全会精神以及省委常委会(扩大)会议、泉州市委常委会(扩大)会议、晋江市委常委会(扩大)会议精神； 2. 审议人事任免事项； 3. 听取和审议市政府关于 2021 年度国有自然资源资产管理情况的专项报告，并进行满意度测评； 4. 审议市政府关于 2021 年度国有资产管理情况的综合报告； 5. 听取和审议市政府研究处理《晋江市人大常委会关于 2021 年度本级预算执行和其他财政收支情况的审计工作报告的审议意见》情况的报告，并对部分被审计单位进行满意度测评； 6. 听取和审议市政府关于实施《中华人民共和国未成年人保护法》和《中华人民共和国预防未成年人犯罪法》情况的报告，并进行满意度测评； 7. 听取和审议市十八届人大一次会议第 11 号(关于构建社会各方共同参与机制，助力乡村振兴的建议)、第 41 号(关于加快“全市一区”整合，推进晋江经济开发区高质量发展的建议)、第 49 号(关于加快科技赋能，促进传统产业转型升级的建议)重点督办的代表建议办理情况的报告，对办理情况分别开展满意度测评； 8. 审议个别市人大代表辞去代表职务的请求，并作出相应决定； 9. 审议市十八届人民代表大会代表选举(补选)等事项

续表 7

次别	会议时间	会议议程
第六次会议	12 月 15 日	1. 审议市政府关于提请审查和批准 2022 年度财政预算调整方案的议案，并作出相应决议； 2. 听取和审议市政府关于实施《中华人民共和国中医药法》情况的报告，并进行满意度测评； 3. 听取市政府关于晋江市优化高中阶段教育工作情况的报告； 4. 听取市检察院关于加强新时代检察机关法律监督工作情况的报告； 5. 听取市政府关于 2022 年为民办实事工作情况的报告； 6. 听取关于市十八届人大一次会议代表建议办理情况的相关报告； 7. 评选 2022 年度市十八届人大代表优秀建议； 8. 审议人事任免事项； 9. 听取和审议晋江市第十八届人民代表大会常务委员会代表资格审查委员会关于市第十八届人民代表大会代表变动情况和选举（补选）代表资格审查的报告，并作出相应公告； 10. 讨论通过《晋江市人民代表大会常务委员会工作报告（讨论稿）》； 11. 讨论决定召开市第十八届人民代表大会第二次会议的有关事项

【市人大常委会主任会议】 2022 年，晋江市人大常委会先后召开市第十八届人大常委会第一次至第十四次主任会议。会议围绕市委中心任务、聚焦民生实事，讨论决定有关事项。

表 8

2022 年晋江市人大常委会主任会议情况一览表

次别	会议时间	会议议程
第一次主任会议	2 月 16 日	1. 传达贯彻省十三届人大六次会议、泉州市十七届人大一次会议、市委 2022 年工作会议精神； 2. 听取有关人事事项的介绍和说明； 3. 讨论通过《晋江市人大常委会 2022 年工作要点》； 4. 确定市十八届人大一次会议重点督办的代表建议； 5. 讨论《晋江市人大常委会内司委关于 2021 年度规范性文件备案审查情况的报告》； 6. 讨论关于市第十八届人大常委会领导及委员分工的议案； 7. 讨论关于市第十八届人大常委会驻会委员联系指导镇（街道）人大工作的议案； 8. 讨论关于设立市第十八届人大常委会代表资格审查委员会的议案； 9. 讨论关于调整市人大常委会信访工作领导小组组成人员的议案； 10. 讨论关于调整市人大常委会依法治市领导小组组成人员的议案； 11. 讨论关于调整市人大常委会妇女儿童工作组组成人员的议案； 12. 讨论关于市人大常委会各委员会拟聘请兼职委员的议案； 13. 讨论关于调整街道人大工作委员会委员的议案； 14. 讨论决定召开市第十八届人大常委会第一次会议的有关事项
第二次主任会议	3 月 11 日	1. 传达贯彻晋江市“三提三效”行动部署会暨解放思想大讨论动员会精神； 2. 传达贯彻市委人大工作会议精神； 3. 讨论市人大常委会 3 月份工作安排
第三次主任会议	4 月 27 日	1. 听取有关人事任免事项的介绍说明； 2. 听取关于提请审议 2022 年第一批地方政府债券预算调整方案有关事项的汇报； 3. 讨论《晋江市人大常委会关于 2021 年度环境状况和环境保护目标完成情况的调研报告》； 4. 讨论市人大常委会 5 月份工作安排； 5. 讨论决定召开市第十八届人大常委会第二次会议的有关事项
第四次主任会议	5 月 6 日	1. 讨论市人大常委会组成人员“双联”活动方案； 2. 讨论《晋江市人大常委会关于 2021 年度环境状况和环境保护目标完成情况的审议意见》
第五次主任会议	6 月 2 日	1. 传达学习《中共泉州市委办公室关于进一步严肃会风会纪的通知》精神； 2. 讨论《晋江市人大常委会关于开展 2022 年度部分法官检察官履职评议的工作方案》； 3. 讨论市人大常委会 6 月份工作安排

续表 8

次别	会议时间	会议议程
第六次主任会议	6 月 17 日	1. 听取关于提请审议 2022 年第二批地方政府债券预算调整方案有关事项的汇报； 2. 听取关于 2021 年度地方政府性债务管理情况的汇报； 3. 讨论关于跟踪检查《晋江市人大常委会关于城乡人居环境整治工作专题询问的意见》研究处理情况的报告； 4. 讨论关于跟踪检查《晋江市人大常委会关于我市实施〈中华人民共和国消防法〉及〈福建省消防条例〉情况的审议意见》研究处理情况的报告； 5. 讨论关于跟踪检查《晋江市人大常委会关于我市实施〈泉州市市容和环境卫生管理条例〉情况的审议意见》研究处理情况的报告； 6. 讨论《关于打击侵犯企业权益经济犯罪，助力优化营商环境工作情况的调研报告》； 7. 讨论《关于进一步减轻义务教育阶段学生作业负担和校外培训负担工作情况的调研报告》； 8. 讨论决定召开市第十八届人大常委会第三次会议的有关事项
第七次主任会议	7 月 5 日	1. 讨论《晋江市人大常委会关于 2021 年度本级预算执行和其他财政收支情况的审计工作报告的审议意见》； 2. 讨论《晋江市人大常委会关于市公安局打击侵犯企业权益经济犯罪，助力优化营商环境工作情况的审议意见》； 3. 讨论《晋江市人大常委会关于进一步减轻义务教育阶段学生作业负担和校外培训负担工作情况的审议意见》； 4. 讨论《晋江市人大常委会关于市人民法院一站式多元解纷和诉讼服务体系建设情况的视察意见》； 5. 讨论市人大常委会 7 月工作安排
第八次主任会议	8 月 24 日	1. 听取市公安局关于提请许可对个别市人大代表采取刑事强制措施的报告； 2. 听取有关人事事项的介绍和说明； 3. 讨论《晋江市人大常委会履职评议领导组关于开展 2022 年度部分法官检察官履职评议工作情况的报告》； 4. 讨论《晋江市人大常委会调研组关于市监委惩治涉黑涉恶腐败和"保护伞"工作情况的调研报告》； 5. 讨论《晋江市人大常委会调研组关于调研我市乡村振兴工作情况的报告》； 6. 讨论《晋江市人大常委会关于高标准农田建设情况的视察意见》； 7. 听取教科文卫委关于调研晋江市高新企业倍增工程工作情况的报告； 8. 听取华侨委关于调研晋江市民族工作情况的报告； 9. 讨论决定召开市十八届人大常委会第四次会议的有关事项
第九次主任会议	9 月 6 日	1. 讨论《晋江市人大常委会关于我市 2022 年上半年国民经济和社会发展计划、预算执行情况的审议意见》； 2. 讨论《晋江市人大常委会关于我市乡村振兴工作情况的审议意见》； 3. 讨论《晋江市人大常委会关于市监察委员会惩治涉黑涉恶腐败和"保护伞"工作情况的审议意见》； 4. 讨论《晋江市人大常委会关于开展 2022 年度法官检察官履职评议工作情况的评议意见》； 5. 通报市人大常委会 9 月工作安排
第十次主任会议	10 月 21 日	1. 听取有关人事事项的介绍和说明； 2. 讨论《关于跟踪检查〈晋江市人大常委会关于 2021 年度本级预算执行和其他财政收支情况的审计工作报告的审议意见〉研究处理情况的报告》； 3. 讨论《晋江市人大常委会调研组关于我市 2021 年度国有自然资源资产管理情况的报告》； 4. 讨论《晋江市人大常委会执法检查组关于检查我市实施〈中华人民共和国未成年人保护法〉和〈中华人民共和国预防未成年人犯罪法〉情况的报告》； 5. 听取环城委关于晋江市产业空间提质增效工作情况的调研报告； 6. 讨论关于 3 件重点督办代表建议（第 11 号、41 号、49 号）办理情况的检查报告； 7. 部署晋江市第十八届人民代表大会第二次会议筹备工作； 8. 讨论决定召开市十八届人大常委会第五次会议的有关事项
第十一次主任会议	10 月 28 日	1. 晋江市第十八届人民代表大会常务委员会代表资格审查委员会关于个别代表的代表资格的报告（讨论稿） 2. 晋江市人大常委会关于选举（补选）晋江市第十八届人民代表大会代表的决定（草案）

续表 8

次别	会议时间	会议议程
第十二次主任会议	11 月 4 日	1. 讨论《晋江市人大常委会关于 2021 年度国有资产管理情况综合报告和国有自然资源资产管理情况专项报告的审议意见》； 2. 讨论《晋江市人大常委会关于我市实施〈中华人民共和国未成年人保护法〉和〈中华人民共和国预防未成年人犯罪法〉情况的审议意见》； 3. 讨论市十八届人大一次会议第 11 号、41 号、49 号重点督办代表建议办理情况的审议意见； 4. 讨论市人大常委会 2022 年 11 月至春节前主要工作安排
第十三次主任会议	12 月 13 日	1. 听取有关人事事项的说明； 2. 听取市政府关于 2022 年本级预算调整方案的汇报； 3. 讨论《晋江市人大常委会执法检查组关于检查我市实施〈中华人民共和国中医药法〉情况的报告》； 4. 听取华侨委关于晋江市乡村旅游发展工作情况的视察意见； 5. 听取环城委关于晋江市生态水域建设情况的视察意见； 6. 讨论评选 2022 年度市十八届人大代表优秀建议的有关事项； 7. 讨论《晋江市人民代表大会常务委员会工作报告(讨论稿)》； 8. 讨论《晋江市人大常委会关于市十八届人大一次会议代表建议办理情况的报告》； 9. 讨论召开市十八届人大二次会议的有关事项； 10. 讨论决定召开市十八届人大常委会第六次会议的有关事项
第十四次主任会议	12 月 23 日	讨论《晋江市人大常委会关于我市实施〈中华人民共和国中医药法〉情况的审议意见》

(吴娟娜)

人大监督

【概况】 2022 年，晋江市人大常委会贯彻福建省弘扬“晋江经验”促进民营经济高质量发展大会精神，紧扣“五个年”活动，组织实施产业转型升级、工业园区标准化建设等 41 项监督议题，做到盯一件、促一事，通过人大监督工作推动法律法规贯彻实施，解决一批实际问题，增强人民福祉。

【财经运行监督】 2022 年，晋江市人大常委会听取和审议计划执行情况报告，支持市政府做好“两稳一保一防”工作，推动稳经济一揽子政策和接续措施落地见效。从预算编制、执行、调整和决算审查入手，加强全口径预决算审查监督，推动提高财政资金使用绩效。注重人大监督和审计监督协同发力，以“审议+满意度测评”督促审计查出问题闭环整改。首次听取地方政府性债务管理情况报告，依法批准政府债务限额和债券，支持民生保障及重点项目建设。首次听取国有自然资源资产管理专项报告，审议国有资产管理情况综合报告，推动国有资产家底更清、布局更优、效益更好。

【生态环境监督】 2022 年，晋江市人大常委会组织对晋江 2021 年度环境状况及环境保护目标完成情况进行专题视察，依法审议年度环境状况和环境保护目标完成情况，督促攻坚生态环保督察问题整改。组织对生态水域建设情况进行视察，督促市政府要提高思想认识，建立治理、保护、利用长效机制，严格执法监管，理顺机制落实责任，推动全市 21 条流域水质向好。

【民生实事监督】 2022 年，晋江市人大常委会深入老旧小区改造、公办幼儿园改建等 22 个项目一线解难题、促落实，由市人大常委会机关、镇(街道)人大主席团(工委)和各级人大代表组成 5 个检查组，紧盯滞后项

2022 年 4 月 26 日，晋江市人大常委会组织代表对晋江 2021 年度环境状况及环境保护目标完成情况进行专题视察。图为市人大代表在陈埭镇视察“蓝色海湾”泉州湾河口湿地 (图/晋江市人大办)

目，围绕手续申报、要素保障等问题提出建议，促进民生承诺如期兑现。关注教育热点难点，以减负提质为导向，联动监督义务教育“双减”，深入28所学校及校外培训机构调研，倾听校长、教师、家长、学生及社会各界意见，建议优化教学方式、拓展课后服务、严管校外培训、关注教师身心，凝聚多方合力，推进家校共育。跟踪问效优化高中阶段教育，促进学位、师资扩容提质，普高、职校协调发展。

【经济建设监督】 2022年，晋江市人大常委会围绕“强产业、兴城市”双轮驱动，针对发展空间受限、用地低效等问题进行专题调研，着眼国家盘活利用低效用地试点，从规划布局、挖掘存量、要素集聚、理顺机制、强化监管等方面疏堵点、提建议，为产业转型发展拓空间、添后劲。重点督办“加快全市一区整合，推进经济开发区高质量发展”的代表建议，推动树牢“亩产论英雄”理念，深化开发区管理体制改革，提升园区运营能力。紧扣数智转型战略，推动构建“4341”现代产业体系，重点督办“加快科技赋能，促进传统产业转型升级”的代表建议，调研晋江市高新企业倍增工程，助推产业质量变革、效率变革、动力变革。

【法律监督】 2022年，晋江市人大常委会立足现行宪法公布施行40周年，举办“国家宪法日”法治宣传活动。落实宪法宣誓制度，组织新任命国家机关工作人员进行宪法宣誓。推进依法治市，听取2021年法治政府工作专项报告，促进提高依法行政效能，助力创建全国法治政府建设示范市。首次听取和审议市监委关于惩治涉黑涉恶腐败和“保护伞”专项报告，助推构建“三不腐”体制机制，净化政治生态。首次审议规范性文件备案审查工作报告，健全备案审查机制，实现“一府一委两院”规范性文件备案审查全覆盖。

【法官与检察官履职考评】 2022年，晋江市人大常委会深化“两官”（法官与检察官）履职评议工作，制订《晋江市人大常委会关于开展2022年法官检察官履职评议的工作方案》，按照准备、调研、评议、整改等4个步骤组织开展履职评议工作，了解6名被评议法官、检察官的履职情况，并针对法官、检察官在队伍和业务建设方面存在的问题提出意见建议，突出以评促改。

【城乡建设监督】 2022年，晋江市人大常委会围绕“全市一城、城乡一体”，以新型城镇化为切入点，统筹监督城市规划、建设和管理，推动产城人深度融合，突出强功能、提品质、兴业态，助推公共服务普惠均衡、城乡差距持续缩小、城市能级全面提升，晋江跻身Ⅱ型大城市行列。召开国土空间提质增效工作情况调研座谈会，通过调阅资料、访谈（座谈）等形式，详细了解各相关部门、镇（街道）国土空间提质增效工作情况以及存在的问题。重点督办“构建社会各方共同参与机制，助力乡村振兴”的代表建议，聚焦新型农村集体经济、乡村振兴用地、乡贤反哺农村等深入调研，组织视察乡村旅游、高标准农田建设，加快推动乡村产业、人才、文化、生态、组织振兴。

（吴媚娜）

调研视察

【概况】 2022年，晋江市人大常委会聚焦重点，坚持目标导向、问题导向、责任导向，紧扣进度、质量、实效开展调研视察工作，组织开展晋江市工业园区标准化建设工作情况等6个专题调研，组织市人民法院一站式多元解纷和诉讼服务体系建设情况等6项视察检查，跟踪检查6部法律法规实施情况。

2022年，福建省、泉州市等上级人大常委会组织到晋江市开展传承弘扬“晋江经验”学习调研、《关于加大力度扶持和完善婴幼儿托育服务的建议》督办调研、《福建省实施〈中华人民共和国反恐怖主义法〉办法》立法调研、《中华人民共和国森林法》和《福建省森林条例》执法检查等调研活动。

【执法检查】 2022年，晋江市人大常委会综合运用清单式检查、协同式监督、跟踪式问效等方式，实地检查《晋江市人大常委会关于检查〈中华人民共和国消防法〉及〈福建省消防条例〉实施情况的审议意见》研究处理情况，要求各相关部门、镇（街道）要提升思想认识，做好问题整改落实，落实各方责任，强化部门协作，提升消防安全治理水平。跟踪检查《晋江市人大常委会关于检查〈泉州市市容和环境卫生管理条例〉实施情况的审议意见》研究处理情况，提出相关部门和各镇（街道）要坚持问题导向，建立健全常态化机制，强化基层组织建设等意见建议。开展《中华人民共和国未成年人保护法》《中华人民共和国预防未成年人犯罪法》执法检查，实地检查民政、教育、公安等主要职能单位，走访调研团市委、妇联、关工委和部分中小学校、社工事务所、心理辅导站、儿童之家等相关团体、机构，召开专题座谈会，查阅工作资料，了解掌握《中华人民共和国未成年人保护法》《中华人民共和国预防未成年人犯罪法》实施情况，10月28日，召开市第十八届人大常委会第五次会议，听取和审议有关工作情况报告，并形成审议意见，提出以家庭保护为基础，强化家校联动，关心关爱未成年人健康成长等意见建议。开展《中华人民共和国中医药法》执法检查，走访调研三大医共体及23家医疗机构，召开专题汇报座谈会，详细了解市政府及各部门工作情况，征求人大代表、企业、中医药从业人员和群众的意见建议。12月15日，召开市第十八届人大常委会第六次会议，听取和审议有关工作情况报告，并形成审议意见，提出要凝聚共识增强合力，健全中医药管理体制机制等意见建议。

【乡村振兴工作专题调研】 2022年，晋江市人大常委会对晋江市乡村振兴工作进行专题调研，通过查阅相关内业资料，组织召开多场调研座谈会，走访相关职能部门和人员，调研晋江市乡村振兴工作。8月30日，召开市第十八届人大常委会第四次会议，听取和审议市政府关于晋江市乡村振兴工作情况的报告，并进行满意度测评，会后形成审议意见，提出要凝聚乡村振兴推动合力等意见建议。

【高新企业倍增工程专题调研】 2022年，晋江市人大常委会对晋江市高新企业倍增工程工作情况进行专题调研，调研组围绕主题，查阅相关资料，组织召开座谈会，走访泉州、晋江人大代表及10家高新技术企业，听取一线企业及相关职能部门意见建议，形成调研报告，提出要聚焦实体经济，力争研发投入较快增长等意见建议。

【民族工作专题调研】 2022年，晋江市人大常委会对晋江市新时代民族工作情况进行专题调研，调研组深入镇（街道）、社区、学校、企业等单位，采取听取汇报、走访座谈、实地考察等形式，了解晋江市少数民族聚居村落和少数民族流动人口的生产生活情况，调查分析民族团结进步创建和少数民族服务管理的主要做法，探讨提出推动新时代晋江市民族工作高质量发展的思路和建议。

【产业空间专题调研】 2022年，晋江市人大常委会对晋江市产业空间提质增效工作情况进行专题调研，紧扣晋江市土地开发强度大与用地低效的突出矛盾，抓住产业发展空间不足这一短板，召开多场座谈会，走访相关部门、镇（街道）、经济开发区，调阅经济开发区工业用地热力图、全市工业用地调查数据及存量土地等基础资料，听取部门、镇（街道）、企业、商会、人大代表的意见建议，开展调研工作，从“产业—空间—城市”的角度去探索“晋江经验”背景下产业空间提质增效的思路。

【法院一站式多元解纷和诉讼服务体系建设视察】 2022年，晋江市人大常委会组织对法院一站式多元解纷和诉讼服务体系建设情况进行视察，察看青阳人民法庭、陈埭人民法庭、市人民法院诉讼服务中心和诉调对接中心，提出晋江市人民法院要以解放思想为先导，创新、优化服务，为基层治理建设多做贡献，各相关部门要齐心协力、各司其职，形成浓厚氛围和合力，共同推进法治晋江建设。

【高标准农田建设视察】 2022年，晋江市人大常委会对晋江市高标准农田建设情况进行视察，实地察看安海镇溪边村、磁灶镇洋宅村、西园街道小桥社区等高标准农田建设项目现场，提出要加快规划建设进度、强化建设资金保障、提升建设管理水平、健全建后管护机制等意见建议。

【乡村旅游发展视察】 2022年，晋江市人大常委会对晋江市乡村旅游发展工作情况进行视察，实地察看紫帽镇紫星村、磁灶镇苏垵村、安海镇吉隆园项目等乡村旅游点，提出市政府及有关部门要推动建章立制，驱动乡村旅游发展“内动力”；破解要素制约，优化乡村旅游发展“大环境”；丰富特色内涵，激发乡村旅游发展“新活力”；创新营销宣传，擦亮乡村旅游发展“明信片”。

（吴媚娜）

建议议案

【概况】 2022年，晋江市十八届人大一次会议以来收到建议258件，其中大会期间收到建议243件、闭会期间收到建议15件。晋江市人大常委会将258件代表建议分别交由市政府、法院、检察院和有关组织及机关研究办理，并跟踪督办进度，258件建议均在规定期限内办结，代表满意率和基本满意100%。

【建议督办机制完善】 2022年，晋江市人大常委会健全完善“常委会领导牵头督办、内设委办对口督办、人事代表委协调督办”的工作机制。常委会主要领导召开不满意件重新交办会，组织代表与承办单位领导见面，当面协调解决重大问题；定期召开督办工作会议，听取承办单位建议办理进展情况汇报，适时组织走访调研、座谈交流、现场考察活动，深入实地检查建议办理实效。各委办加强与对口联系部门的日常沟通，督促承办单位落实“三见面三结合”（“三见面”，即办理前期，承办单位领导与领衔代表见面，了解代表提建议的具体情况；办理中期，再次与领衔代表见面，沟通对建议办理的具体意见；办理后期，再次与领衔代表见面，征求对办理答复的意见。“三结合”，即将办理工作与部门日常工作相结合，与为民办实事相结合，与推动工作相结合）工作要求，将建议办理工作落到实处。对承办单位建议答复内容进行审核把关，对办文格式不符合要求、答复内容空洞、办理措施不具体等答复件，予以退回重新办理。人事代表委定期与市政府督查室会商，收集反馈建议办理答复情况、向代表发放“建议意见征询表”、统计代表对建议办理情况的满意度，强化对代表建议办理的“全流程”督办。

【重点建议督办】 2022年，晋江市人大常委会根据“必须是涉及全局性的问题，必须是人民群众普遍关注的热点、难点问题，是‘一府一委两院’及其他有关机关和组织必须解决，而且是有能力解决的问题”3条原则，由常委会主任会议研究确定《关于构建社会各方共同参与，助力乡村振兴的建议》《关于加快“全市一区”整合，推进晋江经济开发区高质量发展的建议》《加快科技赋能，促进传统产业转型升级的建议》3件代表建议进行重点督办。7—8月，晋江市人大常委会相关领导和工委牵头召开座谈会，听取有关承办单位建议办理进展情况汇报；9月，晋江市人大常委会相关工委组织对建议办理落实情况进行实地检查，形成检查情况报告；10月，晋江市人大常委会专门听取3件重点督办建议办理情况报告，对办理情况进行满意度测评，测评结果均为满意，并将测评结果抄送市政府、市委组织部、市效能办，常委会后，针对全面推动乡村振兴工作提出进一步强化乡村振兴的人才支撑、健全乡村振兴资金投入机制、完善乡村振兴用地管理3点意见建议；针对推动晋江经济开发区高质量发展提出优化园区顶层设计、科学规划园区发展，增强园区配套功能、加快园区标准化建设，盘活闲置低效用地、推动土地集约利用，推动项目审批提速、节约企业时间成本，完善园区管理机制、提升园区运营水平5点意见建议；针对促进传统产业转型升级，提出坚持高位谋划统筹、彰显创新转型示范，深入实施两大工程、做强企业创新主体，聚力做强科创载体、打造全域科创版图，全力深化三大行动、构筑创新人才高地，完善科技服务体系、打造一流创新5点意见建议。

【代表议案建议办理】 2022年，晋江市人大常委会建立代表提出议案建议前的沟通协调制度，引导代表围绕全市改革发展大局、群众关注热点难点建言献策。组织评选代表优秀建议，确定“重视发展晋江文旅产业”等优秀建议13件。完善常委会领导领衔督办、对口委办跟踪督办机制，创新《民情专报》和闭会期间代表反映问题、意见建议办理工作机制，做实做细建议“提出、办理、督促、反馈”全链条，实现办一件建议，促一项工作，建一套制度，聚一片民心。全年督办市十八届人大一次会议期间代表建议243件，交办闭会期间代表建议15件，代表满意率和基本满意100%，其中满意率82.95%、比上年提升7.67%。

【建议办理情况“回头看”】 2022年，晋江市人大常委会在建议办理答复后，会同市政府组织对建议办理情况进行“回头看”检查。对书面答复已经办理解决的，采取查阅资料、实地察看等方式，核实办理结果；对答复正在解决的，不定期督办检查，加快落实进度。经“回头看”检查，代表建议所提问题由B类（正在解决或列入计划逐步解决的）转为A类（已经解决或基本解决的）的39件。对代表反映强烈、部门当年无法一次性落实到位的建议进行梳理，计划纳入下一年的监督工作内容，加以跟踪督办。借助《福建省三级人大代表履职服务平台》、晋江人大微信公众号等渠道，发布代表建议办理和督办工作动态及结果，让代表和群众第一时间知晓建议办理落实情况。

（吴娟娜）

代表工作

【概况】 2022年，晋江市人大常委会尊重、依靠、联系和服务代表，实施代表素质提升计划，加强代表履职能力建设，巩固拓展“双联”网络，邀请代表列席会议、参与调研视察等活动128人次。

【代表履职保障】 2022年，晋江市人大常委会实施“晋江市人大代表素质提升计划”，构建代表履职“全生命周期”管理服务机制，为代表“想为、能为、敢为、有为”创造条件，邀请代表列席会议、参与调研视察等活动128人次，深化代表对常委会工作的参与。

【代表履职平台建设】 2022年，晋江市人大常委会推进全市85个人大代表联系群众活动室建设，运作鞋业、陶瓷、渔业、装备制造、伞业和财税金融6个市级行业活动室，巩固提升“市、镇、村”三级联动、“点、线、面”立体运行格局。融合“党建＋”邻里中心，同步推进38个人大代表工作室建设。注重整合资源、嵌入服务、网络拓展，坚持“门常开、人常在、事常办”理念，扩大人民有序政治参与。接待选民群众2800多人次，收集意见建议828件。

【代表履职能力建设】 2022年，晋江市人大常委会举办新一届代表履职能力提升班，开展解放思想大讨论活动2场。聚焦推动经济社会建设、提升城市品质、推进教育均衡发展、实施乡村振兴、提升代表素质能力6个方面提出建议863件。

【联系群众渠道畅通】 2022年，晋江市人大常委会组织五级代表深入一线听民声、察民情、暖民心，推进“解放思想再出发、人大代表在行动”专题“双联”活动，收集交办涉及惠企纾困、城市治理等232件建议，一批建议转化为促发展、惠民生的政策举措。

2022年，晋江市人大常委会发挥人大信访“窗口”作用，受理来信来访207件76人次。加强信访督办协调，促进群众合理合法诉求解决。

（吴娟娜）

人事任免

【概况】 2022年，晋江市人大常委会坚持党管干部和依法任免有机统一，任免国家机关工作人员、人民陪审员等154人次。其中，任免副市长4人次，任免市政府组成机构人员32人次，任免法院工作人员44人次，任免检察院工作人员11人次，任免人民陪审员63人次。

【副市长及市政府组成机构人员任免】 2022年2月22日，晋江市第十八届人大常委会第一次会议审议决定，任命蔡文思为晋江市人民政府办公室主任，张清山为晋江市发展和改革局局长，施正琛为晋江市教育局局长，蒋家兴为晋江市科学技术局局长,林永红为晋江市工业和信息化局局长,李森建为晋江市公安局局长,周先进为晋江市民政局局长,范飞跃为晋江市司法局局长,陈元福为晋江市财政局局长,柯发音为晋江市人力资源和社会保障局局长,陈英俊为晋江市自然资源局局长,陈荣松为晋江市住房和城乡建设局局长,黄清泉为晋江市交通运输局局长,李友加为晋江市农业农村局局长,曾伙明为晋江市林业和园林绿化局局长,蒋东晓为晋江市水利局局长,蔡伟达为晋江市商务局局长,蔡晖为晋江市文化和旅游局局长,纪刚宏为晋江市卫生健康局局长,王奇志为晋江市退役军人事务局局长,柯荣锻为晋江市应急管理局局长,郭培源为晋江市审计局局长,张志友为晋江市市场监督管理局局长,许紫竹为晋江市体育局局长,许自央为晋江市统计局局长,刘向阳为晋江市金融工作局局长,王景珊为晋江市城市管理局局长。

4月28日,晋江市第十八届人大常委会第二次会议审议决定,任命施嘉奕为晋江市卫生健康局局长,免去纪刚宏晋江市卫生健康局局长职务。

8月30日,晋江市第十八届人大常委会第四次会议审议决定,任命黄建辉为晋江市人民政府副市长、晋江市公安局局长,免去李森建晋江市人民政府副市长、晋江市公安局局长职务。

10月28日,晋江市第十八届人大常委会第五次会议审议决定,任命吴尊意为晋江市人民政府副市长,免去赖有为晋江市人民政府副市长职务。任命林景锋为晋江市发展和改革局局长,蔡婉浈为晋江市人民政府信访局局长;免去张清山晋江市发展和改革局局长职务。

【法院工作人员任免】 2022年2月22日,晋江市第十八届人大常委会第一次会议审议通过,免去柯丽专晋江市人民法院审判员职务。

8月30日,晋江市第十八届人大常委会第四次会议审议通过,任命陈永固为晋江市人民法院副院长,苏晓瑜、陈永哲为晋江市人民法院审判委员会委员,郭蕾、吴国梁、魏维平、钟娴英、刘青为晋江市人民法院审判员;免去谢远欣晋江市人民法院金井人民法庭庭长、审判员职务,免去王佩玉晋江市人民法院审判员职务。

10月28日,晋江市第十八届人大常委会第五次会议审议通过,任命张小燕为晋江市人民法院副院长、审判委员会委员、审判员;杨明护为晋江市人民法院刑事审判二庭庭长,免去其晋江市人民法院陈埭人民法庭庭长职务;洪民强为晋江市人民法院民事审判二庭庭长;曾育发为晋江市人民法院陈埭人民法庭庭长,免去其晋江市人民法院安海人民法庭庭长职务;蔡鸿铭为晋江市人民法院安海人民法庭庭长,免去其晋江市人民法院龙湖人民法庭庭长职务;李金玲为晋江市人民法院磁灶人民法庭庭长,免去其晋江市人民法院生态环境审判庭副庭长职务;洪新民为晋江市人民法院东石人民法庭庭长,免去其晋江市人民法院立案庭副庭长职务;冯洁为晋江市人民法院龙湖人民法庭庭长,免去其晋江市人民法院民事审判二庭副庭长职务;曾摩托为晋江市人民法院金井人民法庭庭长,免去其晋江市人民法院刑事审判一庭副庭长职务;张安腾为晋江市人民法院刑事审判一庭副庭长,免去其晋江市人民法院民事审判一庭副庭长职务;钊珑为晋江市人民法院民事审判一庭副庭长,免去其晋江市人民法院东石人民法庭副庭长职务;吴晓燕为晋江市人民法院民事审判二庭副庭长,免去其晋江市人民法院生态环境审判庭副庭长职务;赖珊珊为晋江市人民法院生态环境审判庭副庭长,免去其晋江市人民法院青阳人民法庭副庭长职务;施经营为晋江市人民法院生态环境审判庭副庭长,免去其晋江市人民法院安海人民法庭副庭长职务;陈凯思为晋江市人民法院青阳人民法庭副庭长;免去陈永固晋江市人民法院刑事审判二庭庭长职务;免去陈永哲晋江市人民法院磁灶人民法庭庭长职务。

12月15日,晋江市第十八届人大常委会第六次会议审议通过,免去黄小燕、舒旋、陈长恩晋江市人民法院审判员职务。

【检察院工作人员任免】 2022年2月22日,晋江市第十八届人大常委会第一次会议审议通过,免去许天谋晋江市人民检察院检察员职务。

8月30日,晋江市第十八届人大常委会第四次会议审议通过,任命许新报为晋江市人民检察院副检察长,詹雅须、吴雅芳为晋江市人民检察院检察委员会委员,洪凯岑、温佳芸、刘晶晶为晋江市人民检察院检察员。免去曾文聪、吴银鹏晋江市人民检察院检察委员会委员职务,免去黄华安晋江市人民检察院检察员职务。

12月15日,晋江市第十八届人大常委会第六次会议审议通过,免去曾文聪晋江市人民检察院检察员职务。

【晋江市人民法院人民陪审员任免】 2022年12月15日,晋江市第十八届人大常委会第六次会议审议决定,任命王礼财、王春霞、王奕琦、叶兴灿、吕心眉、吕清建、朱文哲、庄艺鹏、刘海明、许文市、许文群、许明仪、许金成、许承勇、苏义阳、苏文钻、苏金保、李乐镇、李智贤、吴小峰、吴火清、吴建根、吴景荣、吴嘉晓、吴镜清、汪磊、张太山、张少华、张加明、陈传焕、陈丽丽、陈金星、陈春银、陈春燕、陈桂珠、林美满、林家容、周建千、周燕君、郑长安、柯连丁、柯清练、施金宝、施培林、洪永强、洪凯荣、洪锦民、姚伟志、高红红、郭晓阳、黄伟民、黄秋永、黄敬杯、黄嘉胜、曹强、曾华浦、曾珊珊、曾荣权、谢芬、蔡美丽60人为晋江市人民法院人民陪审员,任职期限5年。免去吴育苗、陈碧华、张小龙晋江市人民法院人民陪审员职务。

(吴媚娜)

综 述

【“晋江经验”传承弘扬】 2022年，晋江市统筹推进22项国家级、省级改革试点和78个集成改革项目，启动国家盘活利用低效用地试点，获批国家进口贸易促进创新示范区、农村综合改革试验区。举办福建省弘扬“晋江经验”促进民营经济高质量发展大会、“晋江经验”与习近平经济思想理论研讨会等系列活动，多位党和国家领导人到晋江视察指导，晋江高质量发展成为中央主流媒体报道焦点。

【强产兴城】 2022年，晋江市确立“数智转型”核心发展战略，启动数字经济三年行动，获评全国工业互联网推动数字化创新领先县(市)。通过首批国家创新型(县)市验收，成为首批国家知识产权强县建设示范县。完成“全市一区”改革，2000公顷综合产业园区组团式铺开建设，百万平方米产业空间基本构建。开展“抓城建提品质”专项行动，实施281个城建项目，完成年度投资200多亿元，一批重要通道和重大公共服务项目建成投用，全市域夯实网格基础，城市更加安全、更有韧性、更具品质。

【经济运行】 2022年，晋江市传承弘扬“晋江经验”，推动“一三一三七”(一个篇章、三个战略目标、一条鲜明主线、“产城人”三者融合、七个着力工作主抓手)发展格局铺开，经济运行稳中向好。地区生产总值3207.43亿元，比上年增长4%，一般公共预算收入150.88亿元，比上年增长6.2%。深化重点产业链长制，实施强链补链项目108个，全市规模以上工业规模7392.8亿元，其中鞋服产业规模突破3000亿元，运动鞋原辅材料产业成为国家级中小企业特色集群，新增获评中国陶瓷名镇区域品牌。2022年，晋江市开展“千名干部进千企、一企一策促发展”活动，出台75条稳增长措施，为企业减负50多亿元，兑现政策资金24.9亿元，保障中小微企业融资100多亿元，新增市场主体5万户、规模以上企业315家、限额以上企业267家。完成重点项目投资1200亿元，实现固定资产投资增长10%，山姆会员商店、华润东大医药等208个项目签约落地，恒安二期、百宏年产33万吨差别化纤维等110个项目开工建设，渠梁二期、利郎物流园等109个项目建成投产。两个“保交楼”项目复工建设。举行“买全球•卖全球”跨境电商创新发展大会，启动跨境电商全球开店综合服务平台，开通2条国际航线，启用围头港公共保税仓库、出口监管仓库，提高出口信保补助，组织外贸“微展会”“代参展”、包机参展，开展千企万品出海行动，对RCEP(区域全面经济伙伴关系)新市场出口突破280亿元，市场采购贸易出口比上年增长12.5%，陆地港片区被纳入商贸服务型国家物流枢纽。开展“爱晋江•欢乐购”等系列促消费活动，举办食交会、晋江鞋服超级产地云展等线上线下展会，五店市获评首批国家旅游休闲街区，万五商圈获评省级夜间经济示范区，社会消费品零售总额1668.52亿元，居全国县域首位。

【产业发展】 2022年，晋江市坚持集群赋能、科技赋能、数字赋能、园区赋能，开展“开放招商科技创新项目落地攻坚年”活动，“一产一策一专班”加快转型升级。实施108个强链补链项目，落地82个增资扩产项目，磁灶获评“中国陶瓷名镇”，运动鞋原辅材料成为国家中小企业特色产业集群，新一代信息技术产业增加值比上年增长20%，新增智能制造示范企业10家、“专精特新”企业15家、海交所挂牌企业8家。承办全国机器人大赛、2022福建(晋江)石墨烯大会，投用国家知识产权快速维权中心，获批省级高端绿色鞋服制造业创新中心，落地北京石墨烯技术研究院。规模以上企业研发费用比上年增长27.2%，高新企业保有量突破 640 家、净增 230 多家，新增国家博士后科研工作站 2 家、省级技术转移机构 3 家，引育高层次人才 340 人，万人有效发明专利拥有量增至 15.57 件。出台产业数字化转型措施 12 条、软件和信息服务业发展措施 16 条，承办全省产业数字化转型现场会，引进 2 个数字化服务平台，分行业打造 14 个标杆项目，推出 7 个应用套餐，带动 400 家企业“上云上平台”，数字经济规模 1780 亿元，占国内生产总值的比重为 56%。完成经济开发区专业园整合交接，组建 160 亿元晋园发展集团。完成工业用地调查，摸清工业用地“五笔账”［全市工业用地面积（及其中闲置、低效面积），厂房面积（及其中闲置、低效面积）；工业园区用地面积（及其中闲置、低效面积），厂房面积（及其中闲置、低效面积）；全市规模以上工业企业入园率；如入园率提高到 40%，需新增的工业用地面积、厂房面积；拟引进并落地标准园区的工业项目数量，需要的工业用地面积、厂房面积］，构建园区标准化建设“1＋N”政策体系，14 个综合产业园区启动建设，153.33 公顷工业用地提容增效，建成产业空间 150 万平方米，规模以上企业入园率提高到 41.5%。

2022 年 11 月 3 日，“点燃新烯望 一起向未来”2022 福建（晋江）石墨烯大会在晋江举行 （图/董严军）

【城乡建设】 2022 年，晋江市划定国土空间“三区三线”（“三区”，即城镇空间、农业空间、生态空间；“三线”，即对应三区划定的城镇开发边界、永久基本农田保护红线、生态保护红线），控制性详细规划覆盖面积 60 平方千米，蝉联全省城乡建设品质提升综合绩效优异县（市）。晋东、高铁、科创、紫帽四大新区实施项目 25 个、完成年度投资 53 亿元，竣工验收安置房项目 5 个。池店、安海、英林等片区更新完成征迁。“聚城畅通”工程加快推进，建成福厦客专晋江段、二重环湾一期、东部快速路一期等重要通道，开工世纪大道南延伸工程。实施 155 个基础设施项目，新增变电容量 5 万千伏安，5G 信号覆盖城乡主要区域，打通 12 条污水“断头管”，中水回用率 62.5%，农村生活污水处理工程初验率 67%。完成 18 条重要通道景观提升。实施最严环卫考评新规，城市管理机制完善。抓好生态环保督察反馈问题整改，实施 8 个流域水质提升工程，完成“蓝色海湾”综合整治 392.8 公顷、互花米草除治 154.53 公顷、松材线虫病防治 61.73 公顷。植树造林 273.33 公顷，新增绿地面积 140 公顷，修复矿山生态 21.87 公顷，建成区绿化覆盖率 44.04%。成立市乡村振兴促进会，开展“百企帮百村、乡贤促振兴”行动，村企合作、乡贤捐赠金额 20 亿元。鲍鱼、胡萝卜育种取得突破，高标准农田入库 4613.33 公顷。全市村集体经营性收入 2.5 亿元，共享型集体经济、乡村治理、乡村产业高质量发展成为全国典型，“五个美丽”建设成为全省典型，磁灶镇、英林镇获评省级乡村治理试点示范镇，金井镇获评省级全域生态旅游小镇，湖尾村获评国家美丽休闲乡村。

【改革深化】 2022 年，晋江市推出“晋心晋力”营商服务品牌，启动“1610”（“1”即打造营商环境最优县市；“6”即推动“一门式”集中办理、一窗受理、一链审批、一网好办、一键办结、一网统管等 6 个场景落地运行；“10”即每年选取 10 个重点领域进行攻坚）品牌成长工程。落地省级“一业一证”试点，“免证办”服务获全省推广，新增“省内通办”事项 37 个、“跨省通办”伙伴县（市）4 个，“一件事”集成套餐基本覆盖高频领域。创新长期租赁、先租后让、弹性容积率等做法，出台不动产历史遗留问题处置办法，推行工业项目“四证同发”（在土地完成交地手续当天，一次性发放给土地竞得人“土地出让合同”、建设用地规划许可证、不动产权证书、建设工程规划许可证等“四证”），实现“交地即交证”“拿地即开工”，“多评合一模拟审批”、简化提容增效报建程序等经验获全省推广。发布产业母基金 50 亿元，入选全国首批中央财政支持普惠金融发展示范区。推行建设用地全流程监管和亩均效益评价，获批用地 340 公顷、用海 51.33 公顷，挂牌成交泉州首宗历史围填海项目使用权。创新农村宅基地使用权和农房财产权抵押贷款，出台村镇集合式住宅试点导则，集体产权制度改革成为全国先进，宅基地改革做法获农业农村部推广，农村金融供求对接机制入列全国农村改革典型案例。完成市属国企第三轮整合重组，形成 22 家一、二级国企为主体的国企架构，新增 AAA

主体评级企业1家。实施国企实体化项目104个、完成投资150亿元，资产总额1900亿元。

【社会民生事业】 2022年，晋江市财政投入115.7亿元，用于民生领域，占本级支出的80.7%。“四帮四扶”166户困难家庭。新增城镇就业2.7万人，开设5个零工市场、2个技能培训输送基地，稳定岗位25万个。新增优质学位1万个，智能制造学院、泉州职业技术大学二期开工建设，晋江一中、养正中学获评全省首批示范性高中，福州大学晋江校区获批，清华附中晋江学校实现小初高一体化招生办学。学前教育普及普惠通过省级验收，进修学校通过省级示范性评估。实施55个公共卫生补短板项目，建成公共卫生应急指挥平台，改造提升“120”急救中心，新增托育位2229个，上海六院晋东院区开工建设。办成22件为民实事、144件民生微实事，社会救助工作获评全国先进，通过全国文明城市年度考评。新增养老床位470个，建成3个区域性养老服务中心、11个长者食堂。主题电视剧《爱拼会赢》在央视一套黄金时段热播，获国家“五个一工程”优秀作品奖；非遗展示馆开馆，金交椅山窑址入选省级考古遗址公园，南天寺保护修缮获亚太地区文化遗产保护优秀奖，梧林入选中国华侨国际文化交流基地。落户全国电竞大赛、中超中立赛区、WCBA常规赛区，获评全国首批全民运动健身模范市。安全生产标准化提升实现全覆盖，生产安全事故数、死亡人数比上年分别下降34.8%、41.7%。常态化开展扫黑除恶斗争，电信诈骗案件比上年下降41.3%，破案率比上年提升3.25个百分点；392件治重化积案件全部化解。超额完成粮食播种任务，守牢粮食和食品安全底线。

【政府自身建设】 2022年，晋江市学习宣传贯彻中共二十大精神，落实全面从严治党，履行意识形态责任制。深化依法行政，获评全国法治政府建设示范市，修订市政府工作规则，推动镇（街道）“一支队伍管执法”。深化基层政务公开标准化规范化，主动公开政府信息10.2万条。办理人大建议258件、政协提案207件，满意率、基本满意率100%。坚持过“紧日子”，公用经费和经常性业务费压减5%。加强效能督查、政务督查、绩效评估和审计监督，提升政府工作执行力、规范性。

（林齐帆）

重要会议

【概况】 2022年，晋江市政府召开市政府全体会议1次。由市长王明元主持召开市政府常务会议18次。

【市政府全体会议】 2022年12月31日，晋江市政府全体会暨2023年“开门稳”“开门红”动员会召开，贯彻省委经济工作会议精神和晋江市党代会、两会部署，分解任务、细化责任、狠抓落实。会上印发《晋江市全力拼经济确保“开门稳”“开门红”行动方案》《进一步扩大有效投资工作方案》《晋江市2023年推动消费提质升级行动方案》《晋江市招工用工保障工作方案》；进行政府工作报告、为民办实事项目责任分解；部署晋江市政府2023年度“123”（1项在全国范围内领先示范的工作，2项在全省领先示范的工作，3项重点突破的难点工作）争先进位工作。

【市政府常务会议】 2022年1月18日，市政府第3次常务会议召开，听取公共卫生应急管理体系建设情况汇报，研究《晋江市村级建设工程管理规定（呈审稿）》《晋江市“十四五”财政专项规划（呈审稿）》《晋江市“十四五”会计改革与发展规划（呈审稿）》以及P2021-21、P2021-22地块公开出让、设立新塘街道晋新社区、晋江经济开发区（安东园）及周边地区供热管网工程重大设计变更、晋江经济开发区（安东园）围填海历史遗留问题处置等事项。

2022年1月25日，市政府第4次常务会议召开，研究《晋江市农村集合式住宅小区建设管理导则（试行）（呈审稿）》《晋江市农村宅基地使用权和农房财产权抵押贷款实施方案（呈审稿）》《晋江市发展壮大新型村级集体经济的若干措施（2021—2025年）（呈审稿）》《关于进一步明确晋江经济开发区管委会与市直部门、属地政府有关职责分工的方案（送审稿）》《关于经济开发区经济指标单列管理双重考核制度实施细则（试行）（送审稿）》《晋江经济开发区招商选资工作机制（送审稿）》《晋江经济开发区土地报批及企业报建工作机制（送审稿）》《皮囊》《钟南山传》影视项目落地晋江有关事宜、晋江市成昌鞋业有限公司变更土地用途后有关手续办理等事项。

2022年2月21日，市政府第5次常务会议召开，研究《晋江市“开放招商科技创新项目落地攻坚年”活动方案（送审稿）》《晋江市“城市品质提升年”活动方案（送审稿）》《晋江市“世中运举办年”活动方案（送审稿）》《晋江市“工业（产业）园区标准化建设推进年”活动方案（送审稿）》《晋江市工业（产业）园区标准化建设三年行动方案（送审稿）》、养老服务体系建设、《2022年主要经济指标预期目标分解方案（送审稿）》《关于支持晋江国际鞋纺城市场采购贸易方式试点发展若干措施（送审稿）》《海峡石化产品交易中心专项扶持措施（送审稿）》《晋江市构筑双循环发展链接支点“十四五”专项规划（送审稿）》、晋江市P2021-23地块出让、晋江市餐厨垃圾处理设施项目特许权协议等事项。

2022年3月9日，市政府第6次常务会议召开，研究全市招商选资工作、《晋江市争创福建省金融服务实体经济试点县市行动方案（送审稿）》《晋江市企业上市“精进行动”工作方案（送审稿）》《晋江市人民政府重大行政决策若干规定（送审稿）》《晋江市“十四五”粮食和物资储备发展专项规划（送审稿）》，晋江市P2021-20、P2022-2号地块出让等事项。

2022年4月13日，市政府第7次常务会议召开，研究晋江市P2020-25号、P2021-24号、G2022-1号、G2022-46号地块公开出让事宜。

2022年5月9日，市政府第8次常务会议召开，研究城建领导机制调整、《关于进一步规范公建项目用地行为的通知（送审稿）》《晋江市“十四五”应急体系建设专项规划（送审稿）》《晋江市全民健身实施计划（2021—2025年）（送审稿）》《晋江市“十四五”民政事业发展专项规划（送审稿）》，晋江市P2021-58号、P2022-3号、P2022-11号地块公开出让，《晋江市关于开展及时奖励工作激励干部担当作为的意见（试行）（送审稿）》等事项，并部署当前重点工作。

2022年5月27日，市政府第9次常务会议召开，研究《晋江市妇女发展纲要（2021—2030年）（送审稿）》《晋江市儿童发展纲要（2021—2030年）（送审稿）》《晋江市池峰路南延片区改造项目土地房屋征收补偿安置实施方案（送审稿）》，晋江市P2022-10号、P2022-16号地块公开出让等事项。

2022年6月2日，市政府第10次常务会议召开，研究《关于支持推进工业（产业）园区标准化建设十四条措施的通知（送审稿）》《关于深化工业企业亩均效益综合评价及结果应用的实施意见（试行）（送审稿）》《晋江市2022年工业（产业）园区标准化建设考核评价暂行办法（送审稿）》《晋江市英林镇英林村旧村改造（一期）项目征收补偿安置实施方案（送审稿）》、晋江市电力股改资金使用情况及2022年股改项目安排有关事宜、晋江山姆会员商店项目投资协议等事项。

2022年7月12日，市政府第11次常务会议召开，研究晋江市G2018-15号、P2022-9号、P2022-32号、P2022-33号地块公开出让及《渠梁电子集成电路封装测试二期项目投资协议》补充协议等事项。

2022年7月21日，市政府第12次常务会议召开，研究东南数智科技有限公司项目合作协议、中国兵器装备集团智能制造技术中心泉州分中心项目合作协议及《晋江市“千名干部进千企 一企一策促发展”专项行动工作方案（送审稿）》《晋江市自建房安全专项整治实施方案（送审稿）》《晋江市公共卫生补短板专项行动方案（送审稿）》《进一步优化重点项目专班推进机制（送审稿）》《晋江市农业农村投资项目管理导则（送审稿）》等事项。

2022年7月30日，市政府第13次常务会议召开，研究《晋江市“十四五”教育发展专项规划（送审稿）》《晋江市“十四五”农业农村发展专项规划（送审稿）》《晋江“十四五”卫生健康事业发展专项规划（送审稿）》《晋江市建设用地全流程监管实施方案（送审稿）》《晋江“十四五”人力资源和社会保障事业发展专项规划（送审稿）》、晋南干渠高铁新区段改道工程、二重环湾快速路（晋江段）新建工程一期工程、晋江市金融广场项目设计变更、晋江市P2019-15号地块公开出让等事项，并部署重点项目推进、耕地流出问题整改等工作。

2022年8月31日，市政府第14次常务会议召开，研究《晋江市法治政府建设实施方案（2021—2025年）（送审稿）》《晋江市贯彻落实“提高效率、提升效能、提增效益”优化营商环境攻坚行动方案（送审稿）》《晋江市“十四五”战略性新兴产业发展专项规划（送审稿）》《晋江市“十四五”现代服务业发展专项规划（送审稿）》《晋江市全域旅游发展总体规划（2021—2035年）（送审稿）》以及晋江市P2019-48号、P2019-62号、P2021-14号、G2022-4号、G2022-52号地块公开出让和晋江市美达弹性织物有限公司工业用地改变土地用途、恒安新型生活用品智能化生产基地（二期）项目协议等事项。

2022年9月26日，市政府第15次常务会议召开，研究华润东大医药现代供应链项目投资协议、促进私募基金业发展扶持政策、《晋江市赋予镇（街道）行政执法事项目录（呈审稿）》、2023年度城乡居民医保参保缴费等事项。

2022年10月26日，市政府第16次常务会议召开，研究《晋江市“十四五”科技创新发展专项规划（送审稿）》《晋江市创新型县（市）建设三年工作方案（2022—2024年）（送审稿）》《关于进一步明确安全生产监管职责构建安全生产长效机制的通知（送审稿）》《关于深化集体林权制度改革推进林业高质量发展的实施方案（送审稿）》《晋江市“十四五”期间基层消防救援队站建设方案（送审稿）》、金融聚集招商扶持奖励政策等事项。

2022年11月3日，市政府第17次常务会议召开，研究晋江市G2021-34号及G2022-27号、G2022-69号、P2022-40号、P2022-41号、P2022-58号、P2022-59号、P2022-60号、P2022-61号地块公开出让有关事宜。

2022年11月30日，市政府第18次常务会议召开，研究《晋江市高铁新区项目选房安置实施方案（送审稿）》《泉厦漳城市联盟路晋江段和快速通道东石连接线项目选房安置实施方案（送审稿）》、晋江东石滞洪区（一期）工程重大设计变更、《晋江市深入打好污染防治攻坚战实施方案（送审稿）》《关于贯彻落实泉州市进一步强化消防安全责任制落实坚决防范重大火灾风险若干措施的工作意见的通知（送审稿）》《晋江市2022年度财政预算调整方案（草案）》《推动泉州综合保税区高水平开放六项措施的补充措施（送审稿）》等事项。

2022年12月9日，市政府第19次常务会议召开，研究《晋江市“十四五”海洋强市建设专项规划（送审稿）》《晋江市人民政府工作规则（送审稿）》《加快软件和信息服务业发展十六条措施（送审稿）》《推动外经贸企业稳订单拓市场若干措施（送审稿）》《晋江市全民科学素质行动规划纲要实施方案(2021—2025年)(送审稿)》等事项。

2022年12月20日，市政府第20次常务会召开，研究《晋江市2023年国民经济和社会发展主要预期目标建议方案（送审稿)》《2023年晋江市政府工作报告（送审稿)》《晋江市2022年国民经济和社会发展计划执行情况及2023年计划草案报告（送审稿)》《晋江市2022年预算执行情况及2023年预算草案报告（送审稿)》、2023年重点项目安排，2023年市委、市政府为民办实事项目，晋江市G2022-5号、6号、7号、56号地块公开出让，《晋江市级财政性投资信息化项目管理规定(送审稿)》、晋江市致远高级中学项目投资协议、《集成电路产业园2号区块项目EPC及招商运营一体化招标实施方案(送审稿)》、晋江市人民政府与新华网股份有限公司2022中国上市公司高峰论坛合作协议等事项。

(林齐帆)

政府信息公开

【概况】 2022年，晋江市推进政务公开工作。制作公文信息8424份。其中，主动公开文件信息3595份，依申请公开文件信息2665份，依托中国晋江政府网站发布政府信息16249条。

【信息主动公开】 2022年，晋江市加强行政决策信息和行政规范性文件公开。执行行政规范性文件公开、清理、废止信息发布工作，新增制定行政规范性文件17份、废止16份，仍有效137份。市政府推动公众参与重要行政决策和制定行政规范性文件的工作，发布网上调查17件、民意征集49件、回应社会关切130条。

2022年，晋江市通过中国晋江政府网站发布政策解读37份，全部实现图文解读，确保政策发布的权威性和可读性。通过“晋江政策在线”等全市103个政务新媒体发布本级政策及其解读信息。就涉企政策开展线下宣传解读，直接面向1000多家次企业现场推广宣传各级加快民营企业发展措施、扶持中小企业发展、园区标准化建设等有关惠企政策。职能部门组建政策宣讲团，深入基层开展政策宣讲100余场，涉及企业4000多家次。举办9期政府网站在线访谈，邀请单位主要领导、分管领导走进直播间，通过广播电台、融媒体直播为群众解读政策、答疑释惑。深化“千名干部进千企、一企一策促发展”专项行动，协助企业破解发展中面临的问题和困难，收集问题600多个，答复率95.5%。运营“政企直通车”平台，办理信件90件，其中咨询类41件、诉求类40件、建议类9件；案件办结率100%，企业满意度100%。

2022年，晋江市建设“稳增长稳市场主体保就业防风险”“市场规则标准和监管执法信息”等专题专栏，主动公开各类政策、工作部署、标准规则、市场准入负面清单和监管执法信息等。市政府公开发布工作部署和政策措施信息19条、市场准入负面清单信息57条、市场监管规则和标准信息15条、执法类信息87条。

【依申请公开】 2022年，晋江市执行公开信息申请处理制度，提升办理质量。市政府受理信息公开申请184件，依法办结183件，结转下年度办理1件。

【信息公开渠道】 2022年，晋江市通过中国晋江政府网站、全市103个政务新媒体和90个线下政务公开信息屏，线上线下发布政府信息，联动推送重要政府信息260余条次，实现市、镇、村三级联动公开。

【信息汇聚】 2022年，晋江市优化中国晋江政府网站，设立“一站式”惠企政策服务平台，集中发布各级政策40项，重构和整理“社保、住房、交通、教育、就业创业、社会救助和福利、婚姻生育、医疗健康、企业开办”九大主题，在主页集中展示相关信息，加强网站信息汇聚工作。

【信息监管】 2022年，晋江市完善各单位政府网站公开目录和政务新媒体信息发布责任体系和纠错机制，制订信息制作“三审三校”、信息发布前“事前检测”、信息发布后“读网复查”、已发布信息定期“体检排查”相关制度，纠正政府网站和各级政务新媒体信息发布不规范情况。

【信息公开监督】 2022年，晋江市聘任第二批政务公开监督员。政务公开监督员监督全市各级各部门政务公开日常工作开展；收集、反馈和回应政务公开的有关舆情信息；读网巡查政府网站各专题专栏、各政务新媒体发布的信息，反馈存在的问题；协助开展政务公开工作检查，就政务公开工作提出建议；受邀列席政府及其部门的重要决策会议；参与全市政务公开工作绩效评估。

(方鸿庆)

为民办实事

【概况】 2022年，晋江市确定22件为民办实事项目，主要涉及优化公共服务、关注“一老一小”、关爱特殊群体、升级智能配套、提升宜居品质等5个系列。财政全年拨付为民办实事项目资金1.28亿元，发改、自然资源、林业园林等要素保障部门开辟“绿色通道”，做好服务保障，加快用地报批、前期手续等工作，确保项目推进。至年底，22件为民办实事项目全面完成。

【公共服务】 2022年，晋江市投入400万元，推动24家医疗机构上线电子健康卡(医码通)平台，实现全市二级以上公立医院就医“一码通用”，项目投用至年底，领码22.1万次，用码42.2万次，结算金额1960万元。投入330万元，搭建“零工驿站”线上服务平台和5家实体零工市场，线上线下推动零工供需对接，促进充分就业。项目投用至年底，征集发布零工就业岗位5667个，服务用人主体2802家次、求职零工4292人次，达成意向2138人次。投入50万元，建成5个妇女儿童闽南传统文化体验点，打造互动性、体验式闽南文化场所。投资300万元，新开通2条公交线路，延长4条公交线路夜间运营时间，优化4条公交路线，提升公交运行效率。投入500万元，完成120场文艺精品公益性演出。投入500万元，实施全民健身设施提升工程，建设30个基层体育设施。

2022年6月14日，紫帽镇紫星闽南农耕文化妇女儿童体验点被确定为5个文化妇女儿童体验点之一。图为晋江妇女儿童闽南传统文化体验点授牌仪式现场

（图/紫帽镇）

【“一老一小”保障】 2022年，晋江市投入500万元，建设10个长者食堂、10个助餐点，为老年人提供配餐、供餐服务。投入300万元，在10个空白镇（街道）新建婴幼儿照护服务机构示范点，新增普惠性托位800个，初步形成托育服务“15分钟生活圈”。投入2000万元，新改扩建10所公办幼儿园，至年底，开办3所，全部建成后可新增公办幼儿学位3330个。新改建38个中小学心理辅导室。

【特殊群体关爱】 2022年，晋江市针对残疾人，投入182.5万元，建设3个视障阅读文化空间。投入471万元，实施残疾人康复和帮扶工程，帮助327名残疾儿童接受康复训练，帮扶414名困难残疾学生及困难残疾人家庭子女就学，补助900名困难残疾人。针对困难家庭，投入1048万元，“四帮四扶”164户家庭，首次将“支出型困难家庭”纳入帮扶范围，“四帮四扶”工程参评全国社会救助领域创新实践案例。投入1450万元，开展“计生特殊家庭”关爱行动，补助10977人参加基本养老保险。针对失能老人，投入3060万元，实施失能人员长期护理服务保障拓展提升工程，累计34万人参保，为1544名失能对象提供护理服务12.7万日次。

【智慧城市建设】 2022年，晋江市投入6282.88万元，推进电力“双满意”工程，完成4个老旧小区配电改造，新改建40个供电台区，改造3个精品台区，安装19.63万只智能电表。投入500万元，搭建“食安晋江”智慧监管平台，对全市600家学校食堂、集体用餐配送单位进行实时在线监管。投资3亿元，建设1463个5G基站，实现中心城区、乡镇重点区域5G全覆盖。

【城市品质提升】 2022年，晋江市投入2584万元，改造提升内坑五峰、英林长存、新塘扶西黎刹3个公园（广场），新改建10处城市街头绿地。改造提升5个农贸市场。完成10个老旧小区改造示范项目，实施无物业老旧小区“大物业”服务试点，推行“改管运”一体化专业服务。整治10处交通事故多发点、10处交通易堵点。

表9　**2022年晋江市委、市政府为民办实事项目完成情况一览表**

序号	项目名称	责任单位	完成情况
1	建设电子健康卡（医码通）项目二期，实现全市二级以上公立医院就医“一码通用”	晋江市卫健局	完成。上线24家医疗机构，二级以上公立医院实现全覆盖。借助微信实名认证功能，简化“医码通”领码流程，实现一键领码。完成投资400万元
2	实施就业稳岗提升工程，搭建线上“零工”服务平台，建设5家“零工”实体市场	晋江市人社局	完成。完成梅岭、青阳海峡、罗山福埔、海峡（安海）、经济开发区招聘长廊5个零工市场建设并投用；完成线上“零工市场”“零工驿站”服务平台开发并投入使用，累计征集发布零工就业岗位5667个，服务用人主体2802家次、求职零工4292人次，达成意向2138人次

续表 9

序号	项目名称	责任单位	完成情况
3	建设5个妇女儿童闽南传统文化体验点	晋江市妇联、文旅局	完成。围绕传统陶艺、高甲艺术、趣味农耕、特色渔家、移风易俗“囍”文化等方面，建设运营5个妇女儿童闽南传统文化体验点，创新规划晋江妇女儿童山海研学路线，定期开设传统文化小课堂、沉浸式体验坊、兴趣小组等活动。完成投资45.8万元
4	实施公交服务提升项目	晋江市交通运输局、公交公司	完成。开通Z10路、Z11路新线路；延长9路、11路、16路、20路末班运行时间；延伸9路、11路、16路首末站至市医院，延伸20路公交线路至集成电路产业园公交首末站。完成投资300万元
5	开展100场文艺精品公益性演出	晋江市文旅局	完成。完成120场演出。累计投入500万元
6	新建10家婴幼儿照护服务机构示范点	晋江市卫健局、西园街道、新塘街道、内坑镇、紫帽镇、英林镇、金井镇、龙湖镇、深沪镇、西滨镇、经济开发区	完成。英林小漫托育园、龙湖米奇蓓蓓托育园、经济开发区希冀托育园、内坑美宝悦托育园、深沪家园托育园、金井弘米托育园、新塘彤彤托育园、西滨中心幼儿园托育部、紫帽星步托育园、西园官前托育园10家婴幼儿照护服务机构示范点全部建成。完成投资1000万元
7	建设10个长者食堂、10个助餐点	晋江市民政局	完成。阳光颐养园、新塘福乐养老院、磁灶苏垵、磁灶社区、磁灶前尾、英林东埔、西滨镇、紫帽镇、罗山华泰、青阳普照10个长者食堂全部建成。青阳永福里、梅岭梅青、梅岭梅山、梅岭梅庭、西园后间、罗山前沿、东石第二社区、东石梅峰、金井洋下、龙湖杆柄10个助餐点全部建成。完成投资500万元
8	新改建10所公办幼儿园	晋江市教育局、青阳街道、灵源街道、新塘街道、陈埭镇、池店镇、内坑镇、金井镇、深沪镇	完成。力高君誉中央、雍锦府、阳光城21号地块、香槟云城、海岸明珠、阳光城22号地块、东海正荣府、龙湖新塘配套幼儿园8所幼儿园主体完工，深沪镇第二中心、港城首府2所幼儿园封顶。其中力高君誉中央、香槟云城和龙湖新塘配套园开办。完成投资约3亿元
9	新建或改建38个中小学心理辅导室	晋江市教育局	完成。38个中小学心理辅导室全部建成。完成投资755.95万元
10	实施全民健身设施提升工程，建设30个基层体育设施	晋江市体育局	完成。30个基层健身设施项目全部建成。完成投资353.98万元
11	建设3个视障阅读文化空间	晋江市残联、文旅局	完成。市图书馆、少儿馆、特殊教育学校3个视障阅读文化空间全部建成并开放运行。完成投资182.5万元
12	实施“四帮四扶”工程	晋江市民政局	完成。特困家庭“四帮四扶”工程总帮扶户数164户，帮安居59户，资金投入434万元；帮就医150户(含两年助医49户)，资金投入298.3032万元；帮就学738人(含当年度139人及往年帮扶在校生599人)，资金投入315.4万元
13	实施残疾人康复和帮扶工程	晋江市残联	完成。残疾儿童康复救助工程资金376.13万元，补助327人；困难残疾人补助工程投入40万元，补助900人；助学工程发放补助54.7万元，受助对象414人
14	补助部分计划生育家庭参加基本养老保险	晋江市卫健局	完成。完成符合条件对象审核、缴费，审核通过10977人，兑现1328.13万元
15	实施失能人员长期护理服务保障拓展提升工程	泉州市医保局晋江分局	完成。参保对象34万人，覆盖全体职工医保对象和68个试点村(社区)城乡居民。77个村(社区)参与试体验，覆盖26万人。为1544名失能人员提供失能护理服务12.7万日次，为680个失能家庭提供辅具服务29303件次，为5个村(社区)开展预防失能干预工作。投入3060万元

续表 9

序号	项目名称	责任单位	完成情况
16	推进电力"双满意"工程	晋江市供电公司	完成。完成 4 个老旧小区供配电设施改造，新改建 40 个供电台区，完成 3 个精品台区，改造安装智能电表 196348 只。完成投资 6282.88 万元
17	实施"食安晋江"智慧监管平台（一期）工程	晋江市市场监管局	完成。完成设备安装接入系统 600 家，软件平台完成开发。完成投资 481.7 万元
18	建设 1200 个以上 5G 基站，实现中心城区、乡镇重点区域 5G 全覆盖	晋江铁塔公司、中国电信晋江分公司、中国移动晋江分公司、中国联通晋江分公司	完成。完成 1463 个基站建设。完成投资 3 亿元
19	改造提升 3 个公园（广场）工程，新改建 10 处城市街头绿地	晋江市林业园林局、新塘街道、内坑镇、英林镇	完成。完成五峰公园、扶西黎刹广场、长存公园改造提升。完成市政府周边、和平南路、和平路文景路交叉口、崎山街头绿地（香港路气象站消防通道交叉口）、罗裳片区（第一期）绿化工程—10# 地块、青阳莲花屿、陈埭四境、八仙山屿头社区、集成电路产业园联华大道路口、正荣府周边街头 10 处城市街头绿地建设。完成投资 2584 万元
20	实施 5 个农贸市场改造提升项目	晋江市商务局、梅岭街道、东石镇、英林镇、金井镇、西滨镇	完成。东石塔头孙、英林嘉排、梅岭街道许厝、西滨镇、金井镇 5 个农贸市场全部完成改造并投入运营
21	实施 10 个老旧小区改造示范项目	晋江市住建局、青阳街道、梅岭街道、安海镇	完成。建行宿舍楼、梅青商贸城、梅园大厦、工商住宅区、工商银行住宅区、教师安居工程楼、华侨新村、中行宿舍楼、中百套房、糖烟酒套房 10 个老旧小区完成改造
22	整治 10 处交通事故多发点、10 处交通易堵点	晋江市交警大队（道安办）	完成。晋宁路与桂华路交叉路口、晓聪路段、世纪大道万达段、世纪大道御景天下掉头区、双龙路苏塘段、晋宁路与香港路交叉路口、大深线浔兴公司段、沿海大通道与靖海路交叉路口、凤池西路前山路口至凯毅公司段、梅岭路心怡幼儿园门口段 10 处交通事故多发点完成整治；凤池路池店高速灯控至中远学校段、灵石路英墩村段、世纪大道宝龙广场段、世纪大道万达广场段、和平路阳光广场段、双龙路华侨职校段、阳光路泉安路口至和平路口段、锦兴路与古莲路交叉路口、晋光路灯控、凤池西路池店村西环路口 10 处交通易堵点完成整治

（陈庆雄）

信访工作

【概况】 2022 年，晋江市信访局以推动解决群众合理诉求为落脚点，推进治重化积专项工作，维护群众合法权益、促进社会和谐，推动全市信访态势总体平稳有序。强化初信初访事项首办责任，落实信访工作要求，规范办好每一件信访件。全年办理群众各类诉求件 2 万多件，信访事项及时受理率、按期办结率均 100%；群众对信访部门满意率 95.4%，对责任单位满意率 97.5%。

（林春宝）

【难题积案化解】 2022 年，晋江市信访局落实治重化积交办件"双包双挂"工作机制，督促属事属地责任单位负起解决问题、化解矛盾的职责，逐件评估化解难度，研究制定化解措施，倒排时序、逐案销号，促进攻坚化解。至 12 月 31 日，国家信访局交办晋江市的积案 392 件，上报化解 385 件。

（王玲莉）

【信访保障工作】 2022 年，晋江市信访局做好信访工作，落实摸底排查、攻坚化解等工作机制，营造和谐的社会环境。晋江市信访局被省信访联席办评为"党的二十大福建省信访安全保障工作成绩突出集体"。

【领导干部接访】 2022 年，晋江市坚持每月 15 日为领导干部接访日的制度，组织市领导干部接访活动 165 场，接待群众 109 批次、112 人次，受理问题 109 件，办结率 100%。

【信访分级调度会商工作机制】 2022 年，晋江市建立信访工作分级调度会商工作机制，实行“市领导总调度、市直部门分片挂、镇（街道）主推动、村（社区）抓化解”四级调度会商，整合市、镇、村三级工作资源，强化源头预防化解，把可能引发信访问题的矛盾纠纷化解在基层、化解在萌芽状态。协调化解矛盾纠纷 215 件。

（杨青秒）

【《信访工作条例》学习宣传】 2022 年，晋江市信访局组织开展以“遵循条例·维护民利·促进和谐”为主题的《信访工作条例》集中宣传月活动，通过进村企宣传、悬挂宣传标语、微信公众号解读、发放宣传折页等形式，组织开展《信访工作条例》宣讲活动 27 场，分发宣传材料 2 万多份，悬挂宣传横幅、张贴标语和图片 490 份，运用微博、微信公众号等新媒体发布信息 67 条。

（俞敏华）

行政服务

【概况】 2022 年，晋江市政务服务中心常驻单位 34 个，非常驻单位 12 个，服务窗口 200 个，工作人员 600 人，设置服务功能区块，启用自主查询一体机、自助服务机、智能排队叫号系统、窗口平板等智能化设备，推进中心信息化建设，推动政府服务走向场景化、O2O 化、平台化，推动审批服务集中办理和线上线下协调发展，提高便民利企服务水平。办事大厅可提供现场办理事项 1971 项，省网上办事大厅晋江分厅实现网上可办率 99.21%，全流程网办率 80.73%。

【服务体系建设】 2022 年，晋江市政务服务中心围绕“生人熟人一个样，办事都方便”的目标，推进“五级十五同”改革，细化审批服务事项，公开办事标准，落实“审查要点之外无退件”，实现同一事项无差别受理、同标准办理，健全标准化服务体系。办事大厅可提供 1971 项事项的现场办理，实现群众“进一扇门，办所有事”；省网上办事大厅晋江分厅实现网上可办率 99.21%，全流程网办率 80.73%；拓展“一件事”服务领域，推动 45 件高频“一件事”完成跨部门流程梳理，实现集成套餐式服务。

【办件模式建设】 2022 年，晋江市政务服务中心推行“一窗受理、集成服务”的办件模式。以办好“一件事”为标准，在企业设立、投资建设、房屋交易与不动产登记等重点领域，依据事项关联度和办件量，整合进驻部门受理职能，划分功能区域，将原来按部门分设的办事窗口整合为综合窗口，实行“前台综合受理、后台分类审批、统一窗口出件”的运行模式。根据企业和群众办件频率、办事习惯，健全窗口动态调整机制。

【“跨域通办”覆盖面拓展】 2022 年，晋江市政务服务中心与全国 8 省 17 县（市、区）达成“跨省通办”的伙伴关系，共同打造“异地受理、属地审批、就近取证”的全新服务模式。晋江市“跨省通办”事项办理 24980 件，“省内通办”办理 10942 件。覆盖市场监管、医保 2 个部门高频事项的厦漳泉 16 个审批事项实现省内通办，覆盖交通、教育、人社等 7 个部门，19 个高频事项实现泉城通办。

【政务大厅“免证办”服务】 2022 年，晋江市政务服务中心依托省、市电子证照建设成果，根据不同应用场景探索多种解决方案，在全省率先实现政务大厅“免证办”，推动电子证照在审批环节中落地应用，解决办事群众因忘带、少带证照而多趟跑的痛点。自 3 月 1 日推出政务大厅的“免证办”服务至年底，调用电子证照 9100 次。该举措被省营商办列入首批优化营商环境典型经验做法在全省推广。

【“一业一证”落地】 2022 年，晋江市政务服务中心梳理 10 个市场主体关注度高、办件量大、市场准营环节多的行业，通过流程再造、信息共享和业务协同，将市场主体在注册登记后进入特定行业涉及的多项行政许可事项整合为一个审批链条，多张许可证集成为一个综合二维码，实现“一套标准、一次告知、一窗受理、一表申请、一套材料、一证准营”。10 个行业平均审批时间由 147 个工作日压缩至 64 个工作日，申请材料由 285 份压减至 167 份。7 月，该举措被人民日报客户端报道。

【“党建+”邻里中心“事有所办”清单梳理】 2022 年，晋江市政务服务中心按照社区事项“马上办”、镇（街道）事项“就近办”、审批事项“网上办”、便民事项“掌上办”、即办事项“自助办”的要求，梳理 655 个审批和便民服务事项下放邻里中心，推动高频事项“就近可办、全城通办”。

【“一件事”集成服务套餐改革】 2022 年，晋江市政务服务中心拓展“一件事”服务领域，推动 45 件高频“一件事”完成跨部门流程梳理，实现集成套餐式服务。其中，企业开办时间不超过 5 个工作小时，推行商品房、安置房“交房即交证”，国有建设用地“交地即交证”，二手房交易领证立等可取并实现水、电、气同步过户，不动产抵押登记 24 小时办结。“一件事”改革推进至年底，全市办理 3.7 万余件。

（黄清淮）

中国人民政治协商会议晋江市委员会

综　述

【政协委员构成】　2022年召开晋江市政协十四届二次会议时，晋江市有市级政协委员375人，平均年龄45.47岁。其中，男性323人，占比86.1%，女性52人，占比13.9%；大专及以上学历302人，占比80.5%，高中、中专（职高）学历72人，占比19.2%，初小以下学历1人，占比0.27%；汉族353人，占比93.87%，少数民族占比5.87%（回族19人，满族1人，蒙古族1人，畲族1人）；非公有制经济人士242人，占比64.53%，公务员91人，占比24.27%，专业技术人员19人，占比5.1%，事业单位负责人9人，占比2.4%，其他人员14人，占比3.73%；中共党员150人，占比40%，党外人士225人，占比60%（民革党员11人，民盟盟员10人，民建会员15人，民进会员8人，农工党党员8人，致公党党员11人，九三学社社员4人，台盟盟员2人，无党派人士5人，群众148人，中共党员、民盟盟员1人，中共党员、九三学社社员1人，中共党员、台盟盟员1人）。

【思想政治建设】　2022年，晋江市政协把思想政治学习作为委员履职的重要内容，依托“晋江市政协讲堂”，举办《深入学习贯彻习近平总书记关于加强和改进人民政协工作的重要思想和人民政协理论》《着力提质增效，做好新时代政协提案工作》《充分发挥政协委员在协商民主中的主体作用》等专题讲座，组织读书研学、好书分享等活动50多场次。注重把读书融到新思想学习中，推出阅读《习近平书信选集》、“迎七一‘好书推荐’”等专题，发动委员踊跃参加全国政协“中华儿女大团结”、省政协“同心共筑中国梦”等网上读书群，交流感言260多条，以读书悟思想、以读书提能力。

【交流联谊】　2022年，晋江市政协聚焦“特色村落打造”主题，组织委员前往永春县开展调研。邀请福建省社会科学院专家与晋江市政协委员、晋江企业家开展“解放思想大讨论”。先后接待广东、安徽及省内厦门、宁德等地到晋江开展学习考察、专题调研的团队149批次2335人次。

【文史工作】　2022年2月28日，晋江市政协召开座谈会，围绕“晋江经验”20周年，如何结合实际开展相关活动进行交流讨论。5月19日，泉州市政协常委、文化文史和学习委主任张文卫带队到晋江开展“推动泉州市域内博物馆（含民间收藏展示馆）群协同高质量发展”对口协商调研活动，实地视察982安踏创动空间。6月10日，“晋江政协讲堂”在梅岭文体活动中心举办。该讲座专门邀请福建社会科学院副院长、二级研究员李鸿阶作“汇聚侨心侨力侨智，助推21世纪海上丝绸之路核心区建设”专题讲座。7月19日，泉州市政协教科卫体委主任洪南福带队到晋江开展“深化产教融合，助力智造强市建设”民主监督议题调研活动，实地调研信泰公司、盼盼饮料公司。11月7日，泉州市政协委员晋江小组开展年度视察活动，实地考察“泉州：宋元中国的世界海洋商贸中心”遗产点。

（高希杰）

重要会议

【概况】　2022年，晋江市政协召开全体会议1次、常委会会议4次、主席会议10次。市政协委员履行职责、建言献策，共商晋江市经济社会发展大计。

【政协十四届二次会议】　2022年12月26—28日，晋江市政协十四届二次会议召开。会议听取和审议政协第十四届晋江市委员会常务委员会工作报告，听取和审议政协第十四届晋江市委员会常务委员会关于十四届一次会议以来提案工作情况的报告，举行大会发言，听取并讨论晋江市人民法院工作通报和晋江市人民检察院工作通报，列席晋江市第十八届人民代表大会第二次会议的有关议程，听取并讨论晋江市人民政府工作报告、计划报告、预算报告，听取政协第十四届晋江市委员会提案审查委员会关于十四届二次会议提案初审情况的报告，审议通过政协第十四届晋江市委员会第二次会议报告。泉州市委常委、晋江市委书记张文贤在开幕式上讲话。会议选举王育云、庄金溪、罗敏、柯水源等人为政协十四届晋江市委员会常务委员。

2022 年 12 月 26—28 日，中国人民政治协商会议十四届晋江市委员会第二次会议在晋江市戏剧中心召开。图为 2 月 27 日政协委员及来宾入场(图/晋江市政协办)

【政协常委会会议】 2022 年 5 月 17 日，晋江市政协主席许宏程主持召开十四届晋江市政协常委会第一次会议，传达学习习近平总书记近期重要讲话精神，学习全国两会精神和上级有关会议精神，研究部署贯彻落实工作。会议通报《晋江市政协常委会 2022 年协商监督计划》，通过晋江市政协常委会 2022 年工作要点以及有关事项。

2022 年 11 月 3 日，许宏程主持召开十四届市政协常委会第二次会议，会议听取 2022 年提案办理情况通报，对 2022 年度 4 件重点提案进行民主评议，并部署政协提案工作。

2022 年 12 月 17 日，许宏程主持召开十四届市政协常委会第三次会议，会议学习贯彻省委十一届三次全会、泉州市委十三届四次全会、晋江市十四届党代会二次会议精神。会议通过晋江市政协十四届二次会议有关文件及《关于授权主席会议审议十四届市政协常委会第三次会议未尽事宜的决定》。

2022 年 12 月 24 日，十四届晋江市政协常委会第四次会议召开。会议审议并通过《十四届晋江市政协常委会工作报告(草案)》、《晋江市政协十四届一次会议以来提案工作情况的报告(草案)》、晋江市政协各专委会工作报告(草案)、十四届晋江市政协委员和常务委员有关事项，并通报委员履职情况。

【政协主席会议】 2022 年，晋江市政协召开主席会议 10 次。传达学习习近平总书记重要讲话重要指示批示精神，各级党委全会、政协全会、政协工作会议、纪委全会等会议精神，听取民主生活会、履职报告和委员履职量化考评等情况通报，审议有关文件和人事事项，研究讨论市政协每月重点工作，部署推进市政协机关精神文明建设、党建、提案办理、委员管理服务、信息宣传等工作。

(高希杰)

政治协商

【概况】 2022 年，晋江市政协围绕加快构建“一三一三七”发展格局，发挥专门协商机构作用，召开全会协商 1 次，议政性常委会协商 2 次，对口协商 2 次，同市委、市政府深化政治协商工作，建言资政，助推晋江市委、市政府中心工作落地落实。

【协商议政】 2022 年，晋江市政协把“大力发展体育经济”“发挥侨力资源优势、助推构建双循环新平台”等问题作为政协协商的重要方向，组织召开对口协商会议、专题座谈会议，与部门面对面交流，引起党政部门关注，助推经济社会发展。

【推进产业高质量发展专题协商】 2022 年，晋江市政协围绕“加快工业园区

2022 年 10 月 28 日，市委与市政协就“加快工业园区标准化建设，推进产业高质量发展”召开专题协商会议(图/晋江市政协办)

标准化建设，推进产业高质量发展”议题，与晋江市委开展专题协商。组织政协参加单位、政协委员提交建言材料21篇、建议70条。有关规划、土地利用率、招商引资、融资服务、平台搭建等方面建议转化为政策出台或列入重要工作内容。

【推进产业数字化建言】 2022年，晋江市政协围绕“加快推进产业数字化，赋能实体经济高质量发展”议题，联合界别、联络组，以“小课题、多分队”形式深入地区、企业调研，形成一批调研成果。召开市政府与市政协专题协商会，紧扣产业数字化主题，提出探索建设智慧产业园区、推进知识产权高质量创造、加快产业数字化人才“就地入校”培养等建议，为晋江市委、市政府决策提供参考。

【“大力发展体育经济”对口协商】 2022年9月29日，晋江市政协组织委员实地视察全民健身中心、浔兴运动生活馆等体育产业项目，并围绕“大力发展体育经济”议题，开展对口协商。晋江市体育局相关人员通报全市体育经济发展情况，与政协委员一起探讨体育经济发展路径。委员们围绕挖掘体育旅游资源、激活体育“主题游”消费市场、重视青少年体育培训产业、加强普惠性全民健身场所宣传推广等，建言献策。

（高希杰）

参政议政

【概况】 2022年，晋江市政协夯实合作共事平台，发挥委员主体作用，创建“委员基层联系点”，推动委员进驻“党建+”邻里中心，开通社情民意直通车，协商办好民生提案，收到提案323件，征集社情民意信息46篇，助推晋江市高质量发展。

【社情民意反映】 2022年，晋江市政协出台社情民意工作实施办法，推行“七个一”（一套工作制度、一条收集渠道、一支采编队伍、一批工作专班、一月采用情况、一轮专题培训、一次信息比拼）工作机制，组建市级信息采编队，配备镇（街道）和村（社区）信息员357人，形成贯通市、镇、村三级的社情民意采集网络。组织线上参加省政协社情民意工作培训班，邀请省政协办公厅领导专题授课，举办镇（街道）信息员专题培训2场。聚焦社会民生热点，精准选题建言，征集社情民意信息46篇，上报专报信息28篇。

【建言献策】 2022年，晋江市政协在市政协十四届二次会议期间，通过大会发言、分组讨论、撰写提交提案等方式，与市委、市政府领导及市直有关部门领导面对面协商，共商发展大计。加快推进公立医院高质量发展构建医防协同融合新模式，传承弘扬“晋江经验”推动传统产业数智升级，发挥乡贤作用助推乡村全面振兴，发挥社会工作专业人才作用助力“党建+”邻里中心创新基层治理，加快推进数字经济产业工人队伍建设促进数字经济蓬勃发展，加快建设县级CIM平台提升新型智慧城市品质，打造晋江海洋科技产业园推动海洋经济高质量发展，聚力晋江实践打造教育强市，关爱孤独症群体加大帮扶力度，推动跨境电商发展促进产业转型升级链等建言，得到市委、市政府领导肯定。

（高希杰）

民主监督

【概况】 2022年，晋江市政协组织民主监督活动，剖析问题根源，完善监督形式，丰富协商内容，紧扣市十四届党代会第二次会议决策部署，探索提案式民主监督，聚焦民生微实事，组织委员小分队开展点题式监督8次，增强民主监督实效。

【专项监督】 2022年，晋江市政协坚持寓监督于视察、调研等政协经常性工作中，选择小切口问题，查找差距，提出监督意见。重点围绕学生“双减”政策落实情况和“用好院校载体资源促进产学研用合作”等主题等开展专项监督，提出多条意见建议，市直有关部门均有效落实。

【提案监督】 2022年，晋江市政协将“加强和完善晋江市公共卫生应急管理体系建设”“关于加快老旧小区改造更新、推进城市有机更新”“加快基层网格化服务管理‘多网合一’”“加强全市住宅小区物业管理推进城市居住品质提升”分别列为1号、2号、3号、4号重点提案，建立市领导领衔督办重点提案机制，开展“双向评议”，实行办前、办中、办后“三见面”，增进“提”“办”“督”三方的良性互动。建立市政府督查室与提案委定期会商机制，推动承办单位按期做好提案办理工作，破解群众烦心事，推进办理取得实效。

【视察监督】 2022年，晋江市政协开展宗教活动场所“四进”（开展国旗、宪法和法律法规、社会主义核心价值观、中华优秀传统文化进宗教活动场所）、新时期宗教教职人员队伍建设等调研视察，定期走访宗教界委员，引导宗教界以社会主义核心价值观为引领，坚持宗教中国化方向，维护宗教领域和谐稳定。邀请在晋江的省、泉州和晋江三级委员开展“泉州：宋元中国的世界海洋商贸中心”遗产点视察活动。先后开展3号重点提案“关于加快基层网格化服务管理‘多网合一’的建议”视察活动，“加快推进九十九溪田园风光和紫湖公园建设，大力改善提升城乡生态环境”及“加快聚城畅通工程，构建快慢结合的综合交通体系”视察活动，“推进海洋生态环境保护修复，加快建设蓝色海湾”和“加强全市饮用水源地保护，构建安全饮用水水源监管机制”视察活动。

（高希杰）

提案办理

【概况】 晋江市政协十四届一次会议期间，收到提案323件。经审查，立案207件，其中22件并案。在中共晋江市委、市政府重视和市政协常委会推动下，各提案承办单位把提案办理与部门工作一同谋划、一体部署、一起落实，办结答复满意率100%，解决一批热点难点问题。

【提案征集与立案】 晋江市政协十四届一次会议期间，收到提案323件，其中集体提案93件、委员提案230件。按类别分，经济建设方面提案117件，占36.22%；政治建设方面提案14件，占4.33%；文化建设方面提案29件，占8.98%；社会建设方面提案150件，占46.44%；生态文明建设方面提案13件，占4.03%。根据《提案工作条例》有关规定，提案审查委员会于12月22日晚上召开会议，对收到的提案进行初步审查，并向全体会议报告。经审查，立案207件提案。其中，涉及经济建设方面76件，占36.7%；政治建设方面5件，占2.4%；文化建设方面20件，占9.7%；社会建设方面99件，占47.8%；生态文明建设方面7件，占3.4%。

【提案督办】 2022年，晋江市政协配合全国政协提案委开展“关于设立民营经济高质量发展试验区、进一步弘扬‘晋江经验’的建议”重点提案现场督办活动，坚持上下联动，推动提案部分建议被中央深改委促进“两个健康”的改革文件吸收采用。把提案办理工作纳入年度协商与监督计划。建立提案办理工作台账，跟踪办理情况，累计调阅资料近百份，开展实地视察34次，强化提办联动，推动提案办理落实。会同市政府督查室，对提案办理情况实行目标计分考核，开展质效评估，落实绩效激励，各提案承办单位均能按规定时间和要求办理提案，晋江市教育局、卫健局、工信局等10个提案承办单位获绩效加分奖励。召开晋江市政协常委会，听取2022年提案办理情况通报，并对重点提案进行民主评议，推动提案办理。

【提案成果转化】 2022年，晋江市政协关于优化科技创新服务体系、打造产业科创高地等建议，促成科技成果转移转化300多项。关于发动乡贤助推乡村振兴、改善农村人居环境等建议，促成一批美丽乡村庭院、微景观、小公园建设。关于促进私募基金业发展、发展基金产业等建议，助推金融资本与企业战略对接。关于规范民办托育机构管理、加强中小学生心理健康教育等建议，有关部门给予重视，纳入为民办实事项目，全面推进工作落实。关于加快老旧小区改造提升、提高住宅小区物业管理水平等建议，得到部门重点落实，在编制老旧小区改造监管机制、物业管理机构责任规定等文件中得到吸纳。关于基层网格化服务“多网合一”、搭建智慧网格平台等建议，为出台网格管理工作导则、打造智慧网格信息管理平台等提供借鉴。

（高希杰）

综　述

【政治监督】　2022年，晋江市纪委监委坚守政治机关定位，担负起“两个维护”的特殊使命和重大责任，做实政治监督，紧跟党中央重大决策部署和各级党委中心工作、重点任务，履行监督保障职责。聚焦“三新一高”（立足新发展阶段、贯彻新发展理念、构建新发展格局、推进高质量发展）重大战略和“三提三效”、“双轮驱动”（强产业、兴城市）、“五个年”活动重要部署，紧盯经济社会发展、粮食安全、生态环保、文化遗产保护等重点任务，开展监督检查，确保各项决策部署落地生根。紧跟省、泉州、晋江重点项目落地，推动集成电路小微工业园区、中央专项债等项目加快推进；开展安全生产专项监督，压实监管职责。深化优化营商环境专项督查，督促职能部门加快推进“一业一证”（优化行业准营业务流程，将市场主体进入特定行业涉及的多张许可证整合为一张“行业综合许可证”，大幅压减审批环节和时限，简化审批手续，有效提升行政效能和办事效率）、“免证办”等提效便民项目，建立七匹狼、浔兴“亲清护企”工作联系点，相关做法成效被中央纪委国家监委网站刊载。

【纪检监察网络建设】　2022年，晋江市纪委监委创新监督载体、完善监督机制，实现监督力量再融合、监督效果再提升。运用科技赋能精准监督，开发政治监督信息化平台，同步实行组织领导、监督检查和跟踪问效三项机制，实现“线上查问题＋线下督作风”互动监督，借助平台履职表现分析功能，掌握“关键少数”履责情况，实时晾晒工作成效和存在的问题，反向倒逼责任落实，提升监督精准性、有效性。截至2022年12月底，纳入平台重点监督项目46项，发现并推动问题整改107个，挂牌督办6个，打通责任落实“最后一米”。整合资源，织密监督网络，顺畅“四项监督”（纪律监督、监察监督、派驻监督、巡察监督）统筹衔接机制，将纪检监察室、派驻机构、基层纪委划分为6个协作片区，加强“室、组、地”联动监督、联合办案，开展提级监督和“联合会审”、案件质量交叉互评，在更大范围内实现监督资源力量高效整合。全年开展监督检查1452次，联合办理复杂问题线索29件，提级办理和“联合会审”信访件26件，交叉评查案件136件，在协同协作中提升。发挥专业职能监督优势，建立巡察监督与审计监督计划共商、队伍共建、信息共享、成果共用四项联动机制，开展“巡审联动”监督2批次。加强自身建设，落实党建工作责任制、意识形态工作责任制，开展模范机关创建，弘扬“事经我手可放心、事经我手求卓越”机关文化。加强学研训战，举办“90后干部学堂”、乡镇纪委书记履职交流汇报会，开展辩论赛、模拟庭审等活动，提升干部纪法双施双守本领。坚持以战代训，抽调干部参与审查调查、跟班学习、市委巡察、干部考核等187人次。加强作风纪律建设，开展纪检监察干部家访谈心活动，分级走访干部267人次，谈心谈话300余人次，全面做实纪检监察干部“八小时”内外监督，防治“灯下黑”。

【市纪委十四届二次全会】　2022年1月29日，中共晋江市纪委十四届二次全会在罗山召开，出席会议的晋江市纪委委员21名。泉州市委常委、晋江市委书记张文贤出席会议并讲话。晋江市委常委、市纪委书记、市监委主任庄怀璇代表晋江市纪委常委会作《弘扬伟大建党精神　忠诚履行职责使命　为构建“一三一三七”发展格局、谱写“晋江经验”新篇章提供坚强保障》工作报告。泉州市纪委监委第三纪检监察室主任谢叶强到会指导。晋江市领导王明元、林仁达、许宏程、吴忠刘等出席第一次大会。

（吴家添）

执纪监督

【概况】 2022年，晋江市纪委监委坚定不移正风肃纪反腐，深化标本兼治、系统施治。运用"四种形态"批评教育帮助和处理954人次，其中"第一种形态""第二种形态"占比92.14%；立案查处235件、处分224人次，留置1人，移送司法机关处理20人。

【党风政风监督】 2022年，晋江市纪委监委立足监督第一职责，坚持党性党风党纪一起抓，贯彻落实中央八项规定及其实施细则精神，推进纠"四风"（形式主义、官僚主义、享乐主义和奢靡之风）树新风常态长效，整治群众身边不正之风和腐败问题，推动全市政治生态向好向善。深化分地域分领域分层级纠"四风"，紧盯易发频发节点，开展节点监督、明察暗访，整治影响党中央决策部署贯彻落实、漠视侵害群众利益、加重基层负担的形式主义、官僚主义问题。开展"天价茶""炒作片仔癀""酒杯中的奢靡之风""天价月饼背后的节日腐败"等专项整治，纠治群众反映强烈的享乐主义、奢靡之风。全年查处"四风"问题22起，批评教育帮助和处理30人、其中给予处分10人。紧扣市委"打造共同富裕县域范例"战略目标，做强监督服务保障，赋能乡村振兴、助推共同富裕。紧盯村级党组织，建立覆盖全市的"村主干廉政档案库"、绘制"小微权力"监督流程图、开具村级巡察"体检报告"，增强村级党组织战斗堡垒作用。紧盯村集体经济，纠治农村集体"三资"（在集体所有制下，农村集体所有的货币资金、资产和资源）问题、清理租赁"问题合同"，发现并督促整改问题410个；推动完善乡村振兴（扶贫惠民）资金在线监管平台、农村产权"一平台两中心"，加强对惠民富民、促进共同富裕政策措施落实情况的监督检查，点对点对接激活"沉睡"资产资源，推动部门及时拨付村级公益事业建设项目43项奖补资金657万元，促进村集体经济健康发展，相关做法成效被《中国纪检监察报》刊载。建设村级小微权力监督信息平台，创建"'晋心筑廉'——连心群"，建立纪检监察干部驻群巡群工作制度，利用微信群公开农村集体"三资"、收集群众诉求、解读惠民惠企政策，实现群众"指尖监督"。常态化开展"纪检监察进邻里""纪检监察干部访民情""进村入户'五个必'（必访、必谈、必讲、必核、必查）"活动，走访群众7984人次，发现并协调解决问题332个。紧盯群众急难愁盼问题，深化拓展"点题整治"工作成果，聚焦教育医疗、社区养老、物业服务、困难群众帮扶等16个领域，督促整改漠视侵害群众利益问题7个。深化困难群众漏保漏救问题专项整治，推动建立残疾人"两项补贴"动态管理机制，累计新增补贴对象1582人次，发放补贴74.53万元，确保建档对象应补尽补、不漏一人。深化农村乱占耕地建房问题专项整治，查处问题线索4件6人，守住耕地保护红线。惩治涉黑涉恶腐败和"保护伞"，巩固政法队伍教育整顿和渣土行业专项治理工作成效，推进"打伞破网"，累计查处问题线索16件，铲除黑恶势力滋生的土壤。

2022年，晋江市纪委监委常态化开展"纪检监察进邻里"活动。图为晋江市"纪检监察进邻里"现场推进会　　（图/晋江市纪委监委）

【信访举报处理】 2022年，晋江市纪委监委攻坚信访"双化解双促进"专项行动，建立"匿名举报公开答复＋实名举报领导回访"工作机制，领导"带信下访"86件次，全年全市纪检监察机关受理信访件比上年下降25.9%。相关做法被中央纪委国家监委网站刊载并被泉州市纪委监委在全市推广，信访工作先后3次获得泉州市纪委监委、晋江市委主要领导批示肯定。

【"四种形态"贯通运用】 2022年，晋江市纪委监委把握"惩前毖后、治病救人"方针，注重纪法情理贯通，从日常监督严起抓好"未病先防"，科学运用"四种形态"，落实"三个区分开来"，坚持精准稳慎问责促进干部担当作为。坚持严管厚爱激励担当作为，注重保护干部干事创业精气神，按程序向17名被函询人反馈函询采信了结情况，为5名受到失实检举控告的党员干部澄清问题。坚持教育、转化、挽救、激励同步发力，开展受处分人员回访教育175人次，促进干部从"有错"向"有为"转变。

【审查调查】 2022年，晋江市纪委监委保持"零容忍"高压态势，找准腐败的突出表现和易发环节，聚焦权力集中、资金密集、资源富集等重点领域，惩治利用公权力及其影响力谋取私利和破坏市场经济健康发展的腐败行为，治理执法司法、粮食购销、教育医疗、工程建设、供销等领域腐败问题，集中整治“窗口腐败”，查处勾结中介违规办理业务等问题，做到有腐必惩、有案必查。着眼“三不腐”相互促进、有机融合，协助泉州市纪委监委研究制定“三不腐”一体推进工作指引，建立预防腐败监管体系，总结提炼案件查办“12345”(1个目标、2个关注、3个来源、4个清单、5道防线)工作法，推动案件查办和堵塞漏洞、强化监管、政治生态修复同步谋划，实现办案、整改、治理协同推进，惩治震慑、制度约束、提高觉悟一体发力。针对“窗口腐败”审查调查发现的问题，督促职能部门规范存量房交易、购房资格认定审核等工作，推动建立房地产经纪机构和经纪人星级评价机制。

【案件审理】 2022年，晋江市纪检监察机关审结案件227件248人。其中，简易程序案件32件32人，自办案件87件108人，涉及党员案件206件212人，涉及监察对象89件96人，涉及乡科级以上干部案件16件17人，依法中止党员权利12人，为5人按期恢复党员权利，提前介入审理案件2起，商请检察机关提前介入职务犯罪案件1起。

(吴家添)

从严治党

【概况】 2022年，晋江市纪委监委深刻理解党中央治国理政新思想新战略和重大决策部署，深刻把握纪检监察机关在推进党的自我革命中的职责任务，结合实际坚决贯彻落实，晋江市纪委常委会开展集体学习30次，领衔重点课题调研9项，带动全市纪检监察干部在学懂弄通做实上凝聚共识、拓展成果，确保在思想上政治上行动上始终同党中央保持高度一致，把党的领导贯穿到纪检监察工作全过程各方面。

【“两个责任”落实】 2022年，晋江市纪委监委加强对执行党章党规党纪和宪法法律法规情况的监督检查，推动全市各级党组织严肃党内政治生活，涵养积极健康的党内政治文化。协助各级党委(党组)推进全面从严治党，督促整改上级检查交办、政治监督反馈问题，推动“两个责任”贯通协同、同向发力。强化对权力运行的监督制约，分级分类开展政治监督谈话507人次，形成政治生态分析报告61份，完成“一把手”政治“画像”36份，更新市管干部廉政档案1344份，督促领导干部严于律己、严负其责、严管所辖。

【纪检监察体制改革】 2022年，晋江市纪委监委围绕推进全覆盖、提高有效性发力攻坚，为纵深推进全面从严治党提供持久动力。贯彻落实《纪检监察机关派驻机构工作规则》，修订完善派驻机构议事决策、请示报告、监督管理、联系机制等制度，规范派驻机构列席监督单位会议、处置问题线索等工作流程，发挥派驻机构“探头”作用。完成公、检、法派驻机构新进人员划转，加大委机关和派驻机构之间双向交流任职力度，推进国有企业纪检监察体制改革，推动成立5家市属国有一级企业纪委，同步设立市监委派驻监察专员办公室，与企业纪委合署办公。加强监督执纪执法和审查调查标准化建设，建立覆盖监督检查、审查调查、案件监督管理、案件审理等业务的政策资料库，规范执纪执法日常类文书。贯彻《中华人民共和国监察法实施条例》，将提高案件质量作为“一把手”工程来抓，完善办案程序衔接机制，规范案件补充审查、移送审理、集体研究流程，常态化开展案件质量评查，提升案件查办工作质效。发挥党委反腐败协调小组作用，执行监察执法与刑事司法衔接有关规定，建立线索移送、办案协作、会商会审等工作机制，促进执纪执法贯通、有效衔接司法。健全完善外部监督。为特约监察员履职尽责搭建平台，发挥其参谋咨询、桥梁纽带、舆论引导作用，邀请特约监察员参与落实中央八项规定精神情况等专项督查3轮次，走访特约监察员2轮48人次，征求意见建议171条。围绕“惩治涉黑涉恶和‘保护伞’”主题，走访调研、征求意见，做好市监委首次向市人大常委会报告专项工作，把办理人大常委会审议意见作为主动接受人大监督、推动工作进展的重要抓手，取得成效。

【反腐倡廉宣传教育】 2022年，晋江市纪委监委坚持用“身边人身边事”，开展警示教育21场2124人次，开设《学党纪国法作廉洁表率》警示课堂，摄制警示教育片《扣好人生第一粒扣子》，将惩治成果转化为标本兼治的抓手。深入实施新时代廉洁文化“五廉工程”，贯彻落实《关于加强新时代廉洁文化建设的意见》，挖掘晋江当地廉洁文化资源，讲好清正廉洁的晋江故事，晋江当地廉政事迹《第一通——陈紫峰》《后洋相国的传说》在晋江电视台开播，廉洁文化宣传片《福船载廉韵·风正好扬帆》在“学习强国”学习平台等媒体刊播。注重引导年轻干部廉洁从政，会同团市委开展“青廉示范岗”创建活动。注重家风建设，将家风教育融入书法、陶艺、会演等大众活动，推进家风家教进企业、进学校、进社区，让清风廉韵沁入民心，相关做法成效被《人民日报》等媒体刊载。

(吴家添)

中国国民党革命委员会晋江市委员会

【概况】 2022年，中国国民党革命委员会晋江市委员会（简称“民革晋江市委会”）发展正式党员1名、积极分子13名，平均年龄33.1岁，学历均为本科及以上。至12月底，辖6个支部，有党员146名、平均年龄49.64岁。其中，本科以上学历108人、占73.97%，拥有中高级职称82人、占55.48%（高级职称33人、占22.6%）。民革晋江市委会第四支部获评2017—2021年度民革泉州市“先进基层组织”，民革晋江市委会获评民革泉州市委会“反映社情民意信息工作先进集体”；2人获2017—2021年度民革泉州市“优秀党务工作者”称号，10人获2017—2021年度民革泉州市委会“民革泉州市优秀党员”称号；王志钦在晋江市教育局“纪念‘晋江经验’提出20周年”的“回顾与前瞻——我的教育故事”主题征文中获优秀奖。

【参政议政】 2022年，民革晋江市委会参与中共晋江市委、市政府专题协商会、通报会、民主生活会及听取民主党派意见等10多次，参加民主协商会、提案督办会和报告征求会，参加市人大关于《中华人民共和国中医药法》实施5周年在晋江的开展情况专题调研，参加市政协“加快推进九十九溪田园风光和紫湖公园建设，大力改善提升城乡生态环境”及“加快聚城畅通工程，构建快慢结合的综合交通体系”等协商建言。在晋江市政协十四届二次会议上提交集体提案8件、委员提案6件，社情民意3条，《关于加快基层网格化服务管理“多网合一”的建议》被列为晋江市政协十四届一次会议一号重点提案。在晋江市政协十四届二次会议上，副主委洪天姿代表民革晋江市委会在大会上作《关于加快推进我市公立医院高质量发展，构建医防协同融合新模式的建议》的发言。向民革泉州市委会提交提案6篇，报送社情民意、建议类信息10余条，均被采纳。党员林子文撰拟的《企业呼吁我省推行境外国际性展会“代参展”模式》建议，获福建省委书记尹力的批示肯定。2022年，民革晋江市委会完成年度调研课题6篇，《新形势下关于加快推动实体经济转型升级的建议》获泉州民革年度优秀调研论文。

【民主监督】 2022年，民革晋江市委会担任各级人大代表5人、政协委员10人、特约监察员2人，利用人大视察、政协视察、议案提案办理协商会等形式开展民主监督。参加“加快工业园区标准化建设，推进产业高质量发展”“加快推进产业数字化，赋能实体经济高质量发展”等政党协商活动，参加晋江市2023年政府工作报告征求意见会和市委、市政府民主生活会征求意见会等，在各种督办、协商视察活动及征求意见会中建言。

【社会服务】 2022年，民革晋江市委会支出助学款16.3万元，资助大学生20人、高中生28人、初中生1人、小学生1人。自2018年市委会发出“博爱助学”倡议至2022年底，参与捐款党员145人次，收到捐款68万元，其中党员吴仁仁及其所住持的水心禅寺5年捐款总额51万元。截至2022年底，支出助学款59.6万元，资助大学生62人次、高中生162人次、初中生3人次、小学生5人次。组织民革党员参加中共晋江市委统战部“海西春雨行动”慰问困难群众活动。

2022年，民革晋江市委会与共建镇（街道）设立晋江民革图书专柜，开展“同心行”图书捐赠活动，向灵水中心幼儿园小浯塘分园、磁灶镇霞芳小学捐赠价值2万元的绘本和图书。至年底，累计设立图书专柜8处，捐赠图书8万元。

【调查研究】 2022年，民革晋江市委会做好全市统战理论的调研工作，围绕乡村振兴开展调研，副主委洪天姿、委员洪兴世作为联合调研组成员参加中共晋江市委统战部组织的专项调研活动；落实一支部一课题，成立调研课题组，制订调研计划，组织开展调查研究。配合民革福建省委会做好乡村振兴的晋江之路专题调研。调研《港澳青少年中华文化认同教育问题研究》《关于推进镇级工业园区标准化建设的建议》等，形成调研报告提交给中共晋江市委作为决策参考。建立社情民意反映长效工作机制，依托各支部活动，定期开展社情民意征集工作。参加泉州民革组织的社情民意资政会，前往石狮、南安、泉港等地进行实地走访调研，并在资政会上提出建议。

【思想建设】 2022年，民革晋江市委会举办培训会10多场次，开展中共二十大精神学习、宣讲。参加中共晋江市委统战部举办的《新时代统战工作根本遵循》专题讲座。向全体党员赠发《闽山闽水物华新》等书刊400余册，组织党员开展读书活动。邀请民革福建省委会信息处相关负责人到晋江授课。组织界别人大代表、政协委员参加履职培训；组织党员参加民革福建省委会、中共泉州市委统战部、泉州市民主党派代表人士培训班学习培训12人次。举办座谈会、征文、摄影作品、专题讲座宣讲、书画展等活动8场次。邀请民革福建省委会专职副主委董良瀚到晋江举办“矢志不渝跟党走、携手奋进新时代”政治交接主题教育专题讲座；邀请市政协文史委三级调研员吴明哲作《解读晋江经验》专题讲座；组织党员作品参加由市委统战部主办的“喜迎二十大•同心谱新篇”暨“晋江经验”20周年照片展、书画展。参加泉州民革庆祝中国共产党成立100周年征文、摄影展；参加泉州民革纪念“晋江经验”提出20周年企业家座谈会。

【组织建设】 2022年，民革晋江市委会组织开展新春送温暖慰问活动和日常慰问。结合“三八”妇女节，开展“感受闽南文化•传承工匠初心”主题活动；结合重阳节开展尊老敬老专题活动，慰问37名老民革党员。8月15日，民革晋江市委会“党员之家”挂牌落成。“党员之家”设有“中山讲堂”“民革书吧”“民革界别政协委员联络点”，以及民革全国示范支部的专题展示室。

【对台联谊交流】 2022年，民革晋江市委会围绕海峡两岸关系的新动态，探索祖国统一工作新思路，通过组织对台资企业的走访活动，密切对台联络联谊工作。主委吴丽婷多次带队走访万裕达服饰有限公司等台商企业，对接泉州台商企业促进会副会长、晋江市台商企业投资协会会长吴志超，了解台商企业运营情况，宣传政府相关政策，共商新时代背景下促进海峡两岸人民沟通交流的新方式。

（王雅雯）

中国民主同盟晋江市委员会

【概况】 2022年，中国民主同盟晋江市委员会（简称“民盟晋江市委会”）下属支部9个，盟员300人。其中，高级职称82人，中级职称126人。中高级职称盟员占总数69.33%，盟员平均年龄44岁。

2022年8月，民盟晋江市委会文化支部被民盟福建省委会授予2021年度“创特色 增活力”先进基层组织称号。12月，民盟晋江市委会被民盟福建省委会授予“纪念福建民盟组织成立75周年”先进集体称号；6人被民盟福建省委会授予优秀盟员称号，1人被民盟福建省委会授予优秀盟务工作者称号。

【参政议政】 2022年1月，民盟晋江市委会主委张开端联合执笔提案《关于进一步发展“晋江经验”研学教育的建议》，被列为泉州市政协重要提案，并得到泉州市委书记、市长的批示。11月，民盟晋江市委会编辑出版《晋江民盟建言录》，供盟员学习借鉴。11月7日，盟市委会召开2022年参政议政工作会，盟员近30人参加会议。12月，在政协晋江市十四届二次会议和晋江市第十八届人民代表大会第二次会议上，盟市委会提交议案提案44件，其中集体提案10件、个人提案23件、大会发言3件、个人议案建议8件；提交社情民意若干。提案内容涉及经济发展、文化教育、乡村振兴、医疗卫生、社会和生态文明建设等方面。其中，盟市委会提交《聚力晋江实践 打造教育强市》发言稿在政协大会上作专题发言，并被收录大会发言汇编成册。盟员周围联合执笔提案《关于加强改进住宅小区物业管理，提升城市居住品质的建议》，被列为晋江市政协重点提案。

【民主监督】 2022年，民盟晋江市委会参加中共晋江市委、市政府、市政协等召开的政党协商、专题协商、各类征求意见会、情况通报会、调研考察、民主生活会及听取民主党派意见等10多次，参加市人大、市政协议案提案审议、意见落实情况跟踪检查10多次，参加市人大、市政协常委会会议数十次。参与市重点领域发展、政府工作报告、经济工作会以及事关晋江市经济、文化、社会和生态文明建设中重要问题的专题协商。1月14日，盟员李雅静代表盟市委会参加市政府办公室召开“养老服务体系建设”调研协商座谈会。8月31日，盟员黄美月代表盟市委会参加市政协开展“关于加快老旧小区改造更新、推进城市有机更新的建议”2号重点提案视察活动。9月8日，委员洪清丽代表盟市委会参加市政协组织开展“发挥侨力资源优势，助推构建双循环新平台”协商活动。10月28日，委员洪清丽代表盟市委会参加市委与市政协围绕“加快工业园区标准化建设，推进产业高质量发展”议题开展的专题协商会议。其中，委员黄向东执笔“关于推进装备制造业基地安海园区标准化建设的建议”得到市委、市政协的采纳并在会上协商发言。12 月 12 日，副主委尤燕红参加泉州市第十七届人大代表（晋江组）前往石狮市开展调研活动。

2022 年，盟员担任各级人大代表 4 人，政协委员 14 人，特约监察员、行风监督员等特约特聘盟员 28 人，利用人大、政协视察、议案提案办理会、大会发言等形式开展民主监督工作。

【社会服务】 2022 年，民盟晋江市委会推动“教育帮扶”常态化。每学期走访帮扶晋江市 8 所中学，组织盟员与 36 名贫困学生实施一对一挂钩帮扶，发放助学金 7.2 万元。帮扶学生 89 人，帮扶助学金 33.9 万元，其中参与帮扶盟员 61 人、盟员个人捐助 16.95 万元。民盟晋江市委会文明志愿服务队开展学雷锋志愿服务。民盟中央美术院晋江分院参与新春社会服务活动，参与迎新春送春联活动 5 场。1 月 21 日，组织参与“海西春雨行动”慰问困难群众活动。1 月 21 日，民盟晋江市委会联合主办，由民盟中央美术院晋江分院联合承办在西园街道屿头社区洪富故居举行“楮墨传家风、廉韵迎新春”书赠春联活动。1 月 24 日，季延支部、美术分院联合相关单位在梧桐社区开展“楹联书春意 墨香暖人心”书赠春联“三下乡”活动，现场书写赠送 500 多副春联福字；支部 6 位盟员开展文明志愿服务，给在晋江的台港澳乡亲、侨胞侨眷赠春联送祝福，慰问老人及困难群众等。8 月 4—17 日，盟市委会组织开展“我为社会做好事”交通路口文明劝导等系列志愿活动。组织参加“全国文明城市”创建活动、“文明清风、清洁家园”“烟头不落地”等活动。

【调查研究】 2022 年，民盟晋江市委会完成上级盟组织、市政协、市委统战部等调研课题、论文 10 篇，报送社情民意、建议类信息 51 条。4 篇调研论文获评晋江市统一战线理论研究优秀调研论文，收入市委统战部结集出版年度优秀调研论文集，多篇调研文章在《晋江调研》《晋江政协》《晋江统战调研》刊发。5 月，盟市委会围绕“乡村振兴工作”开展调研，9 月完成《顺应数字时代“新”潮，拓宽乡村振兴路径》调研成果报送市委统战部。9 月 16 日，盟市委会调研组成员许文林、尤燕红赴 3 个镇联合开展晋江市乡村振兴工作专题调研活动。

【思想建设】 2022 年，民盟晋江市委会组织发动全市各支部和广大盟员学习贯彻中共二十大精神和省、市党代会精神，印发学习资料 50 万字，购买印刷学习刊物 3000 余册，开展学习交流活动 32 场次，参加盟员千余人次。结合“喜迎二十大”、庆祝中华人民共和国成立 73 周年等系列主题活动，围绕“矢志不渝跟党走、携手奋进新时代”等学习教育主题，开展主题活动。召开座谈会、组织征文、专题讲座宣讲、社会实践教育、书画展、摄影展、制作宣传专栏等 7 场次，参加盟员 300 多人次。编辑出版《晋江民盟》《喜迎二十大 奋进新时代》等作品集，联合主办 2 场图片展，宣传晋江民盟。配合上级做好盟刊盟讯和各种统战理论刊物宣传、发行工作。选派盟员 31 人次参加上级盟组织、各级党校、社会主义学院等举办的培训。

【组织建设】 2022 年，民盟晋江市委会新发展盟员 6 人。13 名代表参加中国民主同盟泉州市第十六次代表大会。1 月 26 日，民盟晋江市委会组织开展新春送温暖慰问活动，走访盟内 16 名老领导班子成员。7 月 8 日和 11 月 20 日，分别完成 9 个支部及盟市委会换届工作。10 月，盟市委会开展 2022 年重阳节慰问老盟员活动，看望慰问老领导、老盟员 70 人。

【考察交流】 2022 年，民盟晋江市委会接待民盟福建省委会、民盟泉州市委会等到晋江开展调研考察和盟务交流 3 次，接待考察交流 30 多人次。6 月 28 日，民盟泉州市委会调研组赴晋江市开展“晋江经验”研学教育专题调研活动。7 月 8 日，民盟福建省委会专职副主委刘泓一行赴晋江市开展文博活动调研。7 月 28 日，民盟福建省委会办公室主任黄小红一行赴晋江市开展“落实中共福建省委‘提高效率、提升效能、提增效益’行动，探寻民盟机关管理新途径新方法”重点课题调研活动。

（雷翠云）

中国民主建国会晋江市委员会

【概况】 2022 年，中国民主建国会晋江市委员会（简称“民建晋江市委会”）发展会员 11 人，平均年龄 35 岁，其中大学学历 10 人、研究生学历 1 人、中级职称 2 人。截至 12 月底，民建晋江市委会有 8 个支部、4 个工委会、会员 300 人。其中，经济界人士 226 人，占会员总数的 75.33%；具有中、高级职称 63 人，占会员总数的 21%；担任各级人大代表、政协委员 33 人，占会员总数的 11%；副科级以上干部 15 人，占会员总数的 5%。

【参政议政】 2022 年，民建晋江市委会在原有以市委会、支部为单位的调研课题组机制基础上，增加民建界别政协委员和市委委员以上承包调研课题工作制度。做好会内人大代表的议案建议、政协集体提案和委员个人提案工作，在晋江市级两会递交建议、提案 34 件，其中集体提案 14 篇（含大会发言）、个人提案 16 篇、个人建议 5 篇，被立案 25 篇。其中，会员宋泽警代表民建晋江市委在晋江市第十四届二次政协大会上作题为《关于打造晋江海洋科技产业园的建议》的发言。会员叶丽华撰写的《关于深化晋江国企改革，提升服务大城市建设和经济社会发展作用的建议》入选大会发言汇编。

【民主监督】 2022 年，民建晋江市委会以出席行风评议征求意见座谈会、政府组成各部门绩效评估、社会公共测评会工作及座谈会、参加视察工作会及调研考察活动等形式开展民主监督。1月，在晋江市“养老服务体系建设”调研协商座谈会上，主委庄伏龙代表市委会作调研成果交流发言。5月，青工委主任柳飞杨在晋江召开的“汇聚侨心侨力侨智，服务海丝名城建设”专题调研座谈会上作交流发言。9月，参加中共晋江市委统战部组织的市各民主党派前往英林镇、金井镇、深沪镇联合开展晋江市乡村振兴工作专题调研活动，形成调研报告《让乡村振兴插上文旅的翅膀》。10月，副主委张榕参加晋江市政协开展“推进海洋生态环境保护修复，加快建设蓝色海湾”及“加强全市饮用水源地保护，构建安全饮用水水源监管机制”视察活动；支部主委张文钲在中共晋江市委与市政协召开的“加快工业园区标准化建设，推进产业高质量发展”专题协商会议上，作题为《关于加强工业园区融资服务的建议》的重点发言。11月，在晋江市第十四届政协常委会第二次会议上，叶丽华代表市委会作题为《关于常态化创建晋江文明城市过程中老旧小区改造提升的建议》的重点发言，会员郑剑飞、吴美莉代表各自联络组作现场发言。12月，晋江市召开市政府与市政协专题协商会议，围绕“加快推进产业数字化，赋能实体经济高质量发展”议题开展专题协商，会员吴雷欣、张文钲作题为《关于加快推进中小企业数字化转型的建议》《关于在晋江试点打造福建“数字化”应用县域第一城的建议》的重点发言，会员李玉琴、宋泽警分别代表各自联络组作题为《关于推动制造业加快数字化普及应用的建议》《关于加快推进中小企业数字化转型的建议》的重点发言。

【社会服务】 2022年春节期间，民建晋江市委会晋江城区第四支部走访慰问梅岭街道沟头社区、赤西社区困难群众；民建晋江会员企业劲霸集团认捐价值100万元的冬衣。3月，劲霸集团出资2亿元全资捐建英林中心小学新校区；民建晋江青工委向列东中学捐赠303套运动服及303双运动鞋等物资，慰问西藏班师生。5月，民建晋江城区二支部联合磁灶镇志愿者协会为磁灶辖区敬老院、居家养老服务站老人、环卫工人等送去自制粽子、饮料等物资。“六一”儿童节期间，民建青工委分别前往育德小学、陈埭桂林村厚山幼儿园开展捐资助学及慰问活动；市委会组织城区三支部及青工委走进晋江市育婴院，共同开展“暖童心、献爱心，关爱育婴院”社会服务活动，送上图书等爱心物资及祝福。9月，民建会员洪晓清及谢清裕组建的大小公益基金会携手担当者行动、慈善“1+1+1”爱心志愿者团队向湖格小学捐赠图书角6个，提供书籍420册。11月，会员王冬星在新塘街道开展的“爱在心淌”活动上捐款200万元。12月，主委庄伏龙带队到灵源街道小浯塘社区和张前社区慰问困难群众，送上慰问金；会员王冬星所在企业为晋江青阳教育发展基金会捐赠1000万元，会员吕清建捐赠100万元；会员蔡坤普在晋江一中建校70周年办学成果展暨捐赠仪式上捐款50万元。

【调查研究】 2022年，民建晋江市委会牵头组织政协民建界别委员及会员政协委员、人大代表开展“庆祝二十大 同心跟党走”主题调研活动。青工委开展会员企业走访调研活动，走访民建会员企业——嘉利玩具、海纳机械、兴业皮革、诺特科技、美味强食品。城区第二支部与安海第三支部前往利郎时尚文创园、安海镇溪边自然村等地开展联合调研活动，城区第四支部与安海第一支部开展乡村振兴联合调研活动等。7月15日，民建中央联络部部长汪阳一行到晋江开展调研活动，先后走访考察盼盼食品有限公司和金冠（中国）食品有限公司。

【思想建设】 2022年，民建晋江市委会先后推荐骨干会员、机关干部到各级社会主义学院、民建上级组织、晋江市政协、中共晋江市委统战部等单位参加政治理论学习与业务培训33人次。开展“矢志不渝跟党走、携手奋进新时代”政治交接主题教育。市委会及各支部分别组织开展政治交接主题教育。5月，城区第二支部联合磁灶镇志愿者协会开展“矢志不渝跟党走、携手奋进新时代”政治交接主题教育暨端午主题爱心活动；6月，民建晋江市委会组织城区第三支部和青工委会员走进晋江市育婴院开展“矢志不渝跟党走、携手奋进新时代”主题教育爱心帮扶活动；城区第四支部与安海第一支部联合前往紫帽镇园坂村、紫星村开展“矢志不渝跟党走、携手奋进新时代”政治交接主题教育之“凝心聚力 联建共进”交流活动；10月，民建晋江市委会组织老会员前往晋江经验馆、晋江非物质文化遗产展示馆，开展“矢志不渝跟党走、携手奋进新时代”政治交接主题教育暨重阳节活动。优化“晋江民建”微信公众号。围绕学习园地、组织建设、参政议政、社会服务、会员风采等板块，发布推文90多篇，通过平台报道会员事迹，开设“同心抗疫”等专题专栏。向《泉州民建》《晋江统战》《晋江政协》等平台报送活动信息60余篇。

【组织建设】 2022年，民建晋江市委会继续实行届内轮值挂钩联系制，加强市委会领导和支部、工委会的联系交流。做好领导班子履职内容登记制。建立健全后备干部数据库，做好人才储备工作和后备干部推荐工作。主委庄伏龙带队走访新入会员单位；带队前往池峰路南延片区改造项目指挥部、梅岭中片区项目指挥部及陈埭镇桂林村，走访慰问参与项目工作的民建会员。城区第二支部与磁灶镇志愿者协会结对共建，开展座谈会等系列共建活动；青工委与三明列东中学委员会订立共建协议等。组织会员参加“喜迎二十大 共绘同心圆”主题党日暨军地结对共建活动，《新时代统一战线事业发展的根本指针——中央统战工作会议精神解读》专题讲座，“喜迎二十大 同心谱新篇”暨庆祝中华人民共和国成立73周年图片展和书画展，以“感悟生活·共同成长”为主题的“统战大讲堂”活动等。组织会员代表参加民建泉州市委会举办的“喜庆二十大 同心向未来”书画摄影展等系列活动。

（叶钰清）

中国民主促进会晋江市总支部委员会

【概况】 2022年，中国民主促进会晋江市总支部委员会（简称“民进晋江市总支部”）有财经支部、文化支部、综合支部、教育支部4个支部；会员83人，其中财经支部17人、文化支部14人、综合支部25人、教育支部27人。会员中有泉州市人大代表1人，晋江市人大代表2人（其中市人大常委1人），泉州市政协委员2人，晋江市政协委员8人（其中市政协常委3人）。

【参政议政】 2022年两会期间，民进晋江市总支部收到会员提交的意见建议43篇；提交人大、政协建议提案22篇，其中人大建议3篇、集体提案9篇、个人提案10篇，转社情民意15条。配合民进福建省委会做好《关于优化提升我省营商环境的建议》专题协商调研课题，向民进省委会、泉州市委会提交集体提案5篇。

【民主监督】 2022年，民进晋江市总支部组织会员围绕晋江市经济发展、文化教育、居民生活、社区建设、精神文明建设等方面调查研究，建言献策。多次参与中共晋江市委、市政府、市政协等组织举行的各项会议，听取报告，发表意见。参与市委统战部召开的宣讲会、座谈会、专题讲座、专题调研13次，总支部开展课题走访调研工作8次、专题调研讨论会3次。

【社会服务】 2022年1月，民进晋江市总支部携手晋江市人大代表永和镇活动组、晋江市第三实验幼儿园、晋江市永和镇中心幼儿园共同举行“情系教育 传递书香”主题研讨活动和图书捐赠仪式，组织民进会员走进晋江市永和镇玉溪小学，推进基层基础教育教学帮扶活动，打造党派社会服务帮扶品牌。民进晋江市总支部向永和镇玉溪小学捐赠图书款1万元，晋江市人大代表永和镇活动组向永和镇玉溪小学捐赠图书款2万元。

2022年10月31日，民进晋江总支部到会员企业晋江市长江服装织造有限公司开展专题调研 （图/民进晋江市总支部）

【调查研究】 2022年，民进晋江市总支部走访季延中学、英林中学、实验幼儿园、凤竹小学、玉溪小学等学校。2月，组织开展调研新零售动态策展商业模式活动，参观安踏集团首家数字化智慧运动综合体——982安踏创动空间。召开文化专题恳谈会，畅谈“晋江经验”的文化表达。6月，组织调研“加快工业园区标准建设，推进高质量发展”主题，走访三斯达园区标准化建设项目。10月，到深沪镇参观晋江市长江服装织造有限公司、晋江市浔兴工业园、晋江万兴隆染织实业有限公司开展专题调研助力企业发展。

（吴燕洋）

中国农工民主党晋江市委员会

【概况】 2022年，中国农工民主党晋江市委员会（简称“农工党晋江市委会”）开展“矢志不渝跟党走、携手奋进新时代”政治交接主题教育，在政治协商、参政议政、民主监督职能等方面履职尽责。截至2022年底，农工党晋江市委会有党员284人，其中男160人、女124人，高级职称81人、中级职称67人。设市直第一支部、市直第二支部、市直第三支部、罗山支部、陈埭支部、安海支部、金井毓英中学支部、金井医院支部8个支部。

【参政议政】 2022年两会期间，农工党晋江市委会向市政协大会报送大会发言8篇；提交建议、提案18篇，其中人大代表个人建议2篇、政协集体提案10篇、政协委员个人提案6篇。所提交的建议、提案内容涵盖产教融合、乡村振兴、生育服务、经济发展、养老服务、职业教育等方面。在政协大会发言环节，委员施熙执笔的关于《加快建设县级CIM平台 提升新型智慧城市品质》的发言获市长王明元批示。由市委会副主委、政协常委王琦宏执笔的《关于加大我市中医药资源的发掘和保护的建议》作为大会发言交流材料印发。全年向农工党泉州市委会、晋江市政协、中共晋江市委统战部投稿社情民意信息 36 篇次。农工党晋江市委会在政协第十四届晋江市委员会第一次会议上提出的《关于完善公共卫生应急管理体系的建议》被晋江市政协选为 2022 年度重点提案。在晋江第十四届政协常委会第二次会议上，王琦宏执笔的《关于进一步提升我市公共卫生应急管理体系的建议》作大会发言。

【民主监督】 2022 年，农工党晋江市委会动员党员参加中共晋江市委、市政府、镇(街道)及有关部门举行的协商会、座谈会和情况通报会等，就经济社会发展、生态环境保护、民生问题等提出意见和建议。副主委张军伟被晋江市人大常委会聘请为内务司法委员会兼职委员。截至 2022 年底，农工党晋江市委会有 36 人次担任各项重要社会职务。

【社会服务】 2022 年，农工党晋江市委会结合 5 月 31 日“世界无烟日”与 6 月 5 日“世界环境日”，围绕“共建清洁美丽世界，创造无烟健康环境”主题，与晋江市爱卫办、晋江市疾控中心联合在罗山中学开展“农工党晋江市委会 2022 年环境与健康宣传周活动”，通过发放宣传资料、召开主题讲座、张贴宣传海报等形式，在校园开展健康科普宣传。金井医院支部延续 “同心图书室”活动，为毓英中心小学图书柜添置新书。陈埭支部组织医疗卫生系统志愿服务队，联合晋江市陈埭中心卫生院开展 “敬老月”义诊宣传活动。

【调查研究】 2022 年，农工党晋江市委会完成《初探民族乡村振兴的新作为之加快发展生态循环农业》等 6 篇调研报告。罗山支部主委朱连生代表农工党晋江市委会参加晋江市委统战部组织开展的晋江市乡村振兴工作专题调研活动。

【组织建设】 2022 年，农工党晋江市委会先后推荐党员参加农工党上级组织、晋江市政协、中共晋江市委统战部等组织的政治理论学习与业务培训 20 余人次。开展“矢志不渝跟党走、携手奋进新时代”政治交接主题教育系列活动。年初召开“矢志不渝跟党走、携手奋进新时代”政治交接主题教育部署会。在磁灶深坧敬老院开展“矢志不渝跟党走、携手奋进新时代”政治交接主题暨“同心健康行”义诊志愿服务活动。通过微信公众号等渠道，做好宣传引导工作。全年发展新党员 9 人，其中本科学历 6 人、研究生学历 1 人。

(洪小玉)

中国致公党晋江市委员会

【概况】 2022 年，中国致公党晋江市委员会(简称“致公党晋江市委会”)有青阳支部、梅岭支部、西园支部、安海第一支部、安海第二支部和晋南支部 6 个直属支部。新发展党员 8 人，平均年龄 40 岁，大部分为本科及以上学历。截至 2022 年底，有党员 204 人。其中，泉州市人大代表 2 人、泉州市政协委员 1 人，晋江市人大代表 3 人(市人大常委 1 人)、晋江市政协委员 11 人(政协常委 3 人)，永春县人大代表 1 人。致公党晋江市委会、致公党晋江市委会梅岭支部分别被致公党泉州市委会授予“矢志不渝跟党走、携手奋进新时代”政治交接主题教育先进集体。

2022 年，安海第一支部依托党员企业豪田瓷砖公司设立安海第一支部“党员之家”，省委会专职副主委吴棉国等人为“党员之家”揭牌。至年底，有西园、青阳、安海第一支部 3 个支部设立“党员之家”，其中西园支部“党员之家”被评为省级“党员之家”。颜虹获评致公党福建省委会 2017—2022 年度优秀党员，张谋养、陈芳获评致公党福建省委会 2017—2022 年度优秀党务工作者，施栋梁获评致公党福建省委会 2017—2022 年度参政议政先进个人，蔡庆荣、陈雁静等 6 人获评致公党泉州市委会“矢志不渝跟党走、携手奋进新时代”政治交接主题教育先进个人。

【参政议政】 2022 年，致公党晋江市委会在晋江市第十八届人民代表大会第二次会议和政协第十四届晋江市委员会第二次会议上，提交政协集体提案 10 件、委员个人提案 18 件、人大建议案 2 件。内容涵盖高质量发展、社会治理、乡村振兴、民生福祉、统战侨务等方面。在大会发言环节，副主委、晋江市政协常委张谋养代表致公党晋江市委会作题为《关于发挥乡贤作用助推乡村全面振兴的建议》的发言，副主委陈芳代表西滨联络组作题为《关于发挥社工专业人才作用助力“党建＋”邻里中心创新基层治理的建议》的发言，《关于加快我市基层治理信息化协同提升网格化治理效能的建议》《关于继续打好新时代“侨牌”助推我市经济社会发展的建议》《关于传承弘扬“晋江经验”，推动传统产业数智升级的建议》等作为大会发言交流材料印发。全年反映社情民意近 30 条。其中洪金象和蔡庆荣提出的《关于加强法律服务机构监管和市场整治的建议》被致公党福建省委会采用。

【民主监督】 2022 年，致公党晋江市委会参加市政协关于开展宗教场所“四进”工作情况视察活动，参加晋江市政协 “加快工业园区标准化建设，推进产业高质量发展”“加快推进产业数字化，赋能实体经济高质量发展”专题协商视察活动，参加“关于加快老旧小区改造更新、推进城市有机更新的建议”2 号重点提案视察活动，参加围绕“发挥侨力资源优势，助推构建双循环新平台” 的协商活动等。参与市人大、市政协议案提案审议意见落实情况跟踪检查，参加市人大、政协常委会会议等。参加晋江市政府工作报告征求意见会和中共晋江市委、市政府民主生活会征求意见会等，在各种督办、协商视察活动以及征求意见会中建言献策。

【社会服务】 2022年，致公党晋江市委会及各支部走访慰问各镇（街道）特困归侨、侨眷22户。参与"文明城市""文明单位""平安单位""平安城市"等创建工作。参加中共晋江市委统战部"海西春雨行动"慰问困难群众活动。1月，西园支部携手晋爱志愿服务队开展"爱心腊八粥，共筑同心圆"活动，为环卫工、独居老人、敬老院老人赠送爱心早餐600份。6月，在"六一"国际儿童节之际，安海第一支部到内坑镇三民中心小学特辅班开展慰问活动，送上慰问金和礼品。

【调查研究】 2022年，致公党晋江市委会向致公党泉州市委会、中共晋江市委统战部提交调研课题17篇。其中，《扩大海丝名城影响力做好文化遗产保护与活化的新思考》和《数字赋能政务公开推动政务数据融合服务》被列为致公党泉州市委会重点调研课题，《加快完善网格化治理体系，推进市域社会治理现代化》《加强渔港生态保护，深化海洋城市发展》等12篇被致公党泉州市委会采用。

【思想建设】 2022年，致公党晋江市委会开展学习宣传贯彻中共二十大精神活动和"矢志不渝跟党走、携手奋进新时代"政治交接主题教育。参加由中共晋江市委统战部主办的"喜迎二十大 同心谱新篇"暨"晋江经验"20周年照片展、书画展活动，参加"献礼二十大 同心谱新篇"暨庆祝中华人民共和国成立73周年图片展，党员吴姝娉、王雅君、王天准参加"喜迎二十大 共绘同心圆"致公党福建省委会书画作品展，吴姝娉参加"学思践悟二十大精神 传承弘扬晋江经验"致公党泉州市建设系统基层委员会书画文学作品展和"喜迎二十大奋进新时代"暨庆祝中华人民共和国成立73周年书画展。组织收看中共二十大开幕会。各支部结合实际开展学习宣传贯彻中共二十大精神主题活动和政治交接主题教育。

【联络联谊】 2022年，致公党晋江市委会接待致公党泉州市委会、致公党惠安县委会、致公党广东省中山市委会、致公党厦门市委会等省内外致公组织到晋江市考察交流50人次。3月，致公党泉州市委会专职副主委陈东华带队赴晋江开展"走基层，助发展"调研活动。联合致公党泉州市委会、致公党惠安县委会举办"致公一家亲，共结惠女情"喜迎"三八"国际妇女节，学习"惠女精神"调研主题活动。7月14日，致公党泉州市委会、致公党晋江市委会、致公党泉州经济资源委员会、致公党泉州法治建设委员会联合在晋江开展"传承晋江经验，建言民企发展"调研座谈；致公党泉州市委会经济委、法制委调研党员企业豪田瓷砖，围绕创建"书香支部"以及参政议政工作进行座谈。8月，致公党广东省中山市委会主委庾江碧带领调研组到晋江开展"以侨文化赋能城市建设 打造湾区人文地标城市"的课题调研。9月，致公党厦门市委副主委关琰珠、李瑞盛带领"挖掘'五缘'优势，打造'魅力五缘'文旅品牌"课题组一行，到晋江开展交流调研闽台文旅融合发展及文化遗产保护相关工作。11月，接待致公党重庆市渝北区副主委杨玉仁等。

2022年，致公党晋江市委会深化海外联谊工作。7月，接待菲律宾中国洪门致公党东棉省支部执行副主席蔡佳亨、副主席张毅、秘书长柯佳成、总务主任施养群等一行8人。9月，参加菲律宾中国洪门致公党中吕宋支部在线上举行的第二十一连二十二届职员就职典礼。10月，参加菲律宾中国洪门致公党第一支部在线上举行的成立三十七周年纪念庆典暨第三十六届连三十七届职员就职典礼，并分别发去贺电。

（黄辉雅）

2022年10月16日，致公党晋江市委会组织召开"喜迎二十大"开幕式集中收看暨致公党晋江市委会八届8次全委（扩大）会 （图/致公党晋江市委会）

九三学社晋江支社

【概况】 2022年，九三学社晋江支社发展新社员5名，新入社员学历均为本科以上，其中博士研究生学历2人、硕士研究生学历1人；平均年龄35岁以下。年底，有社员78人。其中，高级职称40人，占社员总数的51.3%；硕士研究生学历12人、博士研究生学历3人，占社员总数的19.2%；有泉州市人大代表、泉州市政协委员各1人，晋江市政协委员6人，占社员总数的10.3%；泉州高层次人才5人。主委林水龙获评2022年度全省宣传思想工作先进个人，委员张镇东获评泉州市政协2022年度履职优秀委员，王俊宇、张镇东参加2021年社中央党史知识竞赛分别获一等奖、三等奖，陈海默获2021年福建省医学科技奖三等奖，陈永往获福建电力优秀科技工作者奖。

【参政议政】 2022年，九三学社晋江支社在晋江市政协会议上，提交集体提案25件、委员提案21件、大会发言2件。内容涵盖经济高质量发展、城市规划、乡村振兴、生态环境、文旅融合等方面。跟进督办，反馈建议，协调解决问题，推进提案办理落实。

【民主监督】 2022年，九三学社晋江支社领导及社内人大代表、政协委员参加"加快工业园区标准化建设，推进产业高质量发展""加快推进产业数字化，赋能实体经济高质量发展""养老服务体系建设"等政党协商活动。参加晋江市2023年政府工作报告征求意见会，中共晋江市委、市政府民主生活会征求意见会等，在各种督办、协商视察活动与征求意见会中建言。

【调查研究】 2022年，九三学社晋江支社召开调研工作专题会议，研究社情、筛选课题，开展调研活动2场。主委林水龙《推进医养康养结合的养老服务体系建设》、委员张镇东《加快完善实际出资人股东权益保障立法，支持民营经济发展》被九三学社省委会选为调研课题。支社社员参加各级协商会、视察、督办会等6场，形成重点调研文章3篇。根据《晋江市2022年政党协商（会议协商）计划》，围绕乡村振兴开展调研，副主委陈渊柏、社员许泽润作为联合调研组成员参加专项调研活动。

【思想建设】 2022年，九三学社晋江支社举办座谈会以及组织参加征文、摄影作品、专题讲座宣讲、书画展等活动7场次。开展学习交流活动近10场次，参加的社员近200人次。组织九三学社界别政协委员参加晋江市政协在福建省政协委员培训中心开展的2022年度市政协委员履职专题培训班。组织新社员及骨干参加九三学社泉州市委会2022年暑期读书班。副主委陈渊柏，委员乔丽梦、王森泓参加泉州市委统战部第19期党外干部培训班。6月，九三学社泉州市委主委徐莉、专职副主委赖兵莲一行到九三学社晋江支社开展"矢志不渝跟党走、携手奋进新时代"政治交接主题教育学习座谈。

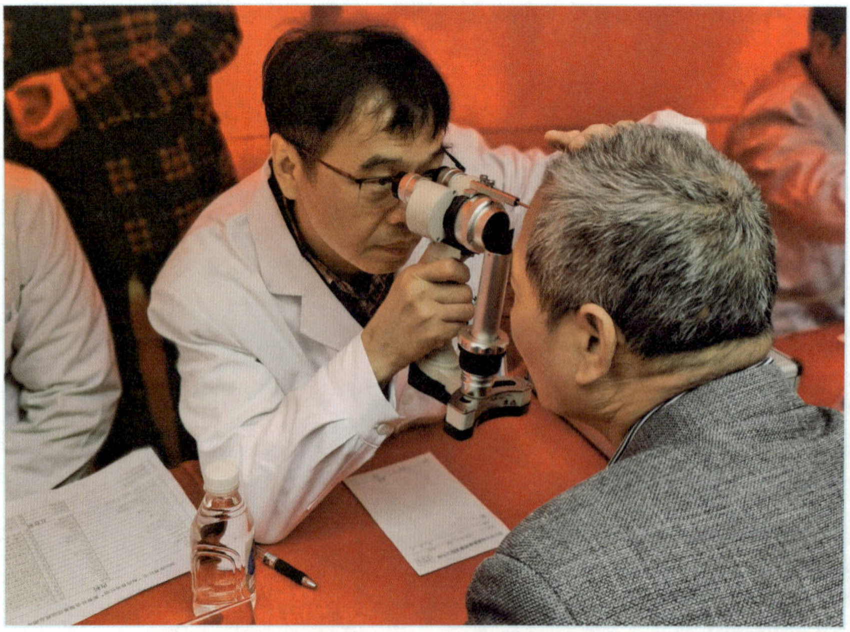

2022年9月27日，九三学社晋江支社主委林水龙（左一）下乡义诊

（图/九三学社晋江支社）

【社会服务】 2022年，九三学社晋江支社参加"海西春雨行动"750人次、"下乡义诊活动"300人次，慰问群众2人次。春节前，组织开展新春送温暖慰问活动，看望慰问老社员。做好社员日常生病住院探望慰问、去世时上门吊唁等。开展尊老敬老重阳节活动，通过参观照片展、书画展、召开老社员座谈会等形式亲切慰问老社员17人次。

（苏芙蓉）

台湾民主自治同盟晋江市支部委员会

【概况】 2022年，台湾民主自治同盟晋江市支部委员会（简称"台盟晋江市支部"）有盟员42人。其中，中级以上职称13人，各级政协委员4人、人大代表2人。

【参政议政】 2022年，台盟晋江市支部在晋江市政协第十四届二次会议上，提交集体及委员个人提案8篇，获立案8篇。提交台盟福建省委会调研课题"关于完善我市城市基础设施及防洪排涝建设的建议"、提交台盟泉州市委会调研课题"关于提升我市养老服务制度体系建设的建议""深化泉台宗教文化交流，助推两岸民间融合发展""落实'双减'政策，规范校外培训"，提交中共晋江市委统战部调研文章《壮大农村集体经济，引领乡村振兴》《当前商会组织发展面临的问题与对策建议》。

【民主监督】 2022年，台盟晋江市支部参加晋江市政协组织的宗教场所"四进"工作情况视察监督活动、《加快工业园区标准化建设，推进产业高质量发展》专题协商会议。支部定期开展社情民意征集工作，反映社情民意8条，其中报泉州台盟4条、报晋江市政协4条。

【社会服务】 2022年，台盟晋江市支部参加中共晋江市委统战部组织的

2022 年 7 月 9 日，台盟晋江市支部组织盟员开展“矢志不渝跟党走、携手奋进新时代”主题教育 （图/台盟晋江市支部）

晋江市党外人士新春座谈会暨海西春雨慰问活动、“喜迎二十大 共绘同心圆” 主题党日暨军地结对共建活动，“喜迎二十大 同心谱新篇” 暨庆祝中华人民共和国成立 73 周年图片展及书画展。

【调查研究】 2022 年，台盟晋江市支部分别成立调研课题组，组织开展调查研究 10 次，参加调研 32 人次。组织盟员前往安海鸿江盆景园开展妇女节活动，现场学习制作盆栽，开展晋江市盆景科普教育与中小学研学劳动实践调研活动，推广和传承盆景技艺和盆景文化。

【思想建设】 2022 年，台盟晋江市支部组织收听收看中共二十大实况和相关新闻报道，开展中共二十大精神学习宣传贯彻活动。组织盟员前往金井围头开展“矢志不渝跟党走、携手奋进新时代”主题教育。参观战地党支部旧址毓秀楼，瞻仰安业民烈士纪念碑，参观战争与和平展馆。

【对台工作】 2022 年，晋江市人大常委会副主任、台盟晋江市支部主委洪元程受邀为晋江市晋台民间交流协会第三届理监事会就对台相关政策进行解读。组织支部盟员走访台胞企业，并与部分在晋青年台胞开展羽毛球交流活动。

（苏婷婷）

晋江市工商业联合会

【概况】 2022 年，晋江市工商业联合会（总商会）（简称“晋江市工商联”）所属商（协）会 69 个。其中，镇、街道、开发区商会 20 个，内地其他地区 25 个，晋江异地商会 6 个，国外商会、中国台湾商会、香港商会、澳门商会各 1 个，行业协会 14 个。会员企业 6.3 万家。境内外注册地在晋江的异地商会 34 个。2022 年，晋江市工商联连续第九年获评全国“五好”县级工商联。

【商（协）会组织建设】 2022 年 2 月 10 日，晋江市工商联（总商会）完成换届。407 名执委中，30 周岁以下占比 4.7%，30—45 周岁占比 42.8%，46—50 周岁占比 45.4%；28 人担任各级人大代表、政协委员或上级工商联班子成员。上半年同步推进池店镇、新塘街道 2 个镇级商会换届。推进民营经济领域党的建设，成立 1 个镇级商会党委、19 个商会党支部、4 个协会党支部，实现基层商（协）会党的组织和党的工作全覆盖。培育安海商会“政商互动党建助推”、南京晋江商会“红色联盟”、昆明晋江商会“一带一路”党员服务岗、晋江温州商会党员创客空间等 12 个特色党建品牌。福州晋江商会、郑州晋江商会、昆明福建晋江商会等 3 家异地商会获评全国“四好”商会，温州晋江商会获评福建省“四好”商会。至年底，晋江市推动成立的异地晋江商会有 25 个，注册地、办公地在晋江的异地商会有 34 个，有福建省、泉州市两级异地商会会员企业 2500 多家。

【助企纾困】 2022 年，晋江市工商联与民营企业家共同商讨推进复工复产复商，恢复生产经营秩序。将“再学习、再调研、再落实”“进千企、走千商、访千才”和“万名党员进万企”行动相结合，组建工作专班，先后深入近 50 个商（协）会、230 多家民营企业开展调研，“面对面” 为民营企业家解读惠企纾困政策。设立晋江市工商联、镇（街道）商会复工复产咨询服务热线，帮助化解企业服务诉求，协调相关职能部门上门为企业开展“一对一、面对面”业务指导，指导复工复产复商业务，协调解决企业生产资料短缺、物流不畅等实际困难，向相关市领导汇报在调研过程中商（协）会、民营企业反映的技术人员赴国外进行设备调试护照签批、天然气价格大幅攀升、鞋服海外订单减少等问题，提请中共晋江市委、市政府报告。

【政企互动】 2022 年，晋江市工商联定期召开“党政商”恳谈会，以“企业点题、党政答作”为抓手，汇聚党政商企四方力量，破解发展难题；镇（街道）商会与地方党委、政府建立联席会议制度；印制 1 万多本惠企政策读本进企宣传，邀请工信、商务、税务、发改、住建、科技、银行等部门走入企业，面对面解读政策，指导业务。制定市领导挂钩联系非公有制经济人士制度，深入调查研究，了解愿望诉求，推动问题解决。组织各镇（街道）商会参加晋江市委、市政府 2022 年上半年工作通报会，组织召开晋江市企业家座谈会，听取企业家的意见建议；扩大政企互动范围，推广安海镇、经济开发区每季度召开“党政＋商会”联席会议制度，将“政企互动”从市级延伸到镇(街道)及各职能部门。研究制定《晋江市党政领导与企业家恳谈会制度（试行）》《晋江市非公有制企业诉求受理处置反馈工作机制（试行)》，健全政企互动机制。

【招商引资服务】 2022年，晋江市工商联将帮扶惠企政策梳理成《晋江市经济发展鼓励扶持政策汇编》，印发到各商(协)会和民营企业。宣传推介晋江投资环境，晋江市工商联党组成员指导参与带队赴各大城市开展招商；派出专门人员常驻北京、上海等大城市专司招商工作，召开异地商会会长座谈会招商。根据商会、企业要求，牵头协同相关职能部门上门开展政策宣传和业务指导。

【民营经济服务】 2022年，晋江市工商联建议、协助晋江市委、市政府打造公共平台，通过实施双轮驱动和人才强市战略，引进认定高层次人才145人，引进入驻“国字号”的科研平台2家[海西纺织新材料工业技术晋江研究院、华为(晋江)工业互联网云孵化中心]、院士工作站1家［中国皮革和制鞋工业研究院（晋江)有限公司]。开展非公有制企业职称评审活动，全年职称人才送审材料86份，其中高级职称29份、中级职称6份、初级职称51份。实施“领航计划”培训3期，参加青年企业家99人次。实施“启航计划”，由晋江市工商联联合6个产业重镇和有关部门，依托投石智库实施，重点培育“80后”中青年企业家，举办培训5期，参加130人次。配合相关部门推动实施“专精特新”企业培育工作，全年培育“专精特新”企业3家。深化工商联与检察机关沟通联系机制，联合18个市直部门推进民营企业合规建设服务，帮助劲霸公司、卡尔美等4家企业开展合规“体检”；帮助涉案企业开展整改工作，在实际操作中从源头上确保合规。与晋江市人民法院探索创新法商“联调·联动·联防·联执”诉源治理工作模式，推动商事纠纷多元调解，谋划推进民营企业知识产权协同保护联盟成立。为12家企业协调案件14起。联合政法部门开办预防企业职务犯罪培训班3期，覆盖全市20个镇(街道)、开发区商会及驻晋异地商会256名高管和财务人员。引导推动民营企业参与“一带一路”经贸交流合作，组织会员企业参加2022年深圳国际体育博览会、第六届中国国际进口博览会、第九届闽台(泉州)食品交易会、中国(广州)国际建筑装饰博览会等；组织商(协)会和会员企业互相开展对标学习活动，借鉴先进企业在技术创新、精益管理、人才引进等方面的经验做法。

【回归工程】 2022年，晋江市工商联配合晋江市委、市政府赴北京、上海、广州、深圳等发达城市开展招商引才活动，派出兼职副秘书长常驻北京、上海开展招商活动。组织召开异地商会会长座谈会以及注册地在晋江的异地商会座谈会，推介晋江投资环境、投资政策及惠企措施。在北京举办招商活动78次，对接项目155个，其中签约落地项目9个、重点在谈项目86个，签署意向协议项目12个(与央企、国企签署重大战略合作意向协议5个)，有46个项目转为储备项目，总投资760亿元。

2022年初，晋江市工商联联合晋江市人社局、晋江人力资本公司赴云南开展劳务协作活动，跨省开展招工引才活动。开展4场现场招聘会，向求职者推介晋江城市、推荐晋江企业就业以及人才政策893人次；召开座谈会3场，现场对接求职者5865人次；走访对接人力资源机构9家，签约劳务协作协议5份。深耕人才“港湾计划”，宣传晋江市《关于集聚高校毕业生来(留)晋创业就业的若干措施》，与晋江市税务局开展“春雨润苗——助力大学生就业创业”活动，引导民营企业面向高校毕业生开展招聘，为进入民营企业的高校毕业生开展职称评聘、权益维护等方面提供帮助。

【异地商会走访交流】 2022年，晋江市委、市政府领导带头联系走访在外闽籍知名人士，市领导利用参加外省(市)活动的机会走访调研所在地晋江商会。开展珠港澳三地交流、“迎新春、送百福”等活动。邀请异地晋江商会代表到晋江开展回乡行活动，召开商会工作座谈会促进商会与家乡的交流合作，推动跨区域经济文化交流合作。2022年，由异地商会提供招商信息80余条，促成落户重点项目3个。

(赖钧源)

晋江市总工会

【概况】 2022年，晋江市有8349个基层工会，其中“全国模范职工之家”13个，“福建省模范职工之家”36个，“泉州市模范职工之家”79个；覆盖企业9540家，工会会员50万余人。获“全国五一劳动奖状”单位1个、获“福建省五一劳动奖状”单位1个，获评“福建省工人（五一）先锋号”车间（班组、中心）4个，获“福建省五一劳动奖章”5人。

【职工技能提升】 2022年，晋江市总工会推进产业工人队伍建设改革。建成4家民营企业产业工人队伍建设改革示范点，示范带动35家民营企业参与产业工人队伍建设改革。开展产业工人技能培训223期，参加2.83万人次，取得技能等级提升办证6104人。完成1652对的师徒结对。开展职工经济技术创新活动。征集560个职工创新项目参加福建省“五小”创新大赛，获一等奖12项、二等奖26项、三等奖101项。征集职工发明创新成果参加国际（德国、韩国）和中国发明展，获金奖3个、银奖4个、铜奖3个，中国发明协会二等奖1个。申报4家劳模创新工作室、4家工匠工作室，扶持5个示范性工匠型班组建设。新增华侨职校、安塔机械等2家泉州市产业工人培训基地，泉州轻工职业学院申报为福建省工匠学院。实施建功新时代主力军行动。开展“建功‘十四五’、奋进新征程”主题劳动竞赛活动，开展职工职业技能竞赛活动862场次，有4名职工获“泉州市五一劳动奖章”和泉州市技术能手称号、8名职工获“泉州市金牌工人”称号，18名职工获“晋江市五一劳动奖章”和晋江市技术能手称号。

【职工教育培训】 2022年，晋江市总工会开展“职工大学习”活动41场次，惠及职工2000余人次。开展“强国复兴有我”主题宣讲活动，组建劳模（工匠）宣讲团进基层宣讲19场次。围绕“喜迎二十大 奋进新征程”主线，组织开展“永远跟党走”群众性主题宣传教育活动。在微信公众号上发布252期594条推文宣传，在中工网、《福建工会通讯》、《泉州工人》等刊发消息33条。培育9家晋江市本级职工书屋示范点，集成伞业、晋江人力资本有限公司、向兴集团3家职工书屋获评泉州市第十一批泉州市职工书屋示范点。在主流媒体和市总工会微信公众号开设“致敬劳动者”专栏，举办以“二十大二十年二十人”为主题的晋江产业工人先进典型宣传活动。

【职工权益维护】 2022年，晋江市总工会与晋江人社局、工商联等部门联合召开三方协商会议，将规范劳动用工秩序、维护职工稳定等议题列入会议议案。突出行业性、区域性集体协商，推动用人单位和相应工会组织开展协商。组织开展要约行动，基层工会签订集体合同7500多份。深化创新以职代会为主要形式的民主管理工作，培育凤竹、福源、好彩头、喜多多、远祥等职代会典型示范点，扩大非公有制企业职代会的覆盖面。接待职工信访98起，其中涉及欠薪60起、劳动合同纠纷5起，涉及职工127人，涉及欠薪金额183.25万元，帮助职工追回欠薪34.56万元。签约律师事务所，接到电话及现场咨询135个，代理案件24件。深化“园区枫桥”机制。经济开发区职工法律服务一体化基地接访调处劳动纠纷395起，涉及职工1259人次，涉及金额1486.61万元，处理工伤认定申请25人。配合市相关部门开展尘肺病防治攻坚行动用人单位联合检查活动；开展2022年工会系统“安全生产月”活动，在3523家企业中开展“安康杯”竞赛，参赛职工36.93万人次，“一法三卡”（事故隐患和职业危害监控法，安全检查提示卡、有毒有害化学物质信息卡、危险源点警示卡）参赛企业3362家，参赛班组7402个。开展高温天气防暑降温和劳动保护工作专项检查，做好户外作业及高温一线职工防暑降温慰问活动，工会系统筹集慰问资金及实物折合154万元，其中本级筹集30万元，走访慰问25家企业工程建设工地，惠及职工6万多人次。联合晋江邮政、电信分公司营业网点改造设立35个职工爱心驿站。

【职工帮扶服务】 2022年，晋江市总工会联合相关部门发起“爱心接力同心抗疫”新晋江人关爱行动，拨出1000万元专款。联合市文旅集团打造“爱晋江·工享美好”主题活动，向全市工会会员发放1000万元消费券。慰问职工2188人，发放慰问金174.8万元。组织308个机关事业单位和772个企业单位16.74万人次参加职工医疗互助活动，313家单位25944人次参加女职工特病活动，为2846人次发放693万元补助金。走访慰问全市非公有制企业57名单亲困难女职工，发放慰问金5.7万元。举办课后服务关爱行动4场，慰问参加课后服务教职工299人。走访慰问9所外来工子弟学校，为3380名外来工子女送去关爱礼包。开展“金秋助学”活动，为51名困难职工子女发放助学金23.7万元。春节期间，开展“留晋过年”泉州晋江过年一日游、“欢乐留泉”年夜饭活动，全市18家企业参与活动，发放补助金6.9万元；开展“幸福返泉”交通费补助活动，发放补助金335187.5元。对2022年新成立工会组织的新就业形态企业的快递员、网约送餐员等赠送一年保障期的职工医疗互助，为338名新就业形态劳动者办理职工医疗互助，赠送金额16224元。开办暑托班92个、托育班12个，服务2662名职工子女。开展职工疗休养活动50期，1705名职工参加。在梧林传统村落游客中心指导新建“妈妈小屋”。在恒安、久久王、柒牌、兴业皮革等企业开展25场女职工健康讲堂活动，惠及1600多名女职工。开展法律宣传进企业巡讲活动22场次。开通职工心理关爱热线和心理关爱邮箱，为全市1374名职工提供心理测评。在市直各系统开展“快乐工作·健康生活”职工工间操活动，评选出2家市级工间操推广试点单位。

【基层工会组织建设】 2022年，晋江市新组建基层工会884个，组建率82.8%。网上会员新增108282人，位列泉州市各县（市、区）第一。新组建新业态企业工会47个，会员391人。开展非公有制企业工会换届，完善规范工会会员（代表）大会制度，推进工会主席民主选举工作。深化基层工会规范化建设。对市级工建点进行年度考核，根据考核结果调整确定新一年度的市级工建点。13个基层工会获评“泉州市模范职工之家”，8个基层工会小组获评“泉州市模范职工小家”。融入“党建＋”邻里中心建设。找准党工共建的契合点、切入点和着力点，延展工会组织的服务网络和触手，壮大和夯实工会基层工作基础，推动工会元素融入“党建＋”邻里中心，开展前期试点工作，投入36万元，开展活动30余场。创新工会经费审查工作机制。推行经费审查“双随机、一公开”抽查工作机制，自5月30日启动抽查工作，对镇级工会、系统工会及其下属基层工会的规范化建设进行审查审计。晋江市总工会被评为2021年度经审A级规范化建设单位，获福建省县级工会经审工作规范化建设特等奖。

（黄　晖）

共青团晋江市委员会

【概况】 2022年，共青团晋江市委员会（简称“晋江团市委”）围绕组织、引导、服务青年，维护青少年合法权益等四项基本职能，做好共青团的各项工作。获省级表彰青年集体2个、5人。全市有基层团组织2902个，其中团（工）委71个（街道团工委6个、镇团委13个、经济开发区团工委1个、企业团委9个、中学团委21个、市直团工委1个、系统团工委17个、公安局团委1个、社会组织综合团委1个、快递团工委1个）、团总支175个、团支部2656个；有团员42857人，少先队员198076人。

（王思思）

【青少年思想引领】 2022年，晋江团市委策划“晋江共青团”话百年栏目，邀请百名团员干部、百名青商、百名少先队员就建团百年、“晋江经验”20周年谈感悟。拍摄《你好，青年》庆祝建团百年主题宣传片，播放10多万人次。深化新媒体工作室建设，加强团属“微博＋微信＋抖音＋视频号”

2022年10月24日，晋江市快递行业工会联合会成立暨第一次会员代表大会在晋江召开

（图／晋江市总工会）

新媒体矩阵体系的建设管理，晋江共青团微信公众号“粉丝”45万余人，微信公众号综合影响力位列全国基层团组织百强。

（黄希雅）

【青年志愿服务】 2022年，晋江团市委组建村社（网格、小区）志愿者队伍742支，招募注册志愿者11339人，推动志愿服务融入新时代基层治理体系。联合多个部门主办“我们的节日·文化进万家”——晋江市文化科技卫生“三下乡”志愿服务活动暨晋江市红色文艺轻骑兵文化惠民演出，将科技、卫生、文化送到群众身边。开展“弘扬雷锋精神，携手共筑梦想”学雷锋公益主题活动，并成立首个书香分站，打造公益文化活动新阵地。举办“青春心向党 建功新时代”公益微心愿活动。深化文明创建，引导青年志愿者参与小区文明创建、环境整治等志愿服务。

（黄希雅 林琪）

【青年人才工作】 2022年，晋江团市委深化“晋江大学生菁英引航工程”，开展2022年度寒暑假晋江籍大学生“返家乡”社会实践暨“扬帆计划”引才进企活动。征集全市机关企事业单位、科研院所、医院等领域岗位2439个，吸引大学生4183人次投递简历，实习上岗849人，涵盖“双一流”本科生411人，硕、博士生31人，设立大学生实习争创基地21个，参与人数较往年翻番。开展准大学生线下分享会、第五期晋江市准大学生训练营等活动，做好“引凤还巢”及学生志愿填报服务工作。加强农村青年人才培训，联合市农业农村局举办2022年乡村振兴骨干人才暨农村双创培训班。举办晋江市“青耘泉州 夏耘梦想”“冬藏未来”2期直播助农活动。组织柒牌等7家企业赴四川省达州市开展劳务对接活动，组织现场招聘会2场，提供岗位1245个，分发宣传材料1560份，签订劳务框架协议2份，达成求职意向218人。牵头开展晋江“人才杯”系列赛事，做大做优青年人才“朋友圈”。

（黄伊媚）

【青年创新创业】 2022年，晋江团市委以“晋江青商，城市担当”为导向，做好青年企业人才和企业二代的思想引领，先后举办“五四青年座谈会”“青年企业家座谈会”等，组织青年企业家同省、市、县各级领导就推动企业转型升级、人才培育等建言献策。依托晋江青年联合会、晋江青年青商会等群（社）团，举办青联跨界别人才交流、“青商财俊”、“青商大讲堂”等交流培训活动，加快实施青年创新创业行动。做好晋江青年企业家混沌创新班跟踪服务，打磨课程、提升实效，挖掘一批创客、青年创新创业人才，培育一批立足晋江、项目驱动的青年企业家人才队伍，深化企业家素质创新能力提升行动。

（高森源）

【青年成长成才】 2022年，晋江团市委在全国首创晋江“团小警”，通过“背包护校 打击欺凌”，构建“晋江‘团小警’——让校园没有欺凌”的防治校园欺凌工作机制。整合晋江市公安局、教育局、青少年事务社工、高校及青年志愿者多方资源形成合力，开设“85812355”热线，设置信箱，安排心理专家接受咨询。组建“青言青语”宣讲服务队，开展宣讲活动50余场。倡导“小微公益 大爱晋江”理念，打造“暖冬行动”活动品牌，引导青商会员捐款捐物，为困难群体筹集善款物资；深化“爱心格子铺·爱心储蓄所”运作，打造“公益微课堂”品牌项目，加强公益自我造血，定期开展捐资助学、结对帮扶等爱心主题活动，帮扶困难青少年125人次，捐赠爱心善款31.75万元。

（黄希雅）

【青少年校外培训】 2022年，晋江市青少年宫开设公益兴趣班55个项目1062个班次，培训学员1.85万余人次。举办公益活动、主题活动82场次，参与学员5000多人次，参加公益演出活动17场。先后举办晋江市第二十四届中小学生美术书法比赛优秀作品展、晋江市第二十一届中小学生器乐独奏比赛、晋江市第十五届“水保杯”校园歌手大赛等品牌赛事。晋江市青少年活动中心项目前期招标项目全部完工，进入二次装修施工阶段。

（张清江）

【基层团组织建设】 2022年，晋江团市委推进县域共青团基层组织改革，印发《晋江市县域共青团基层组织改革实施方案》。深化基层组织建设，探索党群工作一体化，推动基层团建工作纳入《晋江市民营企业党群工作者岗位竞技项目指标》《2022年度晋江市非公有制企业及党组织电子工作台账》，新建“两新”团组织316个。制定出台《晋江共青团助力“党建＋”邻里中心建设工作实施方案》，承办泉州市共青团系统“党建＋”邻里中心建设工作交流推进会，设置14项“青·进邻里”服务清单，推动团的组织网络在青年身边实现有形化。抓好团员发展工作，优化学校领域团员青年比例，团员发展管理工作被列入福建省团的基层建设工作研讨班经验交流材料。依托“智慧团建”系统，加强基层团组织“三会两制一课”、主题团日等组织生活会制度规范落实。基层团组织“星级创建”达标率88.96%，一星级及以上团员占99.34%。开展团建项目总动员活动，推动基层团组织培育团建工作品牌60个。

（黄伊媚）

【少先队工作】 2022年，晋江团市委线上开展“红领巾爱学习”“百名红领巾谈五四”主题教育，覆盖全市少先队员，线下组建“红领巾巡讲团”进行宣讲，引领少先队员听党话、跟党走。承办泉州市级建队节主题队日活动，组织全市在“六一”儿童节和“10·13”少先队建队纪念日期间开展主题队日活动，覆盖全市各中小学，参加活动18万人次；在全国首创发动全市少先队员到小区物业处打卡，推动构建校内外一体化的“红领巾奖章”；组织开展“携手红领巾 文明共传承”主题实践活动；举办晋江市青少年用英语讲中国故事之晋江故事口语比赛，鼓励青少年宣扬中国文化、晋江精神。举办第二届少先队辅导员职业技能大赛，推荐7人参加泉州市少先队辅导员职业技能大赛，获特等奖1项、二等奖3项、三等奖2项；编印全省首份少先队队刊——《晋江少先队》；建立全省首个县级少先队辅导员培训基地；实行少先队总辅导员竞岗聘任机制，开展2022—2025年度少先队总辅导员竞岗聘任工作；组织开展4场市级主题队课教研活动、18场市级名辅导员工作室队课教研活动。

（曾蓓蓓）

晋江市妇女联合会

【概况】 2022年，晋江市妇女联合会（简称“晋江市妇联”）获评全国妇联宣传舆论阵地建设先进单位，2021年度绩效考评优秀、意识形态绩效考评优秀。全国妇联《中国妇运》《婚姻与家庭》《中国妇女报》及“学习强国”学习平台等专题推广晋江妇联改革成效，获报道1200次。白兰花家庭驿站项目作为泉州唯一入选全国女性社会组织服务家庭类项目征集展示（全省有2个），1户家庭获评全国五好家庭，1户家庭获评福建省五好家庭，3户家庭获评福建省最美家庭，3户家庭入选福建省绿色家庭。截至2022年底，全市有镇级妇联19个和晋江经济开发区妇联1个，村级妇联组织395个，新兴领域妇联组织61个，异地晋江商会妇联18个，“妇女微家”74个。

【基层妇联建设】 2022年，晋江市妇联探索新领域妇联组织、阵地新路径，指导成立福建夜光达科技股份有限公司妇联、滨江商务区开发建设有限公司妇联、晋江鞋都电商城妇女微家等“近邻娘家”。举办晋江市基层妇联“领头雁培训行动计划”暨“我履职我创新·巾帼红在行动”特色项目展评活动，全市各领域18个项目获奖，推动开展“一人一实事”妇联执委项目。连续举办两届“定格幸福瞬间”免费全家福拍摄活动，吸引266户“新晋江人”家庭、征迁家庭参加。

（邱钰婧）

【妇女思想政治引领】 2022年，晋江市妇联开展“巾帼心向党 喜迎二十大”群众性主题宣传活动，在庆祝“三八”国际妇女节112周年之际，举办“百年辉煌”——晋江市女性运动成果主题图片摄影展，展出中华人民共和国成立后晋江市女性运动成果图片112幅。编撰《她风采——“传承晋江经验 巾帼再建新功”》一书，收录20名不同时期不同战线的杰出女性践行晋江经验的拼搏故事。制作《晋江巾帼新五年 2018年—2022年——晋水竞芳 巾帼担当》纪念画册。开展“传承晋江经验 巾帼再建新功”纪念活动、“#传承有我 回忆晋江儿时游戏#”短视频征集、“三八”维权月暨“平安家庭”知识问答等活动，全市各级妇联组织开展纪念活动近百场。开设“巾帼心向党 喜迎二十大”微信专栏，展示基层妇联精品项目23个；组织妇联系统开展中共二十大精神学习宣传活动，召开市妇联执委会传达学习贯彻中共二十大精神，提出贯彻意见；组织全市各级妇联干部学习、领会中共二十大精神，收集微感言100多篇，深入一线开展“巾帼心向党 学习党的二十大”微宣讲活动；依托线上微信订阅号、微信视频号、抖音号和线下白兰花家庭驿站、儿童之家等妇联阵地，组织妇女儿童学习中共二十大精神，引领全市妇女儿童听党话、感党恩、跟党走。做好抖音、微信、微信视频官方号运营，发布103个原创抖音作品，获赞14.3万人次，“粉丝”4.4万人；妇联微信公众号发布1051条信息，“粉丝”2.8万人。

（吴娉婷）

【家庭教育】 2022年，晋江市获评最美家庭90户，推荐全国五好家庭1户，获评福建省五好家庭1户、福建省最美家庭3户、福建省绿色家庭3户。关注新晋家庭教育，联合民政局开发建设“新晋家庭能力促进平台”，联合《晋江经济报》举办“因爱而生 为爱而行”2022年晋江新晋家庭教育主题系列活动，开展产康沙龙分享会、趣味故事会、家庭教育“一法一条例”知识竞答、亲子DIY等活动。健全家庭教育指导服务体系，牵头成立由

2022年7月5日，晋江市基层妇联在泉州（晋江）国际人才港举办“领头雁培训行动计划”开班仪式暨晋江市基层妇联“我履职我创新·巾帼红在行动”特色项目展评活动

（图/晋江市妇联）

21个部门组成的家庭教育工作领导小组，下设晋江市家庭教育指导中心，在5个镇（街道）设立家庭教育指导中心镇级分中心，在晋江市人民检察院、市未成年人关爱中心、市少儿图书馆、市未成年人心理健康辅导站、心理咨询机构等领域设立5个家庭教育驿站。组建家庭教育专家智库、家庭教育骨干讲师、家庭教育辅导师3支队伍，开展家庭教育科学研究、宣传培训、指导服务。举办2022年晋江市家庭教育骨干培训班。举办家庭教育“一法一条例”线上有奖竞答，开展家庭教育微课程作品征集活动，推出“家教共成长”系列融媒直播节目，开展家庭教育大讲堂、家教沙龙等活动40场次。巩固市直机关儿童之家亲子阅读基地建设，全市开展公益亲子阅读、父母指导课堂等16场，服务246对亲子家庭。推荐晋江市第二实验小学、晋江市市直机关儿童之家获评2022年“福建省家庭教育创新实践基地”“福建省亲子阅读体验基地”。

（王婷婷）

【妇女维权】 2022年“三八”维权月期间，晋江市妇联在市妇联微信公众号上连续推出3期反邪教警示教育片，发动并组织全市广大妇女儿童线上观看学习；组织基层妇联在全市范围内开展“巾帼暖人心·普法维权在身边”“三八”维权月系列活动，深化“六守六无”宣传和“平安家庭”创建宣传。接待妇女群众来信来电来访141人，其中来访39人、来电101人、来信信访1人。开展普法宣传活动及讲座65场，受益5000多人次。举办晋江市“喜迎二十大 同心护未来”未成年人保护法宣讲、“巾帼心向党 法治护芳华”婚姻家庭纠纷调解法治宣讲暨“法律明白人”培训。

（陈晓雯）

【“美丽庭院”建设】 2022年，晋江市妇联联合晋江市农业农村局印发《关于认定2021年晋江市“美丽庭院”的通知》《关于认定2022年晋江市“美丽庭院”的通知》，建设晋江市级“美丽庭院”1157户。申报创建2022年度“美丽庭院”示范户泉州市级284户、省级142户，颁发“美丽庭院”牌匾，运用《晋江经济报》、晋江电视台和市妇联官方微信公众号、视频号、抖音号展播“美丽庭院”。

【妇女创业就业】 2022年，晋江市妇联联合晋江市人社局开展“春风行动”，组织中国海峡（晋江）人才市场及信泰集团、兴业皮革、麦都食品等5家企业前往江西省赣州市宁都县、吉安市遂川县开展劳务对接活动。举办2022年度晋江市“白兰花家服计划”妇女实用职业技能班，城乡妇女45人参加，通过国家职业技能等级鉴定考核取得家政服务员（母婴护理）职业资格证书41人。举办晋江市首期“母乳喂养指导”线上培训班，城乡妇女153人参加。实施2021年晋江市妇女儿童家庭公益创投大赛认领项目6个；举办第二届创投大赛，收到24个申报项目，11个项目入围，评选出金奖1个、银奖2个、铜奖4个、优秀奖3个。推荐6个项目参加“创响泉城”泉州市巾帼科技创新创业优秀项目展评活动，获得三等奖1个、优秀奖5个。

【巾帼建功行动】 2022年，晋江市妇联走访调研各级“巾帼文明岗”，命名晋江市“巾帼文明岗”32个，推荐晋江鸿盛果蔬综合特色农产品股份公司获评福建省巾帼示范基地，开展“亮品牌 竞风采”“巾帼文明岗”展示活动。发动全市小学、幼儿园“巾帼文明岗”策划开展“悦读风尚我引领 移风易俗倡文明”巾帼志愿服务活动69场，覆盖市区及基层。举办“最美军嫂”“最美女军人”颁奖仪式，授予马佳佳等5人“最美女军人”称号、詹丹丹等10人“最美军嫂”称号。

（苏雅雅）

【妇女儿童关爱】 2022年，晋江市妇联落实泉州市委、市政府为民办实事项目“持续实施呵护母婴健康工程”，为2000名适龄（30—64岁）妇女提供“两癌”（乳腺癌、子宫癌）筛查，为900名孕妇提供产前筛查、诊断，为1000名适龄女性接种二价HPV疫苗。举办2022年晋江市女性健康公益大讲堂27场，受益1055人次，普及“两癌”防治及保健知识。募集母亲健康“1＋1”善款25万元，救助“两癌”贫困妇女全国级1批1人1万元，省级2批82人40.98万元，晋江市级2批35人14万元。推广女性安康保险，投入31.79万元为全市3179名低保特困16—65周岁健康妇女购买女性安康保险，全市投保1.2万多人次，2017—2022年累计为69名患病妇女兑付994.05万元理赔款，其中2022年理赔8人105.05万元。开展“守护童年·悦享暑期”安全教育主题活动、“把爱带回家”寒假儿童关爱服务活动。联合新塘街道开展“我们和留守流动、困境儿童在一起”迎“六一”儿童节主题关爱活动。牵线吴栋辉等企业家资助高中和大学优秀困难学生148人次7.4万元。母亲节期间，晋江市慈善总会、晋江市女企业家联谊会各出资10万元慰问全市100名贫困母亲。“六一”儿童节期间，市妇儿工委和市女企业家联谊会走访慰问9所学校及福利机构，送上慰问金27万元。

（苏雅雅　王婷婷　陈晓雯　吴明芽）

【女企业家联谊会】 2022年，晋江市妇联开展“春暖花开 一树芳华”晋江市女企业家联谊会2022年新春慈善公益活动，举行古树认养授牌仪式、爱心义卖、手作沙龙等活动，认养古树15棵7.5万元，组织26个会员单位爱心义卖2.2万元。内坑镇、英林镇等联谊小组开展片区交流联谊活动。会长陈省奎带队前往福州参加福建省女企业家协会九届三次会员代表大会，组织12名女企业家表演情景剧《深沪风采》。组织15名女企业家前往石狮市参加泉州市女企业家培训班。组织10余名市女企联会员代表前往驻晋某部队开展晋江市女企业家联谊会“军营联谊”暨“送法进军营”活动，捐款 10 万元用于援建该部队军体训练基地项目。发动广大女企业家捐款捐物，市女企联会员捐款捐物折合人民币 1600 多万元。

（高蓉蓉）

【白兰花家庭驿站建设】 2022 年，晋江市妇联发挥家庭家教家风在基层社会治理中的重要作用，做好白兰花家庭驿站项目品牌，打造“亲情零距离”等综合服务平台，市妇联白兰花家庭驿站项目累计服务 56 万人次，开展活动 298 场，服务对象建档 368 份，入户分发物资、自测试剂 1405 户。2022 年，白兰花家庭驿站项目作为泉州唯一入选全国女性社会组织服务家庭类项目征集展示（全省有 2 个）。

（邱钰婧）

【儿童之家“四点钟学校”建设】 2022 年，晋江市妇联助力教育“双减”政策，转型升级儿童之家项目，选取围头村、岭畔村、军营、市直机关 4 个特色试点继续开展常规儿童之家服务，新增 1 个军娃军嫂之家。项目注入专业师资力量，面向全市儿童之家、“党建＋”邻里中心建设试点，把“生命教育类”“文化传承类”“益智动脑类”“运动健康类”“艺美实践类”“科技探究类”等儿童专业成长课程送到儿童“家门口”，全年服务儿童 8.9 万人次。

（王婷婷）

晋江市科学技术协会

【概况】 2022 年，晋江市科学技术协会（简称“晋江市科协”）落实《全民科学素质行动计划纲要》，推动出台《晋江市全民科学素质行动规划纲要实施方案（2021—2025 年）》《晋江市人民政府办公室关于印发晋江市全民科学素质行动规划纲要实施方案（2021—2025 年）的通知》。开展线上线下科学普及与宣传活动 42 场次，科技馆接待观众 50026 人次。新建“党建＋”邻里中心科学工作室（科普馆）4 个。1 月 14 日，晋江市科技馆入选 2022 年福建省优秀科普教育基地建设项目。3 月 30 日，晋江市科技馆获评“2021—2025 年第一批全国科普教育基地”。5 月 16 日，晋江市科学技术协会被晋江市委、晋江市政府评为“人才工作先进集体”。至 2022 年底，晋江市有市直学会（协会、研究会）20 家、镇（街道、开发区）科协 20 家、非公有制企业科协 58 家、学校科协 54 家，国家级科普教育基地 1 个，泉州市级科普教育基地 1 个，晋江市级科普示范基地 9 个，院士专家工作站 19 家，反邪教警示馆 1 个，学校科学创新实验室 52 个。

（蔡妮妮）

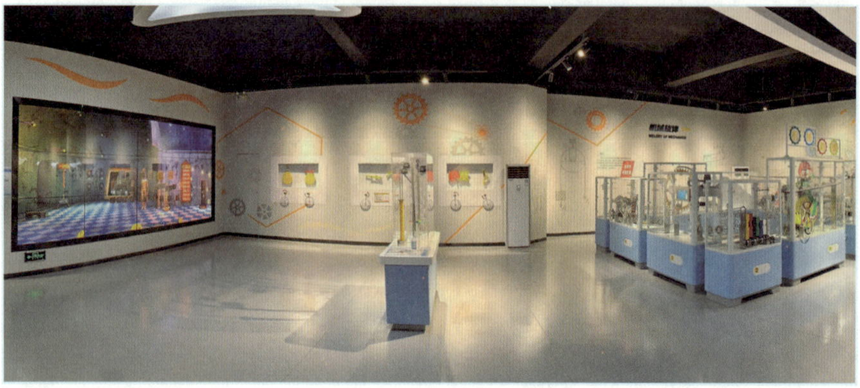

2022 年，晋江市科协完成科技馆探索发现展厅改造。图为展厅一角

（摄于 2022 年 12 月 20 日　图／晋江市科协）

【科普设施建设】 2022 年，晋江市科协完成科技馆探索发现展厅改造，该展厅总面积 500 多平方米，涵盖光影探梦、机械旋律、运动规律、电磁探秘四大展区，有展品 50 件，11 月验收；10 月 21 日，完成球趣物语展厅更新改造，该展厅总面积 103 平方米，有展品 13 件，对外试运行开放。丰富“党建＋”邻里中心科普功能，12 月，在灵源街道曾林社区“党建＋”邻里中心建成灵源科普馆，在罗山街道华泰社区、内坑镇黎山村、紫帽镇等 3 个“党建＋”邻里中心各建设科学工作室 1 个。

【科普宣传】 2022 年，晋江市科协通过线上线下方式开展科普志愿服务活动 42 场次。5 月，围绕“创新争先自立自强”主题，策划开展科普进校园、科普进阵地、科普进农田、科普进

2022 年 9 月 17 日，全国科普日晋江主场活动在梧林传统村落举办

（图／晋江市科协）

企业和互联网科普等全国科技工作者日重点活动。9月,围绕“喜迎二十大 科普向未来”主题,策划开展科普进社区、“科大侠”趣味科普钉钉直播课堂、泉州科技馆研学、青少年科技行动、企业科普行动等全国科普日重点活动。9月17日,在梧林传统村落开展“全国科普日”晋江主场活动,线上直播浏览16.17万人次。开展青少年科技科普教育线下活动20场、线上活动4场,参与4.53万人次。加强科普信息化建设。依托“晋江科协”微信公众号、融媒体等网络新媒体,开展应急科普宣传和知识有奖问答活动。联合晋江融媒体中心,在晋江电视台推出《快乐实验室》科普栏目;在《晋江经济报》开设《晋江科普》专栏,专版报道科普工作动态,出版3期;依托微信朋友圈推送科普主题视频150万条次;公交车载视频终端《晋江科普之窗》播放科普主题视频21期。

(张建军　何冰莹)

【科技推广】 2022年,晋江市获批省级院士工作站2家、泉州市专家工作站2家、国家级学会服务站2家、省级学会服务站1家、泉州市特级人才创新实验室3家,晋江市科协举办“院士专家晋江行”活动3场,推动高端智力资源为晋江企业发展出谋划策、助力支持。开展“千名干部进千企”活动,深入企业宣讲省、市两级福建省院士专家工作站、泉州市特级人才创新实验室等申报工作及有关惠企政策、了解企业需求。组织院士专家、学者调研考察企业82人次,深入企业面对面开展需求对接。

(张世荣)

【青少年科技活动】 2022年,晋江市科协组织参加全国、省、泉州市级青少年科技赛事,开展晋江市第八届青少年创意编程大赛和第三十八届晋江市青少年科技创新大赛。在2022年泉州市青少年无人机大赛中,晋江市有27支队伍获奖。在2022年第六届全国青少年无人机大赛中,晋江市第五实验小学代表队获创意图形编程赛小学组冠军,南侨中学代表队获创意图形编程赛初中组亚军,安海镇成功中心小学2支代表队分获空中格斗赛二等奖和三等奖。在2022年福建省青少年人工智能大赛中,有117支队伍参赛,99支队伍获奖,成绩位居泉州市第一。在首届泉州市青少年航天创新大赛中,有137支队伍参赛,98支队伍获奖,成绩位居泉州市第一。在2022年全国青少年航天创新大赛中,获得9个一等奖、1个三等奖。在第19届泉州市青少年科技创新大赛中,有28个作品、27人获得奖项。以线上竞赛、网络云监考的形式举办晋江市第八届青少年创意编程大赛,全市有124所中小学校的1079名学生参赛,评选出小学组一等奖18名、二等奖52名、三等奖99名,初中组一等奖13名、二等奖36名、三等奖74名。

(张建军)

【科技行业学会工作】 2022年,晋江市科协依托晋江市农技协会、农学会,面向农村新型职业农民、乡村科技人才、农村妇女带头人、科技志愿者等开展实用技术培训。2022年晋江市农村专业技术协会获评“中国百强农技协”;晋江市农村专业技术协会常务副会长兼秘书长李锦成获评“中国农技协百强乡土人才”。晋江市农学会会员单位晋江市景俊种植农民专业合作社3项创新成果分别获2022年福建省百万职工“五小”创新大赛优秀成果二等奖1项、三等奖2项。

(张世荣)

【科技馆活动】 2022年,晋江市科协做好场馆免费开放服务。全年接待观众50026人次。扩展科技馆科教功能。完成“科普报告厅”建设。7月,完成流动展品采购并开始使用,配备流动展品20余件,形成流动式科技馆。推进科普志愿者服务工作,与泉州职业技术大学三创书院建立长期合作,全年展厅周末常规志愿服务参与461人次,开展志愿服务3005小时;大型科普活动协助志愿服务活动7次,参与15人次,开展服务60小时。

(张建军)

【2022年福建省青少年人工智能大赛在晋江举行】 2022年7月11—13日,2022年福建省青少年人工智能大赛在晋江举行,全省各地652支代表队852名选手参加。该次大赛围绕“智慧”“创新”“协作”“拼搏”四大主题,设有空地协同对抗赛、越障迷宫赛、竞速穿越赛、虚拟机器人编程挑战赛4个项目。参赛队伍按照小学、初中、高中3个组别参加各赛项的角逐。经过3天现场比拼,共评出一等奖代表队23支、二等奖代表队34支、三等奖代表队58支。部分赛项的优秀选手被推荐参加第六届全国青少年无人机大赛。

(方　文)

晋江市归国华侨联合会

【概况】 2022年,晋江市归国华侨联合会(简称“晋江市侨联”)凝聚归侨侨眷和海外侨胞力量,参与经济社会建设和外事工作。安海侨联获评“全国侨联系统侨胞之家典型选树单位”,梧林传统村落获评“中国华侨国际文化交流基地”,泉州职业技术大学、泉州轻工职业学院、紫帽镇侨联获评省级“侨胞之家”及示范点,晋江市侨联获“泉州市侨联系统2021年度信息传播工作先进集体一等奖”。

【侨资侨企引导服务】 2022年,晋江市侨联成立招商引资工作领导小组,形成市侨联带头招商、基层侨联主动招商、广大归侨侨眷和海外侨胞参与招商的工作局面。推动交通智能运维装备研究院和轨道交通产业、洲际货运航线暨中欧航空航天产业园、晋江胜康自来水厂二期及配套管网工程致远高级中学、东石侨商城市综合体及晋江市陈埭集友鞋业有限公司改扩建工程8个项目投资签约，总投资43.64亿元。

【联络联谊】 2022年，晋江市侨联举办华裔青少年“亲情中华·为你讲故事”网上夏令营，在“云端”学习中华优秀传统文化，帮助菲律宾、泰国、印度尼西亚近200名海外华裔青少年继续学习中文，了解中国国情和家乡变化，建立数据库跟踪学生情况。举办“梧林南洋文化节·新加坡娘惹文化季”活动，邀请新加坡、菲律宾、柬埔寨、越南等国家和地区的100多名华侨华人“沉浸式”体验归侨人家日常，增强南洋华侨华人对家乡的认同感。举办“侨连你我”中马线上联谊交流活动，邀请马来西亚晋江社团联合会会员、中马商业界企业家相聚“云端”，围绕“一带一路”建设、晋马文化交流等方面展开交流。

【扶侨助侨】 2022年，晋江市侨联继续做好贫难侨帮扶工作。关爱贫困归侨侨眷生活，把省、市两级贫困侨救助资金和“陈祖昌春节慰问金”“洪新智春节慰问金”送到贫困归侨侨眷手中。向96名大学新生发放陈祖昌大学新生奖学金48万元。了解掌握海外乡亲的实际情况与具体诉求，帮助解决困难和问题。开展“侨爱心 光明行”活动，为全市500多名白内障老年患者实施复明手术。

【侨文化传播】 2022年，晋江市侨联推动磁灶、龙湖等镇级侨史馆，以及龙湖镇福林村、深沪镇坑边村等村级侨史馆建设，培育梧林“朝东楼”、池店镇御辇村“奕佰楼”参评“留住根脉”华侨历史文化传承展示工作，打造东石镇檗谷村、湖头村等一批侨乡文化名镇名村，增强海外侨胞乡土记忆和家国情怀。围绕“根·魂·梦”主题，指导收集整理侨批档案、历史记载、名人名记等侨史资料，整理编纂《磁灶华侨史料》《龙湖涉侨编年》《永和镇侨史（第二辑）》等华侨史记。

【侨联基层组织建设】 2022年，金井镇、陈埭镇、英林镇完成侨联换届。培育“五好”侨胞之家，指导泉州职业技术大学侨联获评省级“侨胞之家”示范点，泉州轻工职业学院、紫帽镇侨联获评省级“侨胞之家”。深化侨联“建家交友”内涵，扩大侨联组织海内外影响。拓宽侨联组织覆盖范围。新成立青阳街道晓升社区、新塘街道晋良社区侨联，在泉州乐登品牌管理集团有限公司、晋江市华惠手袋有限公司成立全市首批侨企侨联组织，探索“党建＋侨建＋企建”的基层侨联运作机制。

2022年9月6—8日，2022“亲情中华·为你讲故事”网上夏令营活动举办。图为亚庇建国中学大礼堂专场 （摄于2022年9月6日 图/泉州职业技术大学）

【“检侨合作”服务模式探索】 2022年，晋江市侨联联合晋江市人民检察院、市委统战部、侨办出台晋江市涉侨权益保护检察监督协作机制，在安海、东石、金井、龙湖、深沪侨联挂牌成立涉侨检察联络室，聘请5名基层侨联代表为晋江市涉侨检察联络员，为侨胞提供司法服务。与晋江市人民检察院共同举办“检察护侨”主题法律沙龙，收到华侨求助信访件8件，均办理并给予答复。协调池店片区改造指挥部，保留知名华侨古建筑“奕佰楼”，将其列入市级华侨历史文化建筑。

（蔡婉婷）

晋江市台湾同胞联谊会

【台胞服务】 2022年，晋江市台湾同胞联谊会（简称“晋江市台联会”）依托市台联理事开展定居台胞、台青、台师走访活动。连续第六年组织定居老年台胞进行免费健康体检，为59名定居老年台胞体检并建立健康档案。为23名台胞中考生开具台胞子女证明以享受中考加分政策。开展走访慰问台胞老党员活动。在晋江市台联会成立40周年“宣传服务周”活动中，开展为台胞台属送温暖活动。聘请法律顾问向台胞普及涉台法律、法规、规章、惠台政策，提供日常法律咨询、建议。

【海峡两岸同胞交流】 2022年，晋江市台联会在春节、元宵、端午、中秋4个传统佳节，分别开展“两岸一家亲”为台胞送春联及走访慰问活动、“浓浓台胞情 欢乐闹元宵”联谊活动、“粽叶飘香 浓情端午”联谊活动、“两岸一家亲，中秋话团圆”联谊活动。举办晋江市第八届“中华情 两岸缘”新生代台胞联谊结对活动暨“晋江经验”研学活动，80名晋江与台湾地区新生代中学生在研学中共同感受晋江新变化。组织常住台胞和晋江与台湾地区“同名村”乡亲在海峡论坛期间赴厦门参加“同名村·心连心”联谊活动。

2022 年 6 月 2 日，晋江市台联会举办《晋江·台湾同名村》新书首发仪式。图为向档案馆、各中小学等单位赠书　（图/晋江市台联会）

【《晋江·台湾同名村》首发式】 2022 年，晋江市台联会把握晋江与台湾地区“同名村”亮点和特色，讲好晋江与台湾地区同名村血浓于水、两岸一家亲的故事，联合晋江市社科联、晋江市委党史和地方志研究室编纂《晋江·台湾同名村》一书，书中记载 20 个晋江与台湾地区同名村的起源、衍播、风物、情缘和社会经济发展情况。6 月 2 日，举办《晋江·台湾同名村》新书首发仪式，向档案馆、各中小学等单位赠书。

【晋江市台联会成立 40 周年纪念座谈会】 2022 年 12 月 25 日，晋江市台联会举办成立 40 周年纪念座谈会，邀请中华全国台湾同胞联谊会副会长、福建省台联会长江尔雄到晋江开展中共二十大精神宣讲。居住在晋江的台胞、台商、台青、台师及社会团体代表在会上发言。晋江市台联同步举办共圆中国梦——纪念晋江市台湾同胞联谊会成立 40 周年图片展。

（蔡　菁）

晋江市文学艺术界联合会

【概况】 2022 年，晋江市文学艺术界联合会（简称“晋江市文联”）完善《晋江市文学艺术援助基金管理规定（试行）》等 11 项制度。印发《文联通讯》13 期、《晋江艺术》2 期。召开文艺社团工作会议 3 次。在省级以上赛事或展览中获奖（入展）120 人次。“晋江市书法创作基地”申报并获评省委宣传部、省文联组织评选的“福建省新时代特色文艺示范基地”，同期挂牌成立 4 个分基地，组织五店市传统街区申报并获评福建省文联“文艺两新”实践聚集地。

【文艺创作】 2022 年，晋江市文联策划生成 19 个文艺项目，开展学习宣传贯彻中共二十大精神文艺活动。3—4 月，组织《爱拼会赢》电视连续剧文艺评论创作，在《文艺报》、福建文艺网等刊发文评作品 69 篇，并结集出版。3—9 月，承办“三十而立·勇立潮头”全国原创歌曲征集活动，评出获奖作品 9 首。3—12 月，开展传承弘扬“晋江经验”工作，编辑《何以晋江》画册并出版。

【文艺惠民】 2022 年，晋江市文联以“文艺进万家”和“红色文艺轻骑兵”为抓手，通过文艺会演、展览展示等形式，开展文化科技卫生“三下乡”“党建＋公益文艺”等惠民活动近 40 场次。元旦春节期间，先后开展“泼墨送春联·健康迎新年”“翰墨传家风　迎新送春‘廉’”“我为五店市写春联”“忆初心　颂党恩”文艺志愿服务、梧林传统村落“乡恋·家风”庆祝新年活动等惠民活动。实施“党建＋公益文艺”项目，17 支“红色文艺轻骑兵”先后深入基层开展文艺活动。6 月 3 日，举办“我们的节日·端午”——书法公益讲座池店专场活动；6 月 19 日，举办“迎‘七一’书法公益讲座——东石专场《书法有法》”专题讲座；7 月 2 日，举办“乡愁晋江·走进永和”采风暨“非遗进社区”古琴雅集活动。春节、元宵期间，组织灯谜协会围绕党史、廉政教育、晋江经验、“福”文化等主题进行创作，进基层开展灯谜展猜 17 场。

【文艺交流】 2022 年，晋江市文联以南音、灯谜、书画等为代表，牵头举办或共同承办第十二届校园灯谜赛、第十六届南音演唱节、第三十二届侨乡谜会等文艺交流会演活动 23 次，增强晋江文艺的传播力、影响力。1 月 3 日，举办《蓝鲸诗刊》2021 年刊暨叶燕兰诗集《爱与愧疚》出版分享会；2 月 12 日，举办《许谋清论续编》出版座谈会，省内外 40 多名作家、评论家就“晋江文学现象”进行研讨交流；6 月 25 日，承办泉州市“喜迎二十大　古乐献给党”南音大会唱，15 支泉州各地区的南音团体齐聚晋江，同台献唱 17 个节目；8 月 17 日，晋江市文联主席黄华东带领市剪纸协会一行赴漳浦县开展“喜迎二十大·携手共传承”剪纸艺术研学交流活动，通过实地考察、聆听讲解、现场交流等方式探讨剪纸技艺；9 月 9 日，举办吴谨程叙事长诗《风起江涌》出版座谈会，省、市 20 多名作家出席并展开交流座谈；9 月 21—30 日，开展“巾帼墨抒怀　喜迎二十大”晋江—宁乡两市女子书法作品网络联展，分 3 期展出 70 余幅书法作品；9 月 23—28 日，与有关单位共同承办第二届福建省民间职业剧团（木偶戏）优秀剧目展演活动，同期举办福建省木偶戏发展与创新研讨会。

【文艺展览】 2022 年，晋江市文联以书画、摄影、书法、剪纸等为代表，开

2022年6月25日，晋江市文联承办的泉州市"喜迎二十大，古乐献给党"南音大会唱活动在五店市举行　　（图/晋江市文联）

展线上线下艺术展览20多场（期）。1月16日，在图书馆开展"窥道之径2022晋江写生创作展（第六回）"，展出13位晋江画家60余幅作品；1月30日，在晋江五店市传统街区开展"晋江摄影2022新春联展"，展出85名作者120幅（组）体现晋江人"爱拼敢赢"精神题材的作品；6—7月，开展"'南音进基层，文脉共传承'活动暨2022年晋江市非物质文化遗产图片展巡展"，分别走进东石镇、池店镇、磁灶镇、金井镇、深沪镇等；9月15日，在晋江图书馆举办"喜迎党的二十大"晋江市首届书法新人新作展；12月24日，在晋江图书馆举办学习宣传贯彻中共二十大精神——百副楹联书法作品展；先后举办"福见晋江：'产•城•人'印象"摄影网络展、"奋进新征程 建功新时代——喜迎党的二十大"泉州书法网络展、纪念"晋江经验"20周年福建水彩名家晋江写生线上作品展等线上展览。

【文艺成果】 2022年，晋江市文联召开主席办公会3次，研究通过文艺援助项目35个。新增国家级会员11人，120人次在省级以上赛事或展览中获奖（入展）。文学方面，作协副主席王常婷的《春风十里不如你》、文评主席蔡长兴的《思念像政和的竹子一样生长》在传承"樵夫"志 逐梦再出发——学习时代楷模廖俊波全国诗歌散文征文比赛中分别获一等奖和优秀作品奖，3人上榜福建省第35届年度优秀文学作品榜（2020年度），诗人叶燕兰凭借组诗《抒情》获2021年度陈子昂诗歌奖"年度青年诗人奖"，许燕影获第五届博鳌国际诗歌奖"年度诗集奖"。书画方面，市书协王丽新、许雄树、柯汉炬3人入展2021"中国书法•年展"全国楷书作品展，12人在福建省首届书法临帖作品展中入选或入展，其中2人作品获评优秀作品，书协7人获奖、入展、入选福建省首届农民书画展；市美协蔡建昌的《元宵灯谜会》、郭铃洁的《国泰民安》入选由中国美协主办的"新生活•新风尚•新年画——我们的小康生活云上美术作品展"，许建宁的漆画作品《盛世欢歌》获得2021中国（厦门）漆画展入会资格，陈建斌中国画作品《清凉一夏》入选"中国道路•美好生活——全国美术作品展览"，中国闽台缘博物馆"艺揽闽台"展出剪纸艺人陈金矿专场。戏剧音乐摄影方面，市剧协主席陈诗章作品《一文亭》获评"戏剧中国"2021年度作品推选活动戏曲类优秀剧本；王蒙获福建省金钟花铜奖；市摄影家协会副主席苏明再获第八届福建摄影金像奖国际摄影奖，4人7件摄影作品在"我们的新时代"第28届福建省摄影展获奖、入选。

（连小妹）

晋江市国际贸易促进委员会

【概况】 2022年，晋江市国际贸易促进委员会（简称"晋江市贸促会"）提升商事法律服务水平，为进出口企业保驾护航。拓宽对外联络渠道，联动侨商侨力资源，举办出海行动大会，发布"晋江侨商贸促优配云平台"，推动供采对接，便利企业拓展海外市场。签发原产地证书9449份、优惠原产地证书1284份。为24家企业办理不可抗力事实性证明书，出具国际商事证明书276份，代办领事认证212份。

【商事法律服务】 2022年，晋江市贸促会推广24小时"足不出户"出证认证服务，新增注册企业72家，其中通过"两证合一"注册企业53家。实现自主打印企业50家。签发一般原产地证书9449份，出口金额约5.8亿美元；优惠原产地证书1284份，出口金额约0.69亿美元。

【对外联络】 2022年12月23日，晋江市举办"以侨为桥 贸促优配"——晋江"千企万品"出海行动大会，发布"晋江侨商贸促优配云平台"，入驻及链接企业、侨商2196家，涉及13个国家和地区，发布商品和合作意向信息11995条，借力晋江制造业产业集群、海外侨商买家资源，实现供需优配和撮合、B2B上下游互联互通，助力海内外商家共享市场机遇。邀约国际采购商，举办晋江市运动用品产业线上经贸对接会，采取"一对多""一对一"的形式精准匹配，促成采购意向及订单生成。

2022年12月23日，“以侨为桥 贸促优配”——晋江“千企万品”出海行动大会在晋江举办。图为晋江主会场 （图/晋江市贸促会）

【出证认证服务】 2022年，晋江市贸促会开辟出证认证服务绿色通道，为24家企业免费办理不可抗力事实性证明书，涉及合同金额约833.45万美元。指导和帮助企业减少因不可抗拒因素导致合同无法如期履行或不能履行造成的损失和责任，维护长久合作关系。为企业出具国际商事证明书276份，代办领事认证212份。

【涉外经贸政策宣传培训】 2022年，晋江市贸促会依托经贸摩擦预警机制，发布涉外经贸摩擦预警信息59期、动态1236条。组织企业参加俄乌冲突对中国企业的影响系列培训——美国对俄罗斯制裁背景下中国企业的合规应对、“RCEP成员国知识产权制度及典型案例”、“RCEP政策解读与利用系列培训(武汉专场)”等线上专题培训活动4场，以及贸仲直播间——国际商业欺诈/欺骗的预防、应对与补救系列等线上讲座，引导企业加强外贸形势分析研判与应对工作，提高应对风险能力。

【晋江国际贸易线上供需对接会】 2022年11月15日，晋江市举办以“精准合作 共享共赢”为主题的晋江国际贸易线上供需对接会。对接会以晋江传统优势出口产业“户外运动用品”为主题，邀请俄罗斯、孟加拉国、印度等13个国家的国际采购商代表42家，与晋江户外运动鞋服、泳装、登山包、帐篷及伞业等68家行业商(协)会和重点制造业企业开展“一对一”采供线上对接会。

（林子文）

晋江市残疾人联合会

【概况】 2022年，晋江市残疾人联合会(简称“晋江市残联”)保障残疾人就业行政公益诉讼案例入选最高人民检察院、中国残联残疾人权益保障检察公益诉讼典型案例；晋江市残疾人家庭无障碍改造经验做法得到省残联主要领导批示肯定和行文推广；残疾人婚恋辅导项目获评省委宣传部、省委文明办等17个部门2022年度全省学雷锋志愿服务“五个最美”先进典型的“最佳服务项目”。

（蔡美娜）

【残疾人社会保障】 2022年，晋江市残联推动残疾人家庭无障碍改造工作。1月，以磁灶镇作为“整镇推进”试点镇，发挥其龙头示范作用，带动19个镇（街道)608户残疾人家庭无障碍改造。投入174.82万元，完成全市19个镇(街道)580户改造工作。投入180万元开展2022年晋江市委、市政府为民办实事项目——晋江市“零障碍阅读空间”建设项目，改造提升市图书馆视障阅览室，在少儿馆新增1个适合0—16岁视障儿童阅览室，在晋江市特殊教育学校设立数字阅读体验区。通过“三点一体”(特殊学校增设数字阅读体验区，少儿馆新增视障儿童阅览室，图书馆视障阅览室改造升级，三点形成一个体系)的服务模式，打造一个具有阅读、文化交流、知识讲座、盲文培训、手语学习等功能的文化空间，确保特殊群体均等、便捷共享公共文化资源，实现特殊群体与普通读者享有无差别的文化资源与服务。落实“一户多残”残疾人家庭生活补贴发放工作。对“一户多残”家庭中的重度、轻度残疾人每人每月分别发放100元、50元生活补贴，累计发放补助金217.94万元。落实社会保险补助制度。每月与社保、医保部门共享数据，做好残疾人城乡基本养老保险和居民医疗保险补助工作，补助11565名残疾人参加基本养老保险，全额补助20868名残疾人参加基本医疗保险。

（卓世旭）

【残疾人康复】 2022年，晋江市残联开展残疾人精准康复服务行动，基本康复服务率和辅具适配服务率均100%，康复服务覆盖率30%以上。改造提升晋江市残疾人辅助器具服务中心展厅，提升辅助器具服务质效，提供辅具服务306人次；开展残疾人辅助器具适配补贴工作，为282名残疾人发放辅助器具补贴54.16万元；开展残疾儿童康复救助工作，补助500名0—17岁残疾儿童，发放补助金562.43万元；投入15万元为150名低保、特困重度精神残疾人提供服药补助，每人补助1000元。创新康复服务模式。推动残疾人家庭医生签约服务试点工作，投入30万元服务545名残疾人；设立晋江市首家省级“爱心助残驿站”。通过“请进来”和“送下去”方式，延伸辐射服务周边村社区残疾人，扩大服务覆盖面。举办晋江

2022年6月22日，晋江市残疾人辅助器具服务中心揭牌仪式现场

（图/晋江市残联）

市首期脊髓损伤患者生活重建训练营，培训15名脊髓损伤残疾人。开展泉州市低保重度肢体残疾人居家养护补助，投入55.4万元补助554名对象；以政府购买服务方式投入43.2万元，为216名低保重度肢体、智力、精神残疾人提供助洁、助护、助急、助浴、助购、慰藉等居家服务。

（蔡美玲）

【残疾人就业创业】 2022年，晋江市残联开展就业援助月专项活动。报送10家晋江企业参加泉州市残联在"全国助残日"期间举办的残疾人就业网络招聘月活动。举办晋江市残疾人就业网络专场招聘会，参会企业46家，提供招聘岗位402个，上线求职105人次，达成求职意向41人。开展残疾人高校毕业生实名制管理工作，逐一落实13名高校应届毕业生信息，关注未就业毕业生，借助省级平台进行就业宣传年集中岗位推送。6月10日，在中国海峡（晋江）人才市场举办晋江市2022年残疾人农业种植技术提升培训班，34名残疾人参训。11月15—16日，在泉州（晋江）国际人才港举办2022年晋江市残疾人农村实用技术培训班，135名残疾人参训。选送2名残疾人参加泉州市2022年度盲人保健按摩技能提升培训班，选送2名残疾人参加省第二期云客服培训。落实就业创业奖励措施。开展扶持残疾人就业创业项目，扶持残疾人自主创业、灵活就业、结对帮带就业等，全年扶持72名残疾人，补助资金36.5万元；做好全国按比例安置残疾人就业联网认证审核工作，审核认定安置残疾人用人单位52家，安置残疾人301名；落实残疾人自主就业创业社会保险补贴，全年为65名残疾人发放补贴26.99万元；落实按比例安置残疾人就业奖励补贴工作，发放就业奖励补贴17.54万元。扶持晋江市第三医院辅助性就业机构，吸纳在晋江市第三医院进行康复的8名精神残疾人就地就业；做好残疾人机构托养工作，扶持12名16—45周岁的中轻度智力、精神残疾人入托泉州市残疾人托养中心。组织残疾人参加泉州市第六届残疾人职业技能竞赛，获二等奖、三等奖、四等奖各1名，五等奖2名，优秀奖3名，晋江市代表队获团体道德风尚奖。开展技能型人才慰问，鼓励残疾人自尊、自信、自强、自立。

（李君贞）

【残疾人受教育权益保障】 2022年，晋江市残联开展泉州、晋江两级助学工程，完成515名受助对象申报材料的初审和复审工作，发放补助金75.7万元。配合市教育局做好残疾中考、高考考生的登记、体育免考、合理便利申请和高考生情况摸底汇总等工作，完成登记、评估和调查42人次。

（吴燕茹）

【残疾人文体活动】 2022年，晋江市残联元宵节举办残疾人"缘来共团圆"元宵嘉年华活动，国庆节期间举办"同心喜迎二十大·助残共筑中国梦"庆祝国庆·弘扬传承"晋江经验"文化助残书法长卷宣传活动。出台《晋江市残疾人体育运动员教练员奖金奖励办法》，开展全市残疾人体育运动苗子选拔，组队备战泉州市第六届残疾人运动会，开展残特奥排舞、特奥游泳项目组队选拔训练工作，选派18名运动员代表泉州市参加福建省第九届残运会和第七届特殊奥林匹克运动会比赛。

（杨位荣）

【残疾人权益保障】 2022年，晋江市残联接到残疾人日常来访来电27件、泉州"12345"便民服务平台转办33件、来信4件，均按时办理并答复。

（吴燕茹）

【涉残行政审批】 2022年，晋江市残联做好残疾人证电子证照、审批服务"对标先进、争创一流"相关工作，梳理残疾人证办理流程，简化流程和材料。开展"局长走流程"活动，深化"放管服"改革，解决群众办事痛点、堵点、难点问题。联合市卫健局开展每月一窗受理残疾人证服务，受理残疾人证1000多件。

（蔡美玲）

【残疾人关爱】 2022年，晋江市残联在"全国爱耳日""全国助残日"期间，通过"晋江残联"微信公众号开展有奖知识问答等活动，普及残疾预防和康复知识；开展义诊、辅具维修、主题听力康复网络直播课。优化婚恋项目服务方式、内容。新引入晋江智慧家庭社工服务中心承接项目，在原有服务内容基础上探索家庭教育、心理健康讲座及就业技能等服务内容，通过线上、线下活动和电话访等方式服务残疾人 700 人次。发放残疾人生活保障金 27099 人 812.97 万元。开展助残志愿服务 15 次，近 600 人次参与。在春节、元宵节、“3·5”学雷锋日、全国助残日和国庆节等节庆日期间，组织开展助残志愿活动，为残疾人赠送物资、发放慰问金、义务理发、居家保洁等。联合市总工会走访慰问 2 家企业、30 名困难残疾职工。

（卓世旭　杨位荣）

晋江市红十字会

【概况】 2022 年，晋江市红十字会立足红十字职能，抓好时机、创新方式，促进人道服务工作有效提升。永和镇红十字会会员林时勤被中国红十字会总会授予“会员之星”称号。成立福建省第一个、全国第十个稀有血型协会。

【红十字志愿服务】 2022 年，晋江市红十字会围头海上救护队、市红十字会海尾江上救援服务队和市红十字会九十九溪水上义务救援队 3 支队伍合理配置巡护力量，开展针对性救援培训。落实 24 小时轮班制度，加强沙滩劝阻、水上巡护。处理溺水事故 32 起，救助 36 人（包含轻生者 2 人），为围头景区及周边海域提供安全保障。市红十字志愿工作者协会开展“迎新年·送温暖”爱心早餐公益活动，为环卫工人、保安师傅、快递小哥等过年期间坚守在岗位的工作者送去爱心早餐。

【公共场所 AED 配置】 2022 年，晋江市红十字会推进省委、省政府 2022 年为民办实事项目计划（公共场所配置 AED＋群众性应急救护公益培训项目），与晋江市卫健局等 12 部门联合制定并印发《晋江市“十四五”公共场所配置 AED＋群众性应急救护公益培训项目实施方案》，将配置 AED 项目列为公共卫生补短板专项行动内容，完成 100 台 AED 招标并提前在全市 100 个场所完成安装调试。

【人道救助】 2022 年，晋江市红十字会开展“红十字博爱送万家”活动。筹集救济款物 18 万余元，帮扶全市 395 户生活特困户、残疾人、社会孤寡老人、贫困学生，帮助特困户过春节。为 4 名白血病困难儿童申请中国红十字基金会“小天使基金”救助项目，帮助 2 名重特大贫困患儿申请省红十字会福万通医疗人道救助项目，为全市生活困难的 10 名重病患者送去救助款 5.6 万元。发放上级红十字会下拨款物。在“99 公益日”活动期间，参与“爱过年·情暖刺桐”项目募捐，帮助困难家庭温暖过年，活动筹集善款 141698.45 元。将晋江市冰能量服饰织造有限公司捐赠的 10 万元汇往四川泸定地震灾区，帮助灾区人民抗震救灾。为佳福（福建）染整有限公司搭建爱心平台，引导该公司将 1850 件羽绒服捐赠至德化县红十字会，帮助边远山区困难群众过冬。

【应急救护培训】 2022 年，晋江市红十字会举办应急救护师资培训班，壮大应急救护师资志愿者队伍。组织志愿服务队深入基层开展“预约式培训”“公益性培训”“基地式普及”等应急救护培训，推广使用红十字“人人急救”网络培训平台，全年培训急救员 9600 余人次，完成泉州市下达年度目标任务的 114%。

【无偿献血与器官、遗体捐献】 2022 年，晋江市红十字会开展无偿献血宣传发动工作。组织市红十字志愿者无偿献血服务队，坚持每月开展一次街头无偿献血，以及市直党政机关、卫生系统每年一次无偿献血活动，推进市无偿献血工作。全年参与献血 16309 人次，献血量 326.17 万毫升，确保晋江市临床医疗用血 100%来自无偿献血。完成造血干细胞捐献 1 例，器官捐献 1 例，遗体捐献 2 例。12 月 14 日，央视新闻客户端以《年仅 9 岁的小天使，一路走好》为题报道晋江市外来务工人员叶国彬、李红艳夫妇为儿子叶吉祥办理遗体捐献义举。

【金门事务服务】 2022 年 7 月 30 日，晋江市红十字会接到金门县红十字组织信函，获悉金门一渔民驾船出海作业失去联系。晋江市红十字会围头海上救护队组织搜寻，在金井镇围头村网箱养殖区发现一具尸体，经与金门县红十字组织确认为金门失联渔民。从人道主义出发，经请示市政府办及有关部门后，按照遇难者家属将遗体采取海上定时定点交接方式

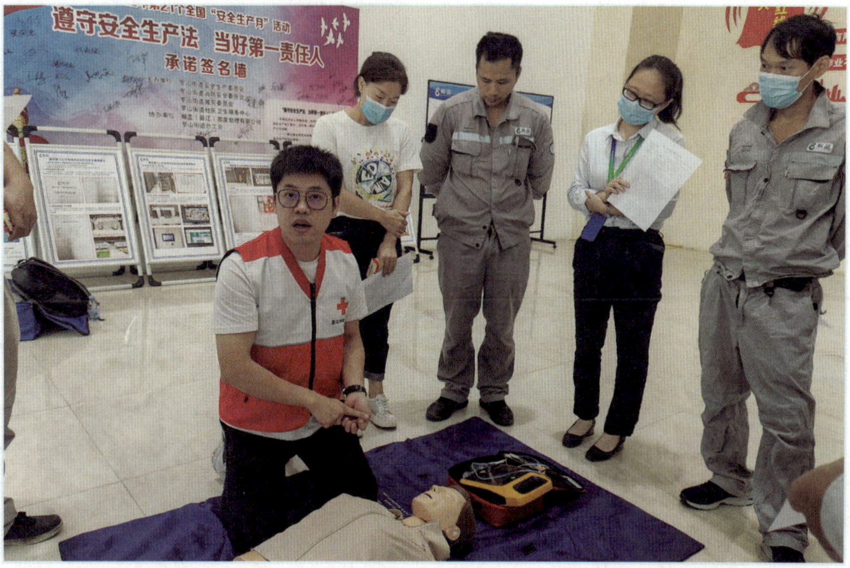

2022 年 9 月 9 日，晋江市红十字会在瀚蓝（晋江）固体废物处理有限公司开展应急救护培训　（图/晋江市红十字会）

接回金门的要求，晋江市红十字会围头海上救护队志愿者将遇难者遗体用船拖往指定海域，由金门县红十字组织派人接回。

【红十字博爱周宣传】 2022年5月8—11日，晋江市红十字会在全市开展“红十字博爱周”活动。5月8日，晋江市拔萃双语学校红十字会发出“博爱一日捐”倡议，活动采取线上、线下分批捐款的方式，师生募捐爱心款97161.1元。5月10日，晋江市红十字会、市残联和慧源文化TS8团队志愿者联合开展新时代文明实践“关爱生命·爱心助残”慰问活动，推进“人道救助＋生命教育”红十字生命教育行动，此次活动慰问听力障碍、智力障碍、孤独症等残疾儿童50人，发放救助款2.5万元。

【生命教育】 2022年5月11日，晋江市红十字会以“生命教育，人道伴行”为活动主题，组织100名学生走进晋江市红十字会生命教育体验馆，开展应急救护、防灾避险等培训活动。以视频演示、VR互动等形式，讲解红十字会的起源、水上安全、消防安全、地震逃生、交通安全、家庭安全和现场急救的重要性，并运用模拟人进行现场教学，学生尝试外伤4项急救技能及心肺复苏术操作。

【晋江市稀有血型协会成立】 2022年6月14日，晋江市稀有血型协会成立，200余名“熊猫人”组建流动恒温血库，随时在线、随时待命、随时献血挽救生命。晋江市稀有血型协会是福建省第一个、全国第十个稀有血型协会。

（杨豪杰）

晋江市计划生育协会

【概况】 2022年，晋江市计划生育协会（简称“晋江市计生协会”）聚焦生育支持和家庭健康，推进“六项重点任务”提质增效，先后组织开展宣教服务、儿童早期发展和家庭健康等活动近百场，投入600多万元，帮助1100多户计生家庭解决住房、上学、医疗、精神慰藉等实际困难和需求，为3.5万户计生家庭投保意外伤害保险，被省计生协会评为“计生家庭意外伤害保险工作先进单位”。

【优生优育】 2022年，晋江市计生协会推进人口早期发展工作，制定下发《关于加强晋江市计生协会儿童早期发展项目点建设与管理的通知》，明确儿童早期发展项目点主要任务、阵地建设和管理要求，指导各儿童发展项目点开展科学育儿家长讲座和亲子互动辅导活动76场；组织开展0—3岁婴幼儿入户访视活动，录入0—3岁婴幼儿1690人，分组分片对全市19个儿童早期发展项目点进行现场调研指导、督查评估、工作梳理，印发《晋江市计生协会儿童早期发展项目点成长评估统计监测表》，对工作后进的项目点滚动管理，提供儿童早期发展辅导活动服务1546人次。开展大龄孕妇优生技术咨询服务，在全市三大医共体医院开设大龄孕妇优生技术咨询门诊，在妇产科播放“婚前保健、孕前优生”直播访谈，直面解答孕产妇关心关注的热点问题，并向育龄群众发放优化生育政策宣传页4000余份。

【婴幼儿照护社会监督】 2022年，晋江市计生协会与晋江市卫健局协商明确婴幼儿照护工作协会职责，加强社会监督，确保全市6个婴幼儿照护亲子小屋正常运转，落实场所建设、活动开展等工作；融入全市常态化托育机构部门联合督导机制，9月下旬，参与卫健局组织的联合督导，督导检查有工商营业执照的3岁以下婴幼儿托育园。

【家庭健康宣传教育】 2022年，晋江市计生协会依托晋江市计生协会微信公众号平台开展优生优育、婴幼儿照护、中老年保健等全生命周期健康服务体系宣传活动；参与中国婚育状况统计调查，重点围绕生育意愿及其影响因素、生育政策和相关配套支持措施，婚姻、生育、养育过程中面临的突出问题和需求等开展婚育状况和癌症筛查调查。巩固拓展生殖健康咨询和不孕不育诊疗服务，先后联合英林镇、梅岭街道开展2场生殖健康知识专场宣传活动，指导各镇（街道）开展相应宣传活动20多场，依托协会微信公众号等宣传不孕不育诊治服

2022年9月20日，晋江市计生协会参与晋江市卫健局组织的联合督导，督导检查3岁以下婴幼儿托育园 （图/晋江市计生协会）

务；拓展不孕不育诊治服务项目，报请市人口和计生领导小组同意，对首次在晋江市生殖健康服务中心诊疗的女性服务对象，给予直接减免部分诊疗费用，对符合规定条件且在泉州范围内实施“试管婴儿”手术的对象，给予一次性补助1万元。深化青春健康教育行动，建立健全工作运行机制，联合市教育局、卫健局、团市委、妇联、泉州市高教发展中心下发《关于深入推进青春健康工作的通知》，成立晋江市青春健康工作人员领导小组，建立联席会议制度，明确会议召开、沟通联络、信息报送等制度；对接泉州市高教发展中心，推动3所高校招募、培训大学生志愿者，招募大学生志愿者31人，2次在泉州轻工职业学院组织开展同伴教育主持人培训和志愿者培训，培训86人次。

【计生家庭关怀帮扶】 2022年，晋江市计生协会采取定期慰问和紧急救助相结合的方式，对计生困难家庭开展生育关怀帮扶行动。分片分组进村入户开展“暖冬行”慰问活动，制定下发《关于进一步加强生育关怀紧急救助工作的通知》，明确紧急救助的主要对象、救助条件、救助标准，要求强化资金保障管理，常态化开展紧急救助工作，帮助遭受病灾计生困难家庭渡过难关，投入30多万元，慰问和紧急救助计生困难家庭312户。落实落细“五大工程”等帮扶政策。建立农村二女户、独女办证户及失独家庭等重点帮扶对象基础信息库，录入信息1.1万多户，导入安居工程、幸福工程等相关信息4000多条，依托信息库数据，指导镇（街道）挖掘帮扶对象。提高“五大工程”帮扶质效，实施第22期计生安居工程，投入115.75万元，采取帮助购房、批地建房等形式帮助49户贫困计生家庭改善住房条件；制定下发《关于开展第19—21期计生安居工程未动工对象调查核实的通知》，对往期取得资格却因困难无法实施的对象做好分类指导，先后帮助12户完成翻建审批（其中4户开工建设）。深化成才工程，投入101.5万元，奖助661名品学兼优的二女户大学生；投入30万元，按照2000元/人的标准，帮助150名困难计生家庭女大学生；将特别困难的20名女大学生纳入省、泉州和晋江市精准助学对象，按照每年5000元的标准连续资助4年。投入350多万元实施保障工程、幸福工程和小额贴息贷款等项目，先后资助2户自主创业的困难计生家庭发展生产，为3.5万户计生家庭办理意外伤害保险，防止其因病因灾返贫。

【失独家庭帮扶】 2022年，晋江市计生协会提高失独家庭帮扶实效，组织对失独家庭开展需求问卷调查，了解他们对经济支援、医疗健康、再生育等方面需求，采取增加经济帮扶频次，开展健康体检，组织有再生育意愿的对象参加不孕不育检查等方式满足其需求。完善落实失独家庭结对帮扶机制，制定下发《关于做好协会党组成员挂钩联系失独家庭帮扶工作的通知》，建立党组成员挂钩镇（街道）失独家庭、每个失独家庭有“关爱小组”的结对帮扶机制。投入18.01万元购买社工服务，扩展服务项目，加大对失独家庭在生活帮扶、心理疏导、精神慰藉、经济支持、养老关怀等方面的抚慰力度，形成心理疏导、组织活动、订制服务的关怀扶助体系。开展服务活动9场，入户或电话访服务420人次，解决问题76个。

【流动人口计生服务】 2022年，晋江市计生协会指导督促各镇（街道）在企业开展流动人口企业计生协会活动，促进示范点规范建设，动态管理倒闭破产的企业，全市20个流动人口计生协会示范点正常运转，有8个点分别开展女职工健康讲座及健康体检、生殖健康知识讲座、优生优育生殖健康服务及生育关怀暖冬行等活动。强化异地商会计生协会工作，制定印发《关于加强异地晋江商会计生协会宣传服务工作的通知》，指导25个异地商会计生协会及配合组建的镇（街道）加强沟通互动，围绕生育关怀、计生宣传、公益行动、关爱妇幼、慈善普惠等内容开展宣传服务活动，把宣传服务覆盖到每一名在外晋江育龄群众。

【计生宣传倡导】 2022年，晋江市计生协会开展“宣传服务月”活动，指导各镇（街道）开展“母亲节”和“5·29”计生协会会员活动日等主题宣传活动。依托晋江市计生协会微信公众号开设“政策解读”栏目，开展政策调整宣传教育活动，借助社会主流媒体及行业媒体，依托组织网络和活动阵地，推进新型人口文化建设，打造计生协会人口文化建设品牌。母亲节期间，联合市卫健局开展以“礼赠新生命，书香伴成长”为主题的赠书活动，在3家医院为晋江市部分新生儿家庭赠送《0—3岁儿童早期发展指导——育儿宝典》3000本；结合“5·29”会员日，组织开展“会员心向党 喜迎二十大”征文活动，在全市征集作品56篇，评选出获奖作品16篇。

（周　达）

法治

政法委与综治

【概况】 2022年，晋江市委政法委全面贯彻落实各级政法工作会议精神，实施“三提三效”行动，锚定建设更高水平平安晋江总目标，推进政法各项工作，提升晋江市平安建设、法治建设水平，获评福建省2017—2020年度平安建设示范县（市、区）、第二批全国法治政府建设示范地区。

【执法监督】 2022年，晋江市委政法委贯彻执行防止干预司法“三个规定”，对零报送政法单位进行通报，加强对长期零报送政法部门的重点督察，推动“三个规定”贯彻落实；构建常治长效的执法司法“顽瘴痼疾”排查整治机制，对常态化开展执法司法“顽瘴痼疾”排查整治进行专项督导统筹推进，确保常态化整治工作有序推进；日常开展案件自查，系统开展县区案件交叉评查，提升办案质效，提升执法司法公信力；对晋江市公安局开展“五察（查）联动”（政治督察、纪律作风督察、案件评查、执法检查、执法巡查）督察巡查，聚焦执法司法的重要环节、突出问题，规范执法司法。

【扫黑除恶斗争】 2022年，晋江市委政法委保持主动进攻的高压态势，摧毁恶势力犯罪集团4个，立案查处涉黑涉恶腐败和“保护伞”问题2件2人，查封、冻结、扣押涉黑恶案件财物价值135.8万元。通过全国扫黑办2022年第13特派督导组督导检查，扫黑除恶工作在泉州市平安建设年度考评中第五次蝉联各县（市、区）第一。

【平安晋江建设】 2022年，晋江市委政法委紧扣晋江市委、市政府基层治理现代化部署，以党建引领基层治理，推进村（社区）综治队伍整合入网入格，深入指导村（社区）“综治＋”治理中心试点建设，建成社区型1个、乡村型2个，其中打造示范点2个。不断深化“六守六无”平安创建，评定2021年度平安村（社区）334个，平安单位92个，平安企业94个，平安社会组织4个。在7所学校启动“校园学生法治委员”试点工作，创新引入具有行政执法权的相关市直单位共同开展法治校园工作，选聘291名干部兼任法治副校长（园长），提升校园安全防范。建成晋江市“6•6”基层平安创建展馆，展示市、镇、村三级平安创建工作成果，探索平安小区创建，开展17场“六守六无”平安创建系列活动，6月6日平安晋江共建日当天启动“学生法治委员”试点工作，10月获泉州市推广。

【社会矛盾化解】 2022年，晋江市委

2022年6月6日，晋江市举行“调解＋慈善”机制启动仪式

（图/晋江市委政法委）

政法委推进矛盾纠纷多元化解，制定《人民调解救助金管理办法》，创新推出“调解＋慈善”机制，依托市平安行公益慈善基金会首设1000万元启动金的“调解＋慈善”基金项目，拓宽矛盾纠纷调解救助渠道。

【政法队伍建设】 2022年，晋江市委政法委坚定党管政法的政治方向，落实《中国共产党政法工作条例》及福建省实施细则，常态化开展政法队伍教育整顿，建立政法单位政治处主任联席会议制度，组织在厦门国家会计学院举办全市政法干警政治轮训班，建立健全新时代政法干警素质能力提升培训体系，制定出台晋江市《纪律作风督查巡查实施办法（试行）》《政治督察实施办法（试行）》2份具体实施意见，开展“五察（查）联动”工作督察巡查试点。

【政法宣传】 2022年，晋江市委政法委围绕建设平安晋江、法治晋江开展宣传活动，策划开展以“平安共创 法治同行”为主题的平安晋江共建日暨第五届“六守六无”系列活动17个。开展12个提升平安建设“三率”攻坚宣传行动，推出15期微信在线有奖问答，通过户外广告宣传、派发各类宣传品、发送手机短信、制作广播音频视频等多形式多载体开展社会宣传，各项工作获省级以上媒体报道697篇次。落实晋江市政法融媒体联盟运行机制，健全新闻发布会、新媒体信息发布、舆情应对等宣传配套制度规定。打造以“平安晋江”微信公众号为轴心，以“晋江公安”“晋江市人民法院”“晋江市人民检察院”“法治晋江”等微信公众号为骨干的晋江政法新媒体矩阵联盟，整合政法各家宣传资源，实现资源通融、内容兼容、宣传互融，策划推出“平安大家谈”“我为群众办实事”及“法官故事”“检察官故事”“警察故事”等系列报道，加强政法先进典型培树宣传，讲好政法故事，集中传播政法好声音、正能量。围绕惩治涉黑涉腐、学习宣传《中华人民共和国反有组织犯罪法》、反诈骗等主题，常态化开展宣传报道工作，开展普法活动50场、张贴标语408处，当地主流媒体发布相关报道约180篇，网络专题页面点击量60万人次，“以民为本 扫黑除恶”微话题阅读量249.4万人次，提升群众的法律意识和运用法律武器同黑恶势力作斗争能力。

【专项整治】 2022年，晋江市委政法委推进打击整治养老诈骗专项行动，全市破获养老诈骗案件116起，抓获犯罪嫌疑人23名，打掉涉养老诈骗团伙2个，涉案资金1387万元，挽回经济损失761万元，打击成效位列泉州第一。

【流动人口服务管理】 2022年，晋江市委政法委坚持“以人为本、同城同待遇”推进流动人口服务管理，审定2021—2022年度全市取得流动人口市民化积分优待资格对象280名，其中申请积分入学46名、申请积分住房272名。实施“闽政通＋积分优待”连接互通建设项目，打通“闽政通”App积分优待申请通道，深化流动人口便民新服务，成效获央视《焦点访谈》栏目《小城故事》系列报道。

（郭镇蓉）

法治政府建设

【概况】 2022年，晋江市根据《晋江市法治政府建设实施方案（2021—2025年）》要求，聚力争创“全国法治政府建设示范市”目标，明确法治建设责任主体，全面建设职能科学、权责法定、执法严明、公开公正、智能高效、廉洁诚信、人民满意的法治政府。以依法治市委、依法治市办名义发布指导性文件15份，召开市委全面依法治市各类会议5次，迎接上级法治调研、检查活动12次。

（庄金虎　黄文炎）

【全国法治政府建设示范市创建】 2022年，晋江市把创建全国法治政府建设示范市作为主体工程和重点任务，实行“清单制”管理，将《市县法治政府建设示范创建指标体系（2021年版）》100项测评指标分解到各镇（街道）和市直部门。抓好责任制落实，结合全市年度绩效考评、法治建设考核等重点工作，牵头组织各单位全面梳理、对标找差，建立台账、分类整改，综合施策、挂账销号。强化“一盘棋”推进，先后召开创建迎检工作强调部署会议、沟通协调会议，促进各单位统一思想、通力协作。通过推出专题宣传片、微信在线有奖竞答、致市民朋友的一封信、手机彩铃、大型户外广告等进行宣传。11月，晋江市获评“全国法治政府建设示范市”。晋江市以创建为契机，推动法治政府建设。推进审批服务再提速，行政许可事项承诺时限在法定时限基础上平均压缩91.89%，“一趟不用跑”事项占比90.47%，网上可办率99.21%，全流程网办率85.07%。优化法治化营商环境，统筹推进22项国家级、省级改革试点和78个集成改革项目。加强知识产权保护，运行国家级知识产权快速维权中心——中国晋江（鞋服和食品）知识产权快速维权中心，获评首批国家知识产权强县建设示范县、全国工业互联网推动数字化创新领先县（市），入选国家第一批知识产权纠纷快速处理试点地区。实施农村“法律明白人”“法治带头人”双培养工程，全市培育“法律明白人”4780名、“法治带头人”4137名。乡村治理成为全国典型，磁灶、英林获评省级乡村治理试点示范镇。坚持和发展新时代“枫桥经验”，开展矛盾纠纷排查化解工作。成立晋江市人民调解员协会，推动人民调解工作走向专业化和职业化。福建省人民调解员协会副会长，泉州市、晋江市人民调解员协会会长李海庭获评福建省人民调解先进个人、2022年度福建省“十大法治人物”。

（庄金虎）

【依法行政】 2022年，晋江市深化综合执法体制改革，推进镇（街道）“一支队伍管执法”，加快基层扩权赋能，将直接面对市民、村（社区），发生在道路、街面等公共空间，违法行为易于确定，执法程序简便易行的11个领域282项执法职权分两批赋予镇（街道），明确赋权事项运行程序、职责边界等内容，保证镇（街道）能够“接得住、管得好”。加强执法队伍建设，在19个镇（街道）统一设置综合执法队（加挂“综合执法协调中心”），下沉145名执法人员，配齐具备国家法律职业资格的法制员。组织执法资格专场考试，提升镇（街道）综合执法资格持证人员数量，取得镇（街道）综合执法资格502人。规范执行标准，编制《晋江市镇街综合执法规范化实用手册》，对镇（街道）执法队从执法硬件、队伍建设、执法流程、执法制度、行政执法监督5个部分进行规范，统一镇（街道）执法文书和自由裁量权标准，印发《改革过渡期镇（街）综合行政执法工作事项》《市、镇街综合行政执法协调协作联动机制》等文件，理顺执法机制。采取线上线下集中培训、派员跟班学习、市直单位执法骨干派驻镇（街道）指导等方式，确保所有人员能够基本掌握执法程序、文书、设备的使用和执法规范要求。组织举办培训班8期，培训300余人次，专场组织镇（街道）综合执法队法制员培训2期，确保能承担起执法审核、行政复议、应诉等业务工作。在全省率先开发建设综合执法办案系统，将执法文书、办案标准流程及法律依据全部纳入系统，实现案件全过程记录、留痕可追溯。

（黄文炎）

【重大行政决策机制落实】 2022年，晋江市修订市政府工作规则，出台《晋江市人民政府重大行政决策若干规定》，规范重大行政决策程序，完善重大行政决策公众参与机制，增强行政决策的科学性、民主性、合法性。落实重大决策合法性审查制度，市司法局会同政府法律顾问推行决策合法性前置审查，公开年度重大行政决策事项目录，提升政府科学、民主、依法决策能力。开展拟提交市政府常务会研究事项合法性审查92件。

【规范性文件备案审查】 2022年，晋江市执行行政规范性文件备案审查规定，推行行政规范性文件实行统一登记、统一编号、统一印发，落实有效期规定。在全省率先出台行政规范性文件制定后评估制度，提高晋江市行政规范性文件制定质量。以晋江市政府、政府办名义制发行政规范性文件13份，向晋江市人大常委会、泉州市政府备案规范性文件12份；开展行政规范性文件专项清理3次、例行清理1次，开展行政规范性文件制定后评估工作1次。

（庄金虎）

【行政复议与应诉】 2022年，晋江市发挥层级监督和行政救济两大功能作用。5月，在全省率先建立跨区域行政争议诉源和执源治理工作机制，与洛江区人民法院签订《行政争议诉源和执源治理机制建设合作备忘录》，联合成立行政争议联动协调化解中心，推动行政争议实质性化解。7月，晋江市行政复议案件受理中心运行，实现“一口集中受理”。全年收到行政复议申请151件，法定期限内结案率100%。推动被申请人自行撤销行政行为、申请人撤回申请、和解协调结案等作出终止决定的18件，占行政复议案件的11.92%。制定行政机关负责人出庭应诉工作规则，将行政机关负责人出庭应诉工作纳入年度全市法治建设绩效考核，确保全市行政机关负责人出庭应诉常态化、制度化。以市政府为被告的行政诉讼案件均得到法院的支持，胜诉率100%。

【行政执法指导监督】 2022年，晋江市司法局指导各行政执法单位根据《中华人民共和国行政处罚法》《福建省行政执法条例》有关规定编制部门不予处罚事项清单、从轻处罚事项清单、减轻处罚事项清单和免予行政强制事项清单，形成包容审慎的监管程序。全市各行政执法单位编制包容审慎监管执法“四张清单”事项702项，其中不予处罚事项清单423项、从轻处罚事项清单148项、减轻处罚事项清单119项、免予强制事项清单12项。指导各行政执法单位推进行政执法“三项制度”（行政执法公示制度、行政执法全过程记录制度、重大执法决定法制审核制度）工作，督促各行政执法单位做好行政执法案件公示、全过程记录及重大执法决定法制审核。行政执法单位办理行政执法案件89376

2022年5月17日，晋江市人民政府与泉州市洛江区人民法院挂牌成立行政争议联动协调化解中心。图为挂牌仪式 （图/晋江市司法局）

件，公示行政执法信息38318条；行政执法案件均进行全过程记录，其中开展音像记录案件1127件；重大行政执法决定法制审核案件135件。开展两轮行政执法案件卷宗评查，通报反馈、限期整改落实，抽查公安局、市场监督管理局等13个重点执法单位195个卷宗。

（黄文炎）

公 安

【概况】 2022年，晋江市社会大局保持平稳，没有发生有重大影响的敏感案事件。全年全市立刑事案件6581起，比上年下降11.8%；破案5342起，破案率81.2%、高出全省平均值12.1个百分点；全年侦破涉众型经济犯罪案件10起，抓非法集资和组织、领导传销活动犯罪嫌疑人30人，挽回经济损失2500余万元；破获黄赌刑事案件483起、刑拘522人、起诉409人，查处黄赌行政案件1128起，行政处罚4983人；新登记流动人口信息1465457人，注销1323126人，办理居住证55872张；累计查处严重交通违法16.62万起；全市共清查农贸市场58次，酒店、餐馆41次，巡查野生动物分布区51次。

【刑事犯罪侦查】 2022年，晋江市公安局应对刑事犯罪从线下到线上、从传统到新型、从境内到境外的新变化，坚持“以专对专、以网攻网、以变应变”，建立健全“三即十快”（有警即处、有案即破、有损即挽，快指令、快处警、快共享、快合成、快比对、快阵控、快挽损、快倒查、快结案、快总结）、“小案快侦”等新机制，推动侦查方式从“脚板＋床板”到“脚板＋键盘”再到“脚板＋数智”转变，提升主动打击、精准打击、规模打击效能，牵引带动各项公安工作提档升级。全市立刑事案件6581起，比上年下降11.8%；破案5342起，破案率81.2%、高出全省平均值12.1个百分点。其中，现行命案、八类暴力案件、“两抢”案件保持100%侦破。1月，晋江市公安局创建全国示范刑事科学技术室工作获公安部通报表扬。

刑事侦查“数智模式” 2022年，晋江市公安局构建现代刑事侦查“数智模式”。组建大数据侦查中心，实行平战结合、一体作战，打破警种壁垒、整合部门资源、形成全警合力。做强数据支撑，构建移动化、实时化、多元化的基础信息采集网络，汇聚各类信息10亿余条。实施“人才引智”计划，畅通特殊招录渠道，引进招录一批大数据、网络安全、刑事科学技术等领域的人才。推动侦查方式改革创新，以高科技赋能、大数据支撑，强化全市公安机关刑事侦查打击能力。

诈骗犯罪打击 2022年，晋江市公安局开展“强基促稳”防范治理电信网络诈骗犯罪专项行动，推进“断卡”行动、“打金主、打蛇头、打黑灰产”专项行动、“百日千人进万家”反诈集中宣传等活动，压降警情，提升打击治理效能。诈骗案件立案1848起，比上年下降36.9%；破案1122起，破案率60.7%；涉案10万元以上和50万元以上的诈骗案件破案率分别为83.4%和94.9%。

扫黑除恶斗争 2022年，晋江市公安局健全完善扫黑除恶长效机制，开展线索摸排核查，强化案件侦办，深化源头治理，铲除黑恶势力滋生土壤。打掉恶势力犯罪集团4个，破获九类涉恶典型案件423起，刑事拘留九类涉恶典型案件犯罪嫌疑人756人，查封、冻结、扣押涉黑恶案件财物价值约135.8万元。

禁毒工作 2022年，晋江市公安局推进“飓风肃毒2022”“清源断流2022”等专项行动，对大要案集中破案攻坚。破获毒品案件69起，其中公安部督办案件2起、省公安厅督办案件5起；起诉涉毒嫌疑人96人，查获吸毒人员93人；缴获制毒物品25.09千克；缴获各类毒品833.95千克，其中液态冰毒33.14千克；严格易制毒化学品审批备案和日常监管，审批易制毒化学品购买、运输备案申请731件；加强社会面吸毒人员的收戒，全市社区戒毒社区康复执行率和强制隔离戒毒出所未满3年人员管控率均达100%；联合相关部门及线下组织志愿者团队推出禁毒题材宣传作品25个；市公安局禁毒大队童秀气、蔡树名分别获评福建“最美禁毒人”和泉州“最美禁毒人”。

盗抢犯罪打击 2022年，晋江市公安局坚持“快”字引领，升级完善小案合成快侦机制，打通从接处警到移送起诉的全部案件节点，实现打击犯罪全流程合法、依规、高效运作，做到“有警即处、有案即破、有损即挽”，提升传统“盗抢骗”打击质效。传统“盗抢

2022年1月20日，晋江市交警与巡特警在晋江市第二体育中心周边开展集结演练，提升快速反应能力 （图/晋江市公安局）

骗”案件破案1867起，破案率81.3%。

追赃追逃工作 2022年，晋江市公安局完善追赃工作模式，强化工作手段、措施，为群众挽回经济损失1500余万元。开展追逃行动，综合采取情报研判、规劝投案等措施，抓获在逃人员1029人，其中命案在逃人员8人。

【经济犯罪侦查】 2022年，晋江市公安局打击涉众型经济犯罪，聚焦金融领域涉众型经济犯罪，重点打击互联网金融领域非法集资、网络传销犯罪，升级打击犯罪的技术手段，对涉众型经济犯罪形成精准、高效、有序的打击，化解金融领域的风险隐患。侦破涉众型经济犯罪案件10起，抓获非法集资和组织、领导传销活动犯罪嫌疑人30人，挽回经济损失2500多万元。

涉税犯罪打击 2022年，晋江市公安局围绕特殊领域、群体、行业，强化线索研判和深挖拓线，抓大案、查要案、打串案。侦破涉税案件36起，抓获涉税犯罪嫌疑人28人，为国家挽回税款损失6000余万元。

“昆仑2022”专项行动 2022年，晋江市公安局突出源头深挖和下线拓展，打击侵权假冒犯罪，侦破侵权类案件130起，抓获侵犯知识产权犯罪嫌疑人139人，发起集群战役8起。破获的“3·1”特大制售假冒北京冬奥会中国国家队队服赞助商安踏品牌运动服案、“6·11”特大制售假味精案获公安部贺电表扬。

“歼击2022”专项行动 2022年，晋江市公安局打击利用离岸公司和地下钱庄向境外转移赃款犯罪，深挖地下钱庄和网络支付平台犯罪链条，斩断为跨境网络赌博、电信诈骗等犯罪提供资金通道，侦破移赃类案件5起，其中省公安厅督办案件1起，抓获地下钱庄类非法经营犯罪嫌疑人3人，发起打击洗钱犯罪集群战役1起。

走私犯罪打击 2022年，晋江市公安局研究全市沿海走私活动特点，开展巡逻设卡及蹲点守候，定期开展海上联合巡逻执法，遏制沿海走私态势。查获涉私类案件28起，总涉案金额35万余元，缴获非法涉案柴油72.79吨。

亲清警企关系 2022年初，晋江市公安局部署落实《全市公安机关“优化营商环境 服务经济发展”活动工作方案》，明确要求由局党委领导班子成员带头挂钩25家重点企业，由局属各单位、各派出所领导以及社区民警分别至少挂钩1家中小微企业，全局222名民警共挂钩332家企业并开展靠前服务。

打击和防范经济犯罪宣传 2022年，晋江市公安局依托“5·15”全国公安机关打击和防范经济犯罪宣传日，加大对防范经济犯罪知识的宣传推广，从源头阻断经济犯罪的发生。“5·15”宣传日活动期间，举行发布会5场，张贴宣传画500余张。

【治安管理】 2022年，晋江市公安局开展打击黄赌专项行动。破获黄赌刑事案件483起、刑拘522人、起诉409人，查处黄赌行政案件1128起，行政处罚4983人，破获省公安厅督办案件7起、公安部督办案件2起。完成省公安厅以上网络赌博线索核查工作，线索成案率100%，破获跨境网络赌博案件246起，抓获网络涉赌在逃犯罪嫌疑人26人，其中破获省公安厅督办案件2起、公安部督办案件1起。

“食药环”违法犯罪打击 2022年，晋江市公安局部署开展“食安7号”行动、“昆仑2022”行动，加大对晋江市“食药环”领域的违法犯罪行为的打击力度，破获食品、药品、环境领域刑事案件81起，起诉49人。

枪爆整治 2022年，晋江市公安局深化打击整治枪爆物品违法犯罪专项行动，组织开展线索研判、破案攻坚、缉捕在逃犯罪嫌疑人、收缴枪爆“四场会战”，查破涉枪涉爆涉危刑事案件16起，提起公诉14人；查获非法烟花爆竹案件294起297人；收缴枪支100把、子弹1546发、管制刀具535把、黑火药烟火剂1031.25千克。

景区与非景区管理 2022年，晋江市公安局设立景点警务室34个、执勤点90个，执勤力量512人，组织巡防队伍62支694人；在全市A级景区和非景区景点布设智能感知设备，在沿海海岸线建设电子围栏15个、远距巡防探照灯20个和视频高清喇叭34个，整合接入公园、河道、水库等视频资源。2022年，晋江市景区与非景区景点未发生安全案（事）件。

夏季治安打击整治“百日行动” 2022年6月14日起，晋江市公安局开展夏季治安打击整治“百日行动”，开展集中统一行动15批次、启动仪

2022年9月9日，晋江市公安局在特警基地举行夏季治安整治“百日行动”集中统一行动出发仪式 （图/晋江市公安局）

式3批次，排摸“不放心人”“不放心事”风险隐患清单91条；收网省领导关注的“7•5”聚众淫乱案、省公安厅集群战役目标案件“六合彩”特大网赌案等5个黄赌特大专案，获省公安厅贺电。7月27日，公安部第八督察组到晋江市督导“百日行动”，肯定晋江市“领导有力、部署周密、措施得力、战果显著”。

【公安行政管理】 2022年，晋江市公安局新登记流动人口信息1465457人，注销1323126人，办理居住证55872张。全市出生登记11884人，死亡注销4664人，办理户口迁入22879人、迁出13434人；办理二代身份证85798张、临时居民身份证1913张、港澳台居民居住证3589张。

出入境与往来港澳台管理 2022年，晋江市公安局受理内地居民出国申请10488人次，其中办理护照1871人次。往来港澳探亲1964人次，港澳旅游5651人次、港澳定居421人。往来台湾61人次，办理台胞证280人次。办理出入境通行证106人次。换补发港澳居民来往内地通行证1384人次。查处“三非”(未经合法手续而在中国非法入境、非法居留、非法就业的外国人)案件49起168人次，登记境外人员住宿2469人次，受理各类外国人签证证件申请1165件。

(蔡其富)

【交通安全管理】 2022年，晋江市公安局交警大队以“减量控大”“六比三看”竞赛活动为载体，打击酒醉驾违法犯罪行为，消除道路交通事故安全隐患，推进各项交通安全管理工作，保障全市道路交通安全形势平稳向好。查处严重交通违法行为16.62万起；全市道路交通事故造成90人死亡，同上年持平。

道路交通安全综合整治 2022年，晋江市公安局交警大队组织开展夏季道路交通安全综合整治百日行动、“红盾2022”百日攻坚等系列行动，结合“全警管交通”工作机制，每日联同派出所开展酒醉驾夜查统一行动。查处酒驾2359起、醉驾1159起、载人超员14286起、货车超载3824起，核查酒醉驾有奖举报9起，溯源娱乐场所超时营业线索抄告文旅局16起。交警大队深化摩托车和电动自行车综合治理，向外卖企业发送抄告函18期，通报外卖骑手交通违法行为124起；突出重点驾驶员教育培训，加强“两客一危一货”(从事旅游的包车、三类以上班线客车、运输危险化学品、烟花爆竹、民用爆炸物品的道路专用车辆和重型货车)等重点驾驶人的常态化培训教育，开展“七进”(进企业、进学校、进机关、进社区、进农村、进家庭、进网格)宣传活动3830场、“两个教育”(机动车驾驶人违法记分满分教育和审验教育)活动422场。

道路隐患清除 2022年，晋江市公安局交警大队开展“争先锋•护道安”2022年交通事故预防竞赛活动，下发51份“周通报”、12份“月预警”，夯实道路交通事故预警机制；开展“拔钉围栏”行动，拔除源头、动态、意识隐患“三大钉子”，围好筑牢群防共治、队伍建设“两大铁栏”，被泉州道安办转发推广；依托道安平台，开展道路交通安全整治，推动完成10个省、市为民办实事项目，排查治理“六类”[省为民办实事道路隐患、国道沿线村(居)主要出入口“五有工程”建设、农村道路安全隐患突出路口路段“三必上”或“五必上”、农村道路临水临崖安全设施防护建设、工业园区隐患、通寺道路交通安全设施建设]道路隐患302处；推动安海镇建立镇级交通安全设施零星工程。聚焦全市事故黑点、秩序堵点、违法乱点，开展交通安全管理“三微”竞赛活动，摸排整改事故隐患点“微改造”104处、秩序易堵点“微治理”30处、交通违法乱点“微创新”31处。

文明出行规范 2022年，晋江市公安局交警大队结合文明城市常态化创建工作，延续“点题整治”经验做法，采取“白加黑”和“线上加线下”勤务模式，实行民警带队挂点包片工作机制，加强对主次干道、商业大街等重要区域的巡逻管控，为市民营造安全、文明的出行环境。加大交通违法的抓拍力度，全市完善12个备检路口电子警察，增设一批反向抓拍设备。规范化设置路面停车标志标线，将49条道路的104个路段规划为禁止停车严管路段，设立“严管路段，禁止停车”标志牌155块；挖掘市区停车资源，配合城管局、停车办扩建停车泊位1388个。完善中心市区交通安全设施，增设及维护各类交通标志牌458块、减速带1265米、热熔标线41503平方米，震荡标线1320平方米，防滑标线1772平方米，护栏4450片、反光柱139根、爆闪灯12套、广角镜11面、反光道钉374个。

交警便民服务 2022年，晋江市公安局交警大队推行“护工护产十举措”，保障服务复工复产，回应群众正常生活需求，办理各项车管业务61.5万笔、驾驶人综合业务4.2万笔。打造新时代“微车管所”进工业园区特色项目，为企业员工及附近群众开启“一站式”车驾管业务办理，办理各项车驾管业务6872笔；试点开设车驾管业务自助服务，根据车驾管业务大数据分析，相继在青阳街道、池店镇设置“24小时自助车管所”，全市自助办理各项驾管业务3126笔；推动车驾管业务办理全覆盖，将解抵押业务下放至全市19个警邮合作代办点；满足快递从业人员的证件申领需求，启动普通三轮摩托车电子考场。推行“公平、高效、廉洁”的快调服务理念，受理简易快处交通事故12015起，日均33起。受理交通调解案件1348起，协助法院立案845起，达成赔偿协议1730起(含法院)，调解成功率90%，涉及调解金额7380万元。

(林伟健)

【森林执法管理】 2022年，晋江市公安局森林警察大队开展打击破坏野生动物资源“亲野”战役，采取拉网式巡护和台账式摸排，加强对养殖的野生动物的监测和卫生管理。清查农贸市场58次，酒店、餐馆41次，巡查野生动物分布区51次，开展宣传教育9次，发放宣传材料、保护野生动物倡议书400多份。

涉林犯罪打击　2022年，晋江市公安局森林警察大队开展“昆仑2022”、打击破坏林木林地资源犯罪“坚碧”战役等一系列行动，破获危害国家重点保护动植物案19起。其中，危害国家重点保护植物案11起，抓获犯罪嫌疑人11人；破获危害珍贵、濒危野生动物案7起，抓获犯罪嫌疑人7人；破获盗窃案1起，抓获犯罪嫌疑人1人。

森林火灾案件查处　2022年，晋江市公安局森林警察大队开展森林火灾肇事“断薪”战役专项行动，对重点地区，不定期组织民警巡逻，执行森林防火期严禁一切野外用火的规定，坚持逢火必查。办理违反“禁火令”违法野外用火治安案件4起，罚款5人。

（林晓兰）

【执法规范化建设】　2022年，晋江市公安局继续开展法律保障服务。继续完善与天衡律师事务所联动机制，开展与该律师事务所日常法律事务咨询、行政诉讼、信访等专题业务的交流合作。编辑并印发《晋江市公安局涉疫案（事）件法律服务指引》《派出所办理消防行政案件工作指引》等文件，为执法办案行为提供法律支撑。开展执法培训，参与打击电信网络诈骗等专项工作，做好疑难执法问题攻坚和专案法律审核，提升全市公安机关执法办案水平。收到行政复议案件12件、刑事复议案件2件、行政诉讼案件9件，无一件被确认为违法。

公检法联席机制　2022年，晋江市公安局与检察院、法院等部门加强沟通交流，严格犯罪嫌疑人羁押必要性审查，规范刑事强制措施适用，推进“宽严相济”刑事司法政策和“少拘慎押”执法理念的落实，保障刑事诉讼活动进行。配合检察院开展性侵未成年人案件立案监督专项检查工作，规范和统一公检部门对办理性侵害未成年人刑事案件的标准和认识，加大对未成年人合法权益的司法保护。

执法考评与巡查制度　2022年，晋江市公安局每月随机抽取案件卷宗、警情处置记录、案件笔录同步录音录像等，进行执法质量情况检查、考评，并将结果通报全局；针对各部门执法办案中的薄弱环节，定期召开执法集中培训会，提升执法办案整体水平。坚持“大数据＋执法监督”理念，开展执法办案工作网上巡查，实现对办案轨迹全流程跟踪、执法对象全方位管控、执法活动全过程回溯；依托执法监督平台，安排专人对及时处置违法犯罪警情率、涉案财物管理率、风险点处置情况、案件材料扫描情况进行每日检查通报。

政法跨部门大数据办案平台试点　2022年6月底，福建省政法跨部门大数据办案平台试运行。晋江市公安局作为该平台试点单位，按照三级政法委和上级公安机关要求，规范下属办案单位做好2022年6月30日后立案的刑事案件的线上流转工作，推进政法跨部门大数据办案平台试点工作。截至12月31日，晋江市公安局通过政法协同平台流转报捕案件403件，起诉案件774件，补侦案件15件；接收检察院批捕、不捕401件，退补28件，不起诉129件；反馈批捕、不捕执行回执90件；接收法院决定逮捕3件、判决31件。

【公安“放管服”改革】　2022年，晋江市公安局深化“放管服”改革，推出《晋江市公安局服务保障企业复工复产十二条措施》，优化、简化企业办事程序，提供适宜企业复工复产的法治环境；衔接国务院和省、泉州市政府下放、取消和调整的行政审批权力事项，建立权力清单动态调整机制，通过政务网站同步向社会公布，按照“依法监管、公正高效”的原则，以强化制度建设、监督检查、整改落实为抓手，落实“双随机、一公开”，狠抓事中事后监管工作。

【三级接访机制】　2022年，晋江市公安局推行三级接访机制。市公安局领导每月15日、20日接待来访群众，派出所领导或民警负责定期接待辖区群众来访，在阳光社区警务室、三六一度警务室等开设信访接待窗口，将接访工作深入基层最前线。晋江市公安局接待来访群众219批232人次，当场解释、答复141批次，交办78件，全部落实到包案领导、责任单位、责任人，按规定跟踪办结到位。

（蔡其富）

检察

【概况】　2022年，晋江市人民检察院传承创新发展“晋江经验”，各项工作稳步开展。全年审查逮捕刑事案件1361件1857人，审查移送起诉案件2962件3844人，办理民事检察监督案件151件、行政检察监督案件162件、公益诉讼案件107件。

【刑事检察监督】　2022年，晋江市人民检察院加强对刑事立案、侦查活动的监督。在市公安局设立侦查监督与协作配合办公室，监督立案14件、撤案23件，依法追捕24人、追诉25人；提出纠正意见和检察建议48件，实现监督端口前移。加强审判活动监督。提请刑事抗诉案件6件，泉州市检察院支持6件，泉州市中级人民法院改判5件。加强刑事执行监督。开展看守所执法和监外执行检察监督，发出检察建议和纠正违法通知书33份，纠正执法不规范问题。推进判实刑罪犯未执行刑罚清理活动，监督清理30人，防止“纸面服刑”。开展财产刑执行检察，督促法院立案执行179件，执行到位151万余元，发还被害人57万余元，促进财产刑正确执行。

【民事检察监督】　2022年，晋江市人民检察院办理各类民事检察监督案件151件，依法保护公民、法人和其他组织的合法权益。推进虚假诉讼监督。办理 6 件民间借贷、“套路贷”领域虚假诉讼案件，推动改判 6 件，维护司法权威。推进民事执行监督。针对法院未及时采取执行措施、未规范终结执行程序等情形，提出检察建议 84 件，均得到纠正。推进支持起诉工作。依法支持未成年人、交通事故被害人等群体向法院起诉追索人身损害赔偿金等，提出支持起诉 42 件，帮助追索赔偿金 54.6 万元。

【行政检察监督】 2022 年，晋江市人民检察院办理各类行政检察监督案件 162 件，支持和促进依法行政。加大民生领域案件办理力度。开展“断卡行动”“强制隔离戒毒”行政违法行为监督和“征收社会抚养费”执行监督等专项活动。开展行政争议实质性化解。加大案件摸排、释法说理、跟踪问效工作力度，会同行政机关化解行政争议 18 件。回应企业诉求，督促行政机关处罚假冒三六一度公司注册商标行为，化解行政争议。该案件获评省级典型案例。

【公益诉讼检察监督】 2022 年，晋江市人民检察院办理公益诉讼案件 107 件，办理的督促保障残疾人就业行政公益诉讼案获评国家级典型案例。通过公益诉讼推动非遗项目传承发展的经验做法被央视《法治在线》专题报道。干警吴雅芳入选全国公益诉讼全面实施 5 周年“好人物”。公益诉讼检察工作获评泉州市检察机关 2022 年度“亮点工作奖”。聚焦生态环境和资源保护，开展专项监督活动。与市河长办、林长办等单位建立协作机制，对相关行政部门提出检察建议 44 件。贯彻恢复性司法理念，采用增殖放流、劳役代偿等方式，督促当事人种植林木 4600 株，放流鱼苗 17.1 万尾，追缴生态损害赔偿金 81 万元。借力“世遗”申报成功，探索文物和非物质文化遗产公益诉讼新领域，在安平桥等文物保护单位设置 8 个“检察护宝观察点”，聘任 8 名“护宝观察员”协助收集群众诉求、发现案件线索、提供专业咨询。实地走访非遗保护单位、专家、传承人，联合文旅局、属地镇政府等部门共同探索推进非遗传承发展的方法和途径。

【未成年人关爱呵护】 2022 年，晋江市人民检察院落实落细未成年人保护“两法”（未成年人保护法和预防未成年人犯罪法），助推“六大保护”（社会保护、学校保护、网络保护、政府保护、司法保护、家庭保护）融合发力。开展“网约房”个案监督的经验做法被央视《法治在线》栏目专题报道，得到泉州市委常委、晋江市委书记张文贤的肯定和专门批示“值得肯定！要再接再厉，为未成年人健康成长创造良好的法治环境”。关爱救助涉案未成年人。会同市民政局、教育局、卫生健康局等单位落实身体康复、心理疏导、转学安置等救助措施，帮助 23 名未成年被害人恢复正常生活。坚持教育为主、惩罚为辅，不捕未成年人犯罪 39 人，不捕率 63.93%；不诉 70 人，不诉率 67.96%。通过督促监护令、家庭教育指导、帮教回访等形式，对涉罪未成年人开展特殊预防 115 次。严惩侵害未成年人犯罪。以“零容忍”态度打击侵犯未成年人犯罪，依法批捕 93 人，起诉 101 人。提前介入涉外拐卖儿童“223”专案，打击拐卖儿童犯罪，跟踪监督 15 名婴儿安置情况。落实“一号检察建议”。深化法治进校园活动，14 名检察官担任 16 所中小学、幼儿园法治副校长；探索在晋江一中、华侨职业中专开展学生“法治委员”培训工作。推进犯罪预防进村（居）、进家庭活动，开展线上线下普法 24 场，家长课堂 2 场。

【法治宣传教育】 2022 年，晋江市人民检察院升级非公有制企业法治教育基地。该基地成为全省特色检察工作的重要展示平台。云南省多个区县领导班子、检察干警分批次前往参观学习。全年，基地接待企业人员及社会各界学习培训 322 场 2.5 万人次。打造 “唐生学法”“五里桥茶馆”2 个普法宣传品牌，宣传作品多次被国家级、省级媒体采用。其中，被央视《今日说法》采用 24 次，央视频采用 20 次，最高检采用 9 次，“学习强国” 学习平台采用 8 次。晋江市人民检察院获评 2022 年度 “全国检察宣传先进单位”，宣传工作居泉州市检察机关第一名。

【营商环境优化】 2022 年，晋江市人民检察院推进涉案企业合规改革。自 2021 年 4 月被最高检确定为第二批 “企业合规改革”试点单位至 2022 年底，办理涉企刑事合规案件 5 件，不起诉 4 人，判缓刑 2 人。办理泉州市首起跨域合规整改案件。1 个案件入选最高检典型示例、2 个案件入选省级典型案例。晋江市人民检察院作为唯一基层检察院代表，在全省检察机关涉案企业合规改革工作会上作经

2022 年 12 月，晋江市人民检察院升级非公有制企业法治教育基地。图为非公有制企业法治教育基地内景 （图/晋江市人民检察院）

验介绍。开展企业合规建设服务。发挥民营企业合规建设服务联盟作用，为企业开展免费合规体检和合规人才培训。联盟应邀对恒安集团开展为期2周的合规体检，提出建议14条。另有106家企业主动参与线上合规体检，自检系统检出风险点868条。开展知识产权综合保护。办理侵犯知识产权犯罪案件94件144人，2个知识产权监督案件入选省级典型案例。提前介入公安机关查办的“7•22”特大制售假冒安踏奥运会赞助服装案，该案的办理斩断跨6个省的产供销制假链条。联合市法院、市场监督管理局召开新闻发布会，发布知识产权保护白皮书，建立信息共享、案件移送、协作办案机制，促进知识产权协同保护。防范化解重大风险。批捕非法集资、传销、洗钱等危害金融安全犯罪4人，起诉30人。牵头召开检警银反洗钱工作座谈会，完善会商机制。晋江市人民检察院3个业务部门、7名干警获评全省打击洗钱犯罪有功集体和个人。惩治网络犯罪。起诉网络“黄赌毒”犯罪101件213人，比上年分别下降38.61%、100.94%，推进“断卡行动”，打击电信网络诈骗及上下游犯罪，批捕345件488人，起诉699件1055人。1个案件入选最高检典型案例。

（李燕萍）

法　院

【概况】 2022年，晋江市人民法院受理各类案件43745件，办结案件41200件，执行到位金额逾23亿元，收、结案数均居全省基层法院第二，12个集体、10名个人获省级以上荣誉，晋江市人民法院被最高人民法院命名为“为群众办实事示范法院”。

【刑事审判】 2022年，晋江市人民法院审结各类刑事案件2392件。常态化开展扫黑除恶斗争，审结黑恶势力犯罪案件14件，执行到位财产刑1169万元；开展整治养老诈骗犯罪专项斗争，审结的“老妈乐”非法吸收公众存款案入选“福建法院打击整治养老诈骗第二批典型案例”。打击重点犯罪。审结故意杀人、故意伤害、抢劫等严重暴力犯罪案件81件；审结电信网络诈骗及关联犯罪案件558件，守好群众“钱袋子”；审结危险驾驶、高空抛物及生产、销售有毒、有害食品犯罪案件711件；审结涉税犯罪案件5件，税额近1000万元，引导树立依法纳税观念。重拳惩治腐败犯罪。贯彻受贿行贿一起查意见，保持高压态势，审结职务犯罪案件8件24人，其中行贿犯罪12人。

【民生权益保护】 2022年，晋江市人民法院审结婚姻、赡养、继承等家事案件1072件，依法发出人身保护令，支持全职家庭主妇离婚诉请家务劳动补偿，民事审判一庭获评“晋江市三八红旗集体”；审结人格权纠纷、人身损害赔偿纠纷案件234件，保障人格权益；审结涉教育、就业、医疗等民生案件759件，兜住民生底线；审结房屋买卖、租赁、物业服务等纠纷案件1761件，确保居有其所。打造“法护松鹤”老年人权益司法保障品牌，提供适老型司法服务；打击针对未成年人犯罪，审结猥亵儿童、拐卖儿童犯罪案件33件，维护儿童合法权益；坚持“教育、感化、挽救”方针，审结未成年人犯罪案件18件，对16名未成年人封存犯罪记录，力促早日回归社会；召开未成年人权益保护和犯罪预防、子女家庭教育专题座谈会，促进未成年人健康成长。

【营商环境法治化】 2022年，晋江市人民法院开展“法官走企业•司法护发展”专题调研、“千名执行干警进千企”专项活动，出台纾困解难司法措施助企业渡难关、谋发展，线上开设“法护发展”微信公众号专栏，发布典型案例和相关经验做法，线下与企业联合开展共建活动，推动民营企业合规化经营。服务创新驱动发展。融入晋江国家级知识产权快速维权中心建设，建立知识产权司法保护联席会议制度，设立诉调对接工作室强化诉前纠纷化解，推出“司法提示函”强化企业知识产权保护意识，创新“三端三联三高”（前端诉调、中端审判、末端司法服务助力驱动发展，联动部门、联结行业、联通专家构建保护格局，高标、高质、高效保护知识产权）机制获《八闽快讯》登载。审结商事案件10805件，标的额逾23亿元，维护企业合法权益；打击涉企犯罪，审结非公领域职务犯罪案件15件；打击破坏经济秩序犯罪，审结非法经营、合同诈骗犯罪案件40件；审结“双水湾”项目重整案等多起破产重整案件，落实“保交楼、保民生、保稳定”，相关做法被《人民法院报》以《晋江：

2022年2月25日，晋江市人民法院开展“春雷”涉民生案件集中统一行动。图为“春雷”行动启动

（图/晋江市人民法院）

展现司法温度 厚植营商“土壤”》为题进行专版报道。

【行政审判】 2022年，晋江市人民法院助力健全行政案件行为地、管辖地、居住地三地多元协同化解矛盾机制，推动行政纠纷源头化解、实质性化解；依法快速审查涉重点项目非诉行政案件，开辟全流程“绿色通道”，审结非诉行政案件553件，保障重点项目建设有序推进。强化项目法律指引。走访池店镇池峰路南延片区改造项目和池店文教园项目，法官驻点提供司法意见和法律咨询，协助依法推进项目，助力城市更新发展。深化府院良性互动。召开联席会议，落实信息共享、沟通协调机制，邀请行政机关参加“全省行政诉讼与行政检察法律实务培训班”并座谈，促进提升依法行政能力，助力晋江获评“第二批全国法治政府建设示范市(县、区)”。

【矛盾纠纷源头化解】 2022年，晋江市人民法院实施诉源治理“六比六促”工程(比案件降幅促诉源减量、比工作联动促实质对接、比平台应用促提质增效、比案结事了促调解效果、比品牌建设促工作创新、比党建引领促司法为民)，推行“1＋1＋N”(1名调解员和1名员额法官，依托诉调对接中心等多个平台)诉调对接模式，诉前化解纠纷9487件，万人成讼率比上年下降7.5%，“创新法商‘三联’诉调对接工作机制”获评“全省法院开展诉源治理工作创新举措”。打造高水平参与社会治理的新时代法庭，磁灶法庭入围全省法院寻找“最美法庭”十五强，金井法庭获评省级“青年文明号”，青阳法庭提炼的《晋江市多元联动化解房产纠纷》入选泉州市委改革办“强基促稳——提升基层矛盾化解能力”十大优秀创新案例。推出“3员＋互联网”(“3员”指审判员＋港澳籍陪审员＋港澳籍调解员)涉港澳司法新机制，被最高人民法院评为“人民法院涉港澳司法合作优秀成果”。

【案件执行】 2022年，晋江市人民法院执结各类案件17147件，实际执行到位金额逾23亿元。推行“执行局长定期走流程、关键节点专人负专责”机制，加强执行节点管理，提升执行流程监管智能化水平；突出速执程序功效，通过速执程序执结6105件，执行到位金额近3.5亿元。提起线上查控12471件，组织网络拍卖481次，成交金额近5亿元；成立诚信宣教中心，对被拘传的失信被执行人开展诚信宣教156人次；用足失信联合惩戒机制，判决拒执犯罪13件16人，曝光失信被执行人2031人次，限制高消费12118人次，拘传罚款419人次。开展专项执行。组织“夏季攻势”“暖冬行动”等涉民生、民企专项执行活动15场，执结219件，执行到位金额2400余万元；巧用执行救助机制，深化运用“执行＋慈善”机制，做好司法救助工作，发放救助款185万余元。在上级法院指导下，联合丰泽、泉港、石狮、惠安法院成立跨域联动执行协助中心，开展全方位执行合作。

【生态司法保护】 2022年，晋江市人民法院开展“城市品质提升年”主题活动，联合出台《关于加强河湖山林协同共治，助推城市品质提升的工作意见》，设立生态法官服务日、法官服务站、工作室、执法与司法协同保护工作站。设立“世界遗产保护法官工作室”，联合出台工作意见，助力“世遗”保护；发挥五店市旅游巡回法庭、梧林全域生态旅游司法服务站功能，护航品质旅游。发出泉州首份污染环境司法预警书，设立警示教育宣传栏，发布典型案例，审结泉州首件“碳汇补偿＋劳役代偿”环境公益诉讼案、晋江首件环境监测数据造假案。5个案例获评全省优秀案例、省市级生态环境司法保护典型案例，5个案例入选“泉州两江流域水环境司法协同保护典型案例”。

【司法便民服务】 2022年，晋江市人民法院强化智慧平台运用。启用新诉讼服务中心，提供自动生成诉状、自助立案、查询等智能服务，完善“12368”热线服务，网上立案10693件，跨域立案1124件；成立“全流程”执行卷宗管理中心，推行执行案件电子卷宗随案同步生成，加快执行案件流转速度；实施档案数字化工程，累计完成79.5万卷3234万页旧存诉讼档案数字化扫描。优化诉讼司法服务。打造“一站式”执行服务中心，开通2部执行服务专线电话，提升服务水平；推进辅助事务集约办理，扩大适用电子送达、短信送达，提高送达效率；依法为当事人缓、减、免交诉讼费43.3万元，让困难群众打得起官司。深化“调审保执”机制。统筹兼顾案件减量提质，便利财产保全申请，加大

2022年6月27日，晋江市人民法院开展执行案款集中发放活动。图为执行款集中发放现场
(图/晋江市人民法院)

财产保全力度，以保全促调解、促履行，形成“调审保执”（调解、审判、保全、执行）一体化办案机制；配套出台诚信诉讼制度，惩处23起16名存在不诚信诉讼行为的当事人。提升公众法治意识。组建青年法官普法宣讲队，选派19名干警担任法治副校长，开展普法“八进”活动180余场次，受众万余人次，定期推送“诉源治理”“晋法君说法”等栏目，引导群众守规则崇法治。抖音政务号获评“第三届全省政法新媒体优秀账号”，微信公众号获评“第四届‘四个一百’优秀政法新媒体账号”“全国法院百优新媒体账号”“泉州政务微信最具影响力公众号”。

（陈珊珊）

司法行政

【概况】 2022年，晋江市司法局研究制定《晋江市法治政府建设实施方案（2021—2025年）》《晋江市法治社会建设实施方案（2021—2025年）》。创新特殊人群管控工作机制，凝聚合力做好社区矫正和安置帮教。召开全市“八五”普法动员部署会议，强化普法队伍建设，创新普法载体形式，做实普法宣传活动。全年调解案件4409起，成功调解4408起；村（社区）法律顾问为群众提供法律咨询2734人次，开展法治宣传活动695场次，调处矛盾纠纷366起；办结各类公证3848件；受理法律援助案件3011件；培育“法律明白人”4780人、“法治带头人”4137人。晋江市被中央全面依法治国委员会办公室评为第二批全国法治政府建设示范市，永和司法所获评全省司法行政先进集体，市法律援助中心获评2022年晋江市“巾帼文明岗”。

【人民调解】 2022年，晋江市司法局聚焦征地拆迁、涉疫涉企、房地产物业、医疗、教育等矛盾纠纷高发易发重点行业领域，开展矛盾纠纷排查化解工作。全市人民调解案件4409起，成功调解4408起，调解成功率99.98%。坚持和发展新时代“枫桥经验”，适应矛盾纠纷化解新形势、新特点，联合晋江市委政法委创新推出“调解＋慈善”机制，探索形成社会慈善力量参与人民调解新模式。6月，召开晋江市人民调解员协会成立大会，推动人民调解工作走向专业化和职业化。健全完善“三调对接”（检调对接、公调对接、诉调对接）机制，实施人民调解基层治理穿透到户工作机制，参与推进三级矛盾纠纷多元化解中心实体化运行工作。先后推动3个部门建立行政调解组织，新培育打造婚姻家庭纠纷、房地产服务行业等专业性行业性调委会2个。

【社区矫正与安置帮教】 2022年，晋江市司法局利用信息化手段，加强社区矫正人员请销假管理和出行轨迹追踪，确保“行知去向，动知轨迹”。开展社区矫正重点人员极端事件风险隐患排查、刑满释放人员信息核查等专项行动，实行风险隐患一案一策防范应对，筑牢“自防＋联防”风险预警格局，保障重大会议重要节点期间全市司法行政系统安全稳定运行。推动《中华人民共和国反有组织犯罪法》纳入《2022年晋江市重点市直机关普法责任清单》。创新特殊人群管控工作机制，联合晋江市公安局建立社区矫正信息化核查联动工作机制，实行定时通报、立即整改工作模式，预防和减少社区矫正对象脱漏管以及重新违法犯罪等案件发生。晋江市社区矫正中心实行24小时专人值班，全市社区矫正对象取得确认位置信息违规情况下降90%。构建社区矫正对象从入矫到解矫全过程全链式社会力量帮扶工作机制，将晋江市文明办、市医院、市银监办等单位纳入社区矫正委员会成员单位，设立多职能帮扶小组；与教师联盟、应急救援队、青年志愿者协会等共建合作，增强社区矫正教育帮扶力量。全年开展社区矫正对象集中教育和分批次教育62场，接受教育社区矫正对象1900人次。发挥安置帮教基地帮扶效能，开展“强弱项、建机制”专项活动督查，成立4个督查组分别对19个基层司法所开展实地督导，针对查找出的9项共性问题、2项个性问题进行限期整改、挂账销号。协调推动各司法所与辖区派出所建立刑满释放人员信息核查比对机制，定期集中比对辖区内刑满释放人员基本信息、重新犯罪人数、人员去向、重点对象走访等信息，确保安置帮教对象全覆盖和信息准确，预防和减少刑满释放人员重新违法犯罪。全市重点帮教对象衔接率100%。落实刑满释放人员安置帮教措施，发动全市9个安置帮教基地，帮助符合政策条件的刑释解教人员落实低保、就业扶持等相关政策，帮助刑满释放人员回归社会。

【公共法律服务】 2022年，晋江市司法局发挥村（社区）法律顾问作用，村（社区）法律顾问为群众提供法律咨询2734人次，开展法治宣传活动695场次，调处矛盾纠纷366起。加强村（社区）法律顾问属地化管理，依托法律顾问所在律所、基层司法所定期开展督导考核，确保村（社区）法律顾问履职尽责。深化村（社区）法律顾问示范点创建，全市有村（社区）法律顾问示范点240个，覆盖率60%。深化“互联网＋法律服务”模式，打造升级“掌上法律顾问”微信小程序，提升覆盖率、知晓率、应用率，全年服务群众1440人次、回答法律咨询问题1697个，覆盖用户127216人次。

【律师管理】 2022年，晋江市司法局深入全市42家律师事务所、7家基层法律服务所开展实地调研，制定出台《关于进一步加强律师事务所、基层法律服务所行政人员管理指导意见》等管理制度，指导促进全市法律服务行业有序规范、健康发展。抓好律师轮值服务工作，发挥律师职业优势，抓好各类律师驻点轮值工作，每月安排律师参与全市信访轮值，提供专业法律建议，促进信访事项在法治轨道上精准解决。做好律师轮值市公共法律服务大厅、市矛盾纠纷多元调解联动指挥中心、市法院诉调对接中心、市检察院检察监督指导中心等窗口提供法律咨询解答服务工作，引导群众通过法定程序表达诉求、依靠法律手段解决问题、化解矛盾。

【公证管理】 2022年，晋江市司法局优化“最多跑一次”服务，设立晋江市公证处陈埭便民工作站，每周驻点提供业务咨询、业务受理、业务预约和预审等服务；做好公证扫码缴费、邮寄送达、延时服务、绿色通道等便民利民举措，全年办结各类公证3848件（其中内地公证1787件，涉外公证854件，涉港澳公证804件，涉台公证403件），提供延时服务104人次，上门服务24人次、邮寄公证书431份。发挥公证服务效能，办理国有土地使用权拍卖公证25件，商品房购房摇号公证4件。

【法律援助】 2022年，晋江市司法局开展“不忘初心、牢记嘱托，打造新时代福建148品牌”三年行动，培育“法律援助+调解+仲裁”民生工程，推动法律援助联络点纳入“党建+”邻里中心建设，解决群众急难愁盼问题。实施《中华人民共和国法律援助法》，推行“经济困难承诺制”，办理通过签署经济困难状况承诺书获得法律援助服务303人。晋江市法律援助中心被评为2022年晋江市“巾帼文明岗”，2个法律援助案例获评2022年泉州市十佳农民工法律援助案件，1个法律援助案例获评2022年福建省十佳农民工法律援助案件。全市受理法律援助案件3011件，解答群众咨询2518人次。

【普法宣传】 2022年，晋江市司法局贯彻落实“谁执法谁普法”普法责任制，制定印发《2022年晋江市普法依法治理工作要点》《2022年晋江市重点市直机关普法责任清单》，打造各部门分工负责、各司其职、齐抓共管的“大普法”工作格局。推进重点对象学法用法工作，开展全市领导干部法治专题培训、“八五”普法骨干培训，提高领导干部运用法治思维和法治方式深化改革、推动发展、化解矛盾、维护稳定能力；联合晋江市委政法委、教育局开展“校园学生法治委员”项目，在全市各级各类学校中试点选聘“校园学生法治委员”110人；举办全市学生“学宪法 讲宪法”知识竞赛和演讲比赛等。承办泉州市2022年宪法宣传周暨纪念现行宪法公布施行40周年法治宣传活动。鼓励运用社会力量开展普法，牵头成立晋江市“蒲公英”普法志愿者队伍，汇聚社会法治宣传教育力量，推动全市普法志愿活动向规模化、规范化、品牌化发展。实施乡村“法律明白人”“法治带头人”双培养工程，全市培育“法律明白人”4780人、“法治带头人”4137人；先后开展“法律明白人”培训6场，每名“法律明白人”均完成12个课时法治培训。2022年，全市“法律明白人”参与各类基层法律服务活动4876场次。发挥“法治晋江”微信公众号、楼宇梯视、公交车载电视等普法新媒体优势，在《晋江经济报》、晋江市电视台等当地大众媒体开辟法治文化专栏，创新推出“法治晋江”云展厅，扩大普法受众面。深化法治宣传“百千万”（开展法治宣传教育的百人说法百场，千人送法千家，万人学法万次的百千万工程）计划、“社工+义工”普法项目，全市开展普法活动2530多场。

（王名乙）

仲 裁

【概况】 2022年，泉州仲裁委员会晋江分会受理各类经济合同纠纷案件426件，涉案总标的额3.03亿元；往年旧存案件103件，涉案总标的额0.74亿元。审结各类案件419件（其中2022年受理的案件337件，2021年旧存案件81件，2020年旧存案件1件），总标的额3.06亿元；未结案件110件，结案率79.21%。结案方式为：调解310件，裁决63件，撤回申请41件，不予受理5件。

【仲裁制度建设】 2022年，泉州仲裁委员会晋江分会贯彻落实泉州仲裁委员会下发的《关于在仲裁案件中将执行通知程序前置的通知》，提高仲裁裁决案件执行效率。对所有发出的裁决书、调解书，均在原有法律文书中注明执行程序通知，告知案件当事人执行程序期间的权利义务，进而推动仲裁案件在执行阶段更好地和人民法院执行程序相衔接，依法保障当事人的合法权益。

【案件评查制度落实】 2022年，泉州仲裁委员会晋江分会坚持评查工作常态化。通过开展案件质量评查工作推进整体办案质量的进一步提高。每次开展仲裁案件质量评查前，都先进行调研，有针对性地对原制定的《仲裁案件质量评查办法》进行修订和完善。在组织形式上，采取各仲裁工作点交叉评查。泉州仲裁委员会晋江分会于2022年11月中旬组织驻会仲裁员、仲裁秘书对2021年12月1日至2022年10月31日审结的全部仲裁裁决案件和部分仲裁调解案件进行评查，并针对评查中发现的问题和薄弱环节，总结经验教训，提出整改措施。

【社会矛盾化解】 2022年，泉州仲裁委员会晋江分会坚持“能调则调”原则，妥善化解社会矛盾。晋江分会仲裁员、仲裁秘书接案后，通过研究案情，抓住矛盾的焦点，找准突破口，采取案前、案中、案后调解的方式，做好双方当事人的思想工作，引导双方当事人达成和解协议，促进当事双方和平解决争议，化解矛盾纠纷，调解率达74%。

（李宗民）

军　事

人民武装

【思想政治建设】 2022年，晋江市人民武装部组织参观中共泉州中心县委历史纪念馆、“鸿官之路”党建展馆及“迎接党的二十大‘晋江经验20周年’”专题展览，提高专武干部和基干民兵使命感、荣誉感。开展优质民兵政治教育教案评选活动，完成民兵政治教育试点任务。联合地方组织、宣传、政法、统战等部门开展认知作战领域专题研究；筹划开展民兵政治教育试点工作，开展对民兵平时执行任务中随机教育引导课目演示。升级晋江市人民武装部营区政治氛围，营造练兵备战文化氛围，夯实“听党话、跟党走”的思想根基。

【军事训练】 2022年，晋江市人民武装部把握动员备战核心，推进战训耦合、体系练兵、科技练兵。开展值班业务培训，巩固提升动员备战状态。完成年度基干民兵训练任务，某分队在省军区组织的演训中取得优异成绩。组织部分人员参加省军区、军分区专武干部集训比武考核，通过组织民兵干部、骨干集训，提高现役干部指挥能力、专武干部任职能力、专业骨干组训能力以及基干民兵遂行任务的能力。

【国防动员】 2022年，晋江市人民武装部按照“建强队伍、理顺机制、延伸机构”要求，调整全市所有镇（街道）国防动员工作小组，采集调查有关数据，调整编实建强民兵队伍，按有利于集中训练、有利于执行任务、有利于开展活动、有利于均衡负担的原则，以兵员潜力较为丰富的专业对口单位、民兵新质力量、退役军人等为重点，展开精细化编组整组，常态化教育管理，确保民兵分队能够实现快速动员保障任务行动。

【征兵工作】 2022年，晋江市人民武装部创新征兵宣传形式，突出“线上＋线下”宣传模式，借助广电开机画面宣传，微信朋友圈征兵广告曝光，布置辖区主干道马路栏杆横幅。完成上级赋予的征集任务，新兵质量尤其是大学毕业生比例较往年明显提高。

【依法从严治军】 2022年，晋江市人民武装部按照“聚焦打仗立标准，依法从严正秩序，全面建设打基础”的建设思路，坚持原原本本学法规，坚持问题导向，研究解决落实法规存在的矛盾，逐一研究解决。针对人民武装工作与地方工作交往多、敏感事项多、群众关注多的实际，落实党委班子议事规则，纯正净化内部关系，严守廉洁征兵规定、军地交往规范、“八小时以外”管理办法等，清除与法规制度相悖的土政策土规定。开展“评星挂牌”活动，基层武装部规范化建设取得新突破。发挥军地联合作用，协调晋江市委、市政府安排专项经费保障战备器材库物资。立好标准，坚持要素齐全、功能完备、布局合理、兼顾美观，对照省军区检查考评细则要求，制定规范化建设方案，协调晋江市委、市政府召开议军会，安排经费专项用于支持人民武装部规范化建设。贯彻落实民主集中制，对照基层风气建设整肃治理，针对查摆出的问题，明确整改责任和完成时限，逐一抓好整改落实。

（庄文晓）

武装警察

【概况】 2022年，中国人民武装警察泉州支队晋江中队（简称“武警晋江中队”）在上级党委的领导下，坚持以习近平新时代中国特色社会主义思想为指导，抓好经常性基础性工作的落实。武警晋江中队全面建设受到武警部队总部和福建省总队的肯定。

【思想政治建设】 2022年，武警晋江中队坚持把思想政治建设摆在各项工作的首位，以“士兵讲堂”的形式，让每名战士都能主动站上讲台，在分众化学习、大众化传播、通俗化解读中提升理论学习成效，确保党的创新思想和上级决策部署在武警晋江中队落地生根。以《习近平论强军兴军（三）》《习近平强军思想学习问答》为基本教材，落实基层理论学习制度，采取“干部带学、载体推学、研讨深学、活动促学”的方法，引导官兵坚决捍卫“两个确立”。中共二十大召开期间，武警晋江中队组织官兵收看开幕式、闭幕式等专题节目，组织官兵利用新媒体平台阅读新闻通稿、官方解读和评论员文章，利用“小纸条”记录“微体会”，借助板报、展板、LED屏等载体营造学习氛围，开展“党的二十大精神快问快答”和应知应会知识竞赛活动，组织“巡逻路上的畅谈发展成就”主题故事会和“学习党的二十大报告”心得体会交流。每月分析舆论形势，针对社会热点事件进行实时解读，占领思想高地。关注官兵思想动态，稳控官兵思想，关注意识形态，围绕“八清”要求，把握新战士思想和心理变化，开展密切内部关系和“大谈心、大排查、送温暖、办实事”活动，借助活动载体，为家属患有重病的官兵申请困难救济，落实“深知兵、真爱兵”常态化措施。

【军事训练】　2022年，武警晋江中队贯彻落实《军事训练大纲》和武警部队按纲施训周期运行表，开展“创（破）纪录、当尖兵”活动，坚持“日定量、周测试、月考核”制度，在部队中形成“比学赶帮超”的训练氛围，促进部队战斗力的提升。注重平战结合、常训常备，围绕重点热点动态，突出中秋节、国庆节、中共二十大召开等敏感时段，开展形势任务教育，修订完善各类方案预案，抓战备制度落实，开展实战化战备训练，强化官兵忧患意识、使命意识和责任意识。围绕驻地任务特点，紧盯“三种情况第一时间到现场”等经常性任务，坚持每天不定时拉动应急小组，每周拉动战备值班，检验部队遂行任务能力。

【部队管理】　2022年，武警晋江中队落实各项制度，把法规学习融入政治教育、融入官兵日常养成、融入工作和生活。抓部队精气神和小节养成，从队列歌声、军容礼仪、物品摆放、草木修剪等细节小节抓起严起，让标准内化于心。纠治“就寝秩序乱、不按节点走、不跟周表干”等问题，做到时时处处事事按纲建、按纲训、按条令管、按制度办，立起依法指导、依法管理、依法运行的规矩标准。抓险点守底线，把深化重点问题治理作为防范重大安全问题的重要手段，坚持以“安全大检查”活动为抓手，开展“聚力迎盛会、扎实保稳定”建安创安活动，用好安全工作载体，守住安全底线。抓转型提质效，以“后勤管理年”活动为契机，组织设备器材、无形资产核查盘点和数据补录更新。落实新时期组伙模式，发挥点餐系统作用，每周经济民主会收集官兵意见，调剂伙食，制定食谱，做官兵喜爱的家乡菜、家常菜，探索开办“深夜食堂”，保障夜间哨兵用餐需求。紧贴官兵现实需求，开展哨位“送清凉”活动，邀请地方医院专家到部队送诊，协调晋江市政府调拨经费推进部队营房维修改造，推动生活设施保障和营产营具更新升级。

【战备值勤】　2022年，武警晋江中队在执勤工作中坚持做到“三个经常”（教育经常搞、形势经常分析、动作经常规范）。针对执勤工作面临的严峻形势，召集干部、骨干利用执勤研究会，分析研究执勤现状和周围敌社情，查找不足、制定整改措施，确保勤务工作正常开展。贯彻落实武警部队新时代执勤安保规范化集训和总队规范化建设观摩培训精神，围绕正规抓建、规范组勤、一线处置三点发力，组织干部领学、原文深学、集体研学、讨论交流和理论测试，逐目标、逐场所、逐部位规范调整，完成执勤方案修订、兵力部署图调整、值班室布局规范、职责牌更换。落实“每天调阅录像覆盖检查，每周讲评执勤工作，每月分析执勤形势”制度，总结固化有效做法，纠治执勤“常见病”“多发病”。

（汤飞宇）

海　警

【概况】　2022年，泉州海警局晋江工作站深入贯彻习近平强军思想和新时代军事战略方针，维护辖区稳定，维权执法，结合伏季休渔、防抗台风、日周月季、海上专项执法行动等重点工作，策划刊发新闻宣传稿件21篇。

【练兵备战】　2022年，泉州海警局晋江工作站围绕辖区海洋环境保护、海上缉私、救生器材操作使用等课目开展专攻精练，采取模拟对抗、现场处置等方式锤炼一线执法员综合执法能力，完成中共二十大、两会期间安保任务和伏季休渔期管控任务。

【海上综合治理】　2022年，泉州海警局晋江工作站聚焦海上维权执法这一主责主业，保持打击违法犯罪行为的高压态势，开展“净海2022”“獴猎2022”“伏季休渔2022”“净海清湾2022”等专项执法行动。全年接处警百余起，海上救援多起，办理各类案件数十起。连续破获多起案件，保持辖区治安平稳可控。

【辖区管控】　2022年，泉州海警局晋江工作站加强与驻地政府、渔政、海事、海关、自然资源、生态环境、公检法等部门的联勤联动，完成与公检法、烟草专卖局、环境生态局等部门联合签署执法合作协议，参与“净海清湾2022”联合巡查，配合参与省委政法委“防范化解海上整治安全风险”重点课题调研、晋江市海陆涉砂突出问题整治等工作，与晋江市人民检察院联合成立侦查监督与协作配合办公室，构建海陆联动，共同维护辖区平安稳定。结合辖区实际情况，划分网格区域，由网格员深入辖区实时采集更新警务综合管理对象基础信息，建立“海洋环境保护监管”“海岛保护监管”“海域使用监管”等重点领域网格化监管台账和监管档案，落

2022 年 2 月 17 日，泉州海警局晋江工作站联合晋江海事处、晋江农业农村局、晋江港口航道部门、航标站等部门组成联合巡航执法组，开展围头湾港区水域联合执法行动 （图/晋江海事处）

实制度，维护辖区安全稳定。

【拥政爱民】 2022 年，泉州海警局晋江工作站以辖区巡逻走访为契机，组织志愿服务队深入辖区，为渔船民、困难群众办实事、解难题，参与辖区航道清理、无偿献血、宣讲海防知识及伏季休渔期政策等活动。参与武警部队“春蕾计划”捐款活动，募集善款 3000 余元；与共建单位共同开展“喜迎二十大，启航新征程”主题晚会和“砥砺奋进守初心，忠诚保卫二十大”主题篮球友谊赛。

（黄响当）

人民防空

【概况】 2022 年，晋江市人民防空工作坚持“战备为先、防空为要”，抓好落实“十四五”时期发展规划要求，优化营商环境，强化转变工作作风，推进晋江市人防工作高质量发展。开工建设防空地下室项目，办理人防工程竣工备案项目。

【人防工程建设与维护管理】 2022 年，晋江市住建局（晋江市人防办）按照工作计划推进晋江市重点人防工程建设及维护管理工作。推进市人防工程项目建设进度，基本完成战备功能齐全、防护功能完备的人防综合体项目建设，并定期组织安全生产检查，确保按时完成建设任务。定期开展指挥所检查检修，对指挥所防护设备、指挥通信系统、通风、消控系统等进行维修维护，组织专业干部进行战时转进演训，提升工勤保障能力。开展人防工程维护管理监督工作。按照上级要求，抽取部分项目检查其配套防空地下室维护管理情况，对检查发现的问题，督促使用管理单位进行整改，并上报评估情况。落实人防工程建设管理。推进结建式防空地下室建设，开工建设防空地下室项目，办理人防工程竣工备案项目。

【人防指挥通信建设】 2022 年，晋江市住建局（人防办）紧抓人防指挥通信核心能力建设，基本完成泉州市县（市）第二代机动指挥平台采购项目，参与指挥通信专项培训学习，熟悉了解机动指挥车性能及操作，完成初步通信及联调联试训练。每周参加与泉州市人防办、兄弟县（市）的联调联试工作，确保无线电台、指挥平台等系统通信顺畅，坚持以训代练，提高指挥通信专业人员的能力和水平。

【人防宣传教育】 2022 年，晋江市结合第 23 次“9·18”防空袭警报试鸣暨人员疏散演练活动，组织全市中小学开展应急疏散演练，采用学校广播系统播放防空警报音响信号，预先组织学生开展听辨“预先警报、空袭警报、解除警报”信号活动。制作防空警报动漫宣传片，在全市中小学开展人防宣传教育活动。组织市直相关部门开展疏散演练，了解防空地下室防护功能和防空警报类别，熟悉战时紧急疏散路线。

【人防行政执法】 2022 年，晋江市住建局（人防办）落实人防行政执法工作，查处未配建人防工程违法违规行为项目 2 个。责令建设单位限期补建，确保配套人防工程同步建设、同步验收。

（黄宝安）

退役军人事务

【概况】 2022 年，晋江市退役军人事务工作以创建“省级双拥模范城”和深化“政策法规落实年”活动为工作重点，统筹推进优抚安置、权益维护、纪念褒扬、双拥共建等工作，晋江市蝉联全省双拥模范城“十连冠”。

【接收安置】 2022 年，晋江市执行上级接收安置政策，做到应接尽接、应收尽收。全年接收的转业军官、转业士官、军休干部都得到妥善安置，为自主就业的退役士兵搭建就业平台，为自主创业者提供扶持政策服务。推进“士兵退役一件事”集成服务事项改革，“一站式”服务窗口在全省率先入驻市行政服务中心，为 2022 年退役回乡的士兵提供返乡报到“一窗受理、内部流转、一站办理、只跑一次”的一条龙服务。

【优待抚恤】 2022 年，晋江市开展社会优抚工作“质量提升年”活动，加快全市退役军人和其他优抚对象优待证申领发放工作，推出优待证“上门办”“就地办”“错峰办”“周末服务”等暖心服务。4 月 29 日，泉州市退役军

2022 年 9 月 1 日，晋江市退役军人事务局在晋江市行政服务中心开展 2022 年退役士兵返乡报到服务活动。图为退役军人事务窗口

（图/晋江市退役军人事务局）

人和其他优抚对象优待证首发仪式在晋江举行。落实抚恤优待政策，发放各类抚恤补助费、义务兵优待奖励金、自主就业退役士兵一次性地方经济补助金、自主择业军转干部退役金补差。开展“关爱功臣”行动，继续推行“优先诊疗”“高清收视”“免费公交”等惠民政策，将重点优抚对象纳入“安居工程”帮扶范围，1—6 级残疾军人纳入“长护险”试点工作参保范围，为重点优抚对象购买商业保险，为晋江籍获得个人三等功及以上的退役军人、现役军人免费办理广电收视项目。成立晋江市退役军人关爱协会，依托晋江市退役军人关爱援助慈善基金和晋江市拥军优属慈善基金，开展退役军人关爱帮扶援助，发放帮扶退役军人资金，帮助解决“生活难、住房难、医疗难”等问题。

【褒扬纪念】 2022 年，晋江市退役军人事务局推进纪念设施整修提升工程，内坑地区革命烈士纪念碑、安业民烈士纪念园升级为县级烈士纪念设施。落实常态化分级管护，建立“一张图”管理网络，33 处零散烈士纪念设施得到整修提升。开展“2022·奋进·清明祭英烈”网上祭扫活动和“烈士纪念日”向晋江市革命烈士纪念碑敬献花篮活动，全年革命烈士纪念设施接待社会各界瞻仰祭扫、主题活动 293 批次 1.08 万余人次，网上祭扫平台提供“代祭扫”“云祭扫”服务，近 12 万人次参加，收到留言 12 万多条。开展“烈士寻亲”活动，为 6 名外省籍烈士找到烈士家属。

【退役军人就业创业】 2022 年，晋江市退役军人事务工作坚持以市场需求为导向、以满足退役军人多元需求为目标，建立“政企校”教育培训合作机制，推行“滴灌式”精准培训，提升退役军人就业创业竞争能力。组织全员适应性培训以及“订单式”“定岗式”“定向式”等多元化培训 3 场次。为自主就业退役士兵发放驾驶证补助 7.7 万元，依托市退役军人就业创业孵化园地开展 3 期导师轮值活动，为部分退役军人开展针对性就业创业指导。启动就业创业服务中心建设，上线“军岗 e 家”退役军人就业创业服务平台小程序，构建线上线下联动一体化服务体系。优化改造创业孵化园地，为数家退役军人创业提供经营场地、水电减免、投融资、人力资源、宣传推广等优惠服务。加强与金融机构合作，提供小额担保贷款 171 万元，落实创业税收优惠、融资贷款补贴等优惠政策。推进政企共建，晋江市公安局、空港物业、新家园等 8 家企事业单位被纳入晋江市退役军人就业合作单位。推出招聘信息 44 期；举办 2 期退役军人和现役军人家属专场招聘会，促进部分退役军人及其家属就业。

【退役军人先进典型宣传】 2022 年，晋江市退役军人事务局在全市挖掘、培树一批优秀退役军人先进典范，做

2022 年 4 月 29 日，泉州市退役军人和其他优抚对象优待证首发仪式在晋江举行。图为 9 名退役军人在晋江文化广场领取首批优待证

（图/晋江市退役军人事务局）

好入库筛选及关怀、培育。提升《晋江经济报》“军人故事”专栏和市退役军人事务局微信公众号“老兵风采”专栏质量，集中报道吴冠雄、吴友议、牛俊杰、张佳榕、龚茂声等一批晋江籍优秀退役军人典型事例，引导退役军人争当晋江经验的“传承者”、乐于奉献的“暖心人”、乡村振兴的“排头兵”。发挥全市 19 支退役军人志愿服务队作用，参加文明创城、社会公益、帮扶解困、清明祭扫等志愿服务活动 50 场。

【退役军人服务保障】 2022 年，晋江市健全退役军人服务保障体系，围绕打造“枫桥式退役军人服务站”，培育 8 个镇(街道)、84 个村(社区)市级示范型退役军人服务站，推进 44 个百人以上村(社区)退役军人服务站创建省级示范型服务站。金井镇、内坑镇退役军人服务站获评“省级百家红色退役军人服务站”，梅岭街道梅青社区获评“全省服务保障体系建设‘五有’(有机构、有编制、有人员、有经费、有保障)先进单位”。推进网格管理服务，构建“人在网格走、事在网格办、问题在网格解决、工作在网格落实”工作模式，市级建立第一大网格 1 个，镇级建立第二网格 19 个，在村级划分小网格 397 个（池店镇大洲、华洲、霞美 3 个村因由桥南社区统一管理，只设置桥南社区 1 个一级网格)，开展退役军人政策宣传、帮扶解困、信息采集、党员管理、就业创业等服务管理保障工作。

【拥军优属】 2022 年，晋江市实施项目拥军工程。开展科技拥军现场办公，投入 460 万元支持驻军，投入“六个一好”(一块好菜地、一个好猪圈、一个好食堂、一个好饮水、一个好澡堂、一个好晾衣间)项目资金 115 万元，支持部队后勤生产、文化项目建设 8 个。协调解决军人子女入学就读问题。

【军民共建】 2022 年，晋江市军地共建结对子开展共建活动 350 余场，支持部队建设资金 203 万元(含物资)。晋江市人大常委会开展“迎新春书香进军营”共建走访慰问活动。泉州企业家书法协会开展“福虎迎新春 墨香飘军营”送春联活动。晋江市双拥办、市文旅局、市文联携手市图书馆、市博物馆、市楹联协会、市剪纸协会和泉州企业家书法协会开展“福佑中华•乐享福文化”书法剪纸文化进军营活动和“喜迎二十大 双拥新时代”书法楹联剪纸文化进军营活动。晋江市委政法委、法院、检察院、公安局、司法局等单位在驻军某部打造军营法律服务工作机制。晋江市双拥办、市妇联组织驻晋江部队官兵家庭开展“快乐假期•福见晋江”一日游活动。市双拥办、市教育局携手泉州市企业拥军协会、驻晋江某部举行“军地联谊建鹊桥，浓情军旅双十一”军地青年联谊活动，为部队青年官兵和女教师牵线搭桥，寻觅良缘。晋江市双拥办、妇联联合市女企业家联谊会在驻军某部开办“军嫂军娃之家”，为部队官兵家庭解决课后无人辅导孩子作业的难题。晋江市与驻泉港某部分队开展全国双拥模范城(县)与边海防基层部队跨区结对共建活动，为该部队官兵赠送一批生活电器。市双拥办携手泉州市双拥办、泉州市企业拥军协会开展“情系子弟兵、关怀暖人心”慰问家庭生活困难官兵活动。晋江市爱国拥军促进会春节组织慰问困难退役军人家庭、晋江籍现役军人困难家庭、驻晋部队困难现役军人家庭。军鹏特种装备股份公司常态化开展社会拥军工作，为部队演训提供保障，帮助部队官兵排忧解难。

【国防教育和双拥宣传】 2022 年，晋江市加大双拥宣传力度，依托爱国主义教育基地和国防教育基地，加强双拥国防教育，在《晋江经济报》、晋江新闻网、晋江广播电视台等开设双拥宣传和国防教育、军人故事专栏，宣传双拥工作的政策法规、工作成果和先进事迹。制作以“五个重在十个先行”“双拥花开红又艳”为主题的专题汇报片和双拥画册，展示晋江市双拥工作成果。开展“培养爱国情 砥砺强国志 实践报国行”第二十二个全民国防教育日有奖问答活动，参与 30 万人次。利用市区公交车载显示屏、车尾广告滚动开展双拥宣传。通过建设双拥微景观，利用过街天桥、下穿隧道以及公交站台等广告位，形成长达 10 千米的“双拥宣传廊道”。推出双拥相关宣传报道 175 条（次），多篇文章在中国网、《中国双拥》杂志发表。利用春节、清明节、建军节、烈士纪念日、国防教育日等，开展双拥共建活动。组织开展“军事日”“红领巾进军营”等实践活动，涵盖干部职工、学校师生、企业员工等群体。八一建军节期间，组织“双拥月”系列活动，包括科技拥军现场办公、慰问驻训部队、“关爱功臣”等。举办“最美女军人”“最美军嫂”评选活动，入选“最美女军人”5 人、“最美军嫂”10 人。

【拥政爱民】 2022 年，晋江驻军支持市重点工程 13 项，支持泉州一重环湾、二重环湾晋江段工程、泉州环城高速晋江南立交改造工程、凤池路屿崆段污水管网工程的军用光缆迁改。支持晋江市缺塘溪生态活水工程项目建设。以开展共建“和谐家园”活动为载体，支持驻地城市建设、文明创建、生态建设、平安建设等工作。组织优秀士兵到中小学协助学校开展军事日、国防教育等活动。同市双拥办共同开展“双拥共建 助学兴教”活动，为晋江一中、陈埭民族中学 10 名品学兼优又家庭困难的学生捐资 3 万元。参与“平安晋江”建设。

（王懿心）

外 事

【国际交流】 2022年，晋江市立足外事职能定位，服务国家总体外交大局和全市经济社会发展，推进友城交往、礼宾接待、海外领保等各项工作。与菲律宾达沃市、意大利库内奥省保持常态化联络，利用短视频等新兴媒体互致节日问候，拉近友城人民距离，密切友城往来互动。办理因公出国团组2批次3人次。审核转报企业申办外国人来华签证邀请函14批次60人次。2022年1月15日，晋江市接待乌拉圭驻华大使费尔南多•卢格里斯到晋江参访，陪同代表团参观晋江风景名胜，体味晋江城市风貌和人文内涵。

【友城工作】 2022年1—5月，晋江市市长王明元向菲律宾达沃市市长萨拉•杜特尔特发去新年贺词。录制视频，祝贺达沃市建市85周年。并祝贺菲律宾副总统萨拉•杜特尔特、达沃市市长塞巴斯蒂安•杜特尔特当选；6月，菲律宾副总统萨拉•杜特尔特向王明元发回函，为近年两市共同取得的成就感到自豪，并对多年来晋江市的支持表示感谢。

【外事管理服务】 2022年，晋江市办理因公出国团组2批次3人次。加大APEC（亚洲太平洋经济合作组织）商务旅行卡推介力度，举办APEC商务旅行卡推介会3场，覆盖鞋服、建材陶瓷、装备制造等行业企业150余家。审核转报企业APEC商务旅行卡申请10批次17人次，调研走访企业10家。审核转报企业申办外国人来华签证邀请函14批次60人次，获批13批次59人次，邀请核实单10批次13人次。

（庄文汉）

侨 务

【概况】 2022年，晋江市树牢“大侨务”观念，围绕市委、市政府战略部署，融入“一带一路”和“双循环”建设，拓展侨务工作项目，服务全市经济社会发展大局。《福建晋江：传承弘扬“晋江经验”做强新时代侨界青年工作》在国务院侨办杂志《侨务工作研究》刊发，同步被人民网、中国统一战线新闻网转载。晋江市3个单位侨联获福建省“侨胞之家”称号。

【侨乡文化弘扬】 2022年，晋江市启动编撰侨乡文化书籍《根魂梦 家国情——晋江侨乡文化概览》，该书涵盖“侨与‘晋江经验’”“侨镇侨村巡礼”“侨界人物撷英”等7个部分内容。推动梧林古村落获评“第十批中国华侨国际文化交流基地”，举办“梧林南洋文化节——新加坡娘惹文化季”、组织参加第十四届海峡论坛“同名村心连心”活动。开展第二批晋江市侨乡文化名镇名村创建工作，评定晋江市级侨乡文化名镇2个、侨乡文化名村3个、侨史馆6个、华侨历史建筑25栋。开设侨文化系列宣传，结合“晋江经验”20周年，联合《晋江乡讯》策划推出“乡贤谈晋江经验”系列宣传12期，开展《侨厝风情》《侨乡风韵》《侨馆风采》系列报道10期，讲好侨胞乡贤故事。

【惠侨举措落实】 2022年，晋江市关注侨界民生，走访慰问困难归侨20人次，发放慰问金3.9万元。为16名归侨离退休职工办理生活补贴，发放补助金1.92万元。

【涉侨审批服务】 2022年，晋江市委统战部优化涉侨审批服务事项办事程序。开具《出入境记录查询函》230份，为145名华侨办理回国定居手续，为146名国外中国公民出具《不具备华侨身份认定书》，为13名“三侨生”（归侨青年、归侨子女和华侨在华子女）出具身份照顾证明书，为华侨、归侨、侨眷出具身份认定6份。

【侨权侨益维护】 2022年，晋江市委统战部走访调查核实信访反映事项

14件，处理海外侨胞和归侨侨眷信访诉求。推出“法护侨益 情暖侨心”专栏报道7期，编印《凝心聚侨 为侨服务——晋江市侨办政务服务办事指南》，推动开展“大美晋江·法治同行”侨法主题普法游园等侨法下乡活动。

【侨胞捐赠公益事业】 2022年，晋江市委统战部引导海外侨胞捐资兴办公益事业，按照“一季一报”侨捐信息数据采集制度，定期更新、管理侨捐资料库，维护捐赠人合法权益。全年侨捐项目203个、总额1.45亿元。侨捐总额连续13年超1亿元。

（吴爽君）

台港澳事务

【概况】 2022年，晋江市委统战部围绕“八个一”（举办一场“晋江经验”主题交流会、打造一个闽南语App、开展一次“云招商”、做强一个“寻根之旅”品牌、举办一场“侨青杯”篮球交流赛、策划一场晋江青年创业交流论坛、举办一场创业创新大赛、搭建一个港澳晋江青年创业交流平台），策划推动“爱晋江 向未来”港澳青少年文化交流季项目，开展“爱晋江 向未来”晋港澳青年共话“晋江经验”主题交流会，晋港澳青年线上线下畅谈以青春力量传承弘扬“晋江经验”的见解；举办福建省港澳晋江市“侨青杯”港澳青年级篮球交流赛。开展晋江市第七届“中华情两岸缘”新生代台胞联谊结对活动、晋台青年大学生“同心同行，筑梦晋江”系列活动，举办晋江市青少年闽南语挑战赛，组织澳门晋江同乡会成立35周年庆典活动、澳门英林同乡会回乡联谊活动。

【福建省首个港澳青年同心交流基地落户晋江】 2022年6月28日，福建省委统战部在晋江举办福建省港澳青年（泉州晋江）同心交流基地揭牌仪式暨“爱晋江 向未来”晋港澳青年共话“晋江经验”主题交流会。该基地为福建省首个港澳青年同心交流基地，主要关注内地常住港人澳人群体，立足区域、服务全省、联结港澳、辐射台胞，线上线下一体推进。发挥基地桥梁纽带作用，强化内外联动，突出民间性、广泛性，推动实现港人做港人、澳人做澳人工作。

（陈超颖）

【海峡两岸融合发展】 2022年8月4日，晋江市妇联推动海峡两岸融合发展。举办第七届海峡两岸（晋江金井·围头）七夕返亲节活动，采取“线上直播＋线下互动”“主会场＋台湾分会场”的形式，举办开幕式、《云上故乡行》直播、“海角遇见爱”星海露营节等活动。启动“围头新娘”IP设计赛、“海峡风情”美术采风暨美术展等项目，发布“五福”促振兴、“魅力”展围头明信片，将“全国妇联系统先进集体”牌匾送到围头村妇联，邀请泉州高甲戏传承中心演出《围头新娘》“海上婚礼”片段，获中新社、《光明日报》、人民网、新华网、《中国妇女报》等50家媒体关注报道。

（苏雅雅）

【晋港澳青年共话“晋江经验”】 2022年6月28日，晋江市在福建省港澳青年（泉州晋江）同心交流基地——“世晋青之家”举办“爱晋江 向未来”晋港澳青年共话“晋江经验”主题交流会，围绕习近平总书记提出“晋江经验”20周年、共青团成立100周年、香港回归25周年等主题开展座谈。晋港澳100多名青年通过“线上＋线下”的方式参加交流会。来自世界晋江青年联谊会、香港晋江社团总会青年联合会、澳门晋江青年联合会等8名晋港澳青年代表围绕“晋江经验”作主题发言。进一步传承弘扬“晋江经验”，凝聚海内外晋江青年“爱拼敢赢、爱国爱乡”的奋斗精神和智慧力量。

（方 文）

2022年6月28日，福建省港澳青年（泉州晋江）同心交流基地揭牌仪式在晋江“世晋青之家”举行
（图/晋江市委统战部）

宏观经济管理

【概况】 2022年，晋江市地区生产总值计划比上年增长8.2%，实际完成3207.43亿元、比上年增长4%。工业增加值实际完成1907.18亿元，比上年增长4.4%。一般公共预算总收入计划比上年增长6%，实际完成230.95亿元，同口径比上年下降6.3%。其中，一般公共预算收入计划比上年增长6%，实际完成150.88亿元，同口径比上年增长6.2%。固定资产投资计划比上年增长10.3%，实际完成627.48亿元，比上年增长10%。其中，工业投资计划比上年增长11%，实际完成309.19亿元，比上年增长15.4%。实际利用外资计划比上年增长5%，实际完成3.25亿美元，比上年增长102.8%。社会消费品零售额计划比上年增长8.2%，实际完成1668.52亿元，比上年增长1.7%。其中，限额以上零售总额计划比上年增长12%，实际完成453.14亿元，比上年增长5.6%。全体居民人均可支配收入计划比上年增长9%，实际完成51467元，比上年增长5.4%。

【产业结构优化升级】 2022年，晋江市第一产业增加值完成22.31亿元，比上年增长2.6%；第二产业增加值完成1972.91亿元，比上年增长4.3%；第三产业增加值完成1212.21亿元，比上年增长3.4%。三次产业增加值占地区生产总值的比重，第一产业增加值为0.7%，第二产业增加值为61.5%，第三产业增加值为37.8%。现代农业巩固提升，新增省级优质农产品标准化示范基地2个、农业产业化泉州市级重点龙头企业19家、泉州市级家庭农场5家、合作社示范社2家、农业"三品一标"认证18个，创建省级农业国际贸易高质量发展基地2家，高标准农田面积4613.33公顷，培育胡萝卜自有品牌"禧红202"品种，福大鲍鱼入选国家水产种业阵型企业、国家级水产健康养殖和生态养殖示范基地。工业大盘稳健运行，四大传统优势产业、三大新兴产业规模以上增加值比上年分别增长3.3%和4.1%，其中新一代信息技术产业比上年增长28.4%，磁灶镇获评"中国陶瓷名镇"，运动鞋原辅材料成为国家中小企业特色产业集群。新增规模以上企业407家、产值超10亿元企业15家、智能制造示范企业10家、"专精特新"企业15家、海交所挂牌交易11家，上市、挂牌后备企业134家。第三产业扩量提质，新增限额以上商贸业和规模以上服务业企业278家、现代服务业集聚示范区2个，新投用豪新食品市场二期、五金机电城三期，海峡石化线上线下交易额806.4亿元，新设50亿元产业发展母基金，"晋金私募汇"注册基金190家、到资规模128.39亿元。

【区域协调发展】 2022年，晋江市完成国土空间"三区三线"划定，控制性详细规划覆盖面积提升至60平方千米。池店南片区、世纪大道南延伸暨北环一龙山寺片区完成征迁，晋东新区、科创新区、高铁新区、紫帽片区等片区建设加快铺开，新开工建设智能制造学院、梧垵安置房、紫湖郊野公园等项目16个，建成安踏一体化产业园（一期）、福厦客专晋江段、国企大道、泉州南站站房等项目9个，紫帽山省级旅游度假区通过复核评估。城乡配套日趋完善，世纪大道南延伸一期开工建设，二重环湾一期、东部快速路一期基本建成，优化公交路线4条，开通镇区微循环线路2条，实现餐厨垃圾收运处置全域覆盖，5G信号覆盖城乡主要区域。公共服务加快提质，福州大学晋江校区获批，泉州职业技术大学二期开工建设，清华附中、东石中学开办高中部，新增建成第九实验小学等项目28个、增加学位1万个，3个名医工作站揭牌开诊，24家医疗机构上线电子健康卡（医码通），市医院（上海六院福建医院）获评省公立医院高质量发展示范点。

【重点领域改革】 2022年，晋江市推出"晋心晋力"营商环境服务品牌，启动"1610"（"1"即打造营商环境最优县市；“6”即推动“一门式”集中办理、一窗受理、一链审批、一网好办、一键办结、一网统管等 6 个场景落地运行；“10” 即每年选取 10 个重点领域进行攻坚）品牌成长工程。落地省级 “一业一证”（优化行业准营业务流程，将市场主体进入特定行业涉及的多张许可证整合为一张“行业综合许可证”，大幅压减审批环节和时限，简化审批手续，有效提升行政效能和办事效率）试点，“免证办”服务获全省推广，新增 “省内通办”事项 37 个、“跨省通办”伙伴县（市）4 个，“一件事”集成套餐基本覆盖高频领域。完成全市 14 个园区整合，范围拓展到 92.34 平方千米，实现园区规划建设、资金投入、经营运作、招商引资、服务配套等“五统一”，规模以上企业入园率提升至 41.5%。启动园区标准化建设三年行动，摸清工业用地“五笔账”政策体系，在泉州市域率先实行空间、用能、排污、融资等差别化资源要素配置政策，14 个综合产业园区启动建设，提质扩容工业用地 158.4 公顷，释放产业空间 194 万平方米。市属国企完成第三轮重组整合，新组建建投控股、晋园发展两大集团，形成 22 家一、二级国企为主体的国企架构，实体化运作项目 104 个，新增 AAA 主体信用评级企业 1 家。发布 50 亿元产业母基金，晋江市入选全国首批中央财政支持普惠金融发展示范区。创新农村宅基地使用权和农房财产权抵押贷款，出台村镇集合式住宅试点导则，集体产权制度改革成为全国先进，宅基地改革做法获农业农村部推广，农村金融供求对接机制入选全国农村改革典型案例。

【助企纾困】 2022 年，晋江市谋划复工复产扶持政策，先后出台支持企业纾困发展 18 条、促进服务业恢复发展 24 条、稳大盘稳增长 75 条措施，并通过融媒体中心发布政策解读、兑现流程，为企业商家提振发展信心。全年为企业减负 50 多亿元，新增市场主体 50726 户。

【政策资源争取】 2022 年，晋江市聚焦“先行示范、短板弱项、突破创新、全面均衡”，向省上争取支持经济开发区升级为国家级经济技术开发区、创建国家进口贸易促进创新示范区、支持市医院创建三级甲等综合医院和高等医学院校非直属附属医院等 21 条重大政策支持，涵盖科创资源、产业平台、人才支撑、对外开放、公共服务、土地要素、金融服务等领域。

2022 年，晋江市 14 个综合产业园区启动建设，图为 11 月 29 日，在晋江经济开发区新塘园，晋江新智造产业园项目首栋（10 号楼）标准厂房主体建筑封顶
（图/陈巧玲）

2022 年，晋江市围绕老旧小区改造、创新平台建设、园区基础设施建设等领域，争取上级政策性资金，青阳街道 2022 年老旧小区改造项目（第一批次）、信泰（福建）科技有限公司企业技术中心、集成电路小微工业园基础设施等 24 个项目获批上级政策性资金 58.75 亿元，较上年 23.2 亿元增长 153.23%。其中，8 个项目获批中央预算内资金 6848 万元，3 个项目获批省级预算内资金 1335.57 万元，2 个项目获批泉州市级奖励资金 300 万元，14 个项目 3 批次发行地方政府专项债券 57.90 亿元。

（谢书图　熊俊诚　陈世鸿　姚焕章）

【社会信用体系建设】 2022 年，晋江市转发《2022 年泉州市社会信用体系建设工作要点》《关于开展合同履约信用监管工作的通知》《关于推广应用企业公共信用综合评价结果的通知》，以制度完善社会信用体系建设。推进信用信息共享，全年上传行政许可信息 2.15 万条，上传行政处罚信息 2875 条。推动部门之间信用信息互通共享，加强联合惩戒应用。落实《晋江市关于全面建立信用承诺机制的实施方案》，鼓励企业签署信用承诺，签署信用承诺 4 万多份。

（柯婉瑜）

【投资项目规范管理】 2022 年，晋江市出台《“项目攻坚 2022”活动方案》《关于进一步优化重点项目专班推进机制的通知》等方案措施，落实专班专项推进、分级调度实施、要素包联保障、定期亮晒比拼等工作机制，创新推行“模拟审批”“桩基先行”“交地即交证”“拿地即开工”等审批服务模式，组织开展“征迁扫尾清零”、季度集中开工系列专项攻坚，推动项目建设提速提效。889 个重点项目全年完成投资 1207.9 亿元，完成年度计划 120.1%。推动集成电路小微工业园基础设施、满誉年产 EVA 机 230 台、百宏年产 33 万吨差别化化学纤维等 127 个项目新开工建设，华宝休闲鞋智能化成型生产线产业化建设、胜科纳米集成电路专业分析测试平台、利郎物流园等155个项目建成或部分建成。在泉州市“项目攻坚2022”综合考评中，晋江市获重点项目专项第一；在泉州市重点项目劳动竞赛活动中，经济开发区经济发展科（重点办）获授工人（五一）先锋号，住建局倪卫军获评重点项目建设标兵。

（陈　林　蔡蓉婷　陈谷芳　李至锋）

【省级特色小镇创建】　2022年，晋江市打造深沪体育小镇，依托当地田园特色，与运伙村、科任村有机联系，作为小镇核心体育产业向生态休闲运动及养老养生产业延伸，开展“花海花展”“种植园体验”“园林灯光秀”等活动。推动晋江人才梦想小镇、福州大学晋江校区获批挂牌，在校生增至近3000人。举办科技成果对接暨高水平科研平台推介会，入驻科研平台21个，合作企业91家。加快晋江“芯”小镇建设。做好晋江“芯”小镇的后花园建设。引导周边社区梯次接续，补位业态，协助当地群众就地就业创业，让项目核心区的文化体验、特色餐饮、休闲娱乐、品质住宿4个核心业态融入社区集体经济发展，带动传统村落所在社区及周边社区700多户发展家庭式旅游业态，形成一批新的“空心村”治理经验。

【价格监测管理】　2022年，晋江市加强价格监测分析预警，跟踪市场主体购销情况，掌握重要民生商品市场供需和价格变动情况，发布价格信息50期。先后3次启动平价销售机制，共102天，惠民约170万元，保障重大节假日期间粮、油、肉、蛋、菜价格平稳。

（柯婉瑜）

国有资产管理

【概况】　至2022年12月底，晋江市市属国有独资、全资、绝对控股企业180家，资产总额1942.93亿元，负债1234.32亿元，所有者权益708.61亿元，营业收入88.57亿元，利润总额7.48亿元，上缴税收8.13亿元，净利润5.75亿元，资产负债率63.53%。

【国有资本结构优化】　2022年，晋江市实施市属国企第三轮战略性重组和专业化整合，形成以22家一、二级国企为主体的国企架构，推动优质资产资源整合发展。全市获评AA级及以上信用等级国企8家，其中新增建投控股集团主体信用评级AAA级。

【国企运营发展】　2022年，晋江市发挥城市建设基础支撑、公共服务和产业先导作用，坚持以项目牵引有效投资，按市场化机制运营和强化稳增长措施，稳步提升企业发展动能。

【国有资产监管】　2022年，晋江市健全完善国资监管体制，出台国企领导人员管理、职业经理人选聘管理等制度规范，为国企改革和强化监管提供制度保障。在强化国资领域日常监管基础上，集中组织开展市属国有企业资产经营领域专项整治行动，解决一批历史遗留问题，拓展国企资产资源运作空间，增强国资监管效能。

（翁海勇）

财　政

【概况】　2022年，晋江市加强财政资源统筹，保持支出强度，加快支出进度，落实组合式税费支持政策，实施稳住经济大盘一揽子政策措施，做好“六稳”“六保”工作，财政运行稳健有序。全年完成一般公共预算收入150.88亿元、同口径（扣除留抵退税因素后）增长6.20%，完成一般公共预算总收入230.95亿元；安排一般公共预算支出162.82亿元，同口径增长5.48%。

【财税收入组织】　2022年，晋江市落实龙头企业“一企一策”，争取重点税源回流，19家纳税超亿元企业贡献税收约70亿元；强化资源性财产性税收征收，夯实财源基础；加大非税收入组织力度，加快存量资产盘活处置，完成非税收入56.43亿元，比上年增长101.51%。盘活存量资金，开展结转结余资金清理，收回以前年度资金4.78亿元。争取上级增值税免抵调库13.4亿元，比上年增长144.53%。争取上级转移支付和体制补助资金28.53亿元，比上年增长20.74%。

表10　**2022年晋江市财政收支情况统计表**　单位：万元

预算科目	决算数	预算科目	决算数
一、税收收入	944490	一、一般公共服务支出	67864
增值税	398272	二、外交支出	
企业所得税	204119	三、公共安全支出	73852
个人所得税	38766	四、教育支出	442076
资源税	1	五、科学技术支出	96494
城市维护建设税	46302	六、文化旅游体育与传媒支出	37919
房产税	51791	七、社会保障和就业支出	182886

续表 10

预算科目	决算数	预算科目	决算数
印花税	23054	八、卫生健康支出	183496
城镇土地使用税	30765	九、节能环保支出	6409
土地增值税	66772	十、城乡社区支出	100264
车船税	15212	十一、农林水支出	152133
耕地占用税	5618	十二、交通运输支出	20005
契税	63165	十三、资源勘探工业信息等支出	190139
烟叶税		十四、商业服务业等支出	78464
环境保护税	649	十五、金融支出	5689
其他税收收入	4	十六、援助其他地区支出	
二、非税收入	564310	十七、自然资源海洋气象等支出	4743
专项收入	115784	十八、住房保障支出	57408
行政事业性收费收入	16280	十九、粮油物资储备支出	2083
罚没收入	40939	二十、灾害防治及应急管理支出	10584
国有资本经营收入		二十一、其他支出	2288
国有资源(资产)有偿使用收入	387034	二十二、债务付息支出	44896
其他收入	4273	其中，地方政府一般债券付息支出	44884
		二十三、债务发行费用支出	284
全年收入合计	1508800	全年支出合计	1759976

【财政支出管理】 2022 年，晋江市坚持过“紧日子”，控制一般性支出，全市压减定额公用经费和经常性业务费 5%，除基本民生支出之外的专项资金预算执行中统一压减 20%，全年压减资金 1.05 亿元。加强财政跨周期调节，改善支出结构，调整年度预算 11.18 亿元，统筹调配用于急需刚性支出。

【财政资金管理优化】 2022 年，晋江市加大政策对冲力度，落实组合式税费支持政策，减轻企业税费负担 50 多亿元；落实稳住经济一揽子政策，出台实施稳大盘稳增长 75 条措施，兑现各级产业扶持资金 24.9 亿元；统筹资金 4.1 亿元用于贷款贴息、租金减免、稳岗补助、气电降本等，支持企业复工复产复市；投入 1.35 亿元支持提振内需和扩大出口，助推企业拓展市场释放潜力。加强财政金融政策协同，帮助 692 家企业获批省级纾困基金贷款 26.75 亿元，占全省比重 13.25%；减免企业担保业务费用 2000 万元，新增融资担保 485 笔 10.99 亿元，撬动中小微企业新增贷款 100 多亿元，晋江市入选全国首批中央财政支持普惠金融发展示范区。强化科技创新引领，组建 50 亿元产业母基金，投入 3.11 亿元支持产学研平台和人才生态引育；落实企业创新主体培育政策，支持 444 家企业享受研发费用加计扣除金额 20.08 亿元，兑现 234

2022 年 6 月 30 日，在 2022 年晋江市企业创新发展大会上，晋江市产业母基金正式发布 （图/徐维耕）

家企业研发投入分段补助 9350 万元，支持实体经济创新驱动。

【公共服务供给保障】 2022 年，晋江市加大民生领域投入，年度民生支出 115.67 亿元，比上年增长 9.1%，占本级一般公共预算支出 80.7%。教育总投入 54.58 亿元，支持实施 121 个校舍项目建设，新增优质学位 1 万个。卫生健康投入 19.25 亿元，推动三大医共体、应急医疗体系和 55 个公共卫生补短板项目建设，“120” 急救指挥中心等建成投用。社会保障投入 19.05 亿元，实施 22 件为民办实事项目和 144 件民生微实事，全年救助困难群众 13.7 万人次。统筹 19.1 亿元支持实施乡村振兴战略，发展特色现代农业、海洋产业、村集体经济以及文明城市创建、美丽乡村建设等。推进生态保护工作，投入 11.79 亿元用于水资源保护、水环境综合整治和造林绿化，推进“蓝色海湾”综合治理。投入 15.25 亿元用于文旅体育事业发展和社会治安、安全生产、防汛抗灾等公共安全体系建设。

【重点领域和重点项目资金保障】 2022 年，晋江市坚持市场化思维和经营财政理念，强化财政国资大统筹，多渠道筹措资金保障项目落地投建。聚焦资产盘活增效，组织开展行政事业单位和国有企业资产清查，摸清资产家底，规范资产台账管理，完善资产权证手续，高端人才社区、梧林古村落、五店市传统街区、鞋纺城、二体中心、安置剩余房源车位等国企资产评估增值 29.64 亿元。围绕中央重点支持方向，加强交通基础设施、农林水利、生态环保、社会事业、市政和产业园区基础设施等重点领域项目策划申报，全市获批新增政府债券 60.92 亿元，比上年增长 158.18%。发挥国企投资主体作用，引导和推动国企以市场化方式合规承接重点产业项目、基础设施、公共服务和公用事业，实施国企经营运作项目 104 个、完成投资 150 亿元。

【财政体制机制改革】 2022 年，晋江市深化零基预算理念，细化公用经费和专项政策、项目支出标准，推进预算支出标准体系建设；实施预算一体化管理系统建设，优化预算管理要素、业务流程和监控规则，促进预算管理规范透明。完善预算绩效管理体系，全市 106 个部门同步编制部门预算绩效目标，实现预算绩效目标管理全覆盖；选取 36 个重点项目、重大政策实施绩效重点评价，涉及资金 11.86 亿元。优化财政营商环境，提高采购监管实效，全年组织政府集中采购 411 批，节约资金 9000 万元；提高政府采购面向中小企业预留份额，全年授予中小微企业的政府采购项目 139 个、金额 3.19 亿元。抓好常态化直达机制实施，全年拨付直达资金 12.21 亿元。加强财政监督管理，执行“先评审、后招标”投资评审机制，完成项目预（结）算评审及备案 459 个，核减资金 7.82 亿元。开展涉农惠企、教育补助、生态环保、文化保护等专项资金，以及财经秩序、预决算公开、会计信息质量专项自查检查，严肃财经纪律。加快国企市场化改革，完成市属国企第三轮整合重组，形成 22 家一、二级国企为主体的国企架构。

（苏进盘）

税　务

【概况】 2022 年，晋江市有正常户企业 15.47 万户，组织各项税费收入 347.53 亿元，比上年增长 22.79%。其中，税收收入 181.07 亿元、比上年下降 22.66%，还原一次性因素、减退缓税因素后，税收收入 225.61 亿元、比上年增长 12.96%；社会保险费完成 45.09 亿元，比上年增长 15.24%；非税收入完成 121.37 亿元，比上年增长 1139.72%。从地方财政口径看，完成一般公共预算总收入 176.72 亿元，比上年下降 23.70%，税性比 76.52%；还原一次性因素、减退缓税因素后，总收入 221.26 亿元，比上年增长 12.20%。（税务局数据皆为税收收入和非税收入数据，不包含地方其他收入数据）

【减税降费】 2022 年，晋江市兑现新的组合式税费支持政策 54.01 亿元，办理出口退（免）税 51.54 亿元。创新“不来即享”减税降费快享新模式，依托网格员采取远程方式“一对一”辅导纳税人通过电子税务局填报有关表单并进行线上审批，全程无须纸质资料，确保纳税人办理退税“不来即享”。

【纳税服务】 2022 年，晋江市税务局加强部门协同监管，提高纳入管征比率，企业户办税率 93%，指标位居泉州市第一。税务文书电子送达确认率 95%，送达近 10 万条，位居泉州市第一。主动获取第三方数据开展房土两税（房产税和城镇土地使用税）专项治理，入库 8.25 亿元。开展“便民办税春风行动”，落实落细服务措施 167 条，推出“春雨润苗”“税务体验师”“移动办税厅”和“晋厅晋级帮”等一系列措施。

【税收营商环境优化】 2022 年，晋江市提升“非接触式”办税比例，拓展“非接触式”办税缴费范围至 266 项，覆盖纳税人端征管业务事项的 90%以上，基本实现企业办税缴费事项网上办理、个人办税缴费事项掌上办理。购置云书柜云平台，推广运用“八闽办税码”，实现多个事项扫码即可办理；推广运用“学税定制”特色功能，以涉税中介为抓手组织网上学堂操作培训，通过办税服务厅、微信群和地方党政微信公众号等渠道，引导、辅导纳税人缴费人访问网上学堂、使用“学税定制”，提升税费宣传辅导的效率；推广电子文书送达，实现逾期申报简易处罚网上缴纳，减轻纳税人办税负担。设立简事快办窗口，列出“简事易办”清单，实现简易业务即办即走，压缩纳税人排队等候时长、办理时长；保留现金窗口，保障老年人等特殊群体办税便利，指派专人在办税缴费现场开通"绿色通道";组建专家团队,成立晋江"税悦工作室",为纳税人缴费人解决实际问题;升级改造办税厅咨询电话 IP 话务,通过智能语音导航实现办税厅—纳税服务股—税源管理分局(所)三级联动,基本实现一线通答,提升纳税人缴费人咨询服务体验;处理"12366""12345"诉求平台、税务网站等纳税人缴费人的意见建议,落实个人所得税征纳互动咨询服务常态化工作,对反映较多的政策问题,推动统筹研究、明确统一政策口径,提升税收政策确定性。落实导税预审制度,配备专家团队充实导税咨询岗位,缩减纳税人等候、办理时间。晋江市税务局税收满意度在泉州市排名第五。

【税收风险管理】 2022 年,晋江市税务局推进未办税企业户清理,针对市场监管、税务两部门登记户差异较大的问题,每季度到市场监管局拷贝数据、通过"天眼查"下载数据、统一比对清分、编写短信模板、统一群发提醒未办税户,基层分局(所)管理员通过逐户电话联系、实地核查、网格化服务等形式,做好企业未办税户服务辅导工作。截至 12 月 31 日,晋江市企业办税率 93.2%,位列泉州市第一。组织学习征管质量 5C 监控评价系统新版指标体系,组织核实清理上级下发的税费种认定等问题数据,限时反馈,提升征管数据的完整性和准确性。落实国家税务总局在全国税务系统开展信息化专项整治的工作要求,排查税收信息化领域廉政风险,开展信息化专项整治工作。对照整治重点,全面开展自查工作。

【纳税诚信体系建设】 2022 年,晋江市税务局对进入重大税收违法失信"黑名单"的纳税人,判定为 D 级纳税人。压缩信用修复初核时间,引导纳税人纠正违规失信行为、消除不良影响。落实会商机制,共同研究讨论解决纳税信用年度评价、补复评、信用修复、结果应用过程出现的复杂问题和纳税人提出异议的情况,对 D 级纳税人复评或修复为 A 级纳税人的,严格审核审批流程,确保符合纳税信用管理政策规定。

【涉税专业服务监管】 2022 年,晋江市税务局完善涉税中介实名制管理工作,与网信、市场监管部门合作,共同监测涉税中介发布的违法违规信息,约谈涉嫌发布虚假宣传、虚假广告的涉税中介10 户,责令其限期改正并公示其违法违规行为。与财政局联合核查 8 户,开展数据比对和信息归集,清理无证代理"黑中介"3 户。

(许少东)

审　计

【概况】 2022 年,晋江市审计局策划实施审计项目和任务 43 个,涉及 67 个单位、延伸抽查 183 个单位,发现问题 561 个、涉及金额 2.64 亿元,移送问题线索 4 件,下达审计决定 5 份、处理金额 2481.63 万元,提出审计建议 125 条均被采纳,推动被审计单位制定完善规章制度 24 项。全年市审计局获各级荣誉称号 7 项,干部获评各类先进 16 人次。

【财政审计】 2022 年,晋江市审计局开展市财政组织本级 2021 年预算执行审计和市城市管理局、应急管理局 2 个部门预算执行审计,促进盘活财政存量资金 1979 万元,缴库污水处理费 1614.9 万元,追缴污水处理费 78.48 万元,清理暂存款 404.81 万元。开展数字经济、海洋经济领域财力保障和政策落实情况审计调查,关注财政支持工业数字化发展、海洋产业建设发展情况,揭示政策衔接、资金保障、项目落地方面存在的短板,提出对策建议 6 条,促进兑现数字经济领域经济发展扶持政策资金 471.39 万元。受市政府委托,向市人大常委会作本级预算执行审计工作报告,获一致肯定,全票通过。

【经济责任审计和自然资源资产离任(任中)审计】 2022 年,晋江市审计局对市工业和信息化局、水利局、体育局、应急管理局、城市管理局、妇女联合会、文旅集团、国家体育城市股份有限公司、首峰中学、内坑中学等 10 个单位 13 名领导干部开展任期经济责任审计,关注贯彻落实国家重大经济方针政策和决策部署、重大经济决策、重大风险防范,以及廉洁从政从业等情况,优化经济责任审计工作机制。会同晋江市委巡察办开展"巡审联动"项目 5 个,落实人才共用、信息互通,实现政治站位和业务优势深度融合,发现问题 221 个、问题金额 687.31 万元。深化"一体两翼"(以领导干部责任为主体,经济责任审计和自然资源资产离任审计为两翼)领导干部责任审计制度,对市水利局领导干部开展经济责任审计时同步开展自然资源资产离任(任中)审计,关注履行自然资源资产管理和生态环境保护责任情况,审计发现问题 11 个。

【固定资产投资审计】 2022 年,晋江市审计局围绕城市功能建设布局,开展泉南站前核心区市政道路、晋南高速出口连接线延伸段、蓝色海湾综合整治(泉州湾海域)等 3 个在建重点项目进展情况跟踪审计,促进规范工程管理。开展市第五实验小学分校、青阳街道晓聪中心小学、市创意创业创新园一期国际文创中心 3 个项目概(预)算执行情况审计,核减工程多计造价 847.3 万元。开展人防工程审批建设及资金资产管理使用情况审计调查,紧扣人防工程"审批、征收、管理、使用、绩效"5 个环节查找薄弱点,促进清退易地建设费保证金 1665.28 万元。

【民生资金(项目)审计】 2022 年,晋江市审计局开展食品供应与食品安全、义务教育阶段寄宿生政策落实等审计,走访 23 所中小学校,查找办学寄宿、食品安全薄弱环节,促进保障和改善教育条件;开展粮食储备政策跟踪审计,强化应急储备成品粮油监管。结合"城市品质提升年"活动，聚焦城乡人居环境整治，开展市容环卫管理政策落实及资金使用审计调查，推动建章立制 8 项，追缴生活垃圾处理费 29.81 万元，督促有关部门加强环卫保洁市场监管，按照合同约定罚款 118.23 万元，扫路车配置率 113%、收运车配置率 114%，转运处置有害垃圾 0.53 吨。开展老旧小区改造实施情况审计调查，延伸 4 个镇（街道）37 个老旧小区改造建设情况，发出问题提醒函，督促强化现场管理，助力老旧小区"旧貌换新颜"。聚焦灾害应急救助体系建设，开展自然灾害风险防治情况审计调查，推动建章立制 4 项，促进支付政策性农村住房保险费 494.03 万元，调整重叠部分，每年节省保费 40 万元。

【企事业单位审计】 2022 年，晋江市审计局围绕文旅产业发展，开展文旅集团产业项目运营管理情况审计调查，关注文旅、教育、体育、康养、房地产等 5 个板块 21 个项目的规划建设、资产管理、经营绩效等内容，发现问题 29 个、涉及金额 4340.49 万元，提出对策建议 4 条。以提高国有企业经营管理水平为目标，开展福建省晋江市工业园区开发建设有限公司 2020—2021 年资产负债损益审计工作，发现问题 18 个。关注事业单位财务收支真实合法效益，开展市水土保持工作站 2019—2021 年财务收支情况审计，发现问题 12 个，促进建章立制 2 项。

【内部审计】 2022 年，晋江市审计局加强对内部审计工作的指导监督，探索新形势下的内部审计工作，搭建以政府审计为主导、内部审计为补充的"合力网"。推动国企、教育、卫健、公安、总工会等系统（单位）优化完善内部审计机构 14 个，组建一支 65 人组成的内部审计队伍，指导开展内部审计项目 78 个，发现问题 543 个、涉及金额 1281.58 万元，促进整改问题金额 1245.47 万元，制定完善制度 43 项。落实内部审计工作联系机制，指导教育系统制定内部审计工作计划，督促卫健系统抓好 13 家基层医疗单位领导干部经济责任审计项目发现问题的整改督查，促进修订制度 3 份、优化业务流程 72 项，指导晋江市总工会开展各单位工会经费收支审查审计，其中总工会经审会实施的教育工会 2020—2021 年度经费收支情况审计项目获评"2022 年度全省工会表扬审计项目"。加强内部审计队伍建设，健全"以审代训、审训结合"模式，开展内部审计工作业务交流会 1 场，组织教育系统、国有企业人员 10 人跟班参与业务综合与项目实施，促进内部审计人员提升能力素质。

【综合审计】 2022 年，晋江市审计局融入审计"一盘棋"，根据上级审计机关安排，派出审计组开展南安市乡村振兴政策和资金审计，石狮市宝盖镇原党委书记、原镇长经济责任审计和自然资源资产离任审计。派员参加"三医联动"改革政策推进情况审计调查，完成交办审计任务。围绕"开放招商科技创新项目落地攻坚年"，开展为民办实事和招商引资签约项目落实情况审计，重点关注教育类为民办实事情况以及招商引资项目对接落地、开工投产、产出绩效及政策执行情况，发现问题 7 个，提出建议 5 条。结合审计项目完成各类国有资产管理情况审计，发现行政事业单位资产、国有企业资产、自然资源资产等方面问题 50 余个。

（施振裕）

统计与调查

【概况】 2022 年，晋江市统计局坚持"统晋江之数，计发展之路"理念，秉持"12345"["1"是组建一支特别能战斗的统计队伍；"2" 是力促统计服务水平和统计数据质量 "双提升"；"3" 是发挥统计信息、咨询、监督"三大职能"；"4"是深入开展干部队伍能力、机关工作作风、统计"双基"巩固以及法治监督效能 "四大提升行动"；"5"是统筹抓好经济运行监测预警、新增企业（项目）入库纳统、重大国情国力普查、重点领域统计改革、社情民意调查等"五大重点工作"]的工作思路，保持加压奋进的"精气神"，推动各项统计工作落细、落实，使之成为经济发展的"晴雨表"、党政领导的"参谋部"、社会公众的"信息窗"。

【经济运行监测】 2022 年，晋江市统计局健全数据监测预警机制。按照"统计部门抓专门指导＋职能部门抓行业督导＋镇街抓具体落实" 原则，每月收集了解主要经济指标的预计完成情况，分析经济运行中存在的问题和潜在的风险点，做好预测预判预警。建立日情动态监测机制。在联网直报期间，坚持每日汇总主要指标的报送进度和完成情况，确保各级各部门在第一时间掌握最新动态，掌握经济运行中趋势性和苗头性问题。落实部门统计主体责任。对主要经济指标完成情况实行部门和镇（街道）双重考核机制，每月由市委督查室、市政府督查室通报各部门和镇 （街道）指标完成情况。全年全市生产总值完成 3207.43 亿元，比上年增长 4.0%，总量分别占全省、泉州市的 6.0%和 26.5%；全部工业增加值 1907.18 亿元，比上年增长 4.4%，其中规模以上工业增加值比上年增长 5.4%；固定资产投资完成 627.48 亿元，比上年增长 10.0%；社会消费品零售总额完成 1668.52 亿元，比上年增长 1.7%，总量居全国县域首位。

【统计服务】 2022 年，晋江市统计局坚持 "用数据说话，为决策服务"理念，增强统计服务的前瞻性、预警性、时效性。围绕经济运行结构性问题，经济社会发展重点、难点、热点，开展统计分析和专题研究，捕捉经济社会发展中的苗头性、倾向性问题，从统计视角提出对策建议，发挥"智库"和"数库"的作用。全年撰写各类分析材料 60 余篇、信息 200 多条、微信公众号发布文章 40 篇。其中，1 篇调研分析获全省市、县(区)统计局优秀统计分析报告评比二等奖,1篇调研分析获泉州市优秀统计分析报告评比三等奖;政务信息采用得分分别居全市党委、政府系统第九名和第六名。做好《统计月报》《统计公报》《统计年鉴》等传统刊物,通过"晋江统计"微信公众号、政府门户网站、《晋江经济报》等渠道,强化统计工作动态发布和统计资料展示,为社会公众提供统计咨询服务。强化统计横向对比服务。搜集整理全国十强县(市)及周边兄弟县(市)经济社会发展状况,为市委、市政府领导掌握晋江市在全国、全市的站位提供数据参考。2022年,晋江市县域经济基本竞争力连续五年居全国第四位,县域经济实力连续29年居福建省首位。

【联网直报工作】 2022年,晋江市统计局做好基本单位名录库建设,为各类常规调查提供基准数据、基本样本框和单位字典库。年底,全市名录库法人单位87845家、产业活动单位5551家,其中"四上"企位(规模以上工业企业、资质等级建筑业企业、限额以上批发零售和住宿餐饮业企业、规模以上服务业企业)4322家。把"四上"单位培育作为抓经济运行的一项基础性工作和稳增长、优结构、扩总量的重要抓手,加强与各行业主管部门、税务、市场监管、电力等部门以及各镇(街道)的互联互动,从2022年7月起,结合企业的纳税、用电等情况,筛选梳理一批成长性好、发展潜力大的企业,建立并定期滚动更新"下转上、小升规"企业培育库,提高新增纳统的精准度。2022年,全市新增规模以上工业企业408家、限额以上批发零售和住宿餐饮业企业278家、规模以上服务业企业17家。做好数据质量审核把关,提高统计数据质量。指导企业建立规范统计台账,做到统计数据、统计台账、原始数据相统一;坚持人工审核和程序审核相结合,做到"即报即审",通过增加自定义审核公式和查询模板,加大对数据逻辑性、匹配性的审核,确保源头数据真实可信;通过实地走访和查阅资料相结合的方式,不定期开展统计数据检查、核查,发现并解决问题,保障统计数据质量。

【常规统计调查】 2022年,晋江市统计局组织实施"一套表"企业联网直报工作。涵盖规模以上工业、限额以上商贸业、规模以上服务业、资质建筑业、房地产开发业等专业,做好2021年年报和2022年定报数据的收集、审核、汇总和上报工作,采取集中培训、网上授课等方式强化业务培训,提高基层统计人员的法治意识和综合能力。实施晋江市2022年人口变动抽样调查。全市涉及19个镇(街道)77个村级样本块3080户,根据上级评估反馈结果显示,晋江市年末常住人口207.6万人,比上年末增加0.7万人;常住人口城镇化率69.85%,比上年末提高0.35个百分点。全年人口出生率6.73‰,死亡率6.28‰,自然增长率0.45‰。做好各类抽样调查工作。组织开展规模以下工业、限额以下商贸业、规模以下服务业、小微企业、月度劳动力、农产量、工业生产者价格调查等抽样调查,做好调查业务指导和数据审核把关。

【基层统计建设】 2022年,晋江市统计局配足配强基层统计力量。各镇域统计工作由副书记或常务副镇长(主任)分管,全部配备首席统计员,建立镇域辖区"一套表"企业数量与统计人员数联动机制。制订《镇域辅助统计调查员绩效考评方案》,对基层辅助统计人员开展绩效考核,通过"以奖代补"的方式,提高工作积极性。强化基层统计经费保障。根据各镇域"一套表"企业数量和上年度固定资产投资总额下拨经费,专项用于开展统计工作;根据经济发展绩效专项考评结果再给予工作经费奖励。深化基层统计规范化建设。制定《晋江市镇域统计工作规范化管理实施细则》,从组织领导、基层基础、统计业务、统计法制等方面强化和规范镇域统计工作,并纳入政府绩效考评,促进基层统计能力和数据质量的全面提升。开展"统计服务进千企"专项行动。围绕提高数据质量、解决实际问题、提升统计能力工作目标,从统计实务进企业、统计法规进企业、统计调研进企业3个方面开展常态化统计服务,丰富服务内容,提升企业统计水平,强化依法统计意识,夯实企业统计基层基础,增强企业统计获得感。

【居民收支调查】 2022年,晋江市居民收支调查的对象为中华人民共和国境内的住户,包括城镇住户、农村住户,包括以家庭形式居住的户和集体形式居住的户,无论户口性质和户口登记地,中国公民均以住户为单位,在常住地参加调查。调查内容主要包括居民现金和实物收支情况、住户成员及劳动力从业情况、居民家庭食品和能源消费情况、住房和耐用消费品拥有情况、家庭经营和生产投资情况、社区基本情况以及其他民生状况等。开展大样本轮换工作,最终确定调查样本150户,其中城镇居民90户、农村居民60户。

【价格与企业调查】 2022年,晋江市开展的价格与企业调查为工业生产者价格调查。工业生产者价格包括工业企业产品第一次出售时的出厂价格和企业作为中间投入的原材料、燃料、动力购进价格(简称"工业生产者购进价格")。工业生产者价格调查采用重点调查与典型调查相结合的调查方法,调查日期为调查月的5日和20日,调查内容包括报告月调查日的工业生产者出厂价格和购进价格及相应的基期价格。抽取126家规模以上工业企业填报出厂价格,其中86家同步填报购进价格,涉及的行业有食品、酒业20家,纺织服装业20家,非金属矿物制造业14家,制鞋业9家,纸制品业8家,文教、工美、体育和娱乐用品制造业7家,橡胶和塑料制品业7家，专用设备制造业7家，通用设备制造业6家，汽车、电气机械和器材制造业5家，化学纤维制造业4家，其他制造业4家，黑色金属冶炼的压延加工业3家，化学原料和化学制品制造业3家，电力、热电生产和供应业3家，金属制品业2家，木材加工业1家，家具制造1家，燃气生产和供应业1家，水的生产和供应业1家。

（郑智政）

市场监督管理

【概况】 2022年，晋江市市场监督管理局以落实"三提三效"行动为牵引，以开展26项重点项目为抓手，做好市场监管工作。晋江市有市场主体281858户，立案查处市场监管违法案件2246起，罚没1532.94万元。其中，开展民生领域执法办案"铁拳"行动，查处案件371起。服务企业发展，推行市场监管领域简单变更事项"免申办"，推进市场监管领域市场准营"一业一证"改革。落实减税降费政策，降费394.1万元，惠及企业1200家。开展食品经营环节监督抽检7376批次，检查涉药械化单位898家次，处置13起涉阳食品。开展"双随机、一公开"监管，抽查企业2728家。在全市开展放心消费创建活动，推广线下七日无理由退货承诺活动，发展承诺单位248家。

（林绿娟）

【商事制度改革】 2022年，晋江市为企业开办提质增效，推行住所（经营场所）地址标准化，优化企业开办便利度，开展个体工商户服务月活动，允许个体工商户经营者变更，通过"线上办""就近办""邮寄办""延时服务""免申即办"等举措使企业群众办事更加便利。全年新增市场主体50726户，其中企业13153户、个体工商户37548户、农民专业合作社25户。年底，晋江市市场主体总量281858户，其中企业94003户、个体工商户187638户、农民专业合作社217户。

【市场综合监管】 2022年，晋江市立案查处市场监管违法案件2246起，罚没1532.94万元。加大无证无照（案件169起）、虚假违法广告（案件124起）、价格违法（案件40起）、不正当竞争（案件3起）、网络市场、证照、合同、打击传销等监管力度。重点开展涉企违规收费治理、房地产广告市场专项整治、校外培训机构"点题整治"、打击整治养老诈骗专项行动；推进省级商业秘密保护示范基地建设，指导安踏公司建立商业秘密管理机构及保护制度；开展经营性自建房专项整治，组织经营证照复查，实地核查房屋2537栋。落实福建省市场监管领域行政执法裁量"四张清单"，对224个违法行为适用轻微免罚，对3起销售过期食品案进行减轻处罚。

（林少军）

【企业发展服务】 2022年，晋江市推行市场监管领域简单变更事项"免申即办"。对市场监管部门权限范围内的许可（备案）业务，在办理不涉及额外资质、条件要求且与执照相关联的企业名称、法定代表人等简单事项变更时，免予提交申请表等有关材料。推进市场监管领域市场准营"一业一证"改革，将办件量较大的餐饮店、药店、母婴店等列入"一业一证"试点范围，从根本上解决群众开店涉及多种许可，需要多头审批、多次申请、多次核查的问题，提升办证速度和便利度。首次承接部分泉州市下放的"食品生产许可"审批权限，确保晋江食品生产企业就近办理，审批提速增效，方便群众和企业办事创业。指导晋江市闽南古早味传统食品文化传承基地获评"福建省食品小作坊集中加工区"。

（柯辉跃）

【质量强市战略实施】 2022年，晋江市开展"提质强企"活动，设立"一站式"质量基础设施服务站3个，为283家鞋服企业进行"一站式"质量检测把关，帮助攻关解决技术难题30个。强化标准化工作。新增60家次企业参与53项国家标准制修订，18家次企业参与17项行业标准制修订，40家次企业参与26项团体标准的制修订。全市企业累计参与5项国际标准、355项国家标准、286项行业标准、35项地方标准、125项团体标准制修订，"晋江标准"建设数量位居全省前列；742家企业自我声明公开3317项标准。开展电器产品、电动自行车、塑料制品等产品质量专项整治，立案查处质量违法案件127起；强化成品油质量管控，对加油站点进行全覆盖监督检查和质量抽查，抽查汽油34批次、柴油84批次，合格率100%；强化不合格产品后处理工作。推进"计量惠民"项目，开展计量强检器具上门检定服务6309台（件）；查处计量案件31件；开展机动车检验检测机构"双随机"检查；组织对5家小微企业质量管理体系认证验收。晋江市质量计量检测所质检实验室投资168.21万元，用于设备采购和设施改造；计量实验室投资73.06万元，完成2项3台标准装置的技术改造；计量实验室通过泉州市2022年法定计量检定机构监督检查。

（蔡培景）

【食品安全监管】 2022年，晋江市查处食品经营环节违法违规行为1226起，罚没333.1万元。开展经营环节监督抽检7376批次，不合格156批次，合格率97.89%。实施"食安晋江"智慧监管平台一期工程，完成平台搭建，将全市学校食堂、集体用餐配送单位接入平台实施监管。部署开展贯彻落实食品安全"两个责任"（属地管理责任和企业主体责任）工作，开展全市包保主体摸底上报，组织承诺书签订并按频次开展督导检查；督促指导企业依法配备食品安全总监、食品安全员，落实"日管控、周排查、月调度"制度。

（卢添兴）

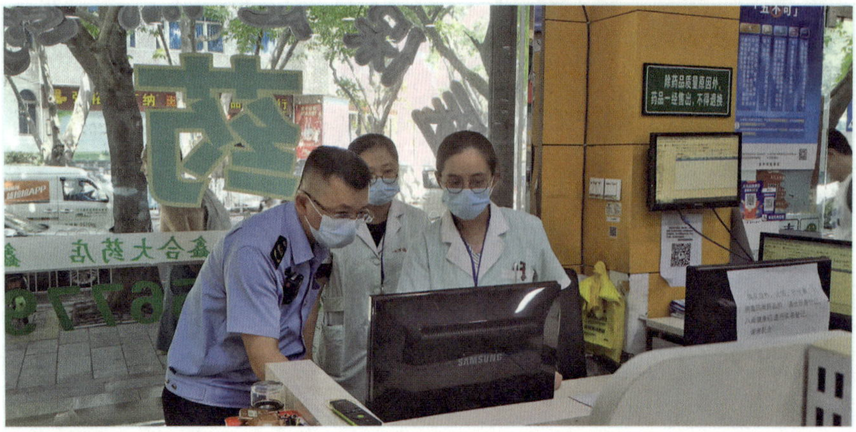

2022 年 8 月 23 日，晋江市市场监管局组织开展药品专项执法检查

（图/晋江市市场监管局）

【药械安全监管】 2022 年，晋江市药械安全满意度位居泉州市各县（市、区）第二。全年检查涉药械化单位 898 家次，责令改正 156 家次，立案 226 起，罚没款 301.42 万元。完成化妆品抽检 38 批次，药品抽检 50 批次，医疗器械抽检 5 批次。开展药械不良反应报告和监测工作，全年上报 ADR（药品不良反应）1530 例、MDR（多重耐药性）395 例、化妆品 196 例。推进“智慧药店”项目，对接晋江市医药行业协会，推动全市药店完成视频监控安装，对药店进行实时视频巡查。

（曾婷婷）

【特种设备安全监管】 2022 年，晋江市新增注册特种设备 3867 台，全市注册登记的特种设备 44151 台（套），特种设备数量占泉州地区近 27.74%。立案查处违反特种设备法律法规的案件 38 件，罚没款 94.93 万元。推进“安心乘梯守护”项目，对全市 21848 台电梯进行非金属材质反绳轮排查工作，全部完成确认；委托省特检院对 594 台乘客电梯和自动扶梯进行维护保养和运行质量监督抽查；督促检验问题整改电梯 780 台。开展场（厂）内专用机动车辆专项整治，办证 1485 台。完成 5 家特种设备制造企业安全生产标准化提升专项行动，全部以 900 分以上的高分通过泉州市市场监管局验收。

（颜永章）

【重点工业产品质量安全监管】 2022 年，晋江市开展重点工业产品质量安全排查治理，强化不合格产品后处理工作，做到不合格产品（商品）后处理率 100%。开展获证企业“分级监管＋双随机、一公开”监管。

（蔡培景）

【合同商标广告监管】 2022 年，晋江市查处合同违法案件 16 件，罚没款 1.62 万元。监测房地产户外广告、网络广告宣传 90 余次，形成有效线索 2 条，立案 2 起。围绕药品、食品、保健品等重点领域，开展虚假违法广告整治。查处虚假违法广告案件 124 起，罚没款 17.09 万元。

（林少军）

【企业信用监管】 2022 年，晋江市推进“双随机、一公开”监管，抽查企业 2728 家；列入经营异常名录市场主体 66948 家，修复信用记录 18034 条。推进市场主体出清工作。推进市场主体年报公示，2021 年度企业、个体户年报率分别为 92.65%、65.26%。

（朱元君）

【市场执法】 2022 年，晋江市市场监督管理局将执法稽查工作与日常监管、防控工作相结合，落实包容审慎执法，立案查处市场监管违法案件（含简易处罚程序案件和税务部门提请吊销营业执照）2928 件，罚没 1839.11 万元。其中移送公安机关 25 件，吊销食品生产经营许可证案件 4 件，落实处罚到人案件 2 件，申请挂牌督办案件 2 件。

（曾燕萍）

【价格监督检查】 2022 年，晋江市查处价格类案件 40 起。其中，未明码标价案件 38 起、违反价格促销案件 2 起，罚没款 4.11 万元。

（林少军）

【消费者权益保护】 2022 年，晋江市以市政府办名义下发通知，在全市范围内开展放心消费创建活动。推广线下七日无理由退货承诺活动，发展承诺单位 248 家，适用线下无理由退货 1794 件，退货金额 113.67 万元。提升

2022 年 2 月 16 日，晋江市市场监管局结合东石镇文化科技卫生“三下乡”活动，开展个体户现场办照活动暨推广线下购物七日无理由退货宣传活动

（图/东石镇市场监管所）

ODR(在线纠纷咨询解决)机制运行质效,全市有ODR企业20家,适用ODR调解677件,按时办结率100%。完善多元化解机制,接收消费投诉举报35032件。完善诉调衔接,办理调解协议司法确认7件,为消费者挽回经济损失4.55万元。办理食品、药品领域刑事附带民事诉讼案件1件1人,依法索赔9.34万元。

(吴碧云)

口岸综合管理

【概况】 2022年,晋江市拥有综合保税区、陆地港、海港(围头港、深沪港)、机场等口岸。其中,综合保税区为泉州市唯一的国家级海关特殊监管区,也是落实国家"一带一路"建设及海丝先行区战略的重要平台、发展对外贸易的政策洼地及复制自贸区政策的主要载体,是晋江集成电路产业配套园区,封关面积2.05平方千米,叠加保税区、出口加工区、物流园区以及部分口岸通关的所有政策的功能,是国内对外开放层次最高、政策最优惠、功能最齐全、通关最便捷、区位优势最明显的海关特殊监管区域。晋江国际陆地港是国内唯一一个集国际快件、跨境电商、国际邮件互换局、航空公司城市货站于一体的综合服务口岸,仅次于义乌的国内第二大陆地港。围头港、深沪港为10万吨级码头、国家一类对外开放口岸。2022年,全市海港口岸吞吐量完成289257标箱,散杂货吞吐量161.31万吨。泉州晋江国际机场是国家一类航空口岸、对台直航机场,机场飞行区等级4D级,各类服务保障设施齐全,能满足波音B767-300及以下机型起降要求。停机坪面积15.9万平方米,候机楼面积5.8万平方米,设有34个停机位、13个登机廊桥。

【口岸与航线】 2022年,综合保税区以保税功能为主,在全国率先推行航空国内外维修、"委内加工"业务,有"先进区、后报关""分送集报""一般纳税人"等25项自贸区海关创新制度以及"互联网+保税展销"模式、进口酒类定制贴标监管等17项福建自贸试验区改革创新成果在泉州综合保税区推广实施。

陆地港实行"直通关"等监管模式,实现沿海港口服务功能的后移,与外贸集装箱海港码头无缝衔接,为2000多家企业提供通关便利化服务。2022年,实现与省内11个外贸集装箱海港码头、3个空港口岸和1个铁路口岸的无缝衔接。获联合国批准国际代码"CNJJD",升级为国际港口。2022年跨境服务口岸报关单量435.93万件。

2022年,围头港开通内贸航线20多条,国内覆盖北至环渤海湾、南至广西北部湾以及长江沿岸主要港口,外贸航线有俄罗斯、菲律宾以及中国台湾、香港、金门、厦门内支线等航线。深沪港是泉州地区大宗件杂货的重要集散地,主要开展建材、钢铁、化工原料、荒料石、水泥等散杂货的装卸、储存业务。

泉州晋江国际机场通航国内外航点80个,包括北京、上海、广州、重庆、成都、南京等国内客运航点69个和马尼拉、吉隆坡、西哈努克港等国际(地区)航点11个。

【口岸管理服务】 2022年,晋江市引导企业通过"单一窗口"申报委托报关,提高申报率。货物申报、运输工具申报、舱单申报应用率均100%。推进进出口环节许可证件网上申请、网上办理,扩大通过"单一窗口"申领证件的范围,推进进出境通关办理流程无纸化。深化"互联网+海关"建设,整合行政审批窗口,推动更多服务事项"一网通办"。引导进出口收发货人企业采用"多证合一"方式进行注册备案,通过"多证合一"渠道申请注册的进出口收发货人备案申请均按时处理。落实国家一揽子增值税改革、自贸协定优惠、减免税政策、行邮税调整,释放减税效应。规范口岸各类收费。推动降低报关、货运代理、船舶代理、物流、仓储等环节经营服务性收费。按照"减项、并项"原则合并收费项目。

【通关便利化】 2022年,晋江市全面推广国际贸易"单一窗口"模式,促进企业备案便利化,创新监管模式,推动减税政策全面落地,提升口岸通关实效,减少贸易通关成本。出口整体通关时间0.94小时、进口整体通关时间8.67小时。

(陈金锋)

海关监管

【概况】 2022年,泉州海关驻晋江办事处全年接审进出口报关单60320票,入库税款7.67亿元,监管货值65.8亿美元,货运总量926万吨(含金门供水765万吨),比上年分别增长6.4%、26%、7.7%、14.9%。监管进出境快件277.5万件、金额7.9亿元、征收税款4964万元,分别比上年减少23.4%、减少10.8%、增长15.9%;监管跨境电商出口货物(9610)161万件、金额1.8亿元。

【通关监管】 2022年,泉州海关驻晋江办事处推进保稳提质一站式服务专窗建设,进行一站式需求收集受理、分解和"问题清零"督办。压缩通关时间,压实通关效率主体责任,强化工作机制,落实属地查检,优化检验监管模式,缩短货物检验周期,提高进出口货物验放速度。出口整体通关时间0.94小时,进口整体通关时间8.67小时,比上年分别压缩7.2个百分点和6.6个百分点。

【快邮件监管】 2022年,泉州海关驻晋江办事处推动寄递渠道"选查处"分离改革,强化科技赋能,开发快件全数据化监管辅助系统、优化快件过机图像批量复审,检出厦门海关关区寄递渠道首例检疫性有害生物长芒苋,查发进境寄递渠道走私国家管制一类精神药品“安非拉酮”减肥药等一批案件。监管跨境电商出口161万件，货值1.8亿元。开通泉州综保区至厦门机场、海沧保税港的空运、海运航线，推动泉州综保区“9610”跨境电商发展。

【税收征管】 2022年，泉州海关驻晋江办事处扩大RECP受惠面，联合商务部门举办线上、线下RCEP原产地规则政策宣讲5场，惠及关区企业200多家。指导企业运用“提前申报”“两步申报”通关模式叠加原产地证“智能审核”“自助打印”“邮寄送达”等便利化措施，帮助企业“足不出户”享受RCEP政策红利。

【检验检疫】 2022年，泉州海关驻晋江办事处开展“异宠”（另类宠物）综合治理，严防外来物种入侵，筑牢关区国门生物安全防线，截获种子、种苗85批次、38种类，其中外来物种19批次3种类。

【海关缉私】 2022年，泉州海关驻晋江办事处在围头港、陆地港对进出口货物、物品先后多次开展“切片”即决式布控，开展口岸危化品综合治理，打击“四涉”（涉毒、涉枪、涉黑、涉黄）等违法违规行为。查获油墨、打火机、漂洗精、香水等危化品6起，其中打火机为厦门海关关区首起；濒危物品（沉香制品）案件1起、象牙制品案件2起、云豹犬齿案件1起，管制刀具14起，侵权案件85批，“扫黄打非”25起。

【口岸开放】 2022年，泉州海关驻晋江办事处开拓海港外贸航线，支持围头港新增俄罗斯远东、菲律宾马尼拉等航线，指导围头“两仓”（出口监管仓库和保税仓库）获批运行。保税仓进出卷钢2.5万吨，提升码头供应链一体化物流服务水平。做优陆港中欧班列，推动中欧班列常态化运营，提高境内段铁路物流便利化水平，1月18日“泉州—莫斯科”中欧班列首发，至年底监管“泉州—莫斯科”班列14趟1388个标箱，货重7495.77吨、货值1.78亿元。复飞空港国际航线，推动泉州晋江国际机场旅检通道扩能改造和查验设施建设完善。

（蔡仲裕）

海事管理

【概况】 2022年，晋江海事处强化海上安全监管与服务保障，保障辖区海上交通稳定。辖区进出港船舶7122艘次，与上年基本持平；港口货物吞吐量1479万吨，比上年增长3.7%；实施船舶现场监督检查566艘次，船旗国监督检查196艘次，滞留16艘次；接到海上遇险报警16起，遇险人员25人，成功救助25人，人命救助成功率100%，挽回直接经济损失约4000万元。

【海上安全监管】 2022年，晋江海事处根据季节防范特点和辖区监管重点，以水上交通安全专项整治“三年行动”集中攻坚为抓手，做好冬防、雾航、春运、两会、清明节、劳动节、中秋节、国庆节等重点时段水上安全监管工作，统筹推进“商渔共治2022”“中小型船舶载重线和货物装载专项”“防风险 保安全 迎二十大”、涉砂船舶、船舶碰撞桥梁隐患治理、打击危险品瞒报谎报等专项整治，打击海上交通安全领域中各类违法违章行为，破解辖区监管难点热点。保持打击非法采运砂高压态势，对采运砂船舶予以重点标识，加大对厦门新机场水工建设采运砂船舶超载行为的打击力度，不定期联合海警、海渔、交通、公安等部门开展非法采运砂船巡航执法行动，开展非法采运砂船联合巡航及“净海清湾”执法行动37次，查处违章船舶11艘次。

【海上搜救应急保障】 2022年，晋江海事处做好晋江市海上搜救分中心日常工作，完成搜救责任海区“两防一救”（防抗热带气旋、防止海洋污染，海上人命搜救救助）任务。注重提升辖区海上搜救应急能力建设，先后协调组织开展船舶消防、溢油应急演练等活动，提升辖区海上应急反应能力，处置“蓝色星舰1”游艇主机失控、“国裕10”轮搁浅等多起险情。针对辖区滨海旅游旺盛，人员溺水、被困岛礁等非传统险情呈上升趋势，协同推动相关职能部门开展综合治理活动，并第一时间将情况通报晋江市安全生产委员会，推动晋江市加强滨海旅游安全工作。

【港航经济服务】 2022年，晋江海事处安全保障722名中国籍船员换班。按照《海底电缆管道保护规定》要求及《福建向金门供水安全保障工作方案》职责分工，强化管道附近的金门供水管道水域电子巡航和船舶动态监控，与晋江市公安局、生态环境局、农业农村局、水利局、泉州海警局晋江工作站、金井镇政府等部门开展“金门供水”管道水域联合巡查，保障海底供水管道水域安全。指导帮扶船企解决“抛牢锚”船所有权问题，服务“一带一路”建设，助力开通中国泉州—俄罗斯远东航线集装箱班轮。

【海上安全知识宣传】 2022年，晋江海事处与各相关单位共同搭建安全知识宣教平台，开展海事安全法律法规进港口企业、航运公司。深入渔村、码头，组织“防范商渔船碰撞”专题安全培训活动。开展“商渔船长面对面”活动。深入辖区衙口滨海旅游水域，普及预防溺水常识，开展安全游泳和防溺水安全警示教育宣传活动。推动广大中小学生由“要我安全”向“我要安全”转变，邀请中小学生参加“海事开放日暨水上安全知识宣教”活动，走进中小学校开展以“珍爱生命，预防溺水”为主题的水上安全知识课。

（张 静）

农业农村

综述

【农业农村发展】 2022年，晋江市抓好农业稳产保供和农民增收，优化产业布局，做好“三农”领域重点工作，加快推进农业农村现代化，推进乡村振兴战略，打造新时代“五美”（美丽乡村庭院、美丽乡村微景观、美丽乡村小公园、美丽田园、美丽休闲乡村）乡村。全年农林牧渔业总产值45.98亿元，比上年增长3.1%。其中，农业产值8.11亿元，比上年增长3.1%；林业产值89万元，比上年增长142.5%；牧业产值3.44亿元，比上年下降5.6%；渔业产值32.29亿元，比上年增长4.3%；农林牧渔服务业产值2.13亿元，比上年增长4.2%。

（陈建福）

2022年，晋江市推进乡村振兴战略，打造新时代“五美”乡村。图为池店溜石塔公园　（摄于2022年9月25日　图/陈巧玲）

【农业政策支持】 2022年，晋江市落实《晋江市人民政府关于进一步发展特色现代农业的若干措施》，重点扶持休闲农业、农产品仓储冷链物流、农产品加工、农业产业园区等，促进“三产”融合。分3批补助新型农业经营主体147家，补助1382.24万元。

（许建林）

【农业品牌建设】 2022年，晋江市指导2家企业创建2022年省级优质农产品标准化示范基地建设，推进“晋江胡萝卜”地理标志保护工程。加强食用农产品“一品一码”追溯体系建设，巡查1.01万家次，赋码1.27万批次。

【农产品质量安全】 2022年，晋江市推进“治违禁、控药残、促提升”行动，聚焦禁限用药物使用、常规农兽药残留超标等问题，加大农产品检测频次，抽检农产品785批次。推进食用农产品承诺达标合格证亮证行动，食品农产品生产企业巡查12642家次，赋码3853批次。

（陈坤明）

【农业执法】 2022年，晋江市农业综合执法工作按照省、市农业综合执法工作的总体部署，做好法治宣传、农资市场监管和违法案件查处等工作，推进农业综合执法规范化建设，全面提高农业执法能力和水平，保障农业生产的安全，保护农民的合法权益。全年查处农业行政案件13起，罚没款10.05万元。

【畜禽屠宰监管】 2022年，晋江市定点屠宰检疫生猪55.75万头、羊1.69万头、牛1.08万头。屠宰环节瘦肉精检测3万头份，检测结果均为阴性。督促屠宰企业非洲猪瘟PCR检测4.6万头份，结果均为阴性。

（洪志勇）

【"美丽乡村"建设】 2022年，晋江市建成650个美丽乡村庭院、293个美丽乡村微景观、30个美丽乡村小公园、13片美丽田园、2个美丽休闲乡村。推进12个"绿盈乡村"创建。9月13—14日，晋江市承办全省乡村"五个美丽"建设现场推进会，在会上做交流发言。

【山海协作对口帮扶】 2022年，晋江市组织党政代表团赴龙岩市长汀县、上杭县两地交流，谋划协作项目、签订合作协议。分别拨付长汀县、上杭县对口帮扶资金2000万元、1500万元，巩固拓展脱贫攻坚成果。邀请长汀县、上杭县两地参与晋江市2022年文化体育旅游节，签署《晋江市 上杭县 长汀县"山海协作"文旅合作协议》，共同拓展旅游市场。

【特色农业产业打造】 2022年，晋江市出台《晋江市农业产业强镇专项资金管理办法》，加快推进全国农业产业强镇建设工作，指导金井镇申报第十二批全国"一村一品"示范镇，指导东石镇潘山村、深沪镇东华村申报第十二批全国"一村一品"示范村，指导推荐东石镇白沙村等5个村申报泉州市级"一村一品"专业村。

（吴文振）

种植业

【概况】 2022年，晋江市完成粮食播种面积5.38万亩，比上年增长4.1%；产量2.43万吨，比上年增长3.6%。蔬菜种植面积12.44万亩，比上年增长1.4%；产量19.86万吨，比上年增长1.2%。食用菌产量9485吨，比上年增长0.2%；水果产量4756吨，比上年增长4.5%。

【无人机专业化统防统治技术推广】 2022年，晋江市开展农作物病虫害绿色防控工作，推广无人机专业化统防统治技术。在水稻、玉米、花生、蔬菜等农作物上应用无人机统防统治病虫害面积1.8万亩次，防治效果95%以上。

【化肥农药减量增效】 2022年，晋江市建设水稻病虫害绿色防控示范点1个，示范面积350亩；实施农作物统防统治18.9万亩次，统防统治覆盖率49.21%；实施农作物绿色防控10.76万亩，辐射推广面积14.5万亩次，绿色防控覆盖率44.74%。实施测土配方示范25万亩次，测土配方施肥技术覆盖率90%以上；建立胡萝卜施用商品有机肥示范片6个，示范面积600亩，推广商品有机肥10万亩，推广豆科绿肥3万亩。推广水稻机收秸秆还田技术，设置核心示范片4个，示范面积700亩；带动周边稻作区机械化收割秸秆还田面积0.6万亩。2022年，化肥施用量比上年减少2.3%，农药施用量比上年减少3.4%。

【设施农业项目建设】 2022年，晋江市组织验收2家企业新建成的温室大棚面积206.07亩，拨付省级补助资金61.82万元。新增备案温室大棚1089.5亩，建成一个水肥一体化项目，覆盖面积100亩，策划一个辣椒集约化育苗项目。

【种植业保险】 2022年，晋江市农户参与水稻种植保险投保12户，投保面积7070.59亩，保费10.61万元；马铃薯种植保险投保9户，投保面积1552亩，保费7.76万元；胡萝卜种植保险投保23户，投保面积2613亩，保费73.24万元；大棚设施及作物投保4户，投保面积272亩，保费141.07万元。

【水稻规模种植补贴】 2022年5月，晋江市组织水稻规模种植场（户）申报水稻规模种植补贴，申报14户，验收面积4780.59亩。10月，组织申报晚稻规模种植项目，申报10户，验收面积2941亩。每亩补助本级资金300元，兑现补助资金231.65万元。

【耕地地力保护补贴】 2022年，晋江市印发《晋江市2022年耕地地力保护补贴发放工作方案》，开展耕地地力保护补贴发放指导工作，全市补贴面积13.79万亩。其中，种粮大户补贴面积8967.25亩，每亩补贴100元；其他农户每亩补贴55元。发放专项补贴资金799.04万元。

（黄伟彬）

【"禧红202"胡萝卜规模化种植】 2022年，晋江市在7家农场推广"禧红202"胡萝卜种植。秋季，"禧红202"播种面积首次超过1000亩，开启国产胡萝卜品种在晋江规模化推广之路。"禧红202"由中国农科院蔬菜花卉研究所胡

2022年，晋江市推广"禧红202"胡萝卜种植。图为东石镇胡萝卜采收现场（摄于2022年2月22日 图/东石镇）

萝卜遗传育种团队携手福建省福禧种子有限公司共同培育，该品种综合性状表现优异，种子成本每亩600元。

（陈坤明）

林　业

【概况】　2022年，晋江市推进造林工作，提高森林质量，完成植树造林4100亩。全市验收造林项目26个，补助资金649万元。全市林业产业总产值36.35亿元，比上年增长5%；其中第一产业涉林产业产值4677万元。

【国土绿化】　2022年，晋江市完成英林镇长存公园景观改造项目、港塔溪滨水休闲廊道景观和39个乡村小公园建设，完成总投资约1300万元。打造灵源街道曾林社区1个省级森林村庄。开展苗木下乡活动，提供3批次1800余株苗木助推美丽村庄建设。

【林业生态建设】　2022年，晋江市对罗裳山实施裸露山体生态修复，重点对罗裳山山体实施裸露山体覆绿、矿坑整治、生态修复，对拥军路沿线进行绿化提升、景观节点提升改造，完成投资约1000万元。

【重点山体林分修复】　2022年，晋江市实施松林改造提升总面积271.53公顷，主要分布于安海镇、磁灶镇、罗山街道、青阳街道、西园街道、永和镇、紫帽镇、灵源街道8个镇（街道）共79个二类小班。

【绿民富民产业发展】　2022年，晋江市发挥组织协调、财政资金、林业政策等优势，加强政策指导，为林业生产经营和林业金融服务提供支持，为支农信贷提供最新行业政策、林业产业项目、新型林业经营主体等信息服务。加强与晋江农商银行、泉州银行等商业银行合作，精准对接林业金融服务需求，加快林业金融产品研发和系统建设，为林业发展提供综合金融服务。

【林业品牌创建】　2022年，晋江市培育壮大林业龙头企业，鼓励企业创建林业品牌，扩大林业品牌美誉度和影响力，扶持晋江市艺达木雕美术有限公司、耀华园林股份有限公司等企业参加泉州知名农产品（林业）品牌申报。

【沿海风口防护林建设】　2022年，晋江市实施沿海大通道补植抚育工程，创新沿海基干林带抚育模式，将沿海大通道1500米沿海基干林带交由国有企业管养，完成投资约300万元。

【义务植树活动】　2022年3月，晋江市在紫帽山郊野公园开展“全民动员绿化晋江”活动月义务植树活动，全市线上线下义务植树70多场次，种植苗木1.5万株，参与植树2万人次。

（庄珊红）

畜牧业

【概况】　2022年，晋江市完成肉蛋奶产量1.24万吨，比上年下降3.9%。其中，肉类产量0.59万吨，禽蛋产量0.43万吨，奶类产量0.22万吨。出栏生猪4.32万头、牛2792头、羊4064头、家禽145.37万羽、兔2.17万只。年末，存栏生猪2.43万头、牛2763头、羊6388头、家禽57.78万羽、兔2.23万只。

【产业化经营】　2022年，晋江市3家养殖场存栏生猪2.30万头。晋江市紫滨农牧实业有限公司、联兴农牧有限公司均计划新建高楼扩大养殖规模。晋江市农业农村局指导3家生猪规模化养殖场做好生物防护措施。督促紫滨和联兴2家养殖场加快推进环评报批手续，将环评上限由存栏2万头提高到4万头。

【动物疫病防控】　2022年，晋江市免疫家禽77.02万羽次、牛0.67万头次、羊1.18万头次、生猪4.89万头次，应免畜禽免疫密度100%，集中免疫期间抗体合格率80%以上。全年未发生区域性重大动物疫情。

（郭明好）

【动物卫生监督】　2022年，晋江市出动执法人员58人次，涉及动物卫生监督、动物产品质量安全类案件立案8起，办结8起，罚款0.45万元，没收涉案动物产品28万余元。

（洪志勇）

【饲料行业监管】　2022年，晋江市每月定期对3家饲料、饲料添加剂生产企业开展安全生产检查。出动58人次，查出安全隐患17处，均督促企业完成整改。完成1家饲料生产企业风险等级评级及3家企业安全标准化提升评定工作。

（郭明好）

【畜禽无害化处理】　2022年，晋江市对养殖、运输过程中发生应激死亡的生猪进行无害化处理。全年无害化处理病死生猪2210头。

（洪志勇）

【晋江马品种资源保护】　2022年，晋江市经鉴定验收的晋江成年公马14匹、母马61匹。公马每匹每年补助2000元、母马每匹每年补助1000元，全年兑现补助资金8.9万元。

【养殖废弃物资源化利用】　2022年，根据农业农村部养殖场直联直报信息平台核算结果，晋江市畜禽粪污综合利用率95.96%，规模养殖场粪污处理设施装备配套率100%，达到上级要求的年度目标任务。

（郭明好）

渔　业

【概况】　2022年，晋江市水产品生产总量24.91万吨，比上年增长4.2%。其中，近海捕捞14.25万吨、占比57.19%，远洋捕捞34271吨、占比

13.76%，海水养殖69525吨、占比27.91%，淡水养殖2816吨、占比1.14%。出台《晋江市近海捕捞渔船组织化生产管理实施方案》，全市成立公司(合作社)49家，纳入组织化管理渔船441艘。全市大中型渔船完成评估并达到安全生产标准化要求。

【海洋渔业结构调整】 2022年，晋江市委托自然资源部第三海洋研究所编制《晋江市“十四五”海洋强市发展专项规划》，委托福建海峡建筑设计规划研究院编制完成《晋江国家级渔港经济区建设规划（征求意见稿)》，获省海洋与渔业局支持。会同深沪镇、东石镇、金井镇加快推进渔港建设项目；争创国家渔港经济区。出台海洋产业发展示范项目和资金管理办法，分2批组织立项示范县项目38个，总投资7.29亿元，申请补助4883.5万元，拨付1200万元。

【渔业发展扶持】 2022年，晋江市政府制定《晋江市进一步发展特色现代农业的若干措施》，从养殖、捕捞、加工、销售和品牌培育等环节扶持渔业发展。兑现本级补助资金432万元，向上争取补助资金，惠及456人6723万元。

【水产养殖业】 2022年，晋江市海水养殖主要包括海上筏式、池塘、滩涂和陆上工厂化4种方式。其中，海上筏式养殖以围头湾传统养殖为主，主要分布在金井、英林和东石3个镇的14个村，养殖品种有鲍鱼、牡蛎、紫菜、海带、黑鲷、鲈鱼、石斑鱼等，养殖面积1361公顷，产量36219吨；池塘养殖主要分布在东石、金井2个镇的5个村，养殖品种有对虾、花蛤等，养殖面积121公顷、产量13462吨；滩涂养殖以安海湾、泉州湾、深沪湾等传统养殖为主，主要分布在陈埭、安海、东石和龙湖4个镇的11个村，养殖品种有花蛤、缢蛏等，养殖面积307公顷、产量19230吨；工厂化养殖主要分布在金井镇围头、淄江、南江、洋下、石圳等村，养殖品种有鲍鱼、对虾等，养殖面积21公顷、产量614吨。

2022年，晋江市养殖水产品产量72341吨。其中，海水养殖年产量69525吨，淡水养殖年产量2816吨。养殖面积3096公顷。其中，海水养殖面积2876公顷，淡水养殖面积220公顷。

2022年，晋江市淡水养殖品种主要有四大家鱼、鲫鱼和罗非鱼等鱼类。其中，鱼类2637吨，占淡水养殖产量的93.64%；甲壳类125吨；其他类54吨。

（赖永铅）

2022年，晋江市委托自然资源部第三海洋研究所编制《晋江市“十四五”海洋强市发展专项规划》，委托福建海峡建筑设计规划研究院编制完成《晋江国家级渔港经济区建设规划（征求意见稿)》。图为深沪中心渔港航拍

（摄于2022年6月15日 图/深沪镇）

【远洋渔业】 2022年，晋江市有远洋渔船30艘，其中晋鑫渔业有限公司6艘、福建永丰渔业有限公司4艘、福建海顺渔业有限公司20艘。其中福建海顺渔业有限公司20艘获得农业农村部批准更新改造，由过洋性捕捞改为大洋捕捞。晋鑫渔业有限公司和福建永丰渔业有限公司全年捕捞34271吨，较2021年增长41.22%。

【水产加工业】 2022年，晋江市有水产品加工类农业产业化龙头企业20家，其中国家级4家、省级10家、泉州级6家。其他中小规模的水产品加工、贸易企业300多家。

【渔业品牌建设】 2022年，晋江市组织辖内15家预制菜、紫菜、远洋渔业、休闲食品等涉海企业参加福州渔博会，组织12家渔业预制菜企业参加福州预制菜博览会，推广晋江市渔业品牌。

（魏重翼）

【增殖放流】 2022年，晋江市开展2次渔业资源增殖放流活动，分别在深沪湾海域放流中国鲎苗17.29万尾、西施舌苗45.28万粒。通过增殖放流增加渔业资源量和生物种群结构，维护渔业水域生态平衡，促进渔业生产良性循环。

（赖永铅）

【渔业安全宣传教育】 2022年，晋江市农业农村局开展渔业安全宣传咨询活动和渔业安全生产知识H5线上有奖问答。组织普通船员培训2期，培训船员347人次；组织职务船员培训9期，培训船员97人次。6月，在深沪中心渔港开展2022年渔业安全宣传咨询暨海上突发事件应急演练活动，提升晋江市渔业突发事项应急处置能力。

（陈宝强）

农业机械化

【概况】 2022年，晋江市检验拖拉机325台次，注册上牌拖拉机68台，公告注销多功能拖拉机3批次275台。全市农机总动力27.06万千瓦，主要农作物耕种收综合机械化率从2019年的56%提升到68.75%。晋江市被省农业农村厅确定为农作物生产全程机械化示范县。

【农机购置补贴】 2022年，晋江市使用农机购置补贴资金117.34万元，其中中央补贴资金90.96万元、省级补贴资金26.38万元。录入农机购置补贴系统资金量为中央补贴资金187.77万元，省级补贴资金41.42万元。农机购置补贴使用比例100%。

【农业新机具和新技术使用】 2022年8月3日，晋江市在磁灶镇德远农业发展有限公司开展花生机械化采收、筛选示范。8月4日，在陈埭镇芳惠农场开展水稻精量穴直播现场演示。建成主要农作物全程机械化示范基地2个，分别是晋江农情文化传媒有限公司和晋江市德远农业发展有限公司。建成特色农业产业示范基地1个（东石立林农场）。

【农机安全监理】 2022年，晋江市加强拖拉机联合收割机的牌证管理，严把新车登记和车辆检验关，利用年检排查安全隐患，对不符合技术标准要求的和检验不合格的车辆不准办证上牌；对非法改装拼装车责令整改恢复原状；对不符合拖拉机运行安全技术条件、影响安全的车辆要求修复后再进行年检。检验拖拉机325台次，注册上牌68台，公告注销多功能拖拉机3批次275台，驾驶证到期换证12本。加强对上道路行驶的多功能拖拉机安全监管，配合交警部门开展联合检查行动6次，出动检查人员15人次，检查多功能拖拉机1台。

【农机安全宣传】 2022年，晋江市利用短信平台发出到期报废、到期检验、安全标语等短信1500多条，结合拖拉机检验、驾驶证到期换证、现场检查等工作分发“致拖拉机驾驶员的一封信”、“农机安全生产宣传材料”、《农机安全知识手册》等宣传材料260多份。

（徐学峰）

乡村振兴

【概况】 2022年，晋江市围绕产业振兴、人才振兴、生态振兴、文化振兴、组织振兴，出台新一轮扶持发展新型集体经济政策，加快推进农业农村现代化。创建金井镇、英林镇、东石镇、安海镇、内坑镇5条泉州市级乡村振兴示范线，金井线获评省2022年乡村振兴精品线路；20个村被确定为省级乡村振兴试点村，21个村被确定为泉州市级乡村振兴试点村；7个村获评省级乡村振兴实绩突出村，7个村获评泉州市乡村振兴实绩突出村，11个村获评泉州市乡村振兴典型示范村。

【乡村振兴试点村建设】 2022年，晋江市推进20个省级乡村振兴试点村建设，完成试点示范项目122个，总投资5603万元。省级、泉州市乡村振兴试点村41个，其中培育3.0版（标杆村）16个、2.0版（示范村）22个。新增获评省级乡村振兴实绩突出村1个、泉州市级5个，新增泉州市乡村振兴典型示范村8个。

【乡村振兴示范线建设】 2022年，晋江市完成金井镇、英林镇、东石镇、安海镇、内坑镇等5条泉州市级乡村振兴示范线“三无一改”（无裸房、无黑臭水体、无凌乱杆线，改变影响农村人居环境的不良习惯）攻坚和“十百千”（平均每条示范线新建重点项目达10个以上、村集体经营性收入达100万元以上、投资规模达1000万元以上）工程建设任务，完成投资900万元。

【省级特色镇建设】 2022年，晋江市推荐英林镇、磁灶镇省级特色镇建设。推荐磁灶、紫帽、英林3个镇参与泉州市乡村振兴整镇推进“五好”（富民产业发展好、乡村建设推进好、乡村文化传承好、治理能力提升好、基层党建引领好）乡镇创建工作，先后获得奖金200万元。磁灶镇、英林镇被评定为泉州市2022年度乡村振兴整镇推进“五好”乡镇。

（戴斌斌）

【共享驿站建设】 2022年，晋江市利用农村土地三项改革，推动一批村（社区）通过集体经营性建设用地入市的办法，变“资源”为“资产”，全市集体经营性建设用地入市28宗11.13公顷，增加村集体经营性收入5175万元。引入“共享”理念，实施“乡村共享驿站”项目建设，整合金融、物流、电信等资源开展市场经营活动，通过收益分成、空间租赁，实现村集体稳定增收。每个驿站每年可为村集体创收5万—10万元。

【新型集体经济扶持发展】 2022年，晋江市出台新一轮扶持发展新型集体经济政策，牵头起草晋江市党建引领社会基层治理重点村集体经济专项扶持政策。会同市委组织部向上申报省级集体经济发展试点村，获得扶持资金500万元。全市399个村（社区）集体经营性收入25084.34万元，比上年增长19.4%；村均66.01万元，比上年增长19.5%。村集体经营性收入全部达到20万元以上，其中50万元以上的村194个、100万元以上的村60个。《夯实家底 多措并举 新型集体经济激发乡村活力》在农业农村部《农村集体产权制度改革情况》刊发。

（庄小坤）

【农村创业创新典型推介】 2022年，晋江市组织九九星创、吉隆园、豪泰、来旺、力豪等返乡创业人才筹备项目参与省级项目创意大赛。推荐吉隆园刘欢申报《全国农村创业创新优秀带头人》。九九星创以“乡村共享驿站——晋享购”项目获第六届全国农村创业创新项目创意大赛福建省选拔赛一等奖，并被推荐参加全国农村创业创新项目创意大赛。

【农村人居环境整治】 2022年，晋江市实施环卫考评新规，逐步提升城乡人居环境考评成效，农村生活垃圾做到日产日清。出台《晋江市2022年垃圾分类工作实施意见》，推动金井镇全镇域农村生活垃圾分类全覆盖。399个村（社区）中，完成农村生活污水管道建设388个、在建8个，完工率97.98%，平均接户率89%，建成农村污水管道4728千米、小型污水处理站109座、村级污水提升泵站79座，完成投资20.81亿元。加大既有裸房整治力度，推出“裸房贷”金融产品，整治裸房3556栋、100%完成既定任务。规范畜禽散养，完成6个村畜禽规范养殖整改试点，试点经验在全市乡村振兴试点村推广。

（吴文振）

【休闲农业和乡村旅游品牌创建】 2022年，晋江市“漫步乡村传统风韵 体验都市休闲农业”获评福建省休闲农业精品线路，创建福建省休闲农业示范点1个、泉州市休闲农业示范点2家，新增休闲农业示范点和精品线路点5家，推荐的晋江九十九溪流域田园风光获评泉州市“美丽田园·农业公园”。举办中国农民丰收节“喜庆丰收·鉴赏美食”——第十二届全国海鲜烹饪技能大赛、2022中国（晋江）预制菜及外烩产业发展高峰论坛暨“福大杯”福建省外烩海鲜烹饪技能大赛。联合《晋江经济报》筹划开展“品牌乡村游，多彩农庄行”——2022“醉美乡村·多彩农庄”乡村休闲旅游系列推介活动。

（林英波）

农村管理

【概况】 2022年，晋江市发展壮大村集体经济。晋江市出台新一轮扶持发展新型集体经济政策，晋江市农业农村局牵头起草晋江市党建引领社会基层治理重点村集体经济专项扶持政策。会同晋江市委组织部向上申报省级集体经济发展试点村，获得500万元扶持资金。《晋江市创新农村金融服务助力乡村振兴》被中共泉州市委全面深化改革委员会办公室发文推广晋江市创新农村金融服务经验，《夯实家底 多措并举 新型集体经济激发乡村活力》被农业农村部农村集体产权制度改革情况第23期刊载推广。

培育新型经营主体，建强新型职业农民队伍。打造“一村一品”“一镇一业”特色农业产业。出台《晋江市农业产业强镇专项资金管理办法》，加快推进全国农业产业强镇建设工作，指导金井镇申报第十二批全国“一村一品”示范镇，指导东石镇潘山、深沪镇东华村申报第十二批全国“一村一品”示范村，指导推荐东石镇白沙村等5个村泉州市级“一村一品”专业村；推进农业品牌建设。指导2家企业创建2022年省级优质农产品标准化示范基地建设，推进“晋江胡萝卜”地标保护工程，加强食用农产品“一品一码”追溯体系建设，巡查10119家次，累计赋码12700批次；培育评选农村人才。印发《高素质农民培训工程实施方案》，举办高素质农民培训班24期、培训3463人次。培育泉州市级家庭农场5家，农民专业合作社示范社2家，泉州市级“十佳”家庭农场2家，泉州市级“十佳”农民专业合作社1家。

【农村集体“三资”监管】 2022年，晋江市出台《关于建立村级财务网上公开工作机制的通知》等措施，完善村级财务机制，夯实农村集体“三资”监管工作基础。依托市、镇、村官方微信公众平台，统一设置“村级财务网上公开”模块，由纪检监察机关介入，督促指导全市村（社区）开展村集体财务开支网上公开，完成189个村（社区）集体经济合同台账网上公开。制定出台《晋江市村级建设工程规范管理规定》，推行村集体经济合同示范模板，牵头起草《晋江市村级采购项目管理指导意见》《晋江市农村集体产权交易管理指导意见》，建立农村集体“三资”监管常态化督导机制，组织开展3期专项督导工作，发现反馈问题83个。选取信访问题较为突出、土地征迁量比较大的80个村（社区），开展村干部误工补贴、征地补偿款使用情况专项审计，每年滚动审计三分之一村（社区）最近三年的财务收支情况，实现村干部任期内审计全覆盖。完善部门履行监管主体责任、纪委监委落实监督责任、镇村抓好问题整改销号责任的协调联通机制，解决村级财务监管监督信息不对称、跟踪整改不到位问题。晋江市农业农村局、巡察办、纪委监委等部门对接共享涉及村干部报酬、征地补偿款使用、“问题合同”等方面需整改事项236条。

（庄小坤）

【农村宅基地制度改革】 2022年，晋江市出台村镇集合式住宅建设导则、农村宅基地使用权抵押贷款实施方案等2份政策文件，完成农村宅基地使用权抵押贷款147宗、金额2.9亿元。《传承发展“晋江经验”释放更多改革红利》被农业农村部合作经济指导司行文推广。

【乡村治理体系建设】 2022年，晋江市陈埭镇庵上村等17个村被列为第二批省级乡村治理试点示范村，磁灶镇、英林镇被列为第二批省级乡村治理试点示范镇。晋江市在全国乡村治理现场交流会上作典型发言，《福建省晋江市打造村级议事协商全链条处置机制》被农业农村部刊发推广，《农民日报》全版刊发晋江市乡村治理工作经验做法，《晋江市：推进共建共治共享 打造乡村善治样板》被省农业农村厅刊发推广。

（陈建福）

水　利

【概况】 2022年，晋江市加快推动水利高质量发展，“建、管、治”并举，统筹做好水利基础设施建设、水旱灾害防御、河湖运行管理、污水收集处置及水资源监管等工作。全年征收水资源费 647.13 万元，完成水利投资 7.45 亿元，完成固定资产投资 6.97 亿元。开展生态水域综合治理，推进中水资源再生利用，全市中水回用率 62.5%。向金门供水 764.4 万吨。晋江市通过“县域节水型社会达标建设”省级审核。

（周良偶）

【水资源管理】 2022 年，晋江市落实最严格水资源管理制度，严控“三条红线”（水资源开发利用控制红线、用水效率控制红线、水功能区限制纳污红线），加强水资源节约、配置和保护，落实取水许可、水资源有偿使用制度，全年征收水资源费 647.13 万元。推进节水型社会创建工作，新增创建节水型单位、企业、学校等节水载体 75 家（累计 135 家），推广运用节水型产品和技术。通过“县域节水型社会达标建设”省级审核。

（蔡聪语）

【水利工程建设】 2022 年，晋江市策划推进水利工程项目 32 个，总投资 73.50 亿元，年度计划投资 7.33 亿元，推进南港污水处理厂中水回用工程、金门供水水源保障工程、缺塘溪生态活水工程（机场沟）、陈埭镇水环境综合整治工程、排海工程海域段等 11 个项目新开工，建成 4 个项目，完成年度投资 7.45 亿元，占计划的101.6%。

（邹彬源）

【生态水域综合治理】 2022 年，晋江市系统推进流域生态治理，加快凪湖综合整治、陈埭镇水环境综合整治等项目建设进程，改善区域水生态环境质量；实施河湖畅流活水，完成缺塘溪（机场沟）生态活水工程、林口水库补水工程等河道畅流活水项目，改善河道水系水循环。推进中水资源再生利用，完成远东、晋南、西北等片区中水回用专项规划编制，建成南港污水处理厂再生水回用工程并投入使用，全市中水回用率 62.5%。推进清淤项目 18 个，完成河道清淤 18.78 千米，完成投资 453 万元。出台《晋江市河道日常保洁考评细则（试行）》，强化镇级河道（含沟渠）保洁长效管理，对镇级保洁河道进行季度督查考评。

（张爱莲）

【水利工程监管】 2022 年，晋江市开展水利工程及设施质量安全抽查，检查水利工程 33 处，排查隐患 117 项，发放整改通知书 33 份，落实质量安全隐患整改。推进安全生产标准化提升专项行动，完成 16 个企事业单位安全生产标准化创建工作。开展安全生产专项整治三年行动，完善和落实“从根本上消除事故隐患”的责任链条、制度成果、管理办法和工作机制，排查并整改完成一般隐患 283 处。

【水利行政执法】 2022 年，晋江市水利局出动执法巡查 681 人次，巡查水利工程及河道 307 处，开展联合执法 9 次，清理违章搭盖 590 平方米，当场协调处理水事纠纷事件 35 起，立案办理 2 起、罚款 4 万元，用好五个长效常治机制常态化推进扫黑除恶斗争。出台妨碍河湖行洪问题排查整治暨防汛保安专项整治工作方案，开展河道采砂专项整治行动，打击非法采砂、妨碍河湖行洪、影响水库大坝安全等水事违法行为，确保河湖行洪安全和涉水工程安全。

【库区移民工作】 2022 年，晋江市推动库区移民村以科学发展为主题，以提高移民生活水平为重点，加强移民村社会管理，加大后期扶持工作力度。移民直补 3062 人，发放直补资金 183.72 万元。推进移民项目建设，完工项目 6 个、在建项目 5 个，拨付项目资金 774.34 万元。

（颜剑南）

【金门供水工程】 2022 年，晋江市金门供水工程（取水泵站及陆地管道部分）通过竣工验收，获福建省“闽水杯”水利优质工程金奖。截至年底，累计向金门安全供水 1610 天，提供优质原水 2467.6 万吨，日均供水 1.53 万吨。其中，2022 年供水 764.4 万吨，日均供水 2.09 万吨。2022 年，福建方供水占金门供水总量的 73%，金门民生用水依靠地下水占比从 68%降至 14.3%。金门供水水源保障工程被纳入水利部“十四五”时期规划 150 项重大水利项目盘子，项目前期工作取得阶段性进展，可研报告获省发改委批复，工程总投资约 31.3 亿元，总工期 41 个月。

（洪佳兴　黄建铿）

2022 年 7 月 8 日，晋江市水利局开展妨碍河湖行洪问题排查整治暨防汛保安专项整治行动

（图/晋江市水利局）

综 述

【工业经济结构】 2022年，晋江市全部工业增加值1907.18亿元，比上年增长4.4%，其中规模以上工业增加值增长5.4%。规模以上工业单位增加值能耗比上年下降10.5%。工业运行总体保持稳中向好态势。2022年，晋江市规模以上工业中，分经济类型看，股份制企业增加值比上年增长10.8%，外商及港澳台投资企业增加值比上年下降3.0%，股份合作制企业增加值下降19.8%，其他经济类型企业下降7.5%。分行业看，鞋服产业增加值比上年增长9.1%，纺织产业增加值比上年增长13.3%，建材产业增加值比上年下降21.0%，食品产业增加值比上年下降11.8%，医疗健康产业增加值比上年下降2.6%，智能装备产业增加值比上年增长6.9%，新一代信息技术产业增加值比上年增长28.4%。

【工业经济效益】 2022年，晋江市规模以上工业企业实现营业收入6346.54亿元，比上年增长1.5%；实现利润总额365.60亿元，比上年下降7.5%，每百元营业收入中的成本为87.63元，营业收入利润率5.8%；资产负债率48.5%，比上年下降0.1个百分点；“两金”占比（应收账款和产成品库存占流动资产比重）34.2%，比上年增加1.0个百分点。全市工业用电量140.89亿千瓦时，比上年下降2.36%。全市工业用气量（晋江热电、福能热电）479.12万吨，比上年增长3.66%。

【企业发展】 2022年，晋江市龙头企业主流市场份额稳步提升，历经多轮行业洗牌后，市场资源加速向优势企业、一线品牌集聚，叠加国潮风推动，进入快速扩张阶段，培育产业龙头企业省级60家、泉州市级100家、晋江市级115家。中小企业进一步布局细分领域，专业化能力增强，龙兴隆、百宏高新材料等2家获省级单项冠军产品称号，华宇织造获工信部单项冠军企业称号，中策光电等13家企业获省级“专精特新”中小企业认定，联诚机械、军鹏特种装备、盛达机器等3家企业获工信部专精特新“小巨人”认定。

鞋服业

【概况】 晋江鞋服业作为晋江两大千亿级产业集群之一，主要集中在陈埭、池店、西滨、英林、金井、经济开发区等区域。至2022年，晋江鞋服业有规模以上企业1249家，规模以上工业产值突破3000亿元。代表性企业有安踏、三六一度、七匹狼、利郎、中乔等。鞋服产业加快新动能改造，规模、效益提升，发展势头强劲，龙头集聚效果显著，形成搬不走的鞋服产业链优势。

【品类结构】 2022年，晋江市鞋服产业范围涵盖内衣、运动装、休闲装、正装，童鞋、运动鞋、跑步鞋、拖鞋、凉鞋等为较完整的产品结构，市场竞争力逐步增强。

【品牌效应】 2022年，晋江市服装类拥有七匹狼、利郎、柒牌、劲霸等中国休闲服装名牌，成为与广东、浙江国内区域品牌男装齐名的三大板块之一。七彩狐、号手、达丽等泳装、内衣品牌企业崛起，90%以上的产品出口东欧、中东及德国、法国、日本等国家和地区。制鞋类拥有安踏、中乔、三六一度等国内知名体育品牌，是国内著名的制鞋产业基地。

【产业链条】 2022年，晋江市鞋服业形成完整的产业链条。服装业形成集化纤、织造、印染、成衣生产于一体的产业体系，鞋业形成鞋成品、鞋机、鞋材、皮革、鞋类化工等完整的鞋产业链条，在市域内可实现一双鞋从原料采购到生产销售的全过程，成为全国配套最齐全、技术水平领先的生产基地。

【鞋服企业发展】 2022年，晋江市鞋服企业在历经多轮行业洗牌后，市场资源加速向优势企业、一线品牌集聚，叠加国潮风推动，龙头企业主流市场份额稳步提升，进入快速扩张阶段。晋江市分别培育省、泉州市、晋江市鞋服产业龙头企业16家、22家、40家。

纺织业

【概况】 晋江纺织业涵盖化纤、织造染整等系列工艺，产品范围涵盖化纤、机织面料、针织面料、非织造布等，主要集中在龙湖、英林、金井、深沪等镇及经济开发区五里园、安东园等区域。作为晋江两大千亿级产业集群之一，2022年，晋江纺织业有规模以上工业企业332家，规模以上工业产值突破1300亿元。代表性企业有百宏、逸锦、华宇、向兴、福田等企业。

【纺织业区域聚集】 2022年，晋江经济开发区“一区多园”的建设推动纺织业总体产业布局更加集中，原料运输、上下游企业联结更加紧密，节约成本的同时，带动规模效应，增强整个纺织产业的竞争力。

【市场覆盖面扩大】 2022年，晋江市机织坯布除远销广东、江苏、湖北等地外，并延伸到欧洲、东南亚等境外市场，针织产品除就近配套晋江鞋服品牌之外，进入阿迪达斯、斯凯奇、耐克等10多个全球知名品牌供应链。

【产品竞争力提升】 2022年，晋江市机织企业通过持续技改提升，引进大量全球高端设备升级换代，拥有一批国内外最前沿生产装备（日本津田驹和丰田、比利时必佳乐、意大利意达、德国多尼尔喷水、喷气织机，德国卡尔迈耶经编机等），坯布处于全球领先地位。针织业专注细分市场，涌现出华宇（经编）、港益（经编）、信泰（经编网布）、普斯特（飞织横编成型鞋面）、龙之族（生物纺织涂层材料）等一批“专精特新”企业。

【福建省功能性化纤新品材料对接活动在晋江举办】 2022年6月24日，福建省功能性化纤新品材料“手拉手”对接活动在晋江举办。活动现场，永荣锦江、百宏聚纤、中纺院海西分院等化纤龙头企业、科研机构负责人展示、推介锦纶、涤纶等功能性化纤新材料、新产品，三六一度、七匹狼等鞋服品牌发布新品需求。安踏、特步、匹克、中乔、鸿星尔克等运动品牌，七匹狼、柒牌、劲霸、九牧王等男装品牌，以及华峰、向兴、大发等面料企业代表就研发合作、供需对接等问题与参会的化纤龙头企业、科研机构开展现场互动，探讨交流。大发纺织、通亿、三六一度、七匹狼等行业龙头企业与永荣锦江、中纺院海西分院现场合作签约。

（颜伟杰）

2022年6月8日，央视新闻频道特别节目《走进县城看发展》第一站走进福建晋江。图为探访由晋江移动助力打造的信泰纺织5G智慧工厂，看传统纺织产业如何通过数字化改造实现从“制造”向“智造”转变　（图/晋江移动）

建材业

【概况】 建材陶瓷产业是晋江市五大传统优势产业之一。2022年，全市建材陶瓷产业有规模以上工业企业135家，规模以上工业产值突破600亿元。作为全国四大建筑陶瓷基地之一，晋江市形成以磁灶、内坑两镇为重点，具有区域规模的陶瓷产业集群，产品竞争力大幅提升，告别单一的以外墙砖为主导的局面，转而发展为品类齐全、配套完善的建材陶瓷重要产区。尤其是地铺石（厚砖）、仿古砖、木纹砖、薄板、中板等产量位居全国前列，甚至出现全国性品类隐形巨头。行业内部具备明显的协作配套体系，形成原材料加工、坯土制造、色釉料生产、机械模具制造及维修、产品检测到交通运输、市场营销、物流配送等较完整的产业链，产品结构逐步优化，并向产品研发高端环节延伸，向专业化、社会化服务拓展。

【陶瓷品牌打造】 2022年，晋江市支持龙头企业创建本土陶瓷品牌，重点打造若干个在国内外建筑业界较具影响力的陶瓷品牌。由晋江市建材陶瓷行业协会牵头，整合既有规模陶瓷企业资源，针对全市主要陶瓷生产品类，通过组团参加国内外重要陶瓷专业展会，在家装建材市场开辟晋江品牌专区等方式，进行区域品牌宣传推广，挖掘调动建材陶瓷商协会热情和潜力，运用中国（晋江）国际家装建材博览会优势，将展会打造成具有地方特色的“名片”、建材陶瓷企业的“沙龙”、建材陶瓷产品的“盛宴”，集聚国内外资源落户晋江。结合磁灶窑址（金交椅山窑址）遗址公园的规划，规划周边约4公顷用地建设陶瓷文化创意产业园区。

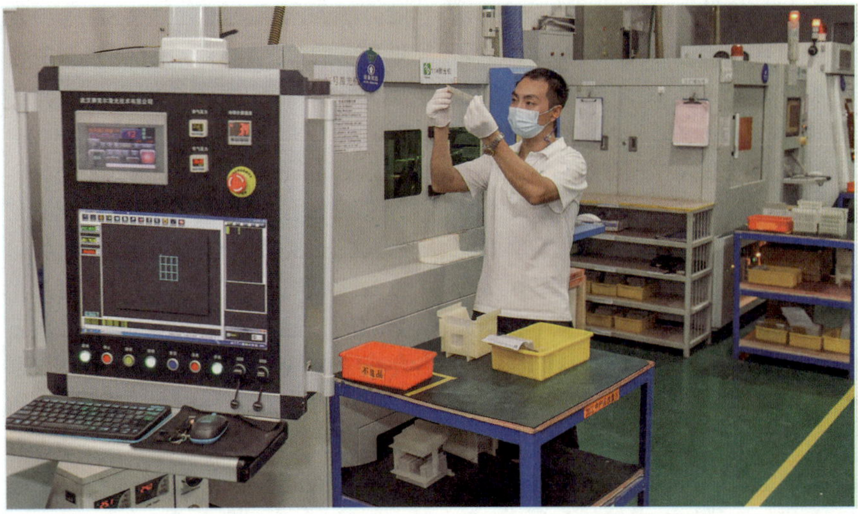

华清电子公司的工作人员在检查机器生产出来的陶瓷基片（摄于2022年8月12日 图/董严军）

【建陶产业转型升级】 2022年，晋江市引进一批陶瓷机械设备、窑炉设计、安装、模具（金属配件、卫浴配件）等建陶装备企业，借助外力加快推进陶瓷产业转型升级。腾达陶瓷打造晋江首条岩板生产线、国星陶瓷幕墙厚板、万利瓷业黑瓷复合陶瓷太阳板产品、丹豪陶瓷3D喷涂技术，华泰集团TOB陶板“中国绿色产品”等，磁灶建陶企业通过自主创新实现产业升级绿色发展。通过众多建陶企业不懈求索，凭借拼创新、拼效益、拼管理，走出“质的增长”新路径。

【公共创新研发平台打造】 2022年，晋江市组织市建材陶瓷行业协会、建陶行业龙头企业联合咸阳陶瓷研究设计院、华南理工大学组建中国陶瓷研究院（福建分院），建成集公用性陶瓷研发、检测于一体的公共服务平台，将平台打造成建材陶瓷企业的“智库”，为建陶产业创新升级提供智力和人才支撑。

（李丽满）

食品业

【概况】 晋江市食品业主要集中在罗山、新塘、安海等镇域。2022年，有规模以上工业企业97家，规模以上工业产值突破500亿元。代表性企业有盼盼、雅客、爱乡亲、蜡笔小新等。

【服务平台搭建】 2022年，壹合食品研究院被授予省级服务型制造示范平台、由中国合格评定国家认可委员会授予CNAS（中国合格评定国家认可委员会）认可资格。平台就近满足晋江食品企业尤其是出口型食品企业重要指标检测以及质量安全管控需求，推动其逐步把业务拓展到标准制定、产品研发、技术咨询、质量诊断、质量培训等领域。致力于引领晋江食品差异创新、防范经营风险，从而提升晋江食品区域品牌影响力及自主创新能力，建成国内一流的食品创新服务平台。7月，晋江市举办第五届中国快消品经销商创新发展大会，深度探讨经销商最关心的话题，总结经销商上半年经验，分析下半年增长方法，全国200多座城市、400多名经销商参加。9月，举办富色食品、天然防腐剂在休闲食品中的应用研讨会，适应食品行业转型升级需要，帮助企业开发更具竞争力的天然食品，引导行业加强创新，推动产业发展，促进发展方式转变，帮助企业解决产品转型升级的难题。11月，组织食品企业抱团参加全国糖酒商品交易会，展示福建食品品牌风貌；举办第六届海峡两岸食品交易会暨第九届闽台（泉州）食品交易会，展出面积5万平方米，参展企业803家，其中85%为晋江市外企业，35%为福建省外企业。华元、盛香珍、唯王、优群、富邦、合喆富、统一等50家台湾省及台资企业携手亮相。来自中国香港、澳门等地区，以及德国、英国、荷兰、俄罗斯、乌克兰、马来西亚等国家的100多家特色食品及配套企业参展。12月，举办食品年货节暨产销对接会，以团购、伴手礼产品为主，通过线上线下相结合的模式，搭建产销对接平台，打造年货经济，推动食品市场经济复苏；组织食品企业以统一简装、统一宣传、企业拎包入住的形式抱团参加首届福品

2022年4月5日，晋江经济开发区五里园区盼盼食品公司稳工稳产。图为小面包生产线（图/董严军）

博览会，助推企业拓展国内外市场。

【信息渠道拓宽】 2022年，晋江市通过传统信息渠道和微信公众号新媒体宣传方式，拓宽企业接收行业信息渠道。借助“微”力量，创建关于行业的微信公众号“食力家”、微信公众号“食交会”及供应链平台“食力家B2B供应链线上平台”，在线宣传新食品安全法、食品安全常识、行业新动态、优秀企业事迹、企业供需等，引导大众理性认识，拓宽企业管理者视野，促进企业开拓创新，树立社会责任意识。协助食品企业厂家、经销商拓展营销渠道。通过组织各项会议、培训，加大行业信息流通。加快布局未来数字展会，探索“双线会展”模式，将“线下食交会”进行“云上延伸”，实现线下＋线上的“双线融合”，展会期间，线上参展企业1000多家。参展企业依托会展，结合线上＋线下战略，与天猫、苏宁易购等知名电商平台合作，配套电商直播专业团队，拓展营销渠道。

【食品行业交流】 2022年，晋江市举办产能对接，达成经贸合作，通过相互学习交流共谋发展。2月，海南恒丰集团董事长魏建功一行到晋江市食品行业协会开展考察交流活动，商洽利用海南自贸区及泉州综保区的大宗货物免税政策，合作技术研发、加工进口烘焙预拌粉（面粉、白糖、奶粉等），为企业研发定制质优价廉的烘焙原辅料，提高市场竞争力。

（许逸琳）

智能装备及机械制造产业

【概况】 晋江市智能装备及机械制造产业主要集中在安海、东石、永和、罗山、西园等镇（街道）。2022年，晋江市有智能装备及机械制造企业1300多家，其中规模以上企业123家，规模以上工业产值突破300亿元。代表性企业有晋工、盛达、顺昌、海纳、凯嘉、佶龙等公司。

2022年，晋江市有智能装备及机械制造企业1300多家，其中规模以上企业123家，规模以上工业产值突破300亿元。图为晋工机械的“红色车间”

（摄于2022年1月28日 图/安海镇）

【行业门类及代表】 2022年，晋江市装备制造行业有纺织机械、制鞋机械、石材机械、工程机械、园林机械、汽车和工程机械配件、锻造铸造基础部件等多个门类。其中，纺织机械企业主要从事经编机、大圆机、电脑提花机、印花机、定型机生产，少数几家从事经编机、大圆机、喷水、喷气织机机针生产的中小型企业。经编机产量居全国前列。制鞋机械企业重点集中在安海一带，主要从事自动化制鞋流水线、鞋底一次成型注射机生产。纸制品机械企业因国内“三孩”政策红利，迅速崛起，以纸尿裤机械为主的纸制品机械市场前景良好，带动顺昌、海纳等一批企业崛起。石材机械有安海盛达、和盛等企业，产品包括单柱组合切石机、红外线桥式切边机、电脑仿型线条机、弧形板材切石机、仿型柱座帽切机、龙门切石机、高架桥式切石机、连续抛光机。工程机械形成以晋工公司为龙头，劲牛、威盛、升泰等一批中小型工程整车及配件企业为补充的工程机械产业体系，产品包括装载机、挖掘机、叉装机以及工程机械配件。其中，晋工机械位于国内工程机械前列。三力公司是全国规模最大、品种最全的园林机械企业之一，草坪机出口量居全国首位。汽车配件在晋江装备机械业中拥有的企业数量最多，产品基本涵盖汽车主要总成各个部类。其中，机械基础部件主要集中在安海、东石两镇，包括铸造、锻造、热处理、机件加工、电镀等工序；铸锻造企业主要集中在安海梧山、西畲，电镀企业集中在东石华懋电镀集控区，机件加工企业集中在安海，有4米以上龙门刨床100多台。

【装备制造企业发展】 2022年，福建省晋江市华宇织造有限公司、兴业皮革科技股份有限公司2家企业获评智能制造示范工厂，福建百宏聚纤科技实业有限公司、福建凤竹纺织科技股份有限公司2家获评国家级智能制造优秀场景。福建省晋江市华宇织造有限公司、福建顺成面业发展股份有限公司、信泰（福建）科技有限公司3家智能制造示范工厂，福建凤竹纺织科技股份有限公司、福建晋工机械有限公司、晋江市天守服装织造有限公司3家获评省级智能制造优秀场景。福建省威盛机械发展有限公司、鸿安（福建）机械有限公司、晋江市聚赢数控科技有限公司、福建佶龙机械科技股份有限公司、福建金石能源有限公司获福建省首台（套）重大技术装备认定。福建兴翼机械有限公司、晋江市凯嘉机器制造有限公司入选泉州市高成长型高企培育库。福建盛达机器股份公司、福建晋工机械有限公司、福建省威盛机械发展有限公司、晋江海纳机械有限公司获得省级“两化”融合管理体系贯标奖补资金项目补助。新建兴机械入选第二批新一代信息技术与制造业融合发展典型应用案例。福建兴翼机械有限公司、福建佶龙机械科技股份有限公司、军鹏特种装备股份公司上榜2022年度福建省重点上市后备企业名单。晋工机械上榜2022福建省创新型民营企业100强。盛达机器被认定为2022年度泉州市级新型研发机构。军鹏装备、盛达机器入选福建省第四批专精特新“小巨人”企业。晋工机械“一种轮式叉装机”获第二十三届中国专利优秀奖。福建金石能源有限公司、福建晋工机械有限公司、晋江海纳机械有限公司、军鹏特种装备股份公司、福建佶龙机械科技股份有限公司、泉州恒毅机械有限公司、福建省晋江市励精汽配有限公司、福建盛达机器股份有限公司、晋江市中德顺机械有限公司、福建兴翼机械有限公司等多家企业入榜2021年度晋江市高新技术企业认定名单。2022中国制造之美揭榜，晋江市凯嘉机器制造有限公司、福建晋江市光宇鞋模有限公司、福建兴翼机械有限公司、泉州米禾工业产品设计有限公司等获得最具潜力企业奖，福建晋工新能源科技有限公司等获得绿色制造企业奖。

【行业活动】 2022年2月25日，晋江市推荐选送8名优秀数控车工参加泉州市机械装备行业数控车工岗位职业技能竞赛。3月23日至4月29日，举办“云上智造行”公益直播课。4月30日至5月2日，开展益企纾困•TRIZ一级培训暨世界知识产权日公益培训。6月23日，举办“专精特新企业 重塑增长新动能”主题沙龙活动。7月13日，举办晋江市初级技术经纪人装备制造产业培训班。7月15日，中国工业报社副社长郭俐君一行到晋江海纳机械有限公司调研。9月9日，市工信局联合市装备制造业协会举办“首台（套）政策宣讲会”。9月14日，省政协副主席、省工商联主席王光远一行8人到晋江开展“创新‘晋江经验’做大做优做强民营经济”暨“推动制造业企业数字化转型”民主监督考察调研活动，实地走访盛达机器。11月25日，2022中国机器人大赛暨RoboCup机器人世界杯中国赛通过“云相聚”的方式开幕，晋江作为大赛连续两届的承办城市，设立分会场线上参与开幕仪式，副市长张勇参加活动并致辞，推介晋江市引才引智政策。12月1日，晋江智能装备推荐官“@数字人小晋”上线。“@数字人小晋”由晋江市智能装备协会打造，是晋江首个行业虚拟智能数字人IP。

（吴聪钦）

工艺美术品制造业

【概况】 2022年，晋江市工艺美术品制造业主要以木雕、珠宝首饰加工企业为主，另有少数工艺石、工艺礼品、日用工艺陶瓷及其他工艺美术品企业，其中规模以上工艺美术企业6家，实现规模以上产值58.65亿元，比上年增长5.09%。

【工艺美术人才队伍建设】 2022年，晋江市发动、指导工艺美术人才参评第六届福建省工艺美术大师、名人，实行后备人选挂钩联系和定期走访制度，帮助后备人选逐级晋升大师，2名工艺美术匠人获评第六届福建省工艺美术大师，7名匠人获评第六届福建省工艺美术名人。举办“传统工艺美术的应用与创新”研修班及工艺美术大师座谈交流会，组织工艺美术匠人赴德化、惠安参观学习，提升晋江工艺美术骨干队伍的综合素养。

【工艺美术主题展览】 2022年，晋江市举办“六守六无•福见晋江”工艺美术精品展，以“六守六无”、平安晋江、福文化为主题，展出作品66件，线上点击量30万人次，线上投票7万票，线下观展近5000人次。举办“匠人匠心•晋善晋美”工艺美术精品展，展出作品50件，涵盖木雕、玉雕、闽南红砖雕刻等数十种传统工艺美术艺种，配套举办工艺美术大师现场技艺展示活动，艺术化展示“晋江经验”的生动实践和辉煌成就。

【组团参展参评】 2022年，晋江市组织晋江工艺美术企业和艺人组团参展2022中国（大连）国际文化旅游产业交易博览会、第十六届中国（莆田）海峡工艺品博览会、2022年第二届中

2022年6月6日至7月5日，晋江市举办“六守六无•福见晋江”工艺美术精品展，展出作品66件。图为6月6日，市民在现场观展

（图/晋江市城镇集体工业联合社）

国工艺美术博览会等国家级工艺美术展评会，2022 年福建省工艺礼品及手工艺精品展等省级展评会，参评作品获评国家级金奖 2 件、银奖 5 件、铜奖 5 件，省级金奖 5 件、银奖 8 件、铜奖 16 件。

【传统工艺美术保护传承】 2022 年，晋江市以工艺美术馆为展示平台，举办“走进传统工艺美术——大师与您相约”“匠人匠心·晋善晋美——工美大师亮绝技”等技艺展示交流活动 11 场。推进工艺美术大师到中小学授课，10 名工艺美术大师、名艺人进驻大中专、中小学设立实习实践基地，开展工艺美术进校园技艺传授课程。将传统工艺美术技艺社科普及纳入“党建＋”邻里中心服务，邀请工艺美术大师走进社区邻里传播工艺美术技艺，推动传统工艺美术保护传承。

【晋江市第五届家装文化节】 2022 年 11 月 11—13 日，晋江市第五届家装文化节举办。该届家装节以“品质家居·晋享生活”为主题，推出“2020—2021 年度晋江市十佳室内装饰（建材）企业评选”“晋江 2022 年室内装饰设计之星评选”“传统工艺美术技艺展示”及“装修家·年华大促”设计师主题讲座等系列活动，联动全市家装、建材商城，发动上千家商户参与，设立五大会场开展促销活动，打造晋江家装文化盛会。

（苏奕拉慈）

集成电路产业

【概况】 2022 年，晋江集成电路产业园区结合“重龙头、强品牌、铸链条”专项行动部署、“强产业、兴城市”双轮驱动，加快构建以“制造、封测为主，设计为辅，装备材料为配套，终端应用集聚”的集成电路全产业链生态圈，打造全国重要内存生产基地、封装测试基地及海峡两岸集成电路产业合作示范中心，抓园区提质、园区标准化建设、低效用地盘活利用、开放招商科技创新各项工作，赋能集成电路产业强链补链延链拓链。2022 年，新一代信息技术规模以上企业产值 70.44 亿元，比上年增加 50.8%；其中集成电路产业规模以上产值 56 亿元，比上年增加 100.07%。

【产业链招引构建】 2022 年，晋江集成电路产业园区晋华项目增资扩产，产能加快释放，推进国产化替代和新世代工艺研发。渠梁二期部分建成投产，2022 年产值 40 亿元。中探针测试探针暨大陆总部项目、颖华导光膜项目 6 月动工，部分厂房封顶。11.38 万平方米的小微工业园 5 月下旬动工，12 月，7 栋标准厂房全部完工。工业园 50 万平方米的标准厂房，推行“EPC＋0”模式，招引自带资源的建设招商运营联合体，做到“招标即招商、中标即签约”。联动产业链招商与产业基金、人才、科技平台、园区配套等资源，修编产业规划和产业、人才政策，绘制完善招商图谱，瞄准龙头上下游配套、国产化设备和材料替代 TOP 项目、台资台企项目，以及与晋江市产业关联度大、契合度高的智能终端应用领域，精准策划项目，招商渠道，加快推动产业聚链成势、产业生态完善。2022 年，策划对接项目 100 多个，其中签约落地产业链项目 20 个、计划总投资 166.76 亿元，分别完成年度目标任务的 133.33%、208.45%。5 月，小微工业园启动，同步快速精准招商，年底，签约陶特半导体、奇川科技等 5 个项目、总投资 10.5 亿元。

【项目建设】 2022 年，晋江集成电路产业园区集成电路科学园小微工业园一期项目基本建成，芯动家园项目 6 号、9 号、11 号楼封顶，邻里中心项目确定设计方案、发布施工单位和监理单位招标公告，停车楼、振兴路至和平路和冠华路项目开工，门户形象雕塑和田野风光入口景观优化工程完工，建成田野风光观光路，打通园区到梧林传统村落连接通道。围绕新一代信息技术产业，重点发展封装、装备、材料、终端应用等产业，策划生成公益用海和工业用海项目两方面行动共 6 个项目，计划投资约 32 亿元。公益用海项目，4 条主干道均完成项目清表和桩基平台回填等工作，红树林恢复与繁育项目于 1 月 10 日竣工验收，渔业增殖放流项目于 6 月 7 日完工。工业用海项目，工业园标准厂房项目 9 月竞得海域使用权，是泉州市第一宗历史围填海海域使用权挂牌出让项目，项目土方回填工作基本完成，采取“EPC＋0”模式（设计、采购、施工及运营一体化的总承包模式），可研报告、初设方案和 EPC 模拟清单审核完成。

【投融资运作】 2022 年，晋江集成电路产业园区开展融资策划，先后成立芯城、芯海 2 家项目公司，整合集成电路母子公司资源，增强整体融资能力。整合园区国有资产，将科学园废水处理厂转让给水务集团专业化运营。助力园区招商工作，推进“产业＋基金”模式，与晋江市科技成果转化基金、晋新劲邦基金等管理团队建立常态化合作机制，对来访项目进行行业判断；推动集成电路产业子基金设立工作，储备从天使期到成熟期的股权投资机构，在基金管理人选择上着重考察其项目招引、孵化能力，对接元禾厚望、国科嘉和等集成电路产业头部基金管理人，启动集成电路方向产业投资子基金的申请工作，必要时组建重大项目专项基金，参与园区龙头企业投资。

【人才引育】 2022 年，晋江集成电路产业园区优化人才优待政策、科研鼓励政策。新增省引进高层次人才 45 人、省工科类青年人才 98 人、泉州市高层次人才 38 人、晋江市集成电路产业优秀人才 291 人。发放优秀人才津补贴、培训补贴、优秀人才子女学杂费补贴、购房补贴等 3199.95 万元，惠及 1939 人次，兑现科研鼓励政策补助251万元。出台《晋华公司留才房购房政策》《晋江市集成电路产业高端人才社区人才房优惠购房政策》，统筹保利上城300套人才房定向园区企业，符合条件的人才可直接购买，无须租满5年。新增入住各类人才房111人，购买各类人才房137人。推动福大—晋江微电子研究院转化应用科研成果8项，培育晋江三伍微电子有限公司、福建信同信息科技有限公司2家高新技术企业。

【集成电路分析测试及关键材料装备技术研讨会】 2022年7月13—14日，晋江集成电路产业园联合胜科纳米公司共同举办“海丝芯城 数创未来”集成电路分析测试及关键材料装备技术研讨会，邀请中国科学院院士、物理化学家姚建年，中国半导体行业协会副会长刘源超，福州大学党委书记陈国龙以及行业大咖、高校专家、企业代表、创投代表100余人参会。活动设置高端对话、主题演讲等环节，与会专家围绕集成电路行业发展趋势、技术方向、芯片国产化的机遇与挑战及晋江市集成电路产业发展等议题开展对话、探讨。

（陈钰莹）

电力工业

【概况】 2022年，国网福建省电力有限公司晋江市供电公司（简称“市供电公司”）全社会用电量188.22亿千瓦时，比上年下降1.15%，用电量居全省县级供电单位之首。电网日最高负荷328.83万千瓦，较2021年（316.40万千瓦）增长3.93%，五创历史新高。晋江市供电公司业绩考核居市公司A级单位第一名，保持“全国文明单位”称号，获泉州市供电公司“2022年度实现安全目标先进单位奖”。

【电力供应保障】 2022年，晋江市供电公司发布支持服务民营经济发展、助力复工复产十项承诺，“云走访”企业677家。落实电费缓缴等纾困政策，减少企业成本180.84万元。依托布控视频监控装置、输变配电通道监拍、无人机巡视，应用调控云平台、ECS智能保电平台，对重要用户用电溯源监控，实现保电过程“数字化、智慧化、可视化”。完成重要领导人视察、中共二十大、“晋江经验”20周年、中超联赛、WCBA联赛等142场重要活动保电任务。

2022年7月13—14日，“海丝芯城 数创未来”集成电路分析测试及关键材料装备技术研讨会在晋江举行。图为研讨会会场

（图/泉州半导体高新区晋江分园区办事处）

【电网建设】 2022年，晋江市供电公司优化电网结构。服务标准化园区建设，竣工投产蓬山—山峰线路工程，满足英林园区新增用电保障；竣工投产宝洋二期扩建工程、内宝线配套送出工程，满足宝洋工业园区、内坑品牌工业园区用电需求。在建英紫配套出线工程，优化晋江中部网架结构。全年新增变电容量5万千伏安。推动电网“十四五”时期规划纳入市政府国土空间详细规划，提前预留站址和线路廊道。发布晋江市电力设施布局专项规划，促进电网规划与晋江市城市规划深度衔接。编制晋江新型电力系统建设实施方案，选取池店、陈埭区域探索开展新型配电网示范建设。启动数字化三年行动，成立数字化办公室，提炼营销智慧大脑、智慧保电平台等34个数字化应用场景。建成池店桥南片区“零计划停电示范区”，完成宝龙城市广场周边区域、万达广场周边区域、罗山行政中心区域、陈埭世中运场馆及鞋纺城周边区域5个“零计划停电示范区”，覆盖用户2.35万户。推进“一流新型城镇配电网”建设，至年底建成5个网格、覆盖率11.4%。

【电力服务】 2022年，晋江市供电公司构建以客户为中心的服务体系。服务园区建设，推行园区“开关站＋公用配电室＋专用配电室”供电模式，降低企业办电成本。实施业扩提速专项行动，把快接电摆在首位，推进业扩管理流程变革，由纸质会签转为线上审批3项，减少内部环节9项。创新“4e融合”（碳e融、EMC合同能源管理、电e金融、泉电e享）推广模式，“泉电e享”为55家企业节省用电成本1650万元，“电e金服”项目落地金额11.41亿元。举办陶瓷业、染整业等惠企推介专场4场次，提供“量身订制”供电服务。发挥电网能源资源配置平台作用，并网分布式光伏用户221户、容量9.5万千瓦，实现新能源并网消纳100%。带动新建8个经营式充电站，完成电能替代4.27

亿千瓦时。打造乡村电气化示范样板。促成晋江市农业农村局出台《乡村电气化示范镇（街道）评价标准》，建成8个乡村电气化项目，助推英林镇、磁灶镇获评“泉州市第一批乡村电气化示范乡镇”，东埔村“乡村NBA篮球场广场智能取电”项目被命名为泉州市第一批乡村电气化示范点。以“光伏发电、e取电”为重点，开展国网乡村振兴示范村选树培育，与东埔村委联创建设电力能源服务站，启建东埔村敬老院光伏发电项目，打造东埔村新能源“双碳示范村”。

【电网运营维护】 2022年，晋江市供电公司提升供电质量，改造10个老旧小区供配电设施，新改建台区56个，建成桂馥苑等3个精品台区；安装智能电表21.65万只，“双长融合”100%全覆盖。完成110千伏东山变等14座变电站“全顺控”改造，实现辖区45座110千伏变电站“一键顺控”功能全覆盖；开展高空盲区特巡，强化输电线路通道巡视，实现无人机巡检占比70.48%。开展供电可靠性预算式管控，实现供电可靠99.971%，户均停电时间2.54小时、比上年下降26.16%。推进配网抢修提速，治理存量重过载配电变压器54台，超6小时故障压降67.69%。致力用户设备用电安全，推动超容用电查处纳入全市消防安全专项整治行动；治理晋长高速、泉三高速“三跨”（跨越高速铁路、高速公路和重要输电通道的架空输电线路区段）线路4处7回。与电力执法办联动治理违规搭建等重大隐患21起、行政立案3起。

（陈思怡）

【福建晋江天然气发电有限公司】 2022年，福建晋江天然气发电有限公司（简称“晋江气电”）发电量27.9亿千瓦时，完成预定计划的99%，其中气电26.9亿千瓦时、风电9517万千瓦时、光伏发电129.5万千瓦时；上网电量27.2亿千瓦时，其中气电完成26.3亿千瓦时、风电完成9321万千瓦时。

2022年，晋江气电未发生二类障碍及以上事件，实现零非计划停运。提升安全生产责任制管理体系，制定落实落细安全生产十五条硬措施实施方案、全员岗位安全生产责任清单，推进双重预防机制建设，安全生产专项整治三年行动圆满收官。启动智能安防建设，“两票”（工作票、操作票）合格率100%，地企协作开展反恐防暴、行政楼火灾事故应急演练，连续6年获评“环保诚信企业”。

2022年，晋江气电完成国企改革三年行动、对标世界一流管理提升行动。推进燃气电厂二期项目，协调气源，开展天然气发电专项研究。推进科技创新，取得专利40件，为历年最高。完成研发项目18项，自主研发气电一键启停项目。推进校企合作，与福州大学共建海洋环境暴露试验站，投用并开展试验研究。策划推进风电国家级高新技术企业培育工作。

2022年，晋江气电发挥保供电作用，完成迎峰度夏及中共二十大安全保供任务。完成1号机组A级检修，完成燃烧系统DLN2.6+、Mark Ⅵe控制系统、燃机压气机转子P5包升级改造工作，提升机组输出功率、发电热效率等性能。强化设备缺陷治理，加强技术监督，解决2号燃机一级动叶损坏、3号汽轮机高中压缸漏气增大等问题，提高设备可靠性。

2022年，晋江气电通过开展运行小指标竞赛、辅机启停精准操控等举措促进节能降耗，获晋江市“节水型企业”称号。开展降库增效，控制库存增量。3个QC小组获得福建省2022年度质量管理小组成果二等奖，获福建省总工会2022年百万职工“五小”创新大赛三等奖1项。

2022年5月10日，福建晋江天然气发电有限公司与福州大学土木工程学院、先进制造学院联合建设的海洋环境暴露试验站在晋江气电公司揭牌启用。双方于2月16日签订《海洋环境暴露试验站联合建设协议》，4月28日建设完成。该试验站是国内首次以“共创、共建、共享”校企合作模式共同建设的海洋试验平台，其主要功能是评价服役于海洋环境下的海洋工程结构与装备、沿海建筑与基础设施等的海洋腐蚀行为、结构稳定性与耐久性等，以实现海洋腐蚀与耐久性真实数据采集以及腐蚀对结构和构件的综合影响分析等，为涉海设施与装备的设计、选材和防腐蚀技术开发等提供理论支撑。

（蔡诗雯）

2022年，晋江气电进行1号机组A级检修。图为11月24日公司检修人员在检查燃气轮机叶片

（图/晋江气电）

【国能神福(晋江)热电有限公司】

2022年,国能神福(晋江)热电有限公司(简称“晋江热电公司”)二期扩建工程取得核准批复并开工建设。2022年,售热量798万吉焦,完成年度目标750万吉焦的106.4%;发电量3.886亿千瓦时,完成年度目标3.8亿千瓦时的102.2%;供电标煤耗173.5克/千瓦时,较年度目标188克/千瓦时低14.5克/千瓦时,获评国家能源集团“绿色发展劳动竞赛优胜单位”,通过集团二级企业达标验收。继续保持全国“安康杯”竞赛活动优胜单位称号。

2022年,晋江热电公司未发生环境污染事件。统筹推进162项安全环保生产重点工作;严格风险预控管理,落实隐患排查,开展41次安全专项监督检查,并就发现问题按五定原则落实整改;防范重大风险,开展安全生产专项整治“巩固提升年”活动,实施11项重点整治项目。突出安全基础管理,对标对表开展安全生产标准化建设,完善35项安全生产制度,编制《安全文化手册》,通过集团二级企业达标验收。

2022年,晋江热电公司挖掘供热潜能,实施供热减温水泵系统改造,全年累计供热比上年增加62万吉焦,比上年增长8.2%;发电比上年增加0.35亿千瓦时,比上年增长9.8%。加强运行精细管理,开展配煤掺烧、值际竞赛及燃烧自动调整参数优化;做好厂内外供热经济调度,优化蓄热系统、减温减压器以及恒安天然气锅炉运行方式,实施削峰填谷措施,将8家用户20吨/时的日间热负荷向夜间转移,挖掘供热潜能。强化设备运行维护管理,消除设备的跑、冒、滴、漏现象,年度消缺率98.5%,高质量完成#1、#2机组C级检修。

2022年,晋江热电公司通过拓展风竹、涌联等4家新用户,年新增用气量3.5万吨(10万吉焦)。开展供热区域范围潜在热负荷调研,实施蒸汽替代技术研究,筛选接入优质客户,在6—9月供热淡季售热量比上年增加12.8万吨。加强热网管理,建立健全热网管理标准,编制《热网调度规程》,完善热网风险预控、隐患查治和应急处置,严格管控管损,提升供热管理水平。建立完善煤气联动机制,以环渤海指数和沿海电煤指数相结合进行汽价联动,较客观反映和传递供汽成本,有效传导运营成本。适应电力市场规则,平均交易电价466.99元/兆瓦时,较基准电价393.2元/兆瓦时上涨19%。

2022年7月3日,晋江热电公司项目取得核准,节能、水资源等专题报告分别得到有关部门的批复意见。深入技术研究,完成初步设计报告编审并收口,制订图纸清册及轮廓计划,全面转入施工图绘制阶段。加快招标采购,全年完成勘察设计、三大主机等重要项目采购。开展基建管理顶层设计调研,策划21项专题管理策划方案,建立59项工程管理制度。协调股东方注资,取得融资授信,确保建设资金按时到位。筹划开工准备,完成工程规划许可证办理,10月底完成场地“五通一平”,11月28日实现项目开工。抓分布式资源,把好投资决策关,严控造价和建设质量,4月实现七彩狐光伏1.96兆瓦一次性全容量并网,7月全国首个屋顶柔性支架光伏项目凤竹光伏6.01兆瓦并网发电。2022年开工项目4个(富联、建超、恒大和晋江文松项目),总容量7.88兆瓦。一体推进集中式光伏项目,储备5个集中式光伏资源。在运10个项目22.54兆瓦,全年创利315.58万元。加大科技投入,全年投入681万元,申请专利6项,其中发明专利4项、实用新型专利2项。1项创新成果获得福建电力科学技术进步三等奖,“贝壳耦合锅炉脱硫”项目获福建公司青年创新创效大赛二等奖。申报福建公司2022年科技进步奖、“五小创新”项目及合理化建议优秀项目11项。

(连勐勐)

综 述

【园区建设】 2022年，晋江市完成全市14个工业园区整合，规划范围拓展至90.34平方千米，推动五里园、安东园、食品产业园、三创园、综保区、新塘园、时尚服饰织造园、安海园、金井园、深沪园、英林园、包装印刷基地、现代物流园、集成电路工业园统一纳入开发区管理范畴，构建“全市一区＋若干专业产业园”发展格局。为推动各园区发展错位联动，每个园区规划1—2个优势主导产业，构筑“优势产业承载＋高新产业培育＋科技创新支撑＋开放经济试验”的现代园区综合功能矩阵。

【经济开发区“全市一区”机制体制改革】 2022年，晋江市全面推进“全市一区”改革，完成14个园区整合，实现规划建设、资金投入、经营运作、招商引资、服务配套“五个统一”，规划范围拓展至90.34平方千米；制定出台安全生产、经济指标、招商、报批报建等4份职责分工机制，厘清开发区与园区属地镇(街道)的权责关系；优化“管委会＋公司”运行机制，整合成立晋园发展集团，资产规模160亿元，设立开发建设、园区综合服务、产业金融、资产运营、创新孵化、保税＋等六大业务板块，形成“管委会＋晋园发展集团＋专业化子公司”三层管理架构，做强做活开发建设商、综合运营商、产业金融商“三商”功能。

【招商引资】 2022年，晋江市为进一步加大招商引资工作力度，优化营商环境，吸引和鼓励投资者到晋江经济开发区投资兴业，开发区建立健全园区招商考核办法，实行“园区＋基金＋产业项目”“房东＋股东＋标准厂房”等招投联动新模式，开展招商工作，并做好生产要素保障服务，狠抓招引项目落地。

(吴英秀)

晋江经济开发区

【概况】 晋江经济开发区系省级开发区，2022年完成全市14个工业园区整合，规划范围拓展至90.34平方千米。2022年，辖区共入驻企业1407家，其中规模以上工业企业413家(含区域外统计)、限额以上企业134家(含区域外统计)、上市及上市后备企业49家。2022年完成“全市一区”规模以上产值1542.56亿元，比上年增长11.87%；限额以上销售额完成797.68亿元，比上年增长23.87%；限额以上零售额完成28.98亿元，比上年增长24.75%；固定资产投资完成94.56亿元，比上年增长18.26%，工业固定资产投资完成77.63亿元，比上年增长15.80%；新增“四上”企业99家。2022年，获评福建省产业园区标准化建设试点园区、福建省2021年度自贸创新成果复制推广先行区、福建省数字产业核心集聚区、福建省绿色园区等。

【招商引资】 2022年，晋江经济开发区引进招商项目39个，总投资251.69亿元。其中，开工项目15个、总投资45.04亿元；签约项目24个、总投资206.65亿元。传统产业补链强链方面：鞋服产业，引进润邦鞋材、雅格服饰等5个项目，总投资9.8亿元；纺织产业，引进向兴高端生态智能纺织新材料、绿色高端面料整理微工业园项目等9个项目，总投资50.95亿元。新兴产业培育方面：新一代信息技术产业，引进华清电子材料项目、集成电路(工业园)智造产业园项目，总投资118.5亿元；智能装备产业，引进满誉产业机械微工业园项目、盛达智能石材加工机械研发生产项目等12个项目，总投资32.65亿元。现代服务业拓展方面：引进三六一度物流仓储项目、汇美智慧物流产业园、豪新仓储物流等6个项目，总投资20.45亿元。园区标准化建设方面：策划经济开发区绿色高端面料整理微工业园，引进晋江新智造产业园项目，支持满誉产业机械微工业园改扩建项目，扩增园区热气配套工程，总投资32.34亿元。

【项目落地】 2022年，晋江经济开发区策划生成重点项目110个，总投资640.03亿元，完成年度计划的122.62%。实现满誉机械高端产业园、胜科纳米集成电路专业分析测试平台、佳福染整微工业园等13个项目新开工。完成华兆、冠和项目涉及5个坟墓迁移问题销号；凌耀纺织生产项目、"新"智造产业园等9个项目报送省"五个一批"系统。

【经营运作】 2022年，晋江经济开发区以晋园发展集团为运营主体，突出业务布局，根据市场功能定位，形成以集团母公司为引领，布局开发建设、综合服务、产业金融、资产运营、创新孵化、保税＋等六大业务板块。突出主营业务，参与园区产城融合开发建设，抓好园区一、二级土地联动开发，承接园区基础设施建设、标准厂房建设等，经济效益显著提升。聚焦供应链领域、新能源板块、综合服务平台、综保平台功能等方面，拓展市场业务，增强可持续发展能力。开展钢材、建材贸易业务，2022年营业收入1.7亿元；依托"水、电、气"业务，与燃气、热电、自来水、污水处理等能源供应商开展集采业务，提升经营性业务量占比；联合央企中节能实业发展公司开发清洁能源服务板块，建设屋顶光伏、储能、充电桩等；建成物业管理、产业用工等平台，与科技对接建立知识产权服务平台；与厦门象屿集团、泉州中泉集团对接保税物流产业合作事宜，推动晋江市支柱产业高质量发展。

【综合产业园区标准化建设】 2022年，晋江经济开发区推进"1＋6＋N"园区标准化建设["1"即一个高新综合产业园区（五里），"6"即6个专业化产业园区，"N"即N个园区标准化试点项目]，打造高标准强承载的产业综合园区，策划数量上和产业空间面积上均占全市一半以上。依托指挥部策划五里高新综合产业园等7个连片标准化产业园，总用地面积1100.27公顷，计划新增产业空间702万平方米（约占全市的62%），实现绿色高端面料整理微工业园项目等12个项目开建、凤竹纺织智能化工厂等5个项目投产；策划21个园区标准化项目（约占全市的57%），采取单体项目改造、连片改造、企业并宗改造3种模式，新增总建筑面积约395万平方米，实现11个项目开建、1个竣工投产；加快布局"两体两中心"，策划生成商贸文化综合配套体系45个项目，总投资106.71亿元，推进养正中学开发区校区建设。

【低效用地盘活】 2022年，晋江经济开发区致力于有限土地资源的有效盘活，通过鼓励龙头企业增资扩营、数转智改、兼并重组，累计推动99家企业改扩建，新增建筑面积307万平方米；在泉州市域率先绘制亩均产值、税收、用电量三张热力图，可视化辨识评估入园企业，推进低效用地提升改造，通过"政府收、司法拍、市场换、低效提"模式推动盘活约266.67公顷土地。

【科技创新】 2022年，晋江经济开发区注重高新企业培育，新增国家级高新技术企业58家、"专精特新"等科技创新企业80家，有省级以上创新研发平台机构71家，国家级高新技术企业186家，约占晋江市的30%；联合华为工业互联网平台，推动28家企业实现数字化改造提升；新增各类人才335人，引进博士研究生学历41人、硕士研究生学历77人；新增9家晋江市高新技术企业人才自主认定26人、5家产业领军企业人才自主认定33人；探索"政行企校"合作模式，设立晋江经济开发区职业技能提升中心与华侨大学研究生工作站，引进泉州职业技术大学、泉州轻工职业学院、晋江海西培训中心等单位入驻。

【安全生产】 2022年，晋江经济开发区围绕"遵守安全生产法，当好第一责任人"主题，推进安全生产专项整治三年行动，累计检查企业950余家次，整治隐患6180余条，联合派出所开展联合执法，累计处罚"三合一"场所17家，采取消防简易处罚程序查处企业2家，移交供电所采取约束用电措施1家；开展安全生产标准化攻坚行动，重点建设三六一度、向兴纺织和新合发等5家标杆示范企业，推广企业自行聘请管家顾问服务，由专家指导企业创建、运行企业安全生产标准化，实施"红橙黄蓝"动态监管，辖区工贸企业累计完成标准化创建自评730家；组织开展各类学习、宣教培训入企活动42场次，开展联合应急演练76场次，参训9270余人次。

【企业服务】 2022年，晋江经济开发区争当为企服务"排头兵"，当好企业服务"店小二"，创新推出"双零"（服务企业零距离、服务项目零收费）、"双员"（企业服务员、联络员）和"科级干部每周解一难"服务工作机制，推进项目设计方案"多评合一模拟审批"，实现"五证同发"，解决企业问题115个。依托咨询平台、增产增效资金申报工作群等政策服务平台帮助8家企业获得银行纾困贷款4989万元，协助55家企业申请增产增效资金405.1万元。建成全市首个"一体化"基地，累计接访劳动纠纷等299起，劳动纠纷案件比上年下降约36%。

（吴英秀）

【泉州综合保税区】 2021年10月，泉州综合保税区根据晋江市机构改革方案整合入晋江经济开发区，由晋江经济开发区管委会实施"全市一区"统筹管理。泉州综合保税区获批特殊监管区域面积2.05平方千米，规划有工业及仓储物流储备用地106.67公顷，建有标准厂房及保税仓库6栋；区外配套管辖面积2平方千米，建有综合服务大楼、宿舍楼、职工食堂、商业服务、休闲设施等区内产业

2022年，晋江经济开发区推行服务企业零距离、服务项目零收费的“双零”服务机制，入园企业报批手续专人专班全程代办，让企业全程“零操心”。图为工作人员为企业解读政策（图/晋江经济开发区管委会）

配套及公共、行政、生活等配套服务设施。截至年底，全区累计引进企业及项目164家，其中围网外101家、围网内63家，邓禄普太古飞机轮胎、太古航空复合材料、金鹰高端印刷、万科物流、中通速递、利郎物流园等优质工业和商贸物流企业及项目扎根发展，园区产业涉及航空修造、高端印刷、环保新材料、酒类食品、保税物流、跨境电商及进出口贸易等类型。

2022年，泉州综合保税区抢抓“新”政机遇，致力优化营商环境。自2022年4月1日海关总署《综保区管理办法》施行后，迅速对接落地实施，助力企业提质增效、激发活力，畅享改革红利。支持泉州及晋江布局自贸区联动创新示范区建设，走好、走稳自贸复制推广之路，打造更高能级平台，推进与自贸区融合发展。在“四自一简”“委内加工”“一般纳税人”等方面释放效益。创新特色监管服务，深化运行“9610”（跨境电商保税出口）、“1210”（一般出口业务的海关特殊监管区域）模式。“9610”模式业务全年突破亿元、100万票，比上年增长1744%，居2022年泉州地区“9610”跨境电商业务量首位。“转关＋安全智能锁”模式的出口转关业务在综保区施行。

（苏达丽）

【晋江市创新创业创造园】 2022年，晋江市创新创业创造园（简称“三创园”）入围2022年度国家级科技企业孵化器认定拟推荐名单。2022年，完成投资1.04亿元，累计完成投资23.54亿元。苏内地块主体、配套项目基本完成，筹备“中试＋创新工场”项目建设，完善全链条科创生态圈。

2022年，晋江市三创园筹办第六届“海峡杯”（晋江）创新创业大赛，延续精准专业赛道赛制，聚焦新基建、新材料、大健康三大领域，对18家晋江市优质企业开展赛前产业调研工作，摸排全市大中型企业创新研发需求42项，根据需求征集参赛项目及团队，打通大中小企业融通创新通路。赛事报名项目1130多个，截至2022年底，有5个项目落户晋江。

2022年，晋江市三创园推动入驻企业科技创新成果就地转移转化，促成3家入园企业实现产业化落地，总投资额2860万元，完成投资额810万元；截至年底，有10家企业待产业化落地，拟购置地块总面积25.67公顷，拟租赁厂房面积17600平方米，计划总投资7.48亿元；推动园区4个项目纳入2023年晋江市重点项目。

2022年，晋江市三创园协助引导13家企业申报并获得国家高新技术企业、21家企业入选省级科技型中小企业、5家企业入选省级创新型中小企业、2家企业入选2022年福建省数字经济核心产业领域“瞪羚”创新企业；聚赢数控科技公司产品雨伞金属中棒智能生产线（JYSZB-1）被认定为省内首（台）套重大技术装备；组织开展创业培训、交流、对接活动25场，协助2家企业共获融资670万元；协助科山芯创孙礼中团队申报福建省产业领军团队，对接泉州电视台、晋江融媒体中心、《晋江经济报》等对园区5家人才项目进行专题报道；促成泉州市惠人智能科技有限公司与泉州湖南大学工业设计与机器智能创新研究院达成项目合作，合作金额共计1100万元。

（郭真真）

其他园区

【集成电路科学园】 集成电路科学园[福建晋江集成电路产业园区规划布局中包括集成电路产业科学园、集成电路产业工业园、创意创业创新园（设计园）和泉州综合保税区]规划面积405.33公顷，重点引进集成电路制造、封装测试等龙头企业及其上下游产业链配套项目，按照产、城、人融合的“芯小镇”理念，打造生活、生态、生产“三生融合”的集成电路“芯”产业社区，策划园区提质、产业配套、生活休闲、生态文旅、道路体系5个方面33个项目，计划投资1324亿元，2022年实际完成投资110.37亿元、完成年度计划的116.41%。建设邻里中心、芯动家园、集成电路大师工作室、动静吧、高端商务酒店等8个生活服务项目，整合周边文化、生态资源，协同规划梧林传统村落、田野风光，打造梧林传统村落体验式闽南侨文化度假目的地。运用盘活利用低效用地试点政策，采取国企主导以及政府引导、民企自主改造等模式，建成并招商、运营小微工业园、金冠等项目，启动小微工业园二期、盼达、久久王 3 个小微工业园改造项目。推进园区主干道、二重环湾、东部快速路、十五号路、联华大道北拓等交通道路建设，打通园区与主城区、高铁南站、空港物流园的快速通道。

2022 年，晋江集成电路产业园区优化“单一窗口”服务保障机制。为项目建设开辟“绿色通道”，做好从建设、投产、经营的保姆式服务，协助胜科纳米公司用时 5 个月完成从落地到运营的过程，创造全球集成电路行业分析实验室建设速度新纪录，保障晋华、渠梁、中探针、颖华导光膜、胜科纳米等项目增资扩产，提升园区“软实力”。

2022 年 9 月 15 日，“心在洪山，飞盘无界”2022 年晋江市洪山文化创意产业园极限飞盘友谊赛举行（图/洪山文化创意产业园）

【晋江市洪山文化创意产业园】 2022 年，晋江市洪山文化创意产业园占地面积 17.73 公顷（其中改造企业用地 16.2 公顷），建筑面积 31.37 万平方米。2022 年，洪山文化创意产业园推进企业自行改造进程，完成世纪大道片区控制性详细规划中洪山文化创意产业园区用地规划编制调整，办理企业改造及“工转商”手续。启动工业设计园拓展区和足球公园项目周边停车场配套工程项目，完成方案设计。

2022 年，洪山文化创意产业园重点引进文创、设计产业，发挥文创园区的集聚效益，支持和引进广播影视、动漫制作等文化传播企业，挖掘晋江影视 IP、动漫 IP 形象，培育和推广一批具有自主知识产权的龙头企业和现代文艺精品。至年底，在驻企业、机构 188 家，集聚创新创业人才 2000 人。入驻企业中，属文化企业类别的有 97 家，占比 51.6%。其中，晋江国际工业设计园及拓展区的整体出租率 74.59%，入驻企业 62 家，属工业设计业态企业 11 家，占比 17.74%；属于文化企业业态（不含工业设计）25 家，占比 40.32%。

2022 年，洪山文化创意产业园新培育泉州达斯琪数字科技有限公司、福建省信芯长盈科技有限公司 2 家企业为高新技术企业。累计有高新技术企业 10 家，获泉州市级以上的文化产业示范基地称号单位 9 家。入驻中鞋革晋江院、纺织服装检验检疫中心、中轻卫生用品公司 3 个高水平研发平台。11 月，联合泉州职业技术大学数字媒体艺术专业开展主题实习周外训，近 150 名学生参训，推进文创与教育研学产业融合。

2022 年，洪山文化创意产业园依托园区共享空间载体，联合市直部门、机构、行业协会、运营方等，开展新春“福虎进宝”艺术插花、设计加速营、极限飞盘友谊赛、五人制足球邀请赛等活动 15 场次，吸引近 2000 人次参与。

（王清池）

交通 邮政 通信

公 路

【概况】 2022年，晋江市交通运输局抓好交通高质量发展，补齐基础设施短板，增强运输服务能力。二重环湾一期工程被福建省交通质安中心评为2022年度公路水运工程“平安工地”省级示范项目名单；举办泉州市普通干线公路建设标准化、规范化、品质工程示范项目现场观摩和经验交流会。交通物流行业稳步提升，公路运输总周转量近722723万吨千米，比上年增长1.3%。连续5年获评晋江市五星级“平安单位”。

截至2022年底，晋江市拥有公路里程2463.72千米，其中高速公路79.17千米(互通出入口7个)、国省道117.22千米、县道167.05千米、乡道835.38千米、村道887.10千米，未定级公路377.8千米。按公路技术等级分：高速公路79.17千米、一级公路64.02千米、二级公路457.88千米、三级公路174.71千米、四级公路1585.32千米、等外公路102.62千米，等级道路95.8%；全市陆域公路网密度379.62千米/百平方千米，是全国公路密度网平均水平的6.9倍，位居全国前列。

2022年，全市参加道路质量信誉考核的运输企业178家。考核结果，AAA级客运企业5家，AA级客运企业1家，AA级货运企业101家，A级货运企业30家，B级货运企业41家。

（杨长谋）

【公路建设】 2022年，晋江市推进34个重点交通建设项目，总投资274.32亿元，年度计划投资36.98亿元。截至2022年12月底，34个重点项目完成投资约37亿元，占年度计划的100.11%。

2022年，世纪大道南延伸一期工程完成工可立项、初设报批、财政评审、施工监理招投标，并进行进场施工前各项准备工作。世纪大道南延伸二期工程完成方案设计审查、工可文本、初设文本、施工图文本。晋新路快捷化改造工程完成工可立项、初设报批、财政评审、施工监理招投标。晋江市六源南路市政道路工程一期工程完成方案设计批复、工可文本、初设文本、施工图文本、预算编制。晋江市正荣府配套道路工程完成方案设计审查、工可文本、初设文本、施工图文本、预算编制。晋江市池峰路南延伸至凤池路新建工程完成项目建议书报批、方案设计审查、工可文本、初设文本、施工图文本。晋江市龙泉路及接线工程完成项目建议书报批、方案设计、工可文本、初设文本。莲山路(内坑段)改造工程完成方案设计、工可文本、初设文本、施工图文本。

2022年，泉州市二重环湾快速路(晋江段)新建工程一期工程路基工程完成99%、桥涵工程完成99%、市政

2022年7月10日，泉州市二重环湾快速路(晋江段)新建工程一期A1标完成底层沥青混凝土铺设　　（图/晋江市交通运输局）

管线完成97%、路面工程完成92%；东部城市快速通道一期工程路基工程完成95%、桥涵工程完成91%、市政管线完成63%、隧道工程完成91%、路面工程完成42%；晋江南高速出口连接线延伸段工程路基工程完成98%、路面工程完成82%、市政管线完成97%、桥梁工程完成97%、交通安全设施工程完成30%。完成市域八号路一期工程建设任务，新增公路里程5.75千米。

（蔡安杰　庄必荣）

【道路旅客运输】　2022年，晋江市道路旅客运输业以国有、民营和股份制等多种经济成分并存为经营主体，经营分类为班车客运、公共交通客运、出租汽车客运等，基本满足广大市民出行商旅需要。全市汽车客运站4家，其中一级站1家、三级站1家、简易站2家，分布在市区及部分镇（街道）。客运线路分省际、市（地）际、县际等。2022年，全市拥有从事营业性客运企业6家、客运车辆87辆、座位3119个。营运线路：省际（始发）30条，通达9个省市；市际6条，通达5个地市；县际4条。

2022年，晋江市在运营的网约车平台企业有2家，分别为天津海豚出游科技有限公司泉州分公司，在营车辆35辆；山东及时雨汽车科技有限公司泉州分公司，在营车辆39辆，2家合计在营车辆74辆，客运量合计32.49万人次。传统出租车企业有2家，分别为顺通出租汽车有限公司、泉州市泉兴出租汽车有限公司，拥有出租汽车运力指标200辆，有车辆69辆，全年实现出车班次21135次，出车率90.9%，载客量约46.58万人次。

2022年，晋江市优化公交线路，新增2条微循环公交线，分别为白沙古战场至东石公交站的Z10路、清透旧村委会至东石公交站的Z11路，开通11条镇区微循环公交线路，村村通公交工作得到进一步开展。优化延伸6条公交线路，分别为9路、11路、16路、29路、S1路、S2路。2022年公交发车97.8万班次，运营总里程2104.4万千米，客运量846.4万人次。推进公交配套设施建设。市医院公交首末站、集成电路科学园首末站2个智能光伏充电站及其38个充电桩投入使用，保障纯电动公交车的充电需求。改造72座新改建公交站台的太阳能配电工程，满足候车亭LED广告灯箱与站牌显示器运作所需的电量。完成11座公交候车亭的改建及34座候车亭的修缮工作，提高候车环境的安全性和舒适性。推进文明公益宣传，助力文明城市创建。2022年，更换公交站台公益广告95个，公交车车身公益广告版面162个。

（杨长谋　赖荣裕）

2022年6月27日，晋江首个光伏复用充电站（晋尚充电站）正式运营。图为公交车在晋尚充电站充电　（摄于2022年8月17日　图/晋江市交通运输局）

【晋江首个光伏复用充电站正式运营】　2022年6月27日，晋江首个光伏复用充电站（晋尚充电站）正式运营。该充电站由晋江产业集团全资子公司晋江市晋尚资产运营有限公司投建运营。

晋尚充电站位于新塘街道集成电路科学园公交站内，充电站顶部全部为太阳能光伏板。拥有14个充电终端，8个为公交车位充电端、6个为社会车辆充电端，改善公共充电桩利用率偏低的问题，缓解新能源车辆充电难问题。

（方　文）

【道路货物运输】　2022年，晋江市道路货物运输以个人独资和合资股份制的民营企业为经营主体，规模普遍为小型企业。继续推动培育智慧物流，截至2022年，晋江市有泉州市闽运兴物流股份有限公司、福建省捷邦物联网科技有限公司等网络货运企业6家，全年营收5.9亿元，纳税额接近6000万元。为促进物流企业做大做强，解决企业融资困难，晋江市贯彻执行各项助企纾困政策，协助货运企业争取520万元的交通物流专项再贷款，减轻企业负担。

（杨长谋）

【公路养护与管理】　2022年，晋江市交通运输局加强道路巡查和养护管理。修补井盖、路缘石公路设施缺失，保障道路安全畅通。排查并完成整治管养道路、桥梁病害等5665处，更换雨污水井盖、雨箅575套，安装道路和桥梁护栏12056.5米、施画标线23247.13平方米、修复减速垄581米、止车石116根、增设标志标牌71套，修复破损路面59967.14平方米、修复破损人行道路面8984.13平方米，修复路缘石1148米，清理排水沟66.85千米、护栏刷漆41115.2平方米等。通过采用路面整体铣刨和重新摊铺沥青层的方式，对破损严重路面进行大面积修复。8月，重点完成双龙路（鞋都路—泉安路）段、凤池西路

(仕春市场—池店镇政府)段,12 月重点完成世纪大道（市医院—疏解公路）段路面大修，完成修复面积约 7.2 万平方米。解决全市人行道存在的诸多因行道树根系过于发达导致人行道起伏、破损的难题,通过委托设计院出具有关彻底改造方案,在原有道路设施基础上，打造畅通连续、特色明显、和谐有序的慢行空间。完成晋江城市展馆周边人行道改造,全年改造面积约 550 平方米。结合“文明城市”复查年工作要求,完成鞋都路(吾悦广场—鹏青路)段、鹏青路(阳光路—晋新路)段、凤池西路(仕春市场—国道 324 段)、南环路(恒安集团—华达酒店)段等重点路段老旧护栏改造提升,全年完成护栏更换约 7200 米。

2022 年，晋江市开展 21 个农村公路养护专项工程，累计投资约 2297.15 万元，补助金额 1146 万元；督促、指导安海镇完成桥头桥危病桥梁改造工作,投资 126 万元,补助金额 11.92 万元。

2022 年,晋江市交通运输局受理 23 件挖掘申请及 43 份市政设施建设类审批申请,按照福建省住建厅《城市道路挖掘修复费标准》执行,对审批事项从现场、工期、质量入手,强化监督验收,确保文明施工。

（杨斌斌　苏松茂）

【国道养护与管理】 2022 年,晋江公路分中心负责管养晋江境内国道 228 线、国道 324 线、国道 358 线共 117.72 千米路程。投入 1814 万元开展小修养护，投资 1093 万元组织实施专案工号 8 个。养护路段综合好路率 96.08%,干线好路率 96.08%。

2022 年,晋江公路分中心每天组织 8 部扫路车、120 余名工人在各条线路进行保洁作业。加大日常小修养护投入,加强公路路面及其附属设施的维护。通过置换破碎板、修补坑洞以及实施清灌缝、裂缝处治、啃边处治等预防性养护项目,对专养国道实施路况提升。开展路面巡查,督促站班动态掌握公路情况,消除隐患。完善公路排水系统养护与加强防台抗毁,强化桥梁养护管理,落实桥梁养护分级管理的工作制度，检查桥梁 790 座次、涵洞 210 道次;清除桥涵淤积 2100 余立方米，零星维修桥涵调治构造损坏 42 处；完成 1 座桥梁加固(阳溪大桥),实施 1 座涵洞改造,完成 18 道涵洞盖板保护层剥落、露筋等病害处治。落实公路防汛防台工作,开展专项检查及整治,充实抢险物资储备,做好公路应急准备。

2022 年,晋江公路分中心添置高压清洗机、鼓风机、轻便发电机等小型设备，满足养护生产机械化需求；采购 134 吨冷补沥青料、3 吨快速修补砂浆,满足日常小修养护需要。落实“吹哨报到”工作机制,通过“吹哨”日常保养维护、路产路权保护、突发事件处置等分类哨声，落实快速响应、部门联动、信息畅通的网格管理工作体制。完善设备巡检、应急报备等制度，落实路网中心 24 小时值班值守制度，开展网络安全应急演练，提高突发事件处置能力。

【路产路权保护】 2022 年，晋江公路分中心加大巡查力度，开展联合执法,对侵害公路产权的行为开展调查整治。加强对涉路施工许可及施工过程的监督检查。开展普法宣传,利用各种宣传媒介以及深入走访等手段,开展“路政宣传月”、民法典宣传、“普法进校园”等普法宣传活动。组织路政巡查 502 人次、220 车次,现场劝止违法搭接平交道口、污染公路、毁坏公路设施等行为 130 余起,办理路政案件 21 起，收取公路赔（补）偿费 35660 元。

（张　丹）

【道路运输审批】 2022 年，晋江市根据省政府、泉州市政府三级纵向权力清单的公布,结合晋江市审改办的工作部署,对行政权力清单、公共服务事项清单和责任清单进行动态调整,共编制“权责清单”416 项,在“晋江市人民政府”网站上公布;推进“多证合一”,按照市委、市政府统一要求,将涉及交通运输行业的货运代理（代办）备案、货物运输配载备案等 3 项行政服务事项统一整合到营业执照上;重新梳理交通窗口涉及群众办理事项的 148 项“办事指南”，按照法律、法规、规章及上级出台的规范性文件及时动态调整交通“办事指南”的办理条件、办理流程、申请材料、办理时限等,并上报市行政服务中心在省网上办事大厅、市行政服务中心网站上公布,打造规范服务平台,推进行政审批服务“阳光化”。2022 年交通窗口受理办件 16008 件。其中,行政审批服务事项承诺件 112 件;行政审批服务事项即办件 15830 件,主要包括从业资格业务 3969 件、新增道路运输车辆 220 部、道路运输车辆过户 26 部、道路运输车辆迁入 65 部、道路运输车辆换证 1148 部、道路运输车辆年审 6217 部、道路运输车辆补证 80 部、道路运输车辆迁出 343 部、道路运输车辆注销 543 部、道路运输车辆复驶 167 部、道路运输车辆报停 187 部、网络预约出租车证办理 155 部、网络预约出租车证换发 1700 部、网络预约出租车证补办 18 部、网络预约出租车证迁出 101 部、网络预约出租车证注销 643 部、教学车辆办理 54 部。

（苏松茂）

【机动车维修业】 2022 年,晋江市拥有机动车维修企业 70 家。其中,一类 10 家、二类 29 家、三类 31 家,均为个人独资和合资股份制的民营企业。分布在全市各镇(街道)、工业园区,方便机动车辆维修保养。

【机动车驾驶员培训】 2022 年,晋江市全面落实《机动车驾驶员培训机构资格条件》和《机动车驾驶员培训教练场技术要求》两项国家标准,进一步规范培训学时管理系统使用,实施先学后付、计时收费、分段式收费模式,使用机动车驾驶理论网络教学平台。全市拥有机动车驾驶员培训机构

33 家，教学车辆 1332 辆，驾驶操作教练员 1575 人，理论教练员 160 人，2022 年度结业学员 13956 人。晋江市机动车驾驶员培训行业以个人独资和合资股份制为经营主体，为社会提供有偿驾驶培训服务。

（倪　耀）

【交通综合执法】　2022 年，晋江市交通运输综合执法大队开展安全生产专项整治三年行动集中攻坚、安全隐患大排查大整治专项行动，组织“两客一危一货”“打击非法客运”“联合治超”等各类专项整治行动，加强客货源头重点领域及重点路段时段的安全执法监管。全年出动 11631 人次，立案查处违法行为 2448 起（其中，客车 90 起、非法营运 14 起、驾培 22 起、出租车 12 起、网约车 11 起、公交车 1 起、危货 6 起、货车 223 起、货运物流 21 起、维修企业 3 起、路产路权 5 起；联合公安交警查处违法超限超载货车 2040 起），罚款 76.83 万元。

（陈　研）

水　路

【概况】　2022 年，晋江市水路运输总周转量近 250066 万吨千米，比上年增长 20.12%。晋江围头、深沪两港区是国家对外开放口岸、晋江市主要出海通道，两港区位于晋江市东南沿海，靠近沿海主航道，进港航道短、宽、深，常年不淤积，毗邻东南亚，与台湾、金门隔海相望，是福建省天然良港。围头港区拥有 1 万吨级泊位及 5 万吨级泊位各 1 个，泊位总长 689 米。其中，2#5 万吨级泊位长 441 米，水工主体按 10 万吨级设计，可减载靠泊 7 万吨级船舶。围头港区建有集装箱堆场 12 万平方米，配备 6 台桥吊、11 台 RTG（轮胎吊）、1 台 RMG（轨道式龙门吊）、5 台正面吊及各类港作机械。围头港区有内外贸航线 10 多条，内贸航线覆盖北至环渤海湾、南至广西北部湾以及长江沿岸主要港口；外贸航线直达菲律宾、俄罗斯符拉迪沃斯托克（海参崴）以及中国台湾、香港、金门、厦门（内支线）。深沪港区拥有 5000 吨及 1 万吨级泊位各 1 个，泊位总长 467 米；建有堆场 22 万平方米，配备门机 5 台，RMG（轨道式龙门吊）2 台，装载机、叉车等港作机械 30 多台，是泉州地区大宗件杂货的重要集散地，主要开展建材、钢铁、化工原料、荒料石、水泥等散杂货的装卸、储存业务。2022 年，围头港区完成集装箱吞吐量 26.27 万 TEU（标准箱），深沪港区完成散杂货吞吐量 161 万吨。

（杨长谋　洪鹤鸣）

【业务拓展】　2022 年 4 月 18 日，晋江太平洋围头港区再增马尼拉航线，萨米特航运（私人）有限公司“格蕾丝”轮首航围头港区。5 月 4 日，晋江太平洋深沪港区首次开通欧洲航线，“博威（BORE WAY）”轮装载近 4000 件花岗岩石制品，从深沪港区运往鹿特丹、汉堡。8 月 31 日，晋江太平洋围头港区公共保税仓库和出口监管仓库启用。9 月 30 日，“LUCY OCEAN”（海洋）轮运载 5.5 万吨西非荒料石抵港，晋江太平洋围头港区首次接卸西非荒料石。10 月 13 日，中国泉州—俄罗斯远东航线围头港首航暨“沃德菲泉州”轮命名仪式在晋江太平洋围头港区举行。

【港口安全管理】　2022 年，晋江太平洋港口发展有限公司开展“安全生产月”、防暑降温、防汛防台风、“消防月”、冬防、生产作业装卸安全和港口设施保安工作、中共二十大期间安全工作。公司搭建安全管理框架，健全安全生产责任制，开展并落实隐患排查治理及安全风险分级管控工作，落实公司危险源的安全管理措施，加强安全隐患排查与整改，规范外承包方安全管理，保障安全生产管理有序。2022 年，晋江太平洋港口发展有限公司无发生一般等级以上的安全生产事故。

（洪鹤鸣）

铁　路

【概况】　2022 年，晋江火车站重点抓好元旦、劳动节、国庆节等假日运输。截至 12 月 31 日，晋江站实现运输安全 4635 天，实现连续第 12 个安全年。精准分析运行图、提报运能，按照“长途盯客流、短途盯区段”思路，提报列车开行建议。晋江站客流量全年客运吞吐量 332 万人次，比上年下降 64.8%；其中发送旅客 162 万人次、日均发送旅客 4439 人次。客运收入 2.17 亿元，比上年下降 16.54%；日均客运收入 59.6 万元。

2022 年 10 月 13 日，中国泉州—俄罗斯远东航线围头港首航暨“沃德菲泉州”轮命名仪式在晋江太平洋围头港举行　（图／董严军）

【旅客服务】 2022年，晋江站做好重点人群服务工作，提升车站无障碍服务水平，成立党、团员突击队与青年志愿者协会，为特殊重点旅客购票、进站等提供便利。开设“爱心通道”，做好重点旅客预约服务，在售票厅、值班室、候车室等处所安排服务人员，保证特殊情况人群便利购票、进站、乘车，突出对重点旅客的候车、进出站、上下车等环节提供重点服务，实现购票、登记、交接、信息通报等环节的“无缝衔接”。

【铁路运输经营】 2022年，晋江火车站推行铁路“e卡通”和“12306”App平台办理临时身份证。旅客开通“e卡通”业务后可不携带身份证件；身份证购票乘车时未携带身份证或身份证丢失可通过“12306”App办理，凭手机二维码验证、检票进出站。更换客服管控平台，升级引导屏等，优化旅客出行体验。针对“烧香团”“务工流”“探亲流”等较多的情况，协调加开往宁波、南昌、深圳等方向的列车。车站利用电子显示屏、微信公众号、新闻媒体等手段，向旅客公布加开及停运班次运行等信息，为旅客制订调整出行方案提供便利。国庆节期间，日均吞吐量18022人次，其中客发9200人次、到达8822人次；最高峰28228人次，其中客发12552人次、到达15676人次。提前掌握学校开学、放假信息，提报恢复及加开列车计划需求，做好突发学生旅客高峰应对，高峰时日均吞吐量19224人次，其中客发9679人次、到达9545人次；最高峰24574人次，其中客发12651人次、到达11923人次。

【铁路运输安全管理】 2022年，晋江火车站抓好候车室卫生间改造、检票口流线改造、站台雨棚改造、增设旅客引导标识和文明公益广告，落实双重预防机制，强化现场作业安全管控和隐患问题排查治理。与地方联手打造窗口形象工程，改善车站设备设施条件和服务环境，促进客运高质量发展。强化安全意识，加强专业管理，提高设备质量，实施提质工程，确保高铁和旅客列车安全万无一失，确保铁路运输安全有序可控、稳定发展，实现连续第12个安全年。

（刘亚丽　吴国富）

【福厦高铁安海湾特大桥完成无砟轨道施工】 2022年8月4日，中国首座无砟轨道高铁跨海斜拉桥——新建福厦铁路安海湾特大桥完成无砟轨道施工。安海湾特大桥是新建福厦铁路全线控制性工程之一，全长9.46千米，其中跨海区段长1.56千米，主桥为双塔双索面半漂浮体系钢—混结合梁斜拉桥，主跨300米，主塔高126.9米，跨越安海湾2000吨级主航道。是中国在高铁建设中首次在跨海斜拉桥中铺设无砟轨道，时速350千米高铁列车跨海过桥不减速，驶过650米主桥用时不到7秒。福厦高铁是国内首条跨海高铁，设计时速350千米，全长277.42千米。通车后，福州至厦门行程缩至1小时内，为打造福建沿海“一小时经济圈”提供强劲动力。

（方　文）

2022年8月4日，中国首座无砟轨道高铁跨海斜拉桥——福厦铁路安海湾特大桥完成无砟轨道施工。图为安海湾特大桥　（图/陈巧玲）

民用航空

【概况】 2022年，泉州晋江国际机场开展“产业提升”“项目攻坚”“改革深化”3个专项行动，推进“平安民航”建设，打造城市门户、文明窗口和综合平台，实现第27个航空安全年。全年完成航班起降3.54万架次、旅客吞吐量370.8万人次、货邮吞吐量5.64万吨，比上年分别下降32.31%、38.03%和22.90%，在全国254个民用航空机场中分别列第61位、第42位和第36位。有37家国内外航空公司驻场运营，通航航点83个，完成总营收3.71亿元，建设项目投资3.46亿元，停机位增至34个。航班正常率和放行正常率分别为93.34%、93.17%。在“平安民航”建设年度考核中获得满分，蝉联民航华东地区二类机场第一名；获评全国民航系统“安康杯”竞赛优胜单位。

【旅客服务】 2022年，泉州晋江国际机场在机场航站楼打造“舌尖上的古早味”，为旅客提供具泉州闽南特色的餐食和伴手礼服务；为首乘旅客、晚到旅客、无人陪伴儿童（老人）、残障人士、中转旅客提供全流程专属乘机服务。借助数智赋能，优化“一齐飞·防疫智行安全管理系统”智能闸机功能模块，实现与“入（返）晋人员登记信息库”实时关联，后台通过数据汇集比对，把好旅客“放行关”。把无效投诉与服务监察、旅客意见征集、全流程服务管理等工作结合，逐步建立服务风险数据库，定期做好服务风险的排查，针对投诉处理流程、提升投诉处理质量、强化旅客投诉响应机制、提高投诉处理能力和投诉服务技巧、完整和规范保存投诉处理台账等方面进行交流和探讨，实现旅客投诉工作处理质量的再提升。

【运输经营】 2022年，泉州晋江国际机场拓展航线航班。年内新开、恢复琼海、腾冲、南昌、十堰、安康、菏泽、洛阳、凯里8个航点。推动市政府出台民航纾困政策，修订扶持民航发展专项资金意见，新增货运扶持专项资金5000万元。7月1日起，顺丰新增北京全货机航线，全货机航线增至6条。完善航空服务产业链，打造“一齐飞”商业孵化基地，举办“世遗泉州美好生活•一齐飞”经济文化展产品销售活动；加强与地方民企合作，投资成立食品供应链公司，推动完善航食产业链；着手合资成立新家政公司，引进行业龙头企业成熟的经营管理模式；推动泉州空港旅行社混合所有制改革，通过产权交易中心引入外部投资方，激发开拓市场活力；优化拓展招商项目，整合周边资源，寻找站前综合体项目合作方，探索将和平广场纳入航站区配套规划，初步规划空港商务区。

【安全管理】 2022年，泉州晋江国际机场根据民航机场运行安全保障能力评估指标和国企改革工作要求，新增过程管理指标2项，细化安全工作指标52项；以贯彻落实新《中华人民共和国安全生产法》为契机，健全“党政同责、一岗双责、齐抓共管、失职追责”“三管三必须”安全生产责任体系。开展“平安民航”建设，落实年度“平安民航”建设具体实施计划，召开安保委成员会议，在“平安民航”建设年度考核中获得满分，蝉联民航华东地区二类机场第一名；获评全国民航系统“安康杯”竞赛优胜单位。开展机制对标提升活动，安全宣传积分在全市21个行业主管部门中名列前茅。组织开展“防风险、除隐患、保安全”专项整治等安全主题活动14次，建立重点部位定期评估制度，加强不停航施工、机坪运行、消防安全等作业的无后果违章治理，组织应急救援演练70多场次。动态更新机场安全自查事项库1248项，比上年减少32.3%；动态清零安全隐患，检查问题97项，整改完成94项，完成率96.9%，对无法立即完成整改的制定等效措施进行管控。

【航线航班】 2022年，泉州晋江国际机场拓展航线航班，厦门航空、深圳航空、国际航空、南方航空、东方航空、西部航空等37家航空公司在机场运营国内外航线，通航国内外航点83个，包括国内航点71个和国际(地区)航点12个。优化航线结构，加密主干线航班，提升机场通达性，实现省会城市(南昌、福州除外)和经济发达城市全覆盖，新开或恢复琼海、腾冲、凯里、南昌、十堰、安康、菏泽、洛阳等8个航点，加密北京、成都、上海、乌鲁木齐、西安、南京、长沙、武汉等干线航班。深化与顺丰公司合作，新开泉州—北京全货机航班。每天计划进出港航班285架次。

【机场扩能改造工程】 2022年，泉州晋江国际机场扩能改造工程完成投资2.18亿元，完成扩建国内航站楼一期三、四层及新建塔台的幕墙、室内装修、综合管线布置、民航设备的施工及调试，国际航站楼改造施工70%，扩建国际航站楼主体结构施工，10月完成新建塔台校飞工作，同步申报扩建国内一期及新建塔台民航竣工验收。

【“母亲的房子”图书馆机场馆开馆】 2022年6月23日，由泉州市委宣传部主办，泉州市文化广电和旅游局、泉州市国资委、泉州晋江国际机场承办的“世遗泉州的经济文化展”开展暨“母亲的房子”图书馆机场馆开馆仪式在泉州晋江国际机场举行。该馆主体部分的设计，汲取知名作家蔡崇达创建的“母亲的房子”图书馆主要元素，在中央采用下沉式的公共空间，周围是书架和展区，构造一个轻松闲适的文化讲堂和阅读区域。

【空港商旅大厦运营】 2022年6月29日，空港商旅大厦运营仪式在空港商旅大厦前广场举行。该大厦占地面积0.71公顷，共9层，建筑面积1.25万平方米，位于晋江市和平中路东侧机场出口往泉州方向20米处，是国内较高端的集贵宾旅客进出港保障、会议会务保障、接待餐食定制、伴手礼定制和广告宣传等功能为一体的单体贵宾楼。泉州空港商旅大厦将海丝文化、闽南文化，以及“福”文化等特色元素融入建设中，将地域文化、城市景观、人文特色融为一体，为旅客提供现代空港服务，展示“泉州：宋元中国的世界海洋商贸中心”世界遗产的风采和魅力。

【晋江进近管制区实施ADS-B管制】 2022年7月1日，民航福建省安全监督管理局空管处、厦门空管站到泉州晋江国际机场塔台，为空中管制人员颁授“监视管制话筒”，标志着晋江进近管制区实施ADS-B管制，泉州晋江国际机场实现从程序管制转变为监视管制、由问答式指挥转向主动监视主动指挥。ADS-B是一种新型的监视技术，能提供实时和准确的航空器监视信息，实施ADS-B管制后，最低水平间隔可缩减到10千米。管制员能利用ADS-B主动对航空器进行水平、垂直引导，灵活利用空域调配飞行冲突。

【航空体验馆开馆】 2022年2月21日，泉州晋江国际机场、青阳街道中和中心小学“一齐飞”航空培训基地合作框架协议签订仪式暨航空体验馆开馆仪式在青阳街道中和中心小学举行。泉州晋江国际机场、青阳街道中和中心小学发挥各自优势，依托“一齐飞”航空培训基地，做好“建基地”“做活动”“进课堂”“办社团”“去研学”“共成长”等工作；将航空研学作为航空文化与人文教育的联系纽带，通过开展民航体验活动，向青少年传播航空文化。

（苏江梅）

邮 政

【概况】 2022年，晋江市邮政业业务总量完成101.72亿元，比上年增长5.03%。其中，快递业务量完成10.75亿件，比上年增长1.68%，占泉州比重超过50%、占全省四分之一左右，业务体量居全省县域首位。晋江市有邮政普遍服务的营业场所22处、法人快递企业22家、分支机构10个，快递网点558个、全国性快递品牌的省级分拨中心9个，从业人员1.1万多人。晋江邮政管理局树立综合治理理念，行业运行总体平稳，风险可控，全年未发生重大安全责任事故。

2022年，中国邮政集团有限公司晋江市邮政分公司（简称“晋江市邮政分公司”）实现业务收入3.58亿元，其中寄递业务收入1.78亿元、代理金融业务收入1.43亿元、邮务业务收入3247万元。全市26个代理邮政储蓄网点金融存款余额84.36亿元，保持全省县（市）邮政公司第一；人均产能40.55万元，保持全区县（市）邮政公司第一。

（庄子瑜　蔡永杰）

【邮政监管】 2022年，晋江邮政管理局强化安全生产监管，开展隐患风险排查和闭环整改，委托第三方安全生产中介服务公司对23个重点处理场所开展安全生产评估工作。集中检查企业和网点208家次，完成安全隐患整改338个，办理行政处罚案件18起。

（庄子瑜）

【邮政网点建设】 2022年，晋江市邮政分公司下辖20个分（支）局、26个金融网点、56台自助终端设备（ATM）、21个EMS（邮政特快专递服务）揽投站、293个便民服务站，有EMS营运车辆45辆、揽投段道234段、普邮（普通邮寄）段道227段，实现全市各镇（街道）、农村全覆盖。

【寄递业务】 2022年，晋江市邮政分公司特快业务推进“法院集约送达”“税务发票线上申领线下寄递”，开发“车贷解抵押”“交警电动车牌寄递”“品牌企业门店调换货”等总对总业务，“双11”期间邮件收寄量294.9万件，创收1225.84万元，比上年增长82.4%，占全区收入34.61%。深化揽投改革，新发展邮政自提点98个，实现快递包裹自提率23.7%，自提量479.1万件。组织岗位能手参与晋江市第一届邮政快递行业技能竞赛，3人分别获一、二、三等奖，其中2人被晋江市总工会、晋江市人社局授予五一劳动奖章。

【传统邮务】 2022年，晋江市邮政分公司渠道平台联合晋江市农业农村局、邮储银行三方共同助力农业产业链和新型农业经营主体高质量发展。服务195家乡镇农业农村合作社，其中实现叠加两类及以上业务的合作社143家，发展农村会员6648个，建成全省“福农优品·邮政惠农”优质农产品生产基地1个；通过金融特惠购、抖音平台、邮乐网、社区团购等助力农产品销售，实现农产品交易额650万元，销售全国基地产品44.1万元；其中晋江深沪胡萝卜基地实现销售15吨胡萝卜；联手泉州市理想茶业有限公司开办理想好茶旗舰店，发挥邮政企业在县域及以下农村地区的客源优势，帮助茶产业拓宽销售渠道；协同华淇农业专业合作社参与福建邮政抖音年货节活动，助力“晋江胡萝卜”打开销路、打响品牌知名度。5月，晋江邮政分公司集邮专业在安海镇安平桥景区举行《中国古镇（四）》特种邮票首发式，发行首枚含有安海古镇元素的特种邮票。

【代理金融】 2022年，晋江市邮政分公司代理金融储蓄余额年增9.21亿元，规模84.36亿元。其中，发放第三代社保卡1.97张，建成邮储村138个、信用村21个，2022年推荐融资E贷款一级白名单用户379户，发放贷款3279万元。联合邮储银行，为全市100多家辣椒种植户量身定制“辣椒贷”，解决种植户资金难题。

2022年5月19日，《中国古镇（四）》安海特种邮票首发启动仪式在安海镇安平桥景区举行

（图/晋江市邮政分公司）

【社会服务】 2022年1月，晋江邮政分公司分别助力东石镇社会治理办、内坑镇政府、紫帽镇政府策划开展“关爱流动人口”主题宣传活动。10月，协助紫帽镇政府策划开展“平安邮你•一起向未来”“六守六无”邮票设计大赛。6月，协助晋江市委政法委、司法局、妇联在晋江图书馆举办“六守六无”系列活动；协助安海镇党委策划“爱安海，购平安”平安晋江共建购物节活动，通过水上捉“平安鸭”等形式，让平安理念深入人心；助力晋江市文化旅游局“大美晋江”惠民文化工程，策划杂技情景剧《使命》、小白鹭优秀舞蹈作品集萃、高甲戏《三勘蝴蝶梦》《五女拜寿》；助力安海镇政府在晋江市第十届端午民俗旅游文化节上开展强国复兴有我——“喜迎二十大 方寸展辉煌”主题邮展；联合晋江市农业农村局在五店市邮局举行“我眼里的胡萝卜”主题征文、绘画比赛颁奖仪式。7月，助力晋江市文化旅游局“大美晋江”惠民文化工程，策划《动物狂欢节》《千与千寻》音乐会专场演出、木偶戏《火焰山》专场演出。9月，携手晋江交警依托陈埭、池店、东石、金井、内坑、英林、永和、紫帽邮政营业厅设立8个“警医邮”自助服务窗口。10月，建成121个综合便民服务站，初步实现“一村一站”，助力农村电商提档升级。12月，通过推进“惠农项目”，助力农户解决“物流难、融资难、销售难”问题，全年实现农产品寄递832万件；东石支局被授予“红蜂驿站”，为新就业群体人员提供党的政策理论宣传、歇脚休息、即时充电、图书阅读、免费饮水、食品加热等服务。12月，助力晋江市文化旅游局“大美晋江”惠民文化工程，策划水晶灵女子乐坊新古典音乐会；携手金井镇政府开展“扫黄打非”集中宣传暨“结对子•送文化•种文化”正版图书赠阅巡展主题活动。

【快递行业工会联合会成立】 2022年10月24日，晋江市快递行业工会联合会成立暨第一次会员代表大会在晋江市邮政分公司召开，全市20家快递品牌法人企业的47名职工代表参加会议。会议选举产生晋江市快递行业工会联合会第一届委员会主席、副主席、委员和经审委员会主任、委员，宣布晋江市快递行业工会联合会第一届女职工委员会组成人员，为新业态从业群体发放关爱礼包。

（蔡永杰）

通　信

【概况】 2022年，晋江市信息通信行业以5G、千兆光网为代表的新型基础设施深化布局，筑牢数字经济发展基石。信息通信技术在数字政府、数字社会、产业数字化转型等领域的落地应用，为晋江市数字经济发展注入崭新动力。

（陈振华）

【智慧城市建设】 2022年，晋江市制定出台《晋江市数字经济发展三年行动计划(2022—2024年)》，提出要坚持把数字赋能作为产业转型升级、城市管理提升、民生服务提效主抓手，通过三年努力，推动晋江数字化建设与应用水平走在全省前列，打造福建省县域数字化应用示范高地、数字福建样板城市，为晋江市智慧城市建设发展提供理论支撑。抢抓5G、人工智能、大数据、工业互联网发展机遇，完善通信基础设施建设，统筹推进各部门各领域信息化项目建设，塑造基础支撑、数据服务、融合应用的大数据生态体系，推动智慧城市建设提速增效。推动智慧城市运营机制改革，组建智慧城市运营国企，出台实施智慧城市信息化项目建设管理办法，提升信息化项目运维水平与能力。审核全市规模以上的信息化(智能化)项目152个，解决分散重复建设、资金闲置浪费等问题。

【政务数据汇聚共享应用】 2022年，晋江市依托公共卫生信息平台，打造建成本级智慧城市“数据底座”，构建人口空间等各类基础数据库、专题数据库、主题数据库，实现部门统一的数据目录梳理和管理、数据汇聚接入与共享服务等功能。至年底，完成全市52个业务系统、312张表、3.1亿条数据汇聚，汇聚数量居泉州市前列；实现接口调用1亿多次，居泉州市前列；开放数据量2亿多条，位列泉州市第一。

【政务服务应用】 2022年，晋江市级政务OA平台实现与泉州一体化办公平台对接，畅通市、县两级文件流转渠道。晋江市级平台有404个单位启用内部无纸化办公应用，流转公文27.13万条，基本实现政府部门无纸化办公全覆盖。在全省县域率先推行“一业一码”改革，实现“一套标准、一单申请、一窗受理、一码准营”。推进电子证照系统创新应用，推行政务大厅“免证办”服务，启动“闽政通—泉服务—i晋江”小程序开发工作，新增移动端便民服务事项6项，聚合全市30项便民服务事项（176个服务子项，排全市前列），实现医疗、教育、社保、就业等重点领域政务、便民服务事项全覆盖。

【信息化项目建设】 2022年，晋江市推进信息化项目建设，审核全市规模以上信息化项目32个，涵盖教育、医疗、养老、住房、城管等方面，项目投资金额15416.13万元。其中，完成“晋江市教育城域网”建设，建立教育管理服务平台、资源服务平台、大数据分析中心、高清云视听系统，实现教育管理与服务高效化、科学化；建设智慧卫生信息平台，为全市居民建立健康档案215万余份，支撑医务人员调阅患者健康信息204万余次，为决策者提供450项指标进行综合监管和分析，实现区域医疗机构之间的互联互通和诊疗协作，推动就医服务和支付方式从单一线下服务向线上线下一体化服务的转变，患者到院就诊后凭一部手机就能实现预约、就诊、结算等诊疗服务，晋江市智慧卫生应用入选2022年度地市公共数据应用十佳优秀案例，为福建省县级唯一入选项目；城市管理方面，协同推进智慧网格项目建设，建设统一服务管理平台与移动网格信息管理App，推动便捷采集实有人口、实有房屋和实有单位信息等基层信息，实时掌握基础信息分布情况、分色预警、人户关系、房屋档案等信息，实现“以房管人、人户一致”的精准化基层治理。

【数字化基础设施建设】 2022年，晋江市加快推进5G基站建设，新增5G基站1376个，全市累计建成5G基站4200个，实现城乡主要区域5G信号全覆盖，光纤网络覆盖率98%。支持“政务上云”，为全市各部门单位提供虚拟服务器447台，其中政务外网互联网区323台、政务信息网124台，部署业务系统约148个，基本实现政务信息系统全部上“云”运行。

【晋江市数字经济发展三年行动启动】 2022年2月18日，“云端赋能 数智晋江”——晋江市数字经济发展三年行动启动暨项目签约大会举行。会上，发布晋江市数字经济发展三年行动，恒安、盼盼食品、三六一度、中乔体育等8家企业的产业数字化项目，华为生态伙伴信息服务商落地项目、智慧城市项目、“数字经济”教育培训战略合作等签约。全球卫品服务网——5G卫品行业工业互联网数字赋能平台、华为（晋江）工业互联网云孵化中心培训基地、华为（晋江）工业互联网云孵化中心等揭牌或落地，赋能晋江数字化发展。

【晋江产业数字化转型工作现场会】 2022年7月13日，晋江产业数字化转型工作现场会在晋江召开，副省长康涛出席会议。会上，晋江市政府、安踏物流与来自福州、厦门、漳州、三明、莆田、宁德等地相关企业进行交流发言。会前，与会人员参观融合发展典型案例展览，实地考察华宇公司、盼盼饮料公司、卡尔美公司、中国科学院泉州装备所等地，深入企业展厅、智能化生产车间、数字化工厂，与负责人面对面交流，详细了解企业智能化生产、数字化转型的相关情况。

（陈逸煌）

【中国电信股份有限公司晋江分公司】 2022年，中国电信股份有限公司晋江分公司（简称“晋江电信”）推进5G网络建设，投入7000万元建设5G室外站、5G室分热点。累计建设5G室外站1377个，5G网络覆盖率95.67%，有FTTH（光纤到户）端口3.2万个，实现修障及时率99.14%。2022年，晋江电信加速打造全域千兆网络，新建50台万兆OLT，扩容近3000个万兆PON口，新增3000余个FTTH分光器，累计有3.2万个FTTH端口，实现百万级用户规模的千兆光网覆盖、万兆资源100%覆盖，千兆接入能力实现全市小区、农村全面覆盖。

2022年，晋江电信助力金井镇塘东、溜江打造乡村振兴数字标杆村，其中晋江塘东案例得到《泉州晚报》、今日头条等多家媒体报道。助力282个村（社区）打造福建乡村振兴服务平台，实现基层管理高效化、数字化。在营业厅设立爱心“翼”站暨党群服务站、建设VR+“红色读书角”，开展志愿者入村、社区活动600场，为群众带去通信服务、数字化产品和智能生活新体验。助力数字经济发展。依托5G+工业互联网、物联网、云计算等新一代信息技术，为企业提供智能制造、智能生产、智能销售等整体解决方案，助力工业园区标准化建设。签约永固纺织、元吉、富联纺织5G to B项目，风竹鞋业5G微工业园区战略协议，华泰集团5G工业互联网项目，新建兴5G陶瓷云平台，凯达集团5G技术应用战略协议。晋江海纳机械有限公司“全球卫品服务网——5G卫品行业工业互联网数字赋能平台”获福建省2022年新一代信息技术与制造业融合发展项目，永固纺织5G智慧园区项目、新建兴陶瓷云——5G智能智造应用平台项目入选福建省新一代信息技术与制造业融合发展典型应用案例，华宇5G数字工厂、永固纺织5G智慧园区项目入选泉州第二条5G应用精品路线。

2022年，晋江电信开展“全员服务在行动”活动，落实“数智随心、关爱随心、网络随心、消费随心、便捷随心、安心随心”6项服务举措。立足客户服务感知，规范触点服务行为，强化装维“当日修”要求，修障及时率99.14%，全年未发生“三强”（强开、强关和强捆）、群体申诉和人为差错引发的客户强感知服务事件。夯实网

2022年2月18日，“云端赋能 数智晋江”晋江市数字经济发展三年行动启动仪式暨项目签约大会举办 （图/陈巧玲）

络和信息安全基础管理工作，落实断卡行动。

(施聪颖)

【中国移动通信集团福建有限公司晋江分公司】 2022年，中国移动通信集团福建有限公司晋江分公司（简称“晋江移动”），建设开通4G/5G站点1200个，将陈埭镇打造成超密组网标杆镇区。建设5万个宽带端口，行政村覆盖率100%。建立网络客服联席会机制，打通客户—服务部门—网络部—装维单位—社区经理通路，解决客户诉求。以多形态智能家居终端设备，推进晋江家居迈向智能化；提供百款5G终端，推出多款创新应用软件；聚焦区域产业集群，助力晋江5G＋工业互联网和产业数字化发展。在行业信息化应用上，提供生产、销售、物流、仓储、安全、通信、上云等信息化服务，赋能企业经营发展，助推行业转型升级。其中，2022年为信泰、众鑫打造5G智慧工厂。开展总经理接待日、书记“站店听音”、信息化适老等特色服务活动，服务客户50万余人次，优化业务流程35项，客户端解决率100%。

(蔡宣宣)

【中国联合网络通信有限公司晋江市分公司】 2022年，中国联合网络通信有限公司晋江市分公司（简称“晋江联通”）主营收入3.6亿元，实现主营收入连续5年正增长。晋江联通推动4G/5G、千兆光网、政企精品网络建设。与电信共建共享，共同打造4G/5G精品网络。年底，晋江联通有5G站点1764个，实现各主要镇（街道）连续覆盖，完善人流密集高流量区域5G深度覆盖，人口覆盖率99%；4G站点2815个，乡镇覆盖率100%，行政村覆盖率100%。提升千兆光网服务能力，宽带端口26.11万个，其中千兆端口占比98%。光缆线路总长度3324千米，管道资源约1654.2孔千米。

2022年，晋江联通与三六一度公司合作推进5G＋智慧工厂建设，以联通5G网络为基础底层，通过共享UPF的能力实现5G虚拟专网部署，并将5G专网作为整个生产协同的底层网络，通过离散区域广覆盖、密集区域深度覆盖的综合方案，实现移动终端与平台的有效协同。通过引入MES、APS等多个模块，与企业既有系统实现融通，5G网络在生产制造过程中，构建以5G虚拟专网为核心的AI视觉检测、工业数采、仓储管理、硬件和工序协同等多个应用场景，实现企业产供销一体化的有效协同。该项目获工信部第五届“绽放杯”5G应用大赛优秀奖。

(张秋煌)

【中国铁塔股份有限公司晋江分公司】 2022年，中国铁塔股份有限公司晋江分公司（简称“晋江铁塔”），共有4133个通信基站，资产规模21335万元，年营业收入比上年增长4.71%；毛利比上年增长1.21%。

2022年，晋江铁塔推进5G通信网络基础设施建设，全年新建及扩容1653个5G基站，提升信息化服务水平，优化网络布局，助力晋江5G强县建设。

2022年，晋江铁塔组织8000余次专业巡检，实现全年零安全生产事故。在9个乡镇（街道）发放及张贴宣传材料，增强业主和民众基站保护意识，落实电力设施保护宣传，多方联动，普及知识。构建“三电”（电力、电信、广播电视）安保工作长效机制。

(颜如意)

商贸服务业

批发和零售

【概况】 2022年，晋江市1445家限额以上批发和零售业企业完成销售额5460.40亿元，比上年增长15.3%。其中，销售额超亿元企业743家，完成销售额5199.47亿元，比上年增长21.5%。分行业看，化工行业完成销售额1389.62亿元，比上年增长22.1%；钢贸行业完成销售额1054.67亿元，比上年增长21.9%；鞋服行业完成销售额1724.29亿元，比上年增长17.1%。

【消费促进】 2022年，晋江市开展“国货之光、潮动全城”第五届晋江购物节、“爱晋江·欢乐购”消费促进季、鞋服毕业季让利促销活动、首届新能源汽车展等促消费活动，发放商圈、住餐、购车消费券，引导全市商圈街区、车市楼市、住宿餐饮、品牌鞋服等让利促销，带动和激活消费市场。“爱晋江·欢乐购”消费促进季活动市政府统筹5000万元用于发放各类消费资金券，企业商家优惠让利2亿多元，带动线上线下消费。其中，鞋服产品毕业季让利促销、晋江市鞋服乐购促销等活动，吸引安踏、三六一度、七匹狼等品牌企业参与，带动当地新增消费5000万元以上。

【淘特及淘工厂商家官方小二见面会举办】 2022年2月25日，由晋江市商务局指导，阿里巴巴淘特事业部主办，晋江市网商会协办的泉州市淘特及淘工厂商家官方小二见面会在晋江跨境电商洪山园举办，吸引晋江市鞋服、食品、日用品等多个行业70多家企业到场参会。

【“爱晋江·欢乐购”消费促进季】 2022年4月29日，“爱晋江·欢乐购”消费促进季启动，活动时间从2022年4月下旬持续至7月，通过政府搭台、企业唱戏、媒体宣传的方式，开展惊喜购车季、购房狂欢节、惠民好物线上购、“十亿”消费嗨购季、品牌电商欢购季、职工消费券活动、爱晋江·暖心行动、文旅消费嘉年华、“团团探宝”活动等主题促消费活动。发动商圈街区、楼市车市、住宿餐饮、文旅消费等商贸企业开展线上线下相结合的促消费活动。据不完全统计，活动期间，晋江主要商圈街区零售总额10亿元；全市汽车（含新能源汽车）销售成交约10800辆；截至5月31日，晋江市商品房、车位共销售5700多套（位），总面积约28.5万平方米，销售额14亿元，较上年销售增长7%—8%。

（张景辉）

电子商务

【概况】 2022年，晋江市网络零售额409.37亿元，比上年增长13.8%，高于福建省平均增速7.4个百分点、高于泉州市平均增速16.9个百分点。直播场次突破19万场，吸引消费者观看22.5亿人次，带货5.66亿元，位居泉州第一。“6·18”期间网络零售额29.35亿元，“双11”期间网络销售额36.03亿元，均位居泉州第二。获评淘宝镇13个、淘宝村82个。

【电商群落培育】 2022年，晋江市支持打造电商园区和电商集聚区，依托载体优势，提供各类培训孵化、平台建联、资源对接等方面功能，为电商企业的培育提供优质服务。鞋都电商园集聚中小型鞋服供应商和电商上下游企业近600家，鞋类品牌100个；星联中心聚集企业40多家，孵化跨境电商品牌10个；鞋都网批中心聚集直播企业60家、鞋类批发企业100家。

【“电商平台趋势及运营思路解读”业务对接会】 2022年4月29日，晋江市商务局联合阿里巴巴1688平台和晋江市网商会、市泳装协会、内坑拖鞋联盟、泉州青年电商协会，共同举办“电商平台趋势及运营思路解读”业务对接会，通过抖音直播方式，面向晋江市企业开展电商运营技巧培训。直播活动当天吸引170多家企业观看。

【参加2022中国跨境电商交易会】 2022年6月1—3日，晋江市65家企业抱团参加2022中国跨境电商交易会，网商会在交易会现场设立晋江专区，以“晋江制造源头好货”为主题，集中展示泳装、拖鞋、运动鞋、纺织服装等晋江市优势产品。展会期间，晋江专区接待客商6000多家，达成合作意向420家，意向采购金额5100多万元。

【2022晋江跨境电商创新发展大会】 2022年7月，晋江市在晋江国际会展中心举办2022晋江跨境电商创新发展大会，采用“1+5+1+1”（举办1场线下大会，配套设立5个特色产业专区举办特色产业带对接会，1个直播专区举办跨境主题直播活动，1个平台资源对接专区）的形式，推动线上与线下的对接合作，活动吸引亚马逊、阿里巴巴国际站、速卖通、Lazada（来赞达）、Wholee等国际知名平台到晋江参会。活动期间，线下到场参观400余人次，5个特色产业带对接采购商200余人次，10个跨境直播间观看人流量3万余人次。

【福建省抖音电商亲子母婴产业峰会在晋江举行】 2022年7月19日，福建省抖音电商亲子母婴产业峰会在晋江举行，峰会以“抖音电商如何高速增长”为主题，邀请抖音官方产业带、行业、商业化团队，优秀头部商家到场，分享干货，资深运营、行业专家、产业带服务商现场传授，助力商家快速提升GMV（商品交易总额），实现抖音电商高速增长。

（郭　寅）

招商引资

【概况】 2022年，晋江市贯彻“强产业、兴城市”双轮驱动部署，策划开展“开放招商”2022年专项行动，全市签约正式合同项目209个，投资总额1448.76亿元，排名泉州市第一。

【协同招商机制优化】 2022年，晋江市设立14个重点产业发展小组，出台《晋江市“开放招商”2022专项行动指标考评细则》，激发全员招商热情。实施《招商工作全链条管理机制》《招商工作闭环管理“五定三评三调度”操作实施方案》等机制，强化协调调度，推动项目快速落地。

【项目对接洽谈】 2022年，晋江市开展“主官招商”活动，市领导带队赴北京、杭州、苏州、温州、上海等地区招商，对接通用、中石化、保利等重点企业，促成多个项目达成合作意向。策划推动新希望、华润等500强企业到晋江考察，商洽合作事宜。组织全市2022年重大项目签约活动、“晋江经验”20周年集中签约活动等，签约项目数量和规模位居泉州前列。

【招商方式优化创新】 2022年，晋江市坚持内外并举，对当地企业增资扩产落实同等招商待遇，支持传统产业强链补链。推动11个工业（产业）园区项目指挥部及3个产业园专班设置招商运营组，发挥园区招商主战场作用。借助50亿元产业发展母基金，撬动200亿元社会资本。对接安踏智慧产业园、恒安智能化生产基地二期等传统产业提质强产项目，厚新（晋江）生命健康园、高性能电子陶瓷基板及元器件产业链项目等新兴产业建链强链项目，以及山姆会员商店等城市功能品质提升项目签约落地。

（王美蓉　施雄达）

2022年7月13日，以“买全球 卖全球”为主题的2022晋江跨境电商创新发展大会在福建晋江国际会展中心举行。大会现场设立鞋服、泳装、母婴玩具、伞具、拖鞋5个特色产业专区，邀约省内外跨境电商企业到现场进行采购对接。图为会场入口处　（摄于2022年7月14日　图/晋江经济报社）

对外经济贸易

【概况】 2022年，晋江市完成进出口总额893.8亿元，比上年下降11.4%。其中，出口额776.65亿元，比上年下降12.8%；进口额117.15亿元，比上年下降1.4%。进出口顺差659.51亿元，比上年减少111.90亿元。新设外商直接投资企业150家，比上年下降4.5%。合同外资金额3.35亿美元，比上年增长31.6%；实际使用外资3.25亿美元，比上年增长102.8%。外贸创新特色工作多次获省、市各级领导批示肯定，省商务厅专刊印发《晋江市多渠道助力外贸企业

2012—2022年，晋江外贸出口额增长231%，新业态引领“晋江智造”货通全球。图为雨相伴伞业科技公司生产车间，工人检验生产出口的晴雨伞
（摄于2022年9月12日 图／董严军）

“出海”抢单》工作机制创新案例在全省商务系统推广借鉴。晋江市入选国家进口贸易促进创新示范区，为泉州市首个、该批次福建省唯一，国家级市场采购贸易试点排名全国同批前三。

【企业驻境外商务机构】 2022年，晋江市驻外国商务机构39家。其中，波兰7家，印度尼西亚6家，美国5家，越南、马来西亚、开曼群岛各2家，俄罗斯、德国、几内亚、加拿大、斐济、柬埔寨、孟加拉国、缅甸、菲律宾、南非、日本、新加坡、以色列、意大利、英属维尔京群岛各1家。

【外贸新业态培育】 2022年，晋江市推动市场采购提质扩容，建设围头港海关监管场所并开通市场采购贸易业务。晋江市场采购贸易全平台出口242.83亿元，比上年增长27.59%，年度出口额跻身全国试点10强，居同批次试点第三位。陆地港实现跨境服务口岸报关单量378.36万件，比上年上涨12.5%。

【外贸经营主体培育】 2022年，晋江市出口主体2301家。晋江国际鞋纺城新增入驻商户66家；联网信息平台新增备案主体4376家，累计备案主体8543家。浔兴、信泰、舒华等10家企业获评2022—2024年福建省重点培育和发展的国际知名品牌。

【外贸市场拓展】 2022年，晋江市护航企业出海获取订单、拓展市场，组织晋江企业抱团参加中国跨交会、广交会（中国进出口商品交易会）、福博会（福品博览会）等线下知名大型展会，其中组织25家企业44个展位设立福博会外贸优品展晋江专区。推行“包机／包舱＋参展＋商务洽谈”模式、“代参展”模式，组织609家企业712个展位参加广交会、德国慕尼黑国际体育用品及运动时尚贸易博览会、外贸云展会等线上线下展会50余场，达成意向成交金额20多亿元。举办“以侨为桥 贸促优配”——晋江“千企万品”出海行动大会，发布“晋江侨商贸促优配云平台”，发挥商贸互动、数字展览、经贸对接、供需匹配等多种平台功能，设立27个海外经贸联络处，对接海外展销中心和海外仓库资源33处。引导企业在海外举办国际订货会，设立境外分支机构的企业增至88家，达成8项海外仓共建共享合作，发掘海外侨亲、晋江商人资源，筹备设立“晋江优品”海外展销中心，推动精准供采对接，便利企业拓展海外市场。12月，成立“聚侨力 走出去 拓市场 稳外贸”专项行动领导小组，印发《推动外经贸企业稳订单拓市场若干措施》《“聚侨力 走出去 拓市场 稳外贸”专项行动方案》，助力企业走出去、保订单、拓市场、去库存，促进全市外贸转型升级、提质增效。

【海港外贸航线开拓】 2022年，晋江市增开围头港—马尼拉、围头港—俄罗斯航线。9月13日，中国泉州—俄罗斯远东航线围头港首航暨“沃德菲泉州”轮命名仪式在晋江围头港举行。“沃德菲泉州”轮是以泉州命名的国际班轮，载重13477吨、565标箱，船期双周班。该次首航从围头港发往俄罗斯符拉迪沃斯托克（海参崴），主要船载货物是婴儿纸尿裤、PVC夹网布、鞋底、现代大理石制品、卫生用品

2022年12月23日，晋江市举办“以侨为桥 贸促优配”——晋江“千企万品”出海行动大会。图为“晋江侨商贸促优配云平台”发布会 （图／晋江市商务局）

等。围头港—俄罗斯远东航线的开通，降低晋江企业物流成本，提升企业国际竞争力，助力周边地区外贸企业就近便捷“出海”，推动晋江融入双循环发展格局。

（王美蓉　施雄达）

会　展

【概况】 2022年，晋江市组织企业外出参展7次，参展企业43家。晋江国际会展中心举办展会2场，分别为6月2—5日的第31届泉州（晋江）汽车展览会暨首届新能源汽车展览会和11月25—27日举办的第六届海峡两岸食品交易会暨第九届闽台（泉州）食品交易会。

表11　**2022年晋江市企业域外参展活动统计表**

序号	展会名称	展会时间	参展企业数（家）	摊位数（个）
1	第17届中国（深圳）国际品牌内衣展	7月13—15日	13	31
2	第34届国际玩具及教育产品（深圳）展览会	8月5—7日	5	20.5
3	2022年中国玩具展、中国授权展、中国婴童用品展和中国幼教展览会	11月1—3日	7	29
4	2022年印度尼西亚国际玩具及婴童用品展	11月23—25日	5	6
5	2022年越南国际玩具及婴童用品展	12月1—3日	4	6
6	2022年12月孟加拉国国际皮革博览会	12月7—9日	5	11
7	2022年12月中国（阿联酋）贸易博览会	12月19—21日	4	6

【第31届泉州（晋江）国际车展暨首届新能源汽车展】 2022年6月2—5日，第31届泉州（晋江）国际车展暨首届新能源汽车展在晋江国际会展中心举办，展会汇集德系、美系、法系、日系、韩系及国产车等70多家主流汽车品牌、700余款车型，展出规模3万平方米。产生5100多辆汽车订单，成交额近15亿元。

2022年6月2—5日，第31届泉州（晋江）国际车展暨首届新能源汽车展在晋江国际会展中心举办。图为展会现场（摄于2022年6月3日　图/晋江市贸促会）

【第六届海峡两岸食品交易会】 2022年11月25—27日，晋江市举办第六届海峡两岸食品交易会暨“爱泉州·大乐购”泉州优品美食专场活动，达成意向交易额85.28亿元。

该届食品交易会设置五大主题馆，并设置豪新食品市场分会场，以及台湾馆、进口馆、网红新品馆、名优食品馆、石狮伴手礼馆等特色展区，展出面积5万平方米，久久王、友臣、泓一、雅客、泡吧、豪士等803家境内外展商参展，其中85%为晋江市外企业，35%为福建省外企业。华元、盛香珍、卡卡、富邦、统一、桂禾等50多家台湾及台资企业入驻。汇聚全国休闲食品制造上下游产业链，糖果、巧克力、烘焙、饼干、膨化、果冻、肉制品、罐头、炒货、蜜饯、冻干、饮料、自热食品、食品机械、原辅料、品牌策划及包装设计等系列新品和各品类主打产品悉数登场。展会现场举行菲律宾福建名优食品展销平台、高端预制菜委托加工、海峡两岸食品商贸交流平台、高端糖果委托加工、漫威英雄IP海苔产品战略合作以及越南、柬埔寨、日本、印度尼西亚食品市场开拓等10个项目合作集中签约仪式。结合“爱泉州·大乐购”泉州优品美食专场，开展泉州休闲食品网红直播节、海峡两岸食品行业最佳口碑奖等系列活动。网红直播节以“食交会＋企业＋网红主播”直播带货的形式，聚焦于满足展商新品发布、贸易配对的核心需求，推广泉州休闲食品，抢占

2022年11月25—27日,晋江市举办第六届海峡两岸食品交易会暨"爱泉州·大乐购"泉州优品美食专场活动。图为11月25日"糖田米田"展区

(图/晋江市商务局)

市场先机。

第三届线上食交会同期举办。线上食交会主要是提供平台对接询盘。线上食交会依托线下16万名客商资源,吸引1000多位展商注册入驻,浏览量突破10万人次,展示产品1万多款。

(张景辉)

粮食和物资储备

【市场粮食供应】 2022年,晋江市粮食行政管理部门分别与黑龙江省绥化市、安徽省寿县等产粮区粮食行政管理部门签订粮食流通产销合作框架协议。6月18日,组织粮食企业到福州参加第十七届粮食产销协作洽谈会,多渠道引粮入晋。从省外购进粮食,提高粮油市场供应能力。调整"粮食应急供应网点"布局,确定34家粮油经营企业为"粮食应急供应网点"。

【政策性粮食库存管理】 2022年,晋江市组织开展地方储备粮轮换。确保市级储备粮质量。按照各级储备粮管理办法,加强应急成品粮油规范管理,落实应急成品粮油储备工作,确保粮食安全。开展政策性粮食库存安全检查,落实粮食安全主体责任,政策性储粮安全,粮情稳定,品质良好。

【粮库建设】 2022年,晋江市粮食储备库主要采用智能化储粮技术,从粮食入库、储粮管理到粮食出库全部采用机械化、智能化管理。库区配有自动化出库输送设备,提高出入库时效,减少装卸人员,缩短粮食轮换周期。粮库储粮推进"四合一储藏技术"和"双低储藏技术",采用"智慧粮库"储粮系统,实现省级粮食管理平台监控在线率100%。

【粮食流通市场监督检查】 2022年,晋江市开展粮食流通执法督查40次,检查企业81家次。开展粮食质量监督抽检43批次,质量合格率100%。开展储备粮出入库抽检35批次,合格率100%。

【粮食企业奖励资金申报与兑现】 2022年,晋江市组织企业向上级申报奖励政策。有14家粮食企业获得粮食安全专项资金69.37万元。兑现本级产业经济发展鼓励扶持政策。对晋江金谷粮油有限公司等5家粮油经营企业新建大型食用油罐和获得"全国放心粮油示范加工企业"等扶持政策补助和奖励21.25万元。

【救灾物资储备管理】 2022年,由瑞谷仓储公司根据晋江市应急管理局下达物资采购计划,公开招标采购年度救灾物资,品种有9类,总价53.88万元,当年10月入库。至2022年底,储备物资品种27类,价值135.92万元(不含第一批民政局移交)。

(蔡志坚)

供销合作

【概况】 2022年,晋江市供销合作社(简称"晋江市供销社")推进组织创新、服务创新、经营创新、机制创新,密切与农民利益联结,深化综合改革,增强为农服务能力,融入乡村振兴战略,聚焦主要目标和重点工作,推动各项任务落地落实。全年实现商

晋江市粮食储备库主要采用智能化储粮技术,从粮食入库、储粮管理到粮食出库全部采用机械化、智能化管理。图为晋江市粮食储备库(金井库)二期项目

(摄于2022年2月22日 图/农发行晋江市支行)

品销售总额34.75亿元，比上年增长24.08%。其中，电子商务销售额91095万元，比上年增长20.03%；消费品零售额20.55亿元，比上年增长27.49%。

（焦　坤）

【供销基层网点建设】　2022年，晋江市供销社按照基层社“五有”（有牌子、有班子、有队伍、有办公场所、有经营服务项目）建设标准，改造提升永和供销社。发展农民专业合作社，深沪、金井、安海等基层社按时间节点完成3家农民专业合作社（含1家联合社）升级改造。英林、陈埭和东石先后改造升级1家农村综合服务社，超额完成上级交付任务。指导池店供销社、安海供销社整合既有经营服务网点，盘活社有闲置资源，推进惠农综合服务中心建设，丰富拓展卫生所、便民时尚理发、综合维修等综合服务项目，健全经营管理制度，开展规范化经营，实行文明优质服务，构建生产、销售、信用“三位一体”的新型农村合作经济服务体系。截至12月底，英林、东石、龙湖、永和、磁灶、池店、安海内坑分社7个基层社完成乡镇惠农综合服务中心建设。

（李国玉）

【农村电商服务体系建设】　2022年，晋江市供销社成立农村电商服务体系建设领导小组，发挥供销社系统经营服务网络点多面广、与农民专业合作社合作联系紧密的优势，统筹推进供销社农村电子商务体系建设。社属企业蔬菜果品食杂公司委托福建省有零有食食品科技有限公司建设电商销售服务平台，作为供销社电子商务的市场运营主体，组织开展2期100多人次参加的电子商务知识专题培训。选派4名干部职工参加省供销社、省农业农村厅组织的新型职业农民电商培训。开放供销企业网络网点资源，推进乡村物流基础设施建设，与快递企业、第三方快递驿站沟通，根据供销企业实际情况，利用自有网点引进智能快递柜和快递自提点相结合模式，优化服务流程，采用小快件放快递柜、大快件放自提点方式，助力提高快递网点乡镇覆盖率。

（焦　坤）

【“三农”服务】　2022年，晋江市供销社制定下发《晋江市供销社关于全力做好2022年服务春耕生产工作的通知》，督促指导各基层社、社属公司深入春耕生产一线开展调查研究，制定服务春耕生产实策，确保农资供应数量充足、价格稳定、服务到位。截至12月底，供销社系统销售各类化肥22904吨、农药320吨、农膜97吨，储备各类农资化肥3442吨（其中包括尿素911吨，碳铵346吨，磷肥797吨，钾肥255吨，复合肥1133吨），农药40吨，农膜7吨。组织农资科技下乡13场次，赠送蔬菜种子、农药、有机肥3800箱（包）。组织党员供销能手、“庄稼医生”下田间诊病122次，指导解决种植难题86项，接受农民群众咨询问诊2308人次。

【供销项目建设】　2022年，晋江市供销社策划实施“一社一品”“一企一策”活动，先后召开座谈会18场次，形成兴社项目8个、名优特农产品7个，新建电商服务站点2个、农资包装物回收点3个、再生资源回收点3个。蔬菜果品公司与福建有零有食食品科技有限公司联名开发的冻干果蔬产品，联合泉州新华都公司合作拓展生鲜集采集配业务，在泉州市域内所有新华都商超门店设置供销优品专区，促进供销社系统特色优质农产品流通。土产公司重新启动再生资源回收利用业务，新建智能回收利用站点11处。农资公司围绕农业生产需求，联合开发石墨烯农用雨鞋、职业鞋，投放市场。

（焦　坤）

【“三位一体”综合合作试点】　2022年，晋江市争取获批全省“三位一体”（生产合作、供销合作、信用合作）综合合作试点县（市）。晋江市供销社增强“三农”开辟新型供销合作渠道服务效能，以社社联合、金融惠企、服务乡村振兴为主线，构建“党建＋金融助理＋多社融合”服务模式，与晋江农商银行合作联动，推动发展“支部共建”“社行合作”“社企联建”等合作，争取更多金融资源精准配置到农村重点领域。注重加强与农民专业合作社、农商银行对接，建立供销社、农民专业合作社、农商银行“三社”融合发展机制，为龙头企业、种植大户、农民专业合作社提供生产、流通、销售、融资等贴心服务。截至年底，争取晋江农商银行授信社属企业11.5亿元，授信系统领办创办关联专业合作社等经济合作组织2.2亿元，普惠金融为晋江市种植户、渔业合作社发放信用贷款4.9亿元。

（李国玉）

2022年11月4日，晋江市供销社蔬菜果品公司与泉州新华都购物广场有限公司举行生鲜食材配送项目合作签约仪式　（图/晋江市供销社）

【资产租赁管理】 2022年，晋江市供销社委托第三方对系统18个基层单位全部固定资产（房、地产）进行清产核资核查、资产评估核查、房产（土地）测绘核查、核实房产（土地）的权益性质以及查清认定房屋（土地）经营使用情况。委托第三方泉州麦科信息技术有限公司根据供销社系统资产的实际和管理要求筹建晋江市供销社资产管理系统，涵盖资产详细现状、资产承租状况、租金收取提醒、资产管理等功能，实现资产监管。执行《晋江市供销系统社有资产租赁暂行管理办法》规定，1—12月，社有资产上平台226处，通过平台招租87处，成功率38.5%，年收益率从6.2%上升到7.0%。

【闲置资产盘活】 2022年，晋江市供销社指导安海社1处、金井社1处、罗山社2处、池店社1处、磁灶社1处、永和社1处、龙湖社1处、青阳社1处和土产日杂公司1处资产进行维修加固并招租。推动土产公司原茶叶加工厂结合危房改造与青阳街道莲屿社区达成协议投建智能停车场。协助联系安海内坑加塘购销站在危房改造中与加塘村委会合作开发相关事宜。配合陈埭镇区升级改造，联系陈埭供销社与陈埭镇政府关于求聪路142—160号商住楼改造处置事宜。协调相关部门支持磁灶供销社针对资产集中特点，设立供销服务点提供快递、日杂、农药等综合服务。

（章生辉）

【企业财务管理创新】 2022年3月，晋江市供销社系统会计核算中心运行，全面规范各企业财务行为，实行财务集中管理和统一核算，逐步建立健全供销系统财务核算机制，强化系统资金、收益、费用的监督管理职能，规范社有资产经营运作程序，提高社属企业经营收益。

（谷建锋）

【“菜篮子”工程】 2022年1月24—30日，晋江市供销社组织开展平价蔬菜保供惠民行动。通过系统经营网络，联合农民专业合作社、蔬菜基地、种植大户等新型农业经营主体，在晋江市区及各镇（街道）中心区域设立13个春节蔬菜物资供应网点，根据市场需求和价格变化情况轮换供应根茎类、叶菜类、瓜果类、菌菇类等50多种平价蔬菜，以低于当时当地市场价格30%以上的价格，向市场投放各种优质新鲜蔬菜20.95万千克，销售金额73.7万元，让利消费者约29.5万元。

【生鲜果蔬餐厨配送中心筹建】 2022年，晋江市供销社由社属蔬菜果品食杂公司牵头开拓生鲜果蔬配送市场，筹建生鲜果蔬配送中心，主推粮食、蔬菜、水果、海鲜、冻品等主要食品的采购、流通与配送，坚持以点扩面，逐步将餐厨配送推广到当地机关、企事业单位，以降低企业采购成本，实现供需双赢、产销受益。蔬菜果品食杂公司在坚持控股原则的条件下，经多次考察研判确认新华都超市为合作伙伴。双方签署长期战略合作协议，待条件成熟时合作设立配送公司。推动供销、大型商超双融入销售模式，在泉州市域新华都超市布局供销品牌专区，销售额约17万元。

（焦 坤）

【渔产品供销服务综合体培育】 2022年，晋江市供销社深入基层实地勘验，指导深沪供销社紧贴沿海一线渔业产品特色，以所领办的晋江顺航渔业专业合作社为实践载体，通过加强与金融机构、渔业服务公司、冷链物流等企业合作，加强技术指导、信息咨询、生产销售以及信用保障等融合服务，实现金融产品赋能、冷链物流支持、销售渠道拓展等为农服务。培育渔产品供销服务综合体，主要面向南海海域、台湾海峡、东海以及钓鱼岛水域开展海洋渔业捕捞作业，年均捕捞量1万吨，年产值6000万元，助力渔民社员增收致富。受益渔船8艘、社员逾100人，协助渔货销售5000多吨。

【冻干果蔬新型供销联合体融合发展】 2022年，由晋江市供销社蔬菜果品食杂公司牵头，福建有零有食食品科技有限公司配合，晋江农商银行支持，晋江农副产品经济组织联合会、蔬菜协会、各基层供销社领办的农民专业合作社等参与，围绕草莓、菠萝、火龙果、胡萝卜等产业，共建发展食品龙头兜底统购、果蔬公司主导购销、协会（经济体）组织种植、农商银行按需信贷的互补式、紧密型联合经济组织。联动5个农民合作社、3个果蔬基地，完成苹果、凤梨、火龙果、菠萝4个品种的首批“冻干果蔬”产品研发并交付面市。成立晋江市供联食品科技有限公司，做好线上线下一体化运作，带动农民增收，打造供销品牌。

（李国玉）

【“供销e贷”金融产品开发】 2022年，晋江市供销社联手晋江农商银行专项研发“供销仓单贷”“供销票易贷”“供销惠农贷”“供销惠企贷”等一系列“供销e贷”助农金融产品。10月14日，晋江市供销社联合晋江农商银行、金融局、财政局、农业农村局等单位，组织召开晋江市“供销e贷”金融产品现场发布会，供销社系统所属企业18人受聘为晋江农商银行“金融信息员”，首日即为深沪供销社通过“供销e贷”发放贷款200万元。“供销e贷”金融产品的创新研发，促进小农户和现代农业发展有机衔接，推动“生产、供销、信用”三位一体融合发展，解决系统内涉农主体“融资难”问题。

（谷建锋）

烟 草

【概况】 2022年，晋江市烟草专卖实现税利比上年增长4.5%，销售卷烟比上年增长0.28%，卷烟条均价比上年增长3.26%。晋江市烟草专卖局查处涉烟违法案件224起，比上年减少77起，其中5万元以上案件52起，比上年减少11起。查获各类违规卷烟

1342.1 件,比上年减少 543.78 件。其中，假烟 199.12 件，比上年减少 276.72 件;走私烟 7.1 件,比上年减少 0.4 件；异常流动真烟 1135.88 件,比上年减少 266.66 件；总案值 1267.52 万元,比上年减少 585.9 万元。

【卷烟打假打私】 2022 年,晋江市烟草专卖局先后 2 次(6 月、10 月)向地方党委、政府汇报卷烟打假打私工作动态及形势,坚持高压打假打私不松劲。推动以评促防,1 月,晋江市委政法委(综治办)首次将发生海上走私卷烟案件纳入晋江市“六守六无”平安村(社区)考评细则;3 月,晋江市烟草专卖局协同晋江市委政法委(综治办)对全市 399 个村(社区)开展卷烟打假打私专项考评，以评追责,推动市、镇、村三级协同构筑卷烟打假打私防线。加强“三防”建设,对辖区制假、走私重点区域开展常态化巡查布控，打击和管控涉烟犯罪活动,全年未发生机械制假和海上走私卷烟案件。全年查处涉假涉私案件 22 起,移送公安机关立案侦办重大案件 10 起，破获 3 起国标假烟网络案件,均被列为“省督”案件,其中三级重大案件 2 起,刑拘 19 人,逮捕 15 人,判刑 18 人。

【真烟异常流动治理】 2022 年，晋江市烟草专卖局查处违法大户违规经营案件 46 起,其中“双 30”(单案案值在 30 万元或数量在 30 万支以上)案件 9 起,“双 80”(单案案值在 80 万元或数量在 80 万支以上)案件 1 起,查获违规卷烟 930.6 件,总案值 818.72 万元，依法取缔违法违规大户 7 户。加强与公安、邮政管理部门的执法合作,查处非法邮寄运输(含空运)卷烟案件 60 起，查获违规卷烟 288.12 件,其中异常流动真烟 112.72 件,总案值 106.69 万元。

【烟草制品零售许可管理】 2022 年 9 月，晋江市烟草专卖局重新修订《晋江市烟草制品零售点合理布局规划》，采取数量管理＋距离控制＋业态限制相结合的方式,加大辖区许可证总量调控力度。全年新办烟草专卖零售许可证 1005 本，延续(年检)许可证 970 本,办理歇业、注销、收回许可证 616 本,年末全市在用烟草专卖零售许可证 10638 本。加强电子烟监管,落实行业上级有关电子烟监管的政策和要求,开展辖区电子烟市场主体信息实地核查及政策宣传,按期完成过渡期符合条件的“既存”户办证工作,办理电子烟许可证 41 本。

【卷烟营销】 2022 年,晋江市烟草专卖局将品牌培育工作向终端延伸,实地走访市场,开展高价位卷烟主题陈列竞赛,引导零售户做好终端上柜陈列工作。探索营销应用场景,提升品牌管理成效。通过线上调查问卷、实地入户调查等方式,形成培育方案和核心客户服务标准,筛选高价位品规核心客户群体。

【卷烟零售终端建设】 2022 年,晋江市烟草专卖局成立“新晟之家”,试点打造联盟终端,实现流通品牌全类型建设。加强客户诚信体系建设,与客户签订诚信经营承诺书,引导零售客户争做诚信模范。

(陈　猛)

食　盐

【概况】 2022 年,泉州盐业晋江分公司(盐务局)依照《中华人民共和国食盐专营办法》，参与维护盐业市场秩序,保障合格“闽盐”牌系列品牌碘盐供给，确保消费者用盐安全。设置 2 个盐政辅助管理中队，两大营销区域,A 类碘盐配送网点 19 个,B、C 类碘盐配送网点 24 个。全年供给盐产品 17644 吨,其中碘盐 5992 吨、加工用盐 11652 吨。发现省外违规盐案件 36 起，移交市场监管部门立案 4 起。全市碘盐合格率、碘盐覆盖率、碘盐食用率 95%以上。

【食盐供应及售后服务】 2022 年,泉州盐业晋江分公司(盐务局)将全市分为 4 个区域,各设业务员 1 人,负责食盐供应及售后服务工作。走访市场,掌控辖区内碘盐批发网点和食品加工用盐厂家的销售、运输、质量、价格、供需信息,掌握客户的经营状况。与客户签订《盐产品购销协议书》，理顺购销关系，敦促食盐代批网点遵守盐业法规。建立电子商务系统,实施物流配送,向社会公开物流配送流程、服务承诺、举报投诉电话,手机短信订货、货款启用 POS 机刷卡。制定首问责任制、一次告知、限时办结、群众意见处理及反馈制度。加强物流配送工作,保证 3 天内把货送达客户。建立健全碘盐客户微信群和食品加工用盐客户微信群,发布和交流国家食盐改革信息、营销方案、市场信息等。针对小包装碘盐网点的分布和运作情况,增设距离间隔近的小网点,规范食盐市场管理。做好网格化资料采集和下沉工作,完善销售网络服务。加强对用盐厂家和季节用盐厂家的监管，规范各品种食盐、小工业盐的供应秩序。盐政管理人员加强与客户经理的分工协作和联系,走访食品加工用盐厂家，掌握用盐动态，做好用盐厂家的跟踪管理和对小工业用盐厂家的监控。探索盐产品升级换代,推广“闽盐”牌未加碘福建原盐(立袋)、未加碘美味海盐(罐装)、加碘天然海晶盐(立袋)、加碘福建贡盐(立袋)、未加碘福建贡盐(立袋)、加碘福建贡盐(罐袋)、未加碘福建贡盐(罐袋)等生态海盐品种。通过入户抽查、检测,以大超市为平台,深入镇、村(社区)进行闽盐品牌宣传引导。加强与食品药品监督管理局联系和配合,规范食品生产企业的进货渠道,防范工业盐或非法食用盐流入食盐市场。重申《晋江市食盐市场异常波动应急工作预案》,加强对各大碘盐销售网点的管理,建设地方贮备盐仓,增加食盐库存量，应对意外事件的发生。

【盐政辅助执法】 2022年，泉州盐业晋江分公司（盐务局）设2个盐政管理中队，与所在辖区进行挂钩、采取量化考核，提高盐政执法的职能转变。全年盐政出动358次、1250人次，发现省外违规盐案件36起，移交市场监管部门立案4起。

【食盐安全宣传教育】 2022年，泉州盐业晋江分公司（盐务局）盐政人员和业务人员深入乡村，向广大城乡消费者、偏远乡村中小学及山区群众宣传消除碘缺乏危害的重要性，现场发放检测试剂，指导群众识别真假碘盐和伪劣盐，引导群众自觉食用合格碘盐。片区经理通过走访用盐厂家、食盐批零网点、进村入户开展宣传工作，把宣传单、碘试剂发放到商店、饮食店、食堂。通过“3·15”国际消费者权益保护日和“5·15”消除碘缺乏病宣传活动，现场向消费者宣传国家食盐专营政策，解答“不是放开专营而是进一步完善专营”等一系列容易让群众误读的信息，向消费者宣传展示福建省食盐品牌——“闽盐”品种，向群众讲解食用加碘盐的好处及识别真假加碘盐的方法，解答食盐的市场销售渠道等问题，引导消费者提升食盐安全消费意识。通过碘盐网点的分布和销售情况，建立健全客户资料档案。对碘盐覆盖率90%以下的乡村及在市场检查中私盐比较严重的市场重点宣传。全年开展食盐安全宣传活动42场，分发宣传材料5200多份。

（吴培铨）

住宿餐饮

【概况】 2022年，晋江市新增住宿餐饮业5818户，其中企业119户、个体工商户5699户。全市住宿餐饮业市场主体2.4万户，其中企业0.1万户，个体工商户2.3万户。92家限额以上住宿和餐饮业企业完成营业额30.79亿元，比上年增长14.6%。

（柯辉跃）

【餐饮业安全监管】 2022年，晋江市立案查处餐饮服务环节违法违规行为358起，罚没款23.93万元。开展餐饮环节监督抽检2668批次，不合格53批次，合格率98.01%。开展网络餐饮“点题整治”，组织开展外卖平台约谈9家次，检查平台及入网外卖商家5439家次，投放“食安封签”70余万枚，依托“网络订餐智能监控系统”开展外卖平台大数据监测11期。邀请两代表一委员、纪检监察机关、新闻媒体和志愿者开展“网络餐食安红黑榜”突击检查活动3期，引导食品安全社会共治。委托第三方机构对全市供校集体用餐配送单位、学校食堂、养老机构食堂开展食品安全风险隐患排查。承接卡尔美“体总杯”等23场次重大活动食品安全保障任务，对接待单位及供餐单位实施重点监督或驻点监督，实现“零事故、零投诉”。

【餐饮从业人员健康管理】 2022年，晋江市将餐饮从业人员健康管理列为日常食品安全检查重点内容，督促指导餐饮服务单位建立并落实人员健康管理制度，确保直接接触入口食品工作的从业人员取得健康合格证明，工作时规范佩戴口罩。

【餐饮服务操作规范管理】 2022年，晋江市鼓励引导有条件的餐饮服务单位采用色标管理、“4D”（整理到位、责任到位、培训到位、执行到位）、“6T”（天天处理、天天整合、天天清扫、天天规范、天天检查、天天改进）和“五常”（常组织、常整顿、常清洁、常规范、常自律）等管理方法，引入第三方服务机构开展食品安全风险自查，开展HACCP、ISO 22000体系认证，科学防控食品安全风险。

（卢添兴）

【星级饭店管理】 2022年，晋江市有荣誉国际酒店、鸿福（马哥孛罗）酒店、金玛国际酒店、宝龙大酒店、英华大酒店、帝豪酒店、荣誉大酒店、万佳国际酒店、文头悦海酒店9家星级酒店，完成营业额60578万元，比上年同期增长11%；完成零售额40907万元，比上年增长21%。

（施毓箴）

金 融

综 述

【金融机构】 截至2022年12月末，晋江市各类金融机构123家(包括准金融机构)，其中银行机构22家，各银行营业网点281个，实现营业网点镇(街道)全覆盖；保险机构48家(财产保险15家、寿险20家、代理公司13家)；证券期货营业部19家(证券营业部14家、期货营业部5家)；交易所1家；企业集团财务公司1家；准金融机构30家（小额贷款公司4家，融资性担保公司3家，典当行7家，融资租赁公司5家，商业保理公司1家，民间资本管理公司5家，金融服务公司2家，票据公司3家)；基金集聚区1个；期货交割厂库1个；创投协会1个。金融从业人员11882人。建行、中行和工行3家银行机构升格至分行级别，工行、农行、建行、晋江农商行4家银行业机构设立普惠金融事业部，晋江农商行、中行及邮储银行设立普惠金融服务中心、消费金融特色支行及“三农”金融事业部等特色支行。

截至12月底，晋江市实现金融业增加值127.74亿元，比2021年末增加8.09亿元，占“三产”比重10.5%，比上年增长3.7%；本外币各项存贷款余额4876.65亿元，比年初增加638.34亿元，增幅15.06%。2022年，晋江市保险业总保费收入60.66亿元。其中，财险收入21.03亿元、赔款支出11.49亿元，人身险保费收入39.63亿元、理赔支出5.75亿元。证券交易总额约4825.01亿元，比上年减少20.80%。晋江市获评中央财政支持普惠金融发展示范区；因省级专项纾困贷款成效突出，获得泉州市财政奖励200万元。

【金融保障】 2022年，晋江市引导金融机构贯彻各级金融政策，对企业和商户，不盲目抽贷、压贷、断贷。针对银企信息不对称问题，深化“金服云”晋江专区、“信易贷”“泉州市中小微企业信贷直通车”等平台联动，引导信贷资源向中小微企业、“专精特新”企业等倾斜。截至12月底，晋江市依托省“金服云”晋江专区向中小微企业放款4431笔、158.58亿元，放款成功率34.68%。全市入驻“信易贷”平台银行机构12家，授信839笔，授信额度9.31亿元。

【金融服务】 2022年，晋江市先后在英林镇、梅岭街道、陈埭镇等举办银企融资对接活动，以银企座谈、项目签约、产品推介等形式，增进银企互动联系。其中，第一季度英林镇银企对接活动中，晋江农商银行为英林镇授信5亿元，支持旧村改造项目；4月，晋江市工信、金融等部门在陈埭镇举办2场专场融资对接活动，促成52家企业与有关金融机构签约合作，意向合作金额2.02亿元。开展“百名行长走企业”“千名干部进千企”“金融服务小分队”等走访行动，摸排企业困难需求，形成问题台账，依托跨部门协作机制，帮助企业解决发展难题。引导银行机构挖掘有市场、有前景、有融资需求但尚未获得银行贷款的民营和小微企业，推动无贷户向首贷户转换。截至12月末，全市新增首贷1102户，发放贷款16.60亿元。

（柯鸿炎）

【资本市场建设】 2022年，晋江市有境内外上市公司50家，首发融资金额205亿元，证券市场总市值4000多亿元；“新三板”挂牌交易15家，新增海交所挂牌交易11家，累计34家。上市公司新增短期融资券35亿元，累计620亿元。其中，安踏体育发行国内体育用品行业第一单绿色债券5亿元(绿色中期票据)，恒安国际在澳交所发行首单民企熊猫债10亿元；上市公司新增并购3起、涉及金额1.23亿元，累计并购重组54起、并购金额593.76亿元。新增注册基金35家，累计注册基金190家，到资规模128.39亿元。

（张纯）

【民营企业金融支持】 2022年，晋江市对接省中小微企业专项纾困贷款，建立“快审批、增信用、日通报、深对接”的对接机制，加快纾困资源落地晋江市。全年向企业发放省专项纾困贷款1295家次，金额44.95亿元，放款金额居泉州市首位。4—5月，协调辖内银行机构为1717户企业降低利率，涉及贷款金额66.02亿元；投入财政资金1800万元，对4—5月中小微企业新增贷款给予贴息补助，惠及企业2000家（笔）。针对中小微企业轻资产、融资难问题，推动辖内金融机构加大信用类贷款投放力度，创新融资、还款方式，充实和完善面向中小微企业的金融产品体系。截至12月末，小微企业信用贷款余额71.66亿元，比上年末增长2.98%。新增知识产权质押贷款2.90亿元，年末余额3.65亿元。引导银行聚焦晋江产业集群供应链场景，针对龙头企业上下游中小企业群体制订供应链融资服务方案，创新金融产品，支持产业链发展。截至12月末，全市金融机构供应链金融余额55.81亿元，较年初增加6.54亿元，涉及三六一度、特步、利郎、盼盼、恒安、柒牌等龙头企业，惠及企业360家。

【园区建设融资保障】 2022年，晋江市围绕工业园区标准化建设，健全项目推介，加强对接机制运作，争取、调配金融机构信贷资金，为园区标准化建设项目、企业提供融资保障。11月，召开“资本＋空间”赋能产业发展大会，促成签约落地资金400多亿元。

【绿色金融】 2022年，晋江市引导金融机构将绿色信贷理念导入贷款全流程管理，将客户环保信息作为其信用评级、信贷准入、管理和退出的重要依据。推动创新绿色信贷抵质押方式，推广“节能贷”“碳排放权融资”“能源效率贷款”“排污贷”“节能贷”等绿色信贷产品，支持生态农业、绿色经济、再生能源、节能减排和环保产业等项目和领域发展。截至12月末，晋江市金融机构绿色贷款余额76.71亿元，比年初增加28.74亿元，增长59.91%。

2022年11月10日，晋江市召开“资本＋空间”赋能产业发展大会。图为晋江工业（产业）园区标准化建设项目招商签约仪式 （图／晋江市金融局）

【信贷风险防控】 2022年，晋江市推动银行不良贷款应核尽核，截至12月末，不良贷款余额15.42亿元，不良贷款率压降至0.69%，比年初下降0.29百分点，低于泉州市平均水平。坚持“一企一策”分类处置，40家重点风险大户实现风险出清。协调帮扶企业解决融资困难50多家次。推进世贸项目、双水湾项目、锦兴集团等司法重整工作。

【非法金融乱象防范和处置】 2022年，晋江市开展“扫楼清街盯场”非法集资风险排查整治专项行动，保持对涉众型经济金融领域的高压打击态势，组织有关部门及镇（街道）开展排查整治行动12场，摸排企业200多家。组织开展防范和处置非法集资现场宣传活动8场，发放宣传材料3500多份。建立防范非法集资宣传示范点10处。与《晋江经济报》、晋江电视台、公交媒体宣传等宣传媒介合作，扩大防范非法集资宣传覆盖面。公布举报电话，摸排养老领域非法集资线索。转报涉及虚拟货币“挖矿”、互联网平台集资、农业养殖等领域的涉嫌非法集资线索7条。专项研究、会商风险隐患，约谈相关责任人，责令虚拟货币“挖矿”的公司、互联网平台集资的公司加快资金清退，其中互联网平台集资公司清退金额300多万元；对涉嫌涉及违法犯罪的，由公安机关立案侦查。

【地方金融组织发展】 2022年，晋江市新设商业保理1家，初审拟报批商业保理1家，变更5家。推动政府性融资担保机构坚守支农支小，截至12月末，政策性融资性担保余额15.22亿元，融资担保放大6.68倍，每亿元净资产扶持主体户数353户，排名居泉州市首位。出台帮扶措施，引导融资担保公司减费让利，帮扶企业减免融资担保费用2400多万元。组织召开地方金融组织座谈会，引导地方金融组织合规经营。通过“双随机、一公开”，开展现场监督检查逾30家次，督促整改检查发现的问题。组织开展融资担保公司等地方金融组织清理规范工作，排查地方金融组织39家，其中纳入正常经营类机构20家。

【金融人才服务】 2022年，晋江市修订完善现代金融高层次人才认定标准修订工作；编制《晋江市金融局关于2022年人才工作方案》，以“金融党建联盟”“基金私募汇”等为载体，联合在晋金融机构，强化引进培育晋江市现代产业体系人才。晋江农商银行“人才贷”授信38户，授信金额1340万元；泉州农商银行“人才宝”授信17户，授信金额730万元；泉州农商银行“人才卡”授信38户、金额755万元；各银行机构“创业担保贷”业务办理68户、用信金额760万元。新增安踏、七匹狼、冠航达、正扬科技、优及客、启森科技、井和科技7家企业启动实施股权激励，推动30家企业完成股权激励，激励高管人才7300多人次、授出股权4.37亿股。开展金融机构2022年晋江市大学生实习“扬帆计划”，征集金融机构优质实习岗位336个，鼓励外地高校晋籍学子和在晋高校学子参与暑期实习，带动高校学子返晋、留晋就业，2家金融机构获评“涌泉·扬帆”大学生实习基地。引导晋江农商银行加快金融服务中心建设，晋江农商银行梅岭支行·涌泉行动金融服务中心运营，推广“一卡一贷一存单”，给予配套一揽子金融服务。依托乡村振兴金融指导员、金融助理对列入“白名单”的高校毕业生创业团队、创业企业提供上门“一对一”指导服务，简化办贷手续、开通绿色通道，打造在晋人才专属服务窗口。

（柯鸿炎）

【实体经济金融支持】 2022年，人行晋江市支行发挥结构性货币政策工具等措施牵引带动作用。加大对支农支小再贷款、普惠小微贷款支持工具等结构性货币政策工具的支持力度，引导地方法人银行聚焦民营企业、小微企业、乡村振兴等重点领域和薄弱环节，增加信贷有效投放。全年向晋江农商银行提供支小再贷款6笔，金额18.28亿元；提供普惠小微企业贷款延期支持工具激励资金2笔，激励金额131.97万元，支持本金13197万元，惠及小微企业33户；提供普惠小微企业信用贷款支持计划1笔，支持额度790万元，贷款本金1975万元，惠及小微企业86户；提供普惠小微贷款支持工具2笔，互换本金14.93亿元，提供资金1949.57万元。贯彻落实国务院常务会议关于支持经济社会发展薄弱领域设备更新改造的决策部署，推动晋江市设备更新改造专项贷款落地。至12月末，辖内重点领域设备更新改造项目实际发放贷款2户，发放贷款余额1441.6万元，4家企业与意向银行签订贷款合同，合同金额8296.8万元。推进民营和小微企业首贷深耕工程，设定全年新增首贷企业1000户的目标任务，强化泉州中小微企业信贷直通车“信用”画像和融资对接功能，提升中小微企业的获贷率，扩大首贷、信用贷比重。全市新增首贷户1102家，超额完成全年任务，贷款金额16.6亿元。其中，信用类首贷户274家，贷款金额1.19亿元。推动银行机构完善金融服务小微企业敢贷、愿贷、能贷、会贷长效机制，引导辖内银行机构加大对小微企业的信贷投放力度。至12月末，本外币各项贷款余额2050.56亿元，比年初增加226.11亿元，增长12.39%。其中，人民币各项贷款余额2042.37亿元，比年初增加231.66亿元，增长12.79%；普惠小微贷款余额498.28亿元，比年初增加91.46亿元，增长22.48%。

【供应链金融与科技金融发展】 2022年，人行晋江市支行通过推广中征应收账款融资服务平台，推动行业知名度较高、供应链较为成熟、应付账款数量较多的核心企业与中征平台进行系统对接，带动龙头企业上下游“双小”（小行业、小企业）客户发展。晋江市1家核心企业与中征平台签署协议，9月完成系统对接并开展应收账款融资业务，核心企业接入中征应收账款融资服务平台实现“零”的突破。至12月末，全市通过中征应收账款融资服务平台新增企业用户33户，新发放供应链类应收账款241笔、金额18.48亿元，其中在线融资234笔、金额3.43亿元。

【普惠金融】 2022年，人行晋江市支行引导银行机构拓展优质农产品生产及加工企业、农村企业、农村基础设施和公共服务领域等涉农项目及客户，做好辖区农村普惠产品推广运用工作，支持银行机构继续探索开展农村集体经济组织股权、宅基地、农村土地承包经营权、地理标志商标、林权、自然资源产权等抵质押贷款，推动银行机构开发推进创新的乡村振兴贷款产品。实施金融助理进村、进社区工程，引导金融服务下沉基层。全市19个镇（街道）及399个村（社区）网格划分形成的“普惠金融地图”，开展整村授信活动162场。至12月末，全辖涉农贷款余额1285.03亿元，比年初增加120.8亿元，增长10.24%。农村宅基地、农房抵押贷款两项试点发放贷款1.48亿元，年末余额3.82亿元；办理“农e贷”1.98万户，授信27亿元，用信15亿元以上。

【存款保险宣传】 2022年5月27日《存款保险条例》颁布实施7周年之际，人行晋江市支行与晋江农商银行利用网络直播平台等新媒体力量，通过抖音直播方式，开展“护航新征程 存保伴您行”存款保险知识宣传直播活动，1000多人次观看，互动解答问题17个。至12月末，全辖金融机构举办存款保险宣传活动703场次，覆盖399个村（社区），辖内村（社区）存款保险宣传覆盖率100%。

【金融风险排查监测】 2022年，人行晋江市支行对辖区法人金融机构实施差别化管理，发挥央行金融机构评级和存款保险风险差别费率的正向激励和风险约束作用，促进辖区法人机构稳健经营。通过暗访、对地方法人银行风险排查、召开地方法人银行“一对一”信贷工作座谈会等，引导地方法人银行从扩增量、稳存量两方面加大实体经济支持力度，督促晋江农商银行做好风险排查工作，防止出现资产结构不匹配情况。加强对辖区大型问题企业、房地产金融、地方政府债务等金融风险排查监测和风险防控，应对外部重大不确定因素对金融体系的冲击。配合金融局开展非法金融排查，发现1家公司涉嫌开展非法虚拟货币交易，加强对该公司的日常排查监督，督促其尽快退出。至12月末，辖内银行机构不良贷款余额15.42亿元，比年初减少3.62亿元；不良贷款比率0.69%，比年初下降0.29个百分点。

【金融调查统计和研究】 2022年，人行晋江市支行加强金融统计数据管控，提升统计数据质量和分析水平。配合中国人民银行泉州市中心支行以专项行动为抓手，开展全辖法人机构金融统计源数据治理。通过系统摸排、督促法人机构对存量统计数据差错进行大起底、大整改，推动建立数据质量管控的长效机制。立足晋江产业特色，配合中国人民银行泉州市中心支行开展制度性经济调查，做好微观企业的典型调查，反映国内外宏观环境超预期变化对银行和企业经营的影响，以及国家政策实施成效，向上级行反映基层经济金融运行中的热点、难点和苗头性、倾向性问题。

【制造业高质量发展专项行动】 2022年，人行晋江市支行开展“一县一品 贷动‘闽’生”——金融支持晋江制造业高质量发展专项行动。发挥“几家抬”合力，引导银行机构加大对制造业企业的信贷投放。至12月末，全辖制造业贷款余额419.73亿元，比上年末增加55.94亿元，制造业贷款占比居全省第一。其中晋江农商银行支持制造业企业案例收录于中国人民银行总行“金融助企纾困”合集；晋江“一县一品”成效被专题刊登于福州中支“一县一品 贷动‘闽’生”合集，成效内容多次被“新福建”平台刊登。晋江成为人行福州中支联合福建省政府新闻办召开“一县一品 贷动‘闽’生”专题新闻发布会受邀3个县（市）之一。

（吴振辉）

【2022中国上市公司高峰论坛】 2022年12月30日，以“笃行实干 共创未来”为主题的2022中国上市公司高峰论坛主论坛在晋江市开幕。活动吸引300多位企业代表现场参会。新华网党委书记、董事长刘健，中国上市公司协会党委书记、执行副会长柳磊出席圆桌对话环节，数十位专家、企业家代表围绕金融服务实体经济、助力上市公司提质增效、品质新消费、新兴产业机遇等议题展开讨论与交流。会上，还举行中国上市公司高峰论坛定期会址（晋江）签约仪式、北交所晋江服务基地揭牌仪式、新华网上市公司（晋江）云路演基地启动仪式、《泉州市上市公司治理评价报告2022》发布等活动。高峰论坛期间，中国上市公司协会举行系列最佳案例发布活动，颁发中国上市公司“2022上市公司监事会最佳实践案例”奖项、发布“上市公司年报业绩说明会最佳实践”榜单以及“这十年 资本市场并购重组经典案例”。高峰论坛由新华社、福建省人民政府指导，新华网、新华社福建分社、泉州市人民政府主办，晋江市人民政府承办，中国上市公司协会、北京证券交易所战略支持。

（柯鸿炎）

2022年12月30日，2022中国上市公司高峰论坛主论坛在晋江市泉商希尔顿酒店举办 （图/晋江市金融局）

金融监管与服务

【概况】 2022年，晋江银保监管组贯彻银保监会系统各项决策部署，与晋江市政府及相关部门联动、配合，履行属地监管职责，打好金融风险防控攻坚战，指导机构支持民营、涉农、小微企业，提升金融服务实体经济质效，实现重大案件和事故“零发生”，保障辖区银行业、保险业稳健运行，促进晋江市经济平稳发展。

【金融风险防控】 2022年，晋江银保监管组配合地方政府化解区域性房企风险，应对“双水湾二期全体业主停贷”事件，协调3家债权银行做好风险房企破产重整工作，督促做好按揭客户延期还本付息“应延尽延”工作和情绪安抚工作，落实“保交楼、保民生、保稳定”政策。发挥债权人委员会作用，处置锦兴集团等风险大户不良贷款。参加市政府组织的金融风险防控化解工作会3场，研究重点风险企业化解处置工作。撰写《中国银保监会泉州监管分局晋江监管组关于2022年主要工作情况的报告》呈阅件，呈报市委、市政府，获市长王明元、常务副市长吴志朴肯定批示。处置不良贷款19亿元，不良率降至0.69%，实现不良贷款“双降”（不良贷款余额、贷款不良率实现逐季双降），为2018年后新低。督促辖区银行业、保险业金融机构抓好问题整改，落实安全防范措施，全年未发生重大案件。晋江银保监管组获“2021年泉州市银行业金融机构安全保卫工作先进集体”称号。

【属地金融机构监管】 2022年，晋江银保监管组做好晋江农商银行法人监管工作。开展2021年度、2022年上半年监管约谈和相关专题重点约谈，针对该行在信用风险防控、信贷合规性和员工行为等方面的问题，提醒提示11个经营风险点，提出17条监管意见。开展“三方预会谈”和“三方会谈”，指导中兴华会计师事务所开展年度审计工作，确保审计质量。发现涉及表内外不良清收等3方面不足，提出3条监管意见并督促落实。做好年度监管评级、小微服务评价等工作。完善辖区保险业机构的联系工作机制，畅通信息沟通渠道，按月做好保险业经营情况统计监测工作；深入辖区保险业机构走访调研，了解报告保险业市场运行状况、发展趋势及面临的风险和困难。根据泉州银保监分局监管科室委托，办理行政许可事项34份，涉及机构更名12份、高管任职资格15份、机构开业2份、机构撤销5份。办理答复银行业、保险业消费者诉求43件。

【实体经济服务】 2022年，晋江银保监管组推动地方政府建立“快审批、增信用、日通报、深对接”纾困贷对接机制，引导银行机构靠前对接省第六、第七、第八期100亿元专项纾困贷款，累计放款企业1052家次、金额39.83亿元，放款金额居泉州市各县（市、区）首位。加快对接泉州市20亿元晋江市服务业纾困专项贷款，初步摸排符合条件企业231家次、金额11亿元。推动“晋江版”纾困政策出台，协助地方政府对申报的中小微企业纾困贷款进行初审，共2288笔、金额43.59亿元，取得地方财政贴息补助资金1837万元。畅通银企合作渠道。联合市金融局、陈埭镇政府等部门召开“银暖万企、行在陈埭”助企纾困专场融资对接会，现场签约35家企业，签约金额1.66亿元。联合人行晋江市支行、《晋江经济报》创建“共战‘疫’助复产 晋江金融业在行动”专栏，宣传辖区银行保险业金融机构复工复产举措，助力企业稳定生产经营。联合金融局开展民营和小微企业首贷培植行动，推动小微首贷户、小微信用贷等普惠金融增户扩面。年底，普惠型小微企业贷款余额445.4亿元，比年初增加87亿元，较年初增长24.3%，普惠型小微企业贷款余额增速高于各项贷款增速12.2个百分点；普惠型小微企业贷款60694户，比年初增加6020户。

【现场检查及非现场监管】 2022年，晋江银保监管组派员参加泉州分局现场检查项目，涉及项目4个，涉及7人次，投入202个工作日。组队代表泉州银保监分局参加省银保监局开展的“福建银保监局系统2022年EAST系统应用劳动竞赛”并获奖。组织人员在辖区银行保险机构开展“排查重点楼宇金融违规服务”“安保检查”“金融知识宣传”等现场巡查及金融宣传工作。完成辖区银行业季度总体运行情况分析报告及法人机构月度、季度分析报告、1104报表及其他专项报表等调查、分析和审核上报工作。

（陈进发）

【国库管理】 2022年，人行晋江市支行守牢国库资金收支安全和国库业务系统运行安全两条底线，通过驻行办公方式，保障政府预算收入及时入库、各类财政支出高效拨付和退税业务及时办理。与海关部门联系，探索推动海关罚没款电子缴库业务，优化群众办税体验。提高退库办理效率，落实国家减税降费政策，促使国家支持企业（个人）纾困解难的政策红利尽快直达市场主体。全年办理退税21多万笔、金额80多亿元。其中，办理增值税留抵退税585笔、金额18.85亿元，惠及企业约454家；办理出口退税10013笔、金额51.35亿元；办理缓缴退税3.7万笔、金额3.5亿元；办理个人所得税汇算清缴退库业务11.56万笔、金额1.59亿元。

【征信管理】 2022年，人行晋江市支行开展“征信修复”乱象专项治理“百日行动”。联合市场监督管理局等部门对8家企业进行实地走访和电话排查，未发现企业从事征信修复业务。督促2家经营范围含“征信”字样的企业进行整改，其中1家企业被列入经营异常名录，1家完成经营范围变更。深化农村信用体系建设，推进金融信用村创建申报工作。15个村被中国人民银行泉州市中心支行、泉州发改局、泉州农业农村局等6个部门联合评定为“福建省金融信用村（泉州）”。

【支付结算管理服务】 2022年，人行晋江市支行优化小微企业营商环境。贯彻落实国务院关于降低小微企业和个体工商户支付手续费工作部署，将支付手续费减费让利作为践行“我为群众办实事”的重要抓手，畅通政策传导渠道，督导辖内各银行机构建立“减费让利”工作责任制，完善定期评估、问责和舆情应对机制。支行分管领导带队走访（暗访）辖区银行网点281个、843人次。全年辖区法人银行降费665.8万元，惠及小微企业和个体工商户1.48万户。推进账户风险防控工作。做到涉案账户“周周清”，每周根据涉案账户线索按银行、网点分别统计通报，指导银行做好涉案账户倒查工作，做到716户涉案账户排查全覆盖。严肃追责问责，要求辖内14家单月涉案账户超6户的银行网点暂停新开户业务14天以上，自查整改，追究个人责任。牵头高风险账户排查，组织对385.3万户银行账户采取管控措施。年末，晋江辖区企业账户涉案线索数量降至基本为零。创新宣传方式，联合市公检法等部门前往金井镇苏山村开展反诈拒赌专题宣传，指导辖内银行254个网点统一悬挂宣传警示横幅，向群众宣传不出租、出借、出卖银行卡。推动“智慧＋”移动支付场景建设，普及“智慧公交”，创新“智慧停车”，助力“智慧空港”建设。推动普惠金融，深化农村支付服务环境建设。晋江辖区惠农支付 260 个金融服务点“云闪付”加载率 100%。

【货币金银工作】 2022 年，人行晋江市支行排查核实处置 3 起投诉拒收现金行为。通报辖区整治拒收现金行为情况，压实责任，推进银行业金融机构现金服务网格化管理机制建设及对接社区工作，完成全辖 20 家银行业金融机构现金服务网格化建设及对接全市 109 个社区工作。辖区收缴假人民币 4203 张（枚），面额 38.04 万元。加强与公安等部门合作，破获 1 起王某持有“魔术币”案。撰写的信息《泉州破获多起持有、使用“魔术币”等类型假币案》获中国人民银行泉州市中心支行行长杨光批示。制订《晋江市农村地区假币整治工作方案》，构建农村反假货币工作长效机制，提升涉农金融机构防堵假币能力。处置 1 起踩踏人民币行为的视频舆情。研判转交线索，跟进案件查处进度，该案由晋江市公安机关依法对踩踏人民币违法行为人尤某处以警告并处罚款 8000 元，为全省首起针对故意毁损人民币违法行为进行处罚的案件。指导辖区金融机构做好残损人民币收兑工作。处置一起巨额“火烧币”兑换工作，为群众挽回经济损失 35 万元。《晋江经济报》以“几千张‘火烧币’活了”为题作相关报道。

【反洗钱监管】 2022 年，人行晋江市支行跟进洗钱案件“立、诉、判”。召开检警银反洗钱工作推进会，前往公检法部门开展案情会商 9 次，推动 1 起叶某洗钱案判决。加强可疑线索分析研判，发现 2 起地下钱庄线索，1 起上报研判，1 起与公安机关会商研判。牵头金融放贷领域专项整治工作，制定《2022 年晋江市金融放贷领域专项整治工作方案》，做好扫黑除恶常态化工作。探索跨部门联合打击洗钱犯罪新机制，与晋江市人民检察院联合召开“党建＋反洗钱”座谈会，签订“党建＋反洗钱”共建协议，构建“党建＋反洗钱”的党建工作新格局。

【金融消费权益保护】 2022 年，人行晋江市支行组织开展“3·15”金融消费者权益保护、2022 年“普及金融知识，守住‘钱袋子’”等宣传活动，开展 2022 年中小微企业金融知识宣传需求调查等工作。接到上级转交的投诉 37 条，处理回复 37 条，投诉回访 18 条，要求相关银行核实回复所投诉的问题。将信访局发送的信访件转交相关股室办理，做好协调办结。

【外汇管理】 2022 年，人行晋江市支行促进贸易收支便利化试点提质扩面增效。指导更多符合条件的银行开展试点，鼓励试点银行扩大试点企业范围，重点支持“材料多、环节多”“笔数多、信用好”的优质进口企业，建立优质企业后备库。晋江中行、兴业银行晋江支行、农行晋江支行为企业提供便利化服务 1025 笔，金额 7310.19 万美元。建立跨境投融资“绿色通道”，解决企业境内外资金问题。全市办理外债 3.21 亿美元。其中，指导晋江市路桥建设开发有限公司通过线上申请方式为其在澳门发行两期 3 亿美元 364 天高级无抵押债券办理外债签约登记，为闽澳合作及区域城市建设提供跨境金融支持和服务。为上市公司游族网络股份有限公司办理泉州市首笔非银行机构内保外贷业务，金额 500 万美元。为福建七匹狼实业股份有限公司办理泉州市首笔境内上市公司外籍员工参与股权激励计划登记业务。引导备案的福建百宏聚纤科技实业有限公司和兴业皮革科技股份有限公司用好跨境资金集中运营政策，扩容跨国公司跨境资金集中运营的业务规模。百宏发生境外放款 1 笔，金额 250 万美元；集中收汇 5 笔，金额 65.76 万美元。

2022 年，人行晋江市支行聚焦重点领域外汇服务，支持辖区涉外经济高质量发展。优化企业汇率避险服务。指导具备衍生产品业务资格的银行机构为 644 家企业开展汇率避险面对面辅导，推动 341 家企业办理外汇衍生业务，其中首办户 111 家，超额完成全年下达首办任务的 42.3%。加大减费让利力度，全年结售汇让利 7909.24 万元、保证金减免 22935.21 万元。全辖银行机构外汇衍生产品签

2022 年 5 月 19 日，国家外汇管理局泉州市中心支局、晋江市支局联合晋江农商银行开展汇银企沙龙活动 （图/人行晋江市支行）

约金额198743.1万美元，比上年增长16.8%；签约率19.2%，比2021年提升1.35个百分点。鼓励企业运用汇率避险产品规避汇率风险，并按手续费给予一定比例补贴，获得汇率避险财政补贴企业190家、补贴金额265.09万元。创新开展中小微外贸企业汇率避险“首办”培植行动。推动晋江市汇率避险奖补政策落地。跟踪督促晋江农商银行“汇保通”进展情况，召开汇银企座谈会，推动免保证金衍生品扩面增量。探索复制“公共保证金池”业务，加强与商务局、财政局、金融局等部门的沟通联系，争取推动“公共保证金池”在晋江落地。

2022年，人行晋江市支行支持外贸新业态规范健康发展。晋江国际鞋纺城市场采购贸易方式试点平台出口货值31.79亿美元，收汇27.30亿美元，比上年分别增长9%和139%。探索“新业态＋”模式。推动“市场采购＋跨境电商”融合发展。利用两者“单小、货杂、品种多”的共同特点，借助市场采购贸易方式合法合规创新收结汇的优势，解决跨境电商企业小额出口及无票难题，为市场采购提供新动力，实现“双提升”。推动“市场采购＋外综服”融合发展。随着市场采购贸易越做越大，部分外综服企业寻机转战市场采购市场，利用外综服优势为市场采购贸易企业提供报关报检、物流、退税、结算、信保等一条龙服务。探索平台联合服务。辖内建行、中信银行、农商银行上线市场采购贸易平台直联系统，实现平台间数据的实时交互，政银协同提升跨境金融服务质效。助力企业解决跨境资金结算困难。2022年，人行晋江市支行对接企业需求，指导晋江建行为晋江市起航进出口贸易有限公司办理1笔涉及1个境内商、3个境外商的新型离岸国际贸易业务，收付金额31.17万美元。辖区出口应收账款融资服务企业16家，放款业务128笔，放款金额1479.64亿美元；出口信保保单融资服务企业2家，融资业务16笔，金额514.50万美元。

2022年，人行晋江市支行开展对晋江工行国际收支申报统计和结售汇统计业务现场核查，做好日常的非现场核查和线索专项检查工作，开展“一线查访”常态化工作等。加大对企业等违规主体的约谈与风险提示工作。推进货物贸易外汇收支企业名录登记实现“政务服务一网通办”。至12月末，办理名录登记企业408家，注销连续两年未发生外汇收支业务的企业名录306家，公布新增名录企业基本情况信息，好评率100%。开展“局长走流程”活动。分管行领导以企业的身份分别走名录登记行政许可流程与外债登记办理流程，发现在外汇服务履职中的短板与不足，找准企业、个人“办事难”中存在的要害问题，提出解决意见，落实整改情况。

（吴振辉）

银　行

【概况】　截至2022年末，晋江市辖内共有银行业金融机构23家（2022年11月8日，渤海银行股份有限公司泉州晋江支行成立）。其中，政策性银行1家，大型国有银行6家，股份制商业银行9家，城市商业银行4家，农村商业银行2家，财务公司1家（福建七匹狼集团财务有限公司）。网点281个，银行从业人员3741名，辖内银行业金融机构存贷款余额均得到显著提升，各项存款余额2820.26亿元，较年初增加416.4亿元，增长17.32%。各项贷款余额2048.8亿元，较年初增加224.4亿元，增长12.3%。

（陈进发）

【中国工商银行股份有限公司晋江分行】　截至2022年末，中国工商银行股份有限公司晋江分行（简称“工商银行晋江分行”）存款余额373.14亿元，比年初增加68.77亿元；各项贷款余额287.17亿元，比年初增加31.85亿元；不良贷款余额3.63亿元，比年初减少3.47亿元。

地方实体经济支持　2022年，工商银行晋江分行支持地方项目建设，投放项目贷款33.84亿元。创新投放制造业企业贷款21.42亿元，为制造业企业办理票据贴现29.37亿元，新增制造业中长期贷款2.74亿元。新增投放民营企业贷款32.57亿元，为恒安国际集团有限公司发行2022年第一期、第二期短期融资券（熊猫债）20亿元。加大绿色贷款投放力度，建立绿色审批通道，截至2022年12月末，绿色信贷余额11.33亿元，业务投放覆盖节能环保、清洁生产、公共基础设施绿色升级等产业。优先保障小微企业信贷规模，截至12月末，普惠贷款余额26.76亿元，较年初新增8.61亿元，增幅47.44%。

金融产品创新　2022年，工商银行晋江分行开展多渠道发卡，推广线上直营办卡系统，驱动全行通过外呼拓展客户、服务客户。以风险参贷方式参与安踏集团境外短期定期贷款1.06亿元，该笔业务为工商银行省内首笔以风险参贷方式参与的短期定期贷款。为客户提供资金归集、银企直联项目等服务。与泉州亲亲食品有限公司取得技改项目合作，实现工商银行晋江分行技改项目贷款“零”的突破；与山东工商银行组成行内银团，为“亲亲食品山东生产基地”项目审批通过项目贷款。办理全省首笔挂钩美元SOFR外币利率掉期业务，通过配套办理利率互换业务锁定财务成本，为工商银行省内首笔挂钩美元SOFR外币利率掉期业务。运用互联网、大数据等信息技术，改造信贷管理流程和信用评价模型，相继推出“经营快贷”（含法人和个人端“经营快贷”）、“e抵快贷”等线上小微企业融资产品。其中，“经营快贷”为无抵押信用类融资产品，具有随借随还特性，根据不同场景又有“跨境贷”“用工贷”“税务贷”“烟草贷”等细分品类，满足小微企业融资需求。

便民渠道升级　2022年，工商银行晋江分行建设“工行驿站＋”网点生态。推出并丰富“驿站＋金融知识普及基地”“驿站＋财富管理加油站”“工行驿站＋汽车金融”等服务场景。将数字化转型融入产品、服务、渠道等方面，覆盖32类个人、对公业务场景，重点场景线上替代率超90%，其中借记卡换卡不换号替代率92%、个人资信证明开立替代率100%。推广“工行服务”“工行普惠”以及手机银行对公账户“便捷开户”等小程序，提高网点业务处理效率、提高客户满意度。

（张　扬）

【中国农业银行晋江市支行】　截至2022年末，中国农业银行晋江市支行（简称“农行晋江支行”）服务晋江市乡村振兴，助力实体经济发展。本外币各项存款余额375.44亿元，比年初增加62.23亿元；本外币各项贷款余额271.64亿元，比年初增加8.03亿元。存贷款增量均位居全省农行一级支行前列。全行不良贷款余额1.47亿元，不良率0.54%，比年初下降0.07%，不良率创近9年新低。

实体经济服务　2022年，农行晋江支行针对晋江制造业、“专精特新”中小企业等民营企业，加大信贷资源倾斜，对接地方主管部门，逐户落实合作计划，提升业务合作覆盖面。加大对个体工商户、小微企业等市场主体纾困帮扶和减费让利力度，保障生产经营、商贸流通和消费升级各环节的资金需求。全年新增制造业、“专精特新”中小企业等民营企业贷款13.48亿元；新增小微企业等市场主体贷款3.5亿元；为78家企业办理无还本续贷6亿元。

民生消费提振　2022年，农行晋江支行聚焦消费金融，通过减费让利、消费优惠释放消费潜力。重点支持汽车、家装、旅游、康养、教育等大宗消费领域升级，通过优化组合家装分期、汽车分期、账单分期、现金分期、网捷贷等消费金融产品，满足群众金融需求。全年为晋江区域客户群体办理分期总额近7亿元，业务量居全省农行系统一级支行首位。打造“晋情相伴”商圈活动日，与晋江地区综合购物商场、便利店、甜品店、电影院等开展一系列“好券狂欢日”活动。利用掌上银行投入微信立减金20万元，刺激消费市场。与晋江市中医院开展“智慧医疗”签约，通过信息化改造，搭建医院智慧医疗体系，打造“医保＋金融”合作样板。

金融消费宣传与服务　2022年，农行晋江支行开展金融知识普及宣传活动，进企业、进校园、进社区，将金融知识与法律权益、防诈骗、社会公益等内容相结合，提升消费者金融素养和风险防范能力。加强网点内外环境、便民服务设施、标识标牌体系等基础服务设施建设，优化服务环境，为老、弱、病、残等特殊群体提供上门服务，打通金融服务特殊群体的“最后一公里”。

（苏炳秋）

2022年，农行晋江支行助力“冰墩墩”供应商恒盛玩具扩大生产。图为恒盛玩具生产车间　（摄于2022年2月28日　图／农行晋江支行）

【中国银行晋江分行】　截至2022年末，中国银行晋江分行（简称“晋江中行”）本外币存款余额139.95亿元，较年初增加2.19亿元，市场份额提升0.53%；本外币贷款余额102.12亿元，较年初增加5.24亿元。不良贷款3635万元，不良率0.36%。全年实现营业收入3.62亿元，完成拨备前利润2.74亿元。

地方经济服务　2022年，晋江中行对接第六期纾困企业客户24户，放款1.03亿元，为5家授信客户发放制造业纾困贷款，获评专项纾困贷款对接落地成效优异银行。为困难企业办理“中银接力通宝”产品，为企业办理无还本续贷，办理对私授信客户延期还贷26户、1287.9万元。落实全行绿色贷款新增计划，制订公司绿色贷款专项战略性人事费用配置方案，对当地重点行业、特色产品、龙头企业开展攻坚营销，为晋江新奥燃气有限公司发放2亿元绿色贷款，服务生态文明战略指标居泉州中行全辖第一。

业务发展　2022年，晋江中行以代发薪、高客晋级、私行客户营销为突破口，跟进、挖掘高净值客户财富规划需求，实现全权委托产品1000万元落地。个人全量金融资产108.68亿元，较年初新增9.21亿元；储蓄存款85.04亿元，较上年新增12.06亿元，增量排名泉州中行全辖第一。贯彻落实消费金融战略部署，消费贷款任务完成率165.73%；专项分期发放1.40亿元，发放量占泉州中行全辖的33.74%，汽车分期发放1.03亿元，占泉州中行全辖的40.08%。开发针对产业集群产品，带动普惠增量，批复磁灶五金机电城商圈惠贷项目、岁金智谷产业园标准厂房按揭项目，五金机电城商圈惠贷项目批量储备项目10户，岁金智谷产业园标准厂房按揭项目储备1户。提升个人普惠业务考核比重，全年对私普惠贷款新增2.15亿元，排名泉州中行全辖第一。开展“专精特新”专项行动，新增“专精特新”企业项目投放4000万元，发放及储备科技创新再贷款4500万元。全年普惠金融贷款12.49亿元，较年初新增2.56亿元，贷款户数较年初新增71户。为福建晋江天然气发电有限公司新增核定敞口授信6亿元、开立保函2.87亿元，为海峡石化公司新增核定敞口授信总量1亿元、恒安家庭生活用品新增1.5亿元。全年国际结算量33.13亿美元，较年初增加15.21亿美元，增幅84.90%，四大行市场份额排名第三；跨境人民币结算量124.01亿元，较年初增加93.88亿元，四大行市场份额排名第一，叙做跨境人民币结算449户、较年初增24户。利用债券承销分销优势，为晋江城投集团发行中期票据13.9亿元、境外债券1.58亿美元，为恒安集团发行短期融资券20亿元。全年通过债券承销业务带动日均存款新增6.11亿元。

客户维护　2022年，晋江中行定制激励方案，加大对营业机构新户拓展和存量深挖指导，设立“中国银行私人银行（晋江分行）”。全年标记私行客户金融资产23.7亿元，新增5.17亿元，增长36.82%；个人中高端客户160户，较期初晋级52户，年日均金融资产规模较期初增长23.65%。为晋江市池店教委办下辖11家幼儿园，晋江市罗山中学、晋江市罗山教委办下辖3家幼儿园搭建专属智慧校园平台，带动手机银行月活客户稳步提升。全年代发薪14.24亿元，代发企业327家，代发客户4.02万人次。

合规经营　2022年，晋江中行开展警示教育14次，举办“网点负责人谈合规”主题沙龙活动，参观警示教育基地。采取内控案防专题会议、随机检查等方式对网点负责人履职情况开展督导督查。运用银保监、上级行风险提示、警示案例通报等，结合实际状况研制重点领域、重点环节案防管控措施；将非法集资风险排查与案件高风险领域治理、员工异常行为排查等工作有机结合，紧盯关键问题和关键人员，强化制度约束和管理，做好风险排查。组织反洗钱培训与学习13次。贯彻关于涉赌涉诈、扫黑除恶、非法金融放贷等违法犯罪活动专项整治工作要求，强化开户管理，开展内外部风险排查，落实可疑客户管控要求。开展反洗钱现场宣传8次。

（翁燕青）

【中国建设银行股份有限公司晋江分行】　截至2022年末，中国建设银行股份有限公司晋江分行（简称“建行晋江分行”）各项存款日均余额419.47亿元，保持四大行第一位，首次突破400亿元大关。各项贷款余额309.23亿元，较年初新增28.51亿元，分别居四大行第一位、第二位。不良额、不良率连续3年实现大幅“双降”，资产质量稳中向好，经营发展提质增效。分行营业部户外“劳动者港湾”获评全国总工会2022年“最美工会户外劳动者服务站点”，分行青阳支行被人民银行晋江支行授予“晚霞驿站”老年人支付服务示范点称号。

实体经济服务　2022年，建行晋江分行新增制造业贷款28.47亿元、高新技术企业贷款22.29亿元、绿色贷款6.09亿元、战略性新兴贷款3.35亿元，增长率均排名全省系统前列。截至年末，全行普惠金融贷款余额43.70亿元，较年初新增8.18亿元，增长23.04%；实现普惠客户5355户，较年初新增1298户，超额完成监管“两增目标”。办理全省首笔市场采购系统直联收汇业务、全省系统首笔跨境易支付国际运费通业务。创新落地外贸新业态下全省首笔“鞋纺市场采购贷”业务，破解小微外贸企业市场采购融资难题。

乡村振兴综合金融服务　2022年，建行晋江分行与晋江市农业农村局签订乡村振兴综合金融服务战略合作协议，率先为其上线农村产权交易服务平台，并在平台上完成省建行与省农业农村厅进行农村“三资”综合服务平台战略合作后全省首笔线上产权交易。搭建全省首个村民网格化信息管理平台（悦生活——自主创新项目）。系统首推“社银一体化”合作，群众可依托就近建行网点一次性办结包含灵活就业参保登记、失业保险金申领等78项人社服务事项。

2022年9月15日，建行晋江分行与晋江市人力资源和社会保障局合作，在全国系统内首推“社银一体化”创新便民服务项目，群众可就近在建行网点办理78项人社业务。图为群众在社保·银行一体化服务专区办理业务

（图／建行晋江分行）

客户服务 2022年，建行晋江分行有“零投诉网点”17个，占比74%，排名全省系统前列。通过建行总行营业网点服务国标及适老认证网点2个，获评省建行“2022年度匠心服务网点”网点3个、“零投诉服务明星员工”5人。

（王真真）

【交通银行泉州晋江支行】 截至2022年末，交通银行泉州晋江支行（简称“交行晋江支行”）人民币存款余额5.73亿元，较年初增加0.83亿元；人民币贷款余额11.28亿元，较年初增加3.08亿元。

实体经济服务 2022年，交行晋江支行落地福建省分行首笔军民融合贷款0.1亿元。加强银政合作，先后新增投放贷款2.19亿元。开展企业行活动29场，开立薪金卡1271张。联合晋江市农业农村局，以乡村振兴主题信用卡为突破口，走访准入乡村振兴企业5家，活户（指一段时间内有刷卡和有效消费的客户）17户；惠民贷新增投放0.25亿元。

风险防控 2022年，交行晋江支行加强客户服务经理及厅堂合规管理、强化风险防控，控制差错，细化日常内控管理，加强痕迹管理，开展监控及现场检查，规范柜面合规操作，确保及时发现业务操作环节中的潜在风险隐患，加大对屡查屡犯问题的清查与处理的力度，加强现金、凭证、印章、账户管理、重要物品等日常管理和操作管理监督。

（肖承地）

【中国农业发展银行晋江市支行】 截至2022年末，中国农业发展银行晋江市支行（简称“农发行晋江市支行”）各项贷款余额108.33亿元，较年初增加11.72亿元，增幅12.13%。农发行晋江市支行获评中国农业发展银行第七届“文明单位”和“2022年度突出贡献奖”先进集体；获省分行级以上荣誉9人次，其中总行级以上4人次。

业务发展 2022年，农发行晋江市支行结合“晋江经验”20周年系列发展规划，对接党政部门，围绕乡村振兴、民生改善等项目建设开展营销评审，推进设备更新改造专项贷款和制造业中长期贷款投放、服务盘活存量资产扩大有效投资等工作。完成市分行“开门红”贷款净增任务的244.59%。通过支持城乡一体化、生态环境、人居环境等重点领域建设，支持农业农村建设项目5个，审批金额29.50亿元，储备项目11个，金额81.15亿元。支持民营企业15家，发放贷款11.71亿元。

业务创新 2022年，农发行晋江市支行创新提出“港区担保贷”金融服务模式在总行《战略与改革动态》刊发，并获中国农网报道。以项目合作为契机，加大与党政有关部门、企业的沟通协调，创新“项目＋存款”模式和“同业互利＋服务提升”模式，实现存款增效，引导社会资金回流反哺“三农”。其中，“项目＋存款”模式在省分行《存款工作简报》刊发。

利企惠民 2022年，农发行晋江市支行为企业减免手续费19.56万元，让利19.56万元。抓住晋江地区民营经济活跃的地域特点，以“品牌客户＋造血扶贫”模式，对接企业资金需求，帮助在企业务工的国定建档立卡脱贫人员12人实现增收。促成企业捐款25万元精准帮扶云南省马关县发展特色产业。促成企业进入工商联“万企兴万村”精准扶贫实验项目名单，以村企对接方式巩固拓展脱贫攻坚成果。

合规经营 2022年，农发行晋江市支行以总行“合规农发行”建设为契机，研究制定合规管理工作思路，开展“风险合规文化寄语”“青年合规座谈”“员工合规经验分享”活动，传递合规“金话筒”、征集合规“金点子”，组织员工自编自导自演保密微视频《不能说的秘密》，强化员工保密意识。以推广应用“风险合规文化标识”为契机，创建合规文化墙、播放宣传片、分发合规文化理念配套书签。结合金融知识宣传活动，组织柜面人员和客户经理深入社区宣传、走访企业宣导，推动金融合规。加强在信贷、财会运营、选人用人等重点领域坚持“三不”一体推进。

（林嘉嘉）

【兴业银行股份有限公司晋江支行】 截至2022年末，兴业银行股份有限公司晋江支行（简称“兴业银行晋江支行”）晋江区域各项存款余额314.84亿元，比上年末增长24.06%；各项贷款余额182.56亿元，比上年末增长0.79%。

业务发展 2022年，兴业银行晋江支行展开新型供应链金融业务，以票据业务为抓手，结合票据在线融资推广契机，深挖产业链条，围绕核心企业向上游供应商前端继续延伸，结合当地食品产业链条特点及其交易节点的特定需求，提供个性化供应链金融服务。推广无还本续贷产品“连连贷”，缓解企业到期还款压力和“过桥”资金筹措难题。利用小企业网上自助“循环贷”产品优势，节约企业人力及财务成本。为企业技改项目提供低息的项目融资贷款等一系列金融服务方案。加大对先进制造业的投放力度，推进产业集群营销。支持传统产业转型升级，推出银政、银政保合作的福建省科技型中小微企业风险补偿贷款业务（简称“科技贷”）。开展金融产品服务及支持民营和小微企业发展的有关金融政策讲解，加强同业沟通，拓展首贷户。加大对绿色发展重点领域、节能环保产业和绿色金融重点客户（项目）的支持力度，为光伏电站建设企业发放光伏项目贷款1841万元。截至12月末，支行供应链融资余额45亿元，供应链融资业务受惠小微企业100多家，占分行供应链融资规模超90%；办理“连连贷”52笔，贷款余额3.5亿元；为40家企业办理网上自助“循环贷”，融资余额0.59亿元；技改项目贷款余额8068.35万元，比年初新增8068.35万元；为8家科技型企业办理“科技贷”，贷款余额10738万元；培植首贷客户27户、投放贷款1.04亿元，其中制造型企业首贷客户12户、投放贷款0.29亿元；绿色贷款余额8.51亿元；涉农贷款余额97.45亿元；晋江区域农村“两权”（农村承包土地经营权和农民住房财产权）抵押贷贷款余额145.27万元。

金融知识宣传　2022年，兴业银行晋江支行结合日常金融服务与营销工作，进企业、进社区发放宣传折页，在商区驻点开展金融知识咨询。开展金融知识进万家、防范电信诈骗、整治拒收人民币现金、“3·15”金融消费权益日、反假币、存款保险知识、国家网络安全宣传等活动，保障金融消费者权益。全年开展宣传活动45次，发放宣传资料2万份。

（李双玲）

【福建晋江农村商业银行股份有限公司】　截至2022年末，福建晋江农村商业银行股份有限公司（简称“晋江农商银行”）各项存款余额501.76亿元，比上年末增加54.75亿元，增幅12.25%，存款市场份额保持晋江市银行业机构首位；各项贷款余额347.38亿元，比上年末增加40.75亿元，增长13.29%，市场份额首次居晋江市银行业机构首位；五级不良贷款余额4.97亿元，占比1.43%，较上年末减少0.12亿元，下降0.23个百分点；不良贷款降至2015年后最低水平。缴纳税款1.99亿元，连续多年被晋江市政府评为纳税大户企业、经济发展先进企业、行风评议“好”的金融单位。

普惠小微贷款　2022年，晋江农商银行运用纾困专项资金贷款及支小贷款政策，发放纾困贷款1083户，金额30.13亿元；支小再贷款授信、用信1090户，金额18.28亿元。普惠小微贷款余额219.60亿元，增速21.65%，比各项贷款增速高出9.49个百分点；贷款户数38452户，比年初增加2416户。实现普惠小微贷款“两增两控”。

乡村振兴助力　2022年，晋江农商银行启动186个村（居）“整村授信”项目。年末，全行贷款总用信户93362户，比2021年末增加2571户。个人贷款覆盖面33.40%，比2021年末增加2.61个百分点。农户覆盖面24.48%，比2021年末增加0.7个百分点。涉农贷款余额304.05亿元，较年初增加27.21亿元，增幅9.83%。实现“保持涉农贷款余额持续增长”目标。

渠道建设　2022年，晋江农商银行设立自助银行101个，投放自助设备210台，开展14家医院银医通合作，投放机具68台；继续与晋江公交开展“智慧公交”合作项目，开通线路57条，支持“智慧公交”移动支付服务公交车531辆；微信缴费平台上线项目102个，全年交易150.13万笔、9790.34万元。线上贷款进件量45348笔，通过23708笔，授信金额15.38亿元，用信余额5.89亿元。

地方经济服务　2022年，晋江农商银行推广“金服云”“信易贷”等平台，通过“金服云”平台累计授信2697户、金额57.51亿元，用信2694户、金额53.98亿元，授信和用信金额均居全省农信首位；通过“信易贷”平台授信731户、金额8.17亿元，用信731户、余额8.17亿元，授信和用信金额均居泉州市银行业首位。支持绿色农业、智慧农业、人居环境整治、污水废气处理等重点领域，推广“能源贷”“光伏贷”“美丽家园贷”“农田贷”等绿色信贷产品。截至12月末，绿色信贷余额13.51亿元，比年初新增4.68亿元；户数341户，比年初增加221户。与当地海洋渔业主管部门签署战略合作协议，对接渔业协会，推广“信用船”“渔业养殖贷”“鲍鱼贷”等贷款产品，支持海洋渔业经营主体发展生产，支持海洋加工企业、冷链物流企业等转型升级。截至12月末，发放涉海贷款871户、余额10.05亿元，其中“信用船”贷款131户、余额3.72亿元。与晋江新丝路文旅实业有限公司共同参与福建金融服务“四大经济”对接会，现场签订战略合作协议，为文旅集团子公司（晋江市益农投资发展有限公司、晋江市清新文旅产业运营管理有限公司、晋江市紫帽山开发建设有限公司）授信2790万元、用信金额2540万元；发放“深沪糖芋”“深沪金枪鱼松”两项地理标志商标质押贷款。至12月末，文旅经济贷款 227户，余额1.4亿元。

国际金融业务　2022年，晋江农商银行新增开立对公外汇账户73户，累计539户，全年对公外汇账户数排名全省第二（仅次于厦门农商银行）。创新推出“汇保通”保证金专项授信汇率避险产品，做到企业“零门槛”锁汇。实现与晋江市场采购平台直联对接，推动新业态贸易便利举措落地见效。与漳州农商银行合作，落地跨境人民币离岸兑换业务。全年实现国际结算量8.12亿美元，结售汇量6.47亿美元，国际结算量稳居全省农信系统第二位、泉州农信系统第一位，结售汇量居全省农信系统首位。

跨界合作　2022年，晋江农商银行为晋江市供销社授信10亿元，营销供销社、各分社及直属公司银行账户在晋江农商银行开立结算账户18家，推动3家基层供销社投资入股晋江农商银行。抢抓“三资”平台银农直联推广窗口期，做好账户报送工作并争取他行账户。截至12月末，晋江农商银行经联社基本户开户227户，一般户开立7户，占开户比例的94.74%、出证比例的89.69%。以金融助理为抓手，推进“整村授信”，截至12月末，累计开展182场整村授信，整村授信数量占比45.61%；通过常态化驻村（社区）开展社保卡营销工作。截至12月末，晋江农商银行社保卡存量31.42万张，比年初净增29万张。跟踪晋江市重点项目建设开发，发放国有或国有控股企业贷款13户，金额11680万元；与泉州晋江国际机场等国企建立全面战略合作关系，对接开发泉州晋江国际机场“一齐飞”线上商城及“一齐飞”联名卡、机场停车场、统一收银系统等项目，撬动账户开立、资金留存、电子（中

2022年7月8日，晋江农商银行与晋江市农业农村局举行"福农综合服务平台"合作签约仪式（图/晋江农商银行）

间)业务开办。融入晋江"一镇一品"产业特点，通过商（协）会联盟优势，批量服务各领域会员企业，与晋江市滋补品协会、晋江市蔬菜生产者协会、深沪镇渔业协会、陈埭镇鞋服协会、龙湖镇拉链商会等协会、商会共建并授信。

福农综合平台推广　2022年，晋江农商银行联合晋江农业农村局开展福农综合服务平台合作协议签约仪式及现场授信仪式。晋江农商银行上线新农主体评级系统、产权制度改革系统、福股贷在线质押系统、村务管理平台4个系统，其中新农主体系统导入1205家新农主体的基本信息，建档评级1059户；产权制度改革系统导入1808户股权数据，通过福股贷在线质押系统发放1笔福股贷质押贷款，金额30万元。

（李振华）

【中国邮政储蓄银行晋江市支行】2022年，中国邮政储蓄银行晋江市支行（简称"晋江邮储银行"）发展科技金融、生态金融、协同金融、产业金融、绿色金融，守住服务城乡居民、服务中小企业、服务"三农"的定位，加大信贷投放力度，加快财富管理转型建设，强化公司金融"1+N"综合服务新体系，深化金融科技赋能，加强风险内控管理，夯实发展根基。截至12月末，晋江邮储银行各项存款余额106.17亿元，各项贷款余额53.14亿元；不良贷款率0.74%，不良清收累计5960万元。蝉联系统内全省十佳一级支行称号。

实体经济服务　截至2022年12月末，晋江邮储银行投向实体经济贷款余额28.09亿元。其中，小企业贷款结余10.47亿元，较年初增加1.38亿元；个人经营性贷款结余17.62亿元，较年初增加3.57亿元。省第一至六期纾困贷款累计放款金额6.29亿元，居晋江市金融机构第五位，获晋江市金融局、人民银行晋江支行、晋江银保监管组通报表彰。

农村信用体系建设　2022年，晋江邮储银行发展农村信用体系，推进地方信用村普遍授信，邮银协同提升"村社户企店"综合金融服务水平，促进农村各产业融合发展。截至12月末，涉农贷款结余9.73亿元，比年初增加1.29亿元；创建信用村289个、信用镇3个，较年初增加228个。

绿色金融　2022年，晋江邮储银行制定落实"碳达峰""碳中和"行动实施方案，建设"碳中和"银行，对接节能服务、绿色建筑材料、陶瓷、电子产品等行业客户，引导金融资源投向环境治理和低碳、环保、节能、降耗等绿色发展领域。至12月末，绿色信贷结余7249.43万元，比年初增加4660.63万元，绿色信贷增速180.03%。

公司金融业务　2022年，晋江邮储银行票据贴现突破29亿元，占系统内全市贴息总量的70%、全省的20%，贴现量、完成率均居系统内全省第一。国际结算发生额7298万美元，居系统内全市第一；开立"晋江市财政国库支付中心零余额账户"，为系统内全省首家获得认定资质的支行。

（赖　婧）

【中国民生银行股份有限公司泉州晋江支行】2022年，中国民生银行股份有限公司泉州晋江支行（简称"民生银行晋江支行"）坚持依法合规经营，支持民营企业，服务实体经济，助力复工复产。年末，支行本外币各项存款余额70.19亿元，各项贷款余额38.68亿元。

传统和新兴产业信贷支持　2022年，民生银行晋江支行加强与传统制造业、绿色金融产业、"专精特新"及新兴产业等企业的对接联系，提供信贷资源，新增制造业及乡村振兴贷款6.39亿元、绿色金融并购贷款0.84亿元。落实利率优惠政策，减费让利0.18亿元。

小微企业金融服务　2022年，民生银行晋江支行利用小微企业信贷政策优惠的窗口期，宣传小微企业信贷投放的相关政策。优先保障小微企业的信贷额度供给，对小微贷款增量进行创利补贴，加大小微企业信贷支持力度。新增小微贷款终审371笔、金额3.27亿元；小微全口径贷款余额9.05亿元，比年初增加2.12亿元。

（蔡雅君）

【招商银行泉州晋江支行】2022年，招商银行泉州晋江支行（简称"招商银行晋江支行"）人民币自营存款时点余额89.54亿元，较年初增加25.56亿元；自营贷款时点余额54.23亿元，较年初增加13.64亿元；净利润2.8亿元，比上年增加1.56亿元。年末，自营存款余额占市场份额3.16%，比年初提升0.51个百分点。其中，对公存款市场份额4.89%，比年初提升0.51个百分点，储蓄存款市场份额1.65%,比年初提升0.56个百分点。表内不良贷款1613.32万元,比年初增加30.05万元;不良贷款率由年初的0.39%下降到0.30%。

实体经济支持　2022年,招商银行晋江支行对接晋江实体经济发展的信贷需求,加大对支柱产业、优势行业的信贷投放,扩大有效信贷供给,重点围绕纺织、鞋服、建材、食品四大传统优势产业和智能装备、医疗健康和信息技术三大新兴产业。挖掘制造业增长潜力,加大对企业制造装备数控化升级、互联网化提升、绿色技术改造和工业基础能力增强等方面的金融支持力度,新增高新技术产业企业贷款1.85亿元,累计为晋江工业(产业)园区标准化建设及"专精特新"企业发放贷款2.7亿元。年末,制造业企业贷款余额4.25亿元,较上年同期增加0.91亿元。新发放对公一般性贷款加权平均贷款利率4.3%,比年初下降0.2个百分点。

小微企业普惠金融服务　2022年,招商银行晋江支行为617家小微企业提供普惠金融服务。其中,"小微闪电贷"满足小微企业主及个体工商户信用及短平快的需求,"小微双主体"满足小微企业开票场景需求。推广无还本续贷业务,降低小微企业融资成本。年末,普惠小微贷款余额2.61亿元;涉及小微企业593户,较年初净增51户,其中当年新增首贷户75户;贷款利率5.01%,较上年下降0.24%。

(尤智伟)

【平安银行股份有限公司泉州晋江支行】　截至2022年12月31日,平安银行股份有限公司泉州晋江支行(简称"平安银行晋江支行")各项存款余额25.91亿元,其中公司存款余额3.12亿元、个人存款余额2.28亿元。各项贷款余额8.23亿元,其中短期贷款2.43亿元、长期贷款5.8亿元。

2022年,平安银行晋江支行新门店通过引进智能化设备和工具,利用金融+科技的手段,打造线上线下融合的无边际服务。构建智能服务系统"平安口袋银行"App、微信公众号、网银等,多途径完成业务预约、填单等事项。为客户提供个性化、定制化的解决方案。90%的业务可以通过自助业务办理区快速完成。自助业务办理区域布放多台智能化设备,支持七大类涵盖开户业务、信用卡业务、投资理财业务等30余种银行业务的自助办理。设置FB自助设备、大额存取款机、CTM等设备,无须排队等待。

(杜明谊)

【泉州银行股份有限公司晋江支行】截至2022年末,泉州银行股份有限公司晋江支行总资产170.91亿元、存款余额166.90亿元、贷款余额103.78亿元,增速分别为2.73%、1.63%、19.40%。不良贷款率0.78%,比上年末下降0.05个百分点。辖内8家社区银行一般性存款季日均合计17.86亿元,比年初增加3.67亿元。

实体经济服务　2022年,泉州银行股份有限公司晋江支行推动"泉行快贷""泉行惠贷""渔贷通"等惠民惠企产品,发挥"无间贷"典型示范作用,深耕制造业、普惠金融、绿色金融、海洋金融等,支持实体经济发展。年末,制造业贷款余额28.88亿元、普惠小微贷款余额26.37亿元、涉农贷款余额69.85亿元,比上年末分别增加0.31亿元、5.51亿元和11.94亿元。强化信贷投放力度,助力地方重大项目落地提速,贷款年增量16.86亿元,为上年的1.90倍;投放抗疫贷款3.50亿元;运用央行新增的1万亿元再贷款再贴现发放优惠信贷、投放省纾困专项资金贷款等,发放纾困贷1.20亿元。

零售业务经营　2022年,泉州银行股份有限公司晋江支行举办爱心义卖、"泉行杯"围棋赛、健康体检、儿童暑期篮球特训营、礼佛文旅、"宋代点茶"品鉴等惠民乐民活动200多场。推动泉州市第六届"花蜜杯"朗读大赛举办,连续2届获活动最佳组织奖。上线发行第三代社保卡,发卡12537张,一卡激活率81%。

风险防控　2022年,泉州银行股份有限公司晋江支行围绕"抓大不放小",同步实施风险大户清收责任制及小额贷款不良防控方案,探索"精细化贷后管理""潜在风险主动压降"等新举措,提升"控新"能力。按计划推进清收处置进度,开展诉讼催收、抵债资产管理、不良资产组包转让等重点工作。

(庄金燕)

【渤海银行泉州晋江支行】　2022年12月14日,渤海银行泉州晋江支行挂牌开业,成为渤海银行泉州分行在泉州地区开设的第一家县域支行。渤海银行泉州晋江支行坚持"服务地方经济、服务中小企业、服务百姓民生"的市场定位,服务晋江经济社会发展。

(方　文)

保　险

【概况】　截至2022年末,晋江市共有保险业金融机构48家,从业人数6296人。其中,财产保险机构15家,从业人员1562人,全年保费收入共17.8亿元,赔付支出12亿元;人身保险机构20家,从业人员4552人,全年保费收入共37.8亿元,赔付支出5.2亿元;保险中介机构13家,从业人数182人。

(陈进发)

【中国人民财产保险股份有限公司晋江市分公司】　2022年,中国人民财产保险股份有限公司晋江市分公司(简称"人保财险晋江市分公司")实现保费收入95750.86万元,承担社会风险责任110616.86亿元,服务客户28.59万人次,缴纳地方税收12063.71万元,支付赔款49719.69万元。被人保财险福建省分公司评为"抗疫青年志愿服务先进集体",被晋江市委、市政府评为"晋江市2019—2021年度文明单位",推出的"文物+保险+服务"新模式获人保财险福建省分公司2022年第二届产品创新创意大赛三等奖。所辖青阳支公司被人保财险福建省分公司授予“五四红旗团组织”称号。

业务发展　2022 年，人保财险晋江市分公司继续承保辖区农房保险、自然灾害公众责任险、社会治安综合保险等，推出绿色建筑性能责任保险，开办环境污染责任险，引入农村自建房安全生产责任保险，协助开展社会治理。经办石狮市长期护理保险试点工作，推广女性安康保险，开展创新型普惠保险，承办晋江市城乡低保、特困人员等特殊困难群体意外险。服务“三农”及乡村振兴，承办森林、水稻、马铃薯种植、设施大棚、能繁母猪和育肥猪等涉农保险，服务地方特色农业发展，连续多年承办渔工渔船保险项目，创新乡村振兴风险保障。在全省系统率先推进文物保险，承保不动产登记责任保险，服务“智慧交通”建设，开发新市民专属保险。

客户服务　2022 年，人保财险晋江市分公司深化“警保医联动”，推行理赔服务“一体化”，推进小额人伤快速处理通道建设，在交管部门设立保险行业调解室，派理赔专业人员驻点参与调解工作。通过与交警、医院三方协作，建设交通事故抢救费用垫付资源整合平台，解决交通事故伤者医疗费问题。解决消费者投诉的“理赔难”问题，沟通公安、交通执法、法院、医院、司法鉴定所等单位，在调解标准、警保配合、联合打击治理、合作医院洽谈、保鉴合作等方面开展合作，打击“黑中介”，保障群众合法利益。推进温暖工程 2.0 工程落地，在国庆节、春节等节假日期间开展人保“心服务”活动，启动快速响应机制，提供小事故快速维修、车损和人伤理赔一站式服务，开展爱车免费智能体检、搭电、送油、拖车等增值服务。

（连文兰）

【中国太平洋财产保险股份有限公司晋江中心支公司】　2022 年，中国太平洋财产保险股份有限公司晋江中心支公司（简称“太平洋产险晋江中支”）经营险种包括机动车辆保险、财产保险、责任保险、意外伤害保险以及船舶险等 1000 多个主险和 5900 多个附加险。全年实现保费收入 3 亿元，赔付金额 16636.75 万元，综合赔付率 63.32%，综合成本率 91.29%；缴纳税金 3223.95 万元，其中车船税 2373.26 万元。被太平洋产险福建分公司评为 2022 年度优秀中心支公司。

“金钥匙”新理赔服务　2022 年 12 月 2 日，太平洋产险“金钥匙”新理赔服务认证网点——晋江宝狮汽车维修厂网点举行揭牌仪式。太平洋产险晋江中支联手晋江宝狮汽车维修厂，构建“金钥匙”新理赔服务网络，为优质客户提供涵盖事故协助、代办定损、车辆送修、免费代步车、验车合格、修复交车等项目的综合性增值服务，改善客户理赔服务体验、增强客户黏度。通过经营政策配套和经营流程改造，构建销售、服务一体新服务，实现全资源数智化联动配置，提升个客经营一体化能力，发挥“金钥匙”新理赔服务的品牌化效应。

履行社会责任　2022 年 9 月，太平洋产险晋江中支先后组织党团青年员工走进晋江缺塘敬老院开展公益活动，为老人介绍保险知识和防范非法金融相关知识；组织党团青年员工走入晋江市晋兴职业中专学校开展“我为客户办实事”实践活动，聚焦年轻消费群体，向学生传导理性消费观念和风险防范知识，帮助青少年识别并抵制非法金融活动；参加由中国人民银行晋江市支行、泉州银保监分局晋江监管组、晋江市银行业协会、晋江经济报社联合举办的“2022 第十二届中国品牌之都（晋江）金融理财节”，获“普惠金融优秀服务团队”奖项。

（洪鸳鸯）

【中国人寿保险股份有限公司晋江市支公司】　2022 年，中国人寿保险股份有限公司晋江市支公司（简称“晋江国寿”）实现总保费收入 18.88 亿元。寿险代理产险业务完成 5303.1 万元。晋江国寿员工获 73 项荣誉。

业务发展　2022 年，晋江国寿个险渠道实现标准保费 8524.44 万元，在泉州分公司占比 28.81%；短期险保费 5248.67 万元，在晋江市占比 24.17%。银保渠道实现首年期交保费 4414.4 万元，完成率 100.7%，在晋江市占比 26.1%；标准保险保费 503.3 万元，完成率 106.9%，在晋江市占比 27.4%；短期险保费达成 191.86 万元，

2022 年 9 月 21 日，太平洋产险晋江中支党委组织党团青年员工走入晋江市晋兴职业中专学校，开展“我为客户办实事”实践活动，向学生传导理性消费观念和风险防范知识

（图／太平洋产险晋江中支）

完成率120.7%，在晋江市占比30%。团险渠道实现大短险实收付保费7886.11万元（权责），完成率101.4%。个人养老保障产品2818.05万元，完成率144.89%，企业年金业务387.54万元，短期险法人客户570个，财险互动业务60万元，各项指标均完成上级公司下达的任务。

客户服务　2022年，晋江国寿在9个镇网点设置“柜面服务延伸”试点的基础上，将柜面一体化终端配置覆盖至全市6个街道13个镇网点，并协同省、市公司30多项保全服务权限下放到网点。在全市推广运用国寿官微、国寿e宝、国寿e柜、无纸化投保、“空中客服”，缩短客户等待时长，临柜客户平均等候时长由46分41秒缩短到4分31秒。

合规经营　2022年，晋江国寿做好“同级监督”“教育预防”和“沟通联络”等工作，执行各项经营管理制度，遵守依法合规经营底线。加强销售诚信服务管理，强化销售督察，开展防范非法集资专项治理、反洗钱外部监管检查等，化解满期给付、退保给付以及投诉处置，开展承保后质量核查、客户信息真实性核查等工作。通过销售人员大早会、公司员工的学习例会、司务会和案件防范分析会，以及各渠道部门例会等路径宣传法律法规及公司管理制度。做好非正常退保、销售误导、非法集资、客户投诉、反洗钱、舆情监控等重点风险排查疏导，确保不发生系统性风险。

履行社会责任　2022年，晋江国寿与晋江市计生协会合作，推出计生家庭保障计划，为全市1.2万户计生家庭4.5万人提供计生意外伤害保险，帮扶38名“二女户”大学生完成学业。推行70周岁及以上老人“银龄安康”工程，承保范围覆盖至全市19个乡镇（街道）、317个村。2022年“银龄安康”工程赔付381.82万元、3208人。为全市公路局系统职工提供意外伤害保险保障。在福建省首创“居安保”出租屋火灾意外人身险，为紫帽镇344幢自建出租房承保每人50万元人身伤亡保额。9月，通过竞标，成为晋江市总工会新就业形态劳动者人身意外伤害保险承保单位，为晋江市总工会投保的1300余名快递员、送餐员、“滴滴”司机提供意外伤害保险保障，每人保额16万元。开展见义勇为人子女、当地受灾儿童捐资助学等公益活动。参与晋江市“金融理财节”活动，推广普惠金融，通过保单借款服务小微企业。

（刘　毅）

2022年12月2日，平安产险晋江中支联合高速交警在晋江南高速出口开展全国交通安全日宣传活动　（图/洪培鑫）

【中国平安财产保险股份有限公司晋江中心支公司】　2022年，中国平安财产保险股份有限公司晋江中心支公司（简称“平安产险晋江中支”）实现保险保费收入7.83亿元，支付赔款4.34亿元，纳税贡献1.09亿元，提供就业机会423个。

客户服务　2022年，平安产险晋江中支完善“平安好车主”App，优化迭代车保险服务，为客户智能推荐个性化车险方案，客户5分钟即可在线完成车险投保。为客户及家庭智能推荐非车产品，结合客户服务偏好模型智能推送周边优惠服务，初步实现千人千面的平台运营策略。2022年，平安产险晋江中支处理理赔案件4万余件，赔款支出3.96亿元。其中，最高1笔赔付金额220万元，最快1件案件处理时效8分钟。上线“先赔后治”暖心服务，全年为1322起交通事故伤者提供先赔后治疗金额1022.6万元。开展消费者权益保护、金融知识普及、交通安全宣传活动22场次。

履行社会责任　2022年，平安产险晋江中支开展新就业形态劳动者及老年健康关爱活动。对接农村劳动力群体在创业、就业、住房、教育、医疗、养老等重点领域保险需求，扩大保险供给，服务客户2.18万人次，承保保额116.6亿元，其间发生理赔案件28件、理赔约48.63万元。

（蔡阿娜）

证　券

【概况】　2022年，晋江市辖内证券机构12家、营业部14个，交易额约4825.01亿元，比上年减少20.80%，其中股票4404.66亿元、基金137.98亿元、债券282.37亿元，分别比上年减少16.18%、55.62%、46.37%。

（许金伟）

【兴业证券股份有限公司晋江崇德路证券营业部】　2022年，兴业证券晋江崇德路证券营业部（简称“兴业证券晋江营业部”）通过定价服务、股票、理财产品、融资融券、港股业务、机构业务、金融衍生品等多元化、全业务经营，实现收入的多元化，推进业务转型。控制经营风险，加大对人员队伍的培训，提升理财顾问专业素养，增强业务竞争力。营业部财富管理业务发展稳健，各项主要指标在原有盘面稳固的基础上保持一定增速。通过扩大客户规模、加大产品销售力度、挖掘托管外包业务等方式，实现证券交易金额及手续费收入区域份额提升，在晋江当地市场上首次实现“代买收入”和“股基交易量”市场份额双排名第一。营业部发挥集团协同力量挖掘机构业务机会，资产托管业务、大投行业务均实现小额创收。年底，兴业证券晋江营业部有正式员工22人，总客户数64287户，客户总资产263.95亿元。全年A股和基金累计成交额1637.06亿元。

（吴松松）

2022年3月25日，华福证券晋江营业部民建会员参加民建晋江青工委开展的会员企业走访调研活动。图为在兴业科技调研　（图/华福证券晋江营业部）

【华福证券有限责任公司晋江崇德路营业部】 截至2022年末，华福证券有限责任公司晋江崇德路营业部（简称“华福证券晋江营业部”）有员工17人，总客户近6.5万户，管理资产30多亿元。2月25日，华福证券晋江营业部与建行晋江支行一起走进竹园小区，开展理财知识进社区活动。3月25日，营业部民建会员参加民建晋江青工委开展的会员企业走访调研活动，走访民建会员企业嘉利玩具、海纳机械、兴业皮革、诺特科技、美味强食品。11月18日至12月8日，参加华福证券泉州分公司组织的“跑遍中国•2022年中国证券业防范非法证券宣传线上健康跑——泉州站”活动，吸引投资者参与。

（王辉乐）

【中金财富证券有限公司晋江世纪大道证券营业部】 2022年，中金财富证券有限公司晋江世纪大道证券营业部（简称“中金财富证券晋江营业部”）深化资本市场改革，向客户提供“中国50”“微50”“公募50”“股票50”等系列管理型和建议型方案品牌，根据客户需求提供创新FOF产品，满足客户多样化需求。筛选外部优秀产品，依托中金自有业务优势创设金融产品。举办主题活动，通过线上线下举办推广“中国50”研值行、财富与美、投资策略会、增值沙龙等活动，为客户提供增值服务。开展投资者教育活动，对广大投资者进行风险警示宣传；通过公司技术平台、短信平台向客户提供提醒服务。加强合规教育，坚持长期稳健经营，防范和化解金融风险，落实各项监管要求。

（蔡昌远）

城乡规划设计

【概况】 2022年，晋江市自然资源局坚持一张蓝图绘到底，通过科学编制规划，统筹全市空间布局。截至2022年12月底，形成晋江市国土空间总体规划初步成果，统筹划定国土空间“三区三线”（按照2019年中共中央办公厅、国务院办公厅印发《关于在国土空间规划中统筹划定落实三条控制线的指导意见》要求，根据城镇空间、农业空间、生态空间三种类型空间，分别划定城镇开发边界、永久基本农田、生态保护红线），在国土空间规划中为重大项目、重点工程预留空间。加快产业空间布局等专项规划编制，累计完成控制性详细规划编制70个，面积60平方千米，累计完成村庄规划编制105个，覆盖率92.1%，初步建立“总规为纲、专规为补、详规为主、城市设计为辅”的国土空间规划体系。运用“多评合一模拟审批”（由自然资源部门会同相关联合技术审查部门、技术指导单位对建设项目建筑设计方案提前介入并进行实质性审查，待项目前期手续完成后可实现工程规划许可证快速办理，助力建设项目快审批、快落地）模式受理277宗，为项目业主节约2—3个月时间，工业项目审查提速至2周内，“多评合一模拟审批”做法在全省作典型经验发言。晋江市在泉州市现场推进会上作片区更新及征迁交地典型经验介绍。

（魏智文）

【国土空间总体规划】 2022年，晋江市自然资源局高标准推进国土空间总体规划编制，为晋江市发展留足发展空间。截至2022年12月底，晋江市国土空间总体规划形成初步成果，进入完善成果阶段。完成“三区三线”划定成果，包括划定永久基本农田约106平方千米，划定生态保护红线总规模约656.72平方千米（其中海洋生态保护红线641.41平方千米，陆域生态保护红线15.31平方千米），划定城镇开发边界约307.8平方千米。

【国土空间专项规划】 2022年，晋江市自然资源局推进晋江市国土空间相关专项规划编制工作，推进《晋江市村庄布局专项规划》编制工作，启动《晋江市产业空间布局专项规划》编制工作，指导相关镇（街道）、经济开发区编制“三旧”（旧城镇、旧厂房、旧村庄）改造规划工作，完成池店镇“三旧”改造专项规划、安海镇庄头工业区“三旧”改造专项规划的评审工作。

（林宪）

【控制性详细编制】 2022年，晋江市自然资源局落实上位规划管控，围绕晋江市重点建设项目和开发区域，进一步加强控制性详细规划（简称“控规”）编制工作。截至2022年12月底，完成控规编制70个、面积60平方千米，组织评审控规82宗，办理批复控规80宗，上传控规数据库213个。从评审机制、档案管理、建库汇交、成果共享等四方面完善控规管理机制。

【村庄规划】 2022年，晋江市自然资源局推进村庄规划编制（简称“村规”），围绕“应编尽编”和试点村共114个村规编制任务，完成村庄规划编制105个，实现100%启动编制，评审率95.6%，批复率92.1%。试行村规地块图则编制，制定工作流程，组织评审村规地块图则15宗，办理批复村规地块图则12宗。

【城市设计】 2022年，晋江市自然资源局结合控规编制，做好城市设计引导。围绕重点片区开发，专题编制池店南局部地块城市设计等项目，保障城市风貌。依据福建省技术规定要求，编制英林万业城地块修建性详细规划等，助力审批推进和项目落地。

（陈志平）

【建设项目设计方案审查】 2022年，晋江市自然资源局深化“放管服”改革，优化营商环境，深化建设项目设计方案“多评合一模拟审批”新模式，落实提前介入、提前审查，提高审批效率，促进项目建设。针对新增工业项目和公建项目，允许预申请人在拿地期间申请“模拟审批”，通过后先行启动施工图设计和审查，待取得土地手续后可在3个工作日内办结建设工程规划许可证，实现“拿地即开工”。针对工业改扩建项目，将原来串联办理的设计方案技术审查环节前移至上位规划调整或规划条件变更，同步并联办理。在设计方案审查前期环节，根据建设方预约申请，牵头组织住建、民政、水利、水电气等联合技术审查部门，定时定点提供全程“一站式”技术咨询，变被动审查为主动服务，实现集约办理、精准指导，改变建设方自行沟通咨询、费事费时费力的状况。2022年，办理277宗建设项目，项目类型包括尚未取得土地手续的工业项目和公建项目、调整规划条件和增资扩容的工业项目、待图纸出让的建设项目等。“模拟审批”基本实现“审批早一步、建设加速度”的工作目标。出台《晋江市自然资源局关于进一步简化工业项目建筑设计方案编制内容的通知》，将原来上百张图纸精简至总平面图、鸟瞰图、轴立面图等必要的11张，立面备案制项目仅1张图纸，对总建筑面积5万平方米以下的项目免予联审，5万平方米以上的则压缩联审部门至5个以内、压缩联审时限至3个工作日，审查用时由原先1个月提速至2周内。2022年7月26日，在福建省自然资源半年工作会上，晋江市作题为“推行规划许可模拟审批　推进项目加快落地”的典型经验发言，是全省自然资源系统唯一规划审批制度改革类发言单位。

（刘禹硕）

【城市品质提升年】 2022年，晋江市自然资源局优化调整城建领导组织架构，印发《中共晋江市委　晋江市人民政府关于调整晋江市城市建设管理领导小组的通知》，明确工作职责重点，提升机制运行效率。成立“城市品质提升年”工作领导小组，印发《晋江市“城市品质提升年”活动实施方案》，由市委主要领导为总负责、市政府主要领导任组长，形成“双挂帅”，保障工作落实。建立市领导“两周一调度”机制，协调解决项目堵点难点，推进滞后项目加快建设，督促完成目标任务。发挥市城建办的建设督导作用，实地走访项目，建立问题台账，开展抓城建提品质“百名干部进工地”专项行动，实行项目进展情况月报、定期通报及检查督促等制度，掌握项目建设情况，对先进和滞后项目实行比拼晾晒、督办销号，促进项目提速攻坚。2022年，策划推动规划品质提升、新区拓展提能、城市更新改造、交通通达提效、村庄建设振兴、生态人文融合、城市精细管理、公共服务提质、韧性城市营造、特色亮点打造等十个方面行动共281个项目，超额完成2022年度“抓城建提品质”专项行动目标任务、“城市品质提升年”活动目标任务。开展2023年度城建项目策划，截至2022年12月底，拟纳入2023年度泉州市“抓城建提品质”专项行动项目122个，总投资622.15亿元，年度计划投资108.79亿元。完善日常工作机制。探索出城建“大统筹”（坚持体制机制、项目决策、工作力量、资金保障的统筹），“和谐征迁”（把握一套成建制的模式、让利于民的导向、“一碗水端平”的承诺和以情动迁的真情等关键工作方式方法），“七个同步”（同步推进项目策划、规划设计、征地拆迁、手续报批、招商引资、安置建设、配套建设）的城市更新改造模式。晋江市在泉州市现场推进会上作片区更新及征迁交地典型经验介绍。

（翁信托）

2022年9月8日，泉州市人民政府召集泉州市直有关部门、各县（市、区）政府、24个比拼片区指挥部负责人在晋江市召开泉州市片区更新比拼及征迁交地现场推进会。图为晋江市代表作片区更新及征迁交地经验交流发言

（图/晋江市自然资源局）

【市政交通骨架路网规划体系建设】 2022年，晋江市自然资源局向上对接重大交通基础设施，配合完成城际轨道R1线晋江段选线选站论证、开展站点周边综合开发研究，配合推进《泉州市中心市区“聚城畅通”工程实施方案》项目规划手续办理。形成《晋江市“十四五”城乡基础设施建设专项规划》编制成果，基本完成《晋江市骨架路网规划》编制工作，优化30余条骨架路网指标和管控用地红线要素，纳入新一轮永久基本农田划定调整范围。基本完成《综合交通体系规划》编制工作，完成《晋江世纪大道、大深路、泉安路及龙狮路等沿线7个

节点过街交通组织方案研究》初步建议，开展晋江市医院人行过街设施研究。完成《晋江市中心城区停车场专项规划（修编）》评估报告并报送泉州。基本打造完成内坑镇高铁两岸田园风光、晋江枢纽（牛山互通）门户景观、九十九溪田园风光启动区、疏解公路景观提升、池店高速出入口景观整治等生态连绵带锚固节点。

（杨平生）

城市建设

【概况】 2022年，晋江市开展城乡建设品质提升，策划生成2022年度城乡建设品质提升项目129个，总投资548.92亿元。年度计划投资100.77亿元，实际完成投资125.43亿元，完成投资率124.45%。晋江市蝉联全省城乡建设品质提升综合绩效优异县（市），城乡建设品质提升项目年度计划投资、实际完成投资等指标均居泉州市首位。

【城市民生基础设施建设】 2022年，晋江市加快完善城乡民生基础设施建设，开展“旧城更新提质”行动。10个旧城更新提质行动项目总投资10.95亿元，年度计划投资5.76亿元，实际完成投资6.51亿元，完成投资率113.06%。以青阳街道阳光片区为试点实施城市微更新，项目总投资6000万元，年度计划投资3000万元，实际完成投资3010万元，完成城市更新试点设计，启动实施十大项目。实施青阳街道老旧小区一二期改造项目、梅岭街道老旧小区一二期改造项目、罗山街道老旧小区改造项目、安海镇老旧小区改造项目等4个项目，年度计划投资5800万元，实际完成投资6600万元，完成113.79%。

【样板工程建设】 2022年，晋江市获评2022年全省培育典型样板项目成效明显县（市），科创新区建设、泉州市二重环湾快速路（晋江段）新建工程一期工程、九十九溪流域田园风光项目等项目入选2022年省级城乡建设品质提升样板工程，科创新区建设项目获全省新区建设样板第三名。

（倪卫军）

【老旧小区改造】 2022年，晋江市启动老旧小区改造项目49个，总投资1.5亿元，惠及居民14023户、楼栋419栋，建筑面积232万平方米。年初，晋江市引入北京愿景集团，与市国有企业合资成立愿景佳园建设有限公司，试行“投资、改造、管理、运营”一体化的改造模式，通过入驻28个老旧小区进行物业管理，解决长效管理问题。以青阳街道市直机关宿舍楼小区为核心，打造永丰路“党建＋”邻里中心，打造老旧小区改造样板工程。

（张德水）

【无障碍环境建设】 2022年，晋江市按照《晋江市无障碍设施品质改造提升三年工作计划（2021—2023年）》，推进2022年无障碍设施改造提升计划项目，推动晋江机场扩能改造工程、“无障阅读•书香助残”公共文化空间等5个2022年无障碍设施改造提升工程建设。

（张立志）

【中心市区交通建设】 2022年，晋江市建成国际企业大道南延伸（侨晖路至围头支线段）工程、池店南片区一期市政道路工程第六标段、刺桐大桥收费站改造工程、梅岭路（心养小学—西环路）市政道路工程、晋江市石鼓路—梅园路人行天桥工程、党校北路延伸工程二期、晋江市永兴路（创冠）景观提升工程、吴厝段供水通道改造工程、晋江市梧林古村落人行天桥工程、国际会展中心周边配套道路项目等10个项目；开通运行“为民办实事项目”双龙路—晋宁路、双龙路—世纪大道节点人行天桥。

（蔡安杰）

村镇建设

【概况】 2022年，晋江市贯彻落实乡村振兴战略部署，传承弘扬“晋江经验”，推进集镇环境整治、裸房整治、闽台乡建乡创项目、历史文化保护利用。把乡村振兴与城乡人居环境整治、城乡品质提升等工作有机结合起来，做到统一部署、一并推进。策划生成2022年度城乡建设品质提升项目129个，总投资548.92亿元，年度计划投资100.77亿元，完成投资125.43亿元，完成投资率124.45%。

【特色小城镇建设】 2022年，晋江市推进集镇整治示范项目建设，继续抓好英林镇集镇整治等2021年省级示范项目创建工作，项目计划总投资2000万元，2021年度完成投资1400万元；2022年度计划投资600万元，完成投资619.08万元，完成103.18%。新增内坑镇2022年泉州市级集镇整治示范项目，包括五峰公园景观改造提升、镇区污水管道建设、吉安路立面整治、裸房整治等子项目，计划总投资9297万元，2022年度计划投资4822万元，完成投资4850万元，完成100.58%。

【历史文化名镇名村和传统村落保护】 2022年，晋江市组织东石镇檗谷村申报第六批国家级传统村落。开展历史建筑及传统风貌建筑认定，启动第四批历史建筑及第一批传统风貌建筑认定公布工作。编制保护发展规划，推进五店市历史文化街区、龙湖镇福林村历史文化名村保护发展规划技术审查工作，完成规划评审。开展测绘建档、挂牌保护，加快推进历史建筑挂牌保护、测绘建档、保护图则制定等工作。实施重点改善提升。新塘街道梧林社区入选2022年省级重点扶持历史文化名镇名村和传统村落改善提升项目，策划生成7个重点改善提升项目，年度计划投资

7190 万元，完成投资 7370 万元，完成 102.50%。

【闽台乡建乡创合作创建】 2022 年，金井镇围头村、金井镇溜江村、磁灶镇岭畔村、磁灶镇苏垵村、英林镇三欧村、龙湖镇福林村入选省级闽台乡建乡创合作项目。晋江市发挥对台特色优势，以海峡两岸同根的晋江乡村为载体，以乡建乡创为抓手，创新闽台乡建乡创合作交流模式，通过政策扶持、机制对接、联合互补、情感牵引，引入台湾建筑师(含文创)团队服务乡村振兴，实现共建、共享、共同缔造。

【乡村建筑风貌提升】 2022 年，晋江市规范农房审批与建设，落实《晋江市农房建筑立面图集》，明确农村住宅建筑“屋顶、山墙、墙体、门窗、勒脚、色彩、材质”七要素风貌管控要求，实施农房建设“带图审批”制度，新建农房按照建筑立面图集管控。围绕泉州市下达的年度 3556 宗裸房整治任务，重点推进乡镇镇区中心、“四类重点村庄”(历史文化名镇名村传统村落、高铁高速和重要通道沿线村、乡村振兴试点村、乡村振兴示范线村庄) 裸房整治工作，完工 3556 栋，完工率 100%，完成上级下达目标任务。

（倪卫军）

【房屋安全隐患排查整治】 2022 年，晋江市推进房屋安全隐患排查整治有关工作，开展自建房安全专项整治工作。“4•29”长沙居民自建房倒塌事故发生后，晋江市全面开展房屋结构安全隐患排查整治“回头看”，出台《房屋结构安全隐患排查整治“回头看”工作方案》《自建房安全专项整治实施方案》，落实自建房安全专项整治要求，开展经营性自建房“百日行动”攻坚，同步开展其他自建房排查整治。全市排查复核经营性自建房 29982 栋，全数录入“福建省房屋安全信息管理系统”，核定重大安全隐患房屋 53 栋，全部采取处置措施。落实年度专项整治任务，完成上级下达的 2269 栋一般安全隐患钢结构房屋处置、704 栋一般安全隐患 50 年及以上老旧房屋处置；开展 78 栋房屋保险监测试点工作，完成与业主、保险公司的合同签订，基本完成监测设备安装工作。依托公安机关标准地址二维码门牌，关联省系统房屋安全信息，完成全市房屋绿码关联工作，实现房屋安全身份识别。

（庄泉源）

新型城镇化建设

【概况】 2022 年，晋江市围绕“以人为本、机制创新、产城融合、城乡一体”，打造以人为核心的新型城镇化，推动晋江城区建成区面积拓展至 115 平方千米，城镇化率提升至 70%。

【产城融合】 2022 年，晋江市以产业提升带动城市繁荣，全市有 2 个超千亿集群、5 个超百亿产业集群、50 家上市企业，引进培育集成电路、石墨烯产业、体育产业、现代物流等新兴产业。开展“现代服务业提质扩量”活动，2022 年服务业占国内生产总值的比重为 37.8%。以城市更新加快产业转型。推进园区标准化工作、盘活利用低效用地，开展项目策划摸排、政策拟定等前期工作，推进 464.6 公顷低效用地盘活增效。

【现代化治理与文明水平提升】 2022 年，晋江市以“网格化管理、社会化服务”为方向，率先实行市、镇、村三级网格化管理，覆盖率 100%。抓治理平台建设，推动基层治理由“单点推进”到“多点融合”，在全省率先组建综合执法队并推动实质性运转，推动市直人员下沉，开发晋江市综合执法办案平台，构建上下联动综合执法体系，实现镇级一支队伍管执法。

【公共服务体系建设】 2022 年，晋江市构建公共服务体系，建设宜居生活环境，建成养老服务设施 357 所，每千名老人拥有养老床位 41 张，高于全省平均值。加快 15 分钟健身圈建设，全市有体育场地 4822 个，总面积 619.89 万平方米，人均体育场地面积 3.06 平方米。全市公办学校向外来务工人员子女零门槛开放，赋予外来务工人员子女与当地学生一样的入学、升学权益，全市落户 15820 人，到晋江务工人员子女占 49.31%。

【体制机制改革多元化】 2022 年，晋江市深化行政体制改革。立足一镇一品，推进全方位深层次镇域集成改革，为发达镇扩权、减负、赋能、提质、增效。金井镇、深沪镇分别以前两位成绩通过省委托泉州考评验收。深化教育体制改革。推动中小学教师“县管校聘”，规范基层“两聘”工作，出台《关于进一步明确校长教师校际支教交流工作有关事项的通知》。推进学前普及普惠通过省级验收。提高学前保教水平，创建 10 所晋江、泉州市级示范园，示范幼儿园在园幼儿数量占全市在园幼儿总数的 43%。健全科技创新体制机制。加快推进创新平台载体建设，全市平台新增产学研合作、技术服务项目 493 项，金额 8300 万元。吸引一批高校、科研院所到晋江设立成果转化中心，支持企业发起技术转移机构，新增 7 家企业申报各级技术转移机构。加强职业技术经纪人队伍建设，在全省县域率先召开初级技术经纪人培训班，培训 195 人次。推进落实新时代科技特派制度，新增认定省级、泉州市级科技特派员(法人、团队)154 名(个)。

（柯婉瑜　饶一兵）

市政设施

【概况】 2022 年，晋江市城市管理局树立“为民管城”的核心理念，完成路灯工程、照明提升项目建设，规范管理共享单车和公用自行车，推进市政设施建设。

【路灯工程建设】 2022年，晋江市城市管理局竣工路灯工程6个，分别是青华北片区智慧路灯改造工程，阳光社区金光路、江声路智慧路灯改造工程，市域8号路(一期)路灯工程，晋江市国际企业大道南延伸（侨晖路至围头支线段）路灯工程，池店南片区一期市政道路(第六标段)路灯工程，晋江市国际会展中心周边配套道路路灯工程。

【路灯设施管理维护】 2022年，晋江市城市管理局完成4500套灯具的节能改造，以LED灯具替换长兴路、池峰路、兴霞路等17条道路的钠灯灯具。排除路灯线路故障1265次，修复路灯灯具2640盏，修复景观节能灯7301盏，路灯设施完好率97%以上，亮灯率98%以上。

【夜景照明工程】 2022年，晋江市城市管理局完成照明项目——晋江大桥标段的建设，接管石鼓路—梅园路立交人行天桥照明项目。在照明设施维护方面，消除照明缺陷1356次，全市照明亮灯率保持在95%以上。

【城市共享电单车管理】 2022年，晋江市城市管理局完善共享电单车行业监管体系，先后制定《晋江市中心市区共享电单车监督管理考核细则（试行)》《晋江市互联网租赁电动自行车经营准入退出细则(试行)》，实行月评比、季度累计的方式对运营车企进行考核评价。新建安海镇共享电单车监管平台，设置实体电子围栏站点151个。

【公用自行车管理】 晋江市公共自行车运营服务采购项目于2021年11月30日合同到期，该项目资产包括但不限于固定资产、信息系统、用户数据等，于2022年1月31日前全部移交晋江城建集团下属子公司——晋江智信大数据有限公司。

（张学锋）

【城市燃气】 2022年，晋江新奥燃气有限公司完成天然气中压管道建设31.93千米，新增通气居民用户1.4万户，新增工商业用户85户，新增用气规模20万立方米/日。截至2022年底，有2049家工商业用户/福利户、12.22万户居民用户使用管道天然气，全市天然气用气规模最高362万立方米/日，中低压管网总长1757千米(中压管网总长907千米)，天然气管网实现镇镇通。

居民用户安全 2022年，晋江新奥燃气有限公司开展居民用户安全检查99570户。对全市414个小区开展立管隐患专项治理，改造152根存在占压、包裹、锈蚀等隐患的立管，消除潜在的漏气风险。

工商业用户安全 2022年，晋江新奥燃气有限公司工商业用户2049户，每月免费入户安检一次；制定综合体专项应急预案，定期开展综合体应急演练，每季度联合综合体物业管理单位开展一次整体保压工作，并采用甲烷激光检测车对5个综合体周边燃气管道进行检测；推动完成389家餐饮用户可燃气体报警装置及商业灶具无熄火保护装置的安装。

燃气管网安全 2022年，晋江新奥燃气有限公司在运营中低压燃气管网总长1757千米，以网格形式对管网进行每天巡检巡查，全年累计发现6处管道占压，均完成整改；每月采用甲烷激光检测车按计划对重点位置进行巡检巡查；全年对第三方施工进行管控136处，增补1.3万余个燃气管网标识，确保燃气管网安全运营。

数智化安全 2022年，晋江新奥燃气有限公司成立晋江新奥智能运营中心，建立一整套安全保障体系，上线SCADA系统(数据采集与监视控制系统)、远传智能燃气管理系统、智慧运营系统等，安装NB物联表、智能井盖、远传压力终端等物联设备，实现业务全流程安全质量环节监控、预警、监管，做到“安全数智化线上示险”“安全赋能线下督导”双管齐下保安全。

应急抢维工作 2022年，晋江新奥燃气有限公司配备专业的抢修车辆、甲烷激光检测仪、检测车、电熔焊接、热熔焊接、发电机等全套抢修机具，抢修电话(95158)24小时值守，加入晋江“110”联动网；2022年联合金丰染整、金街素满香等开展各场景演练6次，锻炼和提升员工的快速反应和应急处置能力。

燃气用气安全宣传 2022年，晋江新奥燃气有限公司在“晋江城管”“晋江新奥燃气有限公司”等微信公众号开展各类宣传81次，在万达广场、竹园小区、凯旋国际、滨海新城等开展现场安全宣传活动；通过全市300辆公交车车载广告进行燃气管道保护和安全用气方面知识宣传，提升全民安全用气意识。

（林雪琪）

2022年6月9日，晋江新奥燃气有限公司在西滨镇金丰(晋江)染整有限公司开展天然气管道泄漏应急救援演练 （图/晋江新奥燃气有限公司）

公用事业

【城市供水】 2022年，晋江市推进供水管网新建改造工作，完成新建供水管道47.43千米，完成老旧供水管网改造117.09千米，完成兰峰城市花园小区二次供水改造3500户。联合晋江市住建、卫健部门开展住宅小区、学校、医院、酒店二次供水管理常态化监督检查，发现并督促整改完成39个问题。全市10家自来水厂出厂水抽样36份，合格率100%；管网末梢水抽样284份，合格283份，合格率99.6%；全市水厂年度106项全化验均达标。

（周文从）

【农村生活污水治理】 截至2022年12月底，全市399个村（社区）实现农村生活污水治理设施全覆盖，完成污水治理村（社区）394个（其中通过片区改造完成38个）、在建4个，完成初验250个、终验37个，建成农村污水管道4773千米、小型污水处理站111座、村级污水提升泵站81座，完成投资21.15亿元。其中，2022年新增完工24个、初验97个、终验12个，新建污水管道178千米、小型污水处理设施17座，完成年度投资2.08亿元。

【打通污水"断头管"项目】 2022年，晋江市计划实施污水处理厂及配套管网项目40个。截至12月底，完工项目17个、在建10个、开展前期工作的13个，建成纵二线(G324)国道磁灶段、内坑镇疏解公路段等污水管项目，完成年度投资4860万元，埋设污水管道21.34千米。

【污水设施管养】 2022年，晋江市推行市区排水管网管养市场化，继续委托水务集团进行管养，清理雨箅11696座，清理雨箅支管15.89千米，完成雨污水管网改造38处。

【排水许可管理】 2022年，晋江市加强雨污分流治理，规范排水户污水排入排水管网，为排水户办理排水许可证58件（临时排水许可证13件），其中教育行业4件、工业企业22件、房地产居住小区31件、医疗行业1件。联合晋江市城市管理局、市人民检察院开展洗车行业规范排水的联合检查工作。

【污水处理】 2022年，晋江市7座污水处理厂（仙石、南港、晋南、深沪、泉荣远东、安东园、西北），污水处理总规模49.5万吨／日，日均处理污水45.07万吨，日产污泥238吨。污水处理厂正常稳定运行，全年出水稳定达标排放，污泥全部无害处理。

仙石污水处理厂　　（摄于2022年8月17日　图／晋江市水利局）

【排海工程海域段开工建设】 2022年，晋江市协调有关部门，交叉运作推动前期工作，深沪污水处理厂、泉荣远东污水处理厂排海工程（海域段）前期手续取得进展。陆地部分管道工程于10月开工建设，完成管道埋设1.08千米。

（李培波　周文从）

城市园林绿化

【概况】 2022年，晋江市围绕城市园林品质提升主线，对标泉州市"绿满泉城"三年行动，实施"绿满晋江"三年行动，推进"百姓园林、山水园林、文化园林＋门户廊道"建设，提升城市颜值和品质。年度完成投资约2.5亿元。建成区绿化覆盖率44.04%，城乡绿地率40.03%，人均公园绿地面积14.4平方米。

【市政公园建设与管理】 2022年，晋江市推进晋江南岸生态公园、崎山山地自行车公园、"一山"（依托灵源山、华表山、罗裳山、崎山、八仙山等山脉而打造的休闲步道，将灵源山、紫林寺、草庵寺等具有闽南文化特色的景点串成一线，总长约20千米）慢行系统、八仙山公园、晋阳湖公园、黎刹广场、紫湖郊野公园等公园广场项目建设提升，南岸生态公园建成投用，新建、改建街头绿地（口袋公园）10处和垂直绿化提升18处，年度工程建设完成投资约1.4亿元。市林业园林局负责敏月公园、世纪公园、八仙山公园、"一山"慢行系统、"一水"（南起晋阳湖公园，与绿洲公园连接，沿浦沟延伸至晋江出海口，总长约8千米，景观带15—60米不等）慢行系统等25处公园、广场和绿地的日常管养工作，面积约463公顷，2022年度日常管理投入资金约3700万元，其中绿化养护保洁约2800万元、安保服务及监控系统方面约500

2022年，晋江市推进市政道路园林景观建设。图为晋明路绿化改造项目
（摄于2022年7月 图/晋江市林业园林局）

万元、零星维修维护约400万元。

【市政园林景观绿化】 2022年，晋江市推进市政道路园林景观建设，实施市域8号路（一期）绿化工程、晋明路绿化改造工程、东西三路绿化景观提升工程、文化宫北侧迎宾路人行道及绿化工程，年度完成总投资约2000万元。

【市政道路绿化管养】 2022年，晋江市开展道路绿化养护标准化提升行动，推进道路绿化养护精细化管理。实施道路绿化养护及硬地保洁服务面积约496万平方米，日均投入养护作业人员1120人次，年度投入养护资金约5585万元。

【市区鲜时花种植】 2022年，晋江市在元旦、春节、劳动节、国庆节等节假日及重大活动期间，利用各主要交通节点、公园广场、街头绿地等空地摆放、种植鲜时花，完成道路鲜时花种植约150万株，投资约170万元。

【城市绿化景观提升】 2022年，晋江市完成世纪大道、机场连接线、和平北路等80余条道路绿化提升，更换乔木402株、灌木392株、时花1.5万平方米、地被绿篱14.99万平方米。

（庄珊红）

城市管理

【概况】 2022年，晋江市城市管理局以推进城市精细化管理和“两违”（违法占地行为、违法建设行为）综合治理为重点，统筹推进城市管理各项工作。拆除“两违”建筑108宗，拆除面积21066.88平方米，查处违规张贴小广告75宗。牵头制定出台《晋江市2022年垃圾分类工作实施意见》，推动源头减量，提升分类投放水平。至年底，全市分类收集点位增至280处、厨余垃圾收运车辆15辆、收运路线12条。

【“数字城管”建设】 2022年，晋江市城市管理局布局新基建，提高科技赋能，推进“智慧城管”（四期）项目建设。城市管理保障中心智慧城管平台接收立案79203件，按时处置74978件，按时处置率94.67%。

【“两违”综合治理】 2022年，晋江市城市管理局推进“两违”综合治理。强化卫片图斑核查销号，下发图斑6期、11255宗，销号11123宗，销号率98.83%。强化集中攻坚拆违整治，每月以拆违治危、整治临时搭盖等为主题，开展“两违”综合治理集中攻坚行动，拆除“两违”建筑108宗、拆除面积21066.88平方米；拆除乱搭乱建15宗，拆除面积2761平方米。

【渣土车整治】 2022年，晋江市城市管理局编制《晋江市房屋建筑及市政工程（含拆除工程）文明施工导则（试行）》，规范建筑工地渣土运输源头管理。对产生、运输处置全流程核准，全面掌握渣土运输动态，审批建筑垃圾核准86宗，查处“滴洒漏”、未经核准等违法违规车辆129辆，处罚金额48.34万元。

【户外广告管理】 2022年，晋江市城市管理局组织开展小广告专项整治，重点查处违规张贴、散发小广告行为，查处违规张贴小广告75宗，曝光9宗，报送手机号码停机148个，罚款3.75万元，组织清理小广告4.02万张。

【城市燃气安全监管】 2022年，晋江市城市管理局开展燃气行业专项整治。开展全市燃气经营全覆盖检查，聘请行业专家109人次，检查燃气场站74场次，排查隐患328条。打击瓶装液化石油气市场非法经营黑气点，查处黑气点44家，扣押钢瓶1607个。组织各镇（街道）开展燃气安全检查，检查单位和场所3722家，排查隐患3799处。开展管道燃气安全检查，组织人员排查全市1757千米天然气管网，发现问题10处，全部整改到位。

【生活垃圾分类管理】 2022年，晋江市启动全市厨余垃圾分类收集工作，各镇（街道）、经济开发区开展收运点位摸排、餐饮商户劝导、分类桶投放工作，分类收集点位由42处增至280处，厨余垃圾收运车辆由3辆增至15辆，收运路线由2条增至12条。在金井镇推进农村生活垃圾分类示范建设，升级改造分类投放和分类收集设施，建设镇级生活垃圾资源化分拣中心、厨余垃圾就地处理设施、大件垃圾暂存点等，提升垃圾分类工作成效。泉州市 2022 年农村垃圾分类视频现场会在晋江市金井镇召开，推广晋江市农村生活垃圾分类经验。

【智慧停车监管平台】 2022 年，晋江市构建智慧停车监管平台，将全市停车场纳入统一管理、实时监控；制定《晋江市经营性停车场办理备案指南》，组织对中心市区各类占用公共空间设立经营性停车场进行全面摸排整治。10 月，晋江作为县（市、区）代表在全省经营性停车场专项整治工作会上作典型发言。

【“晋情拍”微信小程序上线】 2022 年，晋江市城市管理局联合晋江市文明办完成“晋情拍”微信小程序功能开发、上线及运行，市民可通过“晋情拍”微信小程序上报城市管理存在的问题，上线积分兑换奖品功能，鼓励市民使用、注册。依托智慧城管平台+“晋情拍”微信小程序，打造城事“啄木鸟”特色党建品牌。7 月，举行城事“啄木鸟”行动启动仪式暨“晋情拍”推广活动。“晋情拍”微信小程序自 5 月上线至年底，办结市民反映问题 4818 件，在办 134 件。

（张学锋）

建筑业

【概况】 2022 年，晋江市自然资源局把握土地出让节奏，提升土地价值，出让项目用地 76 宗、面积 282.38 公顷、出让金 110.99 亿元，面积和金额均位居泉州各县（市、区）第一。2022 年，晋江市完成建筑业产值 104.93 亿元，比上年增长 1.1%。晋江市建筑企业资质门类逐步齐全，包含施工总承包 9 类、专业承包 18 类、施工劳务等资质门类。全市取得资质建筑企业 392 家，其中总承包企业 150 家、仅专业承包企业 140 家、仅施工劳务企业 102 家。

（洪晓明　张立志）

【土地出让】 2022 年，晋江市自然资源局发挥土地经营运作专班职能优势，做细做优土地出让月度计划，明确出让时序、组织地块推介，提前谋划、先期介入、交叉推进、并联协同，以季度考评、通报督办为抓手协调解决出让问题。2022 年出让项目用地 76 宗，面积 282.38 公顷、出让金 110.99 亿元，面积和金额均位居泉州各县（市、区）第一。

（洪晓明）

2022 年 7 月 14 日，晋江市开展城事“啄木鸟”行动启动仪式暨“晋情拍”推广活动

（图／晋江市城市管理局）

【建筑市场监管】 2022 年，晋江市强化市场行为监管，开展建筑市场专项执法检查，打击串通投标、弄虚作假投标、违法发包、违法转包、违法分包等建筑市场违法违规行为，保持建筑市场秩序平稳有序。执行全省统一的房建市政施工项目招投标机制，运用福建省公共资源交易电子行政监督平台开展招投标监管，维护“便捷、高效、公开、透明”的招投标环境。招投标项目 189 个，招标控制总价约 106.87 亿元，中标总价约 98.54 亿元，节约资金约 8.33 亿元，资金节约率约 7.79%。

【绿色建筑建设】 2022 年，晋江市开展绿色建筑创建行动，推动新建民用建筑全面执行绿色建筑标准。全市 67 个项目按照绿色建筑标准进行设计并进入实施阶段，总建筑面积近 373.6 万平方米；竣工绿色建筑面积占竣工民用建筑面积比例为 95.7%。推动装配式建设要求纳入建设项目土地出让合同及规划设计条件，全市新出让建设用地、总建筑面积 2 万平方米以上的商品住宅项目，设定装配式建筑面积达到商品住宅项目总建筑面积的 20% 以上。启动实施安腾壹号院、春江天越小区等 17 个装配式项目，全市装配式建筑面积约 38 万平方米。

【建筑企业扶持】 2022 年，晋江市兑现建筑业企业扶持资金，按照《进一步促进建筑业发展壮大若干措施操作程序》扶持资金申请材料及流程，完成 2021 年度扶持资金审核，涉及企业 106 家，扶持资金 2684.53 万元。

（张立志）

【建筑工程质量安全】 2022 年，晋江市新办理施工许可证项目 115 个。其中，房建项目 105 个，建筑面积 402 万平方米；市政项目 10 个，造价 9.2

亿元。竣工验收项目108个。其中，房建项目99个，建筑面积约416万平方米；市政项目9个，造价约5.5亿元。晋江市住房和城乡建设局围绕“规范建筑市场秩序、提升工程质量安全水平”两条主线，从源头抓起，加强质量管控，实施“两场”（建筑市场和施工现场）联动，开展安全生产标准化提升专项行动，提高建筑工程质量安全水平。有19个项目获评泉州市建设工程优质工程（“刺桐杯”），3个项目获评福建省建设工程省级优质工程（“闽江杯”）。11月18日，在全省建设工程质量安全监督工作视频会上，晋江市住房和城乡建设局就建设工程质量安全监管经验作交流发言。

2022年，晋江市执行在建项目“双随机”动态考评机制，对全市在建建筑工地工程质量安全实行动态考评，通过动态记分加大信用惩戒力度。发出质量安全整改通知书343份，督促企业完成整改并闭环销号质量安全隐患2889条；对存在违规行为的责任主体及个人动态记17158分，对27个项目共记企业信用分Mi值29分；立案查处违法违规案件13起，累计罚款164.8万元。推进房屋市政工程安全生产专项治理。制定《晋江市房屋市政工程安全生产治理专项行动实施方案》，通过“执法人员+企业专家”模式对全市在建工程开展全覆盖检查。首轮出动825人次，检查在建工程179个，发出整改通知177份，局部停工通知单2份。下半年先后开展3轮“回头看”工作，对前期检查存在较大安全隐患问题的项目进行针对性检查。印发《晋江市建筑施工领域安全生产标准化提升专项行动2022年攻坚方案》，推进标准化建设提升攻坚行动。199个建设工程完成标准化提升工作，全部考评为蓝色等级，完成阶段性攻坚目标。

（张扬政）

房地产业

【概况】 2022年，晋江市房地产业平稳向前。开展购房促销活动。印发《2022年5月份房地产购房补贴促销活动方案》，136个在售项目参与，促成商品房交易网签5788套（位），面积56.6万平方米。支持办理晋博坊等16宗预售许可；全市范围取消限购措施，限售期限调整为须取得不动产权证满2年后即可转让；审批春江天越等13个项目申办桩基先行施工许可，1家企业申请缓缴城市基础设施配套费申请。加强交付管理。共督促新塘宝龙世家等24个房地产项目完成交付报备工作，现场踏勘人员51人次，约谈项目负责人24人次。

【土地市场】 2022年，晋江市出让项目用地76宗、面积282.38公顷，出让金110.99亿元，面积和金额均位居泉州各县（市、区）第一。出让房地产商住用地25宗，出让面积106.14万平方米，总成交价92.25亿元；均价8691.71元/平方米，比上年下降11.24%。最高成交楼面价8023元/平方米。

（尤祖鸿　洪晓明）

【商品房销售】 2022年，晋江市批准商品房预售许可面积100.58万平方米，其中住宅面积73.91万平方米，占比73.48%。全市房地产累计完成投资200.01亿元，比上年上升6.22%；商品房销售面积448.49万平方米，比上年上升0.01%，其中住宅销售面积206.64万平方米，比上年下降35.78%。新建住宅均价10530.5元/平方米，比上年上升0.54%。

【商品房库存】 至2022年12月底，晋江市办理预售尚未出售商品房面积208.94万平方米，去化周期9.27个月。其中，住宅面积约109.29万平方米，去化周期5.50个月；非住宅（不含车位和企业自持）面积约99.65万平方米，去化周期37.60个月。

【房地产开发】 2022年，龙湖地产分别以5.37亿元、14.84亿元拍得池店镇华洲村、晋东新区商住用地，定名春江天越小区、御湖境小区。其中，春江天越小区住宅售罄；御湖境小区一期首次开盘9栋582套住宅，成交510套，销售额13.5亿元，去化率87.62%。

【物业管理】 2022年，晋江市新增交付的物业小区项目27个，合计交付使用住宅18391套，建筑面积220.56万平方米。通过精细化管理考评物业小区242个，评定五星级小区53个、四星级小区75个。

（尤祖鸿）

【住房公积金管理】 2022年，晋江市有6220个单位149287名职工缴纳住房公积金，其中年度新增住房公积金归集单位943个、9578人，新增归集住房公积金20.41亿元；住房公积金余额52.42亿元。累计批准218102人次提取住房公积金13.12亿元。全市新增住房公积金贷款1912户，发放个人住房公积金贷款91670.97万元，期末贷款余额52.26亿元，住房公积金个人贷款使用率99.69%。

（张晓光）

综 述

【不动产统一登记】 2022年，晋江市优化不动产登记工作，办理不动产登记11.74万宗，服务企业、群众不动产抵押融资800多亿元，免收涉企不动产转移登记费及小微企业登记费101.66万元。不动产抵押登记0.5个工作日即可出证，为企业节省融资成本。优化“交房即交证”便民举措，办理112宗“交房即交证”不动产权证书。推行“不动产登记＋智能审批”模式，推出预购商品房预告登记/抵押权预告登记(联办)、抵押权注销登记智能化审批功能，实现数据自动匹配、智能审核、自动出证，“秒审秒批”47家开发商53个楼盘211处便民服务点7000余名业主的审批业务。推行“不动产登记＋互联网”模式，再次推出登记信息查询“掌上办”功能，群众在手机闽政通App“i晋江”模块上可随时随地查询其本人名下不动产登记信息并打印证明，提供查询服务13.2万人次。推出不动产登记“一证一码”便民服务模式，通过系统调取宗地图和房产分户图并将信息转换成二维码，展示在新颁发的不动产权证附记位置，不粘贴纸质附图，群众随时通过移动设备查询登记信息、权属状态、宗地图及分户图。升级改造抵押直连系统，设置不动产登记抵押直连便民服务点211处，覆盖晋江各大商业银行并延伸至泉州市区、南安市、石狮市等地，实现不动产抵押贷款和抵押登记“一站式”办结、全流程网上办理，办理业务3万多宗。出台《晋江市自然资源局关于在部分不动产登记证明事项推行告知承诺制的通知》，简化不动产非公证继承手续，将部分确实难以获取的证明材料改由申请人自行承诺，将“证明”变“承诺”，解决办事企业、群众办理不动产登记“举证难”的问题。优化二手房“带押过户”新模式，实现无须先解押即可完成过户、重新抵押并发放新的按揭贷款，二手房交易、登记、抵押贷款无缝衔接，为卖方节省提前还贷衍生出的“过桥费”“担保费”。牵头出台《晋江市工业企业不动产登记历史遗留问题处理方案》，到各镇(街道)开展系列政策宣讲，累计29家企业提出不动产权证申请，支持规模以上企业解决工业厂房及配套用房等不动产登记历史遗留问题，助力企业增资扩产。

(庄晓红)

【无权属来源危旧房改建权属认定】 2022年，晋江市推进无权属来源危旧房改建权属认定，按照《晋江市人民政府办公室关于印发无权属来源证明危旧房就地改建土地权属认定工作规程的通知》要求，受理审核无权属来源证明的个人危旧房就地改建土地权属认定187宗，解决“四帮四扶”(帮就业、帮就医、帮就学、帮安居和扶贫困、扶老幼、扶伤残、扶志气)、“二女户”等住房困难群众无权属来源危旧房翻建困难。

(张金前)

【自然资源信息化建设】 2022年，晋江市推进自然资源信息化建设。推进自然资源一体化平台项目建设，完成可行性研究报告暨初步设计方案编制、技术审查、项目招投标等前期程序，构建“一张网、一张图、一平台、N应用”信息化框架。完善晋江市地理信息公共服务平台，更新6个测绘成果目录和电子地图注记，完成2022年度地图审核，为新增的公共卫生应急平台、智慧网格服务平台、房屋安全信息管理平台、人口房屋空间信息系统4个全市信息化建设项目提供地图数据服务，获评2021年度省级优秀节点。更新国土资源“一张图”业务空间数据，数据类别涵盖年度变更调查图斑等；为全市约90个政府部门、社会机构提供影像图、地形图、土地利用现状等各类基础地理信息约1.98万份，完成规划基础资料和历史档案数字化项目验收，完成建设项目用地核查6863份，定期做好福建省自然资源监测评价及辅助决策系统的报告分析、指标评价及短板整改，完成全部在用应用系统运行环境迁移上云目标。信息化建设有关做法获省自然资源厅主要领导批示肯定。

（许滢雯）

【自然资源测绘管理】 2022年，晋江市自然资源局开展测绘中介机构日常管理工作，实地走访相关测绘中介机构11家，加强全市测绘行业安全生产检查及房屋隐患排查。

（林　宪）

【自然资源执法监察】 2022年，晋江市通过市指导、镇统筹、片督促、村动员、业主执行五级联动机制，综合运用日常土地执法巡查、“12345”举报电话、卫片执法检查、“天上看、地上查、网上管”动态监测等手段，实行属地国土所、执法中队、村级组织3支基层巡查队伍常态巡，对违法占地行为做到“早发现、早制止、早处置”；运用自购卫星遥感影像手段开展每月新增“两违”图斑及违法占用耕地图斑核查整改，在连片永久基本农田保护区域布设视频监控。逐宗建立清单、分解责任、对账销号，加强与城市管理局、农业农村局、属地镇（街道）协调联动，分发疑似图斑并督促镇（街道）及有关单位抽调力量核查处置，共同推进农村乱占耕地建房整治、卫片图斑整改等工作，查处违法违规占用耕地行为，实行卫片资源共享、违法信息互通、执法查处协同，解决一宗、销号一宗。将卫片图斑整改、新增农村乱占耕地问题纳入全市“两违”综合治理考核。市效能办、市政府督查室对照整改项目责任清单、任务清单和责任期限跟踪督办，确保压力传导到位，构建精细化信息化耕地保护监管格局。出台《晋江市人民政府办公室关于进一步规范公建项目用地行为的通知》，聚焦耕地保护薄弱环节和关键点，引导公建项目依法依规用地。该文件获省自然资源厅在全省推广。实施海域海岛执法监察网格化管理，配置6名市级、34名镇级海域动态监管人员，分片区常态化开展巡查监管，在海域动态监管车辆定期沿线巡查基础上，结合无人机高空拍摄的岸线和无居民海岛全景照片比对变化等手段，发现并制止违法占用海域、破坏自然岸线等行为，形成“职责清晰、分工明确、运转高效”的监管格局，构建市、镇两级自然岸线巡查责任体系。联合涉海部门、沿海镇开展月度海域辖区巡逻和海上联合巡查，打击海上非法采砂及非法围填海行为，出动181人次巡查岸线5000千米、海上巡查130海里，遏制非法围填海等行为。

（陈辉煌　周锦昭）

【矿山生态修复】 2022年，晋江市自然资源局保持打击违法采矿高压态势，不间断开展巡查；加大废弃石窟安全管理力度，完成新设和修复护栏约2550米，在原44处废弃矿山视频监控设备基础上增设25处视频监控设备。按照“宜耕则耕、宜林则林、宜水则水、宜园则园、宜建则建”的原则，对废弃矿山集中连片区实行整体设计、综合施策、系统修复，开展废弃石窟生态治理工作，完成废弃石窟生态修复21.87公顷。

【地质灾害防治】 2022年，晋江市自然资源局完成年度地质灾害防治方案编制，明确防灾责任人、巡查监测人等群防群测人员，更新地质灾害工作明白卡、地质灾害防灾避险明白卡，出动949人次对全市地质灾害隐患开展巡排查，未发现新增隐患。完成全市1：5万地质灾害风险调查评价工作，核实和掌握各相关地质灾害点隐患类型、威胁范围、威胁对象和危害程度的动态变化，明确防范措施。推进地质灾害点治理，内坑镇2处地质灾害点完成工程治理，罗山街道、深沪镇2处地质灾害点待监测满一年可验收销号。

（王玉志）

【工程建设项目审批】 2022年，晋江市推进“多测合一”“多证合一”“告知承诺制审批”“拿地即开工”“工规豁免”等工作，节约项目用地和时间成本，完成“拿地即开工”项目10宗。提供批前预审服务，避免材料多次修改，减少实际办证时间，提高审批准确率。出台《晋江市自然资源局关于

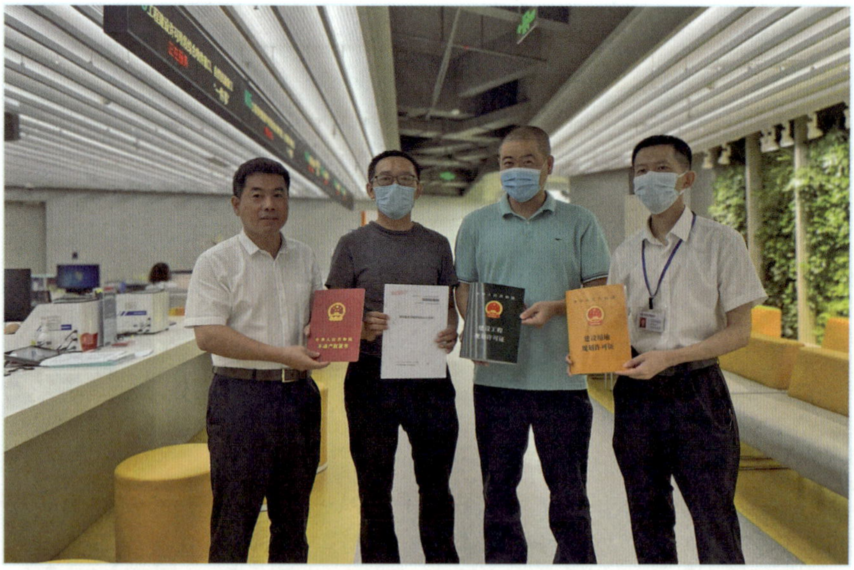

2022年8月26日，晋江新智造产业园项目交地当天，项目业主从晋江市自然资源局工作人员手中一次性拿到土地出让合同、建设用地规划许可证、不动产权证书、建设工程规划许可证等，标志着该宗项目成为晋江市施行“交地即交证”“拿地即开工”模式后，首宗带建筑设计方案出让并实现“四证同发”的工业项目

（图／晋江市自然资源局）

进一步简化工业企业提容增效报建程序的通知》，简化工业用地调整规划指标的程序，通过“同步编制、同步论证、同步公示、交叉办理”等方式，放宽申办条件、简化方案内容、明确各办理环节申报及审查流程。优化后，工业项目提高容积率审批，无须调整控规的办理时间由原先的75天压缩至27天，需调整控规的办理时间由原先的136天压缩至45天。打造“交地即交证”“拿地即开工”集成审批新机制，为企业提供工程建设项目审批“一站式”服务，允许工业项目土地手续报批与建设手续办理并行开展，在项目业主拿地后，同步开展土地出让合同签订、用地规划许可证办理、权籍调查及成果入库、工程规划许可证办理等工作，协助办理缴税、交地等工作，在项目完成交地手续当天一次性发放《土地出让合同》、建设用地规划许可证、不动产权证书、建设工程规划许可证等。晋江市简化工业企业提容增效规划审批经验做法在全省推广。

（龚钦仕）

【自然资源普法宣传】 2022年，晋江市自然资源局落实“谁执法谁普法”责任制，以“4•22”世界地球日、“6•8”全国海洋日、“6•25”全国土地日为契机，拍摄《守护蓝色海岸线 一起向蔚蓝》《耕地保护》宣传短视频，制作宣传标语，通过广播电视开机广告、公交车载广告、微信公众号等载体宣传。组织自然资源普法宣讲团进镇村一线宣讲综合执法赋权乡镇相关业务职责，分发《土地与生态文明》《常见自然灾害避险与自救》《不动产登记知识》等宣传手册及宣传折页2500份，组织收听收看《信访工作条例》《中华人民共和国安全生产法》《中华人民共和国反有组织犯罪法》《中华人民共和国土地管理法》《中华人民共和国行政处罚法》《中华人民共和国土地管理法实施条例》等专题讲座。以第三个“平安晋江共建日”为契机，联合磁灶镇政府举办线下“耕地保护、平安共建”农耕体验普法活动，通过河边漫步、有奖问答、玉米采摘、农耕播种等体验项目，普及耕地保护法律法规知识。

（叶明佳）

【晋江市展馆】 2022年，晋江市自然资源局加强市展馆日常运行，配合完成新一轮展馆改造，发挥福建省爱国主义教育基地及泉州市社会科学普及基地的作用，公益性服务接待参观团846个、参观2.2万人次，获“晋江市关心下一代党史国史教育示范基地”“泉州市关心下一代党史国史教育示范基地”等称号。

（杨黎明）

土地资源管理

【概况】 2022年，晋江市加大耕地保护力度，形成耕地保护共识，稳住耕地总量、控制占用耕地增量，年度补充耕地36.48公顷、补充水田26.87公顷、建设占用耕地耕作层剥离再利用18公顷。获省政府批准农用地转用和土地征收340.91公顷；完成批而未供和闲置土地清理处置290.27公顷，超额完成省自然资源厅下达的年度处置任务，处置面积位居全省前列。启动国家盘活利用低效用地试点，开展项目策划摸排、政策拟定等前期工作。推进自然资源一体化平台项目建设，完成可行性研究报告暨初步设计方案编制、技术审查、项目招投标等前期程序，晋江市地理信息公共服务平台获评2021年度省级优秀节点。

（魏智文）

【耕地保护】 2022年，晋江市通过“市级统筹、部门协作、镇街主责、部门监管、村级主体”的耕地保护责任联动机制，市主要领导协调部署、分管领导会商督促，定期组织卫片执法暨占用耕地分析研判，将耕地保护纳入镇（街道）年度绩效考核，各部门和镇（街道）配合，完成1.07万顷“三区三线”的永久基本农田划定任务；完成年度补充耕地36.48公顷、补充水田26.87公顷、建设占用耕地耕作层剥离再利用18公顷，均超额完成上级下达任务。对占用耕地的实行管控，确需占用耕地的落实耕地“占补平衡”“进出平衡”。

（王开新）

【用地要素保障】 2022年，晋江市自然资源局出台《“项目攻坚2022”资源要素保障工作方案》《开展“百名干部进百企 一企一策促发展”专项行动工作方案》，实行局领导包片指导责任制、用地报批专班运作模式，明确年度目标任务、具体措施、职责分工，下沉开展“单位＋镇街、领导＋骨干、政策＋实操”3个全覆盖巡回服务，组织镇（街道）、项目主管部门、项目业主三方会商，通过上门服务、现场督导、挂图作战机制，推动问题堵点销号清零。健全与发改、交通、水利、林业、人社等部门协作配合机制，加快交叉并联审查，推行项目策划预审机制，实行部门内部审批事项闭环式办理，畅通快审、快报、快协调绿色通道，避免项目业主“多头跑”现象。加强向上对接、沟通，选派4人赴自然资源部、省自然资源厅、自然资源部东海局、省土地勘测规划院等部门驻点跟班，跟踪项目进度和政策方向，争取省自然资源厅指标倾斜支持。获省政府批准农用地转用和土地征收69宗、面积340.91公顷，比上年增长27.35%，超额完成年度报批任务，保障一重环湾、二重环湾、东部快速路、晋江南高速出口连接线、国科大、内坑恒安、龙湖百宏、绿色高端面料整理微型工业园等重点项目用地需求。

（林福凉）

【工业用地调查】 2022年，晋江市开展工业用地调查工作，各属地调查单位在原有工业用地调查基础上，更新完善工业用地调查数据，录入泉州市工业用地调查系统，建立晋江市工业用地利用现状数据库。

（洪晓明）

【国土变更调查】 2022年，晋江市自然资源局开展2021年度国土变更调查，按照调查规程规范和上级工作要求，结合自然资源禀赋，收集每个图斑用地信息，全面比对分析、实地核实，完成调查举证图斑6313个，其中国家下发监测图斑4690个、省级下发监测图斑1623个。通过调查、统计和分析，掌握晋江市2021年度各类土地利用变化状况。

【农村地籍和房屋调查】 2022年，晋江市完成农村地籍和房屋调查。全市286个行政村地籍测量成果经福建省测绘产品质量监督检验站验收后，通过泉州市自然资源和规划局组织的全覆盖第三方检查、县级互检及专家验收，完成所有数据库成果汇交，为晋江市农村集体土地确权登记发证工作提供基础资料。

(张金前)

【存量土地盘点】 2022年，晋江市开展新一轮存量土地盘点清查工作，摸清全市各镇(街道)、组团(片区)、项目的存量土地，全市存量经营性用地960公顷，存量工业用地1073.33公顷，为盘活存量土地、腾挪产业空间提供数据基础及支撑。

【土地收储】 2022年，晋江市自然资源局会同属地各相关单位逐宗梳理2022年新增土地收储项目，编制2022年度土地储备计划。结合土地出让计划，协调相关镇(街道)推进成片开发方案编制工作，重点保障晋东新区、紫帽片区、高铁新区、科创新区等片区土地收储、报批工作，完成收储24宗、面积72.22公顷。

(赖永贵)

【批而未供和闲置土地清理处置】 2022年，晋江市自然资源局将批而未供和闲置土地清理处置作为打通要素，保障各环节的首要任务抓紧抓实，严控增量、盘活存量，由市政府主要领导、分管领导不定期调度，将责任清单、处置率目标分摊至每月、每周，实行局领导包片挂钩责任制，专场会商指导镇(街道)化解堵点，将处置不力的纳入市政府挂牌督办，全年完成批而未供和闲置土地清理处置290.27公顷，超额完成省自然资源厅下达的年度处置任务，处置面积位居全省前列。

(洪晓明)

【低效用地盘活利用】 2022年，晋江市自然资源局以推进低效用地试点为契机，配合泉州市向上申请试点政策，其中反馈的“土地置换”“边角地插花地协议出让”“历史遗留问题处置”等政策建议被上级吸收。9月30日，《自然资源部 福建省人民政府关于印发〈泉州市盘活利用低效用地试点工作方案〉的通知》出台，包括晋江市在内的泉州全市域被国务院批准列为盘活利用低效用地试点。为推进盘活利用低效用地试点工作，晋江市成立盘活利用低效用地试点工作指挥部，推进低效用地再开发、全域土地综合整治、集体经营性建设用地入市、历史遗留问题处置等试点工作，开展调查摸底、专项规划编制、项目策划等工作。

(詹嘉明)

海洋资源管理

【概况】 2022年，晋江市推进海域资源盘活利用工作，再次盘活晋江经济开发区(安东园)55公顷历史围填海。加强用海要素保障，海域使用权获批58.67公顷，挂牌成交泉州首宗历史围填海项目使用权，填补晋江市海域使用权市场化配置历史空白，迈进海域资源市场化配置时代。经济开发区安东园历史围填海遗留问题处理方案获自然资源部同意备案。运用“部地共建”模式，建立海域海岛监管共建共享机制，海域动态监管态势稳定，完成晋江市首次海洋灾害风险普查并在全省作典型经验发言，有关海域海岛监管、自然岸线管理做法及成效先后获自然资源部东海局主要领导批示肯定。2022年，晋江市伏季休渔期为5月1日至8月15日。在伏季休渔期间，全市363艘渔船按期伏休。

【海域资源盘活利用】 2022年，晋江市推进海域资源盘活利用工作，《晋江经济开发区(安东园)围填海历史遗留问题处理方案》获自然资源部批准，再次盘活晋江经济开发区(安东园)55公顷历史围填海，盘活率61%；《晋江市围头湾350582-0072图斑围填海历史遗留问题处理方案》送至福建省政府审查，可盘活1.27公顷历史围填海用于福州大学科教园建设。海域使用权获批面积58.67公顷。9月16日，集成电路2号地块涉及面积33.65公顷海域挂牌成交，成交额1.615亿元，成为泉州市首宗公开出让海域使用权的历史围填海项目，实现晋江市海域使用权从行政审批到市场化配置“零”的突破，标志着晋江市海域资源迈向市场化配置时代。

【用海要素保障】 2022年，晋江市推进项目用海报批。截至12月底，晋江集成电路产业园区(工业园)2号区块取得海域使用权，晋江经济开发区安东园1号区块、2号区块出让方案获省政府批复。指导晋江市3个渔港项目用海报批，加快创建国家渔港经济区各项前期工作，晋江市深沪中心改扩建项目获批，晋江东石白沙二级渔港工程送至省自然资源厅待批，晋江金井围头一级渔港办理用海预审。

(周锦昭)

【海岸带及海湾治理】 2022年，晋江市启动海岸带生态整治修复保护规划和国土空间生态修复规划编制工作。泉州市“蓝色海湾”综合整治行动项目(泉州湾海域)完工并通过泉州市验收，完成互花米草除治154.53公顷，红树林修复种植194.13公顷，修复鸟类栖息地24.93公顷，建成2座鸟类观测监测站，海岸生态化改造6.2千米。泉州市“蓝色海湾”综合整

2022 年 11 月 30 日，泉州市“蓝色海湾”综合整治行动项目（泉州湾海域）完工并通过泉州市验收。图为晋江陈埭镇水头村外侧的海港

（图／晋江市自然资源局）

治行动项目（泉州湾海域）有关做法获省自然资源厅主要领导批示肯定。

（王玉志）

【海洋灾害普查】 2022 年，晋江市抓住与自然资源部东海局厦门海洋环境监测中心站共建海洋综合管理示范区契机，创新“部地协作”共建模式，拓展双方合作领域，推进建设集海洋观测、海洋预警、海洋灾害应急处置于一体的海洋防灾减灾体系。晋江市海洋综合管理示范区工作经验做法获自然资源部东海局主要领导批示肯定。完成全市首次海洋灾害风险基本要素普查，摸清晋江海洋灾害风险隐患底数、抗灾能力及历史灾害情况，梳理 23 个灾害隐患点，总结形成的海洋灾害风险普查“333 工作法”［以“三个保障”（一个领导小组、一套工作方案、一支专业队伍）落实专项工作、“三个举措”（动员部署、走访调研、方法把握）精准发力普查、“三项制度”（周例会、常汇报、晒进度）护航普查任务］在全省海洋灾害风险普查工作交流推进会上作典型经验交流。

（周锦昭）

【晋江第一艘镇级执法船首航】 2022 年 2 月 28 日，晋江“闽晋渔巡 09001”在东石镇第一社区旧码头海安中心附近海域正式入列并首航。为晋江首艘镇级集渔政、海监、渔港管理于一身，并具有一定港口消防救助功能的镇级执法船。该艘执法船长 11 米、宽 3 米、高 2 米，里面应急救援、通信、卫生间等设施设备齐全。

（方　文）

【海上巡航执法管理】 2022 年，晋江市农业农村局出动船艇 386 艘次、执法人员 1774 人次，巡查里程 4259 海里，检查船舶 556 艘次，查处驱离船舶 5 艘 17 人，清理超规划水产养殖 3.76 公顷。开展专项行动 18 次，出动执法人员 110 人次，立案处罚 48 起，罚款 36.35 万元。

（李法清）

生态环境保护

综　述

【生态环境审批服务】　2022年，晋江生态环境局梳理上级下发的138个市重点项目，全要素指导服务建设单位开展环评工作，103个在建项目完成环评审批77个，35个预备项目完成环评审批12个。晋江生态环境局印发《建设项目环评编制阶段报备联动机制工作方案》，从环评编制阶段开始对中介服务机构实施监督，对5家环评单位作出通报批评和失信记分处理意见。梳理简化许可审批流程，对可通过排污许可登记管理的建设项目不再填报环境影响登记表，对规划环评在有效期内的产业园区，规划中包含的需编制报告书的具体建设项目简化为编制报告表，将报告书的专家评审环节纳入公示时限内，改串联为并联，不额外占用工作时限。全年核发及变更全国统一编码排污许可证132份，完成802家企业排污许可证证后执行报告填报质量审核。

【环境监察】　2022年，晋江生态环境局办理环境行政处罚案件147件、罚款882万元；办理五类配套办法70件，其中查封扣押40起、限制生产5起、移送行政拘留23起、移送污染环境刑事案件2起，行政处罚案件数及五类重点案件数排名泉州市第一。推进生态环境执法能力提升三年行动，开展“静夜守护”点题整治、“清水蓝天”等专项执法检查，推进生态环境损害赔偿工作与生态环境执法工作无缝衔接，强化行政执法和刑事司法衔接联动。提高移动执法系统使用率，利用福建省移动执法云平台，做好污染源日常环境监管随机抽查动态数据库建设，用移动执法系统随机抽查企业1586家次。做好网格监管平台事件及巡查上报情况调度，全年网格监管平台报送巡查信息50345条、各类环境事件信息15842条。制定《晋江市噪声污染整治部门联合执法制度》《“静夜守护　噪声治理　我们在行动”专项攻坚行动方案》《晋江市市直部门夜间噪声巡查劝导工作方案》等，抓好城市夜间噪声污染整治工作，出动1200余人次，开展巡查劝导130余次，联合劝导11次，责令整改256起，查处夜间违法案件54起。

【环境监测】　2022年，晋江生态环境局坚持市区3座空气自动站运行维护及空气预报等工作，完成县级饮用水水源地、小流域省控断面以及“三库一湖”（东山水库、溪边水库、草洪塘水库及龙湖）、38个降水样、14家农村污水处理设施出口、6个农村县域河流湖库点位的监测和采样分析工作。组织开展2家直排海企业和34家重点污染源执法监测，为生态水域、环境执法和环境刑事案件提供采样分析监测，全年完成1200多个样品监测，提供3600多个数据，出具监测报告单120份。对全市医疗单位、饮用水水源地开展余氯监测420多家次。通过环境监测站资质认定复审，推进环境监测大楼设计改造，初步完成水、气、电、暖通等深化设计方案。

【污染物总量减排】　2022年，晋江生态环境局落实减排项目，强化减排督查通报制度，推进排污权有偿使用和交易，审核出具企业新建、扩（改）建项目新增主要污染物总量控制指标确认意见29份，有30家企业通过市场完成81笔排污权交易，交易总额693.98万元。“双随机”检查持排污许可证企业11家。

【环保信息化建设】　2022年，晋江生态环境局推进智控能力建设，在印刷行业推开智能用电监控管理（第三批），引导陶瓷行业在窑炉烟气排放口安装烟气自动监控设施、在有机废气产排污量较大的企业试点VOCs（挥发性有机物）在线监控，创新智能管控模式，拓宽智能管控覆盖面。对1063家重点行业企业的3809个点位实施污染源自动监控、视频监控、用电监控等智能管控措施。印发《晋江市污染源自动监控设施第三方运维单位考核办法》，梳理宣传《污染源企业在线监控站房日常运维管理顺口溜》，组织召开污染源自动监控第三方运维工作会议，强化企业主体责任、第三方运维管理责任，提升站房规范化运行水平。依托生态云指挥中心常态化开展非现场执法与监管，运用智控数据查办超标排放、超总量排放、数据造假、未按规定使用自动监测设备、治理设施不正常运行等非现场执法案件33起。

【环保宣传教育】 2022年，晋江生态环境局在报纸、微信公众号等媒体宣传工作成效，在主流媒体宣传报道30篇、微信公众号推文590篇，其中有30篇获上级微信公众号、网站转载。组织市生态环境普法讲师团到党政机关、企业、学校开展宣讲5场，曝光生态环保领域违法典型案例8件、刊登环境违法企业的环保承诺书16份。开展环保设施向公众开放活动，组织亲子家庭参观瀚蓝（晋江）固体废物处理有限公司、福建省自来水股份有限公司。在自来水公司举行“6•5”环境日主场活动，为“晋江市第二批生态环境宣教基地”授牌，举办环保知识有奖答题、“我爱晋江水”诗文大赛、“环保情 晋江梦”环保主题朗诵比赛、学校环保主题宣传等活动。

（王丹妮）

环境治理

【概况】 2022年，晋江市生态环境保护工作有序推进，生态环境质量稳中向好。空气质量优良率99.5%。空气质量综合污染指数2.19，比上年下降9.13%；排名位于全省58个县（市、区）第38名，比上年前进3个位次。晋江流域鲟埔国考断面水质均值为Ⅲ类；省级小流域九十九溪乌边港桥断面水质均值为Ⅳ类，首次实现从Ⅴ类到Ⅳ类的跨类别提升；湖漏溪杭边村、鲤鱼穴断面水质均值均为Ⅳ类，符合上级考核要求；安海湾水质从Ⅳ类提升至Ⅱ类。受污染耕地安全利用率100%，重点建设用地安全利用率100%，全市危险废物产生量38.36万吨，处置利用率99.2%。

【大气污染防治】 2022年，晋江生态环境局推动能源绿色低碳转型，鼓励支持非化石能源项目上马，推动晋江热电1×50兆瓦热电联产机组扩建等清洁能源项目新开工建设。深化交通结构调整，发展绿色、高效、智慧、低碳的交通运输体系。2022年晋江市公交车辆531辆，新能源与清洁能源公交车辆100%；公交充电站21处，可为所有纯电动公交车充电并兼容私家车充电。深化工业源污染治理，完成31个大气治理重点项目。推动建陶行业窑炉烟气脱硫塔升级改造和在线监控系统安装与联网99家，启动制鞋行业废气治理设施提升改造试点6家、刷胶工序密闭收集改造试点10家，完成6台35蒸吨以上燃煤锅炉超低排放改造、40台10蒸吨及以下燃煤锅炉提升整治，联合开展油品挥发性有机物综合管控，推进加油站、储油库三次油气回收改造。强化移动源污染管控，开展机动车排放检验机构专项监督检查20家次、柴油货车尾气联合路检及入户抽测46辆，查处6辆尾气排放超标车辆。开展扬尘污染专项治理，排查建立辖区内在建工地、拆迁工地、裸露土地清单，完善施工扬尘治理责任制。开展道路扬尘治理工作，整治查处“滴洒漏”违规车辆；开展秸秆等焚烧管控，逐步提高农作物秸秆综合利用率。

2022年11月24日，晋江生态环境局在兰峰制革公司开展污染源自动监控业务技能现场培训 （图／晋江生态环境局）

【水环境综合整治】 2022年，晋江生态环境局实施流域水质提升精准治理，完成8个流域水质提升“碧水清源”精准治理项目，完成投资约1.04亿元。铺开企业精细纳管工作，完成335家涉水工业企业尾水全纳管，分批开展978家企业精细纳管。以安东园为试点，采取组团作战方式，组成6个工作专班，完成“污水零直排区”建设。加强入河排污口治理，九十九溪186个入河排污口完成整治150个，重点推动禾富市场旁排口、霞浯直溪排口等排口的整治工作，巩固湖漏溪68个入河排污口整治成效。开展饮用水水源地周边30个农村生活污水治理工程，推动三库环湖截污工程建设，按照《晋江市龙湖饮用水水源保护区生产经营单位整治实施方案》开展区内企业清退整治，做好饮用水水源地水质检测工作，推动全市供水资源整合，启动晋南片区城乡供水一体化工程。完成城东、远东、晋南、西北等片区中水回用专项规划编制，提升水资源利用率，优化片区水环境。加强入海排污口监管，开展1次全口径入海排污口水质监测，基本完成工业企业和污水处理厂入海排口整治工作。定期开展海岸带以及重点河道沿岸环境卫生抽查走访，继续推动“一县一公司”海上环卫，清理海漂垃圾7100多吨。

【土壤污染防治】 2022年，晋江生态环境局印发《晋江市农用地土壤镉等重金属污染源头防治行动工作方案》，聚焦“三重点”（重金属超标区域、重点行业集中区域、重点目标风险管控区域），排查涉镉等重金属重点行业企业36家、历史关停搬迁的重金属重点行业企业7家。确定2022年度晋江市土壤污染重点监管单位50家，部署开展年度土壤风险隐患排查和自行监测工作，推动新增“两公一住”（公共管理与公共服务用地，住宅用地）建设用地开展土壤污染状况调查，组织评审28个地块。印发《晋江市2022年受污染耕地安全利用和严格管控工作方案》，推动受污染耕地治理工作。开展“一企一库”（化学品生产企业、尾矿库）、“两场两区”（危险废物处置场、垃圾填埋场，化工产业为主导的工业集聚区、矿山开采区）等重点污染地下水环境状况调查，督促15家地下水污染源有关单位建立监测井档案，开展地下水水质监测。

【环境风险防控】 2022年，晋江生态环境局核查辖区内环境风险防控落实情况，检查企业112家次，发现隐患19个，全部完成整改。加强核与辐射安全监管，对辖区内放射源单位“一源一码”系统巡检进行监督管理，节假日期间加强对放射源企业的监督巡查。开展危险废物规范化管理评估，制定并印发年度重点监管企业名单，完成101家监管企业的规范化管理评估工作。印发《晋江市危险废物环境安全隐患排查整治暨专项整治三年行动巩固提升方案》，梳理建立重点行业排查整治清单并开展督导检查28次，检查单位53家，督导问题26个。制定《晋江市重金属企业环境管理排查整治工作方案》，建立全口径涉重金属重点行业企业清单，全市有34家企业纳入清单。补齐危险废物处置能力短板，推动泉州市天马星环保科技有限公司危险废物综合利用项目、晋江市小微企业危险废物集中收集试点等项目。

（王丹妮）

水土保持

【概况】 2022年，晋江市推动水土保持强监管、补短板落地见效，抓好水土保持社会监管、行业监管、治理补短板等基础支撑工作。完成水土流失治理面积80公顷，完成灵源山脉封禁治理66.67公顷、内坑镇五峰公园封禁13.33公顷，完成投资152.4万元。

【水土保持审批】 2022年，晋江市落实财政性投资项目水土保持方案并联审批，规范项目审批受理流程，推行“最多跑一趟”，实现水土保持方案快审、快批。批复生产建设项目水土保持方案118件，征收水土保持补偿费611.35万元。

【水土保持监管】 2022年，晋江市多部门协同开展生产建设项目水土流失治理预防监督和水土保持执法专项行动，加强市、镇两级联合执法，打击非法取土、挖土洗砂等违法行为，出动执法人员345人次。强化项目事中事后监管，年度随机抽检批复的生产建设项目55个，督促建设单位履行主体责任，确保“三同时”（依法应当编制水土保持方案的生产建设项目中的水土保持设施，应当与主体工程同时设计、同时施工、同时投产使用）制度落到实处。提升信息化监管水平，实现“天地一体化”卫星遥感监管全覆盖，现场核查扰动图斑102个，查处非法扰动图斑9个。

【水土保持宣传】 2022年，晋江市水利局开展水土保持科普宣传进机关、进校园、进企业、进村（社区）、进工地、进田头等活动，依托水土保持科普示范校、“水韵晋江”等平台，结合水土保持宣传日、植树节、世界水日、世界环境日等时机，利用LED显示屏、公交车载电视、电梯淘屏、公交站牌、移动信息等宣传载体，开展水土保持宣传教育10余场次，发放宣传材料和小礼品3000多份，被水利部、省部级媒体采纳信息各1篇。

（吴晓明）

河长制工作

【概况】 2022年，晋江市以推动河湖长制“有名有实”到“有能有为”为主线，以组织调度、控源截污、系统治理、长效管护、宣传引导5个方面体系创新为突破，构建“严、实、细、全、新”的治水格局。全市流域水质持续向好，晋江流域鲟埔国控断面水质达到Ⅲ类，九十九溪、湖漏溪小流域考核断面达到省考核标准，20条主要流域（除晋江外）末端水生化需氧量、氨氮、总磷全年平均浓度比2021年分别削减14.0%、19.7%、12.0%。“统筹治水项目资金，强化河湖治理保护”的做法得到《中国水利报》专刊报道并入围2022年全国基层治水十大水利经验；在泉州市河湖长制年度工作考核中获第一名，获评优秀等次；获评“全省河长制湖长制正向激励奖励县”。

【河长制责任落实】 2022年，晋江市出台《晋江市河湖长制工作提醒制度》，下发提醒函6份，对河长制工作落实不力的单位、个人进行提醒。出台《关于加强河湖山林协同共治，助推城市品质提升的工作意见》，建立协同共治及河湖生态法官制度。出台《关于将巡河护河、巡山护林纳入破坏环境资源犯罪人员社区矫正方案的工作意见》，推动“生态司法＋执法＋社矫三位一体衔接规则”升级优化，梳理调整河长制各成员单位职责，将河长制工作落实情况纳入市直有关部门年度绩效评估范畴，压实市直部门的治水责任。坚持目标导向、问题导向、治理导向，统筹全市河湖治理，下达晋江市2022年河湖长制工作要点、项目计划、问题清单，签发“碧水清河”专项整治行动河长令，将河长制落实情况纳入晋江市人大常委会调研视察、晋江市委巡察办巡察巡视、审计监督范畴。

【河湖治理修复】 2022年，晋江市河长办优先落实控源截污，排查整治21条主要流域周边畜禽散养户217家，查处环境违法案件118件、罚款720万元；创新陆源污染治理，开展主要河流入河排口登记，成立工作专班，实行联合核查销号制度，推进315个入河排污口完成整治销号，实施打通城镇污水“断头管”项目，完成投资4825万元，埋设管网21千米；实施农村生活污水治理项目，全市399个村（社区）完工率提升至98.9%，接户率提升至89.8%。系统推进生态治理，加快推进钞井溪—湖漏溪流域生态连绵带、凼湖生态修复、水源地环库截污等水生态修复项目前期工作，推动大坝溪流域河道综合整治（磁灶段）、陈埭镇水环境综合整治等项目建设进程；推进中水资源再生利用，完成远东、晋南、西北等片区中水回用专项规划编制，启动南港污水处理厂再生水回用工程建设；实施河湖畅流活水工程，推动缺塘溪生态活水工程（机场沟）、缺塘溪补水工程（沙塘支流—泉安路）、林口水库补水工程等河道畅流活水项目，改善河道水系水循环。

【河湖管理保护】 2022年，晋江市河长办常态化推进第三方巡河监管，以交办单、督办单、挂牌督办单为主要抓手，推进河湖“清四乱”（乱占、乱采、乱堆、乱建）工作，强化河湖生态空间管控，完成河湖问题整改1252个，其中“四乱”问题810个。出台河道日常保洁、河道绿化管护等考核实施方案，修编《城乡污水处理设施建设管理规定》，印发《妨碍河湖行洪问题排查整治暨防汛保安专项整治工作方案》，保障流域及配套设施常态管护。

【河长制宣传】 2022年，晋江市选送的《无水河长的“治水经”》在第四届“守护幸福河湖”全国短视频公益大赛获评优秀奖，创设全省首档河湖文化遗产系列节目、全省首批河湖长制教育实践基地、设计推出全省首个爱河护水卡通IP形象“水当当”和文创产品，在中央、省、泉州、晋江媒体及微信公众号推送河长制工作报道1013篇，以世界水日、世界环境日、泉州市河长日等重要节日和热点话题为契机，开展闽南四句征集活动、绘画比赛、诗文大赛、猜灯谜、剪纸、摄影大赛等主题活动68场，引导发动社会志愿护河队伍开展护河行动108场。

（张源昌　吴我彬　林伟铭）

林业资源保护和管理

【概况】 2022年，晋江森林采伐限额16422立方米，保障重要山体绿化工作需求。以林长制工作为抓手，建立健全市、镇、村三级林长组织架构，全市设有市级林长4个、镇级林长141个、村级林长349个，在主要山体、林带设置县级林长公示牌8个，镇级林长公示牌32个，村级林长公示牌308个，构建起全域覆盖、条块结合、上下贯通的护林管林网络，推进野生动植物保护、湿地自然保护区、森林防火、林业有害生物防治、古树名木保护等工作。

【森林资源管护】 2022年，晋江市林业和园林绿化局（简称“晋江市林业园林局”）完成年度森林资源管理“一张图”更新，全市林业用地7900.01公顷，森林覆盖率9.17%，森林蓄积量39.46万立方米。开展森林督查自查和森林资源监测巡查，查处涉林案件7起，答复处理涉林信访件4起。招聘一批专职工作人员和护林员到重要山体、沿海防护林所在镇（街道），充实基层力量，建立林长制部门协作及“林长＋森林警长”“林长＋检察长”“林长＋法院院长”工作机制，凝聚森林资源保护合力。

【林业行政审批】 2022年，晋江市林业园林局结合“放管服”要求推进审批制度改革，缩减审批时限及所需材料，压缩比例94.02%，即办件率81.82%，全程网办率100%，所有本级审批事项均实现“一趟不用跑”，并明确设立24小时业务咨询及延时服务。全年办理林业行政审批214件，其中森林植物检疫审批6件、林木采伐许可102件、占用林地审批53件、树木移植审批53件。保障和敏医院晋东院区、内坑镇恒安集团用地地块二和地块四、金井园区港隆再生无纺布、高铁新区市政道路一期工程、金井园泰玛机械科技、泉州环湾—环路晋新路至石狮连接线、世纪大道南延伸一期工程等重点项目用林需求，全年获批总面积45.12公顷。加强事中事后监管，以“双随机、一公开”监管和“互联网＋监管”为基本手段，推进线上线下一体化监管。

【森林火灾隐患整治】 2022年，晋江市做好春季、秋冬季森林防火宣传月活动，发放宣传资料30万份，信息提醒120万条，微信宣传230万次，发布宣传文章14篇。强化森林火灾隐患排查整治，林业园林、应急等部门联合开展输配电设施火灾隐患专项治理、景区与非景区隐患专项整治，排查整改隐患65处；推广“福建林业巡护”App，强化对护林员的监管，加强100个巡查网格管理；继续推进森林火灾风险普查工作和提升森林资源监测监控系统，增加21个高清视频、7个智能卡口，并实现与公安部门联网、实时共享火情信息，对山体及其周边火情及人员信息实行24小时动态监测，提升森林防火监测能力。

【林业有害生物防治】 2022年，晋江市加强松材线虫等林业有害生物综合防控，采取清理枯死木、挂设诱捕器、喷施绿僵菌防治等综合防控措施。全市完成挂设诱捕器200套，完成以菌治菌334.6公顷，清理松枯死木1.3万株。

【自然保护地及湿地保护】 2022年3月、10月，晋江市林业园林局先后联合多部门与陈埭镇集中开展湿地联合巡查执法工作，推进自然保护地"两违"(违法用地、违法建设的建筑)整治行动，落实巡查监管责任，发现问题并将违法违规问题消灭在萌芽状态。加大生态整治修复力度，继续推进泉州市"蓝色海湾"综合整治行动项目，2022年完成二期工程海岸生态化改造工程18.07公顷、鸟类监测站2个；加强对泉州湾红树林管养及互花米草清理工作，确保红树林成活连片，在晋江南岸及安海湾开展互花米草除治攻坚行动，完成除治154.53公顷。

【野生动植物保护】 2022年，晋江市以林长制为统筹，加强野生动植物救护及栖息地保护，"神话之鸟"——中华凤头燕鸥、小天鹅等珍稀鸟类"做客"晋江。联合多部门开展保护野生动植物宣传教育活动15场，建设科普宣传栏2块，展出宣传图板200幅，发放宣传图册1000份、宣传单2万张，签约2个"爱鸟护鸟文明乡村"，成立4支晋江市保护野生动植物志愿者队伍。健全和完善野生动物救护和监测体系，挂牌成立"晋江市野生动物收容救护中心"，启动"晋江市鸟类多样性监测调查项目"，救护野生动物272只，其中包括国家一级保护动物3只、国家二级保护动物52只，放生救助动物142只。开展"2022清风行动"和"网盾行动"野生动植物联合执法检查，出动执法人员200多人次，检查场所500多个，破获危害国家重点保护动植案件8起，破获危害珍贵濒危动植物案件7起，打击非法猎捕、食用、出售、收购及利用野生动物及其制品等违法犯罪行为。

（庄珊红）

深沪湾海底古森林遗迹保护与管理

【概况】 2022年，福建深沪湾海底古森林遗迹自然保护区管委会以保护海底古森林遗迹为核心，实施海湾内的古牡蛎礁和海岸自然地质地貌、名胜古迹、防护林带保护，坚持"绿水青山就是金山银山"生态理念，为研究古海洋、古气候、古植物，研究台湾海峡地质构造，海平面升降运动，研究泉州古港海外交通史等提供依据。

【保护区海洋环境监测】 2022年，福建深沪湾海底古森林遗迹自然保护区委托专业机构根据保护区功能区划，结合实地勘察情况，综合考虑不同功能区代表性与水质、沉积物和生物质量调查规范要求，在保护区范围内海域设置7个海洋水质站位、4个沉积物站位、6个生物质量站位，根据《海洋调查规范》和《海洋监测规范》的执行标准对深沪湾保护区海域的各个要求进行取样分析，开展夏季大小潮和冬季大小潮海洋生态环境质量监测4次。监测结果显示，深沪湾保护区范围内总体海水水质指标良好、沉积物质量良好。

【保护区巡查管护】 2022年，福建深沪湾海底古森林遗迹自然保护区坚持每日对保护区进行巡查和核心区值勤，出动2764人次，巡逻691次，巡查路程19096千米。组织开展实地核查整改工作，根据国家下发的2021年国家级自然保护区人类活动变化遥感监测情况，组织市林业园林局、生态环境局、自然资源局、农业农村局等单位，实地核查9处相关疑似点位，清退超出养殖规划的部分海上养殖，督促符合规划的养殖业主办理相关养殖手续；完成国家林草局自然保护地管理司2批次3个人类活动问题点位的实地核查和整改工作；完成泉州市林业局自然保护地人类活动遥感监测25个点位的实地核查工作。根据联合保护工作方案，与市林业园林局、晋江生态环境局、市农业农村局、市自然资源局、深沪镇、龙湖镇等单位开展联合检查活动2次，对保护区管护情况和"绿盾"整改点进行联合检查，对海漂垃圾未及时清理、部分管护设施损坏、违规捕捞设施等事项进行分工整改。

【保护区生态保护】 2022年，福建深沪湾海底古森林遗迹自然保护区通过外包的方式，聘请专业保洁公司，建立日常保洁长效机制，全年清理海漂垃圾712次，清理垃圾约190吨。在泉州、晋江两级海岸带环境卫生考评工作中保持前列。其中在晋江环境海岸带环境卫生月度考评中获得第一名(含并列第一)8次，泉州海岸带环境卫生月度考评中进入前十名4次。

【科普宣传】 2022年，福建深沪湾海底古森林遗迹自然保护区举办以"保护海洋生态系统人与自然和谐共生""珍爱湿地，共参与、齐行动""产城人融合绿水青山美"等为主题的科普宣传活动3场。开展参观接访、科普讲解活动14场次，接待近400人次。新华社、新福建、《晋江经济报》、晋江电视台等多家媒体采访推出"千城百县看中国｜福建晋江：生态深沪湾引上千鸟类栖息""野生鸟类科普展开展"等主题报道8篇，宣传深沪湾保护区生态文明建设实践成果。

（王　振）

教　育

综　述

【教育投入】 2022年，晋江市一般公共预算教育经费43.25亿元，比2021年增加8.35亿元，增长23.93%。其中，晋江市本级教育经费投入41.64亿元、上级转移支付1.61亿元。其他一般公共预算安排的教育经费10.28亿元。

【义务教育经费保障】 2022年，晋江市义务教育生均公用经费拨款标准均不低于省定标准，每年每生小学750元、初中950元。对全市小规模学校的生均公用经费进行增补，补助办法为"不足200生的小学，按200生的标准增补生均公用经费；不足300生的初中校，按300生的标准增补生均公用经费"，全年小规模学校增补生均公用经费208.71万元。

（施建雄）

【校舍建设】 2022年，晋江市针对中心城区学位供需矛盾，加大学位扩容力度。建成清华附中晋江学校、第二实验小学梅岭校区、第九实验小学、第三实验小学海丝校区、第七实验小学崇武校区、罗山军民中心小学等27个学校项目，增加学位16350个，其中学前阶段增加4410个、小学阶段增加8060个、初中阶段增加1440个、高中阶段2440个。

（张海清）

【教育装备配套】 2022年，晋江市教育系统产生教育装备类政府采购项目19项，涉及学校13所。投入3500多万元用于学校教育装备采购。

（施建雄）

【学校思想政治工作】 2022年，晋江市深化"海丝先锋"达标创星专项行动，做实"下沉一线 回归课堂"市级层面5个项目和学校层面96个项目，推进党建引领教育高质量发展。实施青年师生理论学习提升工程，开展党组织结对共建活动204次，将"初心学堂"构建成综合性党建工作平台。评选表彰50堂"一堂好课"，选树一批"初心讲师"精品课程，打造"晋江一中故事党建"等一批学校党建品牌。在全市35个"党建+"邻里中心开辟"邻学社"活动基地，推动开展活动134项，受众1.5万多人次。制发《晋江市教育局关于进一步加强全市中小学主题班会课活动开展的通知》，强化思政教师队伍培训培养，南侨中学教师谭辉入选福建省大中小学思政课一体化建设指导委员会并担任副组长，获评泉州市优秀班主任35人，获评泉州市先进德育工作者18人。成立晋江市中小学教材教辅和校园课外读物综合治理领导小组，开展中小学教材教辅和校园课外读物专项排查整改，推动《习近平新时代中国特色社会主义思想学生读本》进校园，加强师生思想政治建设。晋江一中苏子尧获评2022年全国"新时代好少年"，是福建唯一的获奖代表；华侨中学蔡芷萱被评为2022年度全国优秀少先队员；获评泉州市"三好学生"313人，获评泉州市"优秀学生干部"104人，获评泉州市"先进班集体"班级127个。

（赖聪河　施快乐）

【学校德育教育】 2022年，晋江市投资755.95万元建成38所中小学心理辅导室并投入使用，15所中小学心理辅导室入选第一批泉州市中小学标准化心理辅导室。开展中小学校心理健康教育工作情况专题调研，开展初高中毕业班学生心理专题讲座，在晋江市融媒体中心"心灵直通车"栏目继续开展心理专题讲座。落实文明城市常态化创建工作机制，31所学校获评2019—2021年度晋江市文明校园，49所学校获评2020—2022年度泉州市文明校园。20所中小学获评"晋江市第四批水土保持科普教育示范创建学校"，4所学校6个德育项目获评福建省中小学德育特色项目。开展"我们的节日""新时代文明新风""扣好人生第一粒扣子"等主题教育实践活动。组织开展“强国复兴有我”主题宣传教育活动、“永远跟党走 奋斗新征程”青少年爱国主义读书教育活动，开展中小学生“寒假、暑假读一本好书”征文评选活动，利用清明节、公祭日、抗日战争胜利纪念日、烈士纪念日等时间节点开展爱国主义和国防教育活动，联合开展“爱晋江 说咱闽南话”晋江市青少年闽南语挑战赛活动。

（赖聪河）

【学校体育教育】 2022年，晋江市实施《国家学生体质健康标准》，开展“阳光体育”运动，各类学校结合“两操两锻炼”（广播操和眼保健操，两节体育锻炼、每天1小时的体育活动时间）、中小学体育、艺术“2＋1”项目等活动的开展，确保在校学生每天参加锻炼1小时。组织开展晋江市第59届中小学生田径运动会、晋江市中小学生“泉州南少林五祖拳健身操”会操比赛、篮球赛、足球赛等赛事，推动校园体育活动的开展，提升全市学生体育竞技水平。以36所足球特色学校创建为重点，做好竞赛组织及场地配套设施提升等相关工作。以全国青少年校园足球试点县（区）和“满天星”训练营为抓手，组织开展校园足球“小学、初中、高中”三级联赛，举办培训和参加上级相关活动等，推动足球运动在全市青少年学生中普及与提高。5月18—22日，举行2022年晋江市体育中考，参加考生22182人，合格率98.71%。

【学校艺术教育】 2022年，晋江市开展全国中小学艺术素质测评示范区工作，完善艺术素质测评指标、内容和相关配套政策，发挥16所艺术素质测评实验学校的示范带动作用。注重以课外延伸为抓手，面向全体学生开展艺术教育活动。举行第23届中小学生美术书法现场比赛、第21届器乐独奏比赛等艺术比赛和活动，吸引中小学生参与，涌现出一批艺术人才和团队。举办晋江市第12届校园灯谜赛、晋江市第26届中小学生南音演唱演奏比赛等艺术比赛活动，传承和弘扬闽南文化。晋江市教育局与泉州师范学院共同推进年度美育浸润行动计划，构建U—G—S（高校—政府—社会）美育浸润共同体，面向幼儿园、小学、初中和高中生，实施“2131工程”（对口21所中小学、幼儿园，开展音乐、美术、书法3门课程教学，打造1支精干的中小学美育师资队伍），遴选21所美育浸润实验校。在泉州市第32届中小学生南音比赛中获奖7人次；组织参加福建省第四届中华经典诵写讲大赛，获奖师生作品93件。

（黄宝贵）

2022年11月16—19日，晋江市第59届中小学生田径运动会在毓英中学举行。图为11月19日田径比赛现场（图／晋江市教育局）

【劳动教育】 2022年，晋江市教育局推动制发《中共晋江市委教育工作领导小组印发〈关于全面加强新时代中小学劳动教育的实施方案〉的通知》，加强晋江市中小学劳动教育工作。开展劳动教育理论研究和实践探索，构建家庭、学校、社会协同育人的格局。组织开展晋江市第四批中小学劳动教育特色学校评选活动，推荐参与省、泉州市中小学劳动教育实践特色项目和中小学劳动教育实践基地评选活动，晋江市第二实验小学、晋江市潘径中学的劳动教育实践项目入选省第四批中小学劳动教育实践特色项目，福建省力豪现代农业有限公司入选省中小学生劳动教育实践基地，晋江中小学生示范性综合实践基地实训处主任许志达入选福建省学校劳动教育指导委员会成员。

【研学实践教育】 2022年，晋江市研究拟定《关于进一步加强全市中小学生研学实践教育活动规范化管理工作的实施意见（试行）》。指导综合实践基地申报获批“十四五”中央彩票公益金500万元的校外场所建设扶持资金。落实省委常委、宣传部部长张彦到晋江中小学生示范性综合实践基地实地调研时提出的“打造闽南爱国主义教育研学圈”指示精神，新开发国防教育类课程3门、“非遗”文化课程1门、区域特色课程1门和传统射艺课程。组织全市148所中小学校40845名学生开展综合实践活动，组织开展“初心学堂”青少年学生武夷山研训活动，完成福建省教育科学“十三五”规划课题《推进中小学生劳动教育课程体系在社会实践基地有效实施的研究》验收结题。遴选确认4个晋江市中小学生研学实践教育基地，1个研学实践基地入选泉州市第三批中小学生研学实践教育基地。在2022年全市文明创建活动中，晋江中小学生示范性综合实践基地获评“晋江市文明校园”。

【家校合力教育】 2022年，晋江市教育局组织举办晋江市家庭教育骨干培训活动，开展“赋能和谐家庭·构建良好亲子关系”“珍爱生命·健康成长”主题家庭教育讲座和家庭教育微课程作品征集活动，配合市妇联组建晋江市家庭教育指导中心，在全市统筹布设9个家庭教育指导服务工作站，组织参与福建省、泉州市家庭教育典型案例和家庭教育特色学校评选活动，晋江市第二实验小学教育案例《习惯养成的正确打开方式》入选福建省第二批家庭教育典型案例，晋江市第二实验小学获评福建省第二批家庭教育特色学校，平山中学、首峰中学、华泰实验小学获评泉州市家庭教育特色学校。

（赖聪河）

【课后延时服务】 2022年，晋江市印发《晋江市教育局关于印发整治城区中小学课后服务质效不高问题满足学生和家长多样化需求工作方案的通知》。通过挖掘学校办学潜力，强化优质教育资源供给，带动课后服务内涵提升、提质增效。拓展课后服务“一校一案”，满足学生个性化成长需求。通过开设文艺、阅读、科学、体育等活动，学生回归校内成为主旋律。出台《关于加强义务教育学校作业管理的通知》等文件，在作业设计、时间、布置、批阅等方面提出明确要求，建立健全作业总量审核、质量评价、校内公示、检查通报等制度，确保作业管理各项要求落到实处。2022年市财政拨付课后延时服务补助资金406万元。秋季，全市小学在校生194573人，参加中午延时服务的186067人，占比95.5%；参加下午延时服务的162678人，占比83.5%。城区“2+3”服务开展率96%，实现义务教育学校全覆盖、有需要的学生全覆盖。教育部、“福建教育微言”微信公众号、《中国教师报》等刊发晋江开展期末无纸化测评等落实“双减”工作成效。

【进城务工人员随迁子女就学】 2022年，晋江市教育局制定《晋江市2022年小学幼儿园招生工作意见》，明确规定晋江市小学、幼儿园招生实行“免试就近入学”“划片招生”“有效证件、电脑派位”的招生政策。全市256所“来晋务工人员子女入学”定点小学，在完成服务片区“户籍、房籍”“两一致”适龄儿童招生任务的基础上，平等招收在晋务工人员子女入学。为确保务工人员子女平等入学，文件规定“同类别（务工人员子女）实行无差别登记、平等入学”“电脑派位”“统筹调剂”政策，确保“有学上”。秋季，小学一年级招生3.16万人，其中进城务工人员随迁子女1.30万人，占41.05%；幼儿园小班招生2.13万人，其中进城务工人员随迁子女8350人，占39.2%；初一招收在晋务工人员子女13251人，占比48.5%，比2021年秋增加247人。

（洪清松）

【校外培训机构管理】 2022年，晋江市推动校外培训机构转型、分类，除终止和暂停办学外，110家校外培训机构均完成学科、非学科分类登记。委托金融机构对证照齐全的110家校外培训机构进行资金监管服务，完成率100%；指导赋权镇（街道）实施民办幼儿园、校外培训机构行政执法，打击无证办学行为。督导校外培训机构落实“双减”政策，完成纪委监委“点题整治”工作。按上级文件要求，完成2021年度年检工作，并运用年检结果，对年检不合格民办幼儿园取消普惠性补贴。

（钟 健）

教育管理

【概况】 2022年，晋江市推进教育督导改革，市政府2021年度履行教育职责情况、晋江市党政主要领导干部抓教育工作情况均获“优秀”等级。规范中小学校资助管理人员队伍建设，开展全市教育扶贫资助工作，审核助学金申请24276人次，发放助学金1239.92万元。重视教师队伍建设，优化教师队伍结构，招聘新任公办教师831人，注重师德师风建设，将师德作为评价教师的突出标准；依托线上、线下资源培训教师60027人次；开展教师支教交流、交流教师831人；全市在研教育科研课题819项，其中省级课题194项。新确认晋江市骨干校（园）长44人、学科教学带头人22人、晋江市骨干教师培养对象162人。

（王洁清）

【教育督导】 2022年，晋江市教育督导工作围绕“督政、督学、评估监测”职能，推进教育督导改革，先后出台《晋江市深化教育督导体制机制改革的若干措施》《晋江市人民政府教育督导委员会成员单位的教育职责》《晋江市对镇（街道）教育工作督导评估方案（试行）》，完善工作机制，为新时期教育督导工作提供保障。12月28日，泉州市政府教育督导委员会办公室印发《泉州市人民政府教育督导委员会办公室关于晋江市“两项督导”实地评估的意见》，综合网络评估、实地督导、教育满意度调查等评估情况，认定晋江市政府2021年度履行教育职责情况为“优秀”等级、晋江市党政主要领导干部2021年度抓教育工作情况为“优秀”等级。

（蔡金禄）

【学生资助管理】 2022年，晋江市启用晋江市智慧资助云平台，形成晋江市数据系统，落实学生资助精准管理，实现精准资助。全年审核助学金申请24276人次，发放1239.92万元。其中，普通高中国家助学金受助学生1882人，补助242.85万元；中职教育国家助学金受助学生1344人，补助134.4万元；学前教育政府助学金受助学生3445人，补助338.3万元；少数民族国家助学金受助学生89人，补助5.44万元；义务教育阶段家庭经济困难学生生活补助受助学生17516人，补助518.93万元。

（施建雄）

【教师招录聘】 2022年，晋江市组织赴高校面向6所部属重点师范大学专项招聘、新任教师专项招聘（研究生为主）、省内本科优秀师范生专项招聘、省公费师范生专项招聘、委托省统一组织新任教师公开招聘及补录招聘，招聘新任公办教师831人。组织4批次合同教师招聘，招聘合同教师997人。新任教师1828人中，研究生学历毕业生176人，教育部直属6所师范大学46人。

【师德师风建设】 2022年，晋江市开展第二届“最美幼教工作者”寻访活动，宣传长期扎根幼教工作的20名代表人物。开展新任教师岗前培训暨师德教育工作。教师节开展“为教师亮灯”公益活动。有4个家庭获泉州市“教育世家”称号。建立晋江市教育系统师德失范信息库，将师德作为评价教师的突出标准，对师德存在问题的执行“一票否决”。推进教育行风建设，起草制订《中共晋江市教育局党组关于“打造‘不忘立德树人、牢记廉洁从教’教育初心队伍”建设工作方案》，组织专班组审查各单位上报材料，编制工作简报4期、简讯4期；组织各单位开展《晋江市教育系统纪检监察工作指南》培训；组织开展督导活动，发出整改通知书26份；组织各单位围绕行风专项治理八大领域25个项目内容，开展自查自纠。牵头形成《中共晋江市教育局党组关于2021年度晋江市委全面从严治党主体责任检查暨政治监督移交“问题清单”整改落实情况的报告》。出台指导意见，规范基层“两聘”（校长、教师聘任）工作。

【师资培训】 2022年，晋江市依托教师进修学校教职工培训平台，建立上级调训、市级培训、校本培训一体化管理制度。举办教师系列专业技术人员专项培训项目60个，组织参加福建省、泉州市各类培训项目，启动教育信息技术培训2.0全员培训项目。开展研训活动236场，培训教师60027人次，教师全员培训经费支出489万元。组织举办“晋江经验”研讨班，把培养发现干部与推进工作改革创新结合起来。

【教师支教交流】 2022年，晋江市出台《关于进一步明确校长教师校际支教交流工作有关事项的通知》，明确支教交流工作量要求以及对弄虚作假行为的处理办法。全年完成教师交流工作831人。启动2022年义务教育阶段校长教师交流工作，2022年义务教育阶段应交流教师4481人，参加交流教师505人，交流比例11.26%，其中校级干部交流比例24.46%、骨干教师交流比例22.04%；城镇教师到乡村支教101人，其中骨干教师50人。出台《晋江市教育局2022年教职工调动工作意见》，明确鼓励教职工合理流动，优先补员新任教师给调出单位，优化学校教师队伍结构。

（张贻集）

【教育科研】 2022年，晋江市在研教育科研课题819项。其中，省级课题194项，泉州市级课题93项，晋江市级课题532项。组织开展以“课题材料的归整”“教育教学成果的凝练”为主题的教师教育科研素养培训2场，直播观看1.5万多人次。组织2场课题成果展示活动、1场人工智能专项的创新范式活动，促进科研教研协同发展。组织晋江市基础教育教学成果奖评选，收到43项教学成果项目，晋江市级评选出26项获奖项目，推荐12项参加上级评选。其中，获泉州市级特等奖4项、一等奖5项、二等奖2项，获省级一等奖2项、二等奖1项，养正中学《基于青少年科学院制的课程集群建设和育人方式变革的创新与实践》项目被省教育厅推荐参评2022年基础教育国家级教学成果奖。

【名师培养】 2022年，晋江市新确认晋江市骨干校（园）长44人、晋江市学科教学带头人22人、晋江市骨干教师培养对象162人，推荐参评泉州市“十四五”中小学名校长培养对象33人，推荐参评泉州市“十四五”中小学学科教学带头人101人。年度获评正高级教师4人，获省特级教师称号5人，获省级名校长称号4人，获省级教学名师称号3人。全市有各级各类名教师3408人，审核名教师网上活动申报1832场次。开展2020—2021学年度名教师履职情况检查，确定优秀等级743人、合格2505人、不合格65人、不定级76人。管理审核工作室和工作团队175个，其中名师孵化工作室44个、名校（园）长孵化工作室5个、“1＋3＋N”名教师工作团队126个。晋江市名师名校（园）长孵化工作室和“1＋3＋N”名教师工作团队开展活动1055场，参与活动2667人次。

【教育质量监测】 2022年，晋江市教师进修学校中学教研室和小学教研室分别坚持每周二和周三对全市普通中小学进行教学视导，全年中小学教研室对98所学校进行教学视导。春季，晋江市教师进修学校中学教研室组织统一阅卷活动6场次，阅卷后组织教师撰写质量分析报告，集中力量探讨大数据时代下精准的教与个性化的学，推动晋江市教育信息化服务于教学并向“深化应用、融合创新”层面推进。秋季，组织泉州质量监测及阅卷1次，阅卷后各学科教研员组织撰写质量分析报告，形成高三年级9个学科和全市质量分析报告。2022年高考，晋江市600分以上500人，其中物理方向413人、历史方向87人。初三中考实际参考22453人，占泉州参考人数的20.5%；平均分、及格率、优秀率基本排在泉州第三至第四名，其中政治、历史学科平均分、优秀率、及格率均排在泉州市第二至第三名；语文、政治、历史、地理、化学等学科平均分、及格率处于泉州领先地位。

（郑玲华）

学前教育

【概况】 2022年，晋江市有幼儿园368所，在园幼儿8.08万人，比上年减少4503人，减幅5.27%。其中，公办园86所、3.21万人，集体办幼儿园98所、1.67万人，民办园184所(不含7所民办小学附设班)、3.2万人；在晋务工人员子女3.41万人，占42.17%，比上年减少3908人，减幅10.3%。全市学前三年入园率99.53%；学前一年入园率99.89%；学前教育普惠率、公办率、示范率分别达到90.63%、60.47%、46.97%。

【学前教育普及普惠】 2022年，晋江市教育局移交晋江市第二实验幼儿园莲屿分园、第九实验幼儿园、第七实验幼儿园中海锦城园区、艺术实验幼儿园力高园区、新塘街道第二中心幼儿园、池店力高幼儿园、状元里中心幼儿园、万国城幼儿园、内坑香槟云城幼儿园9所小区配套园招生；升级新建改造罗山罗裳幼儿园、灵源英塘中心幼儿园、陈埭群德幼儿园、安海梧山幼儿园4所公办幼儿园。全市新增公办幼儿学位4410个。年底，全市有公办幼儿园104所（含18所分园），在园幼儿3.21万人，占比36.22%，比上年提高3.55个百分点。落实普惠性幼儿园申报、公示、认定工作。秋季，全市实行普惠收费幼儿园407所，在园幼儿7.33万人，普惠性幼儿园覆盖率90.63%。9月6日，晋江市创建全国学前教育普及普惠发展市通过省级评估，并由省教育督导办推荐国家教育督导办组织评估验收。

【示范园创建】 2022年，晋江市教育局开展示范幼儿园业务骨干实践学习活动，发挥省、市级示范幼儿园的示范辐射作用，开展帮扶指导活动，提高示范幼儿园创建业务水平和管理能力。各幼儿园以创建示范园为契机，抓好软硬件建设，发展特色园所文化，打造高质量的学前教育。西滨镇中心幼儿园被确认为福建省示范性幼儿园，灵源街道林口中心、灵水小浯塘分园、池店启智、池店启梦、梅岭心怡5所幼儿园获评泉州市示范园，池店镇顺英幼儿园、第五实验幼儿园、潘径实验幼儿园等11所幼儿园通过晋江市示范性幼儿园评估验收。秋季，全市有各级示范园117所，其中省级15所、市级21所、县级81所；在园幼儿3.8万人，占全市在园幼儿的46.97%。

【幼儿园与小学科学衔接】 2022年，晋江市推进幼小衔接，开展学前教育宣传月活动，举办面向家长的“幼小衔接 科学协同”公益讲座，组织安海实验幼儿园和安海中心小学进行经验交流，当日线上参与达6.12万人次，强化家庭、幼儿园、学校、社会共育，缓解家长的焦虑和担心。组织为期4天的幼儿园教师专业能力提升培训，全市公办、民办、集体办园5000余名教师参加线上专题培训。与泉州职业技术大学合作开展学前沙龙活动，邀请特级教师邹慧敏作专题报告，提高园长、校长和教师实施幼小衔接的能力。在市教育局微信公众号设立“幼小衔接‘晋’行时”栏目，向社会、小学、幼儿园家长宣传“幼小衔接”做法，引导家长树立正确的“幼小衔接”观，共同营造有助于儿童身心健康成长的环境。2022年秋季起，各公办小学、幼儿园成立“幼小衔接”合作共同体，推行入学准备和入学适应教育，建立幼小协同合作机制，加强课程、教学、管理和教研等方面的研究交流。

【幼儿园办园行为专项督导】 2022年，晋江市开展幼儿园办园行为督导常规工作。以《晋江市教育局 晋江市人民政府教育督导室关于开展幼儿园办园行为督导评估的通知》为基本依据，采用实地查看、资料查阅、问题座谈、现场反馈等方式，根据幼儿园办园综合情况，对办园条件、安全卫生、保育教育、教职工队伍、内容管理5个方面实施全面评估。全年有110所幼儿园接受办园行为督导评估，其中公办幼儿园11所、公办性质幼儿园63所、民办幼儿园36所，良好及以上等级幼儿园52所，占47.27%。

（洪清松）

义务教育

【概况】 2022年，晋江市有独立小学268所(不含7所一贯制学校，下同)，班级4258个；在校学生19.45万人，比上年增加1600余人，增长1.0%。其中，民办小学(不含4所一贯制学校)8所，班级178个，在校学生7248人。在校生中，在晋务工人员子女9.4万人，占48.32%；比上年减少5000人，下降5.0%。全市小学适龄儿童入学率100%。秋季，小学一年级招生3.16万人，比上年减少1933人，减幅5.77%。

2022年，晋江市有初中校55所，其中独立初中学校31所、九年一贯制学校4所(慎中实验学校、锦东华侨学校、弘徽学校、荆茂学校)，十二年一贯制学校3所(晋江学校、晋江拔萃双语学校、泉州中远学校)。其中，民办初中6所，班级195个，在校生8978人。全市有省级教改示范性建设学校5所(云峰中学、紫华中学、养正中学、英林中学、潘径中学)。秋季，初一年级招生27311人，初三毕业生22453人，净增长4858人；全市在校初中学生78336人，其中晋江户籍学生40371人、在晋务工人员子女37965人。九年义务教育巩固率99.95%。

【义务教育管理标准化学校创建】 截至2022年12月，晋江市有189所小学通过福建省义务教育管理标准化学校的认定，占全市小学的70.78%。12月26日，省教育厅发文确认晋江市池店中学、深沪中学、石圳华侨中学、南岳中学、江滨中学、锦东华侨学校、三民中学7所中学为福建省义务教育管理标准化学校。全市有44所中学通过福建省义务教育管理标准化学校认定，占全市初中校的80%。

【小学升初中免试就近入学】 2022年，晋江市公办初中学校实施初中单校划片对口直升及电脑随机派位录取的招生办法，所有符合入学条件的小学毕业生(含随迁子女)均免试升入初中。2022年秋，初一年级招生27311人。

(洪清松)

【民办初中招生】 2022年5月22日，晋江市教育局完成民办初中招生报名资格审核、照顾对象资格审核、公示及录入。5月25—28日，网上注册填报志愿。6月18日，在泉州师范学院进行电脑派位，完成晋江市第一批民办学校的派位录取工作，根据志愿派位公示录取结果。6月29日，泉州市教育局组织2022年泉州市民办初中第二批招生电脑随机派位。2022年秋季，民办初中招生2711人。

【中考与会考】 2022年，晋江市中考应考考生22453人，会考应考考生24806人。全市设有晋江一中等22个考点，中考考场761个(会考836个考场)、备用考场44个、其他考场91个。无违规违纪和作弊现象，实现平安中考和健康中考的总目标。

【“双减”工作】 2022年，晋江市教育局制发《关于进一步有效贯通义务教育阶段学校“作业管理+课堂教学+课后服务”赋能教育“双减”的指导意见》，落实“五项管理”(作业管理、睡眠管理、手机管理、课外读物的管理、体质健康管理)及省颁教学常规相关要求，提高作业设计水平、提高课堂教学效率；制发《关于整治城区中小学课后服务质效不高问题 满足学生和家长多样化需求工作方案的通知》，坚持“一校一案”，推动中小学课后服务提质增效。聚焦“三个提高”(全面提高教师队伍整体素质，全面提高教育教学质量，全面提高社会对教育的满意度)，着力“四个强化”(强化工作调度，强化家校共育，强化督导检查，强化宣传推广)，坚持“五个严格”(严格压实责任，严格培训行为，严格收费管理，严格防范风险，严格压减数量)，出台“双减”相关政策文件。“晋江落实双减政策”获评推荐“十大市民关注事件”。晋江市“双减”工作被主流媒体报道76条次，其中部级媒体报道7条次、省级媒体报道24条次、市级相关报道16条次、县级相关报道29条次。晋江市关心关爱教师典型案例被福建省教育厅办公室列入第一批落实“双减”工作推广，被“福建教育微言”报道，新华社(浏览量134万次)、《新华每日电讯》推送相关报道，教育部予以转发。

(吴扬加)

普通高中教育

【概况】 2022年，晋江市有普通高中21所(民办高中4所)，班级663个(民办154个)。其中，完全中学17所，高级中学1所(荆丰中学)，十二年一贯制学校3所(晋江学校、晋江拔萃双语学校、泉州中远学校)。进入省级达标中学行列公办高中校15所，其中省一级达标8所、省二级达标7所。省示范性普通高级中学2所(养正中学、晋江一中)。秋季，高一年级招生11767人，其中晋江户籍生6133人、在晋务工人员子女5634人；全市在校高中学生32614人(民办高中在校学生7273人)，其中晋江户籍16493人、在晋务工人员子女16121人。

【高中阶段教育扩容提质行动计划】 2022年，晋江市实施普通高中学位扩容工程，开办清华附中晋江学校合作校高中部、东石中学高中部，扩大普通高中学位供给。普通高中招生11767人，比上年增加1032人，普通高中升学率从上年47.70%提高到52.42%。实施普通高中品质提升计划，全市15所达标高中全部通过省级复查评估。晋江一中获颁“泉州市2022年度教育特殊贡献奖”，季延中学、南侨中学、陈埭民族中学被确认为省级高中特色示范项目培育校。

【普通高中建设与发展】 2022年3月4日，晋江市晋江一中、养正中学被省教育厅确认为首批省级示范性普通高中建设学校(全省30所普通高中入选，泉州市有7所)。陈埭民族中学迎接省教育厅一级达标晋级现场评估，省评估专家和监督员一行8人，对陈埭民族中学晋级一级达标高中进行现场评估。

【高考质量监测】 2022年，晋江市普通高考报考9695，其中历史方向3334人、物理方向6361人；扣除社会考生，实际到考9158人(含体艺考生)，比2021年实际到考8103人(含体艺考生)增加1055人，增长率13.01%。全市投档分600分以上考生500人，其中文史类87人、理工类413人；在全省理工类排名前100名的5人，文史类排名前50名的4人；特殊类型招生录取控制分数线上线2502人(不含体音美)，比上年2418人增加84人，上线率27.32%；本科及以上(含体艺类)上线6884人，比上年6342人增加542人，上线率75.17%。

【学科竞赛】 2022年，晋江市加强竞赛指导、训练，在数学、物理、化学、生物和信息学五大学科竞赛中，全市有2个学科入选省队并获全国三等奖，25名学生获省一等奖、49名学生获省二等奖、58名学生获省三等奖。

(吴扬加)

特殊教育

【概况】 2022年，晋江市有特殊教育学校1所，在校学生511人。特殊教育辅读班12个、学生87人。普通小学随班就读222人。市级特殊教育资源中心1个、镇级特殊教育指导中心1个，随班就读基地校6个，省级特殊教育融合试点校2个，市级特殊教育融合试点校(园)2个。

【残疾儿童入学保障】 2022年，晋江市建立残疾儿童控辍保学目标责任制和联控联保机制，强化数据管理，强化控辍保学。每周动态跟踪没有及时转接学籍对象，建立动态台账，不定期通报。要求各校加大动员力度，确保不出现疑似失学辍学、临界辍学对象。抓好重点时段，把好期初入校报到关，每学期组织学校填报春季、秋季期初快速报表，结合期初工作检查进行核查，掌握学生动向，要求所有不符合学籍管理办法规定的“三位一体”的学校整改到位。全市6—14周岁三类残疾儿童入学率100%。

【送教上门】 2022年，晋江市组织特殊教育专家组入户鉴定，明确残疾儿童教育安置，下发2022年春、秋季义务教育阶段适龄中重度残疾儿童少年“送教上门”服务工作的通知，分别对114名、100名中重度残疾学生进行“送教上门”，提高中重度残疾儿童送教对象覆盖面。向人社局、财政局争取核拨落实普通学校附设特教班和送教教师绩效待遇。

【特殊教育学校】 2022年，晋江市特殊教育学校坚持“阳光教育，润泽生命”的教育理念，以提高教育教学质量为中心，推进日常教育教学服务，完善孤独症儿童的教育。根据孤独症学生的需求，进行扩容招生，一年级星星班从3个班扩容到4个班。挖掘和利用家庭、社区和学校资源，实施正向社会融合、逆向社会融合和支持性社会融合支持体系，完善学校课程建设、师资团队建设、班级环境建设等支持性社会融合力量。重点改善孤独症学生的社会功能，提高其社会适应能力，促进孤独症儿童平等、全面参与、融入社会生活，提炼的《适性社会融合——孤独症学生社会融合教育实践与研究》获泉州市基础教育成果奖一等奖，福建省教育科学“十四五”时期规划课题“孤独症‘适性社会融合’康复教育模式的实践研究”获批立项。结合晋江经济特色，拓宽学校职业教育体系，在义务教育高年段和职高班增设鞋业工艺课程，探索校企合作的职业教育模式。参加市妇联组织的家庭公益创投大赛，获银奖；开设家庭教育讲堂、家庭教育沙龙，为孤独症儿童、智力障碍儿童家长普及教育康复方面知识，提升家长辅助训练的能力。邀请全国特殊教育知名专家到校讲学，选派教师外出参加培训，提升教师职业素养。鼓励教师参加各类竞赛，以赛促教师成长，推荐教师李丽香参加全国特殊教育教师教学基本功展示，教师饶媛萍获全国“首届原创绘本教学设计大赛”优秀奖。校舞蹈队参加第五届全国残疾人排舞公开赛，获“听力小学组规定曲目一等奖”和“体育道德风尚奖”。

【普特融合教育】 2022年，晋江市加强特殊教育资源中心建设，完善特殊教育体系，加强与民政、残联的信息共享和协调工作，提高特殊教育普及水平，保障适龄残疾儿童少年接受义务教育。依托晋江市特殊教育学校、安海镇水头小学、内坑镇三民中心小学、晋江市第二实验幼儿园、晋江市第三实验幼儿园等5所普特融合教育试点校，尝试在普通学校开展普特融合教育试点工作。安海镇水头小学、内坑镇三民中心小学融合教育案例被省教育厅推荐参评全国融合教育优秀教学案例。晋江市教育局就融合教育工作在2022年泉州市特殊教育融合工作推广会上作典型发言。

（洪清松）

职业教育

【概况】 2022年，晋江市有中职学校4所，中职专任教师885人。在校生15080人，比2021年增长1.02%。其中，在晋务工人员子女8160人，比2021年增长1.09%。

【产教学融合】 2022年，晋江市4所中职学校以企业需求及区域经济契合度为导向，注重学生综合素质和职业能力培养及职业精神、工匠精神教育。建立以应用能力为主体，辅以职业素养的提升和职业资格证书的获取为内容的教学体系，注重学生的实践学习，提升毕业生“双证”(毕业证、技能证)比例。推进企业文化进校园和优秀毕业生进校园活动。让学生了解企业文化、企业精神、企业理念，通过宣传优秀毕业生事迹等方式，培养学生职业兴趣和职业精神，增强就业创业信心，培育和弘扬劳动光荣、技能宝贵、创造伟大的时代风尚。晋江职校与福建百宏聚纤科技实业有限公司签订校企合作协议，建立校企联动机制，共建“校企实训基地”，机电一体化专业开设现代学徒制“百宏班”。华侨职校通过引进晋江中鑫之宝汽车销售服务有限公司、泉州三基创意设计有限公司等企业入校，分别与汽车运用与维修专业、鞋类设计与管理专业开展“订单班”“学徒制”培养。安海职校与力锋国际(SO HAIR)在深度校企合作的基础上共建美容美发产业学院。晋兴职校与金玛酒店集团共建金玛烹饪学院，通过基地共享、师资互聘等合作形式开展现代“学徒制”。

【学生竞赛获奖】 2022年，晋江市组织中职学生参加福建省学生技能竞赛49项，获会计业务处理、现代物流综合作业、建筑智能化系统安装与调试、服装设计与工艺、平面设计技术等9个项目一等奖，16个项目二等奖，12个项目三等奖。其中，晋江有7个项目代表福建省参加国赛，取得2金2银3铜。

【职业培训与鉴定】 2022年，晋江市4所中职学校申报泉州市地方公益性创业学院。晋兴职校与晋江市海峡人才服务有限公司立足当地产业发展，申报福建省职业技能等级认定点。4所职校校内开展技能鉴定56场（含

“1＋X”鉴定），鉴定考证 1932 人，通过率 89%，涵盖电商、物流、食品、烹饪、会计、电子电工等 18 个专业。对外线上、线下面向安踏、康奈、晋江温德姆酒店等企业员工和社区群众开展社会培训 26 场，培训 4113 人次，涵盖食品、中式烹饪、幼儿照顾护理、网络安全、鞋样开发、电商直播等培训项目。

【专业设置与学制】 2022 年，晋江市 4 所中职学校开设 82 个专业（含重复开设和 15 个联办五年制大专专业）。其中，晋江职校开设服装设计与工艺、工业机器人技术专业，华侨职校开设汽车智能技术、鞋类设计与工艺专业，安海职校开设机电一体化技术、机械设计与制造专业，晋兴职校开设食品加工工艺、微电子原件加工工艺专业等。基本涵盖晋江鞋服、纺织、建材、食品传统产业集群和集成电路、智能装备、健康新兴产业。中职 2.5＋0.5 学制（在校学习两年半＋实习半年），第六学期学生留晋实习率 93%，实习对口率 98%。在“学考”大背景下，中职学生选择升学的意愿占总毕业生数 95%以上；2022 年毕业生选择直接就业 265 人，其中留晋就业 207 人，约占 78%。

【师资力量建设】 2022 年，晋江市 4 所职校聘请企业教师 38 人，涵盖物流、服装、机器人、汽修、鞋类、美容美发、食品等专业。其中，晋江职校聘请乔丹物流中心周文婷、沈洁、谢金亦，华侨职校聘请泉州中鑫之宝汽车维修服务有限公司刘东、温建鑫、陈鹤斌、林清鸿，安海职校聘请芭妃娅美容健康连锁公司黄婷、刘云，晋兴职校聘请金玛国宾酒店戴春风等企业导师入校执教。晋江职校在校建立陈芳财技能大师工作室（水密隔舱福船制造技艺）和郑银聘技能大师工作室（东石木雕技艺）。华侨职校建立南音非遗传承人陈丽娟工作室（南音）和孙鸿图技能大师工作室（工艺美术）。晋兴职校建立陈强闽菜大师工作室（烹饪）。

【中职高考】 2022 年，晋江市 4 所中职学校报考高职分类招生考试的学生 4010 人，报考率 94.5%。在省教育厅公布的 2022 年“中职高考”（高职分类招生考试）成绩统计中，晋江考生本科上线 457 人，占全省中职学校本科上线人数的四分之一。本科上线人数比上年增加 103 人。

（钟 健）

高等教育

【概况】 2022 年，晋江市有福州大学晋江校区、泉州职业技术大学（本科）、泉州轻工职业学院（专科）3 所高等教育学校。泉州市高教发展中心强化政校企互动，推动高校深化产教融合，促进高职教育做优做强。落实泉州职业技术大学 2021 年度晋江籍学生补助和 2021 年度财政贷款贴息补助 157.81 万元，泉州职业技术大学三期用地选址基本确定，建筑面积 21.39 万平方米的教学楼、科研楼、宿舍楼封顶，获批学士学位授予单位。泉州轻工职业学院建筑面积 5.8 万平方米的学生宿舍楼、教学楼及配套设施动工建设，“双高校”建设有序推进。2022 年，泉州职业技术大学招收本（专）科学生 3820 人，在校生 12108 人；泉州轻工职业学院招收新生 3950 人，在校生 10466 人（含二元制）。2 所学校毕业生 3660 人，就业率 95%以上；有校外实习实践基地 300 多个。泉州职业技术大学培训保育师、检验员等 15083 人次，开展职业技能鉴定 3517 人次；泉州轻工职业学院开展鞋面车缝、中式烹调师、中式面点师等专项职业能力考核和等级认定 2100 余人次，联合晋江市委党校开展“党课进高校”8 场次。

（王俊宇）

【福州大学晋江校区】 2022 年 6 月 22 日，福建省教育厅批复同意设立福州大学晋江校区。9 月，本科新生 499 人和硕士研究生新生 312 人，厦门工艺美院、至诚学院、继续教育学院等学生入驻晋江校区，在校生 2858 人。2022 年，晋江校区加强校际、校企、学校与科研院所之间的合作，入驻科研平台 18 个，包括省级研发平台 12 个、校级研发平台 3 个、校企合作平台 2 个和校地共建平台 1 个。福州大学晋江校区“‘闽台合作、双向融合’海洋类本科人才联合培养模式创新与实践”项目获 2022 年福建省高等教育教学成果奖二等奖，电气工程及其自动化和物流管理 2 个专业获评闽台合作办学示范性项目，成为全省

2022 年 6 月 22 日，福建省教育厅批复同意设立福州大学晋江校区。图为福州大学晋江校区鸟瞰图 （摄于 2022 年 6 月 25 日 图/福州大学晋江校区）

唯一一所连续6年年审评估全部通过的高校。推进课程改革，美学美育课程改革成效获《中国教育报》报道。强化科技创新实践能力培养，组织举办“互联网+”“挑战杯”等赛事，获国家级奖项18项、省级奖项25项和校级奖项261项；本科科研训练项目立项48项，其中国家级3项、省级7项、校级38项。构建实践教学大平台，赴泉州、厦门等地的30余家龙头企业开展访企拓岗专项行动，新增6个校外实习实践基地，内引外联开展职业规划和就业服务，鼓励毕业生留泉留晋就业。

2022年，福州大学晋江校区完善人才引进体制机制，组织新教师招聘考核4批次，新入职晋江编制教师11人，福建省教育科研类“引进生”第一志愿报考2人，直评晋升副教授1人，2名教师通过副高级职称初审，1名教师从事博士后研究工作。有研究生导师238人，其中全职21人、双聘125人、联合培养92人，导师队伍副高及以上职称占比87%，博士及以上学历占比94%；有经认定的泉州市、晋江市高层次人才123人，全职专任教师29人。

2022年，福州大学晋江校区申请专利113件，其中申请发明专利90件；授权专利55件，其中发明专利36件；获福建省科学技术奖三等奖1项。晋江校区新立纵横向项目32项，总经费1383万元。其中，纵向项目22项，总经费993万元，含获批国家重点研发计划子课题1项、国家基金3项(面上1项、青年2项)、福建省科技厅重大专项1项、省基金4项(面上2项、青年2项)、福厦泉联合项目获立项支持(200万元)；横向项目10项，合同金额390万元。举办“2022年晋江市—福州大学科技成果对接会暨高水平科研平台推介会”，签约合作项目11个。打造产学研“红娘”机制，组织申报泉州科技计划备选项目16项，组织申报科技特派员认定。承接晋江市准大学生菁英训练营、泉州银行新入职员工培训等项目，密切与毓英中学、英林中学等周边学校的帮扶关系。

2022年，福州大学晋江校区加快教学配套建设，完成5间实验室地面翻修改造和公共机房建设，完成4间教室扩容，完成测试中心有关项目培训、调试和验收，启动第三期仪器设备招投标，扩大图书馆馆藏资源，新进图书2.1万册，订阅报纸22种、期刊328种，年度采购“荐书”624种，图书馆四楼阅览区全面开放。完成休闲场地和运动器材等建设修缮，启动教师公寓防风降噪改造。

（赖霜梅）

【泉州职业技术大学】 2022年，经福建省学位委员会批准，泉州职业技术大学被增列为学士学位授予单位，油气储运工程、建筑工程、机械设计制造及自动化、汽车服务工程技术、计算机应用工程、大数据与财务管理、电子商务、数字媒体艺术、服装与服饰设计、学前教育10个专业被增列为学士学位授予专业。

2022年，泉州职业技术大学围绕石油化工等8个专业群，开设职业本科专业18个、专科专业13个，在校统招生12108人。在用校舍建筑总面积39.71万平方米，生均32.80平方米。其中，教学行政用房27.06万平方米，生均22.35平方米；二期在建21.39万平方米（含教学行政用房13.61万平方米）。专任教师509人。其中，副高以上职称占比30.06%，拥有硕、博士学位教师占比50.10%；专业教师中双师型教师占比51.64%；来自企业一线的兼职教师338人。教学科研仪器设备总价值12036.97万元，生均0.99万元；学校图书馆图书(含电子图书)123.97万册，生均102.39册，与晋江市图书馆互为分馆，资源共享。

2022年，泉州职业技术大学发挥基层教学组织作用，组建学习共同体，推进课程内容对接职业标准，教学过程对接生产过程；优化课程设计，增强教师课程开发能力。获批质量工程项目15个、全国非遗教育特色院校(全国本科组评选出2所)、省高水平专业化产教融合实训基地与省高职院校产业学院试点各1项；获省级教学成果奖二等奖、省级教学创新大赛三等奖各1项，省级职业院校技能大赛教学能力比赛二等奖1项、三等奖3项，外研社“教学之星”大赛二等奖2项。学校学生获省级以上学生竞赛奖项274项，其中国家级112项、省级162项。实施“六合”(研究方向与专业方向融合、研发过程与实践教学融合、科技创新与技能竞赛融合、科研课题与学生活动融合、科技成果推广与社会调研融合、科技成果

2022年7月8日，泉州职业技术大学社会工作学院暨晋江社会工作学院成立仪式举行

（图/泉州职业技术大学）

产业化与创新创业融合)工程,学校汽车清洁能源、智能制造、绿色建筑、电子商务四大福建省高校应用技术工程中心通过省教育厅组织的线上线下联合验收,获批省技术转移中心、省科技厅科技特派员后补助项目、省本科高校教育教学改革重点特设项目、省科协智库项目以及省科技进步奖等奖项。坚持“产业伙伴型大学”办学定位,探索“产业学院”“人才订单班”“校企联动”等准就业模式,推进产教融合、校企合作,与中石化森美(福建)石油有限公司泉州分公司、漳州分公司、厦门分公司等企业签约,建立校领导联系企业机制,开展访企拓岗促就业行动,访企拓岗企业103家,拓展岗位2274个。结合各学院专业特色,分批次对接对口行业企业,组织开展线上、线下招聘和企业宣讲会62场、校招聘会2场,为学校毕业生提供就业岗位7670个。突出“全链条生涯教育体系”特色,为区域产业培养全日制毕业生近3万人,培训技术技能人才10余万人次。开展与海内院校交流合作,先后与辽宁石油化工大学、澳门城市大学、马来西亚沙巴州亚庇建国中学等学校签约,与马来西亚玛拉工艺大学举办线上合作交流会,共同打造产业人才培养高地。获批国际学生招收资质,拓宽办学空间,对外交流合作步入新阶段。

(王俊宇)

【泉州轻工职业学院】 2022年,泉州轻工职业学院下设智慧制造学院、健康生活学院、建筑学院、文创学院、商学院、教育学院6个二级学院29个专业,全日制在校生10466人(含“二元制”学生1550人)。有专任教师307人,兼任教师324人。其中,省级教学名师3人、省级专业带头人6人、泉州市级优秀人才69人;硕士研究生学历教师比例72%、高级职称比例32%;外聘行业大师123人,企业技术人员和高技能人才占专任教师的25.4%;教师教学创新团队7个。建设由学院教师、企业技师、行业匠师组成的“三元双师”型教师队伍,实行“双轨制”职称评聘和实绩导向管理机制。

2022年,泉州轻工职业学院新增省级教学成果一、二等奖各1项。执行董事、博士王树生入选教育部职业院校中国特色学徒制教学指导委员会委员、轻工产业发展专门委员会执委委员。深化“三教”(教师、教材、教法)改革以及“岗课赛证”综合育人模式,推进“课堂革命”,获教学能力大赛国家级二、三等奖各1项,省级一、二、三等奖共12项,获省教学成果一等奖以及国家与省级专业教学资源库各1个,15门省级精品在线开放课程均通过验收;开发双元特色教材10本,专业(群)实践教学学时占比60%以上;建有“1+X”证书试点23个,考证通过率90%以上,打造“课堂革命”典型案例15个,获学生技能大赛省级三等奖以上奖项108项,建成国家、省级专业教学资源库各1个,制定高水平专业群教学标准2个、课程标准80门、核心专业参与专业认证1个,获省级教学成果奖5项。成立科研创新实践基地,开展科技专题讲座,组织学院教科所、在研课题开题、中期、结项报告会各4场。获授权专利20项;出版专著教材6本,发表学术论文50篇。其中,在CN学术刊物发表49篇,在中文核心期刊发表1篇;科研立项46项,其中省级立项11个、市级立项5个,横向课题立项15项。新增福建省知识产权信息服务中心1个,被聘为市级以上科技特派员的教师14人。培训职工、退役军人、新型农民等23095人次,承办省级技能比赛2场,建设省知识产权服务网点1个,入选省级终身教育提质培优项目4个,教育部社区教育“能者为师”实践创新项目3个,为泉州地区唯一入选“福建省工匠学院”的高校。牵头召开福建省物流行业职业教育指导委员会换届会议暨省交通物流职教集团年会,新增省级产业学院、市级示范性产教融合实训基地、校企合作创新中心平台、国家和省级专业教学资源库以及省、市级科技特派员工作站与市级科技特派员团队各1个,科技特派员27名,大师工作室5个;组建高水平服务区域产业行业发展专业群6个,专业与区域产业吻合度100%;建设食品智能加工技术、鞋类设计与工艺等省级高水平专业群2个,毕业生就业率99.1%,专业对口就业率82.2%,用人单位满意度98.9%,在泉州地区就业率73%;建有国家级高技能人才培训基地、国家级职业教育“双师型”教师培训基地(非金属材料类)核心成员单位、第46届世界技能大赛中国集训基地以及中国轻工业职业能力评价直属基地,成为轻工产业发展专门委员会执委委员皮革制鞋专委会主任委员单位,教育部现代学徒制试点项目通过验收。

2022年,泉州轻工职业学院坚持国际合作办学,开发非洲“TOT”项目2个,聘任国(境)外专家6人,引进国际职业教育优质课程5门,招收留学生23人,向加蓬、加纳、肯尼亚、马来西亚等国家输出职业教育标准5项,选派专业带头人和骨干教师24人赴国(境)外研修学习;参加金砖国家职业技能竞赛及海峡两岸职业技能竞赛各2场,举办海峡两岸职业教育研讨会2次;建设跨境电商培训基地1个,开展海外技术技能培训2580人次;《借鉴“鲁班工坊”育人模式 培养非洲“工匠之师”》案例入选世界职业技术教育发展大会特别报道——职业教育改革发展和国际交流合作典型案例,并在中央电视台播出。

(王俊宇)

成人教育

【概况】 2022年,晋江市参加自学考试考生3717人次,毕业46人。报名参加成人高考4270人。开放教育毕业生151人,招收学员184人。把老年教育纳入终身教育体系,促进社区教育发展。晋江市老年大学开设46门课程,在校学员3283人次。

(钟 健)

【自学考试】 2022 年 4 月，晋江市自学考试报名新生 499 人、往年考生 1191 人，报考 4590 科次。10 月，自学考试报名新生 705 人，比上年增加 65 人，增长 5.71%；往年考生 1322 人；报考 6100 科次。上半年、下半年各集中受理 1 次自考毕业申请，毕业 46 人。

（郑奇磷）

【成人高考】 2022 年 11 月 5—6 日，成人高等学校招生全国统一考试（简称“成人高考”）举行，晋江市报名确认 4270 人，比上年增加 953 人，增幅 28.73%。其中，专升本 2235 人，比上年增加 514 人，增幅 29.86%；高起专 2035 人，比上年增加 439 人，增幅 27.51%。晋江市设平山中学、子江中学、晋江二中、陈埭民族中学 4 个专升本考点，136 个考场，考生约 4060 人，均为泉州地区报考专升本理工类考生。其中，平山中学考点设 36 个考场，参考考生 1080 人；子江中学考点设 40 个考场，参考考生 1200 人；晋江二中考点设 30 个考场，参考考生 900 人；陈埭民族中学考点设 30 个考场，参考考生 880 人。

（郑奇磷）

【电大教育】 2022 年，晋江市开放教育毕业生 151 人，招收学员 184 人；助推泉州电大实施乡村振兴人才学历提升计划，晋江市 9 名村务工作人员参加学历提升教育。落实各项助学政策。年度招收学前教育本专科学员 35 人，减免学费 9180 元；对符合省电大“求学圆梦计划”的 16 人，由省总工会提供学费补助 3000 元／人；10名泉州籍退役士兵学员免交三年学费。

【社区教育】 2022 年 12 月 2 日，晋江市教育局与晋江市老年教育委员会办公室联合印发《〈关于进一步推动全市老年教育高质量发展的若干措施〉的通知》。把老年教育纳入终身教育体系，使终身教育、终身学习的观念深入人心，为实现“人人皆学、时时能学、处处可学”的目标创造环境。

（钟　健）

【老年教育】 2022 年，晋江市老年大学有 9 个系，1 个党总支、12 个党支部，9 个专业学会，1 个艺术团，1 支志愿服务队，1 个校董会，开设 46 门课程，在校学员 3283 人次。11 月，晋江市老年大学组建校关工委和“五老”工作室，由学校乐为志愿服务队队长曾添辉领衔。学校获评“2019—2021 年度晋江市文明单位”。

2022 年，晋江市老年大学推送教师郑玉火、郑丽贞录制的视频课程《灯谜入门基础知识之增损离合法》《微信使用手册》参加第九批全国老年远程教育优秀、特色视频课程及微课程评选，分别获“特色视频课程”“优秀微视频课程”奖。11 月，推送的课件《怎么唱好一首歌》《礼仪四姿指引训练》获全省老年大学网络精品课件一等奖，《灯谜入门基础知识之增损离合法》《剪纸》《实用情景交际英语》获二等奖，《微信使用手册》获三等奖。学校教师郑玉火撰写的《老有所依、老有所学、老有所为、老有所乐——老龄化背景下的老年人权益保障问题研究》参与省级课题申报和优秀论文评选，获评优秀奖。高忠洲的《两岸老年教育交流的一次尝试》、颜呈辉的《农村老年人结缘老年教育是现代社会需要》入编《“第九届闽台社会治理创新智库论坛”论文集》。基层老年学校选送 20 篇课题研究论文参评第五批全国老年远程教育研究课题评选活动，获三等奖 8 篇、优秀奖 12 篇。

2022 年，晋江市老年大学结合年度教学成果展示，以“喜庆二十大 我心永向党”为主题举办第十九届校园文化艺术节。校艺术团创排的舞蹈节目《激情燃烧的年代》参加第八届全国老年大学文艺汇演获“茉莉花奖（银奖）”“优秀组织奖”及“网络人气卓绝奖”，参加 2022 年全国文化艺术大联欢获“积极创作奖”；诗舞乐《晋江，奔流入海》参加“喜迎二十大，永远跟党走”——八闽离退休干部文艺会演，获金奖；舞蹈《歌唱祖国》参加“喜迎二十大 增添正能量”优秀文艺节目展演暨泉州市第十五届老年文化艺术节闭幕式，获“优秀表演奖”。器乐合奏《党啊！亲爱的妈妈》、情景朗诵《永远的风华正茂》参演晋江市第十一届老年文化艺术节线上展播。

（李月玲）

2022 年 11 月 6—8 日，第八届全国老年大学文艺汇演在厦门市小白鹭艺术中心举行，晋江市老年大学艺术团舞蹈节目《激情燃烧的年代》获“茉莉花奖”（银奖）、“优秀组织奖”及“网络人气卓绝奖”。图为演出现场

（摄于 2022 年 11 月 6 日　图／李月玲）

综　述

【《晋江市"十四五"科技创新发展专项规划》发布】 2022年11月，晋江市发布《晋江市"十四五"科技创新发展专项规划》，规划共11章、36节，设置六大专栏，分成三大板块，确立"11316"(1个主题，1条主线，明确3个战略导向，打造1个版图，实施六大工程)体系。推进高水平建设国家创新型县(市)，加快形成支撑引领高质量发展的科技创新体系，提升科技创新能级。

【科技经费投入】 2022年，晋江市规模以上企业研发经费支出56.93亿元，较上年增长27.2%，增幅高于全国、全省、泉州平均水平。晋江市财政科学技术支出9.65亿元（含上级转移支付），占财政一般公共预算支出5.48%，比上年增长24.2%。

【科技企业】 2022年，晋江市新增科技型中小企业425家、科技"小巨人"企业49家、高新技术企业238家。全市累计高新技术企业保有量647家，省级科技"小巨人"企业110家、省级技术先进型服务企业1家，省级企业工程技术研究中心17家、泉州市级企业工程技术研究中心35家、省级(企业)重点实验室7家、省级新型研发机构6家、泉州市级新型研发机构20家，省级技术转移机构8家，国家知识产权优势企业10家、国家知识产权示范企业5家、省知识产权优势企业22家。形成创新型企业梯队体系。

【科技人才】 2022年，晋江市组织23家高新技术企业开展2021年度高新技术企业人才自主认定，拟认定人才80人，其中一类人才23人，二类人才24人，三类人才33人。

【科技合作】 2022年，晋江市推动北京石墨烯技术研究院落地晋江，与8家机构、企业联合共建实验室，启动建设先进鞋服材料研究中心、低碳环境技术研究中心等7个研发中心。组织科研平台开放共享大型仪器设备115台，促进平台资源整合和高效利用。福州大学科教园与中国科学院海西研究院泉州装备制造研究中心开展研究生联合培养，利用各自平台优势资源，共同培育高层次人才。开展"百家企业进平台"活动，加强晋江市科技创新平台与企业深度对接。2022年，晋江市新增产学研合作及技术服务项目696项，金额1.47亿元。

【科技培训宣传】 2022年，晋江市科技局组织开展科技创新政策解读、技术经纪人培训、科技计划项目申报解读、高新技术企业申报认定解读等业务培训78场。5月21—28日，晋江市科技局牵头举办"走进科技　你我同行"2022年晋江市科技活动周系列活动。活动涵盖外国人来华工作许可业务培训、高新技术企业申报培训、政策宣讲、政策兑现、"百企宣讲，千企随访"一线科技服务、致敬"最美科技特派员"等内容。

（丁明坤）

科技项目与成果

【概况】 2022年，晋江市在全省县域率先举办初级技术经纪人培训，培训近300人次。常态化征集发布技术需求及成果19期。在福州大学、中纺院、石墨烯研究院举办10多场技术成果对接会，新增登记技术合同203项。

【科技项目与经费】 2022年，晋江市新增泉州市级及以上科技计划项目38项，其中省级11项、泉州市级27项。组织推荐23个项目申报2022年度泉州市人才领域科研项目，其中5个项目获泉州市级补助160万元。福建省中国科学院STS计划项目立项2项。由中鞋革晋江院牵头，联合中纺院海西分院及相关龙头企业等建设的福建省高端绿色鞋服制造业创新中心获评泉州唯一的省级制造业创

2022 年 8 月 17 日，福州大学、晋江市人民政府共同主办的“2022 年晋江市—福州大学科技成果对接会暨高水平科研平台推介会”校地、校企合作项目签约仪式在福州大学晋江校区举行　　（图/福州大学晋江校区）

新中心。全市平台获国家自然科学基金立项 10 项。

【科研成果与转化】　2022 年，晋江市优化科研平台运行机制，开展“百家企业进平台”活动，加强晋江市科技创新平台与企业深度对接。推动科技服务向专业化和价值链高端延伸，会同晋江市市场监督管理局建设知识产权运营服务集聚区（海峡科技大市场），引导 3 家科技服务机构获认定为省级技术转移机构，占全省的五分之一。在全省县域率先召开初级技术经纪人培训班，全年举办纺织鞋服、智能装备、食品生产领域技术经纪人专题培训班 3 场，培训近 300 人次。征集发布技术需求及成果 19 期，在福州大学、中纺院、石墨烯研究院举办 10 多场技术成果对接会，新增登记技术合同 203 项，金额 1.8 亿元，比上年增长 49%。新增吸纳技术合同登记 7 亿元，较上年增长 40%。

（许伟琦）

科技创新与服务

【概况】　2022 年，晋江市通过加大科技创新载体建设力度，畅通科技成果转化渠道，落实科技特派员制度，在全省率先将原本服务于农业的科技特派员跨界导入工业和服务业，实现全产业覆盖的特色服务，优化创新创业生态。享受省“科技贷”科技企业 81 家，放贷 4.6 亿元。

【新型研发机构建设】　2022 年，晋江市支持企业独立或联合高校院所建设研发机构，组建市级企业研发机构培育库，构建“市级新型研发机构—省级新型研发机构”的企业研发平台成长机制。新增认定省级新型研发机构 2 家、泉州市级新型研发机构 8 家。

【众创空间和孵化器建设】　2022 年，晋江市“中国鞋都电商创业园众创空间”被认定为泉州市众创空间。“伞都空间”“晋江安东园创客中心”被认定为省级众创空间。年底，全市有省级科技企业孵化器 1 家、省级众创空间 9 家、省级星创天地 3 家、泉州市级众创空间 12 家、泉州市级星创天地 7 家。

【科技企业培育】　2022 年，晋江市新增省级科技“小巨人”企业 49 家、科技型中小企业 425 家。认定国家高新技术企业 311 家（占泉州的 30%）；高新技术企业保有量 647 家，比上年增长 58.2%，连续 3 年增速超 50%以上。高新技术产业产值占规模以上工业产值比重 25.88%，比上年提升 1.88 个百分点。

【科技特派员工作】　2022 年，晋江市获认定的福建省、泉州市科技特派员（团队、工作站）154 人，省级科技特派员后补助项目 2 项，泉州市级科技特派员后补助项目 2 项，新认定泉州市级星创天地 1 家，奖励科技特派员、配套科技特派员项目扶持资金 416 万元。

（许伟琦）

农业科技

【概况】　2022 年，晋江市开展第六批新型职业农民认定工作，申报参评对象 150 人，获认定 65 人。全市有 2 个农业科技示范基地和 226 个农业科技示范主体推广应用农业主推技术，农业主推技术到位率 100%。

【农村实用人才培养】　2022 年，晋江市优先从晋江市本级评选的优秀农村实用人才中择优推荐王权（生产型）、朱金阳（技能带动型）、张蓬杰（村主干）、黄华修（生产型）、黄景煌（技术服务型）、蔡清峰（经营型）6 人参评泉州市优秀实用人选。其中朱金阳、张蓬杰、黄华修 3 人入选。开展第六批新型职业农民认定工作，申报参评对象 150 人，认定 65 人，其中生产经营型 43 人、专业服务型 6 人、专业技能型 6 人。征求农牧渔行业的培训需求，汇总培训意向 2250 人次。全年举办高素质农民培训期 24 期、3444 人次，其中省级资金培训 20 期、3013 人次，中央资金培训 4 期、431 人次。

【农业技术推广】　2022 年，晋江市农业农村局印发《晋江市 2022 年基层农技推广体系改革与建设实施方案》，遴选确定 2 个主导品种、16 项主推技术，制订技术操作方案，印制技术明白纸。全市有 2 个农业科技示范基地和 226 个农业科技示范主体推广应用农业主推技术，农业主推技术

2022 年 5 月 27 日，晋江市农技协在磁灶镇洋宅李锦成农场举办"全国科技工作者日"农技协助力乡村振兴农业技术讲座　（图／晋江市科协）

到位率 100%。在编农技人员接受连续不少于 5 天异地培训，参加部级培训 17 人，参加省级培训班 1 人，参加泉州市农业农村局举办培训班 10 人。

（陈建福）

【晋江灵源荔枝品种鉴定】 2022 年，晋江市委托泉州市农业科学研究所开展晋江灵源荔枝品种鉴定，选择 4 份荔枝种质资源为供试材料，其中晋江当地材料 1 份、引自漳州 2 份、引自海南 1 份。研究采用 ISSR 引物对来源不同的 4 份荔枝种质资源进行聚类分析，主要关注对象为晋江当地种质灵源大果，其和海南大果的相似系数 0.88，与漳州荔枝王 1 相似度 0.81，与漳州荔枝王 2 相似度 0.67。通过研究发现，晋江当地种质灵源大果与海南大果之间具有较高的遗传相似系数，通过比较差异显著，可以判断二者不属于同一个种质，为进一步开展晋江灵源荔枝品种保护奠定基础。

（黄伟彬）

知识产权保护

【概况】 2022 年，晋江市知识产权工作按照晋江市政府《晋江市创建知识产权强县建设示范县工作方案（2022—2025 年）》的要求，深化知识产权战略实施，提升知识产权创造质量、运用效益、保护规范、管理效能和服务水平。6 月 27 日，晋江入选国家知识产权局公布的第一批知识产权纠纷快速处理试点地区。7 月 20 日，晋江市知识产权快速维权中心通过国家知识产权局验收。8 月 24 日，晋江市被确定为首批国家知识产权强县建设示范县。11 月，在江苏省江阴市举办的 2022 年扬子江县域知识产权论坛发布《中国县域知识产权竞争力百强报告（2021 年）》，晋江市获中国县域知识产权竞争力百强榜单第二名，是福建省唯一进入全国前十强的县级市。2022 年，晋江市市场监督管理局获省知识产权局授予的知识产权保护工作成绩突出集体称号。4 个专利项目获第 23 届中国专利奖，新增 4 家国家知识产权优势企业、11 家省知识产权优势企业、4 家省级知识产权公共服务网点，培育"企业知识产权管理规范"贯标认证企业 128 家。

【专利授权】 2022 年，晋江市专利授权量 11271 件。其中，发明专利授权量 658 件，比上年同期增长 32.39%。累计有效发明专利拥有量 3209 件，每万人口发明专利拥有量 15.57 件。

【商标注册】 截至 2022 年 12 月，晋江市有有效注册商标 187131 件。拥有驰名商标 46 件、马德里国际注册商标 409 件、地理标志商标 13 件。

【知识产权公共服务】 2022 年，晋江知识产权快速维权中心通过国家知识产权局验收并投入运行。该中心面向辖区内鞋服和食品产业的市场主体，提供集外观专利快速预审、快速确权、快速维权为一体的一站式综合服务。泉州知识产权保护中心晋江工作站获批设立，构建省、市、县三级知识产权快速协同保护服务网络，提供知识产权政策、法律法规咨询服务，接收辖区内知识产权维权援助、纠纷调解申请，协助泉州市知识产权保护中心开展知识产权快速协同保护，扩大知识产权保护工作覆盖面和影响力。推进建设知识产权运营服务集聚区，将其打造成具备知识产权高端服务、高层次人才培养和知识产权商业化应用等功能的创新服务高地。统筹布局知识产权信息公共服务网点，晋江市知识产权信息公共服务网点 5 个，提升知识产权信息公共服务便利性和可及性，为科技创新和区域经济高质量发展提供信息服务支撑。

【知识产权运用】 2022 年，晋江市完善产学研合作机制，联合福州大学先进制造学院、知识产权代理机构等相关单位开展"博士进企　赋能创新"活动，帮助企业解决技术短板，加快晋江市知识产权转化运用，为企业核心技术布局提供支撑，寻求产业高质量发展的"最优路径"。开展发明专利挖掘培育，通过实地走访企业，鼓励挖掘发明专利，跟踪调研 11 个专利导航项目和 7 个高价值专利培育项目进度，了解企业相关项目完成情况，支持龙头项目专利创造和运用，引导企业建立健全知识产权管理制度。发挥政策引导作用，完善知识产权质押融资风险分担补偿机制，鼓励保险机构开展专利权质押贷款保证保险，支持政策性融资担保机构开展专利质押融资担保，全市办理大额质押贷款专利 79 个，累计贴息补助 500 多万元。

【知识产权执法】 2022年，晋江市制定发布《晋江市市场监督管理局2022年知识产权保护专项行动方案》，开展“铁拳”“蓝天”等知识产权保护专项行动。立案查处知识产权案件243件，其中商标侵权案件158件、专利假冒案件33件、专利不规范标注案件24件、专利纠纷案件28件（含电商13件）。开展奥林匹克标志专项执法行动。晋江市科技局下发《晋江市市场监督管理局关于组织开展奥林匹克标志保护专项执法行动的通知》，打击擅自使用奥林匹克标志的违法行为。引导规范重点市场，将晋江市豪新食品市场作为全市2022年净化市场环境的重点市场，指导商标指导站建设；对青华鞋服市场整治情况开展“回头看”工作，制订专项整治工作方案并组织专项执法行动。开展打击非正常专利申请专项行动，逐件核实被国家知识产权局认定的涉嫌非正常专利申请的申请件。健全知识产权投诉举报、维权援助和纠纷调解机制，完善知识产权保护体系，提升行政执法能力。

【知识产权宣传】 2022年“4•26”知识产权宣传周期间，晋江市市场监督管理局围绕“全面开启知识产权强国建设新征程”活动主题，依托互联网与新媒体平台，连续7天开展以“云”宣传为主的系列活动。召开一场新闻发布会，联合晋江市人民法院、检察院在“4•26”期间发布《晋江市知识产权保护白皮书（2019—2021）》，并公布知识产权保护十大典型案例；开展一堂题为“企业知识产权管理与风险防范”云端培训课；举办为期5天的线上有奖问答；向商标代理机构发放诚信经营的倡议书；组织一场专项行动，向经营户宣传普及奥林匹克标志保护知识；通过微信公众号发布知识产权快速维权中心介绍；开设知识产权小课堂，普及知识产权基本知识；开展有关知识产权鼓励政策宣传。7月11日，组织开展食品行业高价值专利的挖掘及运用培训会，邀请福州市律师协会知识产权专委会委员、律师吕元辉就“战略性新兴产业高价值专利培育”进行授课。

【晋江市知识产权快速维权中心投入使用】 2022年7月20日，晋江市知识产权快速维权中心通过国家知识产权局验收并投入运行。中心面向辖区内鞋服和食品产业的市场主体，提供集外观专利快速预审、快速确权、快速维权为一体的一站式综合服务，将外观设计专利平均授权周期缩短至10个工作日，缩短授权、确权、维权时间。截至年底，中心备案企业137家，专利授权量145件。中心启动运营后，开展主体备案和专利预审工作，强化知识产权维权援助、纠纷调解等职能，通过新媒体推广、到企宣讲、举办主题活动、邀请企业参观等形式推介中心职能。

2022年4月20日，晋江市人民法院联合晋江市人民检察院、晋江市市场监督管理局召开晋江市知识产权保护新闻发布会　（图/晋江市人民法院）

【晋江市入选首批知识产权纠纷快速处理试点地区】 2022年6月27日，晋江市入选国家知识产权局公布的第一批知识产权纠纷快速处理试点地区。为推进试点工作保质落实，晋江市建立健全知识产权纠纷快速处理机制，完善知识产权纠纷多元化解决方案。制定专门工作办法，规范行政裁决流程，将整体办案时间压缩至法定办案时限50%。强化纠纷维权“一站式”支撑。依托晋江市快维中心，开展维权援助咨询指导，培养中心专利预审员作为技术调查专家，协助处理相关技术性问题，帮助咨询指导并快速出具纠纷解决方案，为案件口头审理及促进纠纷和解工作提供保障。构建纠纷处理“多驱动”机制。晋江市市场监督管理局与公检法部门加强合作，11月25日，与晋江市人民法院联合出台《知识产权纠纷诉调对接工作实施办法》，构建知识产权解纷工作机制。通过快速维权中心诉调对接工作室设驻室法官、纠纷分流员，聘任7名专家调解员，包括政协委员、行业专家、高层次人才等，统一受理并分流纠纷案件，进行前置调解。全年通过法院调解平台移送案件380件，办结378件。

（施晖程）

气象观测与服务

【概况】 2022年，晋江市气象局加强气象灾害监测预警工作，提高公共气象服务水平，完善灾害防御工作机制；完善观测信息网络建设，市县带宽提速至100M，升级改造5个区域自动站，重大社会活动气象保障服务及海洋气象服务成效显著，气象赋能晋江经济社会高质量发展的支撑保障能力稳步提升。与有关部门联合开展气象科普活动，借助社会资源壮大气象科普力量，为提高全民科学素质和全社会气象灾害防御应对能力发挥作用。汛期气象服务准备工作获上级肯定。

【气象观测】 2022年，晋江市气象局围绕气象防灾减灾和专业气象服务需求，逐步升级优化和加密完善区域自动站网。年内完成现代化提升工程项目建设，对深沪码头、池店镇区域自动站进行落地升级改造，并增设3个重点区域自动站能见度要素。完成X波段双偏振相控阵天气雷达建设并投入业务运行，与辖区内既有的风廓线雷达和紫帽多普勒天气雷达、32个综合气象观测站等共同构建覆盖面广、要素齐全、性能先进的综合智能观测站网。雷达铁塔造型美观并融合夜间灯光亮化效果，成为崎山公园夜间标志性景点。快速推进国家基本站无人化值守项目建设，完成方案编制、项目立项及项目招投标，年底项目施工接近尾声。

2022年11月21日，晋江市气象局的X波段双偏振相控阵天气雷达投入运行
（图／晋江市气象局）

【气象灾害监测预警】 2022年，晋江市气象局加强气象灾害监测预警。做好汛期气象服务准备工作，得到省、市局检查组肯定。学习国务院关于河南郑州"7·20"特大暴雨灾害调查报告，根据晋江市气象防灾减灾体系建设要求，修订并印发《晋江市气象局强降水天气服务标准》《晋江市气象灾害预警标准(修订)》等。履行灾害监测、预报预警和信息发布职责，做好气象服务工作。2022年，晋江市主要灾害性天气有强对流、暴雨、台风、高温等，其中5月中旬、6月上中旬为强降水集中期，晋江市出现历史罕见的持续性强降水过程。全年启动重大气象灾害应急响应10次，发布重要天气预警报告49期、重要气象信息专报68期、短时强天气报告26期、灾害性天气预警信号375期，更新全市预警信息服务对象近3500人，为市党委、政府防汛抗灾工作提供决策依据。全年晋江市在台风、暴雨、强对流等重大灾害性天气过程中无人员死亡或重大事故发生。

【气象保障服务】 2022年，晋江市气象局通过世中运网格化气象预报服务系统，为赛事活动提供决策气象服务，满足大型赛事和重大社会活动的针对性需求。以优质气象服务保障央视《走进县城看发展》摄制组完成拍摄任务；为第六届海峡两岸食品交易会提供气象保障服务，收到组委会的感谢信。12月，在为期1个月的中超联赛期间，为比赛场馆提供点对点精细化服务，得到地方政府肯定。

【海洋气象服务】 2022年，晋江市气象局利用金井围头码头海温监测站数据，为沿海作业和游客提供海洋气象服务。在鲍鱼生长繁殖期内开展专题气象服务，发布《鲍鱼养殖气象服务专报》15期，为养殖户提供直通式服务，并提供实时获取预警预报信息的快捷渠道，助力其趋利避害开展鲍鱼养殖活动。在金井镇触角沙滩创新性增设沙温观测要素，将沿海实景摄像头并入监控平台，气象信息融入晋江"云游晋江"和"数字塘东"旅游平台，满足滨海旅游气象服务的需求，助力"滨海休闲度假福地"金井镇旅游业创新高。专业气象服务获《农民日报》宣传报道。

【气象科普宣传】 2022年，晋江市利用世界气象日、科技活动周、自然灾害综合风险普查宣传咨询日、全国科普日、安全生产月等，开展气象科普宣传教育活动，通过现场发放气象科普宣传资料、接受咨询，向公众介绍各类灾害性天气及气象防灾减灾科普知识，增强社会公众的防灾减灾意识。

（杨舒琳）

综 述

【公共文化服务体系】 2022年，晋江市完善提升市级公共文化场馆、镇（街道）综合文化站、村（社区）综合文化站三级联动公共文化服务体系。市级层面，文化中心（文化馆）、博物馆、图书馆、戏剧中心（高甲、木偶剧团）坐落于世纪大道两侧，均建成并投入使用，市区“15分钟文化生活圈”布局基本完善。文化馆、图书馆均达到国家一级馆标准。晋江市委党史和地方志研究室依托图书馆建设晋江党史方志文献馆，聚焦海外华人华侨与晋江产业经济文献征集与研究。布设无障碍文化阅读空间3个，促进公共文化资源利用均等化、便捷化。镇（街道）层面，通过盘活存量、调整置换、集中利用等方式推动镇（街道）综合文化站建设，建成19个镇（街道）综合文化站，设置率100%。村（社区）层面，通过阵地资源整合、提升等方式，村（社区）综合性文化服务中心覆盖率95%。晋江市推进图书馆总分馆建设，截至2022年底，建成1个总馆、93个基层服务点。晋江市总藏书量250.33万册，人均藏书量1册以上。晋江市文化馆常年开展童声合唱、音乐素养及歌唱、钢琴、南音等培训班，满足群众文化需求。

2022年6月16日，晋江市委、市政府为民办实事项目晋江妇女儿童闽南传统文化体验点授牌仪式　　（图/晋江市文旅局）

【公共文化服务体系建设】 2022年，晋江市以市、镇（街道）、村（社区）公共文化设施项目建设为推手，建成紫星村农耕文化、岭畔陶瓷体验等5个闽南传统文化体验点，建立完善公共文化设施网络体系。

（吴丽佳）

【文化交流与合作】 2022年7月，大型新编传统布袋戏《衣衫换江山》参加“闽南戏窝子”泉州大剧院演出，应邀参加第三届南充国际木偶艺术周。9月6日，“第17届海峡两岸中秋博状元电视大奖赛”在泉州广播电视台录制，晋江高甲（柯派）经典代表剧目《骑驴探亲》现场献演。11月27—29日，应澳门晋江同乡会的邀请，晋江市高甲柯派表演艺术中心高甲折子戏《贵妃醉酒》赴澳门参加澳门晋江同乡会成立35周年庆典活动。

（蔡础梅　谢艺芳）

【文艺创作与成果】 2022年1月2—5日，晋江市“产•城•人——‘晋江经验’的文学书写”壬寅新年名家笔会在晋江举办。活动由晋江市委宣传部、泉州晚报社、晋江市文旅局、晋江市文联联合举办。活动期间，组织文学名家前往观看五店市沉浸式演出，到五店市游客中心参加交流座谈，到梧林传统村落、草庵、三创园、晋江经验馆等地进行采风，作家们以

2022年12月18日,《晋江记忆》剧目参加“潮涌新时代 奋进向未来”晋江市慈善文艺晚会演出。图为《晋江记忆》剧照　　（图/晋江市文旅局）

各自独特的切入点观察和书写晋江经验,创作、发表一系列文学作品。8月,柯派小戏《骑驴探亲》获“街艺福见”——第二届福建省街头文化艺术展演暨街头文化艺术达人赛泉州地区选拔赛金奖,晋江市高甲剧团卢文雄获“十佳”街头文化艺术达人。道德短剧《微光成炬》参加泉州市道德模范故事节目展播评选获三等奖。复排传统高甲戏剧目《双轿接亲》《柳枝告状》,新排高甲传统连本戏剧目《李世民游地府》(上下集)。创排闽南四句《养老防骗》,《晋江记忆》剧目参加“潮涌新时代 奋进向未来”晋江市慈善文艺晚会演出。

2022年,晋江市掌中木偶艺术保护传承中心创排以教育题材为主的木偶课本剧《九色鹿与捕蛇者》《司马光砸缸》《小刺斗毒蛇》《愚公移山》4个剧目,充实到传统木偶艺术进校园等演出活动。创排新潮木偶剧《仲夏夜之梦》。

【廉政小戏《知府义审》获奖】 2022年12月8日,由中国戏剧家协会等主办的“李渔杯”首届全国清廉戏曲优秀作品展演活动评选结果揭晓,晋江市高甲柯派表演艺术中心《知府义审》获“优秀剧目”。该剧以明嘉靖年间(1522—1566年)福建晋江人洪富的真实故事为蓝本,讲述雷州太守洪富面对强权,坚持以“法律”为准绳,秉持公道,毫无惧色,宁可不要乌纱,巧用计谋将胡来绳之以法的故事。

（吴丽佳）

公共文化

【概况】 2022年,晋江市巩固提升国家公共文化服务体系示范区创建成果。打造公共文化服务的“晋江样板”,突出文化品牌建设、数字化建设、文艺精品建设,提升城市文化软实力。开展文化进万家活动500多场次,创新实施“戏剧展演节”“艺术讲堂”、悦读节、“南音演唱节”等文化品牌活动,挖掘沉浸式文化活动,推动图书馆文创等系列“文化+”活动。围绕“学习贯彻党的二十大”“晋江经验”等主题,组织创作一批文学、戏曲、美术、书法、摄影等文艺精品。

（吴丽佳）

【国家公共文化服务体系示范区巩固提升】 2022年,晋江市推进图书馆总分馆建设,截至年底,建成1个总馆、93个基层服务点,其中11个24小时城市书房、20个分馆、3个微分馆、24个流通点及35个24小时城市街区自助图书馆。晋江市总藏书量250.33万册,人均藏书量1册以上。市文化馆常年开展童声合唱、音乐素养及歌唱、钢琴、南音等培训班,满足群众文化需求。10月24日,晋江市国家公共文化服务体系示范区创新发展管理工作领导小组成立。领导小组总体部署、指导、协调全市国家公共文化服务体系示范区创新发展管理工作及日常具体事项的督促和检查,具体协调示范区创新发展管理工作相关责任单位开展创新发展工作,定期召开相关会议,组织专家为示范区创新发展提供咨询和指导,总结推广示范区创新经验。

（吴丽佳　江柠薇　蔡碰梅）

【线上文化活动展演】 2022年2月9日,晋江市高甲柯派表演艺术中心《许书记借金记》作为展播剧目参加由天津市戏剧家协会主办的“2022年全国优秀戏剧作品云端公益展播”,在线观看8.66万人次。春节、元宵节期间,发布“文化进万家”、新生活•新风尚•新年画“百幅同美”晋江市民间绘画作品云展览等系列活动。“五一”国际劳动节期间,发布“喜迎二十大 舞动新征程”舞蹈作品线上展播。发布晋江市第三十二届(磁灶)侨乡谜会晋江灯谜作品评析奖获奖谜评、“奋进新征程 建功新时代”——喜迎党的二十大泉州书法网络展、“喜迎党的二十大 强国复兴有我”作品展播、“学习宣传贯彻党的二十大精神”主题线上灯谜展猜等。

【文化惠民项目】 2022年,晋江文化和旅游局(简称“晋江市文旅局”)组织开展市委、市政府为民办实事项目百场文艺精品公益演出近200场。其中,惠民舞台演出55场,高甲、木偶、南音走进村(社区)、“党建+”邻里中心演出130场。“文旅消费季”街头文化演出在五店市、梧林演出228场,“南音进基层,文脉共传承”活动8场,市非物质文化遗产图片展巡展11场。街区自助图书馆入藏书籍8873种26059册,各基层图书服务点累计总流通21.98万人次、文献外借62万册次。

2022 年 6 月 26 日，"大美晋江" 文化惠民工程——高甲戏《三勘蝴蝶梦》《五女拜寿》专场演出在晋江戏剧中心高甲剧场举行。图为《三勘蝴蝶梦》剧照（图／蔡碰梅）

【公共文化空间打造】 2022 年，晋江市将晋江市文化体育旅游服务中心、来旺良品堂闽南书屋 2 个新型文化空间项目纳入泉州市级为民办实事项目，6 月完成项目建设并投入使用。完成磁灶镇岭畔传统陶艺妇女儿童体验点、紫帽镇紫星闽南农耕文化妇女儿童体验点、英林镇柯派高甲艺术妇女儿童体验点、金井镇围头"渔家文化"妇女儿童体验点等 5 个闽南传统文化体验点授牌。打造 "书香城市"，建成图书馆总馆 1 个，24 小时城市书房 11 个、各类分馆 23 个、流通点 24 个、24 小时城市街区自助图书馆 35 个。9 家企业和 16 家学校建设分馆和流通点 25 个，全市每 2.2 万人拥有 1 个图书服务点，实现全市 19 个镇（街道）基层图书服务点全覆盖。8 月，晋江市图书馆利用中心馆中庭改造时机建设宝岛书轩，与外语埠和晋江著述库外借区一起，实现特色馆藏资源全开放、"零门槛"服务。全年晋江市 3 个公共文化场馆为党政机关、企事业单位提供场地空间支持，举办文化空间共享活动 40 场。

（吴丽佳）

【公共图书馆服务】 2022 年，晋江市图书馆在总分馆服务体系建设过程中，引进社会力量参与，形成图书馆、社会力量、政府、读者的跨界服务与合力发展。深挖地方文化建设"特色＋"文化服务品牌，与市委党史方志室合作建成晋江党史方志文献馆。拓展"图书馆＋"综合服务新型文化空间，与福建省图书馆共建"清新书苑"，利用来旺良品堂闽南民俗文化馆的优势，打造泉州地区首家高颜值"清新书苑"，引导参建企业共同开展文化艺术展览、民俗非遗传承、主题特色餐饮等多种业态发展，打造城市文化地标。将分散的各类场馆，通过资源整合优化、服务开放共享，形成互联互通的"图书馆群"，打造集"街道新时代文明实践所、党群服务中心、综合文化站、图书馆新塘分馆、妇女儿童服务中心、职工综合活动中心"6 项功能为一体的新塘分馆。联合泉州五中桥南分校设立校园分馆，拓展服务阵地，推动馆校间联动共享。

【零障碍阅读空间打造】 2022 年，晋江市文旅局联合市残联、市特殊教育学校建成零障碍阅读空间 3 个，将服务延伸至晋江市特殊教育学校，设立数字体验区，通过"三点一体"的服务模式，增设高科技视障阅读设备，为晋江市特殊群体打造具有盲文阅读、文化交流、知识讲座、盲文培训、手语学习等功能的文化空间，确保特殊群体均等、便捷利用公共文化资源，实现特殊群体与普通读者享有无差别的文化资源与服务。

【第二届福建省民间职业剧团（木偶戏）优秀剧目展演】 2022 年 9 月 23 日，第二届福建省民间职业剧团（木偶戏）优秀剧目展演在晋江启幕。该届展演由福建省文联、省戏剧家协会和晋江市委、市政府共同主办，市委宣传部、市文旅局、市文联和市融媒体中心联合承办，中国木偶皮影艺术学会、福建省艺术研究院作为学术指导单位。该次展演入围现场竞演作品 21 部，并以 5 天 8 台专场的方式在晋江戏剧中心、五店市和梧林传统古村落等地演出。

【"刺桐之夜" 文艺演出】 2022 年 2 月 28—30 日，"中国上市公司" 高峰论坛在晋江举行，"刺桐之夜"文艺演出作为配套活动在泉商希尔顿酒店演出。演出以晋江本土节目演出为主，体现晋江地方文化特色，展现晋江人敢为人先、实实在在、心无旁骛的实干精神。推出综艺节目《薪火相传》、歌曲演唱《梧林》《爱上你呀爱上了海》《故乡有话告诉你》 以及南音《晋江春潮》等，展现晋江风土人情。

（林瑞凰　陈　超）

晋江市第十二届悦读节

【概况】 2022 年，晋江市图书馆承办晋江市第十二届悦读节，开展 "线上＋线下"阅读活动，营造"乐读书、善读书、读好书"阅读氛围，引领晋江全民阅读风尚。主要开展活动有"爱阅读 爱晋江"、"4•23"世界读书日系列、"悦读风尚我引领 移风易俗倡文明"晋江市志愿者服务走基层、"因你而 FUN" 英语原版精读俱乐部暨英语沙龙、"世遗泉州 寻宝晋江" 专属打卡秀、"与书同行 美好相伴" 晋江市特困家庭公益阅读捐助、“阅享未来、拼搏晋取”晋江市全民读书月等。全年举办活动416场次，参与读者13.8万人次，媒体报道39次。

【少年儿童“一生阅读计划”推广活动】 2022年，晋江市举办第十三届晋江市少年儿童“一生阅读计划”推广活动，面向合作学校征集选拔出百名优秀少儿，成为晋江市少儿“一生阅读计划”专属卡读者，可享受无押金借阅、参与“年度阅读之星”评选的权利。4—6月，开展“寻找晋江最爱读书的孩子”晋江市百名少儿“一生阅读计划”专属卡读者选拔活动。该活动由晋江市文化和旅游局、共青团晋江市委员会主办，晋江市图书馆承办，以校园专场赛的形式，分别在晋江第二实验小学、华泰实验小学、张林中心小学等晋江11所小学校园陆续开展，评选出100名获奖学生成为晋江市少儿“一生阅读计划”专属卡读者。开展2022“年度阅读之星”评选活动，2022年度图书借阅量前10名的“一生阅读计划”专属卡读者，获晋江市图书馆授予的2022年“年度阅读之星”称号。

【“4·23”世界读书日系列活动】 2022年3—4月，晋江市推出“爱阅读 爱晋江”“4·23”世界读书日系列活动。开展“爱阅读 爱晋江——我是晋江领读人”线上阅读推广活动，征集国内知名人士及晋江优秀读者的领读视频，发挥榜样阅读的作用。张之路、王一梅、殷健灵、葛竞、郑春华、商晓娜、管建刚、张子影、薛涛、何捷等一批国内知名作家加入晋江领读人行列，为晋江全民阅读代言。其间，参与读者4000余人次，关注读者80万余人次。开展数字阅读活动。推送“咪咕阅读”“樊登读书会”等大平台会员体验活动。开展福建省第五届“正谊杯”诗文知识大赛、经典导读视频打卡、网上知识竞答、名句猜书竞赛以及书法艺术、社会生活等多主题线上展览，总参与4800人次。开展短视频有奖征集活动，视频号推出优秀作品18期，参与12万人次。开展“书香十里因有你”爱心图书征集转赠活动。征集到270余名读者捐赠的爱心图书近2000册，并将爱心图书转赠给梅岭街道碧山社区青少年综合服务平台、青阳街道中和中心小学、青新社区等13家单位。

【普惠性阅读进基层活动】 2022年，晋江市将各类阅读活动延伸到学校、镇(街道)、社区等地，推动普惠性阅读进基层。开展进基层活动118场次，参与读者2200多人次。开展“悦读风尚我引领 移风易俗倡文明”巾帼志愿服务暨走基层活动。活动延伸至金井镇围头村、龙湖镇三福纺织实业有限公司、泉州安踏鞋材有限公司等周边乡镇、单位，满足基层少儿读者的阅读需求。全年开展活动64场次，参与读者1000余人次。开展“因你而FUN”英语国际沙龙暨英语原版精读俱乐部活动。3—12月，开展活动42场次，每期均面向社会召集英语爱好者20人，共同精读一本英文经典名著或围绕一个话题展开英语口语交流、互动分享。活动走进泉州五中桥南校区、泉州职业技术大学、梧林传统村落等地。6—7月，开展“沙画晋江 共话未来”晋江市首届校园沙画创作比赛暨“晋江经验”提出20周年、晋江撤县建市30周年纪念活动。比赛分为校级赛及全市总决赛。校级赛在晋江市池店中心小学、晋江市陈埭镇西滨中心小学等6所基层小学校园内举办，参与学生500余人次。

【地方文化传播】 2022年6—7月，晋江市开展“世遗泉州 寻宝晋江”文化旅游专属打卡秀，邀请读者走进晋江草庵、磁灶窑址(金交椅山窑址)，推介晋江非遗文化。6—8月，开展“你身边的文化”中英文晋江文化推广活动，将中英文对照及英文音频讲解的晋江文化推文通过多种渠道向社会公众宣传，推广晋江知名旅游景点、特色民俗及地方小吃等本土文化，推出12期，推文阅读量近2万次。7—9月，开展闽南语公益入门培训班。

【“第二课堂”技能训练】 2022年，晋江市图书馆开展“第二课堂”技能训练活动67场次，参与读者800余人次。5—12月，开展“跟着古诗去旅行”沙画公益课堂9期。7—9月，开展古琴亲子培训班。10—12月，开展日语公益入门培训班。7—11月，针对4—6岁低龄幼儿开展“阅读点心灯·运动强体魄”体能活动，针对7—12岁少儿开展“放下书本，挑战攀岩”体能活动。

【特困家庭公益阅读捐助】 2022年10月，晋江市图书馆开展“四帮四扶”工程十周年成果展暨“与书同行 美好相伴”晋江市特困家庭公益阅读捐助项目。该项目通过制定分级阅读书单，挑选人文社科、经典文学、自然科学等各类型图书918本送到全市19个镇(街道)67户95名受助学子家中。

【“阅享未来、拼搏晋取”晋江市全民读书月活动】 2022年10月15日，“阅享未来、拼搏晋取”2022年晋江市全民读书月系列活动在晋江市图书馆启动。其中阅读马拉松赛为晋江市首次举办的阅读挑战赛，在晋江市图书馆、泉州职业技术大学、泉州五中桥南校区3个赛区举办。开展“全民皆读、共享精彩”图书漂流活动。由晋江市图书馆挑选题材或内容优秀的漂流图书放置于各公益漂流站点，邀请读者参与漂流阅读、撰写阅读心得。开展“书是无声乐·最美的书”图书展，在晋江五店市展出两届“最美的书”获奖作品和若干保留展品近100种，涉及经典文学、文化艺术、当代设计、视觉影像、民俗民艺、儿童读物等领域，其中包含中国第一本获“世界最美的书”金奖的图书《梅兰芳藏戏曲人物图谱》。

(林瑞凰　陈　超)

群众文化

【概况】 2022年，晋江市举办群众文化活动近500场次，吸引近20万人次参与。围绕春节、元宵节、中秋节、国庆节等节日，围绕中共二十大、文化和自然遗产日等重要时间节点开展主题文化活动。晋江市文化馆举办公益培训、书画展览、品牌活动、艺术讲堂、惠民演出、讲座、节庆文化活动等线上线下群众文艺活动。举办第十六届南音演唱节、第三十五届戏剧展演节、第三十二届（西园）侨乡谜会等品牌项目。

【节庆文化活动】 2022年春节、元宵节期间，晋江市开展“我们的节日·春节元宵”文化活动，包括群众文化活动、精品展览、图书阅读、文艺演出、戏剧进基层、街头文化演出等58个项目。

【群众文艺活动】 2022年，晋江市举办2022晋江市民族乐团新年音乐会、2022晋江市新年古琴音乐会、礼赞新时代 奋进新征程——庆祝中国共产党成立101周年民族器乐音乐会、2022晋江市古琴音乐会。为庆祝中共二十大召开，举办“喜迎二十大 童赞家乡美”少儿合唱音乐会、喜迎二十大 唱响新时代·合唱专场音乐会、“喜迎二十大·永远跟党走”晋江市民族器乐声乐音乐会。开展“南音进基层，文脉共传承”活动暨2022年晋江市非物质文化遗产图片展巡展6场。开设晋江市文化馆春季、暑期、秋季公益培训班，每期涉及少儿舞蹈、钢琴、声乐、合唱、绘画、南音、灯谜和成人钢琴、古琴、洞箫等20个班级。

【传统文化品牌活动】 2022年6月11—25日，晋江市第十六届南音演唱节在五店市传统街区戏台举行。7月13日，晋江市第十二届校园灯谜赛个人笔猜在晋江市文化馆举行。7月15日，校园灯谜赛团体电控竞猜在龙湖镇阳溪中心小学举办。7月24日，晋江市第三十二届（磁灶）侨乡谜会在苏垵敬老院举办。7月29日至8月7日，晋江市举办第三十五届戏剧展演节。

（江柠薇）

文化场馆

【概况】 2022年，晋江市公共文化场馆包括市文化馆（文化中心）、市博物馆、市图书馆、晋江戏剧中心（市高甲柯派表演艺术中心、市掌中木偶艺术保护传承中心），建筑总面积8.6万平方米，2022年举办群众性文体活动1000多场次，参与20多万人次。

（吴丽佳）

【文化馆】 2022年，晋江市文化馆设有办公、会议、演出、展览、排练、电教、创作辅导及培训等场所，室内活动面积1.5万余平方米，文化广场8000平方米，露天舞台560平方米。2022年举办群众文化活动百余场，服务3万人次。

（江柠薇）

【博物馆】 2022年，晋江市博物馆占地7333.33平方米，建筑面积1.7万平方米；展厅面积5500平方米。有馆藏文物10297件（套），包括馆藏国家一级文物10件（套）、馆藏国家二级文物68件（套）、馆藏国家三级文物923件（套）。市博物馆获评省级爱国主义教育基地。举办馆藏当代书法名家作品展、“晋江经验”20周年成就图片展等展览13场，“张瑞图书法特展”成为近年晋江规格最高、影响力最大、参观人数最多的书法特展。以“进校园、进社区、进企业、进军营”为品牌，举办“图说晋江展”“晋江状元宰相展”“弘一法师作品展”等原创展巡7场。线上线下社教活动94场，接待参观约5.14万人次，接待团队125个。发展“博物馆＋研学”，开发中小学研学课程4门。“晋江历史风景线”“匠心天工 美美与共——馆藏文物精品展”2个展馆陈列改版建成开放。

（洪淑燕）

【图书馆】 2022年，晋江市图书馆接待读者53.95万人次，其中总馆21.52万人次、少儿分馆11.75万人次、其他各类分馆20.67万人次。文献外借163.02万册次，新增注册读者1.1万人次，累计有效注册读者13.58万人。线上服务平台包括网站、微信公众号、“晋悦”小程序、“移动图书馆”App，微信公众号关注量11.76

2022年，晋江市文旅局、晋江市文联联合举办“南音进基层，文脉共传承”暨2022年晋江市非物质文化遗产图片展巡展活动。图为金井镇溜江村南音演唱

（摄于2022年6月29日 图/晋江市文旅局）

万人次，线上自建和外采数字资源访问量386.86万次，下载量35.94万次。围绕“爱阅读·爱晋江”“4·23”世界读书日、“悦读风尚我引领·移风易俗倡文明”晋江市志愿者服务走基层、“世遗泉州·寻宝晋江”等主题开展线上、线下活动462场次，参与读者13.8万人次。

2022年，晋江市图书馆依托学雷锋志愿服务驿站开展志愿者活动。以中心馆、少儿馆为主阵地，接收来自福建师范大学、中国地质大学、海南大学、天津科技大学、晋江一中、养正中学、侨声中学等大学生、中学生志愿者262人，参与图书管理、读者引导、文明督导等志愿服务，总服务时长4441小时。开展“晋图·故事义工”早期阅读推广志愿服务活动77场次，受益儿童1297人次。开展春节赠春联、爱心图书转赠、特困家庭公益阅读捐助、慰问结对帮扶对象等活动。

2022年，晋江市图书馆获评福建省文化和旅游系统先进集体，获得第四届福建省“读中华经典 诵时代华章”诵读比赛泉州赛区选拔赛优秀组织奖、福建省图书馆学会福建省第五届“正谊杯”古诗文大赛优秀组织奖，服务案例获评福建省公共文化服务高质量发展“十佳”典型案例。

（林瑞凰 陈 超）

【高甲柯派表演艺术中心】 2022年，晋江市高甲柯派表演艺术中心公益性下基层演出37场，“党建＋”邻里中心演出11场，业务演出126场，“大美晋江”文化惠民工程演出17场。五店市、梧林街头“街中曲 景中戏”文化演出187场。

（蔡碰梅）

【掌中木偶艺术保护传承中心】 2022年，晋江市掌中木偶艺术保护传承中心开展“大美晋江”文化惠民工程演出38场、文化下基层公益性演出38场、传统文化进校园演出30场、“街中曲 景中戏”常态化演出70场。全年参加各类演出320场。

（谢艺芳）

历史文化遗产保护

【概况】 2022年，晋江市有世界级非物质文化遗产（简称“非遗”）项目4项、国家级非物质文化遗产项目7项，国家级非遗代表性传承人4人。南音、布袋木偶戏、水密隔舱福船制造技艺、送王船——有关人与海洋可持续联系的仪式及相关实践分别被列入联合国教科文组织非遗名录。各级文物保护单位156处，其中国家级9处、省级15处；草庵摩尼光佛造像、安平桥、磁灶窑址（金交椅山窑址）被列入“泉州：宋元中国的世界海洋商贸中心”世界文化遗产点。

（孙淑华）

【重要陈列展览】 2022年，晋江市博物馆展出4个常设展览，分别是“晋江故事——历史与人文的诉说”“匠心天工 美美与共——馆藏文物精品展”“海天万里故园情——晋江华侨华人历史展”“晋台缘港澳情——晋江港澳台同胞展”。2021年12月25日至2022年2月15日，晋江市博物馆举办“白毫墨涛·张瑞图书法特展”。展览展出晋江先贤宰相、中国书法巨匠张瑞图的书法作品及碑刻67件，囊括手卷、册页、立轴、八条屏等形式，绢本、纸本和石碑等各种材质，涵盖张瑞图各个时期书法精品，是晋江首次对张瑞图书法作品的系统汇总和全面展示。主要展品有《行书杜甫望岳诗轴》《情诗二首》《卫民祠碑》《王苍平草志》等。

（洪淑燕）

【世界遗产点保护管理】 2022年，晋江市完成安平桥修缮前期勘察，完成《安平桥（晋江段）保护修缮勘察设计方案》《安平桥（中亭段）保护修缮设计方案》2份设计方案。“全国重点文物保护单位草庵石刻危岩体、寺前石构平台及地基专项监测”项目获国家文物局立项，推动世遗点草庵摩尼光佛造像预防性保护工作的开展。晋江市文物保护中心与中国人民财产保险股份有限公司晋江市分公司签订晋江世界文化遗产点保护保险协议，为晋江市3处世遗点提供风险保障1815万元，这是福建首个世界遗产保护协议。签约中国古陶瓷学会设立中国古陶瓷学会磁灶窑研究中心，这是中国古陶瓷学会在福建设立的首个、在全国设立的第三个地方窑口研究中心，借助国家一级学会的平台，整合各级专家力量，开展磁灶窑考古调查，寻找元明时期的窑址，弥补磁灶窑址研究上的缺环。设立磁灶窑址（金交椅山窑址）研学实践教育基地，以“世遗＋非遗”为载体，以中小学生群体为受众，制定研学课程，打造沉浸式体验的研学基地。完成在安平桥旅游服务中心布设安平桥展示并开馆。

2022年10月13日，晋江市掌中木偶艺术保护传承中心前往灵源街道曾林社区开展“党建＋”进邻里社区演出活动 （图／晋江市文旅局）

【文物保护单位保护】 2022年，晋江市全国重点文物保护单位“南天寺石佛造像和摩崖石刻之南天寺保护修缮项目”获2022年联合国教科文组织亚太地区文化遗产保护优秀奖。磁灶金交椅山窑址获第二批“省级考古遗址公园”称号。全市有18处不可移动文物开展文物保护工程，其中国保单位4处：西资寺大殿抢险加固工程、南天寺保护修缮工程竣工，安平桥（晋江段）保护修缮工程设计方案获省文物局批复同意，草庵石刻危岩体、寺前石构平台及地基专项监测获国家文物局立项。世界文化遗产——草庵摩尼光佛造像草庵旅游集散中心项目、国保单位龙山寺的晋江世纪大道南延伸暨北环—龙山寺片区建设项目、市保单位池店御赐桥的池峰路南延片区改造3个项目实行“土地收储前考古前置”，开展项目用地考古勘探调查。安海龙山寺、南天寺石佛造像和摩崖石刻、西资寺石佛造像3处全国重点文物保护单位消防工程设计方案按照初审指导意见完成修改，上报福建省文物局审批。晋江市级文物保护单位电气线路套管及敷设完成项目采购，项目为晋江市14个镇（街道）59处市级文物保护单位开展电气线路套管及敷设，项目基本完成。

（陈 瑜）

【文化遗产开发利用】 2022年，晋江市建设完成晋江市非物质文化遗产展示馆并对外开放，是全市唯一综合、集中展示晋江市各级非物质文化遗产代表性项目的常设性主题馆。磁灶窑址（金交椅山窑址）以福建省级非物质文化遗产代表性项目磁灶窑陶瓷烧制技艺的体验为研学主体内容，结合闽南非遗剪纸、花灯、木偶、南音、青狮阵等体验和展示推出磁灶窑研学项目，接待党日活动19场、研学活动13场、考察调研6场、大型主题活动8场。

【非物质文化遗产保护】 2022年，晋江市组织开展第七批晋江市级非遗代表性项目、第二批晋江市非遗代表性项目代表性传承人、第一批晋江市级非遗传习所申报推荐工作，在晋江市2022年文化体育旅游节暨文化和自然遗产日启动仪式上公布代表性项目20项、代表性项目代表性传承人32人、传习所10家。至2022年底，全市有各级非遗代表性项目80项，各级非遗传承人132人，非遗传习所27家。

（孙淑华）

【文化遗产宣传】 2022年，晋江市开展第十六届南音演唱节、晋江市非遗代表性项目图片巡展、非遗保护工作培训会、“亲亲闽台缘”两岸非遗文化嘉年华非遗专场演出、“礼赞新时代 奋进新征程”晋江市“喜迎二十大”第三十二届（磁灶）侨乡谜会等专题活动。4月26日，央视新闻频道《法治连线》栏目播出《从“桥乐茶瓷”看知识产权保护》，介绍晋江推动世遗点、国保单位安平桥保护工作。5月19日，晋江电视台、晋江市文旅局等共同举办以“感受世遗文化 晋享美好旅程”为主题的“5·19”中国旅游日“玩转晋江”网络直播活动，通过网络互动的模式，介绍和体验晋江市3处世界遗产点，抖音直播关注11万人次，海博TV观看14.6万人次，央视移动观看2万人次。福建广播全媒体中心主持人、晋江市融媒体中心主持人、网红抖音主播等进行直播。9月17日，中央广播电视总台亚非中心组织拍摄2022年大型跨境合拍纪录片《伊路向东》，到晋江草庵、陈埭丁氏宗祠等海丝史迹拍摄，向同为海上丝绸之路的国家——伊朗宣传泉州，纪录片由伊朗卡米尔·索赫利导演、何飞主持。晋江市文物保护中心（简称“晋江市文保中心”）主任吴金鹏与主持人搭档讲解晋江草庵。晋江市文保中心微信公众号相继推送《晋江国保巡礼》、世界文化遗产“泉州：宋元中国的世界海洋商贸中心”晋江3处世界遗产点中英文语音讲解、相关解读文章和视频。9月起，晋江市文保中心微信公众号继续推出“聆听文物诉‘法’”线上文物安全系列宣传，提高社会公众对文物安全重要性的认识。

（陈 瑜）

社科研究

【概况】 2022年，晋江市社会科学界联合会（简称“晋江市社科联”）围绕中共二十大召开之年和“晋江经验”提出20周年的主题主线，指导、协调、推进全市社科界开展社会科学研究和普及工作。参与“晋江经验”与习近平经济思想理论研讨会组织工作，完成参加福州主会场和晋江分会场的专家

2022年9月7日，中央广播电视总台亚非中心组织大型跨境合拍纪录片《伊路向东》拍摄组到晋江草庵取景 （图/晋江市文旅局）

2022年3月4日，晋江市社科联在梧林讲习所举办第四讲讲座《“福文化”与侨乡文化的融合创新与发展》（图/晋江市社科联）

衔接、接待、会务保障。参加省社科联举办的中共二十大精神第19期网上竞答活动。在2022年全省社科联年度工作会议上，晋江市作为泉州唯一县级代表作经验交流发言，全年有14个社科项目（成果）获省级以上奖项，晋江市社科联黄良获评2022年全国社科工作先进个人。

【社会科学学术交流】 2022年，晋江市社科联联合市委宣传部、安海镇举行“学习贯彻党的二十大精神 弘扬中华优秀文化”福建省百场社科（晋江）专题报告会，邀请泉州市孔子学会会长、教授林振礼作题为《朱子文化及其现代价值》报告。联合市委宣传部等召开学习贯彻中共二十大精神暨晋江蓝皮书出版座谈会，编印《晋江社科论谈·2022年度论文选编》，在《晋江乡讯》刊发专家教授的发言摘编4个专版，为传承弘扬“晋江经验”提出理论思考和咨政建议。深入梅岭街道、泉州市社科普及基地围头传统村落，宣讲中共二十大精神，从理论角度和实践探索上阐释习近平经济思想的人民情怀。办好“梧林讲习所”，联合华侨大学、梧林项目办在梧林传统村落接连举行《漫谈中国福文化》《从梧林百福墙看福建福文化》《“福文化”与侨乡文化的融合创新与发展》等主题福文化讲座，对福文化和晋江文化开展研讨。

【社会科学普及】 2022年，晋江市社科联策划和组织2022年社科普及宣传周活动五大类64项，联合市委宣传部在社科普及基地梧林传统村落举办2022年社科普及周启动仪式，赠送社科书籍，举办社科图片展览，开展社科知识宣传，调动社会力量参与社科普及宣传工作。联合团市委、泉州市演讲与口才学会、泉州轻工职业学院等开展传承弘扬“晋江经验”晋江市首届青少年语言艺术展演活动。与深沪湾保护区管理处、晋江市林业和园林绿化局、晋江市图书馆、晋江经济报社等联合举办“产城人融合绿水青山美”晋江市野生鸟类科普展暨《晋江市野生鸟类》图册首发仪式，制作《野生鸟类眼中的晋江》宣传视频，邀请鸟类学导师作专题讲座。

【社会科学学术研究成果】 2022年，晋江市社科联参与中国社科院课题组编写《“晋江经验”中国式现代化道路的县域探索》重大课题调研、资料收集、校对修改等工作，8月出版发行。联合泉州市社会科学界联合会、泉州市孔子学会、晋江市委党史和地方志研究室汇编出版《泉州世遗和现代教育》，传承泉州“世遗”文化。主编出版《产城人——“晋江经验”的文学书写》《“晋江经验”论谈》等社科书籍，做好“晋江经验”20周年成就总结和理论研讨工作。

【社科社团服务创新】 2022年，晋江市社科联制定《关于加强对社科论坛、讲坛、讲座、年会、报告会、研讨会等阵地管理的实施细则》《晋江市社科联关于所属社科社团组织和社科普及基地重大事项报告制度》，落实报告会、研讨会、讲座论坛的审查审批和备案制度，全年有11个单位开展28场活动，均按要求报送市社科联备案。12月17日，指导成立晋江市

2022年8月5日，“产城人融合绿水青山美”晋江市野生鸟类科普展开幕式在晋江市图书馆举行（图/晋江市社科联）

文化文史学会，学会接受晋江市社科联主管，市政协原副主席叶荣宗当选为第一届理事会会长。

【社科采风调研活动】 2022 年，晋江市社科联组织开展“人文晋江巡礼”走进金井（溜江）、走进东石（潘山）等采风调研活动，数十名晋江本土作家参与，创作文章 500 多篇，推介刊发部分调研成果。策划举行“奋进新征程 建功新时代”人文晋江巡礼社科辅导讲座，引导晋江社科工作者和晋江本土作家参与座谈研讨，挖掘新时期晋江人文特色内涵。

【社科宣传精品打造】 2022 年，晋江市以围头传统村落为背景拍摄的网络电影《围头新娘》被第七届海峡两岸青年网络视听优秀作品展评委会评为特别推荐作品。五店市传统文化旅游区被评定为国家级旅游休闲街区；泉州职业技术大学获评非遗特色教育院校；梧林传统村落被评定为晋江市级文化产业园区；陶瓷烧制技艺传承体验基地的陶瓷装饰技艺获评晋江市级非物质文化遗产；泉州轻工职业学院获评首批福建省工匠学院，其中 2 个项目入选教育部第二批社区教育“能者为师”实践创新项目。晋江市社科联联合泉州市社科联、晋江市文联、泉州市楹联学会举办“学习贯彻党的二十大精神，大力弘扬‘晋江经验’”有奖征联活动，以楹联和书法作品形式在晋江开展采风调研，形成一批楹联和书法作品集。

（洪国泰）

文化产业

【概况】 2022 年，晋江市通过政策扶持、典型培育、平台搭建、交流合作等形式、渠道助推文化产业发展，打造配套完善、要素齐全的文化产业生态圈，文化产业增加值 115.89 亿元（错年值），位居泉州各县（市、区）第一。2022 年，晋江市组织文化企业赴海南及大连、厦门、莆田、泉州等省市，参加工艺博览会、文化产业博览会（交易会）等展会，推动文创企业和项目交流对接。

【文化产业扶持】 2022 年，晋江市兑现 2021 年文化产业政策资金近 200 万元，惠及文化产业项目 68 个。争取上级政策资金扶持，重点培育一批文化产业重点园区和龙头企业、项目，推荐 5 个项目参与省、泉州文化产业发展专项资金申报，获政策资金 70 万元；推荐文化产业从业人员 2 人获评泉州市文化产业优秀人才。

【文化产业平台搭建】 2022 年，晋江市在文体旅融合的大背景下，结合产业优势，提出“文体旅融合”发展战略，制订出台《晋江市推进文体旅融合发展三年行动方案》，重点提出 6 个方面 23 项工作任务，计划实施文体旅融合发展项目 104 个。举办 2022 年晋江市文化创意和艺术节，以文化中心、戏剧中心、五店市传统街区、梧林传统村落等为主要载体，策划举办各类主题活动 15 场；举办 2022 年晋江市文化体育旅游节，涵盖文化、体育、旅游三大板块，策划 10 个系列 300 多场活动，推进文体旅融合发展。

【印刷行业管理】 2022 年，晋江市打击无证无照从事印刷经营行为，采取引导与查处相结合、教育与处罚相结合的原则，实施差异化整治。完成办理印刷经营许可证 139 家，纳入日常行业主管监管，降低安全生产风险。全市有印刷企业 513 家。

【电影放映】 2022 年，晋江市获中央补助福建国家电影专项资金 59.6 万元、福建省国家电影事业发展专项资金 76.5 万元，惠及万达影城、米高影城等 17 家电影院。放映农村公益电影 3516 场，实现“一村一月一场电影”的电影放映工作目标，落实农村电影放映“2131”工程。

（刘岩澍）

文化市场管理

【概况】 2022 年，晋江市有互联网服务上网营业场所（网吧）89 家，文化娱乐场所 89 家。晋江市坚持“一手抓繁荣，一手抓管理”的方针，围绕重点、创新思路，优化审批流程，提高行政服务水平。开展文娱领域专项行动，加强市场监管，防范文化市场重特大安全事故，构建安全高效、文明诚信、

2022 年 3 月 8 日，为期 14 天的首届“梧林南洋文化节——新加坡娘惹文化季”在晋江梧林传统村落正式启动。图为娘惹风情表演 （图／晋江市文旅局）

健康规范、繁荣有序的文化市场环境。全年出动执法人员1224人次，巡查文化旅游经营场所602家次，依法关停证照不齐的经营场所18家，行政处罚案件20件。

（张洛浩）

【版权保护】 2022年，晋江市深入企业开展版权宣传行动，从源头上遏制出版物市场和印刷环节侵权行为的发生。至12月，晋江市有出版单位100余家，初步实现版权宣传全覆盖。开展版权保护专项检查行动，联合公安、市场监管和文化市场综合执法等部门对校园周边出版物市场开展全面检查，要求出版物经营单位核实进货渠道，强化版权意识、举报侵权行为，共同维护晋江市文化市场稳定安全。

【新闻出版和电影行业安全监管】 2022年，晋江市开展新闻出版和电影行业安全生产隐患专项检查，应用《晋江市新闻出版和电影行业安全生产监管规定（暂行）》和记分规则，按照联席会议制度、信息反馈制度、综合执法制度、安全生产等级评价制度、正反向激励约束制度等5项制度，明确新闻出版和电影行业安全生产监管责任，压实"部门、镇街、企业"各方责任，形成安全生产风险闭环管理。全年开展检查500余人次，排查安全隐患1199项。

（刘岩澍）

【文化市场监管】 2022年，晋江市通过召开管理工作会议、集体约谈等形式，加强文化市场相关法律法规宣传。依托全国文化市场技术监管与服务平台开展文化市场年度统计，填报完成率100%。加强新业态场所监管，排摸辖区登记的剧本杀、密室逃脱经营主体，指导场所严格内容备案与管理。开展"静夜守护"噪声污染源大排查工作、文娱领域综合治理，督促娱乐场所按照法定营业时间营业，演出经纪机构及网络表演经纪机构落实主体责任，规范演出经纪行为。指导文化市场经营单位落实安全隐患自查自纠，推广线上学习培训和现场宣讲，指导经营单位对标创建、对标运行、对标提升，文化市场经营单位安全生产标准化提升创建100%。

（高　燕）

【文化市场综合执法】 2022年，晋江市出动执法人员1224人次，巡查文化旅游经营场所602家次，检查密闭空间1773家次，其中检查文化类密闭空间667家次。开展"双随机"抽查32次，抽取执法人员64人次，检查各类企业（单位）256家次，随机抽查事项达到执法事项的100%。接到包括上级交办、市长专线、便民平台、抄告的线索、举报件52件，核查率和回复率100%。

（任　雪）

图书经销

【概况】 2022年，福建新华发行集团晋江分公司（简称"新华晋江分公司"）实现营业收入11678.66万元，其中一般图书销售收入1804.77万元、多元产品销售收入354.33万元、教材销售收入5043.45万元（其中大中专教材销售收入212.7万元）、教育装备销售收入16.58万元、教辅销售收入4459.53万元。

【政治读物发行】 2022年，新华晋江分公司通过开展"喜迎二十大"主题出版物展示展销、"喜迎二十大"主题出版物品读分享会、"童心向党，喜迎二十大"读书分享会等主题营销活动，做好学习中共二十大精神相关政治读物的宣传征订。全年发行政治读物7.3万册。其中，《闽山闽水物华新——习近平福建足迹》等系统记述习近平地方工作经历的4部图书发行2.42万册，《习近平谈治国理政》第四卷发行1.97万册。

【学校"课前到书"保障】 2022年，新华晋江分公司做好春、秋两季教材配送工作，与教育部门沟通协调。针对2022年秋季全国教材启动新一轮审查的情况，做好全市教材发行调剂，制定教学用书发行工作预案，集中力量投入各片区教材仓库，完成教材的抢运配发，履行"课前到书、人手一册"政治任务。

【全民阅读活动】 2022年，新华晋江分公司创新阅读方式，应用新媒体新技术手段融合开展线上线下全民阅

2022年6月7日，晋江市《闽山闽水物华新——习近平福建足迹》读者见面会在晋江书城举行
（图/新华晋江分公司）

读活动，举行营销活动 349 场，其中线上故事会 36 期、线上晋江新华讲堂 39 期、网络秒杀 17 场、线上阅读打卡 3 次、网络直播 46 场、网店促销 13 场、线下读者活动 45 场、店内促销活动 150 场。新华书店建店 85 周年系列活动期间，新华晋江分公司通过线上网络直播方式解说建店 85 周年系列优惠活动。线下为读者提供无接触购书自提的方式，线上通过在线商城、“饿了么”图书平台服务满足读者需求。以建店 85 周年活动为契机开展研学活动，举办“‘让书籍发声，将文化传递’——新华小朗读者”研习营活动。举办以“山河同照，爱在新华”为主题的双节朗诵游园活动。

【青少年阅读推广】 2022 年，新华晋江分公司与晋江市教育局联合举办“寒假读一本好书”和“暑假读一本好书”活动，引导中小学生在假期多读好书，推广名篇名作的诵读和赏析，引导学生走近经典、阅读经典。开展读书征文比赛，收到“寒假读一本好书”征文 1842 篇、“暑假读一本好书”征文 1557 篇，评选表彰优秀作品，并分别汇集成出版物《阅读伴成长》《书香伴成长》向社会公开发行。开展全国青少年爱国主义读书教育活动，开展演讲、征文比赛，征选演讲视频 148 篇、征文 1257 篇。联合《晋江经济报》推出每周 2 期“好书我推荐”栏目，向中小学生征集文字和视频作品，刊登在“晋江少年周刊”和“晋江少年说”微信公众号上。

【安海门市升级】 2022 年 10 月，新华晋江分公司安海门市启动升级改造，项目总投资 166.25 万元，12 月底完成。改造后，经营面积扩大至 425 平方米，设立党建空间、数码产品、眼镜专区、文具专区、儿童绘本馆等特色专区，增强阅读体验感。

【小连锁门店拓展】 2022 年，新华晋江分公司新增 2 处小连锁合作。与泉州晋江空港商旅服务有限公司合作，通过机场引进蔡崇达“母亲的房子”IP，以“统一视觉设计、统一运营模式、统一图书调配、统一活动策划”的模式，打造集阅读、休闲、禅文化体验为一体的特色人文候机室，经营面积 800 平方米。与泉州市东石文化旅游发展有限责任公司展开合作，建设东石镇“皮囊书屋”，将阅读空间建到乡村基层。

（庄嘉宏）

媒体融合

【概况】 2022 年，晋江市融媒体中心融合管理时政、财经、民生新闻、方言、少儿、综艺、专题七大类，9 个电视自办栏目、9 档广播节目、1 份四版周刊报纸《晋江乡讯》，以及官方网站、微信公众号，并入驻快手、抖音、头条号、《人民日报》、新华社、央视频、海博 TV 等网络渠道平台。中心拥有 2 个现代化的高清新闻演播室、600 平方米演播大厅，拥有 1 台数字高清电视转播车。

【基础设施建设】 2022 年 6 月 21 日，经公开招标，晋江市融媒体中心启动智慧媒资系统建设，项目投资总额 378.95 万元。系统近线存储 912TB（太字节）、在线存储 480TB（太字节），可满足 1 月日常素材高速调用和未来 5 年的采编播备份扩容需求。

【新闻宣传报道】 2022 年，晋江市融媒体中心围绕晋江市委、市政府中心工作，以及省、市党代会，省委、泉州市委历次全会精神的贯彻落实，开展系列主题宣传报道。深化拓展广播电视媒体“头条”和网络视听媒体“首页首屏首条”建设，突出迎接学习宣传贯彻中共二十大工作主线，抓好晋江撤县设市 30 周年、“晋江经验”总结提出 20 周年、党建引领基层网格化治理、数智转型、文体旅融合、文明城市创建等重大主题宣传，做好各级党代会、两会等重要会议精神的宣传阐释。

【中共二十大宣传】 2022 年，晋江市融媒体中心推出《喜迎二十大·非凡十年》大型主题报道，在全媒体平台推出 20 多个系列报道和专题节目，原创《你还记得吗？》《奋进新征程·空中看发展》等多个系列微视频、《晋江潮》等多部原创广播剧，推出《问答·晋江》市直、镇（街道）一把手访谈、“五福进万家”群众歌唱比赛、“喜迎党的二十大 第二届福建省民间职业剧团（木偶戏）优秀剧目展演”活动，协同市委党校推出“讲习之声——深入学习贯彻党的二十大精神”系列广播节目。协助央视做好《走进县域看发展》大型专题报道，获中宣部通报表扬。

【晋江撤县设市 30 周年暨“晋江经验”20 周年宣传】 2022 年，晋江市融媒体中心推出“庆祝晋江撤县设市 30 周年暨‘晋江经验’总结提出 20 周年”大型主题采访报道、“我与‘晋江经验’同框”“融合产城人·建设新园区”等 10 多个系列融媒专题报道。推出原创 MV《爱拼才会赢 一起向未来》。制作《福见晋江》《宝藏晋江》《家有喜事》等系列晋江文化纪录片，做足晋江“福文化”文章。微视频《我眼中的“晋江经验”》获评 2022 年中宣部基层理论宣讲优秀短视频。

【合作渠道拓宽】 2022 年，晋江市融媒体中心、泉州职业技术大学、福建广电网络集团晋江分公司、晋江市乡村振兴局运用主流媒体、人才科研、综合平台和当地资源优势，筹建“福建省乡村振兴直播产业基地”，打造政产学研一体的直播基地和培训新模式，服务晋江产业集群和乡村振兴。立足侨乡优势，扩大海外影响，在马尼拉设立《晋江乡讯》社驻菲律宾通讯联络处，与菲律宾《世界日报》合作开设专版，《晋江乡讯》代表县级侨刊在省委宣传部举办的“全省侨刊乡讯负责人培训班”作典型经验发言。

【媒体融合发展】 2022年，晋江市融媒体移动端观看量累计突破2.5亿人次，再创历史新高。“晋江电视台”微信公众号“粉丝”数量突破56万人，较上年增加9万人。抖音平台“粉丝”28万人，视频号“粉丝”从4万人增至近7万人，首次出现浏览量超100万次的作品。微信公众号传播力位列全省县级融媒体第一，流量排名居全国县级媒体首位。

【作品创优】 2022年，晋江市融媒体中心30多件（次）作品在全国、省、地级市举办的优秀作品评审中获奖，获奖数量和质量位居全省县级媒体前列。1件作品获评中宣部优秀理论宣讲视频，2件作品获国家广电总局推优扶持，1件作品获中国广播电视大奖电视专题类提名，1件作品获福建省2021年度广播电视艺术奖一等奖，获2021年度泉州广播电视艺术奖一等奖5个（含1个创新奖）。在“福建省第一届广播电视播音主持职业技能竞赛”中，晋江市融媒体中心主持人伍璟、董喆分别获得福建省“十佳电视播音员主持人”“十佳广播播音员主持人”称号。6月，晋江市融媒体中心被福建省广播影视集团授予2021年度全省供稿工作“十强县级台”称号。

【《晋江乡讯》期刊】 2022年，晋江市融媒体中心主办的《晋江乡讯》以“乡土、乡情、乡贤、乡音”为着力点，挖掘地方人文素材，展现地域文化魅力，传播晋江好声音。每月出刊4期，每期4版，每期印数3000份，发行30多个国家和地区。《晋江乡讯》以闽南文化、侨乡文化为主题的专版（版块）占全部版块的75%，有“侨乡文化系列三部曲（侨厝、侨村、侨史馆）”“华侨故事（往事）”“两岸情缘”等特色专栏。全年“晋江乡讯”微信公众号推文48期151条。

【《晋江商人》杂志】 2022年，《晋江商人》杂志出版6期，发行6万册左右，主要面向大众，其中以企业家为主。9月，《晋江商人》杂志出版《牢记嘱托 感恩奋进——“晋江经验”20周年特刊》，报道晋江在营商环境、产城人融合、共同富裕等方面所取得的成就，展示安踏、恒安、利郎、九牧王、柒牌等品牌企业的践行故事，体现“晋江经验”的时代价值和指导意义。

（陈 燕）

【《晋江经济报》】 2022年，《晋江经济报》突出中共二十大宣传报道，在会前开辟《非凡十年·喜迎二十大》专栏，会中开辟《二十大时光》栏目，会后开辟《记者走基层 共学二十大》专栏，推出“大美晋江”系列短视频等全媒体产品，展示晋江19个镇（街道）、经济开发区。“晋江经验”20周年宣传。2022年，晋江经济报社围绕市委提出的“解放思想大讨论”，开设“解放思想见行动”专栏，以专栏专题和接地气的报道，弘扬“晋江经验”，凸显干事创业动力，通过微信公众号、视频号等渠道，推送晋江海外乡贤、本土企业家代表理解、践行“晋江经验”视频。在福建省弘扬“晋江经验”促进民营经济高质量发展大会召开当天，推出64个版的“传承弘扬‘晋江经验’全方位推进高质量发展”特刊，展示晋江传承弘扬“晋江经验”、推进高质量发展的实践。贯彻落实晋江经济报社“办精品报、精品办报”的总思路，推出《江畔谭》《新晋江·兴农村》《乐读》《好样晋江》等栏目，每周1期。围绕晋江市委、市政府中心工作，推出一系列优秀报道。组织开展第五届“夏日送清凉·请喝一瓶水”公益行动。从入伏持续到“白露”节气，54天里设置24个“清凉一站”、17.91万人次参与线上爱心传递，送水12.5万瓶。升级“夏日送清凉·请喝一瓶水”及报社的拳头公益产品“大爱晋江·暖冬行动”。“晋江经济报”微信公众号在全省2022年度县域媒体微信公众号排名第一。报社开始筹建全媒体演播室；重视新媒体原创，尝试条漫推文、动漫视频和一些新技术。

（林 清）

15 晋江鄉訊 世界日報 2022年06月16日（星期四）

菲律濱版 2022年 第1期 6月16日 星期四

晋江鄉訊

JINJIANG HOMETOWN NEWS

传递乡情 承载乡愁 让家乡就在眼前

中國中央廣播電視總台推出特別報導

潮起晋江看發展 敢拼會贏譜新篇

海內外鄉賢熱議央視聚焦晋江發展之路

尋找故鄉的原風景之 龍湖福林村

2022年6月16日，《晋江乡讯》菲律宾版刊登于菲律宾《世界日报》（图/晋江市融媒体中心）

【晋江新闻网】 2022年，晋江新闻网网站点击量（PV）2亿多次、日均60万多次，在省内县级新闻网站中继续位居前列。结合“晋江经验”提出20周年，多次对“晋江经验”进行网络推广，让全国更多网友知道、了解“晋江经验”。晋江新闻网制作推出多个爆款互动形式的多媒体广告（HTML5）页面。清明节期间，开发晋江市“清明线上祭扫平台”。9月24—30日，晋江新闻网策划举行“传承红色基因 强国复兴有我”晋江市“喜迎二十大”爱国主义教育主题线上活动，通过开发微网页，设置网上展厅、有奖问答、云游基地等栏目，集中展示爱国主义教育基地风采，引导全市广大党员干部群众重温革命历史、感悟革命精神、传承红色文化。12月20日，以晋江撤县设市30周年为主题，晋江市委宣传部与晋江新闻网联合出品的互动形式的多媒体广告页面《30年·30点 看晋江沧桑巨变》上线。该互动形式的多媒体广告页面以点带面，通过手绘漫画长卷，用横图和交互弹窗的方式，展现晋江撤县设市30年间的巨大变化，在市民网友中引发热烈反响。晋江新闻网策划第五届晋江购物节和“爱晋江·欢乐购”消费促进季。至年底，“晋江新闻网”总发稿量2200多篇，其中近20篇被“学习强国”总平台采用。

（苏丽雅　颜英婷）

【福建广电网络集团晋江分公司】 2022年，福建广电网络集团晋江分公司（简称“晋江广电网络”）下辖14个镇（街道）广电网络站、13个标准营业厅，保障全市158个行政村、1106个应急广播终端正常运行。落实城乡低保户4998户、重点优抚对象1022户、“五保户”584户、三等功及以上退役军人355户、困难党员588户等特殊群体数字电视优惠政策。深化“爱家驿站”服务品牌，各广电站结合当地特色项目，开展“夏日送清凉·请喝一瓶水”、慰问困难群体、助力高考、社区共建服务等“爱家驿站”活动。

2022年，晋江广电网络完成全市核心数据业务割接至报业大厦机房，完成报业大厦机房固定200K油机建设，配合新小区业务开通981个AP箱信号。推进5G信号优化，推进老旧小区改造和线路整治，老旧小区改造项目完工21个，完成线路整治工作18个村（居）。完成隐患整改67单，开展供配电演练17次。在重要安全播出保障期，执行机房24小时值班，不间断巡查省干线路，保障防汛视频、政务视频会议125场次，完成中共二十大、北京冬奥会、“晋江经验”20周年视频会议等安全播出保障工作。

2022年6月21日，晋江广电网络开展供配电应急演练　（图／晋江广电网络）

（郭灿辉）

【“局长在线（镇长来了）”系列融媒直播节目】 2022年，晋江市政府办公室与晋江市融媒体中心联合制作“局长在线（镇长来了）”系列融媒直播节目。邀请各单位、镇（街道）主要领导做客直播间，通过访谈的形式，介绍单位职责及主要工作，回应群众在线咨询和建议，为群众解惑答疑。节目依托广播部《对话晋江》栏目通过调频广播播出，由中心网络直播团队通过“晋江电视台”微信公众号、抖音号等新媒体端进行视频直播，各镇（街道）的政务公开线下实体信息发布平台同步转播。全年“局长在线（镇长来了）”系列融媒直播节目播出6期。

【《你被选中了》微视频】 2022年，晋江市融媒体中心微视频《你被选中了》上、下两集分别于2月8日、2月11日在广播电视台综合频道播出。该节目不局限于游戏，融入世遗文化和闽南当地文化，融华侨爱国救国故事于剧本中，让观众（玩者）在游戏竞技里感受烽火年代华侨的爱国情怀，传播传承“世遗”文化和闽南当地文化。该节目获评2022年度泉州市广播电视艺术奖创新奖。

（陈　燕）

旅游

综　述

【旅游资源】 2022年，晋江市新增国家AAA级旅游景区1个（晋江市博物馆），国家级旅游休闲街区1个（五店市传统文化旅游区），国家级夜间文化和旅游消费集聚区1个（五店市传统文化旅游区），福建省全域生态旅游小镇1个（金井镇），泉州市海丝文化主题街区1个（五店市传统文化旅游区）。金井镇围头村入选文化和旅游部、中央广播电视总台联合摄制的大型文旅探访节目《山水间的家》。全年接待国内旅游人数932.08万人次，比上年下降18.4%；国内旅游收入118亿元，比上年下降19.1%。截至2022年12月31日，晋江市有国家A级旅游景区8个（其中AAAA级景区2个、AAA级旅游景区6个），全国乡村旅游重点村2个，中国乡村旅游模范村1个，中国乡村旅游金牌农家乐4个，国家工业旅游创新单位1个，国家级旅游休闲街区1个，中国乡村旅游创客示范基地1个，全国休闲农业与乡村旅游三星级示范企业（园区）2个。福建省旅游休闲街区1个、福建省特色旅游景观名镇2个、福建省旅游度假区1个、福建省乡村旅游特色村9个、福建省金牌旅游村2个、福建省观光工厂5个、福建省工业旅游示范基地1个、福建省（三钻）智慧旅游景区1个、福建省乡村旅游经营单位2个、福建省全域生态旅游小镇1个。泉州市特色文化旅游示范基地2个、泉州市旅游村1个、泉州市海丝文化主题街区1个。晋江市农业旅游示范点7个、晋江市级观光工厂5个、晋江市级工业旅游示范点20个，泉州市特色伴手礼21种、晋江伴手礼专卖店5个（专柜1个）。

【旅游文创产品】 2022年6月22日，在中国旅游景区创意大赛中，晋江五店市运营公司选送的“金榜题名灯”获“旅游商品设计类”入围作品奖项。12月8日，在2022中国旅游商品大赛（健康主题）决赛中，泉州市金砖文化传媒有限公司选送的“状元小镇·《惜福》香氛片”获铜奖。

（吴慧铃）

【文体旅融合】 2022年1月18日，晋江市成立以市委常委、宣传部部长黄少伟为组长，市政府副市长陈传芳为副组长，市直相关部门及各镇（街道）负责人为成员的晋江市文体旅融合发展工作领导小组，统筹推进文体旅融合发展。6月5日，印发《中共晋江市委办公室　晋江市人民政府办公室关于印发〈晋江市推进文体旅融合发展三年行动方案〉的通知》，重点从丰富产品供给、做强市场主体、激发消费潜力、加强品牌营销、着力提升体验、强化要素保障6个方面开展工作。2022年新签约一批项目，包括电子竞技、文旅合作共建、酒店建设、自然营地项目等。建成一批项目，五店市传统街区获评国家级旅游休闲街区、国家级夜间文旅消费聚集区，磁灶窑址（金交椅山窑址）获评第二届省级考古遗址公园，金井镇获评福建省全域生态旅游小镇，晋江市博物馆获评国家AAA级旅游景区。完成五店市传统街区“大众茶馆”、晋江市非物质文化遗产展示馆、晋江市文体旅服务中心项目建设及晋江经验馆国家AAA级景区改造提升。线上推出“云游晋江”全域旅游智慧导览系统。完成5个闽南传统文化体验点授牌，确定非遗传习所10个，设立中国古陶瓷学会磁灶窑研究中心及磁灶窑址研学实践教育基地。举办晋江文旅消费季系列活动、“赋能文体旅融合·晋享美好微生活”晋江市2022年文化体育旅游节、第七届海峡两岸（晋江金井·围头）七夕返亲节等文体旅活动。

【旅游精品路线打造】 2022年1月1日，晋江市与省旅发集团联合举办“全福游　有全福”——晋江欢乐购闽南文化两日游活动。整合全市资源分别策划推出“福见晋江 寻福之旅”“逛吃玩乐 ‘晋’享美味”“大美晋江工业基因”3条精品旅游路线。6月22日，在中国旅游景区创意大赛中，晋江五店市运营公司选送的“邂逅五店市的美好之文艺路线”获“旅游线路线拓新奖”入围作品奖。

（吴慧铃 骆锦恋）

旅游景区建设

【概况】 2022年，晋江市新增国家AAA级旅游景区1家（晋江市博物馆），兑现旅游扶持资金401.93万元，用于支持2021年5家A级旅游景区项目提升、2座A级旅游厕所、梧林传统村落及晋江经验馆获评相应等级的奖励。

【景区公共服务建设】 2022年，晋江市文体旅游局指导梧林传统村落完成1座示范性旅游厕所建设，新认定A级旅游厕所2座。其中，梧林传统村落旅游厕所（长城小筑）为AAA级、围头村旅游厕所（八二三公园内）为A级。在晋江市博物馆一楼创新设立晋江市文化体育旅游服务中心，6月8日对外开放，整合博物馆、晋江市非遗馆、美术馆和图书馆24小时城市书房等阅读体验空间资源，开展文化演出、旅游咨询、研学体验、文创研发等服务，植入“文化露营基地”的理念，以“创意生活”的调性打造城市文旅“微休闲”的复合空间。6月19日，在晋江市2022年文化体育旅游节启动仪式上推出“云游晋江”全域旅游智慧导览系统，以VR游览的形式全面导航晋江文体旅消费。

【五店市传统文化旅游区】 2022年，五店市传统文化旅游区游客总接待量约250万人次，旅游总收入约1.83亿元。获评国家级旅游休闲街区、第二批国家级夜间文化和旅游消费集聚区。五店市完善公共设施，实现旅游服务体验升级，完成“大众茶馆”项目建设、观景绿化改造提升、青阳山木栈道及观景平台维修加固、应急广播重新布点整改、夜景灯光改造提升等工程；重新拍摄《邂逅五店市》文艺宣传片；制作五店市VR全景游览，开发“五店市传统文化旅游区”小程序，更新录制五店市普通话、闽南语语音解说；开展“红砖厝里过大年”“潮起五店市”2022庭院音乐节、五店市“街中曲•景中戏”戏曲音乐街头演出等大型活动。

（吴慧铃 骆锦恋）

【安平桥（五里桥）景区】 2022年，安平桥（五里桥）景区游客总接待量87万人次。完成3座公共厕所、停车场、照明、景区绿化等改造提升，完成景区南侧路口整治环境工程、盈溪（安平桥至西沽水闸）岸线整治及景观项目和安平桥景区夜景工程等项目。

【梧林传统村落】 2022年，梧林传统村落景区游客总接待量49.23万人次，旅游总收入918.01万元，获评第十批“中国华侨国际文化交流基地”、泉州市第三批中小学生研学实践教育基地、晋江市级文化产业园区、晋江市社会科学普及基地。开发“百年瑰丽 风致梧林”智慧剧本定向赛体验产品；以“醉闽南、家国情、意南洋”为主题，自主开发小学、初中、高中9条研学精品路线。推出2022年“侨春有福”春节系列活动、首届“梧林南洋文化节 新加坡娘惹文化季”等创意活动，孵化景区节日IP。

【灵源山风景区】 2022年，灵源山风景区游客总接待量18.56万人次，旅游总收入88万元。增设停车场车牌智能设备、景区标识牌及安全指示牌，控制景区人流量，为游客提供安全、舒适、便利的旅游环境。

【围头战地文化渔村】 2022年，围头战地文化渔村游客总接待量50.36万人次。完成围头村八二三公园、毓秀楼、安业民烈士陵园的修缮和提升，建设多处微景观，在海岸线及滨海浴场增设救援设施等。以“线上直播+线下互动”的方式，举办第七届海峡两岸（晋江金井•围头）七夕返亲节活动。

【晋江经验馆】 2022年，晋江经验馆游客总接待量6.3万人次，旅游总收

2022年6月24日至8月14日（每周六、日），“潮起五店市”2022庭院音乐节在五店市水池舞台举办。图为演出现场（摄于2022年7月23日 图/晋江市文旅局）

入14.8万元。启动并完成一楼展馆更新改造工作，全馆以图片、文字、模型、影片为主要展示手段，通过影视回顾、珍贵图片、实物展示和情景再现等手法，辅以数码互动、多媒体系统、数字沙盘等现代技术，展示晋江经济社会发展的历程，特别是展示改革发展的成果与经验做法。2022年晋江经验馆获评2021年“十大市民关注事件”“晋江市关心下一代党史国史教育示范基地”“泉州市关心下一代党史国史教育示范基地”等。

【七匹狼男装博物馆】 2022年，七匹狼男装博物馆游客接待量6.22万人次，旅游总收入582.76万元。完成LED彩色大屏安装、文创区升级改造，完善活动设施配置，丰富研学活动体验感。

【晋江市博物馆】 2022年，晋江市博物馆游客接待量2.45万人次。完成博物馆区域和周边景观设计改造，利用博物馆原一楼的会议空间改造升级为文化体育旅游服务中心，设有文创商店、露营咖啡、青少年研习所及多功能活动中心4个区域，为市民游客提供文化、研学、旅游、科技体验的“一站式”服务。2022年，晋江市博物馆获评国家AAA级旅游景区，获批第七批福建省爱国主义教育基地。

（吴慧铃）

2022年，晋江市博物馆获评国家AAA级旅游景区。图为晋江市博物馆外景
（摄于2022年3月20日 图/晋江市文旅局）

旅游市场开发

【概况】 2022年，晋江市打造大美晋江旅游形象和“全福游 有全福·海丝泉州·大美晋江”旅游品牌。举办晋江市2022年文化体育旅游节系列活动、晋江文旅消费季系列活动等，投入200万元发放晋江文旅消费券，拓展旅游市场，带动文旅消费。全年国内旅游人数932.08万人次，国内旅游收入118.亿元，居泉州市各县(市、区)首位。

【旅游宣传】 2022年1月1日，晋江市文旅局与省旅发集团联合举办“全福游 有全福”——晋江欢乐购 闽南文化两日游活动。2月，组织全市重点旅游景区参加福建省广播影视集团旅游频道开展的“全域旅游大拜年”活动。5—7月，举办以“赋能文体旅融 晋享美好微生活”为主题的晋江市2022年文化体育旅游节系列活动，策划推出10个系列、65项300多场活动。历时3个月，涵盖5月18日“国际博物馆日”、5月19日“中国旅游日”、5月20日“晋江全民健身日”、6月3日端午节、6月11日“文化和自然遗产日”、7月25日“泉州：宋元中国的世界海洋商贸中心”申遗成功一周年等文化、体育、旅游及中华传统节庆，以节日和周末为节点，延伸至暑假。

【旅游推介】 2022年6月18—20日，晋江市组织旅游企业参加第二十届中国·海峡创新项目成果交易会世遗泉州展。12月1—4日，组织旅游企业参加第八届海南国际旅游美食博览会。开展文化体育旅游节新闻媒体进晋江宣传活动、主播带你“玩转晋江”网络直播活动等。

【文旅活动】 2021年12月中旬至2022年2月中旬，晋江市举办晋江文旅消费季系列活动，串联元旦、春节及元宵等节假日及每个周末，在晋江主要景区（景点）开展12个系列90多场活动。4月下旬至7月，联合晋江市商务局等部门举办“爱晋江·欢乐购”消费促进季活动。9月23日起，投入200万元发放“泉城有惠·晋江好旅”晋江文旅消费券，涵盖旅游景区、酒店(民宿)、旅行社、餐饮、研学、伴手礼等文旅场景。

【晋江市2022年文化体育旅游节】 2022年5—7月，晋江市结合国际博物馆日、中国旅游日、晋江全民健身日、文化和自然遗产日、申遗成功一周年等时间节点，在梧林传统村落联合举办以“赋能文体旅融合 晋享美好微生活”为主题的晋江市2022年文化体育旅游节。开幕式上，梧林传统村落举行泉州师范学院和泉州职业技术大学学生实训基地授牌仪式。该届文化体育旅游节发布“百年瑰丽，风致梧林”闽侨寻根线上剧本体验·解谜定向赛；通过户外露营、草地音乐会、露天放映夜、户外主题展、户外主题街景等户外活动，打造轻松休闲度假氛围。围绕梧林建筑、梧林活动、梧林海报3个主题，展出有关梧林的影像图片记录。举办南洋文化主题展，晋江市总工会、晋江文旅集团同步

2022 年 6 月 19 日晚,"亲亲闽台缘"两岸非遗文化嘉年华、晋江市 2022 年文化体育旅游节暨文化和自然遗产日活动在晋江市文化中心广场举办。图为在 2022 年晋江市文化体育旅游节启动仪式上,晋江市掌中木偶艺术保护传承中心表演掌中木偶戏《"偶""乐"同庆》 (图 / 晋江市文旅局)

打造"爱晋江·工享美好"消费季活动。

【晋江市伴手礼展示体验】 2022 年,晋江市利用文化体育旅游节启动仪式,开展"一座城市的心意"晋江伴手礼展示体验活动。6 月 19 日,在"亲亲闽台缘"两岸非遗文化嘉年华、晋江市 2022 年文化体育旅游节暨文化和自然遗产日活动启动仪式上,开展"一座城市的心意"晋江伴手礼展示体验活动。

(吴慧铃 骆锦恋)

旅游管理

【概况】 2022 年,晋江市做好旅游安全管理工作。出动检查人员 416 人次,检查星级酒店、旅行社、旅游民宿 208 家次。接到旅游投诉 11 件,全部办结。年底,全市有星级酒店 9 家,其中五星级酒店 4 家、四星级酒店 5 家;旅行社 34 家,其中国际旅行社 5 家;导游(讲解员)44 人。

【旅游行业市场监管】 2022 年,晋江市开展旅游市场专项整治行动、星级酒店安全隐患联合检查、反恐、高层建筑综合整治、塑料污染治理等专项检查。联合部门制定私设"景点"问题专项整治方案。落实道路运输安全生产专项整治三年行动,督导旅行社落实"五不租"(不租用未取得相应客运经营许可的经营者车辆、未持有效道路运输证的车辆、未安装卫星定位装置的车辆、未投保承运人责任险的车辆、未签订包车合同的车辆)制度要求,规范、合法租赁旅游包车。

【文明旅游宣传引导】 2022 年,晋江市通过加强文明安全提醒,指导督促星级酒店把文明理念融入精细化管理中,在大堂等显著位置常态化发布公益广告,餐厅设置"文明餐桌""光盘行动""节俭养德" 等文明用餐提醒。结合文化体育旅游节启动仪式现场开展文明旅游宣传,分发宣传手册,倡导文明旅游、绿色旅游、负责任旅游。

【酒店服务优化】 2022 年,晋江市组织星级酒店从业人员参加全省星级饭店管理人员培训、应急救护培训、文旅行业消防安全培训工作会暨现场应急演练活动等,提升星级酒店综合服务能力。选送 3 名市内星级饭店优秀选手参加全国星级饭店从业人员服务技能竞赛福建省选拔赛。

【旅行社业务培训】 2022 年,晋江市召开旅行社地接座谈会,研究提高旅游地接能力、加大引流力度。组织市内导游参加 2022 年度导游(讲解员)在职提升培训、2022 年闽西南五地市骨干导游专题培训、2022 年度全省导游远程教育培训工作。

【旅游投诉处理】 2022 年,晋江市接到旅游投诉 11 件,其中"12315"平台 8 件,"12345"平台 3 件;旅行社投诉 4 件,占比 36%,酒店投诉 7 件,占比 64%。结案 11 件。

(施毓箴)

体育

综 述

【赛事承办】 2022年，晋江市举办全国性、省级以上赛事17个，举办晋江市第十四届运动会。通过引进举办2022 NEST全国电子竞技大赛、2022赛季中超联赛中立赛区、2022—2023赛季中国女子篮球联赛（晋江赛区）等赛事，提升晋江体育城市知名度和城市配套保障，提升晋江第二体育中心等场馆的办赛能力，锻炼晋江体城公司、晋江珠江文体公司等公司的赛事组织运营能力。

【全民健身体系】 2022年，晋江市以创建全国全民运动健身模范市为契机，发展全民健身。打造设施硬环境，提升健身软环境，打响基层村篮球联赛等本土赛事品牌，全年举办群众性赛事2000场次。推动市体育中心、第二体育中心、全民健身中心、足球训练中心等一批公共体育场馆对外免费或低收费开放。

【竞技实力】 2022年，晋江市体育运动员参加省运会，创参赛人数、获奖牌总数、金牌总数之最。向福建省和泉州市体育训练单位输送人才96人，运动员被高等院校录取率90%以上。晋江第二体育中心获批福建省击剑训练基地，省佩剑队落户晋江，全年承接国家、省8个运动队10批次到晋江训练。晋江市出台《晋江市竞技体育后备人才社会培养基地管理办法》，增设2个社会举办训练基地，充实教练员队伍。

（曾凯迪　刘文学）

【晋江首个智慧体育公园开放】 2022年10月，晋江市智慧体育公园开园，并向公众免费开放。晋江市智慧体育公园位于晋江鞋纺城片区，园区内篮球场、气排球场、羽毛球场、足球场、网球场、门球场、乒乓球场等运动场地一应俱全，配套智能景观路径、智能健身驿站、智能体测仪、智能步道等智能体育设施，融合体育与科技元素，满足不同年龄段人群的锻炼需求。

（方　文）

群众体育

【概况】 2022年，晋江市围绕群众体育“六边”（健全群众身边的体育健身组织、建设群众身边的体育健身设施、丰富群众身边的体育健身活动、支持群众身边的体育健身赛事、加强群众身边的体育健身指导、弘扬群众身边的体育健身文化）工程，加快推进全民健身公共服务体系建设，推动全民健身运动发展。以举办重大赛事为契机，新建、改造和提升一批高规格体育场馆。聚焦打通基层体育“最后一公里”，推动体育设施向镇、村延伸，投入500万元，建设一批基层体育设施。12月，晋江市被国家体育总局授予全国首批“全民运动健身模范县（市、区）”称号。

【公共体育服务】 2022年，晋江市坚持体育惠民，推动晋江市体育中心、晋江市第二体育中心、晋江市全民健身中心、晋江市足球训练中心等一批公共体育场馆对外免费或低收费开放。8月8日全国全民健身日当天，晋江市体育中心、晋江市全民健身中心面向全体市民免费开放。全市有社会体育指导员4437名，《国民体质测定标准》合格率92.6%，经常参加体育锻炼的人数比例42.3%。

【全民赛事活动】 2022年，晋江基层（村）篮球联赛等本土赛事品牌持续打响，晋江版“村BA”获《福建日报》、“中国篮球协会”微信公众号等媒体相继报道。举办“我们的节日”春节元宵节体育系列活动、元旦登高主题活动、全民健身运动会、全民健身日主题活动等群众性体育活动。全年举办群众性赛事2000多场次，发展传统体育项目，安海“水上掠鸭”连续两年入选“中华体育文化优秀项目”。

（曾凯迪）

【体育社团】 2022年，晋江市经民政部门登记注册的体育社团137个，在组织赛事活动、传播运动项目文化、传授运动技能、普及健身知识、承接政府公共体育服务等方面发挥作用。2022年，晋江市举办的17个省级以上赛事中，有7个由协会承办。

（李真珠）

竞技体育

【概况】 2022年，晋江市以深化“国家重点高水平体育后备人才基地”创建为契机，创新“体教融合”模式，培养体育后备人才，林超攀、陈情缘等一批晋江运动员在国内外赛事中获奖。搭建青少年竞赛体系，以赛促练，组织做好省运会等重大赛事备战和参赛工作，晋江体育运动员获奖牌数、金牌数均为历史最好成绩。做好国家羽毛球队、省击剑队等到晋江集训工作。晋江市出台《晋江市竞技体育后备人才社会培养基地管理办法》，鼓励社会力量办训，设立福建精舞门霹雳舞有限公司、国彪乒乓球俱乐部2个社会办训基地，吸引一批教练员参与执教。

（陈一帆）

【竞技体育获奖】 2022年，晋江市体育运动员参加国际性、全国性比赛，获奖24人次。其中，林超攀获第九届亚洲体操锦标赛暨2022年（亚洲区）世界体操锦标赛资格赛体操团体冠军、单杠亚军，陈情缘获2022年亚洲击剑锦标赛女子花剑个人亚军，林梅芳获第19届世界中学生运动会女子重剑个人赛冠军，林婧雯获2022年亚洲青年跆拳道锦标赛女子49公斤级冠军。晋江市组织185名体育运动员参加福建省第十七届运动会，获38金33银27铜，其中田径运动员吴彬彬等3人3次打破省运会纪录。

（曾凯迪）

表12 **2022年晋江市运动员在国际、全国性比赛中获奖情况一览表**

姓名	性别	籍贯	比赛项目	奖项	时间
林超攀	男	晋江西滨	2022年（亚洲区）世界体操锦标赛（资格赛）团体	第一名	2022年6月
林超攀	男	晋江西滨	2022年（亚洲区）世界体操锦标赛（资格赛）单杠	第二名	2022年6月
陈情缘	女	晋江磁灶	2022年韩国亚洲击剑锦标赛花剑个人赛	第二名	2022年6月
陈情缘	女	晋江磁灶	2022年韩国亚洲击剑锦标赛花剑团体赛	第二名	2022年6月
陈情缘	女	晋江磁灶	2022年波兰击剑世界杯（花剑）个人	第三名	2022年1月
陈情缘	女	晋江磁灶	2022年波兰击剑世界杯（花剑）团体	第六名	2022年1月
陈情缘	女	晋江磁灶	2022年德国击剑世界杯（花剑）个人	第五名	2022年5月
陈情缘	女	晋江磁灶	2022年德国击剑世界杯（花剑）团体	第六名	2022年5月
陈情缘	女	晋江磁灶	2022年世界击剑锦标赛（花剑）团体	第八名	2022年7月
陈情缘	女	晋江磁灶	2022年全国击剑冠军赛青岛站（花剑）个人	第三名	2022年9月
陈情缘	女	晋江磁灶	2022年全国击剑冠军赛青岛站（花剑）团体	第一名	2022年9月
陈情缘	女	晋江磁灶	2022年全国击剑锦标赛混合团体	第七名	2022年11月
蔡锦潘	男	晋江深沪	2022年全国青年击剑锦标赛男子（花剑）个人	第一名	2022年11月
蔡锦潘	男	晋江深沪	2022年全国青年击剑锦标赛男子（花剑）团体	第一名	2022年11月
林梅芳	女	晋江西滨	第十九届世界中学生运动会击剑（重剑）项目个人	第一名	2022年5月
林婧雯	女	晋江永和	2022年亚洲跆拳道青年锦标赛49公斤级	第一名	2022年8月

（杨雅静）

2022 年 11—12 月，晋江市举办晋江市第十四届运动会。图为 2022 年 11 月 17 日，晋江市第十四届运动会气排球群众组比赛　（图 / 晋江市体育局）

【晋江市第十四届运动会】 2022 年 11—12 月，晋江市第十四届运动会在市体育中心、少体校、基地校等场馆举行。该届市运会设置群众组和少儿组两大组别，设 29 个比赛项目，35 支队伍、5289 人参加。群众组以推动群众体育普及、活跃群众文化体育生活、增强人民体质为主要目的，少儿组以培养锻炼竞技运动队伍、选拔体育后备人才、提高竞技运动水平为主要目的。运动会历时 35 天。最终，安海镇、青阳街道、池店镇等获群众组前八名，安海镇、陈埭镇、深沪镇等 8 个单位获少儿组前八名。大会授予内坑镇、英林镇、磁灶镇等 8 个单位“团体道德风尚奖”，授予青阳街道、梅岭街道、陈埭镇等 8 个单位“优秀组织奖”。

（刘文学）

【体教融合】 2022 年，晋江市深化“体教融合”模式，建立“优势互补、资源共享、人才共享、体教双赢”的体育后备人才培养新机制，逐步建立体育和教育行政部门共管的体育运动学校及业余体校管理体制，培养全能型尖子运动员。全年向省级和泉州市级体训单位输送人才 96 人，翁金郎、林志荣等 11 名运动员入选国家国青集训队。26 名运动员被哈尔滨工业大学、东南大学、西安交通大学等高校录取，录取率 90%。

（曾凯迪）

体育产业

【概况】 2022 年，晋江市推动安踏、三六一度、舒华、卡尔美等企业转型升级。推动中乔体育、浔兴篮球俱乐部申报国家体育产业示范单位，贵人鸟、七彩狐、国际大体联足球世界杯赛事等申报省级体育产业示范单位（项目）。引导企业加大研发创新力度，推动体育制造向体育“智造”转型。坚持引育并重，引进一批大型赛事，以赛事推动文体旅融合发展。培育多元业态，推动体育场馆业、培训业、体彩业等体育传统服务业发展，拓展电子竞技、航空运动模型等新兴业态。2022 年，晋江体育彩票销售比上年增长 8.8%，体彩业收入 5.65 亿元。

【体育服务业】 2022 年，晋江市推动体育场馆业发展，晋江市全民健身中心出租率 90%；晋江市第二体育中心除日常场馆运营外，引入水上世界、人才村等多元业态。在赛事运营中积累经验，在培训中拓展业务，培育晋江国家体育城市股份有限公司、珠江体育文化发展股份有限公司、泉州职业技术大学等一批综合性运营机构，福建浔兴 SBS 篮球俱乐部、福建众腾职业女子篮球俱乐部、晋江金钻体育组织服务公司等一批专业赛事机构，刺桐棋院等一批培训机构。

【体育赛事品牌打造】 2022 年，晋江市探索建立符合晋江城市发展的赛事体系，举办 2022 NEST 全国电子竞技大赛、中国足球项目最高级别的联赛——2022 赛季中超联赛中立赛区、2022—2023 赛季中国女子篮球联赛（晋江赛区）三大国赛和福建省青少年航空航天模型锦标赛。其中，2022—2023 年赛季，福建浔兴股份男

2022 年 11 月 30 日，2022—2023 赛季中国女子篮球联赛（晋江赛区）在晋江市第二体育中心开赛　（图 / 晋江市体育局）

子篮球队代表福建征战 CBA 联赛。

（曾凯迪）

体育场馆

【概况】 2022 年，晋江市以举办国际国内重大赛事为契机，新建和改扩建 30 个体育场馆。其中，20 个场馆分布在学校，对学校师生开放；其余 10 个交由专业公司运营，均对市民开放。年底，全市有体育场地 4881 个、总面积 636.22 万平方米，人均体育场地面积 3.06 平方米，三项指标均位居福建省前列，基本形成供给丰富、布局合理、功能完善的健身设施网络。2022 年，晋江市建成 6 个泉州市级口袋健身公园及 30 个基层体育设施，晋江智慧体育公园建成投用，为晋江市首个智慧体育公园。

【晋江市体育中心】 晋江市体育中心位于晋江世纪大道 380 号，始建于 1992 年 5 月，由晋江体育场、室外游泳池、游泳馆、祖昌体育馆、运动员公寓组成，占地面积 8.26 公顷。2004 年 12 月竣工，总投资 1.2 亿元。该中心可以举办综合性体育比赛、大型集会及专业演唱会，是常年体育训练的首选基地，是中国男子篮球职业联赛福建浔兴篮球队的主赛场。

【晋江市第二体育中心】 晋江市第二体育中心位于晋江市陈埭镇，始建于 2017 年 7 月，2020 年 3 月竣工，2020 年 9 月投入使用，总用地面积 23.53 公顷，总建筑面积 19.2 万平方米，投资总额约 28 亿元，是集专业赛事、全民健身、休闲娱乐于一体的体育文化综合体。晋江市第二体育中心坚持“赛用结合”，是匹配世界级赛事比赛的场馆、晋江地标性建筑。包括“三馆两区一乐园”（体育馆、游泳馆、训练馆，生活区、全民健身区，戏水度假乐园），是福建省最大的室内体育馆、福建首个 NBA 标准体育馆，可同时容纳 1.5 万名观众。2022 年，晋江市第二体育中心举办 2022—2023 赛季中国女子篮球联赛（晋江赛区）、2022 NEST 全国电子竞技大赛总决赛等国家级赛事。

【晋江市全民健身中心】 晋江市全民健身中心位于晋江市迎宾路，始建于 2015 年 8 月，2019 年 5 月竣工，2019年 6 月投入运营。占地面积 4.83 公顷，建筑面积 4 万平方米，总投资 2.3 亿元。设有室内游泳馆、室外游泳池、儿童游泳池、综合训练馆、网球馆、室外网球场、地下停车场及配套功能用房。2022 年，进入晋江市全民健身中心运动健身的有 40 万人次，创收 650 万元。

【晋江市少体校】 晋江市少体校位于晋江市安海镇，紧邻养正中学新校区，始建于 2018 年 5 月，2020 年 5 月完工，2020 年 8 月 29 日投入使用。晋江市少体校占地 9.2 公顷，建筑面积约 50944 平方米，投资额约 4.45 亿元。主要设施包括田径场、体育馆、训练馆、100 米风雨跑道、学生宿舍、运动员公寓及食堂、地下车库、室外景观等。功能定位为国家高水平体育后备人才基地、国家羽毛球队训练基地、晋江市少年儿童体育培训基地、晋江市少体校总部。2022 年，晋江市少体校在校生 695 人，承接国家羽毛球队、中国田径后备人才短跳项目训练营、福建击剑队、浙江击剑队、清华大学击剑队、厦门击剑队等 8 支运动队 10 批次 700 多人次到晋江集训，累计 312 天。3 月，晋江市少体校获批“福建省重竞技运动管理中心青少年击剑训练基地（晋江）”，福建省佩剑队落户晋江。

【晋江市足球训练中心】 晋江市足球训练中心位于灵源街道，始建于 2018 年 7 月，2019 年 8 月竣工，2019 年 10 月投入运营。总投资 4.45 亿元，有 3 个足球场，其中 1 个天然草坪足球场、2 个人工草坪足球场，配套有 1500 平方米青少年休闲活动场地、1500 平方米大众健身场地，1 条 1.2 千米健身步道与晋江“一山一水”慢行系统相融合，是福建省首个、全国第六个专业足球场馆，满足校园足球青训、足球联赛、团建活动和商演、展览等需求。2022 年，晋江市足球训练中心承办比赛 54 场次，创收 15.6 万元。

（曾凯迪）

综 述

【公共卫生服务体系】 2022 年，晋江市有医疗卫生机构 1147 家。三级公立医疗机构 3 家（晋江市医院、晋江市中医院、晋江市第二医院），二级公立医疗机构 6 家（晋江市妇幼保健院、晋江市医院晋南分院、晋江市英墩华侨医院、晋江市陈埭中心卫生院、晋江市磁灶中心卫生院、晋江市东石中心卫生院），其他镇卫生院 9 家，街道社区卫生服务中心 6 家，晋江经济开发区卫生服务中心 1 家，精神卫生中心（晋江市第三医院）1 家，疾控中心 1 家，卫生监督所 1 家，卫生进修学校 1 家，急救中心 1 家，口腔医院 1 家（晋江市口腔医院，未定级），镇卫生院分院（门诊部）4 家（磁灶中心卫生院张林分院、池店镇卫生院桥南分院、英林中心卫生院下伍堡分院、陈埭中心卫生院洋埭门诊部）。民营医疗机构 481 家（2022 年新设置 26 家），其中医院 19 家、门诊部 60 家、个体诊所 402 家。社区卫生服务站 116 家，村卫生所 525 家。编制床位 5260 张，实有床位 6991 张。各类卫技人员 8663 人（不含乡村医生）。其中，执业（助理）医师 3606 人，注册护士 3302 人，药剂师 495 人，技师 1260 人（含检验人员 565 人，卫生监督员 22 人，其他卫生技术人员 673 人）。每千人卫技人员 4.17 人，每千人床位 3.37 张。2022 年，全市门急诊 570.47 万人次、住院 9.91 万人次，其中基层门急诊 263.62 万人次。

2022 年，晋江市制订《晋江市公共卫生补短板专项行动方案》，策划生成 20 个方面 55 个具体补短板项目，建成公共卫生应急指挥平台、“120”急救中心等项目 41 个。出台《2022 年度公立医疗机构党政主要负责人目标年薪制管理规定》，推进医共体融合。推进 22 个基建项目建设，累计完成投资 4.25 亿元。完成 24 家医疗机构上线工作，群众看病就医更加便捷。通过“泉州统一招聘＋赴高校招聘”等方式，招聘卫技人员 273 名。开展为民办实事项目，泉州市“两癌”（宫颈癌和乳腺癌）筛查完成率 100%、省级“两癌”筛查完成率 100%；14197 名适龄女性免费接种 HPV 疫苗全部完成第一针接种。年底，全市建成托育服务机构 49 家，在建 4 家，幼儿园提供托育服务 33 家，拥有托育位 3746 个。

（蔡良友）

【《晋江市“十四五”卫生健康事业发展专项规划》出台】 2022 年，晋江市委托复旦大学进行规划编制，收集完成前期基本数据，复旦大学公共卫生学院党委书记、教授罗力带队到晋江开展卫生健康领域“十四五”时期规划编制调研。9 月，印发《晋江市“十四五”卫生健康事业发展专项规划》。规划明确“十四五”期间晋江市医疗保障发展的主要目标、重点任务和保障措施，提出到 2025 年，“健康晋江·品质医疗”建设取得明显成果，医疗卫生资源配置更加充分，人员与技术设备配置能够有效支撑卫生健康工作开展，公共卫生应急处置能力显著提高，优质卫生服务能力显著增强，域内医疗机构逐步成为晋江人民群众就医第一选择。

（施荣盼）

【卫生基础设施建设】 2022 年，晋江市策划建设卫生项目 22 个，争取到上级资金 2.83 亿元（地方政府专项债券 1.33 亿元、中央预算内投资 1.5 亿元），累计完成投资 5.55 亿元。其中，“120”急救指挥中心能力提升（一期）、东石中心卫生院后勤保障楼、妇幼保健院搬迁用房改造；上海六院福建医院能力提升工程医用直线加速器系统及大孔径定位 CT、配套质控设备 1 套、腺良性病综合治疗系统、麻醉深度监测仪、视频脑电图仪、全自动免疫分析仪、诱发电位分析仪等设备安装调试，临床实训中心教学、遥测监护系统 1 套、全景数据中心可视化设备等设备公开采购招标公告，实验动物中心向财政局提交政

2022 年 7 月 1 日，晋江“120”急救指挥中心新办公楼正式投用

（图 / 晋江市卫健局）

府采购审批；第三医院扩建、晋南分院二期综合楼、龙华康复医院（民营）3 个项目进行工程收尾；新塘街道社区卫生服务中心迁建项目进行室内外装修及室外配套施工；百大妇产医院完成 1#、2#、3#、5# 楼水电安装及 6# 楼墙体砌砖；推进上海市第六人民医院福建医院（福建和敏医院）工程等项目前期工作。

【公共卫生信息化】 2022 年，晋江市医疗系统电子就诊卡服务及应用管理平台、“一站式”医保＋自费移动结算系统、智慧卫生平台升级、便民移动服务门户系统支付服务升级全部投入使用，24 家医疗机构单位完成改造上线工作，实现二级以上公立医院全覆盖。上线 24 家医疗机构累计领码 23 万余次、用码 48.4 万余次、结算金额 2180 万元。推进医共体信息一体化项目，安海医院医共体完成信息化一致性建设任务，市医院医共体完成经济开发区院区、永和镇卫生院 2 个院区信息化一致性建设，中医院完成电子病历四级建设并通过电子病历四级测评。网络安全项目，邀请公安部第一研究所福建省网防安全服务中心技术总监为卫健系统医疗单位做《从实战化视角看网络空间安全》培训；联合专家开展 2022 年度全市医疗卫生机构网络信息安全检查，完成晋江市医院等 29 家医疗单位网络安全检查，发现管理层面、技术层面、物理机房层面问题 96 个，对 29 家医疗卫生单位发出整改通知书；每月定期组织对智慧卫生信息平台进行漏洞扫描，完成智慧卫生信息平台 2022 年度三级等保测评。检查检验互认改造方面，以智慧卫生信息平台为桥梁，实现省、市、县三级检查检验数据互联互通、互相引用，完成全市 27 家医疗机构改造工作，其中二级及以上医疗机构 9 家、一级或未定级医疗机构 18 家。信息平台上传互认平台检查数据 11.46 万余条、检验数据 111.22 万余条，上线医院互认引用检查检验数据 57.38 万条，节约 770.04 万元。

【卫生队伍建设】 2022 年，晋江市卫健局推进硕博计划，组织参加泉州市事业单位统一考试招聘 2 场次、卫生类高层次人才晋江专项招聘 1 场次、福州高校公开招聘 1 场次，招引卫技人员。全年招聘编内 257 人、编外 331 人，定向培养镇卫生院高职高专层次医学专业人才 5 人。招聘硕士研究生 44 人。至 12 月，全市有卫生类硕士研究生学历 326 人、博士研究生学历 4 人。研究制定专项政策，抽调精干力量组建“党员尖刀连”，通过集中办公、蹲点调研、部门跟班等方式，按照“疾病谱—学科谱—人才谱”的发展路径和推进举措，制定《晋江市医疗卫生人才认定标准和支持政策》，按照 7 个人才层次形成 133 条认定标准，配套生活安家、住房保障等 22 项具体待遇。根据不同层面、不同类别卫生人才需求，搭建平台。其中，管理人才方面，实施“医路启航”青年医政成长计划，首批集训 65 人；医技人才方面，开展学科建设与人才发展专题调研，引导三大医共体总院完善工作机制，市医院围绕创建国家创伤区域医疗中心，建设科研平台；中医院围绕发挥中医药特色，在全省率先举办“西医学习中医培训班”，组织编撰晋江市中医名家目录，首批入库 100 人。推动“120”机构调整及疾控中心增编。晋江市“120”急救指挥中心调整为全额拨款事业单位，经费渠道由财政核补调整为财政核拨，核增事业编制至 32 名，核定股级职数 3 名（主任 1 名、副主任 2 名）。市疾病预防控制中心先后核增事业编制 69 名、55 名。核增后，市疾病预防控制中心事业编制从 92 名增至 216 名。

（颜呈坊）

【医疗为民办实事项目】 2022 年，晋江市卫健局拓展晋江市 3 岁以下婴幼儿（简称“婴幼儿”）照护服务机构试点工作，除承接福建省、泉州市试点工作以外，把在 10 个托育机构空白镇（街道）建设托育园作为晋江市 2022 年为民办实事的项目，投入 300 万元给予补助，建设省、市托育试点 18 家、普惠性托位 1425 个；争取把托育服务融入 2022 年晋江市委组织部主抓的党建项目——邻里服务中心建设范畴，建设集养老、医疗、托育、家政、政务等服务于一体的“15 分钟服务圈”，在党建邻里服务中心建成 3 家托育服务机构。完成“十四五”时期托位数建设任务，新增托位 2144 个。截至 2022 年 12 月底，全市建成注册

2022年，晋江市卫健局将普惠性托育服务列为民办实事项目。图为9月7日明心爱萌儿童之家托育园幼儿在园内活动　　（图/晋江市卫健局）

登记合法经营的托育机构56家，总托位4696个，备案37家，备案率66%。托位数和试点单位均居泉州首位。养老补助项目作为晋江市为民办实事项目，按照时序进度推进。截至2022年12月，补助全市“农村领取独生子女父母光荣证、农村生育两个女孩并绝育的夫妻以及计生低保户、建档立卡贫困户、子女伤残或死亡等部分计划生育家庭夫妻”四类对象参加基本养老保险工作，有10976人完成缴费，补助1371.5万元。

（叶　华　施荣盼）

【卫生应急保障】　2022年，晋江市卫生应急保障工作坚持“预防为主、平战结合”的方针。晋江市“120”急救指挥中心办公用房整体搬迁，同步调度席扩容至9个。在洋埭增设急救站，新增救护车18辆，全市有救护车64辆。在学校、车站、商场等公共场所增设自动体外除颤仪（AED）100台，全市投放自动体外除颤仪（AED）192台；开展公益性救护员培训229场次，新培训持证救护员9650人。加强卫生应急队伍建设，新增建设磁灶、陈埭、龙湖镇级紧急医学救援中心，配齐队伍装备物资，完善晋江市紧急医学救援网络。制定并完善政府储备库药品物资目录，完善医疗物资储备轮换机制。强化医疗卫生单位防汛防台风卫生应急演练，落实应急队伍汛期备勤备战，实现“零”事故。完成“晋江经验”20周年纪念活动、“体总杯”、中超联赛、食交会等大型活动医疗保障200余场次。

（黄种竹　郭伟坛）

医药卫生体制改革

【概况】　2022年，晋江市委托复旦大学公共卫生学院编制《晋江市“十四五”深化医药卫生体制改革专项规划》，突出学科规划布局、人才发展体制、基层服务网底、社会办医体制、财政保障机制、工资薪酬制度、医共体布局优化、公共卫生治理体系、医保支付机制和医药供应体系等“十大改革”。重点从国家区域医疗中心、医药卫生人才发展体制改革、现代医院管理制度、紧密型医共体建设和“三医联动”等方面推动深化医药卫生体制改革，做好国家区域医疗中心创建项目化、清单式推进工作，完成2021年医共体牵头机构和基层成员单位党政主要负责人目标年薪制明确指标考评工作，出台《2022年度公立医疗机构党政主要负责人目标年薪制管理规定》，基本建成“管理、服务、责任、利益”的紧密型医共体，强化“三医联动”组织推进体系，医改各项工作任务有序推进。6月，上海市第六人民医院福建医院被列入公立医院高质量发展省级示范点名单，骨科、神经外科、普外科入选2022年福建省级临床重点专科建设单位。9月，晋江市中医院、第二医院在泉州市紧密型医共体绩效评价均获AAAAAA等级评定。全市群众满意度和职工满意度分别从2021年的90.87%、92.55%提高到2022年的93.02%、94.17%。

【国家创伤区域医疗中心创建】　2022年，晋江市医院（上海市第六人民医院福建医院）有职工1556人，核定床位1432张，开设骨科、神经外科、普通外科、重症医学科等41个临床医技科室。晋江市对照省委组织部等12个部门制定的《福建省支持区域医疗中心建设政策清单》，结合实际制定18条配套政策，申请中央预算内投资4.8亿元，按标准配套本级资金，对医院运营前5个年度实行财政托底，每个年度拨付上海六院管理费用1000万元。实行人员总量控制，核定4043人，从根本上解决上海六院福建医院事业编制使用问题。出台晋江市医疗卫生人才专项政策，和敏基金会设立1亿元人才专项，保障上海六院派驻人员收入不低于上海院内1.3倍并纳入晋江市优秀人才政策认定范围。医保政策方面，泉州市医疗保障局批准同意医院开展16项特需医疗服务项目，运营3年内不设疑难病症的诊疗医保支付限额，不计入医保考核指标，允许自主医疗服务定价，后期将根据区域医疗中心建设情况继续做好支持政策衔接。福建省卫健委和泉州市科技局将上海市第六人民医院福建医院作为申报单位单列，明确给予若干单列推荐名额。晋江市设置专项科研基金1000万元，根据申报项目级别追加配套经费。晋江市医院加挂上海六院牌子，定名“晋江市医院（上海市第六人民医院福建医院）”，提格为相当副处级单位，建立张长青教授骨科、徐建广教授脊柱外科、赵金忠教授运动医学科、马燕红教授康复医学科4个名医工作室，形成上海六院品牌辐射效应。成立晋江市医院（上海市第六人民医院福建医院）党委，实行党委领导下的院长负责制，党委书记王建波、副院长陈忠由上海六院选派，组织编制晋江市医院（上海市第六人民医院福建医院）“十四五”时期规划纲要，同质化输出上海六院管理制度及体系。派驻2批次常驻团队共13名医护人员，开展“薪火璀璨”师徒传承人才培养项目，带动开展100项新技术、新项目，其中“股骨头坏死病灶清除、血管吻合游离腓骨移植的保髋手术”等15项国内领先技术落地，部分填补省内技术空白；选派6批次63名骨干人员到上海六院本部接受“一对一”导师带教。项目开业至2022年12月，上海市第六人民医院的专家到晋江133人次，教学查房1107人次，手术示教546次，疑难病例讨论1649人次，专科会诊592人次，多学科会诊（MDT）250人次，学科讲座102场次。建立创伤综合救治团队，形成创伤救治流程，具备严重创伤患者急诊评估、抢救、急诊手术能力和条件，收治病种覆盖严重创伤病种和严重创伤并发症的71.47%，完成创伤核心技术清单所列的87.89%。出台学历晋升、科研立项等人才培养激励政策，鼓励员工在职学习、科研创新。组织紧缺急需人才专场招聘，发布紧缺急需的人才招聘58个岗位。至12月，晋江市医院有博士研究生学历4人、在读博士5人、硕士研究生学历185人，高级职称165人、中级职称480人，国家级名老中医1人。认定晋江优秀人才184人、泉州高层次人才46人，在医学类省级下设的二级分会任副主任委员1人。加快推进教学楼多媒体教室、图书馆、临床技能培训中心建设，启动临床数据中心、实验动物中心和中心实验室建设。举办国家级继续医学教育项目2场、省级2场、泉州市级29场。发表SCI收录文章24篇，其中在影响因子≥3分的期刊发表学术文章13篇，在核心期刊发表学术文章31篇，获国家授权专利40项。

【医疗卫生人才发展体制改革】 2022年6月，晋江市卫健局成立医疗卫生人才发展体制工作专班，组建青年党员尖刀连负责政策编制工作，结合县域发展实际，统筹考虑国家区域医疗中心创建、优势学科和薄弱学科发展及中医和公共卫生类人才、医院管理人才等复合型人才队伍建设，坚持“固牢本来、吸引外来、面向未来”，以“疾病谱—学科谱—人才谱”作为发展路径，制定《晋江市医疗卫生人才认定标准和政策支持办法》，补齐医疗卫生健康人才短板。通过分析2019—2021年全市群众到县域外就诊住院人次占比数据，形成不同镇域、不同病种的就诊分布图谱和转外就诊图谱；通过分析全市医共体泉州市级以上重点学科和团队建设数据，结合“十四五”时期卫生健康规划，形成全市学科布局图谱；立足全市医卫人才近4000名缺口、硕博学历和副高职称以上人才不足800人等实际，编制紧缺专业的医卫人才图谱，并将3张图谱作为政策起草重要依据。提出单列医卫政策，按“做大增量、激励存量、引进高端、带动基层、支持公立、规范民营”原则，制定7个人才层次133条认定标准。将一体化卫生所（站）、民营医疗机构就业从业人员纳入人才认定范畴，新引进人才可享受最高800万元安家补助和工作经费；设置职业成长专项，享受最高100万元的学科工作经费，并设置高端、中医、公共卫生、博士4个人才计划资助项目，最高补助400万元，给予1.2万—15万元的进修培训补助；从学术资历、临床能力、工作表现和贡献等方面对不同类型的人才设计分类评价考核指标；配套经济、工作、生活3类待遇保障22项支持措施，涵盖既有人才、新引进人才、预引进人才和“候鸟型”人才。以疾病图谱为指引，统筹特色专科、薄弱专科发展等实际，增设中医、科研教学、公共卫生、医院管理等33条人才认定标准，增加医共体各单位取得中级以上专技职务的医务人员下沉帮扶基层条款，增加科研课题和论文数量条款等。

【现代医院管理制度建设】 2022年，晋江市卫健局继续推进市医院等5家医院现代医院管理制度建设，重点从运营管理制度建设、人事薪酬制度改革、创新信息化管理等方面切入，推动公立医院管理效能提升。制定医院章程，组建医院专业委员会，完善医疗服务与质量等13项制度，推行公立医院党政主要负责人、总会计师职业化管理岗位，实现“章程管院、专家治院”。3家市直公立医院三、四级手术占比从2021年的52.88%提高到60.79%，医疗服务收入占比从37.31%提高到38.18%。实行工资总额管理，在市医院、中医院、安海医院、市医院晋南分院、中西医结合医院，将医院工资总额与医务性收入增长、院长年度绩效考核等挂钩。实行目标年薪制，实行医共体各成员单位党政主要负责人和总会计师目标年薪制，各成员单位根据实际将目标考核内容分解到领导班子成员，与班子成员年薪挂钩，凝聚班子合力，推动工作落实。试点“一类保障、二类管理”薪酬制度改革，差额医疗卫生单位均按照“两个允许”（允许医疗卫生机构突破现行事业单位薪资调控水平，允许医疗服务收入扣除成本并按规章提取各项基金后主要用于人员奖励）要求实施薪酬分配方案。实施智慧卫生信息项目，推进公共数据在医疗、医保、医药等健康大数据资源市级汇聚应用和跨部门互联共享，提升医院信息化管理水平。2022年，“晋江市智慧卫生应用”课题入选福建省地市公共数据应用十佳优秀案例。

【医共体建设】 2022年，晋江市通过探索行政、人力资源、财务、医疗质量、药械、信息、医防融合“七个一体化管理”，推动医共体建设。基本完成运行管理制度制定，实质运作加速推进。制定“三重一大”（重大事项决策、重要人事任免、重大项目安排和大额资金使用）议事决策清单，实行大部制改革，市医院、中医院、第二医院医共体将牵头机构行政职能部门分别调整为12个、12个、8个，基层分院（院区）统一调整为3—5个，允许成员单位结合实际适当进行二级分科。推进卫技人员“市管镇用”的用人机制，出台《晋江市市直公立医院人员总量控制备案管理暂行办法》，核定7家市直公立医院人员规模控制数10190人。各成员单位以医共体名义统一进行公开招聘，引进、调动至医共体成员单位，推动紧密型医共体全覆盖并实质性运作。医共体总院成立总院财务管理中心，建立统一的管理制度，对成员单位财务管理实行“统一管理、分户核算”，常态化组织队伍培训，提高会计信息集中度和业务处理能力，增强医共体单位整体运营能力。推行“智慧＋财务”，利用财务管理一体化信息化系统将资产管理、费用报销、预算管理与会计核算模块进行关联，实现自动核算、自动生成凭证、智能对账、报表汇编等功能，避免重复性作业，提高核算精准率和工作效率。12月，全面上线推广电子票据。3家医共体出台实施医共体医疗质量监管机制、双向转诊管理办法以及对口帮扶、巡诊、远程会诊机制等配套文件，加强医共体间床位、号源、设备统筹使用，建立县级卫技人员下沉基层激励机制，推动医共体牵头机构优质医疗资源下沉。以紧密型县域医共体医保基金打包支付为契机，按照“统一预算、按月预付、结余留用、绩效考核、合理超支分担”的付费机制，倒逼医共体成员单位提升医疗卫生服务水平，促进医疗机构主动控费，遏制医疗费用不合理增长。建立IMDT远程会诊平台、卫健高清远程视频会议系统和智慧卫生信息项目，依托医共体牵头机构建成区域检验、区域病理、远程会诊、区域消毒供应、区域心电、区域影像等六大中心和双向转诊平台建设，实现全市27家公立医疗机构信息数据互联互通，全年医生调阅患者健康信息247万余条，支撑基层医院与二、三级医院开展协作业务，患者可以便捷转诊，在基层医院就能享受到二、三级医院医疗资源的同质化服务。以智慧卫生信息平台为桥梁，全市27家公立医疗机构接入医学检查检验结果共享互认平台，实现省、市、县三级检查检验数据互联互通、全市检查检验结果互认。率先开展全域多码融合项目（晋江“医码通”）建设，在24家医疗机构上线服务，实现二级及以上医疗机构一码就医，24家医疗机构累计领码23万余次、用码48.4万余次、结算金额2180万元。3家医共体分别制定家庭医生签约服务实施方案、公共卫生机构与医共体分工协作机制、转诊办法，强化优质医疗资源下沉，强化签约服务专科职称和指导，明确医共体内县、乡两级疾病诊疗目录，提升基层网底公共卫生服务能力。全市慢病患者基层医疗卫生机构管理率从2021年的83.10%提高到2022年的90.83%。

【“三医”联动推进】 2022年，晋江市成立“三医”联动（医疗、医保、医药联动）改革工作专班，建立健全“三医”联动信息共享机制、目标管理机制，开展数据运用分析试点，从“搭建机制、强化队伍、积极运用”等方面开展实践探索。跟进国家和省组织药品、医用耗材集中采购成果。全市药品和耗材集采品种分别扩大至459种、29种，价格比实行集采前平均降幅51.8%、71.29%，减轻群众负担2.09亿元，其中人工关节、超声刀头、骨科创伤类集中带量采购平均降价82%、70.11%、83.48%。落实药品带量集中采购激励约束机制，建立集采信息监测机制，定期收集医疗机构反馈信息。落实国家、省有关医疗服务价格政策及泉州市医保局医疗服务价格动态调整机制，配合开展医疗服务价格调价评估工作，逐步建立以成本和收入结构变化为基础、体现医务人员技术劳务价值的价格形成机制。发挥上海市第六人民医院福建医院医保服务专班作用，配合支持国家区域医疗中心试点建设工作，对医疗服务收费和医保报销政策继续执行县级医院标准、支持依规开展特需医疗服务项目。按照“建立管用高效的医保支付机制”的要求，推进按病种收付费改革工作，2022年县级公立医院（综合医院、中医院）按病种的出院参保人次占比58.81%。启动DRG支付方式（按疾病诊断相关分组付费）改革三年行动，成立晋江市DRG支付方式改革三年行动工作领导小组，全年有6家医疗机构开展DRG付费改革。成立医共体结算工作专班，落实县域紧密型医共体医保基金打包支付工作，优化完善医保基金打包支付绩效考核，2021年度可结余10155万元，实现“收支平衡，并有结余”。晋江市委、市政府将“实施失能人员长期护理服务保障工程”列入2022年为民办实事项目。

（陈志彬）

公共卫生

【概况】 2022年，晋江市完善公共卫生体系（突发公共卫生事件应急处置体系、疾病预防控制体系、卫生监督综合执法体系、医疗救治体系和公共卫生信息系统）建设，建立健全卫生应急机制。2022年基本公共卫生服务项目绩效考核居泉州市第四名，其中深沪镇卫生院居泉州市基层医疗机构绩效考核第三名。

【食品卫生监测】 2022年，晋江市在食源性疾病监测中，布置全市24家哨点医院报告任务总数1720例，实际病例报告2037例，实际完成报告任务率118.43%。晋江市医院实际采集食源性疾病病例标本169例，超额完成任务（要求采集150例），其中检出阳性标本2份，阳性检出率1.20%。晋江市卫健局下达食品采样监测918份（含泉州卫健委下达的214份），截至12月底，晋江市疾控中心采集898份（有20份购买服务任务因省里尚未安排，故暂时未采集），监测项目包括化学污染物及其有害因素、微生物及其致病因子，监测完成率97.8%，报告及时率100%；其中泉州下达食品采样监测任务214份，采集食品194份，出结果189份（剩余5份样品检测结果，相关检测单位暂未反馈）。晋江市食品有关污染物及有害因素检测任务，包括涉粮食品、消毒餐饮具、学校直饮水、饮用水4类监测任务704份，实际监测704份，合格689份，合格率97.87%。晋江市疾控中心接到疑似食物中毒事件报告5起，调查完成率100%。其中，确定食物中毒事件并上报食源性疾病事件监测网2起，总发病49人，无死亡病例（其中，致病因素为食源性致病菌2起，发生场所均为单位食堂）。

【环境卫生监测】 2022年，晋江市根据《2022年泉州市关于开展公共场所健康危害因素监测工作方案》的要求，开展4家2轮次重点公共场所健康危害因素监测，其中宾馆（酒店）2家、美容店1家、候车室1家3类。其中，空气细菌数监测12份，无超标；空气真菌数监测12份，无超标；甲醛监测12份，无超标；三苯监测12份，无超标；氨监测4份，无超标；中央空调冷却水嗜肺军团菌监测2份，未检出；公共用品监测40份，无超标；物理因素监测16份，无超标；从业人员手部真菌总数10份，无超标。在游泳场所池水监测中，按照公共场所“双随机”抽检要求，监督抽检辖区内游泳场所41家，场所总合格率51.2%。抽检游泳池水82份，合格42份，合格率51.2%。抽检浸脚池水39份，合格29份，合格率74.4%。

【饮用水卫生监测】 2022年，晋江市加强集中供水卫生监测。根据生活饮用水国家网卫生监测要求，抽检辖区内9家集中式供水单位的出厂水和末梢水。监测出厂水36份，合格36份，合格率100%；监测末梢水284份，合格283份，合格率99.6%。出厂水和末梢水均符合生活饮用水卫生标准要求。跟踪市政供水末梢水监测。根据《福建省2022年治理餐桌污染建设食品放心工程工作方案》的要求，对市政供水末梢水监测120份，合格率100%，水质合格率达到治理餐桌污染工程市政末梢水合格率95%以上的要求。二次供水监测52份，合格47份，合格率90.4%，水质合格率未达到治理餐桌污染工程市政末梢水合格率95%以上的要求。

【精神卫生工作】 2022年，晋江市组织晋江市级严重精神障碍患者管理培训班2次；对梅岭、陈埭等严重精神障碍患者管理项目薄弱的单位开展业务指导。做好严重精神障碍患者管理日常质控工作，开展月质控通报10次。落实严重精神障碍患者信息报送工作；新增住院患者发病报告卡282例，迁出出院患者信息单249例，出院患者迁出率100%。开展出院和门诊患者随访812人次。建立心理应急机制。承担心理应急日常工作事务，做好全天候应急值守。5—8月，每周派专人到林格健康管理中心巡查，为医学观察对象及工作人员提供心理支持，并通过量表评估医学观察对象心理健康状况，评估36人次，完成量表119份。每日有专人值守热线，实现心理援助服务24小时响应，开通座机、手机和微信3条专线，确保心理热线24小时畅通高效。全年心理援助热线接听3295人次，危机干预9人次，与“110”联动3次，挽救实施自杀或自伤行为的学生3人。完成精神障碍防治和儿童青少年心理健康促进项目。晋江市三院科普宣教专家团队走进企业、村（社区）、机关，开展心理健康系列讲座，对儿童青少年、老年人群、孕产妇进行心理健康筛查等，筛查儿童青少年4951人、老年人1985人、孕产妇9391人，对筛查结果异常人群进行复评测查，对复评结果检出抑郁的给予跟踪随访、专业转介以及开展心理干预。

【家庭医生签约服务】 2022年，晋江市组建家庭医生服务团队199支，采取“1＋1＋X”组合式签约服务模式，即由一名临床医生（全科医生）、乡村医生、相应片区医务人员组成，主要以乡村医生作为家庭医生签约服务

2022年5月19日，晋江市医院晋南分院开展国家基本公共卫生服务项目宣传月暨“世界家庭医生日”宣传活动 （图／晋江市卫健局）

第一联络员。全市签约家庭医生服务83.66万人，其中常住人口签约率40.43%、重点人群签约率80.58%。利用全科医生和乡村医生的优势和特点，在居民门诊就诊及集中下乡体检、入户时进行签约，逐步建立居民与签约医生之间相互信任的和谐医患关系。发挥基本公共卫生服务均等化作用。将基本公共卫生服务作为一项重要内容纳入签约项目，明确具体服务内容、服务次数以及各项服务要求，开展上门巡诊、预约诊疗和健康随访等服务，将居民健康信息录入居民健康档案，开展有针对性的健康干预。签约服务采用定期签约、自愿签约的方式，根据居民的意见和医疗需求提供服务。明确各镇（街道）签约任务，通报进度；年终绩效考核通过现场抽查、询问、查阅资料等方式督促各单位推动家庭医生签约服务进度。以“福建省重点人群健康信息管理系统”的人群核实信息中红色标记人群为基础，按照网格包干管理，各基层医疗卫生单位组织包干家庭医生（村医）对于网格内一、二类高危管理对象每周3次上门巡诊，提供健康咨询、指导、监测、用药等服务，通过发放服务“知晓卡”、短信提示等方式告知每名管理对象，确保有需要能第一时间联系。

（黄种竹）

基层医疗卫生

【概况】 至2022年底，晋江市有基层医疗卫生机构1095家，其中社区卫生服务中心7家、卫生院（含市医院晋南分院）13家、门诊部61家、社区卫生服务站105家、村卫生所512家、个体诊所382家、医务室14家、护理站1家；有卫技人员4523人，其中执业医师2281人、执业助理医师317人。晋江市开展“优质服务基层行”活动和“乡村卫生服务一体化”建设，提高基层诊疗服务水平，全市基层医疗卫生机构开展诊疗服务411.28万人次。

【乡村医生补偿机制】 2022年，晋江市村级医疗机构617家（不含个体诊所），卫技人员969人。其中，执业医师190人，占19.61%；执业助理医师241人，占24.87%；乡村医生392人，占40.45%；其他人员146人，占15.07%。晋江市落实退出长效补偿机制，凡是从事农村医疗卫生工作满40年（1970年12月31日前进入农村合作医疗站工作），男70周岁、女65周岁且在岗在册的乡村医生，《晋江市乡村医生养老保障补助实施意见（修订）》实施后，不再从事农村医疗卫生工作或离开工作岗位的，仍可继续享受相应补助标准。至12月底，全市发放乡村医生养老保障补助和岗位津贴213.78万元，享受补助731人。

2022年7月28日，晋江市残疾人家庭医生签约服务试点工作启动

（图／晋江市残联）

【乡村卫生服务管理一体化】 2022年，晋江市健全完善基层医疗卫生服务体系，加强基层卫生专业技术队伍建设，加快落实分级诊疗，提升县域内就诊率、群众满意度，推进乡村卫生服务一体化工作。年底，全市由村委会无偿提供业务用房或镇、村两级提供业务用房租赁费用的实行“七统一”（统一机构规范建设、统一人员聘用管理、统一业务管理、统一药品与器械管理、统一绩效考核、统一财务管理、统一信息化管理）的一体化村卫生所38家。

【“优质服务基层行”】 2022年，晋江市开展“优质服务基层行”活动，提升基层诊疗服务水平。磁灶中心卫生院通过“社区医院”评审，新增金井、英林中心卫生院和池店镇卫生院3家基层医疗卫生单位通过服务能力“推荐标准”评审，新增西园街道社区卫生服务中心通过服务能力“基本标准”评审。年底，全市有16家基层医疗卫生单位达到服务能力“基本标准”，其中9家达到“推荐标准”。

（黄保驾）

【乡村医生规范培训】 2022年，晋江市印发《晋江市卫生健康局关于开展2022年乡村医生规范培训的通知》，明确培训时间、对象、地点、内容、形式和工作要求。培训采取“理论授课＋技能培训＋临床跟班学习”的模式进行，授课内容主要包括0—6岁儿童健康管理服务规范、孕产妇健康管理服务规范、常见病与多发病、小儿疾病症状分享与治疗、五官症状分析与治疗、皮肤疾病症状分析与治疗、体格检查、急诊与急救、中医适宜技术、基本公共卫生服务项目等相关知识。技能培训有体格腹部检查、温和灸和隔姜灸的操作等。全年参与乡村医生规范培训868人次，参与率

99.88%，合格率 96.99%。

（施少真）

妇幼保健

【概况】 2022 年，晋江市妇幼健康工作贯彻落实“一法两纲”（《中华人民共和国母婴保健法》和《中国妇女发展纲要》《中国儿童发展纲要》），围绕医药卫生体制改革工作重点，以促进妇幼保健服务为重点，突出特色，规范管理，创新机制，优化服务模式，拓展服务领域，基本公共卫生项目“两个系统”管理（卫生服务和卫生管理）不断规范。全市有产妇 7570 人，住院分娩率 100%；孕产妇系统管理率 93.3%，产前检查率 97.89%，早孕建册率 95.43%，产后访视率 95.69%；孕产妇死亡率为 0；7 岁以下儿童健康管理率 95.81%，5 岁以下儿童死亡率 2.77‰，婴儿死亡率 1.72‰；婚前医学检查率 58.09%；各项妇幼健康指标均达到或超过年初制定的目标要求。免费发放叶酸 9027 人；免费“两癌”筛查 8800 人；免费产前筛查采血 3393 人，超声筛查 918 人；地中海贫血防控筛查 2605 对；孕前优生健康检查 2419 对。12 月，晋江市妇幼保健院康复中心获批为泉州市残疾儿童康复救助服务协议管理机构。

【妇幼健康管理】 2022 年，晋江市针对妇幼项目举办培训班 15 场次，参训 2635 人次，内容涵盖妇女保健、儿童保健、妇幼健康项目、妇幼信息、三网监测、健康教育、产科适宜技术等。各基层卫生单位抓好村级孕管员网底培训。全市各医疗卫生单位依法执业，依法推进母婴保健工作开展，加强母婴保健法律证件管理。通过“易联众—基层卫生信息系统”规范“出生医学证明”的管理、签发，协助公安部门核查“出生医学证明”；做好福建省“出生一件事”集成套餐服务推广应用。开展助产技术及出生医学证明管理工作督查。定期召开围产保健协作组会议，总结抢救工作经验与教训。结合妇幼健康工作考核，进行一年两次的爱婴医院工作督导，提出要求，落实整改。发挥市妇幼保健院“龙头”作用，开展全市妇幼保健技术指导、管理、培训以及妇幼信息收集汇总，派遣业务专家定期下基层指导，加强全市妇幼保健人员培训，构建妇幼保健三级网络，全年开展下基层指导 839 人次。发挥各基层卫生单位“枢纽”作用，每单位均配备 2—6 名专（兼）职妇幼保健人员，做好辖区内妇幼保健和信息收集上报。基层产儿科依托医共体与三大总院建立相互转诊会诊制度。做好辖区内村级网底人员妇幼保健知识及技能培训，发挥村级保健员“网底”作用，全市 393 名村级保健员担负动员早孕建档、叶酸发放、高危初筛、动员并护送孕产妇住院分娩、产后访视等妇幼保健基础工作。

【托幼机构卫生保健管理】 2022 年，晋江市加强托幼机构卫生保健管理。采取线上形式组织开展幼儿园保健医生例会和培训班，托幼机构保健人员 558 人参加。市妇幼保健院协同基层卫生单位配合市教委开展幼儿园卫生保健督导。对新设立的托育园进行卫生评估，督促托育园提高卫生保健水平，年度有 26 家托育园申请卫生评估，通过 24 家，处于准备材料阶段 2 家。做好人员健康体检，托幼机构人员应检 11192 人，实检 10899 人（幼师 8887 人，帮厨、厨师 2012 人），总合格 10297 人，合格发证率 94.48%。

【妇幼健康服务】 2022 年，晋江市逐步实现从胎儿到生命终点的全程健康服务和保障。规范孕期保健，全市助产机构均开设孕前咨询门诊和孕妇学校，以《母子健康手册》为载体，免费为孕妇进行 5 次产前检查及健康宣教，提升孕妇健康素养和技能，建立系统规范的孕产妇管理制度和服务模式。印发《晋江市卫生健康局关于进一步规范早孕妇女建卡建册工作的通知》，规范各医疗机构关于孕产妇早建档问题。孕产妇系统管理率 93.3%，产前检查率 97.89%，早孕建册率 95.43%；孕产妇死亡率 0/10 万。预防艾滋病、梅毒、乙肝，阻断母婴传播。执行首诊负责和属地管理原则，为晋江市预防艾滋病、梅毒、乙肝母婴传播各项工作提供政策保障。2022 年，孕产期免费接受艾滋病检测 16549 人、梅毒检测 16523 人、乙肝检测 16521 人。确诊 3 例 HIV 阳性孕产妇，其中产妇 2 人，孕期转介省外抗病毒治疗并终止妊娠 1 人，HIV 感染孕产妇所生婴儿 2 人，预防性用药 2 人。随访艾滋病感染产妇所生儿童 5 例，续管 2021 年 2 例，新增 1 例，省外转入 1 例，全部为流动人口，其中阻断成功 3 例、转出 1 例（回户籍地）、在访 1 例、失访 0 例；管理儿童体检情况良好，按时接种疫苗及开展儿童常规保健，定期赠送奶粉，所有经管儿童产后均有服用抗阻断药，均有做早期诊断（送广东省疾控中心），结果均阴性。确诊梅毒阳性孕产妇 69 例，其中产妇 47 例，活产 47 人，梅毒感染孕产妇梅毒治疗率 100%，梅毒感染孕产妇所生儿童治疗率 97.87%。全市梅毒阳性产妇所生儿童在访 96 例，其中满 1 岁 55 例，1 岁内随访率 83.63%（46/55），16 例在年度内结案转为正常儿童管理，无先天梅毒，失访结案 9 例。发现乙肝阳性产妇 949 例，活产儿 955 人，注射乙肝免疫球蛋白活产儿 954 人，对乙肝阳性产妇分娩儿童进行随访管理。开展孕产期营养管理，控制贫血患病。基层卫生单位加强妊娠糖尿病、妊娠期高血压疾病等专病管理。实行产后访视分片挂钩、专人负责，每季度开展一次工作督导，免费向所有产妇提供产后 28 天内访视及 42 天康复检查，产后访视率 95.69%。有 19 家医疗机构开展产后盆底康复治疗项目，服务 4.66 万人次。多家医疗单位先后配备磁刺激治疗仪、生物刺激反馈仪等设备，推动基层医疗机构盆底康复特色学科建设，加快盆底康复适宜技术的普及。

【妇女病普查普治】 2022年，晋江市定期开展妇科病普查普治。推进“两癌”筛查、产前筛查项目，全面完成省级项目和泉州为民办实事项目。完成免费宫颈癌检查、乳腺癌检查各8800人，完成率101.15%。发现宫颈低级别病变52人、宫颈高级别病变22人，确诊宫颈癌7人、乳腺纤维瘤47人、乳腺癌17人，均接受进一步治疗。合理安排女干部、女职工妇女病普查时间，避免拥堵情况。全年妇女病普查1738人，检出妇科病526人，其中检出乳腺癌2人，宫颈癌0人，TCT（宫颈脱落细胞筛查）检出HSIL（宫颈鳞状上皮高度病变）2人；LSIL（低度鳞状上皮内病变）8人；ASC-US（无明确意义的非典型细胞的改变）60人。乳腺彩超为BIRADS（乳腺钼靶）3类有223人，BIRADS（乳腺钼靶）4类有21人。通过普及妇女病知识宣传，各医院开展适龄女性筛查活动，提高妇女病筛查率。为全市14197名适龄女性免费开展“HPV”疫苗接种。

【出生缺陷综合防控】 2022年，晋江市出生缺陷监测医院围产儿病死率4.27‰，出生缺陷发生率32.23‰，出生缺陷病种前5位为先天性心脏病、多指（趾）、外耳其他畸形、并指（趾）、肾积水，5类病种占缺陷儿总数79.85%。针对出生缺陷率上升的情况，晋江市贯彻落实三级预防措施，降低出生缺陷发生率及危害。依托婚姻登记处的婚检便民服务点，实现婚姻登记—婚前检查—孕前检查—地中海贫血防控就近服务，扩大服务覆盖面。2022年，晋江市免费婚检4730人、婚检率51.92%，检出疾病786人、疾病检出率16.62%；实施孕前优生健康检查4838人，其中检出男方风险348人、女方风险771人；地中海贫血防控筛查2605对，其中血常规异常308对，基因检测60对，产前诊断2人；免费发放叶酸片9027人。扩大产前筛查和产前诊断覆盖面，提高孕期出生缺陷发现率，减少严重致死致残缺陷儿的出生。全年免费产前筛查诊断项目提供免费血清学筛查孕妇3393人，免费彩超排畸孕妇918人；其中发现产筛高风险205人、NTD高风险13人。扩大先天性心脏病、新生儿疾病筛查、听力筛查覆盖面，减少先天疾病的发生，加强治疗和干预，全年新生儿疾病筛查率和新生儿听力筛查率均99.86%。

【儿童保健】 2022年，晋江市加强儿童保健医生团队建设，配有专职儿童保健人员126人，所有基层医疗卫生单位均设有专用体检室，部分单位配有骨龄评估仪、母乳分析仪等设备，晋江市妇幼保健院在泉州市率先引进第三代智能骨龄骨密度仪。开展新生儿访视工作，基层医疗卫生单位实行新生儿访视分片挂钩、专人负责，2022年新生儿访视率96.86%。规范7岁以下儿童系统管理，为7岁以下儿童提供规范的儿童体检，为家长进行母乳喂养、意外伤害预防、心理行为发育、常见病防治等健康指导。与教育部门协作，为辖区内儿童提供定期随访体检及营养咨询指导等保健服务，5岁以下儿童生长迟缓率1.28%、贫血患病率4.84%，均控制在“两纲”标准下。提升危重病新生儿的救治能力。11月17日，晋江市医院与复旦儿科厦门医院建立合作关系，开设小儿外科和儿童重症监护室（PICU），为晋江市0—14周岁儿童提供小儿外科、新生儿、儿内科、儿童保健、儿童康复等医疗保健服务。

2022年，晋江市妇幼保健院与厦门仙岳医院建立协作关系，开设儿童心理行为门诊及儿童康复中心。巩固与晋江市实验小学、第二实验小学及养正中学的共建，为学校提供心理保健服务。铺开眼保健及口腔疾病防治，免费为7岁以下儿童进行视力检查、口腔保健并建立健康档案。年底，全市启动0—6岁儿童孤独症筛查。晋江市妇幼保健院与小学、幼儿园建立线上互动模式，开展线上培训18场，参加7188人次。10家幼儿园、2家小学共1.5万多名学生及家长参与“围产期因素下儿童脑智发育多中心数据库课题”第一阶段初筛；12月15日开始，进行第二阶段儿童神经发展性障碍发育运动力、注意力、学习力的进一步详细评估，幼儿园幼儿293人、小学生263人参与。

【儿童早期综合发展】 2022年，晋江市妇幼保健院为省级儿童早期综合发展项目示范基地，有磁灶中心卫生院、灵源街道卫生服务中心2家基层示范基地及第一实验幼儿园、第二实验幼儿园等5家儿童早教基地。11月，晋江市妇幼保健院在开设儿童青少年心理门诊及儿童康复中心的基础上，增设蒙台梭利＋感觉统合训练融合班，主要针对1.5—6岁的学前班幼儿及康复训练儿童，提供生活自理能力及团体协作能力训练等，全年服务240人次。

【青春期保健服务】 2022年，晋江市以市妇幼保健院被检察、公安等8部门授予“晋江市未成年人服务中心”为契机，在学校和社区开展青春期健康、传染病防治等知识宣传教育，提高青少年的性与生殖健康知识水平。推动青春期保健服务和健康咨询指导，鼓励青少年合理膳食和控制体重，参加体育运动和社会实践，关注青少年心理健康问题，推进青少年形成积极向上的健康身心状态。全年服务未成年人19人次。

【更年期妇女保健】 2022年，晋江市针对更年期妇女健康需求，开展大众化的健康教育，提供健康咨询和指导。专设更年期门诊，为更年期妇女提供健康状况筛查评估，营养、心理、运动咨询指导，激素测定和骨质疏松诊治，盆底功能评估及康复治疗，个体化健康教育等服务，提高更年期妇女的生活质量。

【避孕药具免费发放】 2022年，晋江市免费发放避孕药具工作由镇（街道）移交到社区卫生服务中心（卫生院）。各社区卫生服务中心（卫生院）按时按需发放药具，对使用药具的育龄群众进行随访，监测并处理不良反应。辖区内医疗机构629家，其中开展免费药具发放的626家，占比99.5%，超出上级90%的目标要求。运用互联网＋药具发放工作模式，依托“健康晋江”微信公众平台、“泉州药具免费发放”微信公众平台，按照每人每次60只的数量向晋江市药具仓库领取药具，并邮寄到家；各药具网点群众均可以微信扫码线下按照每人每次30只的数量在网点免费领取药具。全年发放短效（紧急）口服药1430板、外用药6164本（只）、节育环440套、避孕套84.7万只，其中微信发放避孕套10.69万只。3月8日，在微信平台举行避孕药具包邮到家活动及线下宣传活动、药具进社区活动。

【妇幼保健机构服务能力提升】 2022年，晋江市妇幼保健院实现“云上妇幼”服务模式，8月22日完成“云上妇幼”系统接口改造，8月30日开展系统使用培训。开展超声远程会诊、眼科远程会诊等操作流程培训，并初步进行会诊连接使用。11月，通过“云上妇幼”平台对接福建省妇幼保健院专家，进行第一例超声远程病例指导。12月9日，在福建省妇幼保健院云上项目启动仪式上，晋江市对接福建省妇幼保健院超声科，参与项目远程会诊的启动仪式，由省妇幼专家指导进行胎儿超声心动图检查。

2022年，晋江市妇幼保健院新购置伟伦双眸视力筛查仪、索维双目视力筛查仪、非接触眼压计、尼德克电脑验光仪、中耳声阻抗仪各1台。10月起，晋江市妇幼保健院眼科门诊能独立完成基本眼保健视力筛查工作，新生儿外眼检查及外眼疾病的诊治，学龄前儿童视力筛查，视力筛查异常儿童的复查及随访，屈光不正的医学验光与矫正，儿童配镜指导，儿童斜视、弱视的诊断，青少年近视防控等专科工作。全年眼科门诊量1.17万人次，门诊筛查4925人次，幼儿园视力筛查1.28万人次。

2022年，晋江市妇幼保健院进行围产营养规范化门诊建设，孕期营养门诊诊疗系统升级，新增备孕人群营养保健、备孕人群多囊卵巢综合征营养管理、产后人群营养保健、产后减重、妊娠期营养专病管理等业务模块，提升营养专科门诊对全孕程保健和营养专病管理的服务水平。营养专科场所及设备升级，重新规划为宣教区、评估区、诊疗区、运动区，提升孕产妇对妇幼院营养专科门诊专业服务、人性服务、智慧服务的满意度。全年营养门诊就诊770人次，初诊647人，患者复诊率15.97%，营养建档647人，生活方式调查647人，人体成分分析756人。

【妇幼保健宣传教育】 2022年，晋江市妇幼保健院推广“健康晋江便民服务平台”，实现预约诊疗、智能导诊、数据查询等服务，安排医生为妇女儿童提供在线问诊和保健服务，减少患者聚集。运用“云上妇幼”服务模式，创新健康教育传播方式，与晋江新闻网建立协作关系，邀请健康专家进行知识直播讲解，利用新媒体推出健康教育科普知识，提供健康宣教、咨询指导、远程培训等服务。晋江市妇幼保健院编印地中海贫血宣传折页、宣传手册、防治读本3.15万份，婚前检查宣传手册3000份，预防出生缺陷宣传折页1万份，免费产前筛查宣传折页2700份，妇女“两癌”宣传折页2.5万份，高危妊娠宣传折页1万份，“孕妈必看指南”宣传海报、宣传折页1万余份，发放给各医疗卫生单位。开展出生缺陷、预防艾滋病母婴传播主题宣传H5有奖问答知识宣传，访问量5.55万人次，参与答题用户1.12万人次，参与分享2.19人次。

（黄种竹）

疾病预防控制

【概况】 2022年，晋江市公立医疗卫生机构的传染病网络直报率100%，传染病及时报告率99.86%，报卡审核及时率99.97%。法定传染病报告发病率402.90/10万，比上年上升4.53%；死亡率0.73/10万，比上年下降40%；病死率0.18%，比上年下降30.77%。全年无甲类传染病报告，无SARS、人感染禽流感、炭疽病例报告；报告乙、丙类传染病26种8306例，死亡15例。调查处置15起出血热散发疫情，检测鼠类标本85份，调查处置疑似流感聚集性疫情13起。

（黄种竹）

【职业健康调查】 2022年，晋江市根据《福建省卫生健康委员会关于印发2022年职业病防治项目工作任务安排的通知》要求，在2021年度职业性尘肺病患者随访调查的基础上，开展尘肺病调查，对系统81例职业性尘肺病患者基本情况做进一步核查。81例职业性尘肺病患者，随访81例，死亡3例，临床诊断4例。完成职业健康素养调查1家12人，调查率100%，录入完成率100%。

【免疫规划疫苗接种】 2022年，晋江市按照疫苗免疫程序对所有适龄儿童开展国家免疫规划疫苗的常规免疫规范接种，按中国免疫规划信息管理系统统计晋江市适龄儿童免疫规划疫苗预防接种率（基础苗）：卡介苗99.76%、脊髓灰质炎疫苗98.95%、百白破疫苗98.76%、含麻类第一针疫苗99.32%、乙肝疫苗99.47%（乙肝疫苗及时率98.44%）、乙脑疫苗第一针99.12%、A群流脑疫苗99.54%、甲肝疫苗98.90%。各苗加强针接种率：脊髓灰质炎疫苗（第四针）98.61%，百白破疫苗（第四针）98.98%，白破疫苗98.56%，含麻类第二针疫苗99.03%，A＋C群疫苗98.72%，乙脑疫苗第二针98.66%。

【疑似预防接种异常反应监测与处理】 2022年，晋江市开展疑似预防接种异常反应（简称“AEFI”）监测，定期对全市医疗卫生单位上报AEFI进行网上审核，接种门诊AEFI监测疫苗种类覆盖提供接种服务的所有疫苗。全市报告疑似预防接种异常反应

(AEFI)个案报告54例，乡级覆盖率100%；48小时内报告率100%；需调查个案10例，48小时内调查率100%；3日内调查表报告率90%，个案调查表完整率100%；AEFI分类率100%(54/54)，均达到全国监测方案指标要求。54例AEFI中，一般反应44例，占81.48%；偶合症4例，占7.41%；待定6例，占11.11%。无疫苗质量、实施差错事故及群体性AEFI情况发生。召开泉州市、晋江市AEFI专家联合诊断会8场次，讨论分析年内报告的8例AEFI待定病例，给出调查诊断结论，形成预防接种异常反应调查诊断书，最后判定为属于/不排除预防接种异常反应的2例、排除6例，均在规定时限内将预防接种异常反应调查诊断书送达受种方。

【地方病、寄生虫病防治】 2022年，晋江市开展8—10岁儿童碘缺乏病监测工作。完成209名儿童尿碘、盐碘采集送检工作，完成209名学生甲状腺B超检查工作。监测盐样标本209份，合格碘盐200份、不合格碘盐1份、非碘盐8份，合格碘盐食用率95.69%，超出90%的指标要求；尿样标本209份，尿碘中位数195.4毫克/升，尿碘100毫克/升及以上的占81.82%。监测学生甲状腺209人，甲状腺肿大2人，肿大率0.96%，达到甲状腺肿大率小于5%的消除水平。开展孕妇碘缺乏病监测工作。完成100名孕妇尿碘、盐碘的采集送检工作。盐样标本100份，合格碘盐98份、不合格碘盐1份、非碘盐1份，合格碘盐食用率98.0%；尿样标本100份，尿碘中位数134.45毫克/升，尿碘150毫克/升及以上的占47.0%。

【职业病防治】 2022年，晋江市完成工作场所职业病危害因素监测企业97家。其中，矽尘监测93家，监测岗位1301个点，超标548个点，超标率42.1%，监测工作场所1508个点，超标643个点，超标率42.6%；三苯监测4家，监测岗位7个点、工作场所7个点，未发现超标。噪声监测97家，监测岗位1417个点，超标458个点，超标率32.3%；监测工作场所1755个点，超标550个点，超标率31.3%。根据职业病及健康危害因素监测信息管理要求，审核用人单位信息109条。

2022年，晋江市对辖区内存在非医疗机构放射性危害因素的企业进行调查。共计基本情况调查14家，开展用人单位职业健康管理情况调查1家，配合上级开展放射性职业病危害因素监测1家。调查任务完成率100%。调查结果显示行包检测仪81台，核仪表88台，放射工作人员292人，培训292人，体检104人，个人剂量监测97人。

【慢性病非传染性疾病防控】 2022年，晋江市推进慢性非传染性疾病综合防控示范区工作，巩固示范区建设成果。开展慢性非传染性疾病监测工作，加强高血压、糖尿病患者的登记及管理工作，开展“三减”(减盐、减油、减糖)、“三健”(健康口腔、健康体重、健康骨骼)专项行动，推动控烟工作，全面建设无烟党政机关、无烟企事业单位、无烟医疗卫生机构、无烟学校，构建健康检测服务体系，提供个体化健康指导。全市报告户籍死亡个案7554例，报告死亡率608.24/10万，报告数据统计分析显示，年内晋江市户籍居民死因顺位前五位从高到低分别是恶性肿瘤、心脏病、脑血管病、损伤及中毒、呼吸系统疾病。全市各医疗机构报告恶性肿瘤患者1848例。加强35周岁以上慢性病(高血压、糖尿病)高危人群的早期筛查登记报告工作，完善慢性病防治一体化工作。开展国家心血管病高危人群早期筛查与综合干预项目，初筛调查完成1033人，完成率103%；高危对象干预283人，完成率113%。按照国家、省项目组的要求，承接2022年度国家级心血管病高危人群早期筛查与综合干预项目工作任务、老年人失能失智预防干预试点项目工作任务。

(黄种竹)

【鼠传疾病防控】 2022年，晋江市在西园、灵源布放鼠笼780笼次，捕获鼠类108只，总捕获率13.85%。检测鼠类标本85份。其中，5份为汉坦病毒SEOV型阳性，8份为致病性钩端螺旋体阳性，其余包括新型布尼亚病毒、莫氏立克次体恙虫病东方体、巴尔通体、嗜吞噬细胞无形体、土拉弗朗西斯菌等检测结果均为阴性。继续做好防控工作所需药品、器械的贮备更新；开展全市各医疗卫生单位临床及公共卫生业务骨干鼠疫防控知识培训，提升诊疗、报告等防控意识和能力。

【霍乱、手足口病、诺如病毒感染防治】 2022年，晋江市霍乱监测项目中外环境和食品采检水样180份、海水产品299份、哨点监测单位腹泻病人肠道标本475份，检验结果均为阴性。全市各医疗卫生单位疫情监测均未发现霍乱确诊病例、疑似病例及病原携带者。手足口病监测哨点医院实验室监测采集手足口病标本165份，其中79份阳性检测结果均及时反馈报告。诺如病毒感染性腹泻病监测哨点医院采检标本272份，其中29份阳性检测结果均及时反馈报告。全年调查处置疑似手足口病、诺如病毒感染聚集性疫情18起，控制疫情扩散蔓延。3月，开展霍乱、手足口病等肠道传染病防控相关业务知识培训。7月，开展医疗机构霍乱、手足口病等肠道传染病防控工作督导。

【出血热防控】 2022年，晋江市调查处置出血热散发疫情15起，其中晋江市医疗机构报告8例，均做好病例流调、主动搜索、病原消杀灭、健康教育、宿主动物监测等疫点处置工作，阻止疫情扩散。做好相关单位及人员业务培训及群众防控知识宣传教育。

【布鲁氏菌病防控】 2022年，晋江市制订《2022年晋江市布鲁氏菌病防控项目实施方案》，落实全市医疗机构布鲁氏菌病疫情监测措施。全年调查处置16起布鲁氏菌病散发疫情，做好病例流调、主动搜索、环境消杀灭、健康教育等疫点处置工作。对全市5家牲畜屠宰场及畜肉加工厂职业人群（牲畜饲养、屠宰、出肉加工人员等）采样检测139人，结果均为阴性；检测2家哨点综合医院送检可疑发热病人血样43份，其中阳性2份。开展布鲁氏菌病防治知识宣传活动，参与约200人。开展布鲁氏菌病等重点传染病防控师资培训。

【流感和人感染禽流感防控】 2022年，晋江市制定《晋江市2022年职业暴露人群和环境禽流感监测实施方案》，通过哨点医院流感样病例和外环境人感染禽流感病原学监测，掌握晋江市人感染禽流感病毒活动强度，了解外环境污染情况，排查人感染禽流感病例，指导临床用药。在青阳曾井农贸市场、梅岭综合市场、紫帽农贸市场、安海东鲤菜市场等活禽交易市场和活禽调运站开展职业暴露人群血清流行病学监测，采集活禽屠宰/经营从业人员血液标本10份送泉州市疾控中心检测，均为阴性。开展5轮外环境监测，采集活禽交易市场139份禽类外环境标本，经晋江市疾控中心实验室检测，其中2份甲型H5N1流感病毒阳性、11份甲型H5N6型流感病毒阳性；对监测甲型H5N1流感病毒阳性摊档及市场开展停业整改、环境消杀、人员监测等应急处置措施，防止人与人之间疫情发生；在哨点医院流感样病例采集标本277份，经实验室检测，流感病毒阳性标本183份，阳性率66.06%。全年调查处置疑似流感聚集性疫情13起，控制疫情扩散蔓延。

【登革热防控】 2022年，晋江市未报告登革热病例。在各镇（街道）常态化开展病媒生物监测，掌握病媒生物季节消长规律变化，为防控登革热提供基础数据支持。3月，举办登革热等重点传染病防控师资培训，要求各医疗卫生单位对单位及辖区村级医务人员进行二次培训，提升晋江市登革热防治水平。

【艾滋病防治】 2022年，晋江市促进艾滋病宣传进社区、进工厂，扩大HIV（人类免疫缺陷病毒）检测范围，发现感染者和病人，有效控制性传播。减少注射吸毒传播、输血传播和母婴传播。针对高危人群与重点人群，降低病死率，逐步提高感染者和病人生存质量，减少社会歧视。面对面宣传干预性病门诊就诊者7500人次，老年人群干预49场次。HIV/AIDS病例随访检测率92.3%，结核筛查率98.2%，配偶检测率86.6%。

【结核病防治】 2022年，晋江市部分单位开展结核病预防性服药治疗，降低结核病发病风险。2021年9月，某单位发生聚集性疫情，市疾控中心及相关涉事单位组成联合工作小组，对PPD（结核菌素试验）强阳性的密切接触者在知情、自愿的基础上予以预防性服药干预。至2022年6月先后动员4批重点人员参加为期3个月的预防性服药，9月全部完成预防性服药，经随访，参加预防性治疗人群均未发生肺结核。

【重点免疫规划疫苗针对传染病防治】 2022年，晋江市报告疑似AFP（甲胎蛋白）病例6例，其中AFP（甲胎蛋白）病例4例、排除2例；无发生脊髓灰质炎确诊病例、临床符合病例。全市15岁以下人口AFP病例报告发病率1.29/10万，达到全年1/10万的报告发病率指标要求。48小时内调查率100%，14天内合格标本采集率100%，7天内标本送达省疾控中心率100%。75天内及时随访率100%。4例病例均服苗3剂次以上，均采集双份粪便标本8份，根据福建省疾控中心检测结果，4例病例粪便标本脊灰病毒均为阴性。报告风疹麻疹疑似病例46例，均按要求开展流行病学调查并录入麻疹专病系统，48小时个案调查率100%，调查后48小时内录入个案率100%。血清标本及鼻咽拭子标本采集率均100%，达到《全国麻疹监测方案》90%的采血指标要求。经泉州市疾控中心实验室检测，46例均为其他疾病，全市排除麻疹风疹病例报告发病率为2.2/10万，达到2/10万的要求。全市无确诊麻疹病例发生。报告乙肝病例终审卡756例，所有报告病例均开展ALT检测，检测率100%，附卡填写完整率100%。按照新生儿破伤风、乙脑、流脑等疾病监测方案和上级要求开展疫情监测，密切关注疫情动态。处理1例流脑病例，按规范给予密切接触者预防性服药，开展疫点所在村7周岁以下流脑疫苗查漏补种活动。发生百日咳病例31例，均要求疫点所在乡镇开展病例调查、疫点处理及查漏补种活动。未接到新生儿破伤风、白喉和乙脑等病例报告。

【校园卫生健康监测】 2022年，晋江市辖区内22家医疗机构对全市336所学校29.83万名学生进行体检，学生体检率95.10%，收集学生体检信息29.55万条，数据录入完成率99.04%。其中，收集视力体检信息28.43万条，检出视力不良19.94万人，检出率70.11%；龋齿体检信息25.69万条，检出龋齿9.09万人，检出率35.40%；营养状况体检信息29.55万条，检出营养不良1.72万人，检出率5.82%；检出体重超标4.66万人，检出率15.77%；检出肥胖4.05万人，检出率13.70%。

2022年，晋江市根据国家“双随机”任务，随机抽取全市13个镇（街道）、经济开发区的22所中小学校开展监测，其中小学19所、中学3所；监测完成22所，监测完成率100%。其中，教学环境均符合卫生标准的1所（小学），合格率4.55%。检测项目合格率依次为课桌椅配备合格率100%、窗地面积比合格率95.4%、采光方向合格率95.4%、装设人工照明合格率95.4%、课桌面照度合格率86.4%、黑板局部照明灯设置合格率59.1%、黑板面照度合格率54.5%、防眩光措施合格率

54.5%、教室人均面积合格率45.4%、课桌面照度均匀度合格率27.3%、黑板面照度均匀度合格率18.2%。

2022年，晋江市对梅岭街道和内坑镇4所学校、2所幼儿园共2080名学生开展近视和学生常见病筛查以及健康危险因素调查，完成调查任务并录入系统上报。对4所学校教学环境采光和照明、教室人均面积、课桌椅配备情况开展卫生监测。

【消毒卫生监测】 2022年，晋江市对辖区内1家持证消毒单位进行消毒后餐具监督抽检40份，合格37份，合格率92.5%，集中餐具消毒抽检合格率达到指标要求。监督抽检消毒产品生产企业消毒产品16份，合格15份，合格率93.8%。对晋江市疾病预防控制中心进行消毒质量监测，监测样本108份，合格108份，总合格率100%。其中，室内环境空气监测9间，合格9间，合格率100%；环境物体表面监测30件，合格30件，合格率100%；工作人员手监测15人，合格15人，合格率100%；使用中消毒剂监测15份，合格15份，合格率100%；紫外线灯监测15份，合格15份，合格率100%；医疗器械监测15份，合格15份，合格率100%；高压蒸汽灭菌器监测3份，合格3份，合格率100%；医院污水监测14份，合格14份，合格率100%。

（黄种竹）

中医药发展

【概况】 2022年，晋江市巩固中医药工作先进单位复审成果。晋江市委出台《晋江市促进中医药传承创新发展若干措施》，提出晋江市贯彻中西医并重方针，推动中医药传承创新的具体措施。市人大常委会执法检查组检查晋江市《中华人民共和国中医药法》实施情况，推动晋江市中医药建立健全制度机制，加强服务体系和能力建设，强化中医药发展要素保障。三大医共体牵头单位按照《晋江市“十四五”中医药健康发展专项规划》要求，制定医共体中医药事业发展规划和实施方案，拓展中医药服务。

【基层中医药建设】 2022年，晋江市加强治未病、针灸、推拿、中医不孕不育、中医美容、中医肝病、小儿推拿等中医特色学科建设，坚持中医特色诊疗，中医药收入占比逐年提升。全年中药饮片收入占药品收入的17.33%，门诊中医医疗服务项目收入占门诊医疗收入的6.21%，住院中医医疗服务项目收入占住院医疗收入的8.25%。在建成社区卫生服务中心和乡镇卫生院中医馆中，西园街道社区服务中心完成中医馆服务能力提升项目建设。2022年，晋江市投入专项资金210万元，用于中医药服务能力提升、人才培养和中医药文化宣传等，提升基层中医药诊疗条件，改善群众就医体验感。统筹推进中医院改扩建工程，确定实施中医院改扩建项目，规划新增3.51公顷建设用地，总面积6.75公顷，满足中医院建设用地需求。推动晋江市政府与福建中医药大学签署校地合作框架协议，启动“福建省中医生殖专科联盟许金榜专家工作室”揭牌仪式，与石学敏院士团队签订《晋江市中医院国医大师石学敏院士品牌合作协议书》。重点发展“名医”“名科”。在爱国楼门诊楼（市医院旧址）挂牌成立“晋江市中医联合诊疗中心”“晋江市慢病诊疗管理中心”，开设中医特色门诊、杨叔禹教授等名老中医工作室及专家门诊、糖尿病“三师共管”门诊（由糖尿病专科医师、中医师和健康管理师共同管理患者的新型多学科团队诊疗模式），重点开展中医健康管理、慢病诊疗和治未病等中医特色诊疗服务，盘活闲置资源，拓展中医诊疗阵地和服务平台。

【中医药传承】 2022年，晋江市落实名老中医师传承带徒政策，选派青年中医骨干师承名老中医，鼓励退休老中医返聘公立医疗机构工作，发挥老中医的传帮带作用。鼓励市级公立医院达龄老中医延迟退休、到基层医疗机构工作，鼓励以师承方式学习传统医学或者经多年传统医学临床实践医术确有专长的人员参加医师资格考试。组织晋江市优秀中医药人才参与泉州第一批青年中医骨干人才研修班。郭森仁、蔡文墨、黄伟荣、林金钟、许志良、黄伟旭6位中医药专家为省第二批基层老中医药专家师承带徒工作指导老师及继承人。设立中

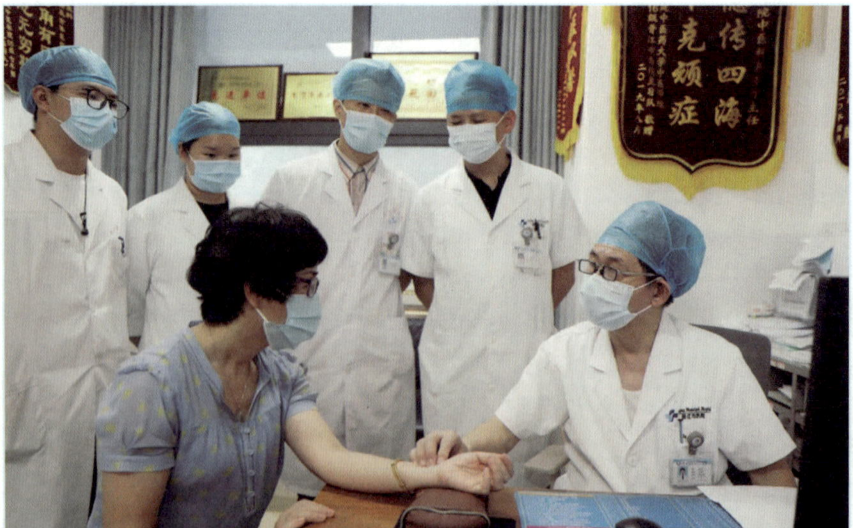

2022年，晋江市落实名老中医师传承带徒政策。图为全国名老中医药专家郭为汀开展中医人才培养的传承带教工作 （摄于2022年4月25日 图／晋江市卫健局）

医联合诊疗中心，整合全市公立医疗机构中医师优秀人才，集中为群众提供中医药技术服务。制定并实行中医药人员“县管乡用”政策和相关激励机制，建立健全医共体牵头单位中医师下沉基层、下沉人员轮换和相关待遇保障制度，推动8名老中医专家和中医类医师到基层服务。收集医疗机构和民间中医药人才，首次编制《晋江中医专家名录》，挖掘群众身边的中医药名家102人。

【中医药人才培养】 2022年，晋江市加大中医药人才的引进与培养。根据服务人口数和编制床位数、经济社会发展水平等综合因素，核定镇卫生院、街道社区卫生服务中心的人员编制数，引导基层卫生机构按不低于25%比例配备相应中医药卫技人员。开展进高校（福建医科大学）、高层次人才专项招聘2场次，组织参加泉州卫生类毕业生统考2场次，招聘编内中医类别专业人员26人（研究生15人、本科11人）。举办晋江市中医药适宜技术培训班，开展“中医药每周一课”，培养中医药人才。

【中医药文化建设】 2022年，晋江市将中医药文化建设作为促进中医药传承创新发展的重要内容，发挥中医药讲师团优势，结合中医药文化惠民工程和“一堂好课”特色党建项目，借助进乡村、进社区、进家庭、进企业、进机关、进学校“六进”活动载体，走进安踏、利郎、内坑镇黎山村、紫帽镇霞茂村、池店镇启智幼儿园等机关、企业、乡村，让群众了解中医药、感受中医药、受益中医药。组织开展中医药文化周、国医节系列活动。在晋江市委宣传部、市委办、政府办、五店市等单位开展中医专家健康义诊、中医健康大讲堂，刮痧、穴位贴敷、耳穴埋豆、针灸推拿等中医药适宜技术体验，中医药灯谜有奖竞猜，中药香囊制作，中医药膳展，八段锦、太极拳、太极剑等中医养生气功展演，中药贴画、中医体质辨识、中医药知识图片展览等活动，发放中医药宣传单。宣传《中华人民共和国中医药法》《福建省中医药条例》。在LED屏幕上滚动播放宣传标语及中医药文化宣传片，在医院候诊区宣传栏上张贴中医药知识，制作中医药知识宣传折页供就医群众翻阅。通过网络、微信公众号等宣传中医药健康养生知识，与报刊合作开设晚晴名医馆和健康问答专栏，向群众普及中医健康知识。拍摄《小儿物理降温》《小儿推拿之发热》《刮痧的适应证及操作流程》等中医适宜技术视频。编撰《晋江市中医名医录》，推广宣传晋江市名医。申报中医药文化宣传教育基地，推动基地按照“福建省中医药文化宣传教育基地建设标准”建设。

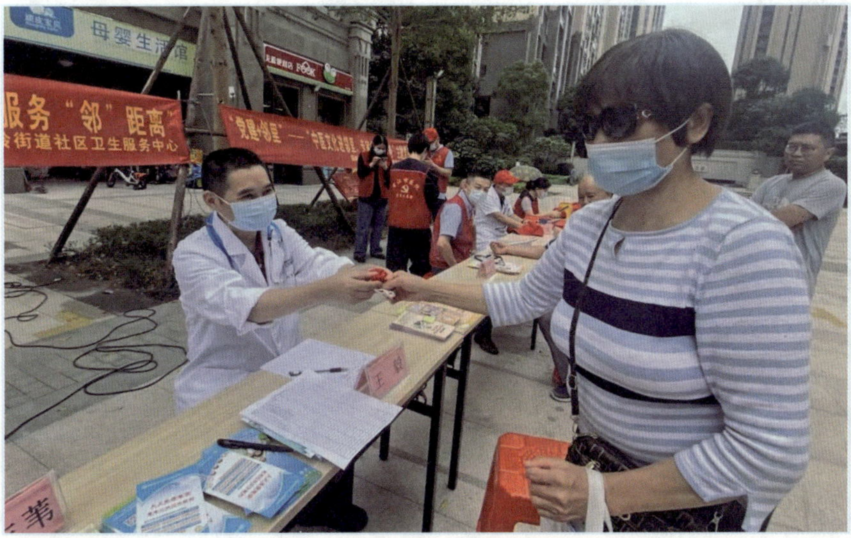

2022年10月29日，晋江市医院梅岭院区医生为市民分发中药香囊

（图/晋江市卫健局）

【“互联网+智慧共享中药房”建设】 2022年，晋江市6个医共体成员单位以及全市20家基层医疗机构接入共享中药房平台，构建覆盖全市的线上中医药服务网。利用互联网、物联网等技术，统一中药饮片的采购、调配、炮制、煎煮、免费配送等服务，满足群众中医药用药需求。全年智慧共享中药房调配中药饮片处方15.16万服，代煎中药18.01万服，免费配送中药33.18万服。

（黄保驾）

医政管理

【概况】 2022年，晋江市完善医疗服务体系建设，健全医疗质量控制体系，开展诊疗新技术、新项目63项，医共体总院指导基层医疗卫生单位开展新技术29项，强化重点学科建设，推动医疗事业发展。推进改善医疗服务行动，委托第三方开展的满意度调查中，患者满意度93.05分、职工满意度94.15分，均比2021年度有所提升。加强行业作风建设，推进检查检验结果互认和无“红包”医院创建工作。

【医疗服务体系建设】 2022年，晋江市构建以市医院、市中医院、市第二医院（安海医院）3家市直医院为龙头，市疾控中心等4家机构为公共卫生专业技术服务核心，市医院晋南分院（晋南）、英墩华侨医院（晋中）、陈埭中心卫生院（晋东）、磁灶中心卫生院（晋西北）、东石中心卫生院（晋西南）5家基层医疗卫生机构为医疗卫生次中心，其他基层医疗卫生机构为网底的“3＋4＋5＋X”医疗卫生资源格局，形成三大医共体和“15分钟医疗卫生服务圈”。医共体牵头机构发挥引领带动和辐射作用以及在服务供给和分级诊疗中的基础地位及作用。5家医疗卫生次中心分别形成各自优势和特色学科，承接所属医共体内牵头医院外溢和下转的患者，辐射带动周边其他基层成员单位；基层机构主要承担基本医疗、基本公共卫生服务，发挥治小病、管慢病、转大病的功能。规范双向转诊标准，依托三大医共体架构，统一医疗质量管理组织架构，实施同质化管理，统一医共体内牵头医院、成员单位分级诊疗的医疗服务病种，统一处方集，实行医疗管理、专家和技术下沉，统一质量评价和考核组织，实现市、镇、村三级医疗服务一体化。实施双向转诊制度，医共体内上下转诊可按院内转科简化转诊手续，上级医院为基层医院预留一定比例门诊号、检查检验号、住院床位等，优先接诊基层医院转诊患者。对需要住院治疗的急危重症和手术患者，建立绿色转诊通道。推进一体化卫生所（社区卫生服务站）建设，推行家庭医生签约服务。实施“千名医师万人次下基层”对口支援工作，覆盖所有镇卫生院和社区卫生服务中心，推动优质医疗资源下沉，建立起上下联动的巡诊机制。落实网底医疗机构分流大部分、基层医疗机构兜住一部分、定点医院调剂小部分的分级诊疗机制，分流不同症状程度的就诊患者，防止发生医疗资源挤兑。

【医疗卫生资源整合调配】 2022年，晋江市对接高端医疗资源，加强医疗卫生资源整合调配，发展三大医共体和医疗卫生次中心。市医院以国家创伤区域医疗中心建设为契机，对接上海六院福建医院，重点建设发展创伤相关的核心、基础及辅助学科；市中医院发挥中医药特色，对接福建中医药大学及其附属医院，坚持中西医并重，发展中医传统优势的康复科、脾胃病科、皮肤科和治未病科等特色学科；市第二医院加强与复旦大学上海医院及其附属医院对接协作，重点强化骨科亚专业病区建设及肿瘤、妇产、泌尿、五官等学科建设。

【诊疗服务能力提升】 2022年，晋江市医院、第二医院达到国家县级综合医院服务能力推荐标准，进入“千县工程”建设行列。市医院被列入公立医院高质量发展省级示范单位。市中医院巩固全省县级首家三级甲等中医医院创建成果，开展三甲中医院复评筹备，梳理完善医疗质量管理体系，新设立5个名医工作室，提升诊疗服务能力。推进开展“优质服务基层行”，9家基层医疗卫生单位服务能力通过国家推荐标准评审。加强重点学科建设，全市建设有省级重点（特色）专科12个，泉州市重点专科6个，晋江市级重点专科10个。

【医疗行业作风建设】 2022年，晋江市加强卫健系统行业作风建设，推进无“红包”医院创建活动。加强医德医风建设，弘扬卫生健康职业精神，规范医疗服务行为，严禁医务人员收受“红包”。制订实施《晋江市卫健系统创建无“红包”医院活动工作方案》《深化“整治医务人员收受‘红包’问题，创建无‘红包’医院”工作方案》，扩大创建覆盖，各公立医疗机构结合实际制定实施方案，深化创建内涵，整治医务人员收受“红包”问题。全年全市医疗卫生单位开展医德医风教育培训113场次，参训18636人次；法治教育培训30场次，参训3731人次；从业人员入职前培训13场次，参训368人次；拒收或清退“红包”186次，涉及金额15.36万元；开展出院回访29158人次，在省卫健委组织的2022年度公立医院满意度调查中，均未发现晋江市医务人员收受红包的行为。推进检查检验结果互认。制定印发《关于进一步规范医疗行为促进合理医疗检查的通知》《关于进一步推进医疗机构检查检验结果互认工作的通知》《深化“整治医疗机构不合理的重复检查问题，推进医院间医学检查结果互认、资源共享”工作方案》等文件，推进落实检查检验结果互认工作。全市各医疗卫生单位完成检查检验结果互认信息化管理系统建设，通过强制弹窗功能，实现院内医生工作端检验检查结果互认的强制确认。全年全市医疗卫生单位完成检查检验结果互认约206.86万条，为群众节约1554.85万元。

（黄保驾）

【“平安医院”建设】 2022年，晋江市卫健局定期研究部署卫健系统安全生产工作，组织2轮次全系统安全生产拉练讲评活动，检查并整改问题风

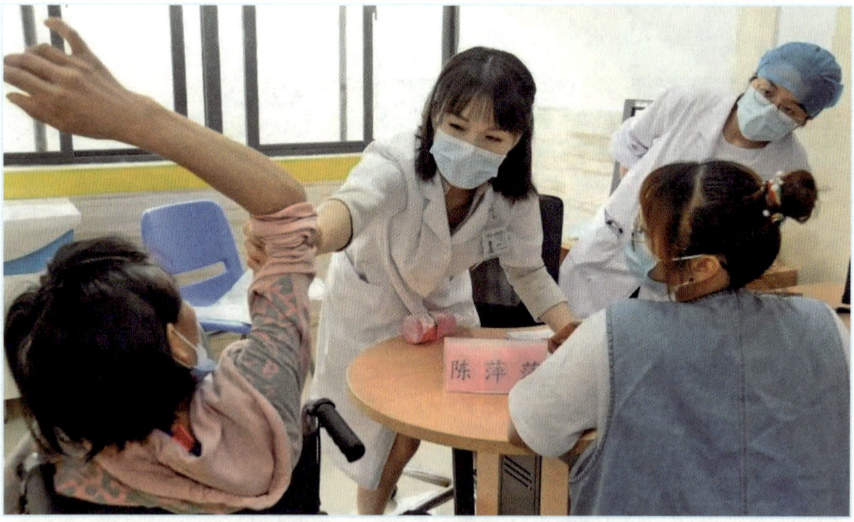

2022年，晋江市实施“千名医师万人次下基层”对口支援工作。图为磁灶中心卫生院设立“名医工作室”，让群众实现在家门口“看名医”

（摄于2022年11月8日 图／晋江市卫健局）

险 203 条。修订并印发《晋江市卫生健康局关于进一步强化安全生产“党政同责、一岗双责”工作机制切实统筹发展和安全的通知》，分片包干全市 104 家公立、民办医疗卫生单位。出台《晋江市公立医疗卫生单位综合绩效考核管理办法（试行）》《2022 年度晋江市医共体牵头机构党政主要负责人目标年薪制考核方案》，将安全生产工作作为考核内容之一，对发生重大安全事故坚决执行“一票否决”，考评结果与院长（主任）薪酬、任免、奖惩及单位财政补助、医保支付、医院评审评价等挂钩。全年各医疗卫生机构自查整改安全隐患 1305 条。创新出台《晋江市医疗卫生机构信用等级综合监管规定（试行）》，组织开展第一轮信用等级评定和公示工作，加强医疗机构监督管理，整治医疗领域乱象，督促医疗机构落实依法执业、安全生产等主体责任。组建综合执法队伍，对安全生产工作落实不力的单位采取综合执法，被记分的医疗卫生机构 10 家次，停业整顿 2 家，完成信用等级公示牌、标识上墙。建立健全卫健部门、属地镇（街道）和基层医疗卫生单位“三方协同”机制，加强与属地镇（街道）联合执法检查，将小型医疗机构安全生产检查纳入年度镇（街道）党政领导平安建设责任书考核内容，把安全生产工作落实情况纳入小型医疗机构医疗许可证年度校验审核事项之一，排查整改小型医疗机构安全隐患 2337 条。开展消防安全综合整治“雷霆”行动、电气火灾专项治理、燃气安全百日攻坚行动等，组织开展每月“26 日安全生产检查日”和“15 日安全生产检查日”活动，建立隐患清单、整改清单、销号清单、责任清单等“四张清单”，实行隐患排查整改闭环管理。重点整治应急疏散通道、消防车通道、高层建筑、门急诊部、住院部等部位，市卫健局机关排查消防安全隐患 406 条。督促市医院、中医院、第二医院、疾控中心等 8 家医疗卫生单位完成 12 栋高层建筑消防专项检查整改。落实《医疗卫生机构消防安全九项规定》，结合安全生产标准化创建，完成 29 家公立医疗卫生单位消防安全标准化管理达标创建。全市公立医疗卫生单位、民营医疗机构实现智能型电气火灾监控系统安装全覆盖，市医院、第二医院、疾控中心等医疗卫生单位根据单位实际情况安装智能型电动自行车集中充电桩。督促 19 家使用燃气的医疗卫生机构全部安装可燃气体报警器，合理存放液化气瓶。督促其中 2 家使用新奥燃气的医疗卫生机构加强与新奥燃气公司沟通，定期排查燃气管道安全。督促各医疗卫生单位、民营医疗机构排查危化品、防汛防台、特种设备等隐患并整改，医疗卫生机构全部配备酒精防爆专柜，并到市场监督管理部门办理特种设备登记证。组织有关专家对安海镇政府开展 7 轮次包片驻守督导检查，督促相关企业做好安全生产工作。定期开展安全生产教育培训，各医疗卫生机构组织开展安全培训 389 场次，受训 9000 人次。组织参加晋江市“安全生产月”咨询日和“119 消防安全宣传月”活动，在晋江市第二医院组织卫健系统 2022 年安全生产月暨平安建设活动，组织陈埭中心卫生院与陈埭消防救援站开展“医消”共建，普及消防安全实操演练和平安建设、消防及健康知识宣教。督促各医疗卫生单位、民营医疗机构完善安全生产应急预案，定期开展安全生产应急演练，全年开展应急演练 250 场。组织开展安全生产标准化创建提升 2022 年攻坚行动，在市医院（上海六院福建医院）召开卫健系统安全生产标准化示范创建现场观摩会，推动全市公立医疗卫生单位对照《泉州市医疗卫生机构安全生产和消防安全标准化创建考评细则》开展标准化攻坚，按时按量完成市安办交办工作。按照“321”（三级医院创建 3 个标准化示范岗位、二级医院创建 2 个标准化示范岗位、其他单位创建 1 个标准化示范岗位）争创 50 个安全生产标准化示范岗位目标要求，公立医疗卫生单位全部聘请第三方服务机构作为安全顾问，鼓励民营医疗卫生机构通过聘请第三方机构定期开展安全生产摸排整改工作。全年各医疗卫生机构邀请第三方安全生产服务机构开展安全隐患排查整改 403 条。对全市所有医疗机构（含公立医疗机构、民办医疗机构、个体诊所和村医等）进行全面评估，结合周边安全生产环境，绘制全市卫健系统医疗卫生单位风险等级分布图，以“红、橙、黄、蓝”4 种颜色进行安全生产风险分级管控。

（蔡良友）

卫生监督执法

【概况】 2022 年，晋江市创新构建医疗机构信用监管体系，出台全省首个医疗机构信用等级综合监督规定。做好医疗卫生监督、职业卫生监督、公共卫生监督等工作，完成国家随机抽查监督单位 272 家。办理卫生行政处罚案件 167 件，罚没款 232.51 万元。8 月，晋江市卫生计生执法大队更名为“晋江市卫生监督所”，机构规格为相当副科级，核定相当副科级领导职数 1 名。12 月，晋江市卫生监督所被晋江市委、晋江市政府评为 2019—2021 年度文明单位。

【医疗卫生监督】 2022 年，晋江市统筹开展医疗机构依法执业、传染病综合评价、放射卫生等综合卫生监督检查工作。检查医疗机构 3300 多家次，立案查处 108 件（含无证行医 38 件），罚没款182.39 万元，责令停业整顿 49 家次。

【职业卫生监督】 2022 年，晋江市采取即时考核和派员考核相结合的考核方式，组织全市放射用人单位及放射工作人员培训合格后的考核工作。推进 2022 年晋江市职业性放射性疾病监测工作。推进制鞋及体育用品制造等行业急性职业中毒隐患治理“百日攻坚”专项行动。办理职业卫生类案件 7 件，罚没款 39 万元。

【公共卫生监督】 2022 年，晋江市加强公共场所卫生监督，开展全市公共场所卫生监督专项摸排行动，组织基层卫生监督协管力量，全面摸排全市公共场所，引导督促公共场所依法规范经营。加强与文旅、市场监管、公安及镇（街道）等部门联合协作，加大密闭性公共场所的卫生监督检查力度。统筹推进住宿场所、游泳场所、沐浴场所及美容美发场所卫生监督量化分级管理。检查公共场所 5000 多家次，立案查处 46 件，罚没款 5.2 万元。做好 2022 年高考、高中（中职）联考、中考等大型考试活动卫生监督保障。开展学校卫生监督专项检查 5 场次，检查中小学校 187 家次。加强集中式供水企业日常卫生监督，定期联合市疾控中心开展出厂水、末梢水水质监督抽检。开展城镇二次供水设施管理专项排查整治，以医院、公共场所及学校为重点整治对象，建立完善基础档案信息，加强日常卫生监督检查。加强部门联合，联合市水利局开展二次供水卫生管理专项检查 2 场次，抽查二次供水单位 20 家。

【随机监督抽查】 2022 年，晋江市全面完成年度国家随机监督抽查任务，全市辖区抽查被监督单位 272 家，包括公共场所卫生专业 123 家、医疗卫生专业 14 家、传染病防治专业 29 家、放射诊疗机构 7 家、生活饮用水卫生专业 11 家、学校卫生专业 47 家、消毒产品单位 29 家、妇幼健康单位 11 家、职业卫生 1 家，各专业监督完成及任务完结率 100%。

【卫生行政处罚】 2022 年，晋江市办理卫生行政处罚案件 167 件，罚没款 232.51 万元。移送公安机关案件 5 件、申请法院强制执行 25 件、抄告市场监管等部门 4 件。

【全省首个医疗机构信用等级综合监督规定出台】 2022 年 9 月，晋江市出台全省首个医疗机构信用等级综合监督规定，推行“正面信息”和“负面信息”，构建信用监管体系，涵盖 8 类积极支持行为、9 类违法违规行为。开展“分类＋分级”信用评价。按公立医疗机构、民营医疗机构等类别开展医疗机构信用等级评价，从高到低分为 6 类。实行“公开＋动态”信用管理。每半年组织评价一次，有效期内信用主体出现重大违法违规行为，综合研判后可调整信用等级。采取“激励＋惩戒”信用措施。对评为 A 级诚实守信、B 级信用良好、C 级信用一般及以下的医疗机构，采取相应的奖惩措施。

（黄臻涛）

老龄健康

【概况】 2022 年，晋江市继续推行医养结合巡诊服务点建设，新建巡诊服务点 3 个，累计有 28 个，签订家庭医生服务协议对象 9.93 万人。新增 1 个“全国示范性老年友好型社区”和 9 家老年友善医疗机构。纳入老年人健康管理 10.16 万人，健康管理率 73.69%。开展打击整治养老诈骗涉医违法行为专项行动和医疗服务专项监督检查，关爱老年人心理健康。全年下拨 382 个村（社区）老年协会基本运转经费 195.07 万元。为全市 377 名老年协会会长及 72 名涉老专干购买人身意外保险，合计保费 4.49 万元。

【医养结合推进】 2022 年，晋江市实施“乡村医生每周巡诊＋镇级卫生医疗机构每月坐诊”制度，新建 3 个巡诊服务点，累计建成 28 个巡诊服务点。开展家庭医生签约服务。在全市组建 207 个家庭医生团队共 619 名医护人员，签约老年人可享受上门巡诊、预约诊疗、绿色通道、健康随访、个性化健康干预等服务。为全市签订家庭医生服务协议的9.93 万名 65 岁及以上老年人提供协议内容服务。推动医养结合机构提质扩容。新增磁灶镇苏垵村（弘善敬老院）医养结合机构，累计建成 3 家医养结合机构。支持公立医疗机构开展养老服务。英墩华侨医院、东石中心卫生院、西滨卫生院增设养老服务。英墩华侨医院进行养老床位改建工程，拟建设养老床位 30 张。

【老年友好型社区创建】 2022 年，晋江市开展老年友好型社区创建工作，磁灶镇大埔村获“2022 年全国示范性老年友好型社区”称号。推进老年友善医疗机构建设，新增创建 9 家老年友善医疗机构。年底，全市有老年友善医疗机构 24 家，创建比 96%，超过泉州下达 82%指标要求。

【老年人健康管理】 2022 年，晋江市纳入健康管理老年人 10.16 万人，健康管理率 73.69%，超过 72%的指标要求。高血压健康管理 10.98 万人，健康管理率 95.15%；规范管理 9.16 万人，规范管理率 83.39%，超过 76%的指标要求。糖尿病健康管理 4.54 万人，健康管理率 108.31%，超过 100%的指标要求；规范管理 3.8 万人，规范管理率 83.78%，超过 76%的指标要求。

【养老诈骗涉医违法行为打击整治】 2022 年，晋江市开展打击整治养老诈骗涉医违法行为专项行动。加大宣传力度，在“健康晋江”微信公众号发布 3 篇老年人防诈骗宣传报道，点击阅读量 1.6 万人次。分发“养老诈骗防范指南”宣传折页 2000 张。6 月 27 日，卫健局与梅岭街道许厝社区、疾控中心、梅岭街道社区卫生服务中心联合开展主题为“多样医养康、托育服务”进邻里中心的专场宣传活动，开展免费义诊、入户分发宣传品。基层医疗卫生机构开展就医诊疗涉老防诈骗宣传 69 场次，覆盖 1.2 万人次。

【养老机构医疗服务专项监督检查】 2022 年 5 月 20 日，晋江市卫生执法大队开展医疗服务专项监督检查，全面检查养老机构内设医疗机构规范运营情况，发现晋江磁灶弘善敬老院医务室一名护士未依照护士条例规定办理执业地点变更，给予“警告”行政处罚。公立医疗机构组织开展辖区内养老机构专项排查，未发现违法行为。

【老年心理关爱行动】 2022年7月1日，晋江市卫健局联合陈埭镇湖中村委会、镇老年协会、市三院和建行陈埭支行开展晋江市老年心理关爱行动启动仪式，在湖中村设立老年心理关爱工作站，开展老年人心理健康调查与评估活动。

（叶 华）

爱国卫生运动

【概况】 2022年，晋江市开展爱国卫生运动，推进城乡环境整治和农户改厕等各项工作。城乡环境卫生集中整治清理垃圾693吨。开展第34个爱国卫生月活动。开展病媒生物防治工作，投入93.46万元。调整晋江市病媒生物监测专家库，定期组织专业技术人员，对19个镇（街道）和医疗机构病媒生物密度全覆盖监测，以监测数据指导镇（街道）开展爱国卫生运动和人居环境整治。开展健康科普宣传，健康人群培育、健康教育覆盖人口76.91万人，健康科普进课堂覆盖全市55所中学、283所小学。

【环境卫生整治】 2022年，晋江市鼓励引导群众参与社区环境卫生清洁活动。城乡环境卫生集中整治清理垃圾693吨，组织发动3299人，清除卫生死角1108处，清理“十乱”（乱贴乱画、乱泼乱倒、乱拉乱挂、乱搭乱建、乱停乱放）2080处，清理“四害”（苍蝇、蚊子、老鼠、蟑螂）孳生地1876处，消杀面积10.48万平方米。开展第34个爱国卫生月活动。开展病媒生物防治工作，采购灭鼠药8880千克、黏鼠板4250张、针筒式灭蟑胶饵5100支及纽扣式灭蟑胶饵9400盒、7.5%高效氟氯氰菊酯悬浮液898箱，投入93.46万元。

【卫生防病知识宣传】 2022年，晋江市爱卫办结合世界卫生日、全国预防接种日、世界艾滋病日和职业病防治宣传周等时间节点，通过大型广告牌、电子屏幕、宣传栏、刷写标语、发放宣传材料等方式，宣传爱国卫生运动、健康生活方式、除“四害”和禁烟等知识。利用有线电视和报刊、公交车车载电视等传媒工具，进行爱国卫生健康教育和健康促进宣传活动。4月30日，举办第34个“爱国卫生月”主题宣传活动，传播文明健康行为、规律作息、适量运动、心态乐观、合适膳食、公筷公勺、健康自我管理等健康生活方式。

【公共场所控烟】 2022年，第35个“世界无烟日”期间，晋江市开展吸烟危害知识宣传，营造无烟、清洁、健康的学习环境和公共环境。5月30日，在罗山中学开展控烟主题讲座；5月31日，以“拒吸第一支烟，共享无烟环境”为主题，在新侨中学开展“世界无烟日”暨“5•20”中国学生营养日系列宣传活动。动员市民参与控烟行动。

【改水改厕】 2022年，晋江市爱卫办通过电视、广播等宣传媒介，深入各镇、村进行改水改厕宣传。晋江市农村无害化户用厕所普及率达到100%。

【蚊媒国家级、省级监测】 2022年，晋江市开展蚊媒国家级、省级监测。3—11月，调查青阳街道莲屿社区、灵源街道灵水社区、磁灶镇张林村、永和镇英墩村等4个监测点1400户，发现白纹伊蚊幼蚊阳性积水容器246个，布雷图指数平均为17.6，积水容器691个，容器指数35.6%。4—11月，定期对晋阳湖、绿洲公园、内沟河、八仙山小溪、竹树下水库、泽沟等6个大中型水体进行勺捕法监测140处，向水体中捞取1400勺，阳性0勺，阳性勺指数为0。3—11月，对居民区、公园、医院、民房、养殖场等10个监测点进行成蚊密度监测，布放诱蚊灯140个，捕获雌蚊510只，蚊诱密度指数3.64只/灯•夜。其中，致倦库蚊471只，占比92.3%；白纹伊蚊38只，占比7.45%；其他蚊1只，占比0.25%。3—11月，对宝龙小区、八仙山公园、高霞加油站轮胎堆积处3个监测点进行成蚊帐诱指数监测，布放双层叠帐84个，捕获白纹伊蚊雌蚊95只，平均帐诱指数2.26只/帐次•时。

【登革热防控蚊媒监测】 2022年3—12月，根据《晋江市2022年病媒生物监测评估方案》要求，开展全市19个镇（街道）、1个开发区地区登革热伊蚊传播媒介布雷图指数监测，监测10225户，发现阳性积水容器555处，平均布雷图指数5.43，提示晋江市登革热处于低度传播风险范围。3—12月，根据《晋江市2021年登革热布雷图指数监测方案》要求，晋江市医院、中医院、安海医院和各乡镇卫生院、街道卫生服务中心等23个医疗机构对晋江地区登革热伊蚊传播媒介开展布雷图指数监测，监测7169户，发现阳性积水容器31处，平均布雷图指数0.4，符合登革热防控蚊媒控制标准要求。

【“四害”密度控制水平监测评估】 2022年，晋江市对19个镇（街道）、1个开发区开展鼠类密度控制水平抽样监测40次，达标（C级）22次，达标率55.0%。对市医院、中医院、安海医院3家医疗机构开展鼠类密度控制水平抽样监测6次，达标（C级）6次，达标率100%。对19个镇（街道）、1个开发区开展蚊类密度控制水平抽样监测40次，达标（C级）31次，达标率77.5%。对市医院、中医院、安海医院3家医疗机构开展蚊类密度控制水平抽样监测15次，达标（C级）15次，达标率100%。对19个镇（街道）、1个开发区开展布雷图指数监测40次，达标（5以内）23次，达标率57.5%；对3家医疗机构开展布雷图指数监测6次，达标（5以内）6次，达标率100%。

（黄种竹）

居民收支消费

【概况】 2022年，晋江市居民人均可支配收入51467元，首次突破5万元；比2021年增长5.4%；总量比全国、全省、泉州市分别高出14584元、8349元、4760元。人均生活消费支出31869元，比上年增长5.0%。

【城镇居民收入与支出】 2022年，晋江市城镇居民人均可支配收入62055元，比上年增长5.1%，总量比全国、全省、泉州市分别高出12772元、8238元、4331元；人均生活消费支出36445元，比上年增长5.1%。

【农村居民收入与支出】 2022年，晋江市农村居民人均可支配收入31916元，比上年增长5.7%，总量比全国、全省、泉州市分别高出11783元、6929元、4344元。人均生活消费支出23274元，比上年增长4.0%。

（郑智政）

表13

2022年晋江市主要生活必需品价格统计表

商品名称	规格	计量单位	本年度平均	上年度平均	比上年度增减(%)
黄豆	标准品（三等）	元/500克	3.56	3.43	3.8
绿豆	一级	元/500克	7.06	7.05	0.1
早籼米	标一	元/500克	2.46	2.46	0
晚籼米	标一	元/500克	2.56	2.60	-1.5
粳米	标一	元/500克	5.21	5.18	0.6
晚米	特一	元/500克	3.60	3.61	-0.3
面粉	特一粉	元/500克	2.43	2.42	0.4
面粉	标准粉	元/500克	3.20	3.37	-5
菜籽油	一级桶装5升	元/桶	53.30	53.30	0
花生油	一级桶装5升	元/桶	97.34	92.96	4.7
食用盐	精致含碘盐	元/500克	1.90	1.89	0.5
白砂糖	当地主销	元/500克	3.96	4.19	-5.5
红糖	当地主销	元/500克	4.69	4.70	-0.2
豆腐	水豆腐（散装）	元/500克	2.97	2.97	0
鲜猪肉	精瘦肉	元/500克	18.88	22.94	-17.7
鲜猪肉	肋条肉	元/500克	19.17	23.45	-18.3
猪腿肉	鲜中等	元/500克	13.86	16.53	-16.2

续表 13

商品名称	规格	计量单位	本年度平均	上年度平均	比上年度增减(%)
猪排骨	鲜中等	元 /500 克	35.69	39.42	-9.5
鲜牛肉	新鲜中等	元 /500 克	55.62	51.30	8.4
鲜羊肉	新鲜带骨	元 /500 克	51.39	46.81	9.8
活鸡	中等(养殖)	元 /500 克	12.91	11.94	8.1
活鸭	中等(养殖)	元 /500 克	27.88	25.78	8.1
鸡肉	白条鸡、开膛、上等	元 /500 克	16.51	14.69	12.4
鸡蛋	新鲜完整	元 /500 克	6.21	5.64	10.1
鸭蛋	新鲜完整	元 /500 克	8.48	7.13	18.9
黄花鱼	冻国产 500 克左右一条	元 /500 克	22.93	19.88	15.3
带鱼	冻 250 克左右一条	元 /500 克	23.21	19.87	16.8
带鱼	鲜 250 克左右一条	元 /500 克	28.22	27.67	2
草鱼	活 750 克左右一条	元 /500 克	13.08	11.30	15.8
鳙鱼	活 750 克左右一条	元 /500 克	14.50	—	—
鲫鱼	鲜 250 克左右一条	元 /500 克	19.86	22.67	-12.4
大白菜	新鲜一级	元 /500 克	3.00	2.70	11.1
小白菜	新鲜一级	元 /500 克	4.88	4.42	10.4
油菜	新鲜一级	元 /500 克	4.65	4.41	5.4
黄瓜	新鲜一级	元 /500 克	4.73	4.39	7.7
萝卜	新鲜一级	元 /500 克	2.34	2.17	7.8
茄子	新鲜一级	元 /500 克	6.43	6.03	6.6
西红柿	新鲜一级	元 /500 克	5.31	4.45	19.3
胡萝卜	新鲜一级	元 /500 克	3.12	2.64	18.2
青椒	新鲜一级	元 /500 克	5.78	5.34	8.2
尖椒	新鲜一级	元 /500 克	7.21	6.19	16.5
花菜	新鲜一级	元 /500 克	4.95	5.22	-5.2
空心菜	新鲜一级	元 /500 克	5.69	5.18	9.8
圆白菜	新鲜一级	元 /500 克	4.14	4.33	-4.4
芹菜	新鲜一级	元 /500 克	5.41	5.75	-5.9
土豆	新鲜一级	元 /500 克	3.35	2.87	16.7
苹果	红富士一级	元 /500 克	5.94	5.03	18.1
香蕉	国产一级	元 /500 克	4.93	3.74	31.8

（柯婉瑜）

人力资源管理

【概况】 2022 年，晋江市加大人事改革力度，加强干部队伍建设。全年招聘事业单位工作人员 1171 人，推荐申报高级职称评审 432 人、中级职称评审 182 人，评审确认初级职称 974 人。启动市直、镇(街道)事业单位第五轮岗位设置和人员聘用工作，提升干部监督管理水平，落实干部教育培训，规范学历更改程序，办理干部职工学历更改审批手续 42 人。为 191 名干部办理调动手续。加强事业单位工作人员出国(境)登记备案和审批及编外人员招聘申报和备案程序，抓好专业技术人员和工勤人员的继续教育培训，优化干部奖惩机制。

【职称评聘管理】 2022 年，晋江市完成 2022 年专业技术人员任职资格申报推荐、确认和公布。启动全市市直、镇(街道)事业单位新一轮岗位设置和人员聘用工作，推行分档设岗，分三档配置事业单位高、中级专技岗位结构比例，落实73个主管部门所属事业单位岗位设置和人员聘用工作。全年出具委托评审函237份，推荐申报高级职称评审432人、中级职称评审182人；评审确认初级职称人员974人；公布中级职称评定人员923人、高级职称评定336人。指导工信局组建工程技术人员初级职称评委库；指导市教育局组织开展一期中小学和幼儿园教师中级专业技术职务评审，通过一级教师评审871人；指导市住建局开展一期土建专业初级职称评审，通过评审18人；指导市工商联开展一期非公有制企业初级职称评审，通过评审43人。完成2021年度卫生专业高级技术职务技能考试和2022年度卫生专业初、中级技术资格考试报名初审工作。

（谢培清）

【公开招考】 2022年，晋江市公开招考聘用市直事业单位124人，卫生类事业单位228人。接续完成2021年晋江市公立学校公开招聘新教师819人。组织福州大学科教园区发展中心公开招聘博士研究生4人。

【学历更改】 2022年，晋江市规范学历更改程序，审核申请对象的学籍档案、学历学位证书等相关证件材料，按规定为42名干部职工办理学历更改审批手续。

（丁鸿基）

劳动就业

【概况】 2022年，晋江市强化稳岗就业，开展零工（灵活就业）就业服务，提供零工岗位5000多个，服务零工群体3800多人次；引进晋江产业急需高校毕业生1876人，为高校毕业生发放安居补助6053人次、2198.05万元；提供创业担保贷款16笔163.5万元；发布就业见习岗位490个，兑现见习补贴177.67万元。深化欠薪问题源头治理，核查处置各级平台欠薪线索5784件；加强劳动技能培训，开展技能培训并取得职业资格证书3493人次，发放培训补贴475万元。

【就业创业政策实施】 2022年，晋江市落实大中专毕业生就业创业政策，开展“送岗留才进校园”活动，发布岗位6000个，举办2场大中专毕业生现场对接会，赴华侨大学、闽江学院、龙岩学院等院校开展春季校园巡回招聘系列活动13场，提供2万多个毕业生岗位。联合省教育厅举办福建省2022届毕业生春季系列网络招聘晋江专场，50家企业提供岗位400多个。引导高校毕业生到晋江就业创业，引进晋江产业急需高校毕业生1876人，发放安居补助6053人次、2198.05万元，提供创业担保贷款16笔163.5万元，发布就业见习岗位490个，兑现见习补贴177.67万元。为到非公有制经济组织就业的大学生提供行政关系挂靠、免费档案寄存、职称评聘、党员组织关系接转“一条龙”服务。接收流动人员档案5544份，档案库累计档案66198份；新增人事代理252人次，累计人事代理7078人次。

（颜思思）

【和谐劳动关系构建】 2022年，晋江市推进实施劳动关系“和谐同行”能力提升三年行动计划，组织开展“和谐同行”企业培育、服务万户新企用工、重点企业用工指导、企业薪酬指引、省级金牌劳动关系协调员和协调劳动关系社会组织打造等活动，推进晋江劳动关系治理体系和治理能力建设。指导推荐安踏公司获评全国和谐劳动关系示范创建企业，凤竹、恒安、盼盼3家企业和安海镇获评省级劳动关系和谐单位。完成劳动关系协调员培训认定任务，推荐获评省级金牌劳动关系协调员1人、金牌协调劳动关系社会组织1家。

【欠薪根治】 2022年，晋江市推动欠薪源头治理，开展工程建设领域拖欠工程款和农民工工资“点题整治”。实行“线上排查＋线下核查”模式，依托省、市工资支付监控预警平台，对在建项目工资支付保障制度落实情况进行动态监管。落实工程建设领域根治欠薪工作网格化监管，全市划分20个劳动监察网格，推动实现在建项目制度基本覆盖。深化“无欠薪项目部”创建活动，全市在建项目创建率100%，推荐获评泉州市“无欠薪标杆项目”3个。牵头成立晋江市打击恶意欠薪工作专班，组织开展集中整治拖欠农民工工资问题“雷霆清零·百日攻坚”专项行动，核查处置各级平台欠薪线索5784件，实现春节前欠薪案件“动态清零”目标。

（吴英贤）

【劳动争议调解仲裁】 2022年，晋江市完善市、镇、村、企4级调处网络，协调指导镇（街道）做好属地劳动争议排查化解工作，全市劳动争议调解率85%以上。开展流动仲裁庭进基层活动，推动基层独立开展劳动争议仲裁业务，建立劳动人事争议仲裁法律援助工作站，为群众提供劳动保障服务。全年办理劳动争议仲裁案件1562起，当期结案率94%以上。

（陈雄伟）

【劳动维权】 2022年，晋江市依托省、市工资支付监控预警平台，实现项目工资支付保障制度全覆盖。市人社局线下在工地设立维权告示牌，市、镇两级设置维权服务点，线上设欠薪反映平台、“110”警情联动、“12345”等渠道受理欠薪投诉举报，全年办结线上平台欠薪线索5499件，比上年上升120.84%，约占泉州市三分之一。成立解决欠薪工作专班，“公检法”提前介入侦查，“超常规、不违规”限时解决欠薪问题。全年办理拒不支付劳动报酬案件4件，开展强制执行6次。联动晋江市市场监管局建立信息通报制度，定期通报欠薪企业名单，通报企业33家，化解欠薪案件2起。

（吴英贤）

【职业技能培训】 2022年，晋江市通过补贴企业的方式，调动企业促进劳动技能培训积极主动性，对参加企业劳动技能培训的员工按照每人3900元给予补贴，全年完成技能培训并取得职业资格证书3493人次，发放培训补贴475万元。支持企业对生产经营中具有精湛专业技能的一线技术工人自主开展高技能人才评价，全年直接认定泉州市高技能人才200人。晋江市人社局开展职业技能等级认定545人次，发放职业培训见证补贴1888人、187.25万元；兑现失业保险技能提升补贴477人、86万元；发放国家级高技能人才培训基地补助140万元，给予泉州市产业实训基地200个优秀创业项目补助17万元；认定晋江本级技能大师（名师）工作室4家。

（王少俊）

【劳动监察执法】 2022年，晋江市加大劳动保障监察执法力度，定期组织开展人力资源市场秩序整治、高温天气防暑降温和劳动保护以及农民工工资支付情况等专项执法检查活动。依法查处劳动保障违法行为，对13家存在违法行为的用人单位作出行政处罚，向公安机关移送涉嫌拒不支付劳动报酬案件5起。贯彻上级关于维护新就业形态劳动者劳动保障权益的指导意见，联合晋江市委组织部、公安局、市场监管局、邮政局和总工会等相关部门，加强对快递员、货车司机等新业态新就业群体的政治引领和关心关怀，规范企业劳动用工行为。推动劳动保障诚信体系建设，组织评价2021年度劳动保障守法诚信企业A级60家、C级20家；评定工资支付守信单位65家、严重失信单位12家，向社会公布重大劳动保障违法行为4起，按规定通报相关部门信用信息平台实施联合惩戒。

【劳动普法宣传】 2022年，晋江市开展和谐劳动关系宣传活动，通过悬挂宣传标语、发放宣传材料和在报刊、微信等媒体传播，以及进村入企走访等形式，宣传劳动保障法律法规和政策，全年组织开展（参加）相关宣传活动10余场次。全年全市未发生规模以上企业裁员引起的重大劳资纠纷。定期组织镇（街道）劳动保障工作人员参加业务培训、跟班学习，加强劳动关系治理能力建设。

（吴英贤）

【工伤认定】 2022年，晋江市人社局受理各类工伤认定申请案件2054起。其中，认定工伤1994起（工伤死亡案件69起），不予工伤认定38起，不予受理案件22起。

（粘秋生）

【5个零工市场投用】 2022年初，晋江市委、市政府决定实施“就业稳岗提升工程、建设零工市场”为民办实事项目，把挖掘城乡富余劳动力资源作为保障企业用工的重要补充，满足人民群众多元化就业需求，支持多渠道灵活就业。全年全市建成5个实体零工市场、1个线上零工服务平台和2个零工驿站，征集发布零工岗位5000多个，服务零工群体3800多人次，促成对接2100多人次，撮合成功422单。零工市场项目受到《福建日报》等媒体报道，入选福建省优化营商环境2022年度第三批工作典型经验做法。

（林伟江）

社会保障

【概况】 2022年，晋江市强化社保兜底，打造多层次保障体系，推进参保扩面，实施全民参保计划，推进重点群体参保。探索并初步形成“全民一体化”和“养护康融合”的长期护理保险晋江实践模式。年底，晋江市企业职工养老保险参保59.78万人，城乡居民社会养老保险参保63.29万人；基本医保参保122.09万人，其中职工医保23.55万人、城乡居民医保98.54万人；参加工伤保险36.94万人，参加失业保险22.1万人，参加医疗保险23.55万人，参加生育保险21.06万人，参加长期护理保险超34.6万人。

【养老保险】 2022年，晋江市推进全民参保计划，通过现场检查、微信公众号宣传、群发信息等方式推进社会保险发展，实现应保尽保；建立信息共享比对机制，通过系统后台提取企业数据，筛查未参保企业，准确定位扩面资源；对未按规范参保的企业，由社保局通过寄送参保登记告知书、发送短信、电话通知等方式，明确用人单位的权利、义务和责任，提醒用人单位落实职工合法权益。截至12月，全市企业职工养老保险参保59.78

2022年8月8日，晋江市零工市场线上服务平台启动仪式举行

（图／晋江市人社局）

万人，城乡居民社会养老保险实时参保63.29万人，累计参保16.03万人。

（阮菊香）

【失业保险】 截至2022年12月末，晋江市失业保险参保22.1万人，较上年增加1万人。全年发放失业保险待遇32463人、3400.57万元，受理失业登记1545笔，就业登记6813笔，办理“就业创业证”299本，城镇新增就业8969人，城镇失业人员再就业781人。落实社保降费率和缓缴政策，失业保险费率从1.5%降至1%。

（杨小萍）

【工伤保险】 2022年，泉州医保局晋江分局加大工伤保险宣传力度，推进参保覆盖面。至12月，晋江市参加工伤保险36.94万人。全年发生工伤保险理赔4928人次10002.88万元。

【医疗保障】 2022年，泉州医保局晋江分局执行泉州市基本医保(含城乡居民基本医保和职工基本医保)、大病医保、医疗救助制度，保留原晋江特色保障，扩大减免对象范围，提高医疗保障待遇。截至12月，晋江市基本医保参保122.09万人，其中职工医保23.55万人、城乡居民医保98.54万人，比上年新增2.15万人(扣除省内重复参保人员)。泉州市行政区划内城乡居民基本医保参保对象同属一个统筹区，按“以收定支、收支平衡、略有结余”的原则，实行“六统一”(统一覆盖范围、统一筹资政策、统一保障待遇、统一医保目录、统一定点管理、统一基金管理)，建立统一的城乡居民大病保险和城乡医疗救助制度。2022年，城乡居民基本医保筹资标准为940元/人，其中个人缴费330元/人、各级财政补助610元；职工基本医保按“基本保障、广泛覆盖、双方负担、统账结合”原则，单位按职工工资总额的7.5%缴纳，职工个人按其工资总额的2%缴纳，职工个人所缴的医保费，由用人单位直接从其工资中代扣代缴。3月，泉州医保局晋江分局实行由病种保障向费用保障改革，将门诊费用纳入职工医保统筹基金支付范围，建立健全门诊共济保障机制。建立并落实生育保险制度，企业职工生育保险费按职工工资总额的0.5%缴纳，机关事业单位职工生育保险费按职工工资总额的0.35%缴纳，所缴生育保险费用均由单位承担。参保职工在定点医疗机构门诊发生的生育产前检查费，纳入普通门诊统筹支付范围，为生育妇女提供生育津贴、医疗服务和产假待遇。

【长期护理保险工作】 2022年，晋江市初步形成“全民一体化”和“养护康融合”的长期护理保险晋江实践模式。坚持城乡融合、共建共享，参保对象和待遇享受对象同步覆盖职工医保对象和其他城乡居民、覆盖所有年龄段人群，不以年龄为限制、不以健康状态为限制。截至2022年12月，长期护理保险覆盖晋江市职工医保对象和五分之一村(居)城乡居民，参保34.6万人，待遇享受对象不受职业限制和城乡之分，人均每年筹资90元，待遇标准最高2.5万元。待遇对象中60周岁以上占87%，年龄最小的是3岁脑瘫儿童。创新“3＋1＋1”长期护理保险待遇服务体系，包括居家护理、机构护理、社区护理3种护理服务以及辅助器具补助租购服务和失能预防干预服务。截至12月，为1564名重度或中度失能对象提供3类护理服务13万日次；为686个失能家庭提供“辅助器具补助租购服务”2.9万件次，在5个村(居)开展失能预防干预服务项目，帮助轻度失能和失能高风险人群减轻或延缓失能。建立“个人和政府为主体，单位、集体、社会慈善等为补充”的多元筹资机制；创新形成“47项标准化护理服务项目清单”，定点机构16家，专业护理员200多人；对比接受长期护理保险服务半年以上待遇对象群体和晋江市60周岁以上群体，住院人次、住院医疗费用、住院医保支出等指标分别低27.76个百分点、44.28个百分点、40.62个百分点。12月，晋江市成立全国首个独立法人事业编制的县级长期护理保险服务中心。晋江市长期护理保险经验做法先后被新华社、《人民日报》、《中国健康报》等报道200多篇次，并在省政府召开的专题会上汇报交流。

【医保待遇保障】 2022年，泉州医保局晋江分局全面实施医疗保障待遇清单制度三年计划，划清基本医保、大病医保、医疗救助等不同制度的政策边界，完善生育保险和公务员医疗补助政策，建立健全职工医保门诊共济保障机制，提高职工医保门诊保障水平。实施2021年度医保二次补偿，涉及城乡居民8651人次、金额2636.71万元，职工1116人次、金额768.59万元。巩固拓展医疗保障脱贫攻坚成果，与乡村振兴政策有效衔接，增强医疗救助托底保障功能。2022年，晋江市医疗救助支出1485.39万元；结报10人次、5.52万元；25种特大病种县域内外就医报销比例差别化，促进分级诊疗，保障参保群众医保待遇，全年结报482人次、388.99万元，提高特定人群医保报销比例。

【特殊医疗保障】 2022年，泉州医保局晋江分局实施晋江特殊医疗保障项目，城乡居民医保个人缴费补助减免对象涵盖低保对象、特困人员等18类人员14.13万人。

【“两病”门诊用药保障】 2022年，泉州医保局晋江分局围绕创建“两病”(高血压、糖尿病)门诊用药保障示范城市工作要求，探索形成组织领导、经费投入、联动宣传、信息支撑四方机制，实现“两病”人群基层筛查网点、镇(街道)医疗机构“两病”特殊门诊办理网点、“两病”门诊用药同质化、“两病”门诊诊疗同质化4个全覆盖，培育社区精细化管理、预防失能干预等6类示范点。全年医保基层医疗机构及经办窗口新办辖区内“两病”医保特殊门诊 1.39 万人次。截至 12 月，参保群众办理高血压医保特殊门诊 6.68 万人，办理糖尿病医保特殊门诊 4.49 万人；基层医疗机构提供“两病”对象家庭签约医生服务 11.53 万人，纳入规范化管理 8.51 万人。全年辖区内“两病”特殊门诊患者总费用 13600.45 万元，医保各项基金支付 10174.74 万元，报销比例 74.81%。

【医疗保障服务示范工程】 2022 年，泉州医保局晋江分局落实全省医疗保障系统“行风建设提升年”活动，实施医疗保障服务示范工程，集成“窗口、线上、医院、镇村”服务，形成系统化的晋江医保经办服务体系。通过设置可调式窗口岗位和前台领班制，日均办理业务 270 余件，即办件占比 85%。自助专区政务服务一体机上线 19 项标准化医保便民服务事项，实现多渠道服务群众。设置“热线电话＋网络平台＋移动终端”双向多通道的线上医保服务站，配备 8 名工作人员，受理、办理各级平台线上业务，提供留言回拨服务，定期通过数据分析回应群众关注问题，通过反馈和回访延伸服务链条，日均接听电话 300 余通、办理线上业务 800 余件。在 3 家县级医院和市医院晋南分院设医保联合服务站，通过建立“医保指导把关、医院组织实施”的服务机制，向群众提供一站式服务，各医院医保服务站日均办理业务 420 余件。依托各镇（街道）便民服务中心，设置 19 个镇级医保服务窗口，配备政务服务一体机，打造“15 分钟医保经办服务圈”，实现医保业务家门口办理。建立镇（街道）挂钩联系机制，落实参保单位医保专员制度，做好点对点服务。

【医保服务信息化】 2022 年，泉州医保局晋江分局将医保电子凭证、医保移动支付工作列入年度重点工作，分片网格化推进工作落实。截至 12 月底，晋江市医保定点医疗机构接入率 96.70%，其中三级医院、二级医院、一级医院（含村级）接入率分别为 100%、100%、96.55%；医保定点药店接入率 100%。晋江市定点医药机构医保电子凭证结算率 27.97%，其中医疗机构结算率 10.86%、药店结算率 59.33%。晋江市二级及以上公立医疗机构 10 家（三级 2 家、二级 8 家）全部完成移动支付申请，其中晋江市安海医院完成建设。

【医保“三个协同”联动治理机制】 2022 年，泉州医保局晋江分局探索县域医保定点机构协同治理工作机制。全年新增定点医药机构 17 家。年底，全市有医保定点医疗机构 301 家（一体化卫生所 247 家和其他医疗机构 54 家）、医保定点零售药店 297 家。确立“定点机构既要提供医药服务又要提供医保服务”，二级（含）以上医疗机构、连锁药店设立医保科室，其他定点医药机构设置医保管理专员。推进基本医保参保扩面、医保电子凭证推广使用、“两病”门诊用药保障、医保经办服务等工作，发挥定点机构协同作用。建立“1（医保）＋3（医共体）＋N（定点医药机构）”的资源共享、同频共振的协同宣传机制（日常联动宣传、宣传资源共享、活动联动宣传），建立“媒体、医院、医保”多方合作关系，统筹共享使用媒体宣传资源。2022 年，晋江市医药行业协会牵头统筹建设定点药店协同监管视频平台，实施协会会员参与定点药店现场考察评估等常态化工作互动机制，发挥协会促进行业自律及协同监督共治的作用；建立医院协同监管机制，结合巡察、审计发现的问题完善内审机制，推动医共体健全医保服务管理机制，对照国家飞检（飞行检查）、骨科耗材、基因靶向药等专项检查，指导定点机构组织实施常态化医保基金使用自查工作，2019—2022 年，自查上报 262 起，涉及金额 574.8 万元。探索建立医共体间病历互评、交叉互查工作机制，发挥定点医院专家力量以推动提升医保基金监管能力。

【医保基金监管】 2022 年，晋江市开展打击“三假”（假病人、假病情、假票据）专项行动，联合公安、卫健等部门制定《深化整治医保监管领域“假病人、假病情、假票据”等恶性欺诈骗保行为规范医保基金使用工作方案》，实施医保社会监督员制度，聘请 20 名医疗保障基金社会监督员（行风监督员），形成齐抓共管格局。对接和运用全省医保基金智能监管系统，推进医保定点医药机构日常监管。在泉州市医保领域率先开展行政处罚工作。全年现场检查定点医药机构 385 家次，约谈定点医药机构 310 家次，发出“函、牌”186 张，追回医保基金 338.15 万元，收取违规金 155.53 万元，立案查处 9 起，行政罚款 1.82 万元。

【药品耗材采购】 2022 年，泉州医保局晋江分局常态化跟进国家和省组织药品、医用耗材集中采购成果，落实药品带量集中采购激励约束机制，建立集采信息监测机制，定期收集医疗机构反馈信息。全市药品耗材集采品种分别扩大至 459 种、29 种，价格平均降幅 51.8%、71.29%，减轻群众负担 2.09 亿元。2 月 15 日起，执行第二批 4 个品种医用耗材联合带量采购结果，平均降价 69.35%；4 月 22 日起，跟进国家组织人工关节集中带量采购中选结果，平均降价 82%；5 月 9 日起，跟进国家组织胰岛素专项集采结果，平均降幅 48%；7 月 15 日起，跟进省际联盟超声刀头、骨科创伤类医用耗材集中带量采购，降幅分别为 70.11%、83.48%；8 月 4 日起，跟进中成药省际联盟集中带量采购中选结果，平均降幅 42.27%；11 月 24 日起，跟进第七批国家组织药品集采结果，平均降幅 48%。

（黄晓虹）

【便民服务中心医保服务窗口启用】 2022 年 7 月 28 日，泉州市基层医保经办服务启动仪式暨晋江市各镇（街道）医保服务窗口启用仪式在安海镇人民政府举行。从 2022 年 7 月 28 日

2022年7月28日，泉州市基层医保经办服务启动仪式暨晋江市各镇（街道）医保服务窗口启用仪式在安海镇人民政府举行　（图/泉州医保局晋江分局）

起，晋江市19个镇（街道）便民服务中心全部开放医保经办服务业务，实现全市所有镇（街道）经办服务窗口全覆盖。群众无须集中到市区，即可在“家门口”办理居民参保登记、信息变更查询等14项医保经办业务。

（方　文）

住房保障

【概况】 2022年，晋江市提升住房保障水平，扩大住房保障覆盖面。10月，印发《关于发放低收入家庭未配租轮候保障对象租赁补贴资金的通知》，对低保、低收入未配租轮候对象实行租赁补贴保障。截至12月底，实施租赁补贴住房保障360户，发放租赁补贴58.65万元；新增实物配租住房保障59户，政府投资建设公租房分配入住5398套，配租率91.20%。落实“涌泉”行动人才住房保障，筹集130套租赁住房优惠房源面向到（留）晋江求职就业创业等各类人才供应。

【保障性住房动态管理】 2022年，晋江市落实保障性住房年度资格复核和入户巡查机制，取消因家庭条件发生变化不符合保障资格对象46户，取消存在转租出借行为的承租对象2户。结合老旧小区改造，完成曾普小区、曾井华龙、聚兴小区等公租房小区智慧安防改造工作，增设人脸识别门禁系统、监控、道闸等设备，提升公租房小区智能化管理水平。

（何亚军）

【安置房建设】 2022年，晋江市推出安置房项目9个，主要涉及高铁新区、科创新区、新塘街道，包括高铁新区梧垵48号地块、梧垵62号地块、永和梨星15号地块、东西三路二期以及科创新区A地块、B地块、C地块、D地块、EFG地块等安置房项目，总建筑面积115.31万平方米，总投资约38.34亿元。

【安置房回迁】 2022年，晋江市回迁安置房项目3个，即池店南片区新店B地块、高铁主线永和古厝16号地块、高铁主线东石17号地块安置房，总建筑面积33.92万平方米，总投资约12.66亿元。建成（竣工验收备案）安置房项目2个，包括高铁新区山仔20号地块、高铁新区晋新路61号地块安置房，总建筑面积15.24万平方米，总投资约9.56亿元。

（刘飞飞）

【晋江市被列入省级发展保障性租赁住房重点城市】 2022年9月23日，经省政府同意，晋江市被列入发展保障性租赁住房重点城市。11月28日，成立晋江市保障性租赁住房工作领导小组，统筹发展保障性租赁住房。12月21日，出台《关于加快发展保障性租赁住房的实施意见》，逐步完善保障性租赁住房工作机制，推进发展保障性租赁住房。全年开工建设保障性租赁住房项目2个共1600套。

（何亚军）

晋江市安置房项目——仁和里小区

（摄于2022年9月9日　图/农发行晋江市支行）

社会救助

【概况】 2022年，晋江市有城乡低保对象5568户10187人、特困人员851户856人。晋江市建立以基本生活救助、专项社会救助、急难社会救助为主体，社会力量共同参与为补充的分层分类社会救助体系，巩固拓展社会救助兜底保障成果与乡村振兴有效衔接，推进社会救助高质量发展。2022年，晋江市民政局被列为省级社会救助改革创新试点单位，获评全国社会救助先进单位。

【城乡居民最低生活保障】 2022年，晋江市城乡低保标准每人每月900元，比上年增加125元，增长16.13%。特困人员供养标准每人每月分别为1366元、1660元、2150元，分别比上年增加184元、220元、452元，增长15.57%、15.28%、26.62%。对机构集中供养的，救助供养标准再提高50%。全年为全市城乡低保对象、特困人员和低保边缘家庭发放保障金9527万余元，惠及7085户12059人。

【流浪乞讨人员救助】 2022年，晋江市救助流浪乞讨人员385人次。开展"大爱寻亲，温暖回家"和流浪乞讨人员专项整治行动，成功寻亲35人次，外展巡查113次。流浪乞讨救助工作获省民政厅行文推介。

【临时救助】 2022年，晋江市发放临时救助金 866万余元，救助12813人次。为703人(户)困难对象实施临时救助，发放临时救助金117.41万元；投入219.16万元，为城乡低保对象、特困人员、散居孤儿及事实无人抚养儿童，每人发放临时救助金200元，用于购买生活必需品等。

【"漏保""漏救"点题整治巩固提升行动】 2022年，晋江市开展困难群众"漏保""漏救"点题整治巩固提升行动，摸排重残、重病、失业、低保"单人保"等9类困难家庭8005人次，纳入低保807人次、特困145人次，实施临时救助837人(户)次。开展"走百村、入千户、强宣传、促保障"活动，走访281个村2132户。

【"四帮四扶"工程】 2022年，晋江市推进"四帮四扶"工程，推动形成"资金＋物质＋服务"的救助方式，首次将"支出型困难家庭"纳入帮扶服务范围。确定帮扶对象164户，其中帮安居59户、帮就医101户、帮就学92户139人。做好"四帮四扶"十周年宣传工作，组织编纂"四帮四扶"成果记录《兜起梦想》一书，开展"四帮四扶"工程十周年成果展暨"与书同行 美好相伴"晋江市图书馆公益赠书进家门等活动。

【医疗救助】 2022年，晋江市参加医保救助对象(不包含低收入家庭人员)24128人，其中特困人员904人、低保对象11156人、孤儿367人、重度残疾人9916人、重点优抚对象1109人、革命"五老"34人，计生特殊家庭642人。推动基本医保和医疗救助服务融合，实行"一站式"服务、"一窗口"办理，提高结算服务便利性。2022年实现"一站式"结算医疗救助对象8993人，救助金额1485.39万元。

(黄晓虹)

民政事务

【概况】 2022年，晋江市民政局出台《关于进一步加强村务(社区事务)监督委员会建设工作的实施意见》，明确村(居)务监督委员会的职责权限。指导全市村(居)委会修订完善村规民约(居民公约)，征集10个优秀村规民约(居规民约)。加强社会组织日常监管，对86家社会组织开展实地行政执法检查，对77家社会组织进行财务审计，引导注销13家"僵尸型"社会组织。联合泉州职业技术大学与晋江市社会工作协会成立晋江市社会工作学院，组织629人报考社会工作者职业水平考试，发放人才补贴47.9万元。

【社区建设与服务】 2022年，晋江市出台《关于进一步加强村务(社区事务)监督委员会建设工作的实施意见》，明确村(居)务监督委员会的职责权限。出台《晋江市住宅小区公益性配套服务用房移交和管理实施细则》，规范社区公共服务配套用房设置，严格验收、移交程序。深化全省近邻服务试点工作，推行城乡社区近邻服务模式，完成10个共建共享社区治理项目、25个"微协商"试点及1个泉州城乡社区服务站项目建设。与晋

2022年10月5日，"四帮四扶"工程十周年成果展暨"与书同行 美好相伴"晋江市图书馆公益赠书进家门活动启动 (图/晋江市民政局)

江市委组织部联合举办新一届村(社区)党组织书记暨市委选派第八批驻村第一书记培训班。晋江市梅岭街道梅庭社区党总支书记、居民委员会主任许再发被民政部表彰为全国优秀城乡社区工作者。

【村(居)民自治】 2022年,晋江市民政局指导全市村(居)委会修订完善村规民约(居民公约),下拨资金12万元补助10个优秀村规民约(居民公约),2个村(社区)获评泉州优秀村规民约(居民公约)。加大对新建社区建设支持力度,指导晓升社区、晋新社区等新成立社区建章立制。与晋江市委组织部联合举办新一届村(社区)党组织书记暨市委选派第八批驻村第一书记培训班。

【民生微实事】 2022年,晋江市建立民生微实事服务项目库,超额完成2022年度民生微实事100件项目建设任务。全年征集民生微实事项目231个,建设项目141个,下拨补助资金224.23万元。

【社会组织建设】 2022年,晋江市推进“党建+社会组织高质量发展”品牌创建,提升所属社会组织党组织规范化建设水平。在全省率先出台社区社会组织工作指南,扶持培育城乡社会服务类社区社会组织,核准成立登记社会组织58家,其中社区社会组织46家、枢纽型社会组织12家。加强社会组织日常监管,对86家社会组织开展实地行政执法检查,对77家社会组织进行财务审计,注销13家“僵尸型”社会组织。

【社工队伍建设】 2022年,晋江市民政局联合泉州职业技术大学、晋江市社会工作协会,成立全省首家“政校社”合作共建的社会工作人才培养专门学院——晋江市社会工作学院。组织629人报名参加社会工作者职业水平考试,发放各类人才补贴47.9万元。完成19个镇(街道)服务枢纽规范化建设,引导实施8个“五社联动”(社区工作者、社会工作者、社区社会组织、社区志愿者、社区公益慈善资源)助力基层治理和乡村振兴试点项目。

【公益慈善事业发展】 2022年,晋江市动员慈善力量参与“爱心接力 同心抗疫”关爱新晋江人行动,接受社会捐赠1.52亿元。实施“慈善手拉手”行动,投入3479.13万元开展扶贫济困、扶老恤病、助残助学以及乡村振兴等慈善活动,受益群众4.27万余人次。建成“晋江慈善馆”,新增登记成立慈善组织11家。晋江市探索“政府引导、乡贤主导、各方配合、全民动员”慈善发展路径经验做法获民政部肯定。

【儿童收养与儿童福利院工作】 2022年,晋江市办理收养登记7件。市育婴院在院院民95人。引入“晋江市育婴院青少年抗逆力成长”项目,以儿童心理特点及阶段性发展需求为对象,促进儿童人格健全、能力提升、全面发展。开设院内学前班、特教辅读班,保障儿童外出就学,依托各层级教育资源,保障儿童受教育权利。

【婚姻登记管理】 2022年,晋江市提高婚姻登记规范化水平,实现与档案部门婚姻档案信息共享。全年婚姻业务办件量8855件,其中结婚登记4820对,离婚登记1233对,离婚申请2068件,补领婚姻登记证、婚姻登记档案利用734件。开展“爱‘晋’万家”婚姻家庭辅导项目,举办“新时代文明实践——鸾凤和鸣幸福迎·文明新风晋江行”集体婚礼暨省级婚俗改革实验区启动仪式等婚俗改革宣传活动10场,颁证服务85场次,完成新晋家庭能力促进平台开发,倡导文明婚育新风。

【殡葬管理服务】 2022年,晋江市推进殡葬改革,搭建清明节“网上祭扫”平台,接待群众网上祭扫170万余人次。落实境内死亡人员遗体火化基本费用全免政策,为群众减轻负担570多万元。推进市殡仪馆迁建项目,完成业主单位变更、立项备案变更、项目建筑设计方案模拟审批、项目建设用地规划许可、项目区域内22穴坟墓迁移工作、项目初步设计及概算、施工图设计等。

【残疾人“两项补贴”发放】 2022年,晋江市健全完善残疾人“两项补贴”制度,发放残疾人生活补贴8537人次、护理补贴8679人次,发放金额2770万余元。

2022年5月20日,“新时代文明实践——鸾凤和鸣幸福迎·文明新风晋江行”集体婚礼暨省级婚俗改革实验区启动仪式在梧林古村落举行(图/晋江市民政局)

【未成年人保护工作】 2022年，晋江市出台《晋江市未成年人保护协调机构2022年工作方案》等文件，开展"儿童关爱政策宣讲进村居"、"未成年人保护工作宣传月"、《中华人民共和国未成年人保护法》宣讲培训等活动。实现19个镇(街道)未成年人保护工作站全覆盖。指导推进村(居)民委员会妇女和儿童工作委员会建设，在全市设立10个农村留守儿童关爱保护和困境儿童保障工作示范点。

【地名管理】 2022年，晋江市被民政部列为推进"深化乡村地名服务 点亮美好家园"试点单位。推动完成新塘街道晋新社区组建工作。新增道路命名10条、设置二维码门牌17353块，完成晋江与丰泽县级行政区域界线联检工作及县、乡两级行政区域界线信息化建设，提升晋江市界线管理和服务工作水平。地名管理工作典型经验获省民政厅推介。

(吴永庆)

养老服务

【概况】 截至2022年底，晋江市有60周岁以上老年人口20.29万人，占全市总人口的16.2%。80周岁以上户籍老年人口3.1万人，占户籍人口的2.48%。百岁老人93人，其中年龄最大的108岁。

表14 **2022年晋江市百岁及以上老年人情况表**

序号	姓名	籍贯	性别	出生年月
1	许　也	晋江市青阳街道	女	1916年6月
2	杨红西	晋江市青阳街道	女	1922年5月
3	吕拾娘	晋江市青阳街道	女	1922年8月
4	蔡毳娘	晋江市青阳街道	女	1921年11月
5	王珠娘	晋江市青阳街道	女	1918年5月
6	陈乌绢	晋江市青阳街道	女	1921年10月
7	张昌秋	晋江市青阳街道	男	1921年2月
8	黄　响	晋江市西园街道	女	1922年4月
9	洪曾后	晋江市西园街道	男	1922年8月
10	李　纯	晋江市罗山街道	男	1922年1月
11	许　眉	晋江市罗山街道	女	1921年1月
12	蔡　偷	晋江市罗山街道	女	1922年9月
13	王淑惠	晋江市新塘街道	女	1919年7月
14	姚淑贵	晋江市新塘街道	女	1922年4月
15	林阿省	晋江市新塘街道	女	1920年10月
16	林注治	晋江市新塘街道	女	1918年11月
17	王乌鍊	晋江市新塘街道	女	1922年1月
18	杨　串	晋江市灵源街道	女	1921年7月
19	郑　龙	晋江市灵源街道	女	1921年7月
20	林　割	晋江市灵源街道	女	1920年10月
21	曾　麦	晋江市灵源街道	女	1921年1月
22	杨人鉎	晋江市陈埭镇	男	1922年11月
23	林　婷	晋江市陈埭镇	女	1922年8月
24	苏孙应	晋江市陈埭镇	男	1921年8月
25	林红绢	晋江市陈埭镇	女	1921年7月
26	李淑丕	晋江市陈埭镇	女	1921年8月
27	丁乌炁	晋江市陈埭镇	女	1922年12月
28	卢红良	晋江市陈埭镇	女	1921年11月
29	洛雪香	晋江市陈埭镇	女	1920年6月
30	李秀华	晋江市陈埭镇	女	1921年11月
31	王申娘	晋江市陈埭镇	女	1921年8月
32	陈　悦	晋江市池店镇	女	1921年10月
33	陈　霞	晋江市池店镇	女	1921年6月
34	林　枣	晋江市池店镇	女	1920年6月
35	朱幼玲	晋江市池店镇	女	1919年6月
36	陈伴娘	晋江市池店镇	女	1917年5月
37	李淑卿	晋江市池店镇	女	1922年11月
38	沈乌营	晋江市池店镇	女	1921年7月
39	吕清朗	晋江市安海镇	女	1922年10月
40	柯寄娘	晋江市安海镇	女	1919年7月
41	肖　茶	晋江市安海镇	女	1921年8月
42	黄良旦	晋江市安海镇	男	1922年11月
43	许纯利	晋江市安海镇	女	1921年12月
44	蔡　两	晋江市安海镇	女	1921年10月
45	庄求油	晋江市磁灶镇	男	1922年2月
46	陈清秀	晋江市磁灶镇	女	1922年11月
47	吴　块	晋江市磁灶镇	女	1922年8月
48	吴　厕	晋江市磁灶镇	女	1922年3月
49	庄秀珍	晋江市磁灶镇	女	1922年8月
50	张铿治	晋江市磁灶镇	女	1919年9月
51	杨　味	晋江市磁灶镇	女	1919年10月
52	陈贤会	晋江市磁灶镇	女	1921年12月
53	张　棉	晋江市磁灶镇	女	1921年9月
54	吴布花	晋江市内坑镇	女	1922年1月
55	林雅道	晋江市内坑镇	男	1916年2月
56	李红绸	晋江市内坑镇	女	1922年4月

续表 14

序号	姓名	籍贯	性别	出生年月	序号	姓名	籍贯	性别	出生年月
57	陈　莉	晋江市内坑镇	女	1917 年 6 月	76	何美玉	晋江市金井镇	女	1921 年 10 月
58	汪　笑	晋江市紫帽镇	女	1922 年 3 月	77	李燕卿	晋江市金井镇	女	1921 年 5 月
59	黄兜娘	晋江市紫帽镇	女	1922 年 6 月	78	许再坤	晋江市金井镇	男	1922 年 11 月
60	王　菜	晋江市东石镇	女	1922 年 1 月	79	周荷珠	晋江市金井镇	女	1919 年 11 月
61	林　虾	晋江市东石镇	女	1922 年 6 月	80	温维碧	晋江市金井镇	女	1920 年 7 月
62	吴　算	晋江市东石镇	女	1922 年 2 月	81	陈秀恋	晋江市金井镇	女	1921 年 5 月
63	蔡乌逆	晋江市东石镇	女	1921 年 7 月	82	粘芳龙	晋江市金井镇	男	1917 年 11 月
64	王红芋	晋江市东石镇	女	1921 年 10 月	83	施淑换	晋江市金井镇	女	1920 年 9 月
65	蔡亚笑	晋江市东石镇	女	1920 年 7 月	84	吴秀玉	晋江市金井镇	女	1918 年 4 月
66	曾乌常	晋江市东石镇	女	1919 年 12 月	85	王荷棉	晋江市金井镇	女	1921 年 8 月
67	郭红芬	晋江市东石镇	女	1914 年 11 月	86	陈秀玉	晋江市金井镇	女	1921 年 5 月
68	陈阿双	晋江市永和镇	女	1918 年 11 月	87	施呵巢	晋江市龙湖镇	女	1922 年 11 月
69	王秀端	晋江市永和镇	女	1921 年 6 月	88	丁乌笑	晋江市龙湖镇	女	1918 年 6 月
70	杨　巧	晋江市永和镇	女	1922 年 8 月	89	林爱治	晋江市龙湖镇	女	1922 年 10 月
71	蔡乌雪	晋江市永和镇	女	1920 年 9 月	90	施乌华	晋江市龙湖镇	女	1922 年 9 月
72	洪　续	晋江市永和镇	女	1922 年 4 月	91	李碧清	晋江市深沪镇	女	1920 年 10 月
73	曾国挑	晋江市永和镇	男	1921 年 3 月	92	陈荷缎	晋江市深沪镇	女	1920 年 1 月
74	安乌叶	晋江市英林镇	女	1921 年 6 月	93	王美娥	晋江市深沪镇	女	1916 年 10 月
75	洪秀苋	晋江市金井镇	女	1920 年 2 月					

【养老服务设施建设】 2022 年，晋江市出台《晋江市养老领域惠民生补短板专项行动方案（2022—2024 年）》。建成 3 个镇级区域性养老服务中心、11 个长者食堂及 10 个助餐点项目，按五星级标准改造提升 2 个农村幸福院。新增评定五星级养老服务设施 5 家、四星级养老服务设施 11 家、三星级养老服务设施 10 家。

【居家养老服务】 2022 年，晋江市为有需求的 60 周岁及以上特殊困难老年人提供免费助餐、助洁等专业化上门服务，其中线下实体服务对象近 800 人，线上基本信息服务近 2500 人。

【养老机构安全保障】 2022 年，晋江市开展养老机构安全隐患治理排查及“回头看”检查，排查整改安全隐患 275 处，整改率 100%。推行养老机构消防安全标准化提升，全市 12 家养老机构完成消防安全标准化提升工作。

【高龄老人生活补贴】 2022 年，晋江市推进高龄补贴和完全失能老年人护理补贴发放工作，在全省率先实现老年人高龄补贴“免申即享”。发放高龄老年人生活补贴 1585 万余元，惠及 26 万余人次；发放特困（低保）完全失能护理补贴 94 万余元，惠及 3145 人次。

【养老服务领域诈骗排查】 2022 年，晋江市在全市范围内开展防范化解养老服务领域诈骗排查治理工作，建立风险隐患等级从低到高的“绿黄橙红”风险管控名单。全市 460 处养老服务场所均未发现非法集资等诈骗行为。

（吴永庆）

老区建设

【概况】 晋江是国家认定的革命老区县（市），也是福建省重点革命老区县。全市有安海、内坑 2 个老区镇，老区分布镇（街道）11 个，老区（基点）村 92 个，其中老区行政村 52 个、老区基点村（自然村）40 个。老区总人口 20.3 万人。2022 年，有健在革命“五老”人员（老地下党员、老游击队员、老接头户、老交通员、老苏区乡干部）27 人、革命“五老”遗偶 133 人。

【老区建设扶持】 2022 年，晋江市出台《晋江市扶持革命老区村建设三年规划（2022—2024 年）》，将老区发展融入全市乡村振兴战略。争取上级优惠政策，11 个老区扶建项目获得各级补助6893万元；开展4次晋江市领导现场办公，投入600万元支持4个老区村19个乡村振兴项目，推进老区振兴发展；投入500万元扶持2个老区镇6个基础设施建设项目；给予东石镇塔头刘村、内坑镇黎山村等老区跨越发展重点帮扶村每村补助50万元。开展老区扶建项目验收工作，走访调研13个镇58个老区村109个项目，召开27场座谈会。

【老区医疗保障优惠政策实施】 2022年，晋江市实施革命老区医疗保障优惠政策，投入1106.5万元，为全市92个老区(基点)村33532名60周岁以上老人缴交城乡基本医保个人参保费用。

【革命“五老”人员生活保障】 2022年，晋江市调整提高革命“五老”人员定期生活补助标准，由每人每月2628元提高至2732元。革命“五老”遗偶每人每月由753元提高至798元。补助标准居全省前列。

【“老区精神”宣传】 2022年，晋江市老促会通过微信公众号、《晋江老区建设》小报，报道党和政府及社会各界为扶持老区村发展作出的努力和贡献，反映老区村的新风貌和老区人民的所思所盼所为。协助相关单位推动红色遗存保护利用，动员社会力量加大资金投入，做好红色遗址遗迹、红色场馆的日常维护和管理利用工作。支持“中共泉州中心县委展示馆”申报“弘扬老区精神传承红色基因示范基地”，支持安海镇仁寿村建设革命史迹陈列室。

(吴永庆)

慈善

【概况】 2022年，晋江市慈善总会通过完善日常募捐、定向捐赠、冠名基金、留本捐息、重大突发性灾难紧急募捐等，拓宽善款筹募渠道。新设立冠名慈善基金4个、基金1594.45万元，新增定向及日常捐赠6462.97万元。年底，全市设立冠名慈善基金200个、留本付息慈善基金61个，基金总额36.47亿元。

2022年，晋江市慈善总会永远荣誉会长王文默获第十二届“中华慈善奖”捐赠个人奖，安踏体育用品集团有限公司及鸿星尔克(厦门)实业有限公司获捐赠企业奖，慈善总会“移风易俗 捐资行善”慈善项目获慈善项目奖。慈善总会永远荣誉会长丁和木获首届“福建慈善奖”楷模奖，许清流、洪忠信、陈振川、苏国川4人获捐赠个人奖。晋江市政府授予洪维和、吴火炉、林天文、吴声彬、陈恭棹、王安邦、许寿妙、王建成“晋江市慈善世家”称号，授予萧庆良、施清岛、蔡文雄、柯文新、曾国信、苏永定、蔡世团、陈培星、曾如意、洪肇坚、洪建库、曾论水“晋江市慈善家”称号，授予何顺良、陈志鹏、陈省奎、丁德林、吴永贵、林策荣、蔡建忠、颜宏、蔡润泽、苏万年、洪连江、刘加业、洪春节、陈美双、王礼锻、邵胜妙“晋江市慈善大使”称号。

【慈善资金募集】 2022年，晋江市慈善总会募集慈善资金2.75亿元，投入慈善工程4.21亿元，帮扶困难群众3441人次。历年累计募集43.69亿元，投入慈善工程29.13亿元，帮扶18万多人次。

2022年，晋江市慈善总会销售公墓墓位576个，营业收入5369万元。截至12月31日，元丰公司退还慈善总会股东资本金600万元。全年发出传真催款单1000份、电话短信催款300个，催促到位善款5294万元，未到位善款8000多万元。

【慈善工程】 2022年，晋江市慈善总会“解困工程”救助贫困重病灾户850人，投入587.7万元。根据捐赠者意愿，“慈善公益项目”定向投入教育、卫生、老人福利等慈善公益事业40533万元。联合市老科协成立的老年义诊站，每月逢8日、18日、28日为老年人免费义诊。1—3月，开展义诊5次，服务老年人946人次。联合市妇联开展“两癌”特困妇女救助活动，在4—5月调查摸底的基础上，投入7万元，救助“两癌”特困妇女35人。5月5日，联合市妇联、市女企联开展2022年“浓情五月感恩母亲”母亲节活动，投入10万元，慰问贫困母亲100人。联合市委统战部开展“海西春雨行动”新春社会服务活动，投入5万元，为群众义诊送药、义赠春联，提供法律咨询、义务医疗、卫生咨询等，走访慰问贫困家庭39户。在晋江市科创新区项目、罗山市民广场项目、龙山寺片区项目及池峰路南延片区项目安征迁过程中，投入善款435.5万元，救助安征迁特困群众359户。联合团市委开展困难青少年帮扶活动，对在晋江居住一年以上的贫困新晋江人青少年调查摸底。投入10万元，走访慰问新晋江人青少年100人。联合市关工委开展爱心助学工程活动，投入344.25万元，扶助困难学生1173人。中秋节前夕，联合麦都食品有限公司为全市敬老院、福利院、育婴院、特教学校等弱势群体赠送月饼600盒，价值4万元。

【慈善慰问】 2022年元旦、春节期间，由晋江市慈善总会牵头，各镇(街道)联络组配合，分别到各村(社区)、企业慰问低保户、特困户、“五保户”、贫侨、下岗困难职工、在晋江务工人员等782人次，走访慰问社会福利机构8个，投入慰问金166.4万元。其中，晋江市慈善总会会长许连捷走访慰问晋江市育婴院、安海慈静敬老院。晋江市慈善总会荣誉会长许经波代表总会慰问龙湖尚善敬老院。晋江市慈善总会永远荣誉会长张道辉代表总会慰问金井山头敬老院及金井围头敬老院。晋江市民政局领导吴晋居联合市慈善总会领导慰问磁灶镇深垵敬老院。市慈善总会联合晋江市人力资源和社会保障局举办在晋务工特困人员春节慰问座谈会，慰问在晋务工特困人员90人。8月25日，联

2022 年 1 月 16 日，新塘街道乡贤王文默（右二）通过晋江市慈善总会定向捐赠港币 1 亿元　（图 / 晋江市慈善总会）

合晋江市见义勇为协会开展 2022 年度见义勇为助学活动，为见义勇为人员子女 18 人颁发助学金。

【婚丧喜庆礼金捐赠慈善公益事业】 2022 年，晋江市慈善总会倡导移风易俗，简办婚丧喜庆活动，节约礼金捐赠慈善事业，有 10 名理事会成员婚丧喜庆捐赠 16049 万元。其中，1 月 16 日，新塘街道乡贤王文默捐赠港币 1 亿元；1 月 22 日，磁灶镇乡贤吴连生爱子结婚，捐赠 300 万元；5 月 20 日，陈埭镇乡贤丁德林爱子结婚，捐赠 300 万元；6 月 26 日，安海镇乡贤陈永福爱子结婚，捐赠 500 万元；6 月 27 日，东石镇乡贤蔡文雄爱女返亲，捐赠 500 万元；9 月 9 日，安海镇乡贤苏永定爱子结婚，捐赠 500 万元；9 月 27 日，深沪镇乡贤蔡建忠爱子结婚，捐赠 300 万元；11 月 3 日，罗山街道乡贤陈培星孙子周岁，捐赠 500 万元；11 月 21 日，百宏集团施天佑、陈宏旭伉俪爱子结婚，捐赠 3999 万元；11 月 22 日，金井镇乡贤洪顶超爱女返亲，捐赠 1000 万元。该倡议自 2003 年提出，至 2022 年共收到婚丧喜庆捐赠 19.09 亿元。

【慈善文化宣传交流】 2022 年，晋江市慈善总会结合市慈善总会 20 周年纪念，联合市融媒体中心制作《民间慈善事业的“晋江样本”》专题片，编印《晋江慈善》信息专刊 14 期 1.4 万份。加强慈善总会网站管理，更新慈善信息和宣传内容，扩大慈善工作社会影响力。与各级新闻媒体联系，弘扬慈善先进典型，宣传报道晋江市慈善活动及慈善人物先进事迹 20 多条次。3 月 2 日，英林心慈善协会联合厦门市泉水慈善基金会、福建陈章辉福信慈善基金会、福建省南极光公益服务中心等慈善组织到晋江市慈善总会交流慈善工作经验；7 月 14 日，泉州市人大常委会副主任赖清正率检查组一行 17 人到晋江市开展《中华人民共和国慈善法》执法检查，到晋江市慈善总会调研；10 月 29 日，中国社会科学院社会学研究所一行 14 人在副所长王春光带领下到晋江开展“慈善、养老与共同富裕”课题调研，到晋江市慈善总会调研。

【慈善助残】 2022 年，晋江市慈善总会发挥社会保障体系补充作用，为 675 名特困残疾人配置轮椅、假肢，为 931 名失聪老人和儿童装配助听器，资助 1442 名特困白内障患者做复明手术，为 299 名特困残疾人与 100 名“五保户”援建住房。

【第 20 个“晋江慈善日”纪念活动】 2022 年 12 月 18 日，第 20 个“晋江慈善日”，晋江市慈善总会联合市老科协组织退休医生深入基层为困难群众开展义诊活动。在电视台播放“晋江慈善日”市长电视讲话。召开晋江市慈善总会第五届理事会第一次会

2022 年 12 月 18 日，晋江市慈善总会在理事会结束后，组织理事会成员参观“晋江经验”20 周年成就图片展　（图 / 晋江市慈善总会）

议，许连捷任第五届理事会会长，副市长陈传芳任监事长，黄嘉平任常务副会长兼秘书长，龚子猛任会长助理；组织理事会成员参观“晋江经验”20周年图片展。举办“潮涌新时代 奋进向未来”晋江市慈善文艺晚会，联合市融媒体中心制作《民间慈善事业的“晋江样本”》专题片。“晋江慈善日”期间，在《晋江经济报》及晋江电视台进行慈善系列宣传报道。

（林桂林）

民族事务

【概况】 2022年，晋江市推进民族团结进步创建活动，举办宣传活动20多场。联合省委统战部开展专题调研。推动民族乡村振兴发展，投入民族补助资金407万元，重点扶持一批学校、村（社区）项目。走访慰问少数民族代表人士、困难群众及西藏班学生等122户，引导市佛教慈善基金会帮扶少数民族贫困大学生16人。落实对口帮扶工作，拨款100万元支持霞浦县盐田畲族乡道路工程改造；支持华侨职校西藏班开展闽南文化研学实践。

【民族乡村振兴发展】 2022年，晋江市投入补助资金407万元，扶持陈埭镇岸兜村、内坑霞美畲族村、陈埭民族中学、金井岱峰中心小学等项目建设，推动民族村（社区）经济文化事业发展。春节期间，走访慰问少数民族代表人士、困难群众及西藏班学生等122户，发放慰问金6.55万元；金秋助学期间，引导市佛教慈善基金会为少数民族贫困大学生16人发放助学金8万元。落实对口帮扶工作，拨款100万元支持霞浦县盐田畲族乡道路工程改造。

【民族团结进步创建】 2022年，晋江市开展民族团结进步创建进机关、进镇（街道）、进学校、进企业、进村（社区）、进宗教活动场所“六进”活动，举办“铸牢中华民族共同体意识宣传月”、“喜迎二十大 福籽同心爱中华”民族团结进步宣传月系列活动、“民族团结一家亲，携手共度‘三八’节”、“巾帼普法暖人心 铸牢中华民族共同体意识”、“庆祝藏历新年”等活动，做法成效获省委统战部微信公众号刊发推广。支持华侨职校西藏班开展闽南文化研学实践，提升陈埭镇岸兜村、民族中学、回族史馆、宇踏公司4个少数民族服务窗口，为各民族群众交流、联谊、娱乐提供阵地。联合省委统战部开展“晋江经验”民族工作篇专题调研，调研文章获全省统战理论政策研究创新成果三等奖。

2022年1月13日，晋江市领导慰问晋江华侨职校西藏班学生

（图／晋江市委统战部）

【民族领域和谐发展】 2022年，晋江市建立“晋榴之家”民族团结进步服务中心，打造全省首个少数民族综合服务平台。春节期间，走访慰问外来少数民族困难群众。引导外来少数民族集中务工的企业开展语言培训及技能培训，每周举行升国旗仪式，逢节假日组织各项文体、文艺活动等。9月，指导公司举办2022年“无界山海 欢聚热爱”民族融合文艺晚会，为外来少数民族困难员工代表发放慰问金；引导企业实行结对子，在生产生活中，汉族员工“一对一”帮助少数民族员工融入晋江生活。调研少数民族工作7次，走访慰问相关企业20多次，深入了解外来少数民族务工群体工作生活情况。

（许美娟）

宗教事务

【概况】 2022年，晋江市坚持宗教中国化方向，挖掘宗教文化内涵，南天寺保护修缮项目获“2022年联合国教科文组织亚太地区文化遗产保护优秀奖”。落实“全面从严治教”，强化宗教场所规范化建设，完成宗教场所全覆盖安全检查3轮，完成标准化提升2022攻坚行动等8个专项行动，宗教领域和谐发展。

【宗教领域安全】 2022年，晋江市召开全市宗教领域安全工作会议，创新引进第三方安全机构，探索建立“场所自查＋团体督促＋镇街管理＋部门督导”机制，推进安全工作，完成宗教场所全覆盖安全检查3轮，完成标准化提升2022攻坚行动等8个专项行动。推进标准化提升2022攻坚行动、消防安全标准化达标创建、房屋安全隐患排查整治、消防安全隐患“回头看”整治攻坚行动等，夯实全市宗教领域安全基础。开展非法宗教活动排查整治，遏制非法宗教活动渗透蔓延；网络舆情处置工作经验在泉州市相关会议上作交流。在春节、清明节、“五一”国际劳动节、端午节、国庆节等法定节假日及“勤佛日”、腊八节等节庆期间，结合安全检查、防汛防台、工作调研，加强对场所在人防、物防方面防疫措施落实情况的检查督查。

【宗教场所规范建设】 2022年，晋江市落实“全面从严治教”，引导四大宗教开展“崇俭戒奢”主题教育。强化场所规范建设，指导推进龙山寺片区改造、西资岩寺务规范管理和规划提升等项目；贯彻落实《福建省宗教事务条例》，组织宗教界学习《互联网宗教信息服务管理办法》等法规并督促场所完善财务管理等制度，提升宗教领域规范化、制度化、法治化水平。注重宗教人才培养，指导基督教“两会”（中国基督教三自爱国运动委员会和中国基督教协会）换届，做好泉州市佛教协会、伊斯兰教协会换届人选推荐，推进宗教团体建设。

【宗教活动创新】 2022年，晋江市指导编撰《安海龙山寺金石拓片录》，配合中央广播电视总台拍摄大型跨境纪录片《伊路向东》，策划推进4个宗教文化展厅建设，指导龙山寺制作千手千眼观音360度全息影像视频柜并在省“福籽同心爱中华主题展”展出，南天寺保护修缮项目获“2022年联合国教科文组织亚太地区文化遗产保护优秀奖”。开展“喜迎二十大”系列活动，举办民族宗教界庆国庆集中升国旗仪式暨成果图片展，指导佛教界开展“一音在心”——弘一大师圆寂80周年纪念活动，引导宗教界围绕“解经、讲经、用经”中国化开展神学思想研讨等系列活动，面向宗教人士开展各类专题学习，铸牢共同团结奋斗思想基础。深化文明敬香创建工作，推进“一少三无一规范”（“一少”即少烧香，只敬一支或三支环保香；“三无”即无烧金纸、点蜡烛、放鞭炮等影响环境、安全行为；“一规范”即依法规范佛教、道教和民间信仰活动场所管理）。

【宗教事务管理】 2022年，晋江市组织宗教界学习贯彻中共二十大精神、全国和各级宗教工作会议精神，召开全市宗教工作会议。开展和谐寺观教堂创建活动，组织宗教界学习《宗教活动场所财务管理办法》，强化宗教活动场所财务管理工作，督促宗教活动场所开设银行账户，规范财务管理，落实民主议事、民主决策、财务公开制度，健全完善财务监督管理长效机制，维护宗教活动场所和信教公民的合法权益。落实《互联网宗教信息服务管理办法》，指导宗教团体、场所推进互联网宗教信息服务许可报批工作，规范宗教网络信息管理。贯彻落实《福建省宗教事务条例》，开展宗教理论政策法规宣教活动，学习《中国共产党统一战线工作条例》《中华人民共和国安全生产法》《中华人民共和国消防法》等法规政策。

（李少荣）

应急管理

综述

【应急联络会商联席会议】 2022年，晋江市定期组织召开全市应急救援联动会商会，全市42个应急救援联络会商会议成员单位参加会议。将应急管理工作贯穿于实现安全发展、和谐发展的全过程，提高应急处置能力，强化联动协作，提升晋江市综合应急救援水平。

【应急救援制度机制建设】 2022年，晋江市统筹整合应急救援力量，构建以消防综合性救援队伍为主力，以部门专业救援队伍为协同，以军队应急力量为突击，以社会救援力量为辅助的“大应急”力量体系。启用晋江市应急管理指挥信息平台，接入市安全生产、森林防灭火、防汛抗旱、地震信息发布、地质灾害、公安视频监控等11个系统，作为晋江市委、市政府处置各类安全生产、防灾减灾救灾等突发事件的“指挥中枢”。

【应急救援物资储备】 2022年，晋江市建立应急避灾点和避难场所487个、物资储备仓库3个，常年储备应急物资341吨，形成以晋南、晋北为中心的“两纵三横”应急物资调配网络，确保重要物资品类齐全、及时更新。

【应急预案优化管理】 2022年，晋江市优化市级应急预案体系，即1个总体预案、21个专项预案、66个部门预案，指导19个镇（街道）及经济开发区修编165个镇级应急预案，形成《晋江市应急预案资源库》。制定出台《晋江市安全生产应急救援联络会商工作制度》《晋江市应急救援现场指挥处置工作指南》《晋江市事故灾难现场应急处置工作方案》，明确各级各部门应急救援工作职责和责任分工。

【应急救援队伍建设】 2022年，晋江市按照“以消防综合救援为主力、以部门专业救援为骨干、以军队救援力量为突击、以社会救援力量为辅助”原则，建设覆盖市、镇、村三级的应急救援力量体系。发挥综合性消防救援队伍的主力军作用，配备专业消防救援人员292人、应急救援车辆36辆、各类器材装备6829件（套）；镇级设立专职消防中队10个，配备专职消防救援队员110人、救援车辆19辆；各类器材装备1200件（套）；村级设立微型消防站392个，兼职志愿者消防员2352人，配备器材装备14896件套。发展各类部门应急救援队伍，拥有企业消防、森林灭火、防汛救灾、地震和地质灾害、生产安全事故以及电力、通信、医疗防疫等专业救援队伍572支、7975人。以部队预备役为突击力量，定期会同武装部签订联勤联储联训协议，遇有特殊重大事故灾难时，调派参与抢险救灾行动。将晋江蓝天救援队、金刚救援队、晋江义务救援协会、围头水上救护队4支社会力量1000余名队员纳入应急救援体系，配备冲锋舟、橡皮艇、潜水套装、搜救犬、气动破拆、攀登绳索、消毒设备、无人机、AED（体外自动除颤器）等专业救援设备2000余件。救援类型涵盖水域搜救、建筑坍塌救援、自然灾害救援、道路救援等领域。

（孙伟兴）

安全生产监管

【概况】 2022年，晋江市围绕推进落实国务院安全生产十五条硬措施，细化实施符合晋江市实际的73条具体措施，聚焦重点领域、重点行业，推进安全生产“三年行动”、消防安全综合整治“雷霆”行动和安全生产大检查等专项行动。

【安全生产责任体系建设】 2022年，晋江市应急管理局牵头推进全市三年行动、大排查大整治、百日攻坚、“雷霆”行动、大检查等综合整治工作，分领域、分专题推进消防、道路、建筑施工、燃气、渔业船舶和水上运输、铁路沿线、景区和非景区景点等专项治理工作，融合推进标准化提升、监督执法、事故调查、宣教培训、应急救援、防灾减灾等重要业务工作，全市安全隐患风险“去存量、控增量”成效明显，事故指数大幅下降，扭转连续3年发生较大事故的不利态势，全市本质安全水平得到提升。

【安全隐患排查整治】 2022年，晋江市完善落实重点时段包片驻守、重要节假调度会商、重大问题挂钩整治、重难隐患督办跟踪等综合监管、综合协调工作机制，在全省率先建立“两委两办”（“两委”指市安委会、市消安委会，“两办”指市安办、市消安委办）协调融合机制，指导督促18个安全生产专项委员会、监管部门和属地政府落实安全生产和消防安全责任，全年组织各类督查考核活动25次，承接上级到晋江督导检查18次，协调解决重大问题、重难隐患205项。

【重点领域安全专项整治】 2022年，晋江市首次建立市政府领导干部年度安全生产重点工作责任清单，全面梳理防范化解重大安全风险73项细化措施，创新出台“三个一批”（整顿提升一批，关停取缔一批，退城入园一批）、出租分租申报核验、税负共治、停电约束等治理机制，优化调整安全生产专项委员会工作体系，厘清制定新的安全生产权责清单，完成鞋业产业消防安全风险评估，推动渔业船舶、水上运输、铁路沿线安全、道路交通等领域建立完善监管机制。

【安全生产行政执法】 2022年，晋江市落实“三合一”场所（住宿与生产、仓储、经营一种或一种以上使用功能违章混合设置在同一空间内的建筑）夜间打更巡查、消防安全委托执法、“镇街吹哨、部门集合”等监管执法机制，打击各类安全生产非法违法行为，在全省应急部门率先建立公检法部门安全生产行刑衔接协同配合机制。加大工贸、危化品等领域安全生产监管执法，办理各类安全生产违法行为案件121起、罚款800余万元。牵头做好安全生产行政执法事项赋权工作，做好晋江市应急管理局与19个镇（街道）行政执法事项赋权承接确认书签订工作，衔接做好晋江市应急管理局权责清单调整和行政处罚裁量基准修订工作。

【安全生产社会化服务】 2022年，晋江市推行安全生产专家驻点服务，实行年度专家派驻储备制度，整合和调动各中介机构优势力量，择优筛选15名专家纳入2022年度派驻储备库，根据年度重点工作安排和各相关单位的服务需求，统筹做好专家派驻服务工作。强化中介机构监管，结合实际调整工作思路，将完成泉州市告知登记的127家安全生产中介机构名单在“晋江应急管理”微信公众平台上进行公布，并组织对其中拟在晋江市执业的机构进行补充信息登记。加强安全生产评价机构执业行为监管，部署开展执业行为专项整治“回头看”工作。

2022年10月16日，晋江市崎山安全文化公园开园。图为开园仪式后，工作人员向群众开展安全宣传教育

（图／晋江市应急管理局）

【安全生产标准化创建】 2022年，晋江市在全省率先实施“安全管家”托管服务，引导69家第三方安全专家团队入驻企业，带动企业开展安全生产标准化提升，全面完成16962家企事业单位安全生产标准化创建，培植重点行业标杆企业434家，推动7374家企业建立落实可视化现场管理模式，全省、泉州市安全生产标准化提升现场推广会先后在晋江市举办，经验做法得到上级肯定推广。

【安全生产宣传教育】 2022年，晋江市盘活安全生产宣教培训基地，建成崎山安全文化公园，并获评省“五个一百”安全应急保障提升工程优秀项目。打造线上“晋江应急管理”微信公众号和“云课堂”安全宣教培训平台，开展线下“6•16”安全宣传咨询日、安全宣传演练进企业等系列宣传培训活动，全市组织专题研讨、集中宣讲、培训辅导等71场，参与3682人次，直播课观看2万人次。线上线下组织生产安全、防汛防台、火灾扑救、工程抢险等技能拉练与培训演练9972场次，参与30多万人次。

（孙伟兴）

防汛抗旱

【概况】 2022年，晋江市开展防汛备汛工作，核查调整市、镇、村三级和水利工程等各级各类防汛责任人1926人，培训防汛责任人801人次。组建市、镇、村三级防汛抢险队伍552支、9685人。编制《晋江市抗旱应急预案》，统筹修订镇（街道）防汛抗灾工作预案 19 个、村（社区）防汛抢险救灾应急预案 399 个。在泉州市率先推进基层防汛能力标准化全覆盖建设。应对 4 次台风影响、5 轮强降雨和强对流天气过程，自然灾害领域保持“零伤亡”。

【汛期隐患排查整治】 2022 年，晋江市按照“汛前排查、汛期巡查、汛末核查”的工作要求，递进开展防汛安全隐患属地自查、行业排查、部门联查工作，建立防汛风险隐患“四个清单”，制定城区易涝点“一点一策”，按照“边整改、边查摆”的方式，实行清单“销号”闭环整改。

【避险转移演练】 2022 年，晋江市组织开展市级防汛综合演练、行业防汛应急演练 108 场，参与 7143 人次；各镇、村两级开展演练 209 场，参与 3274 人次，其中有转移避险任务村 125 个、291 户、661 人村级危险区域群众实现自主转移避险演练全面覆盖。

【自然灾害避灾点建设】 2022 年，晋江市将自然灾害避灾点提升列入 2022 年为民办实事项目，向偏远易受灾及人口较为密集地区倾斜，确定安海镇西门村、东石镇梅峰村、磁灶镇下灶村、英林镇柯坑村、钞井村及深沪镇华山村 6 个自然灾害避灾点巩固提升工作为 2022 年为民办实事重点对象，投入 30 万元，完成晋江市级验收工作。

（孙伟兴）

防灾减灾

【概况】 2022 年，晋江市提升全市防灾减灾救灾能力，筑牢防灾减灾救灾安全防线，加快完成市应急指挥平台主体建设、完善应急物资协议储备更新制度、建立市（镇街、村）救灾物资储备网络等。支持社区加强综合防灾减灾能力建设，指导罗山街道华泰社区获评 2021 年度全国综合减灾示范社区。

【防灾减灾保险补助】 2022 年，晋江市增强群众抵御自然灾害风险能力，创新政府减灾救灾机制，健全和完善市自然灾害救助体系，发挥保险机制在减灾工作中的作用，帮助受灾群众提高灾后重建住房与自我救助能力、资金能力。与中国人民财产保险股份有限公司晋江市分公司签订 2022 年度农村住房保险与自然灾害及公共责任险，投入 500 多万元。

【防灾减灾宣传】 2022 年，晋江市组织各镇（街道）和减灾委有关单位开展 2022 年全国防灾减灾日专题活动、国际减灾日活动等宣教活动，在 5 月 12 日会同有关部门组织开展走进防震减灾科普馆防震减灾线上直播活动。12 月 22 日，承办省普查办普查媒体八闽行“进企业”活动。督促指导 18 个获评“全国综合减灾示范社区”的社区夯实防灾减灾基础设施等措施，提升社区综合防灾减灾能力。

（孙伟兴）

地震应急管理

【概况】 2022 年，晋江市地震办坚持预防为主、防御与救助相结合的方针，提高防震减灾业务能力和水平，推动防震减灾事业发展。被福建省地震局评为“2022 年度全省市县防震减灾工作综合考评先进单位”。

2022 年，晋江及近海地区发生 ML≥1.0 级地震 3 次，其中 ML1.0—1.9 级地震 2 次，均发生在晋江海域；ML2.0—2.9 级地震 1 次。

表 15

2022 年晋江市地震事件统计表

序号	日期	时间	纬度(°)	经度(°)	深度(千米)	震级(ML)	参考地名
1	2 月 1 日	14 时 29 分 45 秒	24.421	119.019	16	1.1	晋江海域
2	7 月 5 日	02 时 57 分 19 秒	24.478	118.877	10	1.1	晋江海域
3	11 月 28 日	18 时 55 分 01 秒				2.0	福建晋江金井台（s—p11.1s）

（洪秀叉）

【地震预警信息发布】 2022 年，晋江市地震预警终端发布地震预警信息 10 次，均为蓝色等级预警信息，分别为 3 月 23 日 1 时 41 分台湾省台东县海域 6.6 级地震，5 月 9 日 14 时 23 分台湾省花莲县海域 6.2 级地震，6 月 20 日 9 时 5 分台湾省花莲县 5.9 级地震，9 月 17 日 21 时 41 分中国台湾省台东县 6.5 级地震，9 月 18 日 13 时 19 分台湾省台东县 5.7 级地震，9 月 18 日 14 时 44 分台湾省花莲县 6.9 级地震，9 月 18 日 16 时 46 分台湾省花莲县 4.9 级地震，9 月 19 日 10 时 7 分台湾省花莲县 5.7 级地震，10 月 11 日 3 时 24 分台湾省花莲县海域 5.6 级地震，12 月 15 日 12 时 3 分台湾省花莲县海域 5.9 级地震。发布地震速报信息 1163 条，其中国内地震速报信息 777 条、国外地震速报信息 386 条。

【地震监测台站巡检维护】 2022 年 2 月，晋江市地震办建立地震监测台站巡查制度，加强各台站监测环境和监测仪器的巡检维修工作，每月至少 1 次前往台站进行巡查，检查范围包括供电线路、仪器运行、传输系统及周边环境，检查清洗雨量筒，并对台站卫生进行打扫、消杀等，确保仪器运行正常，水位、水温 2 个主要观测资料质量连续、可靠，全年资料齐全。

【宏观观测网络完善】 2022 年 7 月，晋江市在抗震设防 8 度区的金井镇新设立1个动物地震宏观观测点——峻富林牧生态有限公司，该公司主要饲养晋江马、孔雀、牛、羊、鸭、鸽子、火鸡等动物。晋江市有宏观观测点3个，为震前及时捕捉短临异常、正确判定震情趋势提供依据。

（易 筠）

【观测资料分析应用】 2022年，晋江市地震办做好震情跟踪分析工作，实地核实监测数据异常情况，完成地震趋势月会商、年中会商和年度会商工作，参与上级地震部门组织的会商交流会。青阳、深沪和安海监测井水位数据完整率均100%，水位固体潮波形光滑，日变形态清晰。青阳监测井水温数据完整率100%，全年呈平稳上升形态；深沪监测井水温数据完整率99%，全年呈震荡上升形态；安海监测井水温数据完整率100%，全年呈平稳震荡变化形态。9月，在全国2021年度地震监测预报观测资料质量评比中，深沪、安海监测井的水位测项获二等奖；10月，在2021年度地震监测预报工作质量全省统评中，青阳和深沪监测井水温分别获第二名、第三名，深沪监测井水位获第三名，台网产出与应用系列获第三名。

（洪秀义）

【地震应急避难场所建设管理】 2022年2月，晋江市抗震救灾指挥部办公室建立地震应急避难场所巡查制度，每季度组织应急、教育、地震部门联合抽查部分避难场所，并将检查发现的问题通报各镇（街道），督促整改落实。8月，完成远华中学、季延中学（英墩校区）2个Ⅲ类避难场所升级改造为Ⅱ类避难场所工作，并通过泉州市地震局验收，避难面积拓展1.1万平方米。10月，在安海、磁灶、英林3个镇新建成5个Ⅳ类避难场所，新增避难面积1.5万平方米。

【地震应急响应与演练】 2022年11月，晋江市地震办联合磁灶镇政府在磁灶中学开展应急避难场所启用演练活动，磁灶镇地震应急救援志愿者中队、磁灶镇卫生院、晋江市义务救援协会及磁灶中学师生参与演练。重点对地震发生后学校组织应急疏散、应急供水和应急厕所等各功能设施启用、临时指挥部等功能帐篷和灾民帐篷的搭建、紧急救护等内容进行演练。

（单洪海）

【防震减灾科普宣传】 2022年，晋江市地震办以全国防灾减灾日、新生入学等时段为契机，开展应急疏散演练、专题讲座等形式的防震减灾知识宣传进机关、进学校、进社区活动。参与有关部门、镇（街道）组织的宣传活动，向群众发放地震科普宣传资料。全年开展宣传活动16场次，参加约1.3万人次；防震减灾科普体验馆接待参观者7.9万人次。动员群众参加泉州市第二届防灾减灾知识视频讲解比赛。在地震灾害类视频讲解比赛中，有29人获奖，其中一等奖3人、二等奖8人、三等奖9人、优秀奖9人。

（张春涛）

2022年8月2日，毓英中学组织学生参观金井石圳防震减灾科普体验馆（图／晋江市地震办）

森林消防

【概况】 2022年，晋江市应急局立足森防办平台作用，抓实抓细森林防灭火各项工作.规范值班值守。建立森林防灭火专项值班制度，保证24小时在岗在位，执行火情“零报告”，下发全市森林火灾信息流转流程，督促各级按照规定时限，做好森林火情的上传下达。提前物资储备。在原有物资储备的基础上，持续投入40万元专项资金，采购救援器材、防护服、扑火装备，保障重点时段应急物资供应。构建联动战线。通过上下应急力量联动机制，第一时间调度晋江市森林消防大队出警处置各镇（街道）野外火情，统筹消防救援大队、蓝天救援等多支救援力量，结合队伍装备配备，专业能力水平、救援安全风险等客观条件，合理安排救援任务，发挥好各方救援力量作用。

【森林防灭火体系建设】 2022年，晋江市结合气候情况及群众出行特点、重点时段，分析研判全市森林防火形势，定期召开会议研究部署森林防灭火工作，加强全市森林防灭火的组织领导，落实宣传发动、设卡盘查、山体巡查和应急处置等各项工作措施。加强应急、林业、公安、气象等部门间业务衔接，发布森林火险预警信号，根据天气情况，发布春季、清明节、夏季、秋冬季等高火险时段森林防灭火工作通知要求，严禁野外用火，加强火源管控。组织开展全市今冬明春、清明期间、秋冬季森林防灭火专项督查，掌握镇（街道）森林防灭火工作的开展情况，督促指导镇（街道）野外用火、山林巡查、林下可燃物隐患整改等制度落实。根据机构设置、人员变动情况和工作需要，调整市森林防灭火指挥部组成单位和人员；调整修订全市森林火灾应急预案，健全完善市、镇、村三级森林火灾应对指挥体系。

【森林防火巡查管控】 2022年，晋江市协调林业部门发动市、镇两级专职护林员100人，按照网格化管理，巡查各山脉、林地、坟地集中区、登山通道、林缘周边等重点部位，利用森林防火视频预警监控系统、智能语音卡口，对山体及其周边火情及人员信息实行24小时监测，确保可以第一时间发现处置火情。在清明节期间，临时聘用保安人员190人，充实巡查管控力量，结合市森林消防大队、市专职护林员、镇级联动队，强化市、镇两级森林设卡检查、防火巡查、火灾扑救等工作；在中秋节、国庆节、春节等重要时期，组织市森林消防大队开展携装巡护，增强重点时段全市森林资源防护能力。

【森林防灭火宣传教育】 2022年，晋江市组织市森林消防大队队员开展日常体能训练。采取"双盲"（不通知参演单位演练时间、地点和演练内容）演练形式，组织开展"红盾—2022"全市森林灭火综合演练，提升森林火灾应急响应和扑火队伍协同作战能力；结合假期民俗、群众出行特点，开展2022年元宵期间森林防火联合宣传活动；按照国家森林防火指挥部的统一部署，组织7期国家森林草原防灭火业务大讲堂培训活动。联合晋江市林业园林局、灵源街道办事处，邀请泉州市森林消防大队派员参加，开展2022年元宵期间森林防火安全宣传现场活动；制作3个森林防火公益短片，利用晋江电视台、抖音、楼宇广告、宣传车、宣传喇叭等渠道，开展森林防火宣传。

（孙伟兴）

消防救援

【概况】 2022年，晋江市消防救援大队下辖7个消防救援站，编制74名（干部25人、消防员49人），另有政府专职消防队员（含工勤人员）184人，消防文员29人，消防服务中心12人，消防勤务中心6人，全队伍总人数305人。全市有执勤车辆36辆，配备各类消防器材6444件（套）。

2022年，全市消防救援队伍接处警5188次，出动消防车7146辆次，出动消防员4.48万人次，抢救被困人员447人，疏散被困人员224人，抢救财产价值1.2亿元。其中，火灾扑救1915起、死亡1人、受伤3人、财产损失2739.19万元，火灾四项指数分别比2021年下降33.6%、下降66.7%、下降25.0%、上升0.7%，火灾起数在泉州市的占比从2021年的34.7%下降到29.8%。

2022年2月16日，晋江市组织开展2022年元宵节期间森林防火主题联合宣传活动。图为工作人员向群众演示森林消防用具用法 （图／晋江市应急管理局）

2022年，晋江市消防救援大队在全省率先成立事业编制消防救援勤务中心、率先在镇（街道）建立专职防火队并完成赋权执法，创新税负共治、小火快处等火灾防控机制，探索"一分四定"（分编成，定岗、定位、定车、定班组）初战模块编程改革，完成全省消防装备数字化建设试点工作。大队被全国创建青年文明号活动组委会认定为"一星级全国青年文明号"，在2022年度泉州市消防救援支队灭火救援实战化竞赛中取得团体总分第一，在晋江市人大常委会"一法一例"执法检查审议意见研究处理情况测评获"满意"，多项工作被《人民日报》等媒体报道。

【消防安全责任落实】 2022年，晋江市消防救援大队提请晋江市政府出台《晋江市贯彻落实泉州市进一步强化消防安全责任制落实坚决防范重大火灾风险若干措施的工作方案》，明确党委、政府及部门消防工作责任。晋江市召开5次市委常委（扩大）会、1次市政府常务会、3次专题会、5次会商会，研究部署消防安全工作。晋江市委、市政府主要领导对消防安全工作作出批示143次，带队深入镇（街道）检查消防工作12次。市消安委办与市安办加强在工作统筹、会议调度、驻守督导等方面的深度融合，联合发文2份、召开会议5次、驻守督导7轮，检查发现问题隐患396处。

【消防重点整治】 2022年，晋江市消防救援大队开展"雷霆"行动、消防安全百日攻坚行动、生产经营租住场所、电气火灾隐患等专项整治工作，摸排各类生产加工场所21829家，整改隐患87485处，整改率100%；查封3295家、取缔关闭2023家，限期整改21507家，行政拘留125人，刑事拘留3人，罚款321.53

2022 年 7 月 18 日，晋江市消防救援大队消防监督员到宝龙商场开展大型综合体消防安全检查 （图 / 晋江市消防救援大队）

万元。市主要领导挂帅指挥，统筹协调陈埭镇区域性消防安全问题整治工作，排查企业 7867 家，整治隐患 2.02 万处；开展鞋材行业消防安全调研，形成调研报告；核验备案出租分租企业 4524 家；筹划建设 6 个标准化工业园区；打造陈埭镇鞋服产业链安全生产数字化管控平台，建立线上安全隐患销号系统。市政府成立调查组全面调查 5 起火灾事故，移送司法机关 8 起、行政拘留 1 人，1 人犯重大责任事故罪判处有期徒刑一年两个月，1 人因涉嫌失火罪被检察院批捕。创新“小火快处”工作机制，联合惩处 100 起生产经营性小火灾事故房东、企业主。

【火灾防控】 2022 年，晋江市消防救援大队在全省率先成立晋江市消防救援勤务中心，核定事业编制 15 名，招录 6 人，该项工作被泉州市推广。建立镇（街道）专职防火队 20 支、157 人，检查各类场所 18946 家。市财政划拨 200 万元给予 20 个镇（街道）、经济开发区专职防火队 5 万—29 万元的补贴。印发《“十四五”期间基层消防队站建设方案》，新建和改造升级 8 个城市消防站，新建和达标建设 5 支乡镇消防专职队。晋华、内坑消防站完成进驻。落实镇（街道）消防赋权执法，下放 16 项消防行政执法事项至镇（街道），并对镇（街道）赋权执法进行业务指导，推行党建引领基层现代化治理，将消防巡查、隐患查改、宣传教育纳入基层网格员职能。适应“全灾种、大应急”的职能定位，立足晋江市大厂房大空间大跨度等实际情况，推进练兵工作改革转型。

【消防宣传培训】 2022 年，晋江市消防救援大队印发《全市消防安全大培训工作实施方案》，组织全市公务员培训 2 场，面向“一警六员”[社区公安民警和中央在京单位执勤武警；各街道、乡镇政府、村（居）委会基层工作人员；安全生产巡查员；物业服务企业职员；保安员；消防安全重点单位及餐饮、娱乐等火灾高风险场所职员；微型消防站、义务消防队和社会志愿力量等多种形式的消防队员]及社区独居老人开展消防宣传 112 场，培训人员 1 万余人次。试点建设大队级宣教站，打造“官方抖音、微信公众号”和重点人群微信群、微信朋友圈等载体，发送图文、视频信息 300 余条，获点赞 34.2 万个。开放应急消防科普教育基地（省级）、池店镇消防科普教育基地、崎山消防主题文化公园及消防救援站，接待 160 批次 2 万余人次参观学习。分类制作照射剂鞋服等消防安全警示教育片，播放 50 余次，观看 5000 余人次。

（蔡丽萍）

青阳街道

【概况】 青阳街道位于晋江市区，东与陈埭镇接壤，南接罗山街道，北与梅岭街道相邻，辖域面积约11平方千米。2022年，辖14个社区，户籍人口6.89万人，常住人口约11万人。2022年，青阳街道获福建省第七次全国人口普查突出贡献集体奖，打造阳光社区、青华社区、永丰路3个泉州级"党建+"邻里中心，城乡人居环境卫生考评综合成绩排名全市第三。

【经济发展】 2022年，青阳街道完成限额以上批发零售业销售额634.27亿元，比上年增长3.3%；固定资产投资5.6亿元，比上年增长31.8%；住宿餐饮业营业额8.02亿元，比上年增长9.56%；财政收入10.8亿元，保持全市前列。打造产业生态，推动洪山文创园、宝龙广场、利郎创意园和金融广场等区域有机融合。洪山文创园入驻企业和机构189家，完成改造面积20.69万平方米，利郎创意园入驻"小红人"等多家高端餐饮机构。策划打造高阳夜市，阳光夜市日均人流量1万人次，成为泉州、晋江网红打卡点。完成莲屿街道路综合改造和立面改造，以闽南美食小吃为主题特色的古街闹市再现往日繁华。继续打造长兴路"品牌特卖一条街"，利郎特卖会实现销售收入1.4亿元。组织开展银企对接，协助31家中小微企业获授信贷款800万元；协助企业整改安全隐患727条，组织专家上门服务404人次。配合有关银行化解31家企业不良贷款1.8亿元，不良贷款率保持在合理区间。

【城市建设】 2022年，青阳街道坚持"点线面"结合，对环境卫生、经营秩序、停车秩序等重点领域进行全面整改，开展违规饲养家禽家畜和废品收购站整治行动。实施基础设施修补，提速水环境整治，社区生活污水管网改造项目完工8个；完成洪宅垵、青新、曾井3个社区的自来水改造，总投资266万元。深化河长制工作，聘请第三方排查机构对普照溪沿线两侧社区开展溯源排查，涉及185个排水口，全部完成整改；宝龙国际、中骏·云景台2个小区完成雨污混流整改。推进"厕所革命"，在普照、高霞、莲屿社区新建成3座公厕，总投资约58万元。完成莲屿街、莲溪路、莲园路、翰林路4条道路提升改造工程，总投资约417万元。实施老旧小区改造，引入愿景佳园公司在全市率先推行老旧小区"改管运"一体化模式；实施53个老旧小区改造项目，总投资1.2亿元，改造完成16个；完成20个老旧小区的物业确权工作。实施片区更新改造，完成阳光、莲屿2个片区的微更新、微改造，总投资3000万元；系统推进片区内的老旧小区改造、景观提升、缆线整治、道路改造等一批项目，成为全市片区微更新、微改造的示范样板。

【民生事业】 2022年，青阳街道实验小学莲屿分校开班，分流主校区近600名学生；艺术实验幼儿园莲屿分园、力高·君誉中央楼盘配套幼儿园完成二次装修，增加优质学前教育学位630个；晋江一中校董会和校友总会完成换届，全年发放奖教奖学金600多万元。加大对社区卫生服务中心的资金投入，依托"党建+"邻里中心和党群服务中心建设，在青华社区试点智慧养老、"物业+养老服务"模式。指导社区壮大集体经济，11个社区（新型社区除外）集体经营性收入合计3512.54万元，总量及平均收入位居全市第一。陈村社区与新佳园公司签署金融广场4号楼租赁合同，增加社区集体经济收入2500万元。发放城乡低保金、特困人员救助供养金、用电优惠金及80岁以上低保老年人高龄补贴合计159.4万元；办理被征地养老保险业务877人次，新增享受城乡居民社会养老保险人员475人，批复危房翻建申请17宗。完善文体服务设施，筹资220万元，建成5个美丽乡村庭院、5个美丽乡村微景观。开展“三下乡”活动3场、“我们的节日”活动8场、全民健身活动2场。

【社会治理】 2022年，青阳街道建立网格快速穿透落实机制，设置一级网格14个、二级网格91个、三级网格135个。配齐一级网格长、二级网格长110人，各级网格员294人。推进“六守六无”平安创建，发生刑事案件618起、治安案件251起，比上年分别下降11.7%和38%；开展扫黑除恶专项整治行动，破获涉黑恶九类案件17起。青新社区获评“五星级平安社区”，4家企业获评“五星级平安企业”。开展防范治理电信网络诈骗、黄赌毒等专项行动，安排60万元专项资金，建设禁毒宣教室。运用“三张清单”排查隐患105项，实施“红橙黄蓝”动态监管。开展消防综合整治“雷霆”行动，排查场所2519家，发现隐患问题3831个、查封76家、罚款14.1万元。化解风险隐患问题17个，调解矛盾纠纷183起。受理劳动争议纠纷案件846起，涉及1618人。

【党建引领】 2022年，青阳街道开展中共二十大精神主题宣传活动16场次，开展理论进基层宣讲14场次。推动阳光、青华、永丰路3个泉州级“党建＋”邻里中心建成投用；打造利郎文创党建项目，将人才工作室、利郎党建馆、利郎文创园、“红色车间”、文体活动室串联成线；试点推行党员楼长制、党员街长制，创新阳光夜市管理模式。加强作风建设，坚持抓早抓小，处置有关问题线索22条，使用“四种形态”处置32人次。做好基层末端监督，围绕移风易俗、社区集体资产收入登记等主题开展监督检查12场次，发现并推动解决问题38个。完成18周岁青年兵役登记，超额完成上级下达的征兵工作任务。做好群团工作，建成青华、陈村、阳光3个人大代表联系群众活动室，完成青阳商会、教育基金会等6个商协会换届工作。

【项目建设】 2022年，青阳街道有市级以上重点项目35个，涉及教育、民生、房产、工业技改等项目，年度计划投资41.9亿元。实际完成投资59.52亿元，完成年度计划的142%。策划生成19个增量产业项目，总投资20.62亿元。新增招商签约项目14个，总投资129亿元。

2022年10月1日，青阳街道南片人大代表联系群众活动室揭牌仪式在陈村社区举行　（图／青阳街道）

【楼宇经济】 2022年，青阳街道有商务楼宇118幢，分布在10个社区，入驻业态以金融服务、商贸服务、餐饮酒店及科技服务类企业为主。金融广场2022年完成注册金融企业169家，资金规模128.39亿元，贡献税收5796.55万元。渤海银行泉州晋江支行、恒丰银行泉州晋江支行2家金融机构入驻金融广场。

（张国荣）

梅岭街道

【概况】 梅岭街道地处晋江市北部，位于晋江市区核心区，东与陈埭镇接壤，北与池店镇相邻，西邻西园街道，南接青阳街道。梅岭街道因处于青梅山与岭山交界处而得名，地形自西向东稍微倾斜，地势较为平坦，辖域面积11平方千米。2022年辖15个社区，户籍人口7.63万人，常住人口15多万人。街道拥有国家AAAA级旅游景区——五店市传统街区，绿洲公园、晋阳湖公园、江滨公园、竹树下公园、教委公园、桂山公园、敏月公园、八仙山公园、体育公园和崎山公园十大公园，晋江荣誉大酒店、荣誉国际酒店、宝龙大酒店、爱乐国际酒店四大星级酒店和世茂御龙湾、万达城市广场、格林春天、中航城四大城市综合体。中心城区集文化、旅游、购物、休闲、娱乐、商贸服务为一体的“万五商圈”“世茂商圈”“聚兴商圈”三大商圈、“酒吧一条街”“中华品牌街”等5条特色街区。辖区有完中校1所、初中校1所、小学7所（其中市直小学1所）、特殊教育学校1所、幼儿园19所（其中市直幼儿园1所、街道直属公办幼儿园3所、社区开办幼儿园1所、民办幼儿园14所）。梅岭街道曾先后获评“中国绿色名街”“福建省社会管理综合治理先进集体”“第十三届、十四届省级文明单位”“泉州市先进基层党组织”等。

【经济发展】 2022年，梅岭街道限额以上批发零售业销售额497.96亿元，比上年增长18.25%，营业额贡献率排名全市第三；限额以上住宿餐饮业营业额10.33亿元，比上年增长12.19%，营业额贡献率排名全市第一；全社会固定资产投资额7.55亿元，比上年增长20.75%。全年财政总收入63795万元，本级收入32458万元。开展“千名干部进千企，一企一策促发展”专项行动，街道挂钩领导走访企业232家次，收集化解企业问题28个。建立“四上”企业及重点项目科级领导挂钩帮扶机制，街道17名党政领导分别挂钩232家规模以上工业企业、限额以上商贸企业、“小升规”企业，按“日反馈、周调度、月通报”对企业问题实行“闭环式”管理，协同市直挂钩服务责任部门，面向企业做好政策宣传、信息互动、企业服务。开展优惠政策宣讲活动6场次，政银企对接5场次，集中开竣工活动3场次，表彰企业123家次，分发惠企政策文件汇编、宣传材料1500份，扶持85家企业申请参展、房租、纳统等优惠政策补助760.21万元。第三产业提档加速。“三大商圈”成形，推进五大特色街区建设。支持引导万达写字楼、世茂写字楼、永晟金融广场、报业大厦、乔丹中心等商务楼宇发展，稳步推进乐臣电商直播、同伦拍拍司法辅助等平台建设。万达写字楼、五店市招商入驻品牌商家分别为369家、100多家，招商入驻率分别为95%、90%。中华品牌街招商入驻柒牌、九牧王、乔丹、Rookie等10多个国内外品牌商家40多家，曼哈顿国际酒吧休闲街区入驻品牌商家243家。

【城市建设】 2022年，梅岭街道融入“一三一三七”发展格局，坚持统筹城乡、新旧并举、产城融合，以“新城建”理念，统筹城市发展、产业植入、业态提升，成立梅岭中片区项目指挥部，抽调40名干部职工组建成建制单位，推进征迁各项工作。坚持全域创建、全程创建、全民创建，推进全国文明城市“3个周边提升、4个专项整治和5个特别行动”，集中力量解决农贸市场、老旧小区、市容市貌等一批重难点问题。整治流动摊点15124起、出店经营8812家、乱堆乱晾4683处、共享单车占道49处，拆除违建20宗次2996平方米。在2022年度全国文明城市年度考评中，完成上级交付的任务。优化中心城区路网布局，推动梅园路—石鼓路、双龙路—晋宁路、双龙路—世纪大道3座人行天桥建成投用。实施“品质提升”配套工程，完成聚兴、仙格、梅龙、竹苑等安置小区消防改造，推进2021年、2022年老旧小区改造26个项目，改造完工小区20个。开展农村生活污水工程建设，推动梅山、竹树下农村生活污水工程完成初验，加快岭山农村生活污水建设，污水网管接户率89.43%。停车难、噪声扰民、占道经营等一批城市顽疾逐步破解。开展污染防治攻坚战和蓝天保卫战，推进河湖长制标准化建设，抓好省级生态环境保护督察6件信访问题整改，狠抓餐饮油烟污染、噪声扰民、违法排放污水等治理工作。辖区主要污染物排放总量控制均在市下达目标任务内，生态环境质量持续提升。

【民生事业】 2022年，梅岭街道推进城乡低保和特困人员提标扩面，纳入低保对象101户156人、特困对象17人，发放低保特困补助金163.1万元，为179人次困难群众申请临时救助金32.29万元。纳入“四帮四扶”工程家庭4户，帮就医15.65万元，帮就学5.7万元。发放困难残疾人“两项补贴”、残疾人生活保障金、残疾儿童康复救助金、一户多残生活补贴等170.87万元。落实特殊儿童基本生活保障，发放散居孤儿及事实无人抚养儿童基本生活补助3.46万元。走访慰问重点优抚对象、困难退役军人70人次，发放慰问金7.72万元，解决退役军人的就业、住房以及养老病困等问题9件。核实发放高龄补贴623人36.39万元。推进第二实验小学梅岭校区、心养小学二期、华侨中学改扩建等9个教育基建项目，新增学位450个；推进龙华康复医院建设，引进厦门眼科中心晋江分院项目；推动完成15个社区48个涉及道路交通、环境整治、景观提升等方面的社区民生项目。打造“菜篮子”民生工程，创建福农驿站——许厝农贸市场，提升崎山敬老院、竹园老年人活动中心、梅青养老照料中心配套，成立梅岭街道未成年人保护工作站；梅青社区与市妇联白兰花驿站、团委青少年服务平台合作，开展四点钟学校、青少年读书会等；许厝社区引进第三方机构开

2022年6月8日，梅岭街道未成年人保护工作站在梅庭社区正式挂牌成立

（图／梅岭街道）

设青少年兴趣班、与福寿康合作为老年人提供日常巡诊、上门护理等服务；梅庭社区拓展社会组织孵化中心功能，实现老有所养、幼有所育、民有所食、病有所医、事有所便、住有所居6项服务。

【社会治理】 2022年，梅岭街道推进房屋安全排查整治工作，排查经营性自建房506栋，其中拆除重大安全隐患房屋1栋，完成一般安全隐患整改房屋1栋、一般安全隐患钢结构房屋复查69栋、一般安全隐患50年及以上老旧房屋加固55栋。开展安全生产隐患大排查大整治、“三合一”场所、燃气行业安全隐患和道路交通安全隐患等专项行动，排查生产经营单位17245家次，整改安全隐患4098处，查封“三合一”生产经营场所29家，行政罚款16万元。督促指导生产经营场所新增安装消防喷淋135家、独立式烟感报警器584家、电线穿管106家、电动车集中充电场所2370处。督促209家工贸企业完成标准化创建，打造福建省好兄弟体育用品有限公司、金苹果（中国）有限公司、晋江市顺超鞋服有限公司、泉州科图森家具有限责任公司、福建省晋江市华帝鞋服有限公司5家标杆示范企业。推进防诈骗工作，立诈骗案件206起，比上年下降29.5%。治理毒品问题，改造提升梅岭街道社区戒毒社区康复综合中心，建设平山实验小学毒品预防教育展厅及5所中心学校禁毒宣传园地，出台涉毒线索举报奖励措施，打击涉毒违法犯罪，破获贩毒等涉毒刑事案件8起8人，查处涉毒治安案件6起6人。5月底通过泉州市禁毒委员会检查验收。开展打击黄赌违法犯罪、“飓风肃毒”等专项行动，加大对辖区治安乱点的整治力度，立刑事案件571起，破案402起，破案率73.7%，抓获网上在逃犯罪嫌疑人41人，查获黄赌案件172起358人。

【党建引领】 2022年，梅岭街道启动党建引领基层网格管理工作，推进“划格、选人、定责”工作，划分一级网格15个、二级网格93个、三级网格210个；建成15个一级网格服务中心，推进93个二级服务站阵地建设；配备一级网格员121人、二级网格员352人、三级网格力量336人，推动街道干部职工真下沉、包社区、进网格。推进“一标三实”工作，做实“＋网络”基础工作，以“小网格”推动“大治理”。推进“党建＋”邻里中心建设，丰富充实“1＋6＋N”服务，建成5个“党建＋”邻里中心。梅青、许厝社区获评晋江市社区型“党建＋”邻里中心示范点，接受各级调研参观30多次，相关做法被“晋江组工”微信公众号、晋江电视台报道，经验案例被纳入晋江市“党建＋”邻里中心汇编，许厝社区“党建＋邻里中心”获得泉州市2022年度“党建＋”邻里中心四星级评定、梅青社区“党建＋”邻里中心获得泉州市2022年度“党建＋”邻里中心三星级评定。以“支部建到网格”为抓手，优化基层党组织结构布局，推动11个社区升格党总支，设立网格党支部74个。对街道113名社区干部、24名社区专职工作者进行岗位委任和聘任，并通过业务培训、定岗定责等形式，确保各基层网格“有人办事、能办好事”。制定《梅岭街道党工委2022年度落实全面从严治党主体责任任务安排》和《梅岭街道党工委落实全面从严治党主体责任清单》。2022年，晋江市委开展网格专项巡察，召开3次专题会和1次整改进展情况汇报会，针对反馈的41个问题制定整改措施75条，完善3项工作制度，整改工作取得阶段性成效。开展社区组织换届“回头看”，以工作绩效为导向，提出问题32个，整改措施36条。完善和打造线上线下两大宣传阵地。线上，运用“梅岭FAN”微信视频号，街道、社区微信公众号等网络宣传载体组织宣教，规范信息审核审批流程，掌握网络意识形态工作主动权；线下，以文明城市常态化建设为契机，规范提升新时代文明实践所（站），依托街道新时代文明实践所、15个社区新时代文明实践站和书香花园、五店市2个爱国主义教育基地开展活动，强化意识形态领域建设。举办2022全国民族龙狮文化展示活动“梅岭杯”第四届中华民族青少年龙狮争霸（学生专场）暨全国传统舞龙争霸公开赛，吸引全国各地大中小学及幼儿园165支队伍参赛，依托央视频移动网、新华社现场云、百度、中国体育、中国网＋＋等线上平台直播。支持梅岭街道舞龙队参加中央电视台财经频道《天下财经》栏目、新闻频道新闻直播

2022年11月11日，梅岭街道在晋江市消防大队举办2022年梅岭街道“119消防宣传月”活动启动仪式暨第二届微型消防站消防业务技能比武竞赛活动
（图／梅岭街道）

间栏目《福建晋江特色民俗迎端午传统文化焕光彩》拍摄，配合省广播影视采访晋江凤竹公司20年发展、新华社采访森地客，开展“奋进新征程 建功新时代”重大主题采访、“晋江经验”20年重大主题宣传和主题采访活动，组织“万屏联动”全媒体社会宣传。党工委、办事处各项工作被晋江、泉州、省等各级媒体报道100多次，“梅岭FAN”微信公众号2022年新增关注1.9万人、阅读量322.6万人次。

【项目建设】 2022年，梅岭街道围绕“争项目、跑项目、抢项目”工作主线，实施产业链精准招商。创新“1+N”招引机制，成立1个招商工作专班，建立项目库，形成“项目线索—在谈—签约—开工—达产”全链条；成立工作点、部门、企业N个项目工作专班，促进信息共享。街道主官带头招商，对接、洽谈广东、浙江、上海、西安等地重要客商、重大项目，开展“双招双引”工作，拜访一批知名企业、签订一批项目。制定出台《梅岭街道经济发展绩效奖励办法》，划出招商引资工作专项奖励，发动街道全员参与招商。全年招商项目13个，其中现代服务业专业化项目11个；投资额46.8亿元。建立“1+N”项目问题专班，实行“每周一跟踪，每月一汇报，每季度一协调”，跑出项目建设“加速度”。年度重点项目45个，总投资146.68亿元，年度计划投资57.76亿元，全年完成投资80.06亿元；开工项目35个，完成年度计划的138.62%。策划生成2023年度市级重点项目56个，比上年增长24.4%；总投资196.4亿元，比上年增长33.9%。

（杨聪明）

西园街道

【概况】 西园街道位于晋江中心市区西北部，东南面与梅岭街道相接，西抵磁灶镇，北邻池店镇，南与罗山街道交界，是晋江中心市区西大门的重要门户。沈海高速、泉南高速、“三纵”（迎宾路、晋明路、晋光路）、“两横”（双龙路、博览大道）构成路网骨架，交通便利。辖域总面积21平方千米，辖11个社区，2022年户籍人口4.25万人，流动人口1.74万人。有基层党组织92个。其中，企业党委1个、社区党委6个、社区党总支3个、社区党支部56个、机关企事业单位党支部4个、非公和社会组织党支部22个，党员1345人。辖区内有各级各类学校24所。其中，大专院校1所（泉州轻工职业学院），国家重点职业中专1所（晋江华侨职校），中学1所（晋江市远华中学），市属实验小学1所（晋江第四实验小学）、市属实验幼儿园1所（晋江第四实验幼儿园）、12年一贯制学校1所（晋江市拔萃双语学校），其他小学7所、幼儿园11所。2022年，西园街道办事处被评为泉州市征兵先进单位。

【经济发展】 2022年，西园街道全社会固定资产投资完成3.6亿元，比上年增长39.1%；限额以上批发零售业销售额完成13.48亿元，比上年增长51.31%；工业投资完成2022万元；财税收入2.33亿元。新增规模以上工业企业3家、限额以上商贸业3家、限额以上餐饮业1家，帮助企业兑现技改、科技创新等政策资金120万元，77家企业实现融资1.5亿元。

【城市建设】 2022年，西园街道完成屿头社区主干道“白改黑”、官前社区后大园支路硬化等一批乡村道路工程，新增架设路灯52座，推进裸房整治26栋，污水管网总接户率提升至88.51%。新增造林绿化7.05公顷。开展城乡环境卫生集中整治活动50余次，整治农贸市场、海鲜批发市场及食品集中交易市场10个，卫生消杀面积6万平方米，清运垃圾2650吨，清理乱搭鸡圈等200余处，清除蚊虫孳生地180余处。整治新增“两违”，拆除违建面积6136平方米，销号图斑133宗，销号率98.50%。加强国土资源管理，完成工业用地数据调查摸底195宗，核查整改卫片图斑12批次383宗，复耕土地57宗4.78公顷。全面落实河长制林长制，完成霞浯直溪排口整治21个，开展主次干道沿线市容专项整治行动40余次，劝导户外经营和占道摆摊设点500余处，查扣滴洒漏车辆29辆、乱倒垃圾车辆44辆。

【民生事业】 2022年，西园街道办好14件为民实事、9件民生“微实事”。帮扶9户“四帮四扶”对象，落实发放救助、慰问、保障资金343.6万元。审批49宗个人石结构房屋翻建，办理10户38人承租保障房。赖厝农贸市场完成改造提升，官前道路硬化、苏塘篮球场修缮2个“一事一议”项目竣工验收。8个社区试点长期护理险护理试体验进社区。华侨职校学生公寓建成投用，版筑中心小学综合楼完成加固，霞浯小学改造提升工程完工，推进车厝晋城学府幼儿园竣工验收，第四实验小学扩建、第四实验幼儿园装修等项目。街道社区居家养老照料中心运营，5个社区敬老院装修建设、经营运作逐步推进。

【社会治理】 2022年，西园街道聚焦打造共建共治共享的社会治理格局，指导11个社区划分一级网格11个、二级网格65个、三级网格22个，建立4个专属网格，网格阵地建设及支部（党小组）全覆盖。挖掘历史文化内涵，华侨职校泉州南音（晋江）传习所入选晋江市第一批市级非遗传习所，刘埯塔、屿头洪富宅、赖厝紫霄宫等8处文物保护单位定线落图。举办“聪勤杯”首届篮球联赛。弘扬文明乡风、移风易俗，劝导停办红事45起、简办白事121起。推动化解吴厝历史遗留问题3户，排查调解矛盾纠纷240余件，调解评理案件19起；破获刑事案件29起，破案率88.9%。双水湾二期“烂尾楼”破产重整工作依法推进。

【党建引领】 2022年，西园街道落实党建工作责任制，逐级建立党建工作清单，抓好社区、非公有制企业、机关等领域基层组织工作条例和党支部、党员教育管理条例等制度落实，推动基层党建工作向中心聚焦、为大局聚力。强化党组织轴心作用，推动5个党组织升格党委。推进"星火薪传"工作坊、"党建＋"城区型乡村振兴模板之"屿头计划""党建＋"邻里中心等党建项目，9月在全市组织工作推进会上进行经验交流。"八个一"（建立一个工作专班、做好一次网格划分、配好一支网格队伍、制定一篇网格简介、建立一个网格联络群、填报一份日任务清单、印制一本工作手册、分发一张网格名片）工作机制、网格办独立办公模式等做法多次获市级肯定推介，经验总结先后在"晋江组工"、《泉州晚报》等刊发。获评全市最美网格站1个、最美网格员2人次，在全市各级网格员视频会上交流经验心得。抓好党建引领基层网格治理专项巡察反馈问题整改，完成问题整改35个。

【项目建设】 2022年，西园街道有省、市重点项目9个，完成投资26.45亿元；重点工业储备项目4个，完成投资5216万元。海润•晋城学府、邦俊•香山府、德志物流主体工程完工，晋江市健康产业园开工建设，新增签约落地长立物流、汇美智慧物流等7个项目，总投资35.15亿元。

【乡村振兴】 2022年，西园街道探索乡村振兴"西园路径"。深化社区治理，11个社区集体经济收入超858万元，其中3个社区分别超100万元。建成官前、王厝、屿头3个社区"党建＋邻里中心"。砌田、霞浯等6个社区获"美丽乡村"专项政策资金补助132万元。屿头、苏塘集合式住宅建设项目纳入全市试点。与龙岩市上杭县下都镇开展山海协作交流。

（施翩翩）

罗山街道

【概况】 罗山街道位于晋江市中部，以其境内罗裳山得名，东邻新塘街道，西通西园街道、磁灶镇，南连灵源街道、永和镇，北接青阳街道、西滨镇，辖域面积25平方千米。2022年，辖16个社区，户籍人口6.09万人，流动人口近4万人。2022年，罗山街道围绕打造"中央活力区"目标，融入新发展大局，统筹推进改革发展稳定各项任务，经济社会保持平稳健康发展。财政收入6.46亿元，比上年增长4.36%；限额以上销售额累计227.6亿元，完成年度计划的47.08%，比上年增长24.51%。全社会固定资产投资完成12.82亿元，比上年增长19%。

【经济发展】 2022年，罗山街道加快园区标准化建设步伐，集成电路小微工业园、久久王、渠梁二期等项目标准化建设开工，推进艾派集团、泉州爱尚及好彩头3家企业标准化提升。指导雅客、久久王、爱尚、好邻居等食品企业加快产品研发，多领域发展，推动久久王分装糖果6000吨、艾派精装笔记本1500万册智能化生产线等7个技改项目落地，新增高新技术企业9家。食品支柱产业全年实现产值99.24亿元。加大对商贸物流、金融服务等现代服务业的招商力度，洽谈项目18个，计划总投资45.1亿元。完成签约项目11个，落地海峡青年创业园、比亚迪汽车销售中心等项目，对接项目7个，总投资12.5亿元。加快豪信新能源汽车招商引资，做大做强三大汽车市场，三大汽车市场入驻路虎、蔚来、比亚迪等品牌43家，全年销售汽车1683辆，销售额3.42亿元。

【城市建设】 2022年，罗山街道结合科创新区、高铁新区、罗裳片区、集成电路产业园区建设，推进城市更新，晋江南高速出口连接线、二重环湾、高铁新区及科创新区区间配套道路等7条道路建设。推进5个安置小区、6个商品房及8个商贸项目建设，占地面积91.47公顷，总投资144.9亿元。开展石结构房屋改造工作，完成审批翻建房屋45宗，总占地面积4637.51平方米。加快裸房改造提升，完成裸房外观提升450宗。

【民生事业】 2022年，罗山街道做强城市配套，办好19件为民实事，完善提升民生保障体系。完成育德小学一期、罗裳幼儿园、罗山中心小学3个项目建设并投入使用；加快季延中学罗山校区、育德小学二期、罗山中心小学二期、六小分校区（山仔、梧垵）、华泰实小（扩建）、科创实验小学7所中小学，以及罗裳幼儿园、正荣世纪春天幼儿园、军民幼儿园、六幼及山仔园区、梧垵园区、科创幼儿园等7所幼儿园建设，推进梧桐小学、旧育德小学改造幼儿园。开展"四帮四扶"，帮就学8人，帮就医5人，帮安居（装修）1户。发挥低保兜底保障作用，开展生育关怀、暖冬行等活动，新增低保21户41人、特困户3户；办理因病灾、病困等情况临时救助75户，其中申请临时困难救助36户、慈善救助39户，救助16.61万元。保障残疾人正常生活，补助47.31万元。加大社区养老服务中心适老化改造力度，完成32名对象适老化改造；完善缺塘社区养老院基础设施，服务对象56人；华泰长者食堂运营，服务老人50人；完成前沿社区助餐点建设。解决安置小区不动产证遗留问题，帮助群众办理证书等相关手续，发放安置房产权证书56件；初审通过廉租房申请4户6人；办理城乡居民养老保险535人，办理失地保险523人。

【社会治理】 2022年，罗山街道推进"党建＋"平安网格建设，反馈泉州"12345"诉求件438件，反馈晋江"12345"诉求件1908件。受理劳动争议892起，涉及1359人；其中欠薪案件799起，涉及1270人，金额964.79

2022年9月19日，罗山中心小学学生搬进崭新的教室。图为搬进新校区的学生笑开颜 （图/陈巧玲）

万元，均结案。开展耕地保护工作，落实自然资源部卫片执法要求。开展安全生产专项整治三年行动巩固提升、安全生产标准化提升专项行动、消防安全综合整治“雷霆”行动、生产经营租住场所消防安全综合治理、消防安全隐患“回头看”整治攻坚行动等工作，组织开展安全生产宣传培训活动8场，利用信息化的手段，开展安全生产大检查工作，排查经营性房屋1020幢，拆除重大安全隐患经营性房屋1栋；整治自建房施工安全115栋。完成301家生产企业及313家工贸企业安全生产标准化创建，防范遏制重特大生产安全事故。

【党建引领】 2022年，罗山街道组织宣讲小分队到社区、企业等宣讲中共二十大精神。推进“党建+”邻里中心建设，在华泰、兰峰、缺塘3个社区建设邻里中心示范点。常态化督查季度党建工作，推动支部标准化建设水平提高。指导16个社区创建46个“晋心筑廉——连心群”，组建村级廉情监督员队伍。举办罗山街道“党建引领·赋能食代”系列主题活动暨罗山街道食品产业党建联盟成立仪式。提高“品质新罗山”微信公众号运营水平，守住管好意识形态前沿阵地。深化党建引领基层网格管理，健全网格管理体系与基础数据。做好网格管理的顶层设计，划分92个二级网格、169个三级网格，推动16名科级领导包干社区，48名干部下沉指导，充实专职网格员224名。推动公安干警、基层医务工作者等63人到网格兼职。全域开展“梳网清格”统一行动，打造以网格服务管理为重点，以“智慧网格”信息平台为支撑的社会治理“一张网”工程。完成标准地址确定72726栋、实有房屋72718栋、实有人口99552人、实有单位3663个、从业人员25658人信息采集。

【项目建设】 2022年，罗山街道完成高铁新区配套市政道路、科创新区产业园基础设施及配套项目、集成电路科学园小微工业园等10个项目扫尾清零。25个市级重点项目总投资95.32亿元，年度计划投资37.01亿元，全年累计完成投资50亿元，完成年度计划的135%。其中，融创兰峰项目、安腾·幸福里、正荣浔兴·世纪春天、中南玺樾院、中南禧樾院、晋兴学府、书香名邸等周边房地产商铺竣工交房，季延中学初中部、第六实验小学（梧垵、山仔）校区、第六实验幼儿园办理前期报批手续。

【乡村振兴】 2022年，罗山街道推进社区项目建设，整治城乡居住环境。印发《罗山街道村级建设工程规范管理实施细则》，报备42宗村级建设工程，推动社区养老服务中心、道路硬化、广场、公厕等基础项目落地。鼓励社区集体资金拆借给晋江市城建集团，盘活社区资金，用好社区固定资产、集体土地等资产资源，增加集体收入。14个社区集体经济经营性收入全部达20万元以上，其中7个社区收入50万元以上、2个社区收入100万元以上。建立“巡查—整改—反馈”体系，健全保洁长效机制，发现环境卫生问题及时整治，定期组织开展人居环境大整治行动，绿化美化家园，抓好罗裳山、华表山补植补绿工作，完成苏前社区党建小公园、苏内英井山休闲小广场、梧垵小公园建设。加快污水管网工程扫尾工作，完成后林二期、梧垵2个社区污水管网工程初验工作，污水管网初验率71.42%，全市排名第八。开展梧垵溪、缺塘溪、梧桐溪流域综合整治工作，水质和水生态健康状况持续向好。

（蔡瑞火）

灵源街道

【概况】 灵源街道地处晋江市中部，东接永和镇，西靠灵源山脉，南连安海镇，北与罗山街道交界，泉安公路、世纪大道、泉州绕城高速、福厦铁路、晋江疏解公路、社马路、灵石路贯穿全区，交通便利。灵源街道“因山得名”，辖区内灵源山为泉南名山，被评为国家AAA级旅游景区。灵源禅寺居山之南，灵源茶饼（中华老字号）入选闽南文化生态保护实验区非物质文化遗产项目。2022年，辖域面积13.93平方千米，辖10个社区，户籍人口3.14万人，外来人口1.9万人。限额以上批发零售额18.9亿元，比上年增长12.5%。财政总收入4.31亿元，比上年增长3.66%。社会固定资产投资完成2.51亿元，比上年增长135.7%。有企业200余家，其中规模企业14家，涉及纺织、食品、机械等行业。

【经济发展】 2022年，灵源街道新增纳统泉州兴裕新材料科技有限公司、晋江市鹏太机械科技有限公司、晋江市中奥机械配件有限公司3家规模以上企业，新增晋江市钰铮餐饮配送有限公司、晋江市焱兴再生资源有限公司2家限额以上企业。实施中小企业技改项目，以智能化改造提升食品、机械、纺织等重点产业，推进欣兴泰、华宇、德威等5家公司技改项目，完成技改投资1.91亿元。成立华宇集团商学院，实施人才培养行动，深化校企合作，联合哈尔滨工业大学、福州大学等11所高校，推进数字化转型升级，打造集生产智能化、数字化运营、5G＋智能运输系统于一体的“无人车间”，生产效率从原来的70%提升到95%，华宇获评“晋江市数字赋能标杆企业”；央视《新闻联播》以《走进县城看发展》为题报道华宇。

【城市建设】 2022年，灵源街道完善路网建设，提升村间道路14条，新增铺设沥青路面1000多米，完善交通标志180处。加快布局生活配套，推进社区污水管网工程建设，完成张前等6个社区工程初验，推进英塘等4个社区工程扫尾和验收整改。推进“厕所革命”，完工公厕4座，在建公厕1座；建成投用林格儿童健身苑、英塘健身路径、灵源科技馆等公共场所，丰富群众文化生活；推进紫华中学改扩建、科创中小学建设。加强生态保护，组建15人森林防火联动队伍，聘用专职网格护林员开展日常巡查及宣传，网格化巡查覆盖率100%，组织清理林下可燃物12吨，清理面积12.55公顷；提升消防设施建设，购置接力水泵、扑火装备等森林防灭火物资170套，完善林区防火道路布局，在灵水、曾林社区山林沿线安装消防水管道总长度3286米、消防栓56个；在灵源山体灵水顶塘路点站、灵源山顶点站、五里高岑路站安装森林防火24小时自动报警监测系统3个。推进河长制工作，完成英塘支流638米清淤工程，开展河长巡河活动10余场，发现并完成问题整改54处，开展“爱河护河”主题宣传4场，发放生态保护宣传材料5000份。

【民生事业】 2022年，灵源街道强化“四帮四扶”等社会救助力度，帮扶残疾人等困难群众1336人次，发放低保、特困人员、卫生健康类补助313万元；帮助申请临时救助金。加大养老服务投入力度，完善街道居家养老照料中心运营，推进曾林、灵水、大布林、林口、林格等养老中心配套设施建设，推进与青岛青鸟等第三方大型养老机构接洽合作事宜。启动灵水中学学生宿舍楼、灵水中心小学综合馆、英塘中心幼儿园二期工程等教育提升项目；加快科创实验小学（灵源校区）、紫华中学改扩建项目进度，推动优质教育提质扩面；强化灵源教育促进会奖教助学、重教兴教功能。加快“医共体”建设，实现卫生医疗“优质服务基层行”目标，打造“15分钟卫生健康服务圈”，建成曾林社区“党建＋”邻里中心卫生健康服务站，启动灵源社区卫生服务中心改扩建工程。试点推进曾林、灵水“党建＋”邻里中心建设，增设长者食堂、科普馆等21个邻里项目，新增60余项公共便民服务设施，打造“15分钟便民生活圈”，策划开展邻里主题活动110余场，参与5000人次。推进人居环境整治，组织大扫除活动5场，出动保洁作业人员、社区工作人员、志愿者1000余人次，清理转运垃圾400余车次。

【社会治理】 2022年，灵源街道加快“小网格＋大治理”，推行“党员中心户”和“社区联网格、网格联党员、党员联系群众”的“1＋3”网格运行机制。完善网格化工作考评制度，建立调度督导工作机制，将基层党建、安全生产、环境整治等中心任务列入网格考评范围，做到“一网通办”“一网通管”。推进基层治理，增强社区治理业务及矛盾纠纷调解能力，探索“123”（“1”即街道矛盾纠纷多元化解一体化服务中心，“2”即“线上＋线下”两条问题反映渠道，“3”即街道、社区、网格三级联动体系）矛盾纠纷化解机制，成立10个社区矛盾纠纷多元化解工作室；以“平安灵源”钉平台为桥梁，实现政企、干群快速沟通；做好社会稳定工作，全年开展宣传宣讲活动35场，发放平安宣传材料4万余份，发表宣传推文200余篇，微信朋友圈推送防诈骗广告150万次，发送防诈骗等提示短信300万余条；开展综治安全等入户宣传50余场次，实现宣传、走访全覆盖。健全安全生产闭环管理和隐患排查整改机制，开展安全隐患大排查大整治，排查火灾隐患、“黑气点”、自建房加工场所、“三合一”场所等安全隐患重点场所915处，发现并整改风险隐患481处，整改率100%；组织生产经营单位开展消防应急演练19场，开展燃气、消防等安全教育40余场，签订告知书、承诺书4231份，查封“三合一”场所30家、取缔关闭4家，罚款11.5万元。

【党建引领】 2022年，灵源街道同步推动非公党建和企业发展，辖区企业党建入章比例96%，建成“红蜂驿站”，华宇集团、闽星食品有限公司建成红色车间，推动华宇集团以党建为引领“红色导向，双轮驱动”项目获评晋江市“一类项目”，党建激发华宇企业数智转型新动能的经验做法在《领导文萃》刊发。2022年，机关站所、社区、“两新”组织党支部先进率85%，其中五星级党支部21个，占比44.7%。

【项目建设】 2022年，灵源街道继续加快科创中小学等24个重点项目建

外立面改造后的曾林社区"党建＋"邻里中心

（摄于2022年12月10日　图／灵源街道）

设，至年底，完成投资7.02亿元，完成年度计划的104.5%。其中，大山后标准厂房年度计划投资1亿元，同步启动招商和规划设计；大山后公寓楼启动与招商对象洽谈相关事宜和确定合作细节；林口邻里中心初步确定合作方案；灵源教育提升项目，包括科创实验小学、紫华中学改扩建，灵水中学、英塘幼儿园、林口幼儿园改扩建；紫华中学启动改扩建工程。灵源街道社区卫生服务中心改扩建工程开始规划设计；灵源山景区配套项目启动规划设计。

【乡村振兴】 2022年，灵源街道指导各社区梳理既有资产资源，结合实际盘活利用、挖掘社会资源、人才资源，针对社区特点谋划生成"一村一策"集体经济发展项目11个。制作《中华人民共和国乡村振兴促进法》宣传画册1000余份发放到各社区，在社区公共场所LED屏幕、人员密集场所和微信公众号等设置乡村振兴宣传标语，开展"听党话、感党恩、跟党走""三农"宣讲活动2场。培育壮大社区集体经济，探索多元化的集体经济发展模式，全年10个社区创收584.49万元，超额完成年度目标任务。实施"头雁孵化""干部上讲堂"等工程。

【灵水古村落保护】 2022年11月，灵水社区入选第二批晋江市侨乡文化名村。2015年，灵源街道在灵水社区成立灵水古村落保护项目工作领导小组办公室，探索灵水侨乡文化建设与保护的工作新机制，聘请中国城市规划设计研究院对项目进行详细规划设计，对一些逐渐破落的古厝进行微改造，通过完善设施和整治周边环境卫生，保留灵水古村落原有的魅力。设置古民居资料调查小组，对灵水古村落的156座古建筑进行资料调查，搜集、挖掘发生在古厝里的故事传说并融入灵水社区党群服务中心侨史馆，通过文字、老照片、旧物件，去探寻老一辈灵水侨胞闯荡南洋的历史足迹。拍摄微电影《灵水·相逢》，展示灵水古村侨乡文化的历史积淀。

（郑文泉）

新塘街道

【概况】 新塘街道地处晋江市东部，东邻石狮市，西达罗山街道、青阳街道，南接永和镇，北通陈埭镇、西滨镇，辖域面积18.5平方千米，2022年辖13个社区，户籍人口3.84万人。新塘是晋江中心城区的重要组成部分、泉州环湾发展的重要组团，区域交通便捷，可通达泉州晋江国际机场、福厦高铁泉州南站、泉州环城高速入口。新塘街道古有明代相国杨景辰、近代有菲律宾国父扶西•黎刹等名人，存留有芙蓉杨氏宗祠、扶西•黎刹广场等古迹景点。2018年，经晋江市委、市政府批准，国营晋江市良种繁殖场与新塘街道合署办公，经济社会事务纳入新塘街道统一管理。新塘街道产业兴旺，一、二、三产业齐头并进融合发展，经济支柱产业涉及鞋服织造、印刷包装、汽车销售、现代物流、集成电路、文化旅游等，辖区有规模化高标农田、集成电路科学园、标准化工业园区、汽车销售走廊、国家AAA级旅游景区梧林传统村落等。2022年，纳税超百万元的企业52家，多项主要经济指标连续多年排名晋江前列。

【经济发展】 2022年，新塘街道实现限额以上销售额230.65亿元，比上年增长46.8%；全社会固定资产投资12.6亿元，比上年增长34.65%，其中工业投资5亿元，比上年增长190.75%，多项经济指标均居全市前列。优化产业结构。服务保障晋华、渠梁等高新产业项目建设运营并依托其辐射示范带动，推动金冠电子微工业园项目，招引盛维电子、中探探针等高新产业上下游配套企业入驻，完成盛华路南拓征迁，打通集成电路科学园连通梧林景区道路，推动联华大道北延伸一期项目开展前期工作，完善园区周边交通经脉，拓展集成电路产业发展空间。指导加大技改投入，培优扶强壮大鞋服制造、印刷包装等传统龙头产业，支持本土龙头企业卡尔美公司新塘园5G智慧工厂项目，引进保障新智造产业园开工建设。2022年，卡尔美获评福建省工业龙头企业、福建省上市后备企业、泉州市守合同重信用企业、泉州市十佳数字化企业。挖掘闽南侨文化和传统文化，开展梧林传统村落景区系列活动，全年媒体曝光总量突破2000万人次，抖音热度突破 4800 万人次。“智改数转”“上云用数”提速进阶，R&D 投入3 亿元，比上年增长 20%以上，全年新增高新技术企业 8 家。构筑“产业承载＋产业培育”的现代园区体系，探索低效用地再开发模式，策划新塘园工业园区标准化建设项目，完成良种场旧场部征迁工作，处置盘活低效闲置土地 10 宗、25.4 公顷。跟踪推进新建企业投产达效、规模以下企业升规纳统，规模以上企业做大做强，促进企业梯度成长，新增“四上”单位 25 家。深入校地企合作模式，促成福建省麦雅数控科技有限公司与福州大学、泉州经贸学院，福建豪威科技发展有限公司与福建商学院建立校企合作关系。实施汽车销售全品牌计划，品牌数量增至 19 个，利用梧林景区引流效应，创新“旅游＋车展”展销模式，实现多品牌多项目共营销、同宣传、齐推介。全年街道限额以上汽车销售企业销售额 46.45 亿元，比上年增长 12.96%。

【城市建设】 2022 年，新塘街道保障高铁主线、二重环湾、东部快速通道等重点交通项目建设，空港路（进出油库道路）贯通，梧林人行天桥完工，和丰路提升改造有序推进；启动东西三路安置房二期建设，高铁新区项目晋新路安置房、湖格安置房基本完工。开展河道“清四乱”、环卫考评以及巡河等工作，发现整改问题 85 处，基本完成 16 个农村生活污水项目建设，污水管网基本达到区域全覆盖。推动义务植树、乡村微景观营造、公园绿地景观提升、乡村风景林建设等工程，完成林分改造 4 公顷，超额完成年度造林绿化任务。

【民生事业】 2022 年，新塘街道第九实验小学、第九实验幼儿园、新塘第二中心幼儿园相继建成并招生，季延中学新塘校区、新塘街道实验小学、南塘小学扩容升格为九小分校、新侨中学改扩建等教育项目有序推进；新塘社区卫生服务中心完成主体建设。健全防止返贫动态监测和帮扶机制，救助因病因灾等生活困难群众。落实泉州人才“港湾计划”和晋江“人才强市”战略，从引才、育才、用才、留才等方面夯实智力基底，年度新增高层次人才 48 人。

【社会治理】 2022 年，新塘街道深化“平安创建”和“八五”普法工作。聚焦重点领域风险防范化解，推动“治重化积”案件化解 2 起；抓好扫黑除恶常态化工作，全年立刑事案件 180 起，比上年下降 3.2%，办理治安案件 440 起，比上年下降 24%；构建矛盾纠纷调解新机制，贯彻“拼、议、快”矛盾纠纷化解机制，自行排查纠纷 15 起，化解 9 起。探索建设“党建＋综治＋X”社区治理中心项目，在晋新社区设立流动人口服务中心，打造“一站式”政法综合服务站。整治区域性治安稳定突出问题，紧盯重点场所、重点行业，发现隐患 65 处，整改到位 100%。强化应急处突能力建设，处置杏坂社区富乐鞋材 1 起火灾事故，被泉州市应急专题培训列为正面典型案例。运转 66 个二级网格、104 个三级网格，通过打造精品示范网格站点引领带动其他站点学习建设，2022 年获评市级“最美网格站”2 个、“最美网格员”2 人。将支部建到网格上，创新“网格＋”思维，优化细化工作流程，录入“一标三实”信息，将各项工作穿透落实到网格，同步深化社区红色帮办代办服务，打通服务群众“最后一米”。

【党建引领】 2022 年，新塘街道推行社区“大党委”模式，上郭、后洋、沙塘 3 个社区党总支升格为党委，优化调整基层党支部 45 个，组织开展党建引领“亮剑项目”系列行动，环卫考评成绩显著提升，卡尔美党建等非公有制企业党建品牌知名度再次提升，汽车协会党支部助力发展作用增强。落实中央八项规定及其实施细则精神，开展专项监督检查 12 轮次，督促落实问题整改 43 个，通报批评 7 人次。深入正风肃纪反腐，排查问题线索 10 件，办结 9 件，给予组织处理和党纪处分 14 人。推行村级“小微权力”信息化监督平台，建立 23 个监督微信群，打通村级小微权力监督“最后一公里”。

【项目建设】 2022 年，新塘街道 28 个市级重点项目完成投资 19.53 亿元，高于时序进度 30.19 个百分点，其中泉州红富哈弗汽车 4S 店、豪川一期等项目建成投用。围绕文化旅游、纺织鞋服、智能制造等产业招大商、引大资，签约 11 个招商项目，金

2022 年，高铁新区项目晋新路安置房、湖格安置房基本完工。图为晋新路安置房
（摄于 2022 年 11 月 8 日　图／新塘街道）

额 54.6 亿元。推动梧林传统村落项目征迁扫尾清零，解决景区核心区遗留问题；开工建设梧林项目二期高端精品酒店、大师工作室、动静吧、地下停车场等六大项目及三期田野风光片区。

【乡村振兴】 2022 年，新塘街道开展乡村振兴路演汇报会系列活动，推动各社区谋划的 5 年共 111 个乡村振兴项目落地实施，投资 1200 万元，完成社区建设项目 38 个，实施乡村环境整治提升项目 21 个。开展“百企兴百村乡贤促振兴”行动，推动卡尔美公司与上郭社区、青普公司与梧林社区、木延文创与杏坂社区等结对帮扶，构建风险共担、抱团发展的利益共同体，带动乡村振兴发展。2022 年，街道 11 个社区集体经营性收入 407.8 万元。以农业供给侧结构性改革为重点，发展绿色＋特色现代农业，晋江市新塘秀旺家庭农场获评泉州市 2021 年度“十佳家庭农场”。

（柯伟家）

【国营晋江市良种繁殖场】 2022 年，国营晋江市良种繁殖场场部征迁工作被纳入新塘街道 2022 年度工业园区标准化建设试点工作的重要组成部分，并完成征迁。豪川智能物流园二期项目开工规范建设，佩克鞋业投入生产。

国营晋江市良种繁殖场系全民事业单位，属政府系统正科级市直部门。2018 年 6 月，晋江市委批准晋江市良种场搬至新塘街道优化运行机制。2018 年 7 月 2 日，晋江市良种场搬至新塘街道合署办公，优化人员岗位配置、资源统一调配使用，形成晋江市良种场与新塘街道优势互补的局面。2022 年，晋江市良种场辖区总面积 1.2 平方千米，常住人口 395 人。

（杨丽英）

【晋新社区揭牌成立】 2022 年 12 月 9 日，晋江新塘街道晋新社区揭牌仪式在晋新社区党群服务中心举行。晋江市新塘街道晋新社区居委会，办公场所设在新塘街道新韵路 1 号宝龙世家 C1 栋 1 楼，面积约 700 平方米。管辖范围东至晋江与石狮县级行政区域界线，西至塘市社区、南塘社区、晋良社区，南至梧垵溪，北至晋新路，面积约 200 公顷。由南部商住区、中部仓储物流、商贸综合区，北部生产片区“四区”组成。2022 年有企业近 80 家，有人口约 1 万人。

【梧林传统村落入选“中国华侨国际文化交流基地”】 2022 年 9 月，中国侨联公布第十批 92 个“中国华侨国际文化交流基地”，晋江梧林传统村落名列其中，为晋江市唯一入选的单位。

梧林传统村落位于晋江新塘街道西南部，常住人口约 2100 人，旅居海外华侨 1 万余人。晋江梧林传统村落依托 670 年侨乡发展史和连片华侨建筑群，开展基础设施建设和人居环境整治，成立运营公司和业态投资公司，重点引入文创、非遗、文化行馆等高端文旅业态，在传统建筑中注入全新的生活方式，致力打造华侨博物馆和闽南文化后花园。2022 年 12 月，梧林侨批馆被确定为“世界记忆项目福建学术中心实践基地”，成为福建省侨批文化宣传推广示范点。

【智能穿戴产业园】 2022 年，晋江市启动晋江工业（产业）园区标准化试点项目之一的智能穿戴产业园建设。智能穿戴产业园规划建筑面积 11 万平方米，建设标准厂房、生产动力配套、仓库、办公生活配套，含生产车间、食堂、产品展示中心、休闲场所、物业服务中心、企业员工公寓、孵化器等，打造多终端集群、牵引力强劲、稳定发展的产业“引领区”。涉及良种场旧场部项目固定建筑物 16 栋、钢结构建筑 7 栋，规划红线面积 4.73 公顷，征迁建筑总面积约 2.8 万平方米。9 月 21 日，新塘街道召开良种繁殖场旧场部征迁工作部署会，启动项目征迁工作。组建综合小组、征迁小组、业务小组等，推进入户摸底、测量、登记、签约等工作。11 月 28 日，该项目 100%完成征迁签约。

（柯伟家）

陈埭镇

【概况】 陈埭镇地处晋江市东北部，位于泉州湾畔三角地带，东临大海，居晋江入海口南岸，西与晋江市区毗邻，南与石狮市相连，北与泉州市区隔江相望。镇域面积 38.4 平方千米，海岸线长 13.6 千米。2022 年，辖 2 个社区和 24 个行政村，户籍人口 8.36 万人，外来流动人口 30 多万人。

2022 年，陈埭镇工业总产值完成 804.16 亿元，比上年增长 6.86%；财税收入 37.36 亿元，比上年增长 5.5%。经济实力居全省乡镇首位，综合实力列 2022 年度全国千强镇排行榜第 28 名。

【经济发展】 2022 年，陈埭镇实施 12 个强链补链项目，产业链供应链稳中见韧。安踏登顶中国运动鞋服品牌，中乔公司上榜福建省民营企业 100 强，肯拓、茂泰等 6 家企业入选泉州市级产业龙头企业名单，新增培育“四上”企业 110 家。坚持科技赋能、数字赋能，分类引导企业建设数字生产线、智能车间，申报高新技术企业 37 家，新增省级“专精特新”企业 1 家、科技型中小企业 44 家。举办首届中国鞋都跨境电商采购节，获评 2022 年度全国“淘宝镇”。国际鞋纺城市场采购贸易方式试点全年出口货值 215.24 亿元，比上年增长 13.09%。开展“千名干部进千企、一企一策促发展”活动，助力企业快速复工复产、满产达产。

【城镇建设】 2022 年，陈埭镇丁氏宗祠周边环境及交通综合整治项目完成回迁选房，龙湖地产高端楼盘落地晋东。七一北路、沟西路电力线路缆化整体完工，镇政府周边区间道路完成改造，河滨南路、中兴路改造工程基本完工，晋新路快捷化改造项目完成施工招投标，求聪路东拓、六源南北路、晋东正荣府配套道路前期工作加快推进，完善改造道路里程10千米，整治道路交通隐患点23处，施划停车位5250个。河滨北路两侧绿化景观提升、苏厝支流整治、求聪路沿线立面改造工程竣工验收，晋新路沿线综合整治工程全面提速。加快推进涵口、四境等7个村(社区)生活污水管网二期工程，全镇污水管网平均接户率88.24%。南低干渠紫峰中学段污水收集工程竣工验收，鞋都路横坂段“断头管”工程、南港“再生水回用”工程有序推进。完善环卫保洁长效管理机制，开展镇容镇貌综合整治和“村庄清洁”行动。整顿规范出店占道经营963宗次，清理小广告7993处，转运生活垃圾13.3万吨、工业废料4.63万吨，抓扣违规渣土运输车22部。核查卫片图斑824宗，销号791宗，销号率96%。推进生态环境监管执法，立案查处违法排污企业(加工点)38家、罚款157.5万元，完成制鞋企业有机废气整治51家，关停散乱污企业18家。

【民生事业】 2022年，陈埭镇完成12件为民办实事。精准帮扶“四帮四扶”对象6户23人，办理市级临时困难救助757件、镇级“救急难”50件。新增滚动被征地养老保险1823人，审批通过住房困难群众危房翻建申请126宗、保障性住房申请185户。紫峰中学晋杭体育馆建成投用，晋东实验幼儿园和群德幼儿园招生，高登中学和西滨中学完成扩容改造，新增公办学位1010个。晋东中学、第五实验小学鞋纺城校区和西滨校区等项目前期报批手续推进。龙林中心幼儿园获“2022年省级平安校园”称号，海美小学升格镇属中心小学，推进民族中学创建省一级达标高中校工作。上海六院晋东院区（福建和敏医院）开工建设，启动陈埭中心卫生院新院区选址工作。陈埭敬老院规范运营，24个居家养老服务站有序运作，设立晋江市首家省级“爱心助残驿站”试点。

【社会治理】 2022年，陈埭镇铺开“一标三实”基础信息采集工作，湖中、岸兜等9个村成立村级房东协会，提升出租房行业规范化管理水平。成立洋埭片区和四境片区综合执法中队，综合便民服务中心洋埭分中心建成投用，打造“服务＋管理”基层治理新模式。推进安全生产专项整治三年行动和标准化提升专项行动，排查生产经营单位7896家次，火灾次数比上年下降11.8%。推进房屋结构安全隐患排查整治“回头看”，排查房屋1.06万栋，处置重大安全隐患房屋15栋。推进燃气安全专项整治，排查燃气供应场站14家、天然气用户和涉及燃气店面620家次，查封取缔“黑气点”25家。常态化开展扫黑除恶专项斗争，打击电信诈骗、黄赌毒等违法犯罪行为，宫口、溪边等3个村被评为晋江“星级平安村”，治安案件发案数比上年下降9.4%，刑事案件发案数比上年下降14.9%。提高劳资纠纷风险预警能力，打击恶意欠薪，压实房东监管主体责任。

【党建引领】 2022年，陈埭镇组建镇、村宣讲队27支，开展中共二十大精神宣讲。实施10个党建重点项目，26个村(社区)实现三级网格实体阵地全覆盖，推进5个村级党组织升格选举，成立、调整63个网格党支部，建设江浦社区、洋埭村“党建＋”邻里中心，全市首个园区型“党建＋”邻里中心落地滨江商务区。推动建成三斯达党建展厅、乔丹党群活动中心、贵人鸟公司红色智能车间等阵地，加快建设村级“离退休党员工作室”、鞋都电商园“流动课堂”邻里讲习所等一批“党建＋”活动阵地。推行村级小微权力监督信息平台，开展重点领域监督检查9次，发现并督促整改问题23个。树立正确选人用人导向，鼓励干部参加素质能力提升班、“青马成才”训练营，干部下沉到项目征迁等急难险重一线攻坚克难。坚持“小网格＋大治理”，出台《陈埭镇网格化实体运作要点清单》，划分175个二级网格、608个三级网格，部署实现三级实体阵地全覆盖、网格支部应建尽建，基本建成专兼职网格员队伍。推进网格分类建设，26个村(社区)分4类按阶段同步推进，以“全面优化、品牌创建、特色创建、标准化创建”4个创建为抓手推进网格建设。细化网格员管理办法，健全信息采集、巡查走访、事件上报、协调处置、情况反馈等网格运行机制，探索与学校、居民小区、非公有制企业等建立联席议事制度。聚焦智慧网格建设，推进信息动态采集更新，推动网格化治理、精细化服务与智能化建设、信息化支撑深度融合，运用“智慧网格平台”实现“以房

2022年9月21日，晋江市陈埭镇紫峰中学举行“晋杭体育馆”落成典礼
（图／陈埭镇）

管人”，探索打造“一网统管”的智慧城市管理平台。

【项目建设】 2022年，陈埭镇实施12个强链补链项目。42个年度市级重点项目完成投资108.11亿元，完成年度投资计划的145.78%；19个年度市级工业储备项目和重点技改储备项目完成投资10.74亿元，完成年度投资计划的108.38%。工业园区标准化建设全面推开，三斯达鞋纺园启动建设，西霞美园区和江头园区加快手续报批和开发方案论证。斐乐智能物流中心二期基本完工、三期加快推进，滨江农贸市场主体封顶，盛荣中心、乐登商务中心加快建设。签约招商项目10个，总投资额66.7亿元，海丝泓盛供应链、抖音云仓等一批优质项目落地陈埭。国际鞋纺城市场采购贸易方式试点全年出口货值215.24亿元，比上年增长13.09%。丁氏宗祠周边环境及交通综合整治项目完成回迁选房，龙湖地产高端楼盘落地晋东。

【乡村振兴】 2022年，陈埭镇推动成立洋埭村乡村振兴发展基金会和9个村级房东协会，聚焦闲置的集体资产、集体土地，策划实施民族村乡村振兴计划和乡贤捐赠合作项目，以项目落地壮大村级集体收入。以“河湖长制”推动“河湖长治”，完成河道清淤25.5千米，清除河湖“四乱”450处，整顿入河排污口170处。陈埭水环境综合整治项目一期工程加快推进，“蓝色海湾”综合整治项目二期工程基本完工。新增城镇绿化面积4.67公顷，完成互花米草除治46.67公顷。晋江市首个智慧体育公园开园，四境社区适老化公园投入使用。推进农村集体产权制度改革、土地确权、农村宅基地审批等工作，洋埭、庵上入选第二批省级乡村治理示范村名单。成立陈埭镇宣传中心，鞋服制造业惠企利民措施等工作成效获得《人民日报》、新华社等央媒报道。深化文明城市创建，西霞美村、南霞美村被评为省级文明村。陈埭籍体育名将林超攀、林梅芳分别在亚洲体操锦标赛、第19届世界中学生夏季运动会获奖。

【晋东新区】 晋东新区地处泉州湾南岸，区域范围包括陈埭镇晋新路以东及滨江商务区为主的约25平方千米区域。晋东新区处在泉州环湾的核心区，毗邻泉州、晋江和石狮等中心市区，与泉州市行政中心一江之隔，到达泉州、晋江、石狮三地中心市区15分钟车程。新区先后打通双龙路东拓、晋新路南拓等快速路，启动实施二重环湾（晋光路东延伸）、东部快速路、中部快速路等项目，打通迎宾路北延伸（双龙路—吉泰路）、鹏青路东延伸（陈埭民族中学—沿海大通道）、南港路等多条联系泉州中心城区和环湾片区的城市主干道，鞋纺城大道、市域二号路、三号路通车贯穿新区，交通便利性、可达性比肩中心市区。晋东新区重点突出智能制造、专业市场、楼宇总部、体育商贸四大功能，打造具有区域竞争力的先进鞋业制造、商贸物流、体育休闲等产城一体的转型样板区。晋东新区主要有5个重点项目。晋江市第二体育中心片区重点在推进的项目有第二体育中心、上海市第六人民医院福建医院（福建和敏医院）晋东院区、晋江一中晋东校区，以及配套生态景观等项目。国际鞋纺城。2012年6月被省发改委列为省重点项目，并列为“十二五”期间全省优先打造的4个千亿大型市场项目之一，重点进行跟踪指导，被定位为“亚太地区最大鞋纺专业市场、鞋纺产销链集成服务平台、生产性服务贸易重点基地”，分三期建设。品牌工业城。首期规划用地65.83公顷，规划建成集生产、销售、科研、展示、物流为一体的鞋业品牌工业园，集聚安踏一体化产业园、乔丹品牌园等工业园区。滨江商务区。总规划面积14.23平方千米（其中一期10.03平方千米，二期4.2平方千米），规划人口近15万人，规划功能集商务、会展、生活、购物、休闲、文体活动于一体，目标建成晋江乃至泉州的总部经济区（CBD），形成“总部企业集聚、科技含量高、现代服务业发达、功能配套齐全、辐射带动能力强”的总部经济集聚区，配套有安置房、企业总部运营中心、企业自主开发建设商业地产，并配套建设市政设施、公共建筑等。标准化工业园区。陈埭镇标准化工业园区规划面积67.33公顷，分别为三斯达鞋纺地块、西霞美地块、江头地块。园区计划总投资35亿元。

（陈奕维）

池店镇

【概况】 池店镇，唐宋时名“今石”，元代改称“凤池”。地处晋江市北部，东接陈埭镇，南与梅岭街道毗邻，西邻西园街道、紫帽镇，北与泉州市区隔江相望。2022年，镇域面积24平方千米，辖1个社区和24个行政村，户籍人口约10.71万人，常住人口约28.6万人，海外华侨、港澳台同胞5万多人。2022年，财政总收入33.14亿元，比上年增长3.04%；社会固定资产投资完成23.17亿元，比上年增长16.09%；限额以上销售额完成212.36亿元，比上年增长0.32%。2022年，池店镇被晋江市委、市政府记集体三等功，获评福建省第七次全国人口普查突出贡献集体、晋江市人才工作先进单位。

【经济发展】 2022年，池店镇推进企业产业升级。安踏、舒华、国盛等11个技改项目全面推进，完成投资3.48亿元。明众、鹏程、腾晖顺、玖富隆等13家鞋服企业入选省科技“小巨人”“省高新技术企业”。新增规模以上企业27家、限额以上企业18家。有上市公司2家，规模以上工业企业117家，外资企业116家。个体工商户21737户，电商主体登记1080户。开展“千名干部进千企，一企一策促发展”专项行动，紧盯企业需求，做好政策、人才、资金对接服务。协助22家企业申请参展、数字赋能等政策补助1400万元；开展“春风行动”公益招聘6场，提供岗位7000个。

【城镇建设】 2022年，池店镇开展专项整治行动，清理小广告10.86万处，查处占道经营7200多宗，拆除“两违”71宗，面积约1万平方米。落实环卫考评制度，下发整改函450多份，整改问题5300条，重罚偷倒垃圾29起。开展“清水蓝天”行动，完成省级环保督察信访件整改，立案查处违法排污企业2家，整治有机废气企业40家，关停“散乱污”企业2家。全镇21个村的污水管道工程基本完工，完成污水管网施工总长284千米，涉及主管137.8千米、支管146.2千米，完成投资10466万余元。完成污水管道接户12122栋，接入率89.5%。排查经营性自建房4119栋，重大安全隐患房屋4栋，全部完成整治。收到群众送审危房翻建申请79宗，危房翻建审批通过35宗，尚在办理31宗，现场勘查不符合危房翻建要求的13宗。

【民生事业】 2022年，池店镇22个教育项目完成投资5.99亿元，新增学位6110个。泉州师范学院第三附属小学合作项目签约落地，晋江一中池店校区主体建筑全部封顶。晋江二中高考本科上线率89.5%，池店中学、江滨中学通过省义务教育标准化评估，启梦、启智幼儿园获评泉州市示范性幼儿园，市级以上示范幼儿园9所。完成15件为民办实事项目，为13户“四帮四扶”对象解决就医、就业和安居，发放低保金、特困救助供养金等457.4万元。百大妇产医院主体封顶，卫生院新院项目进行前期设计，清濛村居家养老服务站建成投用。构建和谐劳资关系。收到线上欠薪案件线索485条，全部办结，办结率100%。全年办理线下劳动争议案件约600起，涉及企业员工1300多人。办理工伤认定案件91起。

【社会治理】 2022年，池店镇开展专项整治，完成安全生产标准化创建1318家，排查生产经营场所2344家，整改隐患8544处，取缔关闭138家，刑拘10人。推进房屋安全隐患排查整治“回头看”，排查经营性自建房4119栋，处置重大隐患4栋。开展燃气安全专项整治，可燃气体报警装置安装率100%。深化电信诈骗整治行动，劝返境外涉诈人员26人，捣毁团伙窝点2个，刑拘12人，电信诈骗警情比上年下降60.6%。破获刑事案件309起，破案率58.1%，抓获在逃犯罪嫌疑人92人，“八类案件”全部告破。新增三星级平安村（社区）6个、五星级平安企业4家。开展“清水蓝天”联合执法行动，出动执法人员200余人次，检查企业300余家次，立案查处2家违法排污企业。

【党建引领】 2022年，池店镇划分一级网格24个、二级网格132个、三级网格524个。建成132个二级网格服务站，按照“五个一”[一支管理专班，一张网格图（一级、二级），一个微信群，一套制度（网格例会+巡查走访），一本网格台账（信息采集率+信息系统网格划分）]规范网格管理，配备完善办公设备和条件，每个二级网格配备1名专职网格员。建立“片区工作队+网格化管理”运行机制。依托桥南社区党群服务中心建设“党建+”邻里中心，2层面积2600平方米，探索“网格化+信息化+社会化”治理模式。实施非公党建推动人才战略。池店镇有党委1个，党总支1个，党组织48个，党员353名。台账内“三有”企业380家，党组织覆盖企业92家，覆盖率24.2%；2022年新组建党组织12个，独立支部5个，联合支部7个；党建入章344家，入章率90.5%，其中2022年新增党建入章企业42家。

【项目建设】 2022年，池店镇有市级以上重点项目41个，投资额93.65亿元，完成年度计划的122.02%。其中，省级重点项目1个（池店文教园项目）、泉州市级重点项目2个（百大妇产医院项目、安踏—东祎达纺织面料鞋生产项目）；前期策划、商洽、征迁及办理相关前期手续项目18个，在建项目17个，包括池店文教园、“安腾壹号院”2个新开工项目，崇武小学、中梁•国府梁宸2个处在竣工验收阶段项目；竣工项目6个，包括池店南片区景观水利工程一期、百宏•御江南、龙湖地产体育公园、中海悦江府、蓝光•雍锦府、龙湖地产池店南项目。安踏智慧园区、国盛新材料研发中心、山姆会员店等一批项目签约落地。

2022年，池店镇推进道路交通建设。陈泉路（赤塘段）道路改造及电力缆化改造竣工验收；陈泉路（溜石段）完工；东唐路改造完工。陈池路（池店段）Ⅰ标段主车道铺设完成，推进新增电力管道施工工作；陈池路（池店段）Ⅱ标段完成900米管线埋设和600米路面恢复。仕春工业区配套路完工。龙池路完成350米沥青路面铺设，1千米水泥稳定层铺设，1.3千米雨污水电力管道铺设。池店南片区景观水利工程一期（水利建设）项目2020年8月开工，工程完成建设并投入使用，片区内雨水通过钱头河、池店河、陈塘河、中心河4条河道，排入九十九溪浦沟支流。

【乡村振兴】 2022年，池店镇推进“四好农村路”示范县、镇、村的创建工作，全年完成池店村凤池路至大荣公司路面工程，唐厝村柏油路改造工程；东山村道路改造工程，泉华路改造工程等农村道路建设，总里程约3.5千米。开展历史文化遗产普查，保护利用历史建筑27栋，钱头“状元第”、南岳庙等一批文保单位完成修缮。池店镇溜滨中心小学老师洪晓霞获“晋江市非物质文化遗产代表性项目南音代表性传承人”称号。修缮潘湖两姓宗祠，添加唐厝村、浯潭村、东山村等村级文化站各类图文书籍，修补溪头村健身路径部分损坏健身器材，申请桥南公园健身路径、儿童健身苑两处全民健身场地改扩建，完成

2022 年 6 月 27 日，晋江池店镇池峰路南延片区改造项目正式启动选房顺序号抽取工作，提前完成签约腾空的上千名被征迁户，按照御辇（御赐桥）、唐厝两个安置区域分别在项目指挥部和泉州五中桥南校区抽取选房顺序号。图为池峰路南延片区项目抽选房号现场　　（图／陈巧玲）

综合文化站收尾阶段工作。围绕产业培育、基础设施、公共服务配套、生态环境“四个优先”，加快征地拆迁、安置房建设、土地挂牌工作。完成中片区控规编制，高标准策划 8 个系列 18 个项目，交通路网、教育配套、生态景观整治等项目全面推进。

【池峰路南延伸片区改造】 2022 年，池店镇实施池峰路南延伸片区改造。该项目地处泉州环湾建设带，位于池店镇中片区，涉及池店镇御辇、唐厝 2 个行政村，项目需征收土地面积约 60.87 公顷，建筑物 788 栋、约 53 万平方米。项目于 2021 年 11 月启动，组建指挥部，统筹推进项目各项工作，用 20 天完成民房 100%、土地超 96%签约任务。

（魏溱滢）

安海镇

【概况】 安海镇地处晋江市西南部，东邻灵源街道、永和镇，南邻安海港与东石镇，西接南安市水头镇，北承内坑镇，镇域面积 55.72 平方千米。2022 年辖 6 个社区和 36 个行政村，户籍人口 13.24 万人，常住人口 19.68 万人。

安海镇建镇于南宋建炎四年（1130 年），素有“安平古镇，海丝名城”之称。系第七批“中国历史文化名镇”，历代人文荟萃，史有“二朱（朱松、朱熹）过化”“朱文郑（郑成功）武”“海滨邹鲁”之谓。境内文物古迹有国家 AAAA 级旅游景区安平桥、中国传统村落瑶前村；全国重点文物保护单位 2 处（安平桥、龙山寺）、省级文物保护单位 3 处、市级文物保护单位 12 处；非遗名录项目 20 个，其中国家级 1 个（嗦啰嗹）、省级 1 个（庐山国佛雕）、泉州市级 4 个、晋江市级 14 个；非遗传承人 23 人，其中省级 3 人、泉州市级 5 人，晋江市级 15 人。2021 年安平桥作为“泉州：宋元中国的世界海洋商贸中心”代表性古迹遗址之一获准被列入《世界遗产名录》。安海镇连续 5 届获评“全国文明镇”，获评福建省首批“小城市”培育试点、宣传思想文化工作示范镇、特色景观旅游名镇，综合实力常年位列福建省前茅。在中央媒体聚焦“晋江经验”报道中，“安海实践”多次出镜。

【经济发展】 2022 年，安海镇完成限额以上批发零售业销售额 278.6 亿元，比上年增长 13.7%；限额以上住宿餐饮业完成 2.24 亿元，比上年增长 7%；固定资产投资 17.97 亿元，比上年增长 15.2%，其中工业投资比上年增长 38.5%；公共预算总收入 13.6 亿元，比上年增长 16.5%。安海镇辖区内工业门类齐全，主要有食品饮料、纸制品、五金机械、玩具文具、制革五大产业。有恒安集团、兴业科技、恒达陶瓷等上市公司及盼盼食品、晋工机械、盛达机器等多家全国知名大型民营企业，“心相印”“安尔乐”“七度空间”“盼盼梅尼耶”等品牌享誉全国。开展“千名干部进千企，一企一策

2022 年 12 月 14 日，兴业皮革入选国家级高端制革智能制造示范工厂。图为兴业皮革科技股份有限公司智能立体仓库　（摄于 2022 年 12 月 16 日　图／安海镇）

促发展”活动，支持鼓励中小微企业“小升规”，新增“四上”企业44家。支持企业改制、融资、上市，推动鸿盛果蔬在海峡股权交易中心挂牌，盛达机器、阿一波食品、凯嘉机器入选2022年度晋江市上市后备企业库，培育力绿食品、安能新材料、兴翼机械等10家挂牌后备企业。实施行业技改和企业增资扩营项目11个，完成投资9.57亿元。新增认定国家高新技术企业29家，国家科技型中小企业40家，省级科技“小巨人”领军企业12家。兴业皮革入选国家级高端制革智能制造示范工厂，晋工机械入选省级智能制造优秀场景项目。推动盛达机器、博汉机械等企业与华为（晋江）工业互联网孵化中心建立合作关系。依托产业协同创新平台，开展“智汇安海”“充能计划”“海燕归巢”等系列活动，吸引集聚各类人才扎根就业，华侨大学研究生工作站落户晋工机械，新增泉州、晋江各类高层次人才33人。

【城镇建设】 2022年，安海镇完成成功东路、恒安路、飞钱路“白改黑”，石东路改造提升、桥头桥危桥改造项目竣工通车。综合整治占道经营、乱停乱放、小广告等顽疾。启动成功东路、镇中路等路段智慧停车收费试点，投用智慧停车位441个。建设共享电单车监管平台和线下实体电子围栏等配套设施，设置便民点位151个，投放共享电单车1900部。完成佳和大厦、中百一糖烟酒套房老旧小区改造，加快推进金沙城小区业委会成立。深化河湖长制，抓好河道日常巡查整治。推进安海湾综合治理，投入200多万元实施安平社区雨污管网清淤排查，完成坝头溪、侯厝溪、庄头溪等河道清淤，建成县级河长制主题公园2座，流域水体持续向好，相关做法被中国经济网报道点赞。加快推进农村污水收集处理，农村生活污水纳管率90.32%。强化重点污染行业日常监管，做好各级环保督察反馈问题整改，受理环保信访件207件，比上年下降39.12%。

【民生事业】 2022年，安海镇办好10件为民办实事项目。投入2800多万元支持教育事业发展，梧山中心幼儿园秋季开园，养正中心小学新校区操场、龙山小学操场、安海实验幼儿园宝龙园区等12个项目加快推进。市第二医院入选国家“千县工程”县级医院综合能力提升名单，“恭棹介入手术室”建成投用。镇妇女儿童服务中心落地竣工，第二安息堂投用运营。探索老年活动中心、居家养老服务站和敬老院“三位一体”的村（居）养老模式，新建5个居家养老服务站。安海“水上掠鸭”入选2022中华体育文化优秀项目。发放慈善救助金184.2万元，帮扶困难群众1566人次，发放城乡低保、特困人员保障金1182.8万元，保障群众1339人次。“四帮四扶”8户困难群众，完成38户残疾人家庭无障碍改造。开展“计生特殊家庭”关爱行动，做好“三孩”政策宣传服务。

【社会治理】 2022年，安海镇推进安全生产“雷霆”行动，排查整改隐患3058条，取缔关闭“小散乱污”和重大隐患场所113个，实现中等规模以上企业安全生产标准化自评全覆盖。同步推进房屋安全、交通安全、校园安全等重点领域排查整治，守牢安全底线。常态化开展扫黑除恶斗争、“六守六无”平安村创建，37个村（居）通过评定，其中五星级7个、四星级10个。深化矛盾纠纷排查，强化社区矫正帮扶，处理劳动争议486起，追回拖欠薪资1303万元。

【党建引领】 2022年，安海镇推进党建引领基层网格化治理，设置一、二、三级网格320个，安平社区第三网格党群服务站获评晋江市“最美网格站”。抓好主体责任检查、政治监督等工作，做好泉州市委小城镇巡察问题整改。推行村级小微权力监督信息平台，开展“纪检监察进邻里”活动。举行晋江市安海镇仁寿村革命史迹陈列室揭牌仪式暨“讲好革命故事 传承红色基因”主题教育。

【项目建设】 2022年，安海镇有省、市重点项目64个，完成投资72.55亿元，完成年度计划的132%。完善智能装备安海园建设，加快推进园区拓园规划、中小企业创业园基础设施前期。对接中国科学院海西研究院泉州装备制造研究所等科研院所，承接智能装备新技术、新项目孵化落地。推进45个市工业储备项目，实施企业技改项目23个。智能装备安海园集聚效益渐显，推动帮德机械、中建城投、联诚机械等9个项目开工建设，和盛机械、创冠机械、佳润德机械等13个项目建成投产。迈步机械、福泰机械、安平田园梦想等11个项目签约落地，总投资27.28亿元。

【乡村振兴】 2022年，安海镇实施102个乡村振兴项目，总投资7300万元，45%村（社区）集体经营性收入超50万元，5个村（社区）超100万元。瑶前村、曾埭村获评省级乡村治理示范村。晋江联兴农牧有限公司入选2022年度国家级生态农场。上垵村爱心楼和农贸市场、曾埭村康养大道、滨溪公园等项目建成投用。开展“五个美丽”创建，组织美丽乡村庭院、美丽乡村微景观评比，试点“门前三包”，推行农房建设立面装修保证金制度。

【片区改造】 晋江市世纪大道南延伸建设项目是泉州市委、市政府“聚城畅通”工程重点推进项目。秉承新型城镇化建设与“产城人”融合发展理念，建强晋西辅城中心，策划生成晋江市世纪大道南延伸暨北环—龙山寺片区建设项目。项目连接厦门、漳州、泉州三大城市中心的泉厦漳轨道交通R1线以及世纪大道南延伸等两条区域交通干线，结合区域内既有交通环境，借助片区教育资源、文化资源等，进一步完善城镇各项公共配套设施。总规划面积126.67公顷，需征收房屋面积约25.05万平方米（包含简易搭盖)。

2022年,完成龙山寺片区、世纪大道南延伸及北环片区3个部分征迁工作。其中,龙山寺片区用地16公顷、房屋征迁面积13.41万平方米(涉及住宅239幢、企业30幢);世纪大道南延伸建设项目用地34.47公顷(涉及住宅76幢、企业39幢)、房屋征迁面积10.28万平方米;北环片区用地76.2公顷、房屋征迁面积1.36万平方米(涉及28家企业,不含世纪大道南延伸)。1月10日,安海镇龙山寺片区项目100%完成签约任务,在提前批前3天完成全部民房签约,面积13.4万平方米。7月15日,世纪大道南延伸项目整体房屋、企业签约率100%,再创征迁工作"晋江速度"的新高标。

【安海入选《中国古镇(四)》特种邮票】 2022年,安海入选《中国古镇(四)》特种邮票,这是晋江市首次登上"国家名片"。5月19日,《中国古镇(四)》特种邮票首发式在晋江市安海镇安平桥景区举行。此次活动受到社会各界人士关注,福建省邮政分公司、泉州市邮政管理局、泉州市邮政分公司、晋江市政府、安海镇政府、晋江市邮政分公司以及安海镇社会各界代表、新闻媒体共同参加首发式活动。

(洪宇超)

2022年5月19日,中国邮政发布《中国古镇(四)》特种邮票一套4枚,其中一枚邮票图案名为福建晋江安海镇,这是晋江市首次登上"国家名片"。图为安海镇邮票票面

(图/安海镇)

磁灶镇

【概况】 磁灶镇地处晋江市西北部,东接西园街道,北与紫帽镇、出口加工区、南安市官桥镇相邻,南与内坑镇接壤,西邻南安市。镇域面积59平方千米。2022年,辖2个社区和24个行政村,户籍人口9.79万人,外来人口4.3万人。完成限额以上批发零售业销售额252.23亿元,一般公共预算总收入8.74亿元,社会固定资产投资完成2亿元,总量保持全市镇(街道)前五。区内交通便利,周边机场、铁路、港口配套齐全。2021年度绩效考评成绩位列全市镇(街道)第一。

磁灶镇是闻名全国的建陶产业主要集聚基地,为泉州市小城镇综合改革建设试点镇。是"中国陶瓷重镇""福建省特色商务镇",入列"全国综合实力200强镇",发展陶瓷建材、商贸物流、包装印刷等主导产业,培育五金、建材行业等全省最大专业市场,建设有印刷包装、高新制造等产业园区,聚集特步、三六一度、九牧王、顺丰、京东、韵达、新奥燃气等一批龙头企业。镇区建成区面积15平方千米,拥有全国重点文物保护单位、省级文物保护单位各1处,金交椅山窑址入选世界文化遗产名录、省级考古遗址公园。建有晋江市中西医结合医院,创新医养康结合的养老服务模式。成立镇级教育基金会,首期募集资金2.16亿元。

2022年,磁灶镇获"中国陶瓷名镇•磁灶"称号,获评福建省生态乡镇、福建省乡村振兴特色镇、省级乡村治理示范镇、泉州市第一批乡村电气化示范乡镇。

【经济发展】 2022年,磁灶镇为近百家企业兑现惠企政策资金6000万元。年末,金融机构存款86.04亿元,贷款余额53.2亿元。新增规模以上企业13家、限额以上企业16家、市场主体2500户。做大做强建材产业,运营"磁灶陶瓷"地理标志,3家建材企业入选泉州市产业龙头企业,七彩陶瓷获评"地铺石标杆企业"。获批省级商务特色镇,海峡国际五金机电城连续3年被评为"福建省诚信示范市场",获评"泉州市放心消费示范商圈"。辖区快递操作中转量突破10亿件,闽运兴物流获评"泉州市级服务型制造示范平台""网络货运平台AAA级企业"。新增19家国家级高新技术企业,华泰集团获评省级"专精特新"企业。71家规模以上企业纳统研发费用2.94亿元,规模以上企业研发活动覆盖率86%。

【城镇建设】 2022年,磁灶镇完成6个乡村规划编制,启动镇中心镇区控规修编。提速城镇建设,新业广场、中骏•丽景府验收交房,财富新城项目建成竣工。规一路及大功山南路延伸段配套道路全面完工,拥军路、莲山路项目进展顺利,经二十二路通车,金交椅山南入口道路改造项目竣工投用。通过泉州市级文明乡镇考评。深化部门协同治违,拆除"两违"建筑1.5万平方米。强化土地执法监管,212个违法图斑整改销号,复耕耕地10.67公顷。推进大坝溪生态整治工程,九十九溪流域水环境治理成效明显，镇村河长巡河 300 余次，河湖“四乱”实现动态清零。全面推行林长制，植树造林 16.67 公顷，新垵村获评“2021 年度福建省森林村庄”。

【民生事业】 2022 年，磁灶镇投入 6500 万元用于民生事业，占本级支出的 70%以上，完成 10 件为民办实事和 10 个民生微实事项目。发放各类救助金 1000 万元，惠及群众 7000 人次。超额完成残疾人家庭无障碍改造 110 户目标任务。瑶琼敬老院投入使用，建成深坵、苏垵 2 个省、市级长者食堂项目，新增苏垵、前尾 2 家省级五星农村幸福院。泉州首个中国儿童少年基金会“儿童快乐家园”落户磁灶。磁灶卫生院发热门诊楼投用，为群众提供 24 小时诊疗服务。落实“三医联动”改革，90 个药品价格下降，特殊病种药价降幅最高 85%。大埔、苏垵村卫生健康服务站启用，下官路、岭畔、东山、苏垵 4 个村获评省级卫生村。磁灶实验小学陶英校区教学楼封顶，推进尚志中学扩容项目，磁灶中学、扬美中心幼儿园、晋兴职校搬迁项目加快推进。磁灶教育基金会成立，募集资金 2.16 亿元。磁灶中学 2022 年高考本科上线率 66.8%，比上年增长 4.7 个百分点。磁灶窑“世遗＋非遗”品牌文化项目被央媒点赞，50 余款“晋江城市礼物”、文化伴手礼受市场认可；举办磁灶窑文旅嘉年华、第五届“磁灶新歌声”等文化活动，全年举办新时代文明实践、文化惠民乐民系列活动 400 多场。

【社会治理】 2022 年，磁灶镇推进电气火灾、消防安全整治。晋江市“六守六无”展览馆在东山落成，处置矛盾纠纷 218 件，办结率 100%，化解一批信访积案。打击治理电信网络新型违法犯罪工作，刑事案件发案比上年下降 19.2%，诈骗案件发案比上年下降 48.8%。办结“12345”便民服务热线交办事项 2105 件，公开政府信息 176 条。办理镇级人大代表建议 44 件，办复率 100%。

【党建引领】 2022 年，磁灶镇开展理论学习“六进”活动 180 场。完成村级组织换届，推动非公有制企业“党建入章”扩面提质增效，建成大埔、磁灶、苏垵、东山 4 个“党建＋”邻里中心。划分一、二、三级网格 423 个，选任千名专兼职网格员。“磁灶风采”微信公众号刊发微信推文 1600 余篇、短视频 100 多条。组建村级小微权力监督群 54 个，打造大埔“纪检监察进邻里”示范阵地。

【项目建设】 2022 年，磁灶镇 42 个市级以上重点项目完成投资 86 亿元，超时序进度 35 个百分点。特步一期会展中心、乾顺等项目竣工投产，顺丰产业园完成主体施工。策划磁灶高新智造产业园项目，实施园区标准化厂房建设，完成年度投资 11.43 亿元。确定中辉产业园、凤山产业园为园区标准化建设市级试点项目，完成园区及标准厂房规划设计，总投资 40 亿元，可新增产业空间 73 万平方米。43 个重点技改和工业储备项目完成投资 36.82 亿元。宏华公司与福州大学“国家环境光催化工程技术研究”项目团队对接。新增签约招商项目 16 个，总计划投资 65 亿元。

【乡村振兴】 2022 年，磁灶镇入列泉州市乡村振兴整镇推进“五好”（富民产业发展好、建设品质提升好、优秀文化传承好、治理能力建设好、党建统领发挥好）乡镇创建试点，构建乡村振兴“五共体系”（党建共联、经济共富、空间共享、文化共兴、社会共治），高分通过泉州年度考评。策划实施镇、村两级重点项目 200 余个，村集体经营性收入 1430 万元。完善新型农业经营主体联农带农机制，引进闽徽农业、德远农业等专业种植公司，开展玉米、辣椒等农作物规模化经营。苏垵村、延泽社区乡村共享驿站，东山、三吴光伏发电项目相继投入运营。建成美丽乡村微景观 22 处、美丽乡村庭院 60 个，160 个美丽乡村建设项目获上级补助 670 万元。国家乡村振兴局农业农村现代化工作座谈会在大埔村召开，“苏垵慢生活”乡村旅游点入选福建省“五个美丽”建设现场观摩点。岭畔村、洋宅村获评省级乡村治理示范村，大埔村入选全国示范性老年友好型社区。培育优良家风、文明乡风，东山村“凝聚共识”做法在《农民日报》宣传推广。推进移风易俗，取消或简办喜丧事和民俗活动 200 多场，捐资公益 3000 多万元。

【获评“中国陶瓷名镇·磁灶”】 2022 年 11 月 16 日，磁灶镇被中国轻工业联合会授予“中国陶瓷名镇·磁灶”称号。磁灶镇因烧制陶瓷而得名，有 1500 多年制陶历史，宋元时期成为泉州外销陶瓷的重要生产基地。辖区内有古窑址 26 处，其中金交椅山窑址

2022 年 2 月 19 日，晋江市磁灶教育基金会捐赠仪式举行 （图／秦越）

和土尾庵窑址、蜘蛛山窑址、童子山窑址并称“磁灶窑址”，2006年被国务院列为全国重点文物保护单位。2021年，磁灶窑址（金交椅山窑址）作为“泉州：宋元中国的世界海洋商贸中心”出口商品生产的代表性遗产要素，被列入世界文化遗产名录。20世纪80年代后，磁灶陶瓷产品由碗、缸等日用陶瓷向建筑陶瓷产品转型，并迅速发展壮大。截至2022年底，磁灶镇有陶瓷、家居建材等批发、零售企业3256家。

（蔡舒戎）

内坑镇

【概况】 内坑镇地处晋江西部，东与灵源街道相接，南与安海镇毗邻，西与南安市官桥镇相连，北与磁灶镇界连。镇域总面积47.52平方千米。2022年，辖28个行政村，户籍人口7.27万人。实现社会固定资产投资28.47亿元，比上年增长19.37%；限额以上批发零售业销售额58.8亿元，比上年增长34.37%；财政总收入6.33亿元，比上年增长2.77%。2022年，获评泉州市集镇环境整治示范镇。

【经济发展】 2022年，内坑镇运营“上云用数赋智”模式，联合华为（晋江）工业互联网云孵化中心开展建材行业数字化转型赋能沙龙活动，新增6家“上云上平台”企业。安泰开启全省首条超大岩板生产线，嘉怡研发运作EVA超临界鞋材一次成型技术，恒安、安泰等项目同步纳入泉州市碳达峰碳中和项目。引导鞋塑企业进驻亚马逊供需“云”市集，组团参加市跨境电商大会并开设拖鞋专区，代表晋江产业带亮相“千企万品”出海行动大会，助力企业抱团拓展海外及线上市场，增强产业核心竞争力。陆地港片区融入商贸服务型国家物流枢纽运营，陆地港开通中欧班列、货运包机，实现贸易额62亿美元。完成内坑商会换届，获工商银行整体授信30亿元，内坑商会获评省“四好商会”。邀请泉州中级人民法院举办企业座谈会，开展“科级干部进企业、一企一策促发展”活动，帮助44家企业兑现政策资金138.46万元、争取融资6815万元，新增规模以上企业22家、限额以上企业6家。激发创新主体活力，全社会研发投入比上年增长20%以上，专利申请605件，新增高新技术企业16家。泉州职业技术大学入选泉州市首批公益性创业学院，挂牌成立全省首个“政校社”合作共建的社工人才培养专门学院。

【城镇建设】 2022年，内坑镇加快编制镇级国土空间规划大纲，编制实施“多规合一”村庄规划，14个村提升完善，实现全镇域规划全覆盖。品牌工业城横三路完工，横一路、横二路等道路开工建设，宫前（坑尾）110千伏变电站项目启动土地征收，修复破损路面45处，整治道路安全隐患15处，施划停车位850个。拆除违法图斑132宗，清理复耕土地10.67公顷。启动北环支路、吉安北路及湖美路等污水“断头管”建设，农村污水管网接户率90%以上。研究出台实施《城乡环境卫生整治工作意见》，“两高”（高铁、高速）及侨晖路、物流园大道等重要通道沿线环境整治成效明显，拆除“两违”建筑1.5万平方米，完成裸房整治205宗，补植苗木1730株，整理绿地3000平方米。完成五峰公园改造提升，新增造林绿化8.07公顷，治理水土流失3.33公顷。设立内坑街综合整治管理办公室，内坑街古山菜市场、镇区工业区、农贸市场、占道经营、违规停车等专项整治成效明显。完成建陶行业窑炉脱硫塔改造41家及在线监控系统安装联网；立案查处环境违法行为13起、处罚金78.49万元，行政拘留2起，减产1家。坑尾村获评“省级森林村庄”。

【乡村振兴】 2022年，晋江市财政划拨内坑镇乡村振兴专项扶持资金300万元。推动成立砌坑村乡村发展促进会。新建土垵村高标准农田70.8公顷，5个农场被评为省、泉州级示范家庭农场，8家农业企业入选省、泉州级农业产业化重点龙头企业。建成深圳建筑消纳场、黎山综合大楼等项目，提前5个月实现所有村集体经营性收入超20万元，其中16个村超50万元、4个村超100万元，累计创收1600多万元。

【民生事业】 2022年，内坑镇投入民生建设资金7458万元，占本级财政支出的73.9%，办好9件为民办实事、43件民生“微实事”。养老保险参保率95.24%。帮助9户“四帮四扶”家庭脱贫解困，9737人次获得各类救助金654.86万元，218户住房困难家庭开展危房翻建，完成50户残疾人家庭无障碍改造。关爱“一老一小”，成立镇级未成年人保护工作站，争创市级婴幼儿照护服务机构示范点、长期护理保险失能预防干预试点项目；镇级敬老院项目启动建设并获得中央福彩公益金支持825万元，6个村级幸福院获评晋江市星级幸福院。整治地质灾害点及隐患点3个。成立内坑镇教育发展促进会，累计募捐善款1.3亿元，安排250余万元用于奖教奖学、助教助学。山头小学综合楼、土垵幼儿园及香槟云城幼儿园竣工投用。更新升级内坑卫生院设备，黎山村“党建＋”邻里中心医疗服务站建成投用，砌坑村一体化卫生所基本建成。10月27日，市领导到砌坑村现场办公，调研推进老区村乡村振兴项目建设。开展关爱新晋江人募捐活动，筹集善款760万元。发挥新时代文明实践所（站）作用，建成五峰公园健身苑等3处健身场地设施，开展全民健身活动，在晋江市第十四届运动会上获20枚金牌、8枚银牌、3枚铜牌，举办镇第十六届基层男子篮球赛。中共

2022 年 10 月 27 日，晋江市领导到砌坑村现场办公 （图 / 晋江市老促会）

泉州中心县委历史纪念馆入选全省第一批新时代国防科技工业文化教育基地。完成土坡后溪第六次干部会议旧址布馆。13 个村获评晋江市 2019—2021 年度文明村。

【社会治理】 2022 年，内坑镇落实网格化管理，划分一级网格 32 个、二级网格 166 个、三级网格 100 个，配备网格员 1044 人，二级网格党群服务站均实现实体化运作。划拨 100 万元网格专项经费，建立"以奖代补"经费保障机制，评选晋江本级最美网格站 15 个，兑现奖励资金 15 万元。山头村获评泉州市第七次全国人口普查突出贡献集体。引进专业技术服务机构 10 余家，实行全覆盖技术服务保障，完成 813 家工贸企业标准化创建。检查生产经营单位 3158 家次，排查整治安全隐患 1 万余个；查封、关停取缔 62 家。镇级消防救援站实现人员进驻。聘用中小学校兼职法治副校长 37 人；新增禁毒宣教室 8 所。发挥镇、村矛盾纠纷多元化解中心作用，成功调处矛盾纠纷 439 起。打击违法犯罪行为，全年立刑事案件 191 起，比上年减少 9.5%。黎山村试点"综治＋"治理中心建设，前洪村获评"福建省乡村治理示范村"。19 个村获评晋江市星级平安村，6 家企业获评晋江市五星级平安企业，宅内平安村做法被《人民日报》宣传推广。抓好国防双拥、民兵整组、征兵工作，获评"省级百家红色退役军人服务站"。

【党建引领】 2022 年，内坑镇组织解放思想大讨论暨工作务虚会、支部书记项目大比拼路演等系列活动。出台《网格员管理办法（试行）》等 4 项制度。查处违纪违法案件 10 起，运用"四种形态"批评教育帮助及处理 20 人次。执行中央八项规定精神及其实施细则，"三公"经费支出比上年压减 37.18%。优化升级"互联网＋政务服务"一体化平台，办结便民事项 1015 件；受理应急和便民指令单、市长专线、群众信访件 1709 件；主动公开政务信息 175 份，办理人大代表建议 78 件、政协提案 6 件。

【项目建设】 2022 年，内坑镇有市级重点项目 45 个，完成投资 30.89 亿元；技改项目 29 个，完成投资 15.24 亿元，均超额完成年度投资任务。完成品牌工业城园区控规修编，运用"指挥部＋国企＋村集体＋民企"模式，推进占地 236.67 公顷的综合产业园区建设市级试点项目，3 个入园项目建成产业空间 32.33 万平方米。策划生成中小企业微工业园及园区基建配套项目 12 个、总投资 28.93 亿元，申请发行专项债资金 18 亿元，到位首批资金 4000 万元，综合产业园区建设有关经验做法获市委主要领导批示肯定。落实联系服务、会商调度等措施，解决 2.19 公顷土地征收和 116 穴坟墓征迁等历史遗留问题，米兰美妆、远绿科技等 9 个项目完成签约；丝路云仓物流园等项目实现挂牌供地；恒安二期项目基本完成桩基施工，一期完成增资扩产；安婷妇幼、泉州职业技术大学二期等项目实现封顶。

（陈长江）

紫帽镇

【概况】 紫帽镇地处晋江市西北部，东接池店镇，北与鲤城区相邻，南与磁灶镇接壤，西临南安市。镇域面积 20.4 平方千米，2022 年辖 1 个社区和 8 个行政村，户籍人口 1.83 万人，外来人口 1.33 万人。紫帽镇辖区内有紫溪、紫湖两大水库，泉州四大名山之一的紫帽山坐落西北，高尔夫球场拥山而落，国道 324 线从腹地经过，两翼有泉州综合保税区、泉州经济技术开发区，泉三高速公路泉南入口设在园坂村，福厦高铁从紫星村穿过。

【经济发展】 2022 年，紫帽镇做好"六稳"工作、落实"六保"任务。开展入企走访、政策宣传、对接帮扶等活动。全年完成财政总收入 1.6 亿元，比上年增长 8.8%；工业投资 1.49 亿元，比上年增长 142.42%；限额以上批发零售业销售额 53.39 亿元，比上年增长 4.06%；限额以上住宿餐饮业营业额 612 万元，比上年增长 79%。19 个重点项目完成投资额 45.94 亿元，完成年度计划 135.71%。新增盈升商贸、聚信药业、易维汽车 3 家"四上"企业，落地利郎（福建）商务公司，新认定高新技术企业 1 家，科林、麦都技改项目完成投资 1520 万元。

【城镇建设】 2022 年，紫帽镇完善镇级国土空间规划，片区城市设计导则完成方案评审，工业地块控规编制完成初稿。世茂紫帽山一期、紫帽中心小学二期项目全面竣工，紫帽新垃圾中转站基本完工。8条片区配套道路建设完成立项，兴紫路、对山路绿化景观改造提升工程启动建设。晋博坊、右文府、3条河道景观提升等工程项目加快推进。“裸房清零”计划全面启动，紫星第一批裸房连片整治完成方案设计。开展人居环境整治、爱国卫生运动，强化执法监督，清理“牛皮癣”小广告734宗，拆除违规广告牌83宗，整治流动摊点569宗，立案查处乱倾乱倒等行为16宗，拆除各类违章搭盖32宗2193平方米。紫帽镇集镇环境整治项目作为泉州市唯一推荐列入的省级样板工程，获评晋江市文明镇，辖区9个村（社区）获评晋江市文明村、70%以上村获评省级卫生村。湖盘村委会服务窗口被认定为晋江市级青年文明号。

【民生事业】 2022年，紫帽镇办成10件“为民办实事”项目。发放各类救助金151.16万元，“四帮四扶”3户困难家庭，投入32.6万元实施长期护理险、残疾人家庭无障碍改造项目，惠及3117人。镇慈善协会、教育发展促进会投入521.5万元支持困难群体救助等，开展教育资助、表彰等公益活动。紫祥社区居家养老服务站揭牌启用。园坂、霞茂长者食堂开办。

【社会治理】 2022年，紫帽镇开展网格信息采集工作，实现镇域网格化全覆盖，信息完整率98%。洋店第一网格获评晋江市“最美网格”，塘头、紫湖有2人获评“最美网格员”。建立完善信访联席例会、“双日＋节假日”摸排机制，排查调处劳动争议案件175起，排解矛盾纠纷、风险隐患659起，“12345”政务服务便民热线445件，化解销号率均100%。开展区域性治安专项整治，排查重点隐患11起，刑事案件立案6起，治安案件立案15起，8个村（社区）获评晋江市级“六守六无”星级平安村，创建率居全市第一。成立塘头嘉园、紫塘裕园2个小区业委会。塘头创新“党建＋物业”服务管理新模式，被认定为省级乡村治理示范村。

【党建引领】 2022年，紫帽镇打造“‘360党建’＋网格＋物业”，助力基层治理新模式，打通联系服务小区居民“最后一米”。紫帽镇以塘头村塘头嘉园小区为试点，推动村党委成立一级网格。“双向延伸”以点扩面强队伍，成立塘头村一级网格，下属3个支部作为网格工作延伸，覆盖辖区党建、综治、环境整治等工作，配备公安干警、辅警、市场监管人员、综合执法人员、基层医务工作者各1名作为兼职网格员配合开展工作。联合业委会、物业公司组建二级网格。“双员驱动”以岗定责强融入，通过镇党委指导、村党委牵头，加强党员干部入网包户，推动区域流动党员就地到小区报到；引导培育“红色业委会”，由具备业主身份的党员“两委”担任业主委员会主任；协同物业公司成立塘头嘉园兼合式网格党支部，物业管理员担任二级兼职网格员。选聘党员楼栋长构建三级网格。发动居民推选党员担任小区其他楼栋党员楼栋长，将网格管理触角延伸到所有楼栋。全镇11个安置小区配备党员楼长76名，楼栋覆盖率100%。

【项目建设】 2022年，紫帽镇签约比亚迪新能源汽车销售、伟光汇通商业中心等8个项目，计划总投资45.5亿元；对接新奥特莱斯、红星美凯龙等12个项目，意向投资115.5亿元。完成紫帽镇郊野单元控制性详细规划编制。紫湖郊野公园项目完成投资2000万元，沿湖西侧基本完工。紫溪谷、小镇门户等7个项目完成方案设计。紫帽山景区通过省级旅游度假区实地复核评估，15.57千米福道系统示范段被列为省级示范项目，获省级补助资金800万元。

【乡村振兴】 2022年，紫帽镇调整规范镇农村宅基地办事制度，加快农村宅基地审批管理规范化建设。落实农业“三项补助”，完成全镇293户农户、26.76公顷耕地地力保护补贴资金申报。39个村级项目完成投资732万元，完工率80%。全年全镇村集体经济收入421.98万元，60%的村稳定收入达50万元以上。乡村振兴整镇推进，“五好”乡镇创建工作考评名列泉州前列，获专项奖补资金100万元，全市乡村振兴暨乡村“五个美丽”建设现场推进会到园坂实地观摩。2022年9月8日，晋江首个离退

2022年9月8日，晋江首个离退休干部助力乡村振兴工作室在紫帽镇园坂村蔡其矫故居济阳楼揭牌成立　（图／紫帽镇）

休干部助力乡村振兴工作室在紫帽镇园坂村蔡其矫故居济阳楼揭牌成立。园坂村获评泉州市乡村振兴实绩突出村。紫湖村获评泉州市中级版“绿盈乡村”。

（陈志跃）

东石镇

【概况】 东石镇地处晋江市西南部，东、东南与永和镇、英林镇接壤，北与安海镇毗邻，南面临海，西同南安市石井镇、水头镇隔江相望。镇域面积65平方千米。2022年，辖5个社区和29个行政村，户籍人口10.86万人，外来人口约3万人，侨、港、澳、台胞30余万人，是闽南重点侨乡之一。2022年，完成固定资产投资15.93亿元，比上年增长21.28%；限额以上批发零售业销售额691.53亿元，比上年增长27.88%；限额以上住宿餐饮业营业额8469万元，比上年增长35.63%；财政收入7.83亿元。

东石镇历史文化底蕴深厚，素有“海滨邹鲁”“仁和之乡”的美誉，有文物保护单位16处，其中全国重点文物保护单位1处（南天禅寺）、省级文物保护单位4处（古檗山庄、东石古寨、白沙古战场遗址、玉记商行）、市级文物保护单位11处。潘山庙宇木雕被列入第五批国家级非物质文化遗产目录，有福建省级、泉州市级、晋江市级非遗项目各1个。东石镇为全国文明乡镇、全国农业产业强镇、中国伞都、国家外贸转型升级示范基地、福建省乡村治理试点示范镇，镇域综合实力连续5年跻身全国科学发展百强镇前列。

【经济发展】 2022年，东石镇实施制伞行业“重龙头、强品牌、铸链条”专项行动，引导传统企业加大科技创新力度，完成6个技改项目，新增16家国家级高新技术企业、13家国家级科技型中小企业、2家省级科技“小巨人”企业。协助110家次企业申请兑现各类政策补助775.11万元，2022年新增规模以上企业27家、限额以上批发企业7家。伞具制造、纺织服装、五金汽配、庙宇木雕、食品加工五大传统产业支撑作用明显。其中，东石伞业集群年产伞约5.87亿把，年均产值130亿元，出口量9亿美元。

【城镇建设】 2022年，东石镇完成5个村（社区）村规修编、镇区北部片区控规方案和檗谷村传统村落保护发展规划。建成凯旋壹号、中骏·东璟府等一批现代化小区，“仁和里”安置房小区投入使用，完成高铁主线、泉厦漳城市联盟路和东石连接线安置房回迁安置。新建14座公交站台，开通2条镇域微公交路线，镇域路网更加畅通。集成电路工业园4条区间道路、33.67公顷标准厂房进场施工；打通4条“断头管”，建成480.5千米生活污水管网、23座小型污水设施。拆除“两违”3.2万平方米，查处滴洒漏车43辆，整治占道经营、流动摊位1021处，清理卫生死角、小广告1087处。完成废弃石窟回填59万立方米、矿山生态修复7.87公顷、互花米草除治126公顷。

【民生事业】 2022年，东石镇深化社会救助综合改革试点工作，帮扶困难群众1363人次，发放社会救助保障补贴1818.58万元。募集慈善资金2128万元。东石中学高中部开办招生，新增高中学位200个；募集教育资金3400多万元。深化创建“仁和之乡·书香小镇”，皮囊书屋建成对外开放；南天寺保护修缮项目获2022年联合国教科文组织亚太地区文化遗产保护优秀奖。办理发放被征地人员养老保险860人次144.7万元。东石中心卫生院入选全国免疫接种示范点，成立张建新、张长青名医工作站。

【社会治理】 2022年，东石镇作为泉州市安全生产标准化提升专项行动试点，违法犯罪警情、刑事警情比上年分别下降11.9%、33.3%。开展消防、房屋、渔业船舶等安全隐患排查整治，866家企业全部完成安全生产标准化提升创建，第三社区等10个村（社区）获评晋江市星级平安村（社区），化解重点信访案件3起。推行网格化管理机制，形成“创评星级网格”等。全年办结便民服务事项23823件、群众满意率100%。“互联网＋政务服务”一体化行政服务平台完成办件3480件，“12345”便民服务平台完成办件1117件，办结率均100%。

【党建引领】 2022年，东石镇实施基层党校提升工程，开设5个镇级党校主题培训班，培育萧下、优安纳等2个基层试点党校，培训3万人次。开展党建引领基层网格治理，完成三级网格阵地建设、人员配备，高效运转智慧网格平台。深化片区攻坚工作机制，将88%的干部压实到基层一线，组建4支片区工作队，增强“兵团作战”攻坚效应。完成村级组织换届选举，推进党支部标准化规范化建设。实施伞业行业“红链”党建工程，非公有制企业党建提质增效。

【项目建设】 2022年，东石镇38个市级重点项目累计完成投资51.18亿元，完成全年目标的127.6%；签约华懋电镀区旧厂房改造等13个项目，计划总投资49.5亿元。集成电路工业园、安东园绿色高端面料整理微工业园、华懋电镀集控区、金瓯工业区、老旧工业区改造5个园区标准化项目加快建设，盘活200多公顷闲置土地，摸排挖掘闲置厂房11.2万平方米。

【乡村振兴】 2022年，东石镇策划实施全国农业产业强镇项目24个、总投资2744万元；胡萝卜种植面积1466.67公顷，选育自主品种“禧红202”获2022年度大国好货“一县一品”称号。人居环境提标扩面，策划实施114个村级建设项目，完成投资2100万元，3个省级乡村振兴试点村

2022年，晋江市推进乡村振兴战略，打造新时代"五美"乡村。图为东石镇潘山村休闲公园　（摄于2022年9月25日　图/陈巧玲）

完成投资289.8万元，建成提升村间道路35条，清理疏浚沟渠9条，新（改）建农村公厕9座，新增小广场、微景观15处。金瓯、檗谷村获省级乡村治理示范村。实施"乡贤反哺农村"专项行动，策划生成梅塘村、塔头孙村、光渺村等一批重点项目。34个村（社区）集体收入全部达到20万元以上，平均42万元，比上年增长7.6%，其中16个村（社区）突破50万元，3个村（社区）突破100万元。

【东石胡萝卜获年度大国好货"一县一品"称号】 2022年12月27日，第29届中国国际广告节大国好货创新联展在厦门国际会议展览中心举办。东石镇胡萝卜亮相乡村振兴展馆并获大国好货"一县一品"称号。

东石镇胡萝卜种植面积1466.67公顷，每年一季，9月至次年4月为一个生长周期，年产量14万吨。主要品种有莎卡达七寸（坂田七寸）、红帝、坂田红等国外杂交品牌，推广自有品牌"禧红202"，主要销往国内市场和日本、韩国及东南亚国家。

2003年，承接厦门同安、翔安两地胡萝卜产业转移，东石镇开始规模化种植胡萝卜。平均亩产量6.5吨的高产优质胡萝卜备受农户青睐，迅速替代花生、地瓜等作物，大量原本闲置、抛荒的土地被农民复耕复垦。2020年，东石镇以胡萝卜产业优势上榜国家农业产业强镇建设名单，"晋江胡萝卜"入选农业农村部农产品地理标志登记保护产品；2021年，檗谷村凭借胡萝卜产业入选全国"一村一品"示范村镇；2022年，东石镇携手院士专家团队、科技特派员，选育出国产自有品牌胡萝卜种子"禧红202"，开始规模化种植和推广。

2022年，东石镇拥有晋江首个农业领域院士工作站，4家省级农业产业化龙头企业，3家地市级农业产业化龙头企业，15个农民专业合作社，135个家庭农场，10家农业有限公司，7家胡萝卜粗加工冷藏企业，1家深加工罐头食品企业，7条净菜加工生产线，17家无公害农产品认证企业，57家经营主体注册省级食用农产品达标合格证与"一品一码"追溯并行系统，农机装备492台，整合机械化率55%。

（陈斯豪　黄堃榆）

永和镇

【概况】 永和镇地处晋江市中南部，北与罗山街道、新塘街道毗邻，东北与石狮市交界，西与安海镇、灵源街道接壤，南与龙湖镇、英林镇及东石镇为邻。新石东线、旧石东线、晋南快速通道、大深线、草马线、灵石线等市级主干公路纵横境内。镇域面积50平方千米，2022年辖24个行政村、63个自然村，户籍人口7.12万人，旅居海外侨胞和港澳台同胞4万多人，是闽南著名侨乡之一。

【经济发展】 2022年，永和镇税收收入3.51亿元，比上年增长8.2%。完成限额以上批发零售业销售额37.12亿元，比上年增长40.66%；其中零售额3.82亿元，比上年增长24.03%。完成固定资产投资3.59亿元，比上年增长19.76%；其中工业资产投资3.4亿元，比上年增长20.39%。完成限额以上住宿餐饮业营业额859.6万元，比上年增长97.16%。协助68家企业兑现增产增效、重点技术改造等政策资金700余万元，永信达织造制衣、成意纺织、皇允卫生等9家企业入选高新技术企业，永宏再生资源、永固纺织科技等8家企业入选战略性新兴产业企业。化解企业信贷风险，跟踪、化解不良贷款近2000万元。

【城镇建设】 2022年，永和镇完成晋江市乡道279线永和至安海段道路改造工程、乡道096线道路改造工程一期工程建设，古厝安置房完成建设并交房，梨星安置房进场施工；审批危房翻建184宗，对1190宗经营性自建房进行排查，基本完成隐患整改；开展道路隐患排查，修补道路破损65处，整治交通隐患点22处，施划交通标线2300平方米、停车位130个，增设警示提示标志55个。强化"两违"治理，拆除违法建筑132宗，核销国土卫片图斑1169宗。结合常态化文明城市创建，开展"爱永和、美家乡"人居环境整治行动，开展农贸市场、校园周边等重点区域卫生整治，清理陈年垃圾3000余吨、建筑垃圾5000余吨，拆除户外违规广告牌205宗，纠正占道经营52宗，清理违规摆摊66宗。加大环保执法力度，现场监督检查企业163家次，立案查处环境违法行为14起，取缔非法加工点23家次。

【民生事业】 2022年，永和镇深化“四帮四扶”工程，复核特困、低保对象条件，发放低保金、特困供养金及各项补贴近600万元，发放临时救助15万元。常态化开展居家养老上门服务，推动5个村长期护理险试点工作，做好失能人员服务保障工作。加大教育、医疗等民生工程投入力度，第三中心幼儿园、高铁新城实验幼儿园等项目工程主体竣工，高铁新城实验小学项目进入财审阶段。常态化开展老年人健康体检服务，入村体检近5000人次。

【社会治理】 2022年，永和镇开展消防安全综合整治“雷霆”行动、消防安全隐患“回头看”整治攻坚行动，排查重点区域生产经营场所近2000家次，隐患整改率100%；“点对点”式指导企业开展安全生产标准化提升行动，全镇539家企业完成安全生产标准化创建提升。永和司法所获评“全省司法行政系统先进集体”，永和派出所被命名为全省“枫桥式公安派出所”。

【党建引领】 2022年，永和镇开展中共二十大精神宣讲活动30场。围绕打造“15分钟便民服务圈”目标，建成巴厝、锦岭“党建＋”邻里中心。“永和微平台”微信公众号推文1300余篇，阅读量130.6万人次。指导各村建立村级小微权力监督微信群24个，收集群众诉求63个，逐一解决。

【项目建设】 2022年，永和镇有序推进32个市重点项目，完成投资总额14.23亿元，完成年度投资目标122%。其中，18个重点在建项目完成投资12.62亿元，14个重点预备项目完成投资1.61亿元；15个市工业储备项目完成投资5.2亿元，完成年度目标的106%；达亿经编梭织布生产线、尚晟环保科技智慧吨袋（集装袋）、鼻涕虫公司年产2000万件功能湿巾等技改项目开始投产；鸿发纸业生产项目、永信达公司主体建设基本完成。

【乡村振兴】 2022年，永和镇村集体经济收入1096.19万元，24个村均超20万元，其中7个村超50万元、3个村超100万元。推动乡村项目建设，结合永和特色，策划生成“马坪—永和—玉溪—玉湖”乡村振兴示范线，全年完成乡村建设项目43个。深挖电商资源，连续6年获评“淘宝镇”，新增培育菌边、坂头2个“淘宝村”，有“淘宝村”11个，占全市“淘宝村”的13.4%；推进“百企兴百村、乡贤促振兴”行动，策划生成5个签约项目，总金额1亿多元，玉溪村入选泉州市第三批乡村振兴成效显著村名单，玉湖村被评为省级乡村治理示范村。深化《永和镇城乡环境考评结果应用的意见（试行）》实际运用，强化“红黑榜”月通报，落实每月镇级考评制度，全年开展考评168次，集中清理各种垃圾近万吨；推进农村生活污水治理工作，全镇建成农村污水管道412千米，建成小型污水处理站10座、村级污水提升泵站3座，完成旦厝村污水工程终验，古厝、玉湖村污水工程初验，完成全镇主管网建设。建成西坑文化公园和巴厝石窟秘境公园（一期），完成废旧石窟填埋2处。

（苏汉钦）

英林镇

【概况】 英林镇地处于晋江市南部沿海，北与龙湖镇毗邻，东与金井镇、龙湖镇相接，南与金门岛隔海相望，西邻永和镇、东石镇，镇域面积29.8平方千米。2022年，辖20个行政村、41个自然村，户籍人口4.73万人，外来人口4.6万人；完成固定资产投资18.6亿元，比上年增长21.3%；财政收入5.02亿元，比上年增长20.4%。

【经济发展】 2022年，英林镇落实“提升镇区集聚水平，增强园区发展动能”目标，以城镇系统更新改造为突破口，推动经济社会发展。新增省创新型中小企业3家、省科技型中小企业8家、省科技“小巨人”企业3家。锦兴化纤入围全国化纤行业产量百强榜单，劲霸入选工信部培育纺织服装百家品牌名单，宏兴服饰列入省工业龙头培育企业，柒牌、七彩狐等9家企业成为泉州市产业龙头企业。柒牌入选省第一批新一代信息技术与制造业融合发展项目库，逸锦化纤入

网格员入户走访　　（摄于2022年4月23日　图／永和镇）

选省工业互联网应用企业典型案例汇编，新增“上云上平台”企业6家。劲霸“‘碳’索套装”登榜全国十大类纺织创新产品，劲派经编“水冷科技”获得第48届中国流行面料锦纶产品开发应用奖创新奖。“劲心劲意”通过国家高新技术企业认定。开展“千名干部进千企，一企一策促发展”专项行动，协助解决企业诉求70项，兑现数字赋能、增产增效等惠企政策奖励补贴1000多万元，帮助13家企业获得纾困贷款4300万元。开展产学研合作，市泳装产业协会与中纺院海西分院签订技术标准战略合作协议。举办晋江泳装产业带抖音专场交流会、跨境合规五部曲暨跨境品牌泳装对接会，组团参加中国（深圳）国际品牌内衣展、国际纺织服装博览会等展会。

【城镇建设】 2022年，英林镇完成镇区北部控规调整修编，南部控规修编进入方案编制阶段。完成英林服装贸易园控规调整修编，英林园二期土地征收成片开发方案获省政府批准。完成长存公园景观提升改造工程，英林自来水厂一期改造投入运营。做精做细城镇管理，推进综合执法改革，承接行政执法事项282项。开展交通秩序、农贸市场、户外广告等专项整治，施划交通标线5011平方米，增设标志牌38套、爆闪灯21套。开展经营性自建房排查整治，拆除一般隐患经营性自建房14栋，腾空封房处置50年以上老旧房屋21栋。开展违法建设治理、样板街区创建等专项行动，拆除“两违”建筑7800平方米。实施河湖长制，完成入海排污口销号12个，拆除沿溪临时搭盖24处，清退家禽养殖点2处。铺设污水管道22千米，完成湖尾、龙西、西埔、嘉排4个村农村生活污水（二期）工程，英林工业区污水管道工程竣工验收，英塔路断头管污水管道工程完成施工图设计、图审，15个村完成农村污水工程初验，接户率88%。生态走廊成效显现，港塔溪景观工程第二标段工程竣工验收，埭边溪、钞井溪、港塔溪水质排名位于全市前列。完成3个重要节点绿化，新增绿化面积7.33公顷，矿山迹地复耕复垦4.67公顷。

【民生事业】 2022年，英林镇发放各类救助补助资金400多万元。落实稳就业政策补贴356万元，组织线上线下“职来职往”招聘2场，提供岗位2846个，新增城镇就业137人。英林心公益慈善基金会接收善款1753万元、物资8.54万件，帮扶慰问9600多人次。人民日报客户端点赞英林心公益慈善基金助力长期护理险试点工作，新增长期护理险政策试点嘉排村，惠及群众4358人。健全公共卫生体系，全镇居民健康档案建档率96.54%，家庭医生签约覆盖率60%。优化教育资源供给，龙西幼儿园主体结构封顶，东埔幼儿园、东埔小学整体迁建项目进场施工，南湾中学学生宿舍楼竣工。英林中学高考成绩本科上线率86.5%。英林中心小学纳入市实验小学集团化办学，迴澜小学通过省义务教育管理标准化学校验收，市第十实验小学、港塔小学、埭边小学、迴澜小学获评泉州市乡村温馨校园。

【社会治理】 2022年，英林镇常态化开展扫黑除恶斗争，推进“无诈小区”“无诈校园”“无诈企业”等创建，刑事案件、诈骗案件同比分别下降11.7%、41.6%。加强重点领域安全监管，排查治理安全隐患，全年无发生安全生产领域方面亡人责任事故。

【党建引领】 2022年，英林镇坚持党建引领网格管理，划分一级网格21个、二级网格109个、三级网格34个，17名科级领导下沉包村、担任第一书记，66名镇干部职工下沉担任二级网格指导员，“一标三实”信息采集、完善情况居全市前列，获评晋江市“最美网格站”1个、“最美网格员”2人。探索推行村级“大党委”模式，建立健全村级“大党委”的会议制度、共建制度和决策制度。深化支部达标创星工作，机关、村级党组织先进率100%，“两新”党组织先进率37.35%。建设嘉排村、东埔村“党建+”邻里中心，对接上级资源下沉，开展各类活动9场次，形成“15分钟便民生活圈”。以晋江泳装协会党支部、英林服装园联合党支部为抓手，开展英林泳装小镇品牌提升暨流动党员教育管理系列活动，升级打造英林泳装小镇党建品牌；推进党群工作者队伍职业化专业化建设，培育“先锋导师”3人，策划“红领项目”5个，获评晋江市民营企业党群工作者红领项目二类项目1个。

【项目建设】 2022年，英林镇实施强链补链项目22个，完成投资17亿元，年度38个市级重点项目完成投资22亿元。推进英林园服饰标准厂房项目，新建产业空间6万平方米。招商引资签约项目13个，计划总投资60.3亿元，逸锦、金钟等一批项目投产或开工建设。

【乡村振兴】 2022年，英林镇实施基础设施提升、特色文化保护、公共服务优化等系列项目108个，完成投资1873万元，嘉排村、东埔村获评泉州市乡村振兴典型示范成效显著村。落实耕地保护制度，新增高标准农田33.33公顷。注重乡村电气化支撑，10千伏线路绝缘化改造7回，缆化改造3回，公用变台区改造35个，更换智能电表2.07万只，实现智能台区镇域全覆盖，获评泉州市第一批乡村电气化示范乡镇。获评省级乡村治理示范镇，东埔村、三欧村入选省级乡村治理示范村。以整村授信+“福村贷”模式，为乡村振兴注入金融动力，19个村获授信金额44亿元。清内村、马山村、东埔村光伏发电和西埔村充电桩项目落地建成，东埔村、后头村、柯坑村完成土地流转60.2公顷，全镇20个村村集体经济经营性收入均突破20万元，其中50万元以上村9个，嘉排村、湖尾村、东埔村超百万元。湖尾村成为泉州市唯一入选2022年中国美丽休闲乡村的村落。

【英林城镇更新及旧村改造工程】2022年，英林镇“四中心一片区”（英林中心小学、英林中心幼儿园、英林中心卫生院、养老中心和英林村旧村改造）工程全面铺开，抽调120多名镇村干部参与征迁，发动乡贤助力团，用时32天完成英林村旧村改造区域全部民房征迁。完成安置房项目方案设计，英林中心小学开工，英林中心幼儿园优化选址、设计方案，英林镇中心卫生院、养老中心完成项目立项、选址。

（林静妮）

金井镇

【概况】 金井镇位于晋江市东南部，地处福建东南沿海围头半岛，东接深沪镇，北与龙湖镇相邻，西与英林镇接壤，南临海直望金门岛，是中国大陆离大金门岛最近的地方。海岸线长26.5千米，镇域面积56.7平方千米，辖20个行政村、2个社区居委会、60个自然村，全镇户籍人口5.69万人，旅居海外侨胞、台港澳同胞10余万人。先后获评全国特色小镇、全国重点镇、国家建制镇示范试点、全国宜居小镇示范镇、国家卫生镇和省级小城镇综合改革建设试点、“镇级小城市”培育试点、小城镇机构改革试点、全省首批特色小镇创建单位。在2022年全省经济发达镇行政管理体制改革调研评估中位列第一，获评省全域生态旅游小镇、省绿盈乡镇、省乡村振兴精品示范线路，被评为全省重点打造全域垃圾分类乡镇。

【经济发展】 2022年，金井镇完成固定资产投资28.92亿元，比上年增长25.04%；限额以上批零销售额260.2亿元，比上年增长22.01%；财政收入7.46亿元，比上年增长12%。开展“千名干部进千企 一企一策促发展”行动，助企纾困，保障企业融资10.2亿元，指导76家次企业申报补助资金530万元。新增高新技术企业8家、规模以上企业21家、限额以上企业13家。七匹狼入选全国服装行业百强、省工业龙头企业，锐高、世兴达、恒丰获评省科技“小巨人”、省“专精特新”中小企业、省科技型中小企业。围头港启用公共保税仓和出口监管仓，增开围头港—菲律宾马尼拉、围头港—俄罗斯航线。

【城镇建设】 2022年，金井镇承办泉州市农村生活垃圾分类现场会，经验做法获市委主要领导批示肯定并在全市推广。福州大学晋江校区3#、5#宿舍楼如期交付使用，项目（一期）获第二批国家优质工程奖、省重点建设优胜项目奖。投资580万元，在全市镇（街道）率先完成雨污水管网清淤普查测绘。新增绿化面积40公顷，石窟回填5万立方米，拆除“两违”建筑1.3万平方米。坚持“规划先行、修旧如旧”，完成福全西门—北门段景观提升、围头古街巷微改造以及西资寺周边环境整治提升项目修建性详细规划编制。

【民生事业】 2022年，金井镇办好15件为民办实事项目。开展“四帮四扶”，发放救助、慰问、保障资金937.51万元，建成20个村（社区）居家养老服务站。毓英中心小学光华校区揭牌。毓英中学高考成绩再创新高，锦东华侨学校、石圳华侨中学高分通过省义务教育管理标准化学校验收，晋江职校东校区建成投用，全镇教育工作得到泉州市督导组认可。开展文化惠民活动，完善23个新时代文明实践所（站），开展200余场特色文明实践活动。完成镇侨联换届，溜江村获评泉州市侨乡文化名村。举办第七届海峡两岸七夕返亲节，连续4届列入国台办对台交流重点项目。

【社会治理】 2022年，金井镇推进基层网格管理，智慧网格服务管理信息平台完成情况位居全市前列。10个村（社区）获评市星级平安村（社区）、5家企业获评五星级平安企业。安全生产标准化提升实现全覆盖。常态化开展扫黑除恶斗争，全镇发案数比上年下降12.7%，保持“两抢”零发案，调处矛盾纠纷102起，成功率100%，平安建设“三率”稳步提升。

【党建引领】 2022年，金井镇完成村级组织换届选举。推进“支部建到网格”，优化调整村级党组织13个。推进党建引领基层网格管理工作，22

2022年8月4日，第七届海峡两岸（晋江金井·围头）七夕返亲节在晋江金井围头举办

（图／金井镇）

个网格党群服务中心、92个网格党群服务站完成实质化运作，16名科级干部担任包村领导，123名镇机关工作人员下沉网格。抓好市委党建引领基层网格管理专项巡察反馈问题整改，构建长效管理机制。打造围头、丙洲2个社区型“党建＋”邻里中心，推动8个镇职能部门完善优化服务清单，梳理下沉服务事项13项、建设项目7个。

【项目建设】 2022年，金井镇举办科技成果对接暨高水平科研平台推介会，入驻科研平台21个，合作企业91家，总投资2.7亿元。金井镇、福州大学晋江校区获评市人才工作先进单位。金井绿色新材料产业园纳入全市试点园区，项目招商、用地报批走在全市前列，总投资21亿元的向兴纺织新材料项目签约入驻，鹭意色母粒、钛兴钛白粉等5个项目完成供地。40个重点项目投资53.51亿元，完成年度计划的130.67%。

【乡村振兴】 2022年，金井镇以试点示范引领全面振兴，连续2年位列全市乡村振兴实绩考核第一。围头村、南江村蝉联全国乡村特色产业超亿元村，“侨乡生态、滨海风情”线路获评省乡村振兴精品示范线路，南江村、丙洲村获评省级乡村治理示范村，石圳村获评省乡村振兴实绩突出村，塘东村、溜江村获评泉州市乡村振兴成效显著村。福大鲍鱼入选国家种业阵型企业、国家水产健康养殖和生态养殖示范区，科研成果获评省科技进步奖一等奖。创新“村居承包＋团队运营”模式，重新改造运营金井综合市场。开展“百企兴百村 乡贤促振兴”行动，策划实施围头恒禾文旅等14个项目，回归反哺资金7亿多元。村均集体经营性收入43.44万元。

【围头村入选央视《山水间的家》节目】 2022年11月26日，由中央广播电视总台与文化和旅游部联合摄制的大型文旅探访节目《山水间的家》摄制组走进金井镇围头村，讲述围头鲍鱼产业发展故事。节目中，由主持人撒贝宁、中南大学中文系教授杨雨、歌手那英组成的“山水小分队”在围头村村民吴业挺的带领下，初次体验鲍鱼养殖，感受渔民的艰辛，以及福建人“爱拼才会赢”的精神。

《山水间的家》采用纪录片式的拍摄手法，在每期节目中，由主持人、公众人物和文化学者组成的两组团队分别前往一座村落，以“新村民”的身份融入乡村生活，体验当地的风土人情、衣食住行和生产经营活动。从2022年5月开始，央视在全国范围展开筛选工作，选出24个具代表性的乡村，围头村入选。7月，节目摄制组工作人员130多人进驻围头村，开展为期半个月的前期准备工作。围头村组织志愿者及工作人员70多人配合节目组拍摄。

（邵松茂）

龙湖镇

【概况】 龙湖镇地处晋江市东南部，东接石狮市，北与永和镇相邻，南与金井镇、深沪镇接壤，西与英林镇相连，镇域面积63.9平方千米。2022年，辖42个行政村，户籍人口约8.37万人，外来人口5万余人。实现工业总产值685.22亿元，比上年增长13.4%；社会固定资产投资完成38.94亿元，比上年增长0.9%；财政总收入7.32亿元。龙湖镇是中国织造名镇、施琅将军故里和“侨乡中的侨乡”。有海外华侨、港澳台同胞20.5万余人。

【经济发展】 2022年，龙湖镇通过“中国织造名镇”第五次复评，纺织化纤年产值突破400亿元，产值超亿元企业65家，规模以上企业164家。健全领导挂钩走访企业制度，走访企业1000多人次，为企业减负2.5亿元，帮助争取扶持资金1.92亿元，处置化解不良贷款1126.34万元，保障中小微企业融资超5亿多元。有高新技术企业33家，省科技“小巨人”、省科技型中小企业10家。

【城镇建设】 2022年，龙湖镇指导辖区所有村庄完成规划审批，南浔片区、前港湖片区完成控规修编，10个“抓城建、提品质”项目完成。强化部门联动管理，拆除“两违”建筑面积1.7万平方米，完成裸房整治99栋，投入158万元开展路网修补提升工程，强化基础配套设施管养。推进生态环境治理，加快辖区内燃煤锅炉淘汰和有机废气整治，取缔非法堆洗砂场18个，关闭退出涉水企业5家，33个村庄农村生活污水管道工程通过初步验收，初验率78.6%。

【民生事业】 2022年，龙湖镇办好15件为民实事和13件民生微实事。深化“四帮四扶”，帮助11户家庭解决住房、就学、就医等困难，审批群众危房翻建206宗。推进南侨中学、衙口中心小学等中小学校舍改扩建提升项目；云峰中学综合楼完成财务审查，下半年开工建设。组织全镇7家幸福院申报星级评定，推进居家养老上门服务，为59名困难老年人提供包括助餐、助洁、助浴、助医、助行、代购代办等服务。

【社会治理】 2022年，龙湖镇开展拉网式安全排查，建立完善“四个清单”安全台账，排查场所5210家次，消除安全隐患1.63万处，各行业领域未发生安全生产事故。深化平安建设工作。依法调处劳资纠纷425起，追回工资508.82万元，调解矛盾纠纷124起。成立区域重点工作专班，统筹推进市、镇两级重点村整治工作，巩固提升整治成效，13个村获评晋江市“六守六无”星级平安村，5家企业获评晋江市五星级平安企业。

【党建引领】 2022年，龙湖镇创新基层网格管理，投入100万余元完成中心、站、点等285个网格阵地建设，梳理形成14类40项任务清单，实现完成率、投入运行率“两个100%”。培育埭头、埔头2个市级“党建＋”邻里中心试点，建成邻里功能场所21处，推选市镇最美网格站12个、最美网格员11名，埭头网格数字化管理做法获全市展播。仑上、前港等18个村获评晋江市级文明村。

【项目建设】 2022年，龙湖镇25个重点项目投资49.58亿元，完成年度计划的120.9%。时尚服饰织造园新增进场建设企业5家，入驻企业119家，泰壹、冠和、凌耀等新增项目签约落地，百宏9—11期、华清陶瓷基板技改、万华无纺布等项目开工建设，华清电子启动产业链上下游招商，产业集群效应初步显现。开展“征迁扫尾清零”专项行动，基本完成纺织智造（龙湖）工业园“百亿”项目征迁工作，保障项目落地建设。

【乡村振兴】 2022年，龙湖镇加快美丽乡村建设。指导20个村加快建设760公顷高标准农田，推进183个村级项目，新建完工13个乡村微景观。开展农村低效用地摸底调查，盘活村庄闲置资源，全年42个村平均集体经营性收入46万元。对接华侨企业家与各村合作，新增策划合作项目8个，达成意向资金5320万元。提升乡村治理水平。建立“网格＋N”参事议事机制，引导乡贤、侨亲、企业家等社会力量参与治理，化解矛盾纠纷16起，获评2019—2021年度市级文明镇。

（高静怡）

深沪镇

【概况】 深沪镇位于晋江市东南沿海突出部，东邻台湾海峡，西接龙湖镇，南接金井镇，北邻深沪湾。镇域面积33.46平方千米，海岸线长21.8千米，有“峙海金狮”之称。2022年，辖7个社区和12个行政村，户籍人口4.90万人。全年社会固定资产投资完成16.88亿元，比上年增长7.52%；住宿餐饮业营业额比上年增长9.59%；财政总收入7.63亿元，比上年增长13.63%。2022年蝉联“中国内衣名镇”，再次入选全国综合实力千强镇榜单，列第360名。

【经济发展】 2022年，深沪镇实施“强产兴城”行动，通过“百名干部进百企”，了解企业需求，帮助解决用工、用地、融资等难题，促进增资增产增效。开展线上招聘服务3场次，组织39家次企业发布岗位1537个，协助企业申请扶持政策资金1000多万元。新增市场主体817户、规模以上企业30家。年底有规模以上企业218家，省级以上高新技术企业34家，省级科技“小巨人”企业6家，省级科技型中小企业10家。龙兴隆公司入选省级制造业单项冠军企业名单，百佳、福田公司入选省工业龙头企业培育名单，六源、龙兴隆公司获评省级绿色工厂，浔兴、福田、通亿公司入选省级绿色供应链，福田入选省工业互联网应用企业典型案例汇编，联丰盛、精帛机械公司获评省级科技“小巨人”企业。推动保利与橘若文旅合作，自在海·星海营地项目落地，成为文旅商融合“打卡地”。

【城镇建设】 2022年，深沪镇编制完成深沪镇国土空间规划大纲中期，明确主体功能区定位，形成功能完善的国土空间规划“一张图”；编制完成镇中心区、东海垵工业区、中小企业创业园及周边地区等控规；编制完成首峰、群峰等村级“多规合一”实用性村庄规划，编制科任、华海、华山等6个地块控制性详细规划图则。聚焦污水治理，完成海山路污水管道工程、东海垵开发区污水管道等断头管项目方案设计。巩固提升供水保障和饮水安全，更新自来水管道2.8千米，翻新过滤池6座。完成农村生活污水管网铺设工程，管网铺设300千米，总投资1.3亿元，污水收集率90%。抓好中央生态环保督察反馈问题整改，推进生态系统治理，落实林长制、河（湖）长制，通过市场化河道管养机制，实现水面漂浮垃圾日产日清。新增绿化面积14.53公顷，清除互花米草10公顷；湖漏溪两侧涉水企业精细纳管，18个排水口整治实现销号，河长带队巡河100余次，断面水质稳定达标。推进第二停车场建设，增设金屿路口停车场、文化中心临时停车位，完成同心路路灯改造、主干道标线整改及两侧景观等道路交通工程。做好城镇基础设施日常维护，开展环境卫生整治，通过全国文明城市创建检查。镇区主干道实行日常管理与专项整治相结合，建立“环卫＋执法”快速反应机制，处置城镇管理问题300多宗。拆除“两违”建筑面积1.4万多平方米，完成卫片图斑处理任务40宗。开展城镇管理专项提升行动84场，整治930多宗次占道经营、违规停放等行为。

【民生事业】 2022年，深沪镇办成为民办实事10件。完成5个民生公共项目用地手续报批工作，总用地面积6.67公顷；推进科任水库三期、华峰小学、东山村综合服务中心等一批用地报批手续。受理审核个人危旧房翻建101宗、加层建设4宗，核查廉租住房租赁补贴保障对象47户138人，发放廉租住房租赁补贴10多万元。完成农村宅基地和建设用地建房申请新建手续19宗。为10户“四帮四扶”对象解决生活困难，发放生活保障金、临时困难救助金600多万元，41户残疾人家庭无障碍改造完成验收。改建升级深沪养老院为区域性养老服务中心。推进医疗卫生与养老服务融合发展，探索推进医养结合、卫生所一体化、家庭医生签约、基本公共卫生服务等试点内容建设。港阜社区邻里健康服务站及华峰村“党建＋”邻里中心卫生服务站投入使用。健全养老服务体系，提高居家养老服务品质，各养老院、敬老院、居家养老服务站与卫生院签订医养结合服务协议。辖区内25家药品零售企业均入驻药品信息化追溯平台，100%完成药品信息化追溯体系建设指标。筹建教育发展促进会，提升教育教学水平。幼儿园实现普惠率100%，10所中小学通过省义务教育管理标准化学校验收。深沪镇中心幼儿园获评“全国青少年校园足球特色学校”，首峰中学获评“全国首届创新教育技术应用先锋校”，东山、科泉、群峰小学获评“泉州市乡村温馨校园”，狮峰中心小学获评“晋江市文明校园”。完成华峰小学、金屿幼儿园、首峰中学等一批教育工程建设。宝泉庵保生大帝信俗文化入选第七批市级非遗民俗类代表项目，深沪小吃参加全国第二届美食文化节，亮相央视、东南卫视等多家主流媒体。组织宣传职业健康卫生工作15次，发放宣传资料8000余册。

【社会治理】　2022年，深沪镇刑事发案率比上年下降8.8%。获评2021年度晋江市“五星级”平安镇，7个村（社区）、7家公司（社会组织）分别获评2021年度星级平安村（社区）、5星级平安企业（社会组织）。开展安全生产大检查工作，检查上报经营主体428家次，发现问题隐患823条，整改823条，整改完成率100%。推进安全生产标准化提升工作，建立“三张清单”制度的企事业单位504家。落实食品安全属地管理责任，200多名镇村干部分层分级、层级对应包保市场主体936个。投入100万元，开展“事故黑点”微改造，整治乌漏桥、沪江路、浔兴公司门口、首峰中学门口等道路交通隐患点。政务新媒体“深沪沪江听潮”微信公众号关注数突破2.7万人，发布便民信息1400多条，综合影响力上榜泉州乡镇新媒体前十。实施政务公开，年度公开信息94条，办理政府依申请公开信息5件。

【党建引领】　2022年，深沪镇建成2个“党建＋”邻里中心，创新建设“红蜂驿站”。基层网格管理工作划分一级网格20个、二级网格80个、三级网格77个，配备网格长、专兼职网格员、网格指导员705人；开展“五星级”网格站星级评定工作，推行“1234”帮代办服务，网格经验做法获“学习强国”学习平台及福建网、《泉州晚报》、《晋江经济报》等媒体报道。推动流入党员教育管理工作，开展结对帮带，打造“流入党员驿站”。启动年轻干部“沪航计划”，构建培养选拔年轻干部的全链条机制。推进全面从严治党，配合经济责任和自然资源责任审计及党建引领基层网格专项巡察。畅通群众诉求渠道，建立村级小微权力监督群35个，入群群众1.2万多人，收集并解决群众诉求146条、群众急难愁盼问题8个。

深沪镇的保利·自在海文旅项目　（摄于2022年4月20日　图／深沪镇）

【项目建设】　2022年，深沪镇推动重点项目扩容提质，签约落地项目12个，总投资60.15亿元；开工建设项目17个，建成投产16个。引进通亿、福成、保利·自在海文旅等项目；开工建设浔兴拉链智能工业园、长泰智能服装生产、福田绿色染整、锦科功能性面料等项目。百宏年产33万吨功能性聚酯薄膜、富联印染提升改造等一批项目竣工投产，其中富联印染提升改造项目被省工信厅纳入第一批新一代信息技术与制造业融合发展项目库；完成深沪中心渔港改造提升工程，渔港扩建项目前期手续基本完成，开启施工、监理招标。策划一港一街一园一中心项目链，构建海洋生物全产业链。建设深沪服装印染生态科技产业园，铺开浔兴拉链智能工业园、东海垵开发区、国际衣袜产业园园区标准化建设，规划土地131公顷，策划产业项目28个，总投资37亿元，打造深沪特色纺织产业集群。

【乡村振兴】　2022年，深沪镇清理农村生活垃圾2.8万多吨，清理村内沟渠127千米，清理禽畜养殖粪污等农业生产废弃物近百吨；组织开展禽畜集中免疫和畜禽场所消毒工作，消毒面积49万平方米。推进2022年省级乡村振兴试点示范项目建设，申请项目补助400余万元；策划生成2023年度乡村建设项目7个，总投资923万元，推动运伙村建设光伏发电工程项目。加快推进东华、运伙等村土地经营权流转市场建设，完成坑边村、柳山村、南春社区农村集体产权制度改革，支持海洋科技、绿泉、华兴、华淇等农业龙头企业整合闲散资源，发展以生产托管为主的农业社会化服务组织。落实“四个不摘”要求，强化监测对象的滚动管理，以泉州“1338”工作机制织密防返贫致贫网。推进山海协作，与龙岩市长汀县红山乡结对帮扶。组织申报2022年度实际种粮农民一次性补贴和耕地地力保护补贴资金近45万元，惠及农户3700余户。19个村（社区）集体经济收入均超20万元，其中8个超50万元、1个超100万元。

（蔡尚锈）

西滨镇

【概况】 西滨镇地处晋江东南部沿海平原，东靠军垦农场，南邻新塘街道与石狮市，西、北面接陈埭镇，镇域面积2.1平方千米。2022年辖1个社区和2个行政村，户籍人口1669人，外来人口1.68万人。

西滨镇是一个移民镇和“袖珍镇”，1991年底由西滨农场改为镇建制，1993年正式挂牌成立，以泉南侨乡、晋北大罗溪和长江三峡库区移民群体形成一居两村的村落社区布局。2022年实现财政总收入1.28亿元，比上年增长10%；限额以上批发零售业销售额60.52亿元，比上年增长19.96%。社会固定资产投资完成4亿元，比上年增长73.91%。

【经济发展】 2022年，西滨镇全社会研发投入8950万元，新增4家高新企业，1家省级科技“小巨人”企业及“专精特新”企业。实施工业企业“零地增长”，支持新来发、志合、银宏等公司提容改造，新增标准化厂房及配套用房4万平方米，新入驻企业8家。对接75条稳增长措施，为企业减负3000万元，兑现政策资金1000万元，保障中小微企业融资超1亿元，为企业解决涉及项目备案、规划、环评审批等问题19个，新增规模以上企业12家。做好“两稳一保一防”工作，为企业减负2000万元，保障中小微企业融资超1亿元，新增市场主体50家、规模以上企业10家。

【城镇建设】 2022年，西滨镇海光路、拥军路工业区路段及小姐港思进段南侧道路完成改造提升；晋新路快捷化改造工程完成房屋及土地征迁协议签订。永隆江滨城项目一期交房、力标水岸豪庭项目动工建设；总投资410万元的农贸市场改造提升项目完工投用，总面积2万平方米的镇级公园建成开放；全年共增加5G基站6个、停车位80个。

【民生事业】 2022年，西滨镇城乡居民养老保险、城乡居民基本医保参保率均达100%。发放助医、助困、助学等各类补助款200万元，帮扶困难群众175人次。办成10件为民办实事，实现小学综合楼投用，养老照料中心规范化运营，卫生院发热门诊开放。中心幼儿园升格为市直幼儿园，获评“福建省示范性幼儿园”。开展“我们的节日”系列主题宣传活动，举办线上猜灯谜民俗文化活动，发起“青春心向党，建功新时代”线上答题活动。

【社会治理】 2022年，西滨镇开展消防安全“雷霆”行动综合整治、安全生产专项整治三年行动，排查生产经营场所391家、经营性自建房屋199幢，指导172家企业完成安全生产标准化创建及“安全管家”托管服务，查封隐患企业63家，取缔关闭31家。

【党建引领】 2022年，西滨镇成立晋江首家镇级非公党建孵育基地，涵盖40家企业，孵育“两新”党组织4个，吸收30名企业优秀人才作为孵育对象、积极分子。成立西滨镇第一园区党支部，为25家非公有制企业提供党员管理和服务。促成2个村级、1个非公有制企业党支部与晋江市委办联学共建、结对帮扶。做强“党建＋”邻里中心服务功能，引入社工机构，整合各方资源、导入优质服务，中心占地2000平方米，建筑面积5370平方米，共设置33个功能服务区，促进西滨“产城人”更好融合。全面深化党建引领基层网格管理工作，将融通公司晋江基地一并纳入网格管理，全镇划分为6个一级网格、16个二级网格、35个三级网格、17个专属网格，逐格定人、定岗、定职责，推动基层治理穿透落实到网格，做法成效在《八闽快讯》专篇刊载。

【项目建设】 2022年，西滨镇启动标准化工业园区建设，推进老旧工业区改造，新增工业园、微工业园3个，整治低效企业11家，盘活工业用地2.57公顷。通过“线上＋线下”招商引资方式，12个市级重点项目完成投资13.4亿元，超额完成年度投资计划。豫鸿鞋材、志合体育用品等7个强链项目签约落户，吸引投资31.5亿元。

【乡村振兴】 2022年，西滨镇实施“一村一项目”，跃进村、思进村村财超过50万元。争取市级及以上财政资金145万元。投入136万元完成小姐港思进段、跃进村排洪渠清淤整治项目，落实河长制。

（郭婉聪）

新闻人物

【计红日】 晋江市红日袜业有限公司董事长。他创办的红日袜业，为中国防臭袜品类标准制定单位，获评“国家高新技术企业”。2014年担任泉州上饶商会首任会长，为两地招商引资数十亿元。2017年担任福建省微电商行业协会首任会长，为全国首家微电商省级行业协会。担任晋江市人民法院特邀调解员，投身慈善公益和教育事业，先后获评福建省优秀企业家、福建省优秀共产党员、泉州市高层次人才、泉州市五一劳动奖章、泉州市十佳外来工创业精英。2022年被授予“晋江市荣誉市民”称号。

【王春光】 中国社会科学院社会学研究所副所长、研究员、博士生导师。王春光连续28年关注跟踪晋江经济社会发展，开展晋江现代化、晋江模式和“晋江经验”的调查研究，为晋江现代化政策提供专业咨询，先后出版《中国县域发展：晋江经验》、《县域现代化的“晋江经验”》、《晋江经验——中国式现代化道路的县域探索》等多部晋江现代化专著，向全国乃至世界介绍晋江现代化经验。2019年9月，中国社会科学院社会学研究所“晋江经验”调研基地落地晋江。2022年被授予“晋江市荣誉市民”称号。

【朱双虹】 安踏（中国）有限公司集团鞋采购副总裁、晋江市妇联兼职副主席。主导安踏鞋供应链流程变革与智能制造升级，在行业内率先推出智能制造样板工厂，牵头研发的5项智能化生产项目获省、市创新发明类奖项；主导搭建集团鞋采购大平台，构建多元化采购模式以支撑安踏5.0战略达成；推动鞋供应链数字化转型升级，构建从产品开发、制造、交付的全价值链数字化平台。2022年被授予“晋江市荣誉市民”称号。

【张长青】 上海市第六人民医院副院长，中国著名骨科专家，支持推动国家创伤区域医疗中心项目落地晋江。2020年在晋江挂牌成立张长青教授劳模名医工作室，带领专业团队为晋江骨科的发展提供全方位扶持，发挥名医优势及技术优势，为晋江地区大量疑难、复杂骨科患者提供医疗服务，降低转外就诊率。2022年被授予“晋江市荣誉市民”称号。

【张达斌】 福建晋工机械有限公司制造工艺部主任工艺师。获评全国青年岗位能手，福建省五一劳动奖章获得者。负责公司智能设备工艺工装的设计与革新，协同智能化设备的应用与维护，开展名师带高徒，提出系列建设性意见和建议，提高车间工作效率，提升公司产能。经过20余年的钻研与创新，获得2项发明专利、11项实用新型专利，为晋江机械产业智能化升级做出新贡献。2022年被授予“晋江市荣誉市民”称号。

【罗概】 福建恒安集团有限公司创新中心总监。长期从事卫生用品行业研究，获得多项专利授权。主导的项目获评“2019年福建省工业企业质量标杆”“2021年全国质量标杆”。2007年起，担任全国造纸工业标准化技术委员会委员，多次参与卫生用品国家标准制定，起草的卫生巾和湿巾企业标准连续2年获评“全国企业标准领跑者”。先后获评福建省高级工程师、泉州市第三层次人才、泉州市青年岗位能手、晋江市非公有制经济组织优秀共产党员。2022年被授予“晋江市荣誉市民”称号。

【段力民】 中国皮革和制鞋工业研究院（晋江）有限公司董事长，享受国务院政府特殊津贴、制鞋材料领域专家。中鞋革晋江院承担政府科技计划项目28项、企业委托或合作项目71项，获省部级科技奖4项，参与标准制修订52项，服务企业1500家次。推动设立公共服务平台中鞋革晋江院，引进一批产业链创新资源，为企业提供技术服务，解决技术难题，促进晋江企业转型升级。2022年被授予“晋江市荣誉市民”称号。

【黄晶涛】 天津大学教授、正高级规划师、博士生导师，是著名城市规划专家，享受国务院政府特殊津贴专家、住建部城市规划设计专委会专家、天津市规划设计大师、中国城市规划协会副会长、中国城市规划学会理事、天津市城市规划学会理事长，曾任天津城市规划设计研究院厦门分院院长、总院院长。晋江市规划设计院创办人之一，20世纪90年代起，长期服务于晋江城市规划事业，为推进晋江高质量发展贡献20余项优秀规划设计作品。曾参与雄安新区、陕西黄帝陵国家文化公园等国家重大核心项目的规划编制工作，其作品获得国内外各类奖项80余项。2022年被授予“晋江市荣誉市民”称号。

逝世人物

【苏千墅】 1945年8月出生，祖籍晋江梅岭，著名旅港乡贤。2021年6月19日，旅港乡贤苏千墅去世。2022年，晋江市海外联谊会启动编纂的《根魂梦·家国情》为其立传。

1953年，苏千墅随着父母移居香港，后来回故乡就读于晋江华侨中学。1959年又返港就读于福建中学，高中毕业后考入广大书院商学院主修工商管理，大学毕业后投身商海，先后从事制衣业、金融、贸易等，建树良多。

1993年，苏千墅创办鸿福金号，发挥专业知识，专事黄金交易和外汇买卖，逐渐成为香港金银业贸易场会员，将雄厚的资金、四通八达的信息网络、独特的判断思维和完善的经营策略有机结合，在金融界慢慢树立威信。在此期间，他又抓住时机，邀集同在香港的几位志同道合的乡贤，组建亿盛集团有限公司，并出任董事长，进军家乡，在第三产业大显身手。随后，苏千墅又以2900万元的注册资金在晋江市区成立中外合资亿盛花园城有限公司。

事业有成之际，苏千墅始终不忘自己的“摇篮血迹”，情系桑梓，多次慷慨解囊支持家乡教育事业、慈善事业。晋江华侨中学是苏千墅的母校，当时由其父母与几位乡贤一手倡办而成。1996—2000年，苏千墅仅对华侨中学的捐资就达700万元。2000年底，苏千墅再次捐款1000万元，用于支持晋江市政府筹建晋江华侨职业中专学校，并先后多次捐款建设教学楼、学生楼、科学楼、运动场等。2006年5月，他又捐资建设美英技能大厦(实训大楼)。

苏千墅捐资助学涵盖幼儿园到大学，从晋江老年大学到泉州师范学院教育技术中心大楼，从广西壮族自治区南宁市希望小学、明天小学到梅岭街道希信中心小学、桂华中心幼儿园……到处都留有苏千墅的善举。除此之外，苏千墅还成立多个助学奖学金。2016年11月，苏千墅捐资200万元，其中100万元支持华侨中学校董会，100万元设立“苏梁卓文奖教奖学基金”，用于晋江华侨职校和华侨中学的奖教奖学。

苏千墅定期组织家庭成员回乡寻根。他常说：“即使身在异乡，也要心系故土。现在我为他们牵线，他们才会了解家乡，热爱家乡，以后他们才会经常回来。”在晋江梅岭组团片区改造时，苏千墅将自家的滨然别墅交给政府，以实际行动支持晋江市委、市政府征迁工作，对征迁工作起到带动作用。2018年11月，在香港泉州慈善促进总会十七周年暨第七届董事就职典礼上，苏千墅再次捐赠500万元，用于支持家乡筹办第18届世界中学生运动会。

据不完全统计，早在2002年，苏千墅在晋江的捐资3000多万元，获福建省人民政府、泉州市人民政府和晋江市人民政府立碑表彰；2008年苏千墅成为首位获晋江市人民政府颁授“晋江市捐赠公益事业功勋奖”的乡贤，并立碑表彰。

苏千墅一生爱国爱港，热心参与香港社会事务工作，历任福建省政协常委、香港福建社团联会永远名誉主席兼副主席、香港福建商会副理事长、香港福建体育会永远荣誉会长、香港晋江社团总会永远荣誉主席、香港泉州慈善促进总会会长、晋江市华侨中学香港校友会创会会长等社团职务，曾获香港特别行政区政府荣誉勋章、香港义工联盟杰出义工领袖奖。

【张晓杰】 福建漳州诏安人，1985年8月出生，2003年12月入伍，2009年7月入党，生前系泉州市消防救援支队特勤大队二站站长助理、三级消防长。入队18年，参加灭火救援战斗5300余起，先后参加“5·12”四川汶川抗震救灾、跨区域增援江西抗洪救灾、抗击超强台风等急难险重任务和省内多起重大灭火应急救援战斗，先后获个人三等功4次、嘉奖2次，被评为“十佳士官”“优秀士兵”“红旗车驾驶员”等。

张晓杰坚守一线，家人曾因担心他的安危，劝他离开消防岗位。张晓杰却说：“消防员会很危险，但是我不去做，也需要别人去做。我对这个事业很执着，干到除非组织感觉我不能再干下去为止。”

2021年11月26日20时45分，泉州市消防救援支队指挥中心接到报警，泉州晋江市陈埭镇鹏头村一厂房发生火灾。着火厂房内部可燃物多，火灾荷载大，起火后产生大量高温浓烟及有毒有害气体，火灾迅速向下蔓延，形成立体燃烧，堵截控火难度极大。陈埭镇地处沿海地区，事发时阵风8—9级，加快高温有毒烟气蔓延速度，情况十分危急！泉州市消防救援支队特勤大队二站接到增援指令后，火速赶赴现场。

“我是助理，让我上！”到场后，作

为站长助理、救援“老兵”，张晓杰考虑现场险情复杂，把相对安全的供水岗位留给战友，主动要求加入攻坚小组，带领攻坚组在一楼西侧设置水枪阵地，堵截火势蔓延。现场热浪一波接一波地袭来，他们都没有退缩，一心想着早点压制火魔。

27日0时20分左右，火灾现场风力增大、风向突变，大量高温浓烟扑向一楼西侧，水枪阵地周边的塑料米堆垛，在高温浓烟下瞬间轰燃，导致前突灭火的张晓杰被困，壮烈牺牲。年仅36岁。2021年11月29日，应急管理部批准张晓杰为烈士。2022年9月30日，诏安县委书记李亚容将漳州市第一张烈士光荣证，颁发到“逆火”英雄、烈士张晓杰母亲杨汉琴手中。

（方　文）

【洪肇服】 1920年4月出生于英林镇埔顶寮村，1944年12月参加革命工作，1944年12月加入中国共产党。1947—1949年，先后任埔顶寮村党支部书记、运伙区委经济委员、李刚区委书记。1949年6—10月，先后任晋江县工委委员、第十工作队副队长。1949年10月至1958年，先后任晋江县第十区公所区长、农民协会副主席、供销合作总社主任、财贸部部长。1958—1962年，先后任三明市重机厂驻榕办事处行政科负责人、五金交电门市部营业员、万猪场负责人。1963—1969年，任福建省侨委侨汇处副处长。1969年下放为晋江县永和街饮食店营业员。1970—1978年，先后任晋江县革委会副主任、县委常委。1982—1985年，任晋江县政协副主席。1985年离休。1995—2007年，任晋江市老区促进会会长。2022年9月14日因病去世，享年103岁。

洪肇服青年时期接受进步思想，投身革命，在家里建立红色交通站，冒着生命危险筹集经费、传递情报、接送地下党员；组织和发动群众，掩护闽中地委、泉州中心县委召开“埔顶寮会议”。中华人民共和国成立后，他投入社会主义建设事业，足迹遍及晋江、三明、福州等地；“文化大革命”时期，历经坎坷，信念坚定，恢复工作后不计个人得失开展工作。离休后，担任晋江老区建设促进会首任会长，走遍晋江老区基点村，带头筹资助力老区建设和发展；著书讲述晋江沿海革命斗争史，筹建晋江市沿海区革命纪念馆、“埔顶寮会议”会址。先后获评福建省离退休干部先进个人、泉州市优秀共产党员、泉州市先锋老党员等，被授予“庆祝中华人民共和国成立70周年”纪念章。

（高希杰）

【苏统谋】 1939年1月生于晋江深沪镇，1955年1月参加工作，1966年9月加入中国共产党。1955年1月至1971年11月，在晋江县提线木偶剧团工作。1971年11月至1977年2月，在晋江县砧头牧场工作。1977年3月起在晋江县掌中木偶剧团工作，1978年4月至1988年6月任该团团长。1988年6月起在晋江县（市）文化局（文化体育局）工作，任文化科负责人，1997年10月至1999年11月任副主任科员；1999年11月退休。2022年12月27日，因病去世，享年84岁。

苏统谋毕生从事文化工作，精通业务，深耕戏剧、曲艺、南音等文艺领域，均有深湛造诣。在木偶剧团工作期间，创作木偶戏《小白龙》并参加全国木偶皮影调演，获文化部授予的演出奖。致力传承、弘扬、繁荣南音事业，推动南音申报联合国非物质文化遗产。

苏统谋自幼深受父辈影响，耳濡目染而酷爱南音，10岁入馆拜师。1982年，他率先倡议组建晋江南音协会，担任该会会长长达33年。其间，还担任中国南音学会常务理事、福建省曲艺家协会常务理事、泉州市南音艺术家协会常务副主席，被众多海内外南音团体聘请为顾问和艺术指导。先后受聘为泉州南音申报人类口头及非物质文化遗产代表作专家组成员、《中国泉州南音集成》民间艺术家委员会委员、泉州师范学院音乐与舞蹈学院硕士生导师，成为第二批国家级非物质文化遗产南音代表性传承人。他指导各镇村组建南音社，倡导成立晋江市南音艺术团，创新倡导组织举办南音大会唱、大奖赛、演唱节，经常开展对外南音艺术交流。2018年6月，设立苏统谋南音传习所。

苏统谋整理出版《弦管指谱大全》《弦管古曲选集》《弦管过支古曲选集》《泉南传统戏文四念白》等南音、戏曲书籍15卷，自弹自唱自录弦管过支曲光盘15碟，对弦管过支套曲联唱进行抢救性保护，其间还组织赴台交流。使泉州南音的指、谱、曲实现一次历史上最大限度地收集、汇总、编校。

苏统谋曾获晋江市政府星光文艺奖传承奖和“十佳美丽晋江人”称号，获中国文联、福建省文联颁授的“从事新中国文艺工作60年”和“从事福建文艺工作60年”纪念章。2018年10月，晋江市委、市政府主办“春华秋实”苏统谋师生南音专场音乐会。2020年9月25日，中国文联授予苏统谋“中国文联终身成就曲艺艺术家”称号，为福建省首位获此称号的曲艺家。2021年，晋江市相关部门汇编出版《苏统谋及其南音学研究》，开展苏统谋及其南音学研究系列活动。2021年6月25日，福建省委授予苏统谋“福建省优秀共产党员”称号。

（骆锦恋）

先进集体

表 16

2022 年晋江市获省部级及以上表彰的先进集体一览表

获奖单位	奖励名称	颁奖单位
晋江市	全国法治政府建设示范市(县、区)	中央全面依法治国委员会办公室
晋江市	国家知识产权强县建设示范县	国家知识产权局
晋江市	全国第一批知识产权纠纷快速处理试点地区	
晋江市	全国第一批全民运动健身模范市	国家体育总局
晋江市	在全国防艾示范区考核中位居全国县区示范区第四名	国务院防治艾滋病工作委员会办公室
晋江市东石镇南天禅寺	亚太地区文化遗产保护优秀奖	联合国教科文组织
晋江市人民法院	为群众办实事示范法院	最高人民法院
晋江福大鲍鱼水产有限公司	2022 年国家级水产健康养殖和生态养殖示范区	农业农村部
晋江市英林镇湖尾村	2022 年中国美丽休闲乡村名单(农家乐特色村)	
中通福建省管理中心	全国五四红旗团支部	共青团中央
福建柒牌集团有限公司团委	全国五四红旗团委	
晋江市总工会	2021 年度全国市县级财务会计工作先进单位	中华全国总工会
利郎(中国)有限公司工会委员会	全国工会职工书屋示范点	
安踏(中国)有限公司	2022 年全国五一劳动奖状	
晋江市工商业联合会	2021—2022 年度全国“五好”县级工商联	中华全国工商业联合会
晋江市英林商会	2021—2022 年度全国“四好”商会	
晋江市人民检察院	全国检察宣传先进单位	最高人民检察院
晋江市磁灶镇	中国陶瓷名镇·磁灶	中国轻工业联合会 中国陶瓷工业协会
晋江市深沪镇	中国内衣名镇	中国纺织工业联合会 中国针织工业协会
新塘街道梧林传统村落	中国华侨国际文化交流基地	中华全国归国华侨联合会
晋江市住房和城乡建设局	全国住房和城乡建设系统先进集体	人力资源和社会保障部 住房和城乡建设部
晋江市磁灶镇大埔村	全国示范性老年友好型社区	国家卫生健康委 全国老龄办
晋江市梅岭街道社区卫生服务中心	优质服务基层行推荐级(国家级)	国家卫生健康委 国家中医药管理局
晋江市安海镇卫生院		
晋江市永和镇卫生院		
泉州市晋江生态环境局	2021 年生态环境保护执法大练兵表现突出集体	生态环境部
晋江市公安局交警大队车辆管理所	全国一等县级车辆管理所	公安部
晋江市民政局	全国社会救助工作先进单位	民政部
晋江市磁灶中学	网络学习空间应用普及活动优秀学校	教育部

表 17

2022 年晋江市获地厅级表彰的先进集体一览表

获奖单位	奖励名称	颁奖单位
晋江市	安海“水上掠鸭”入选 2021 中华优秀体育文化项目	国家体育总局体育文化发展中心
晋江市	通过“县域节水型社会达标建设”省级审核的县	福建省水利厅
晋江市	2017—2020 年度平安建设示范县（市、区）	福建省平安建设领导小组
晋江市	2019—2021 年度福建省全民运动健身模范县（市、区）	福建省体育局
中共晋江市委办公室	全省党委办公厅（室）系统先进集体	中共福建省委办公厅 福建省人力资源和社会保障厅
晋江市人民政府	县级人民政府完成年度安全生产目标责任创新单位	泉州市人民政府
晋江联兴农牧有限公司	2022 年度国家级生态农场	农业农村部农业生态与资源保护总站
晋江市金井镇农家乐农场	2022 年度省级示范家庭农场	福建省农业农村厅 福建省财政厅 福建省林业厅 福建省海洋与渔业局
晋江市金井镇坤坦家庭农场		
中共晋江市委宣传部	福建省第七次全国人口普查突出贡献集体	福建省统计局 福建省第七次全国人口普查领导小组办公室
晋江市统计局		
晋江市梅岭街道办事处		
晋江市安海镇人民政府		
晋江市池店镇人民政府		
晋江市陈埭镇人民政府		
晋江市磁灶镇	第二批省级乡村治理示范乡镇	中共福建省委农村工作领导小组 中共福建省委组织部 中共福建省委宣传部 福建省农业农村厅 福建省民政厅 福建省司法厅 福建省乡村振兴局
晋江市英林镇		
晋江市陈埭镇庵上村	第二批省级乡村治理示范村	
晋江市陈埭镇洋埭村		
晋江市磁灶镇洋宅村		
晋江市磁灶镇岭畔村		
晋江市安海镇瑶前村		
晋江市安海镇曾埭村		
晋江市东石镇檗谷村		
晋江市东石镇金瓯村		
晋江市金井镇南江村		
晋江市金井镇丙洲村		
晋江市内坑镇前洪村		
晋江市永和镇玉湖村		
晋江市龙湖镇龙园村		
晋江市池店镇仕春村		
晋江市英林镇三欧村		
晋江市英林镇东埔村		
晋江市紫帽镇塘头村		

续表 17

获奖单位	奖励名称	颁奖单位
晋江市磁灶镇苏垵村	省级五星农村幸福院	福建省民政厅
晋江市磁灶镇前尾村		
晋江市梅岭街道妇联	2022年全省“三百五有”达标的乡镇（街道）妇联组织	福建省妇女联合会
晋江市东石镇妇联		
晋江市龙湖镇妇联		
晋江市永和镇永和村妇联	2022年全省“三百五有”达标的村（社区）妇联组织	
晋江市灵源街道灵水社区妇联		
晋江市罗山街道兰峰社区妇联		
晋江市金井镇	福建省全域生态旅游小镇	福建省文化和旅游厅
晋江市紫帽镇紫祥社区	福建省卫生社区	福建省爱国卫生运动委员会
晋江市灵源街道曾林社区	福建省森林村庄	福建省绿化委员会 福建省林业局
晋江市东石镇新时代文明实践所	最美志愿服务文明实践所（站）	中共福建省委宣传部、中共福建省委文明办等17个部门
晋江市精帛针织机械有限公司	福建省科技“小巨人”企业	福建省科学技术厅
福建省联丰盛漂染植绒有限公司		
福建福田纺织印染科技有限公司	福建省工业龙头企业	福建省工业和信息化厅
百佳（福建）内衣有限公司		
晋江市龙兴隆染织实业有限公司	福建省级制造业单项冠军企业	
华泰集团	2022年福建省“专精特新”中小企业（第二批）	
舒华体育股份有限公司器材制造中心包装部装二课	2022年福建省工人先锋号	福建省总工会
国网福建省电力有限公司晋江市供电公司电力调度控制中心		
晋江市市场监督管理局执法大队	2022年福建省五一先锋号	
晋江市医院健康管理（体检）中心		
向兴（中国）集团有限公司	2022年福建省五一劳动奖状	
福建省鸿官通信工程有限公司	福建省民营企业党建带工建示范点	
三六一度（中国）有限公司		
晋江市公安局刑侦大队	2021年福建省打击洗钱犯罪有功集体	中国人民银行福州中心支行 福建省高级人民法院 福建省人民检察院 福建省公安厅 福州海关 厦门海关
晋江市公安局经侦大队		
晋江市公安局禁毒大队		
晋江市人民法院刑一庭		
晋江市人民法院刑二庭		
晋江市人民法院生态庭		
晋江市人民检察院第一检察部		
晋江市人民检察院第二检察部		
晋江市人民检察院第三检察部		

续表 17

获奖单位	奖励名称	颁奖单位
晋江市市场监督管理局(知识产权局)	2022 年度全省知识产权系统和公安机关知识产权保护工作成绩突出集体	福建省知识产权局 福建省公安厅
晋江市公安局经侦大队		
晋江市公安局经侦大队	全省“猎狐 2021”专项行动成绩突出集体	福建省公安厅
晋江市公安局刑侦大队	集体二等功	
晋江市公安局西园派出所		
晋江市公安局安海派出所		
晋江市公安局安海派出所	全省公安机关夏季治安打击整治“百日行动”成绩突出集体	
晋江市公安局紫帽派出所		
晋江市公安局永和派出所		
晋江市公安局治安管理大队		
晋江市公安局拘留所		
晋江市公安局公共信息网络安全监察大队		
晋江市公安局西园派出所	全省公安机关党的二十大安保维稳成绩突出集体	
晋江市公安局灵源派出所		
晋江市公安局永和派出所		
晋江市公安局巡特大队		
晋江市公安局户政大队		
晋江市公安局政工室	2022 年—2024 年省级青年文明号	福建省创建青年文明号活动组委会
晋江市人民法院金井人民法庭		
晋江市人民法院	2021 年度全省法院信息报送先进单位	福建省高级人民法院
晋江市人民法院执行局	全省法院党的二十大期间信访安全保障工作成绩突出集体	
晋江市人民检察院	2021 年度全省检察机关信息工作先进单位	福建省人民检察院办公室
晋江经济开发区	2021 年度全省开发区综合发展水平考核省级开发区第一名	福建省商务厅
	2021 年度自贸创新成功复制推广先行区	
	福建省省级绿色园区	福建省工信厅
	福建省数字经济核心产业集聚区	福建省发展和改革委员会
晋江市医院	公立医院高质量发展省级试点医院	福建省卫生健康委员会
晋江市医院骨科	福建省 2022 年省级临床重点专科建设项目	
晋江市医院神经外科		
晋江市医院普外科		
晋江市金井镇中心卫生院	优质服务基层行推荐标准(省级)	
晋江市金井镇中心卫生院	2022 年福建省老年友善医疗机构	
福建广电网络集团晋江分公司	2021 年度全省广电网络系统十强县(区)分公司	福建广电网络集团股份有限公司
福建广电网络集团晋江分公司网优干线组	2021 年度全省广电网络系统优秀团队	
晋江市灵源街道群峰小学少先队大队	2022 年度福建省优秀少先队大队	共青团福建省委 福建省教育厅 福建省少工委

续表 17

获奖单位	奖励名称	颁奖单位
晋江市龙湖镇衙口中心小学五(4)向阳中队	2022 年度福建省优秀少先队中队	共青团福建省委 福建省教育厅 福建省少工委
晋江市潘径中学	第二批省级“平安校园”	福建省教育厅
晋江市高登中学		
晋江市南峰中学		
晋江市季延初级中学		
晋江市松熹中学		
晋江市慎中实验学校		
晋江市云峰中学		
晋江市远华中学		
晋江市第三实验小学		
晋江市安海中心小学		
晋江市第六实验小学		
晋江市第十实验小学		
晋江市第四实验幼儿园		
晋江市实验幼儿园		
晋江市艺术实验幼儿园		
晋江市心养小学		
晋江市西园街道霞浯小学		
晋江市罗山街道龙泉小学		
晋江市灵源街道灵水中心幼儿园		
晋江市新塘街道瑞鹊中心小学		
晋江市陈埭镇龙林中心幼儿园		
晋江市池店镇桥南中心幼儿园		
晋江市体育局	参加第三十二届东京奥运会贡献奖	福建省体育局
	参加第十四届全运会贡献奖	
中共晋江市委统战部	2021 年度全省统战宣传信息工作先进单位	中共福建省委统战部
晋江市民族与宗教事务局	2021 年度全省民族宗教系统信息宣传工作先进集体	福建省民族与宗教事务厅
民盟晋江市委会文化支部	2021 年度“创特色 增活力”先进基层组织	民盟福建省委会
民盟晋江市委会	纪念福建民盟组织成立 75 周年先进集体	
中共晋江市委报道组	福建日报 2021 年度十佳报道组	福建日报社
中共晋江市委老干部局	全省老干部工作先进集体	中共福建省委组织部 中共福建省委老干部局 福建省人力资源和社会保障厅
晋江市市场监督管理局	全省市场监管系统先进集体	福建省市场监督管理局
晋江市应急管理局	全省应急管理系统先进集体	福建省人力资源和社会保障厅 福建省应急管理厅

续表 17

获奖单位	奖励名称	颁奖单位
晋江市地震办公室	2022 年度全省市县防震减灾工作综合考评先进单位	福建省地震局
晋江市司法局永和司法所	全省司法行政系统先进集体	福建省人力资源和社会保障厅 福建省司法厅
晋江市诉调对接特邀调解员协会	金牌调解劳动关系社会组织	福建省人力资源和社会保障厅 福建省总工会 福建省企业与企业家联合会 福建省工商业联合会
晋江市妇联白兰花家庭驿站（王厝社区）	福建省家庭教育创新实践基地	福建省妇女联合会 福建省教育厅
晋江市教师进修学校	福建省示范性县级教师进修学校	福建省教育厅
晋江市深沪供销合作社	2022 年度全省供销社系统基层社示范社	福建省供销合作社联合社
晋江市图书馆	全省文化和旅游系统先进集体	福建省人力资源和社会保障厅 福建省文化和旅游厅
中共泉州中心县委历史纪念馆	福建省第一批新时代国防科技工业文化教育基地	福建省国防科技工业办公室
晋江金交椅山窑址	第二批省级考古遗址公园	福建省文物局
晋江市城市管理局	2022 年度泉州市创建全国文明城市先进集体	中共泉州市委 泉州市人民政府
晋江市文化和旅游局	泉州市宣传工作先进集体	
泉州市医疗保障基金中心晋江分中心	泉州市学雷锋活动示范点	中共泉州市委

先进个人

表 18

2022 年晋江市获省部级及以上表彰的先进个人一览表

姓名	工作单位	奖励名称	奖励单位
蔡长翼	晋江市公安局治安大队	全国优秀人民警察	公安部
吴雅芳	晋江市人民检察院	最高检公益诉讼全面实施五周年“好人物”	最高人民检察院
黄　良	晋江市社会科学界联合会	2022 年度全国社科工作先进个人	全国大中城市社科联工作会议主席团

表 19

2022 年晋江市获地厅级表彰的先进个人一览表

姓名	工作单位	奖励名称	奖励单位
洪忠信	劲霸男装股份有限公司	2022 年福建省五一劳动奖章	福建省总工会
粟　琼	福建百宏聚纤科技实业有限公司		
林亚桢	福建中策光电股份公司		
吴扬加	晋江市教育局		
任宏建	福建柒牌时装科技股份有限公司		
黄安爽	晋江市深沪镇人民政府	福建调查队系统 2021—2022 年度“优秀辅助调查员”	国家统计局福建调查总队

续表 19

姓名	工作单位	奖励名称	奖励单位
陈永固	晋江市人民法院	2021 年福建省打击洗钱犯罪有功个人	中国人民银行福州中心支行 福建省高级人民法院 福建省人民检察院 福建省公安厅 福州海关 厦门海关
黄秋萍			
林雅思			
廖文斌			
尤芳冰			
吴国梁			
黄勤俭			
许逢其			
陈瑜滨			
丁钊珑			
罗明芳	晋江市人民检察院		
李　科			
吴晓敏			
王加荣			
林美冷			
洪凯岑			
郭鸿森			
许文桨	晋江市公安局刑侦大队		
邱佳嵘			
邱子恒			
黄诚毅			
张伟江	晋江市公安局禁毒大队		
姚朝畅			
欧阳清伟	晋江市公安局青阳派出所		
陈星宝	晋江市公安局经侦大队		
傅道镳			
张雪冬			
蔡家煌	晋江市统计局	福建省第七次全国人口普查突出贡献个人	福建省统计局 福建省第七次全国人口普查领导小组办公室
周尚华			
黄小颖			
陈文斗	晋江市陈埭镇人民政府		
曾水祥			
张谋养	晋江市安海镇人民政府		
吴连坛	晋江市深沪镇人民政府		
蔡尚镑			
柯档城	晋江市公安局池店派出所	全省知识产权保护工作成绩突出个人	福建省知识产权局 福建省公安厅
苏上辉	晋江市公安局青阳派出所		
吴　尉	晋江市公安局经侦大队	全省“猎狐 2021”专项行动成绩突出个人	福建省公安厅

续表 19

姓名	工作单位	奖励名称	奖励单位
林荣武	晋江市公安局西滨派出所	个人二等功	福建省公安厅
许长熙	晋江市公安局经侦大队		
施　建	晋江市公安局安海派出所		
吴鸿瑜	晋江市人民检察院	2022 年优秀办案检察官	福建省人民检察院
黄文钦			
林美冷		2022 年福建省检察机关“优秀公诉人”	
李燕萍		2021 年度全省检察机关信息工作先进个人	
苏威镇	泉州市晋江生态环境局	专项帮扶行动表现突出人员	福建省生态环境厅
郑超辉			
傅少君			
李臻娜	中共晋江市委统战部	2021 年度全省统战宣传信息工作优秀宣传信息工作者	中共福建省委统战部
李少荣	中共晋江市委统战部	2021 年度全省民族宗教系统信息宣传工作先进个人	福建省民族与宗教事务厅
黄美月	晋江市第一中学	纪念福建民盟组织成立 75 周年优秀盟员	民盟福建省委会
马　红	晋江市卫健局		
曾清曲	晋江市东石镇文润书法学堂		
周　国	晋江市毓英中学		
陈晓君	晋江市西园街道办事处		
王煌远	中国电信股份有限公司晋江分公司		
雷翠云	民盟晋江市委会	纪念福建民盟组织成立 75 周年优秀盟务工作者	
颜　虹	致公党晋江市委会	2017—2022 年度优秀党员	致公党福建省委会
张谋养	晋江市安海镇人民政府	2017—2022 年度优秀党务工作者	
陈　芳	晋江市文旅局		
施栋梁	泉州达顺高速公路建设有限公司	2017—2022 年度参政议政先进个人	
洪天姿	晋江市医院晋南分院	民革福建省委会 2017—2022 年度优秀党员	民革福建省委会
庄舒怀	晋江市东石镇司法所		
柳飞杨	福建飞扬鞋材科技股份有限公司	2021 年度全省社会服务优秀个人	民建福建省委会
许晋杭	晋江市英林心公益慈善基金会	第十九届“福建青年五四奖章”	共青团福建省委
张　雯	晋江市西滨镇人大办	2021 年度“福建省优秀共青团干部”	
郑依扬	晋江市养正中学	2022 年度“福建省优秀少先队员”	共青团福建省委 福建省教育厅 福建省少工委
柯　澜	晋江市第三实验小学		
陈　怡	晋江市第八实验小学	2022 年度“福建省优秀少先辅导员”	
黄玲玲	晋江市第二实验小学		
丁玉梅	晋江市妇女联合会	全省妇联系统先进工作者	福建省人力资源和社会保障厅 福建省妇女联合会
郑幼茸	晋江市英林心公益慈善基金会	2022 年福建省“三百四有”优秀基层妇联主席	福建省妇女联合会

续表 19

姓名	工作单位	奖励名称	奖励单位
李海庭	晋江市人民调解员协会	福建省十大法治人物	中共福建省委全面依法治省委员会办公室 中共福建省委宣传部 中共福建省委政法委员会 福建省人民代表大会常务委员会办公厅 福建省司法厅 福建省法学会
陈著坪	晋江市司法局	2019—2021 年度全省人民调解先进个人	福建省司法厅
程思斯	中共晋江市委办公室	全省党委办公厅(室)系统先进工作者	中共福建省委办公厅 福建省人力资源和社会保障厅
吴金鹏	晋江市文物保护中心	第 44 届世界遗产大会暨泉州项目成功申遗工作先进个人	福建省文化和旅游厅 福建省文物局 福建省住房和城乡建设厅 福建省林业局
蔡晓喆	中共晋江市委组织部	2022 年全省老干部信息工作表现突出个人	中共福建省委老干部局
		2022 年全省老干部宣传工作表现突出个人	
苏晓君	中共晋江市委宣传部	2021 年度舆情信息工作先进个人	中共福建省委宣传部
丁志俭		2022 年国家网络安全宣传周福建省活动先进个人	中共福建省委网信办
林晓燕		福建日报社 2021 年度十佳通讯员	福建日报社
王金川	晋江市陈埭镇市场监督管理所	全省市场监管系统先进工作者	福建省市场监督管理局
陈泽松	晋江市档案馆	2022 年度福建省档案宣传信息工作先进个人	福建省档案局

热心家乡公益事业名单

【2022 年晋江市热心家乡公益事业的单位】

劲霸男装股份有限公司
福建恒安集团有限公司
晋江舒华投资发展有限公司
舒华慈善基金
利郎(中国)有限公司
泉州卓乔置业有限公司
晋江市总工会
晋江新丝路文旅实业有限公司
中骏集团控股有限公司
晋江胜康自来水有限公司
福建逸度房地产开发有限公司
福建福泰集团有限公司
晋江市海峡国际五金机电城
晋江市海西建材城
顺丰速运
特步集团有限公司
九牧王股份有限公司
中辉景业集团有限公司
福建省晋江豪山建材有限公司
福建宏华集团有限公司
福建晋江市祥达陶瓷有限公司
联兴建材有限公司
福建省晋江市源源彩印包装有限公司
晋江市磁灶镇官田村委会
泉州阔兴物流有限公司
晋江市磁灶镇前尾村委会
晋江市磁灶镇苏垵村锦里基金会
福建省晋江德益建材有限公司
晋江市彩霸陶瓷有限公司
福建尊威•揽盛陶瓷有限公司
晋江广达陶瓷有限公司
福建华泰集团股份有限公司

福建省晋江市山美建材有限公司
福建省晋江市华源石材有限公司
晋江市德顺陶瓷建材有限公司
晋江侨丰陶瓷有限公司
福建省晋江市豪鹏陶瓷有限公司
福建东南陶瓷有限公司
晋江市金壮建筑陶瓷有限公司
福建省晋江市华业陶瓷有限公司
安踏集团和敏基金会
安踏体育用品集团有限公司
福建盛达机器有限公司
福建大永商贸有限公司
福建省中裕皮革实业有限公司
见义勇为慈善基金
兴泰公司慈善基金
福建晋南建设集团有限公司
爱警基金
晋江骏昇房地产开发有限公司
退役军人帮扶基金
达亿集团基金
晋江市妇女联合会
福建省亿驰电力建设有限公司
三六一度(中国)有限公司
菲莉集团(福建)有限公司
华宇铮蓥集团
福建省晋江市华美针织服装有限公司
晋江瑞兴钢铁有限公司
福建凤竹纺织科技股份有限公司
香港晋江社团总会
福建盼盼食品集团有限公司

【2022 年晋江市热心家乡公益事业的人士】

青阳街道

庄鸿辉　蔡坤普

罗山街道

陈培星　陈建福　曾国信

灵源街道

柯文新　何长太　蔡远程

新塘街道

王文墨　王孝沛

陈埭镇

林海茶　张文彩　丁和木　丁德林　林福枝　丁友家　许志群　林策荣　林松柏　林天送
张美霞

池店镇

吕清建　蔡世团

安海镇

许连捷　陈永福　苏永定　吴清标　施文博　许维波　赖新达　许大座　吴华春　王黑裳
许松军　李宁波　蔡金钟

磁灶镇

吴志榕　苏国川　吴金滨　吴孝义　吴炳忠家族　吴连生、吴红端伉俪　陈孟坤、陈孟限昆仲
陈传基、郭美蓉伉俪　吴连聪、吴慧兰伉俪　李国兴　谢永进　苏炳源　吴海南　陈锦阳
庄清乐　庄克服　张以利　苏振佳　吴声团　吴建发　李金福　吴文灿　苏南白　吴建加
张金钟　陈永川　吴鸿强　谢建利　谢哲聪　吴清波　吴德育　吴解放　吴永贵　吴春荣
吴秋生　吴志民　吴孝谋　吴文芳　吴荣秋　陈道长　陈文择　陈乾坤　陈孔平　陈永堤

陈四海　苏志强　苏永义　吴玉水　吴建辉　吴友丁　吴永新　吴泉河　吴金针　吴康生
陈树宪　陈志雄　陈建声　吴路生　吴育钊　吴家力　吴明昌　吴鸿勃　吴孝剑　曾国才
陈清培　苏尚赐　吴进展　苏聪富　陈清良　陈清忠　陈王丽芬　张建设　张再发　陈瑞屿
陈国才　陈乾坤　陈文择　吴其生　吴志毅　谢友尚

内坑镇

林聪颖　曾如意　姚锦成　林天晓　王文质　尤文储　郑建平　蔡清华　曾建筑　姚建安

东石镇

孙晋忠　蔡文雄　许永生、许金选伉俪　王一平　张忠贤、黄钡钡伉俪　陈明金　许联才

永和镇

许远南　王礼锻　陈汉河　蔡金成　许金枝　洪荫治

英林镇

洪青山　洪清伟　张良灏

金井镇

洪顶拥、洪顶超、洪仲海昆仲　周永伟　洪于晓　陈永培　王荣芳

龙湖镇

施能狮　施清岛家族　施天佑　施伟彬　吴远康　吴良溪　许文前　施自然　许重庆

深沪镇

施能坑　施天佑、陈宏旭伉俪　蔡建忠、侯珊艺伉俪　施洪惠治　施海涵　蔡东育、蔡万莉伉俪
张国良

台港澳地区

许天贡（中国香港）　许胜炎（中国香港）　许文默、许红纱伉俪（中国澳门）

其他

吴永贵　杨添丁　蔡明体　张长春

高级专业技术职务人员名表

表 20　**2022 年晋江市获高级专业技术职务任职资格人员一览表**

姓名	工作单位	技术职务	姓名	工作单位	技术职务
韦妙花	泉州职业技术大学	高级经济师	龚水英	晋江市养正中学	副研究馆员
李克勤	晋江安海职业中专学校	正高级讲师	王振军	西滨镇社会事务服务中心	副研究馆员
施丽聪	晋江市教师进修学校	正高级教师	洪碧云	晋江市图书馆	副研究馆员
鲍国富	晋江市第一中学	正高级教师	陈君兰	晋江市文物保护中心	副研究馆员
汪　波	晋江市养正中学	正高级教师	侯丽英	晋江市财政国库支付中心	高级会计师
姚育晓	晋江市实验小学	正高级教师	王海静	晋江市委党校	高级讲师
许金榜	晋江市质量计量检测所	高级工程师	林　艳	晋江市第一中学	高级教师

续表 20

姓名	工作单位	技术职务	姓名	工作单位	技术职务
蔡娇如	晋江市第一中学	高级教师	张兴旺	晋江市高登中学	高级教师
李宝华	晋江市第一中学	高级教师	谢瑶谋	晋江市华侨中学	高级教师
肖选贤	晋江市第一中学	高级教师	屈亮亮	晋江市季延初级中学	高级教师
陈少强	晋江市第一中学	高级教师	胡丽芳	晋江市季延初级中学	高级教师
苏红霞	晋江市第一中学	高级教师	雷明川	晋江市季延初级中学	高级教师
林金焕	晋江市第一中学	高级教师	郭燕红	晋江市季延中学	高级教师
周　健	晋江市第一中学	高级教师	吴晓东	晋江市季延中学	高级教师
张婷婷	晋江市养正中学	高级教师	黄永贤	晋江市季延中学	高级教师
王　芬	晋江市养正中学	高级教师	李玉琼	晋江市季延中学	高级教师
陈亚娥	晋江市养正中学	高级教师	曹姣梅	晋江市季延中学	高级教师
许振兴	晋江市养正中学	高级教师	王秀燕	晋江市季延中学	高级教师
吴丽洪	晋江市养正中学	高级教师	余柳琼	晋江市季延中学	高级教师
王白仪	晋江市养正中学	高级教师	柯树金	晋江市季延中学	高级教师
施婉玲	晋江市养正中学	高级教师	朱宗保	晋江市季延中学	高级教师
张素华	晋江市养正中学	高级教师	李永恒	晋江市季延中学	高级教师
曹　超	晋江市养正中学	高级教师	陈昌营	晋江市季延中学	高级教师
卢文洁	晋江市养正中学	高级教师	黄诗德	晋江市江滨中学	高级教师
吕燕燕	晋江市池店中学	高级教师	项小莺	晋江市江滨中学	高级教师
蔡金星	晋江市磁灶中学	高级教师	李德超	晋江市灵水中学	高级教师
曾金昌	晋江市磁灶中学	高级教师	李绵绵	晋江市龙侨中学	高级教师
刘育民	晋江市磁灶中学	高级教师	黄慧香	晋江市罗山中学	高级教师
苏秀玲	晋江市磁灶中学	高级教师	吕国旺	晋江市罗山中学	高级教师
许大明	晋江市磁灶中学	高级教师	鄢裕军	晋江市罗山中学	高级教师
翁建云	晋江市磁灶中学	高级教师	王克勤	晋江市罗山中学	高级教师
尤明翀	晋江市磁灶中学	高级教师	胡桂金	晋江市罗山中学	高级教师
陈志华	晋江市磁灶中学	高级教师	吴进田	晋江市梅溪中学	高级教师
陈义芳	晋江市磁灶中学	高级教师	陈月娥	晋江市南侨中学	高级教师
谢登峰	晋江市磁灶中学	高级教师	施少蔚	晋江市南侨中学	高级教师
孙建新	晋江市磁灶中学	高级教师	吴允雄	晋江市南侨中学	高级教师
杜　枫	晋江市第二中学	高级教师	许文捆	晋江市南侨中学	高级教师
刘卫荣	晋江市第二中学	高级教师	陈理智	晋江市南侨中学	高级教师
陈小红	晋江市第二中学	高级教师	郭志勇	晋江市南侨中学	高级教师
陈永萍	晋江市东石中学	高级教师	胡路军	晋江市内坑中学	高级教师
黄俏群	晋江市东石中学	高级教师	陈友遵	晋江市内坑中学	高级教师
姚义务	晋江市东石中学	高级教师	林金灿	晋江市平山中学	高级教师
蔡永乐	晋江市东石中学	高级教师	黄晋瀛	晋江市平山中学	高级教师
林世展	晋江市高登中学	高级教师	陈晓云	晋江市侨声中学	高级教师
洪秀竹	晋江市高登中学	高级教师	张水容	晋江市侨声中学	高级教师

续表 20

姓名	工作单位	技术职务	姓名	工作单位	技术职务
吴海峰	晋江市侨声中学	高级教师	柯秀革	晋江市毓英中学	高级教师
王晓东	晋江市三民中学	高级教师	汤红艳	晋江市毓英中学	高级教师
陈志彬	晋江市三民中学	高级教师	郭云秋	晋江市毓英中学	高级教师
谢　华	晋江市深沪中学	高级教师	黎丽群	晋江市毓英中学	高级教师
陈延延	晋江市深沪中学	高级教师	曾行汇	晋江市毓英中学	高级教师
杨阳锋	晋江市慎中实验学校	高级教师	林旺添	晋江市毓英中学	高级教师
洪美裙	晋江市实验中学	高级教师	黄　馨	晋江市远华中学	高级教师
庄丽萍	晋江市实验中学	高级教师	洪从愿	晋江市远华中学	高级教师
肖玉欣	晋江市首峰中学	高级教师	陈雪萍	晋江市远华中学	高级教师
郭小军	晋江市首峰中学	高级教师	许凤容	晋江市云峰中学	高级教师
李艳真	晋江市首峰中学	高级教师	许良景	晋江市云峰中学	高级教师
徐锡孟	晋江市首峰中学	高级教师	杨柳颖	晋江市云峰中学	高级教师
庄惠彬	晋江市首峰中学	高级教师	周迎富	晋江市子江中学	高级教师
陈　庆	晋江市首峰中学	高级教师	陈双巧	晋江市子江中学	高级教师
柯志坤	晋江市首峰中学	高级教师	姚晓彤	晋江市紫峰中学	高级教师
薛盛森	晋江市首峰中学	高级教师	王伟君	晋江市紫峰中学	高级教师
杨建社	晋江市松熹中学	高级教师	吴伙连	晋江市紫峰中学	高级教师
许咬凤	晋江市松熹中学	高级教师	黄照邻	晋江市紫华中学	高级教师
林珊娜	晋江市西滨中学	高级教师	赖介阳	晋江市紫华中学	高级教师
李婉瑜	晋江市西滨中学	高级教师	陈婷凤	晋江中小学生示范性综合实践基地	高级教师
吴　菁	晋江市阳溪中学	高级教师	许志达	晋江中小学生示范性综合实践基地	高级教师
林　筝	晋江市阳溪中学	高级教师	施并溪	晋江中小学生示范性综合实践基地	高级教师
郭鸿升	晋江市英林中学	高级教师	朱晓达	晋江市安海镇教育委员会办公室	高级教师
阙冬妹	晋江市英林中学	高级教师	颜孙炎	晋江市安海镇可慕中心小学	高级教师
林晓曙	晋江市英林中学	高级教师	王健康	晋江市安海镇可慕中心小学	高级教师
李少君	晋江市英林中学	高级教师	吴思聪	晋江市安海镇桐林小学	高级教师
刘菊贤	晋江市英林中学	高级教师	许荣照	晋江市安海镇梧山小学	高级教师
洪阿万	晋江市英林中学	高级教师	尤碧玲	晋江市安海镇五埭小学	高级教师
杨　萍	晋江市英林中学	高级教师	欧阳珊珊	晋江市安海中心小学	高级教师
张谋添	晋江市英林中学	高级教师	张雅婷	晋江市安海中心小学	高级教师
洪银狮	晋江市英林中学	高级教师	郑碧娥	晋江市陈埭镇坊脚小学	高级教师
蔡荣东	晋江市英林中学	高级教师	张　勇	晋江市陈埭镇横坂小学	高级教师
曾华裕	晋江市毓英中学	高级教师	肖子富	晋江市陈埭镇教育委员会办公室	高级教师
洪晴辉	晋江市毓英中学	高级教师	黄梅锋	晋江市池店镇溜滨中心小学	高级教师
赖晓冲	晋江市毓英中学	高级教师	苏素英	晋江市池店镇三省小学	高级教师
张向前	晋江市毓英中学	高级教师	陈兴凤	晋江市池店中心小学	高级教师
李福安	晋江市毓英中学	高级教师	吴友财	晋江市磁灶镇大宅小学	高级教师
陈俊艺	晋江市毓英中学	高级教师	郭霈敏	晋江市磁灶镇官田小学	高级教师

续表 20

姓名	工作单位	技术职务
吴玉丽	晋江市磁灶镇梅里中心小学	高级教师
张雄安	晋江市磁灶镇张林中心小学	高级教师
王明锋	晋江市磁灶中心小学	高级教师
陈丽宝	晋江市第八实验小学	高级教师
李向阳	晋江市第八实验小学	高级教师
蔡丽金	晋江市第二实验小学	高级教师
吴燕红	晋江市第二实验小学	高级教师
张宝川	晋江市第二实验小学	高级教师
庄育璇	晋江市第二实验小学	高级教师
洪瑞华	晋江市第六实验小学	高级教师
张金塔	晋江市第七实验小学	高级教师
吴鸿玉	晋江市第三实验小学	高级教师
杨黎苏	晋江市第三实验小学	高级教师
栾　霞	晋江市第三实验小学	高级教师
刘美莉	晋江市第十实验小学	高级教师
陈晓玲	晋江市第四实验小学	高级教师
蔡宗杰	晋江市第五实验小学	高级教师
王金钩	晋江市东石镇碧江小学	高级教师
蔡美意	晋江市东石镇第二中心小学	高级教师
蔡碧鸿	晋江市东石镇第二中心小学	高级教师
林鸿鸿	晋江市东石镇第二中心小学	高级教师
柯美德	晋江市东石镇锦青中心小学	高级教师
柯丽雅	晋江市金井镇岱峰中心小学	高级教师
王凤艺	晋江市金井镇岱峰中心小学	高级教师
洪明灯	晋江市金井镇围江小学	高级教师
蔡秋艺	晋江市金井镇瀛洲小学	高级教师
施少艺	晋江市金井镇毓英中心小学	高级教师
许秀瑜	晋江市灵源街道灵水中心小学	高级教师
施辉然	晋江市龙湖镇光夏小学	高级教师
张良旋	晋江市罗山街道荣宗小学	高级教师
黄珍藏	晋江市梅岭街道教育委员会办公室	高级教师
施珊娜	晋江市梅岭街道希信中心小学	高级教师
张金锭	晋江市内坑镇东峰小学	高级教师
颜娜艺	晋江市内坑镇教育委员会办公室	高级教师
陈清传	晋江市内坑镇教育委员会办公室	高级教师
王明溪	晋江市青阳镇教育委员会办公室	高级教师
吴锦华	晋江市青阳镇教育委员会办公室	高级教师
施美团	晋江市深沪镇东山小学	高级教师
陈珊瑚	晋江市深沪镇群峰小学	高级教师
施明算	晋江市深沪镇狮峰中心小学	高级教师
李悦芬	晋江市深沪中心小学	高级教师
郑小梅	晋江市实验小学	高级教师
许丽玲	晋江市实验小学	高级教师
施剑吟	晋江市实验小学	高级教师
曾益家	晋江市特殊教育学校	高级教师
林红纯	晋江市西滨镇中心小学	高级教师
曾连沛	晋江市西园街道官前小学	高级教师
陈金辉	晋江市西园街道教育委员会办公室	高级教师
陈小华	晋江市心养小学	高级教师
陈振海	晋江市新塘街道道南小学	高级教师
施明媚	晋江市英林中心小学	高级教师
吴桂芳	晋江市永和镇集英小学	高级教师
施纯川	晋江市永和镇教育委员会办公室	高级教师
张清芬	晋江市永和镇教育委员会办公室	高级教师
林淑霞	晋江市永和镇象峰小学	高级教师
杨江妹	晋江市青阳街道中和中心小学	高级教师
施旋旋	晋江市陈埭镇阿梅中心幼儿园	高级教师
柯雅汝	晋江市陈埭镇溪边幼儿园	高级教师
曾娜玲	晋江市池店镇海丝幼儿园	高级教师
吴晓明	晋江市第八实验幼儿园	高级教师
刘彩凤	晋江市第四实验幼儿园	高级教师
黄萍萍	晋江市东石镇井林中心幼儿园	高级教师
张辉如	晋江市东石镇中心幼儿园	高级教师
蔡美美	晋江市东石镇钻石海岸幼儿园	高级教师
陈玉玲	晋江市金井镇毓英中心幼儿园	高级教师
王迎迎	晋江市金井镇毓英中心幼儿园	高级教师
苏达娜	晋江市灵源街道灵水中心幼儿园	高级教师
杨佳红	晋江市实验幼儿园	高级教师
庄三妹	晋江市医院	副主任医师
黄运德	晋江市医院晋南分院	副主任医师
袁富煌	晋江市医院晋南分院	副主任医师
王文艺	晋江市医院晋南分院	副主任医师
张锦红	晋江市金井中心卫生院	副主任医师
吴秀玉	晋江市梅岭街道社区卫生服务中心	副主任医师
林国华	晋江市青阳街道社区卫生服务中心	副主任医师
林金锌	晋江市中医院	副主任医师

续表 20

姓名	工作单位	技术职务
陈安定	池店镇卫生院	副主任医师
林碧花	池店镇卫生院	副主任医师
林　美	晋江市磁灶中心卫生院	副主任医师
黄胜红	晋江市磁灶中心卫生院	副主任医师
张美丽	晋江市陈埭中心卫生院	副主任医师
车秋芳	晋江市安海医院	副主任医师
陈　蓓	晋江市安海医院	副主任医师
陈增健	晋江市安海医院	副主任医师
柯晓平	晋江市安海医院	副主任医师
蓝友琼	晋江市安海医院	副主任医师
林荣华	晋江市安海医院	副主任医师
林文博	晋江市安海医院	副主任医师
林志成	晋江市安海医院	副主任医师
刘婵华	晋江市安海医院	副主任医师
齐统水	晋江市安海医院	副主任医师
任志平	晋江市安海医院	副主任医师
王珊瑚	晋江市安海医院	副主任医师
杨永杰	晋江市安海医院	副主任医师
郑泽霞	晋江市安海医院	副主任医师
洪春美	晋江市内坑镇卫生院	副主任医师
赖美霞	晋江市东石中心卫生院	副主任医师
史玉清	晋江市第三医院	副主任医师
程顺智	晋江市第三医院	副主任医师
吴煌谊	晋江市妇幼保健院	副主任医师
张锦龙	晋江市妇幼保健院	副主任医师
聂文珺	晋江市妇幼保健院	副主任医师
丘永芳	晋江市妇幼保健院	副主任医师
黄惠梅	晋江市医院晋南分院	副主任医师
洪朝全	晋江市中医院	副主任医师
叶世瑕	晋江市安海医院	副主任医师
蔡延淮	晋江市内坑镇卫生院	副主任医师
苏伟南	晋江市罗山街道社区卫生服务中心	副主任医师
徐晶花	晋江市青阳街道社区卫生服务中心	副主任医师
吕平华	晋江市安海医院	副主任医师
黄程川	晋江市东石中心卫生院	副主任医师
谢加欣	晋江市灵源街道社区卫生服务中心	副主任医师
吴来州	晋江市疾病预防控制中心	副主任技师
陈静瑜	晋江市疾病预防控制中心	副主任技师
戴　帅	晋江市疾病预防控制中心	副主任技师
欧阳为楚	晋江市医院	副主任药师
陈瑞也	晋江市医院	副主任护师
黄春花	晋江市医院	副主任护师
李丽萍	晋江市医院	副主任护师
施美满	晋江市医院	副主任护师
吴素贞	晋江市医院	副主任护师
张小玲	晋江市医院	副主任护师
杜　艳	晋江市池店镇卫生院	副主任护师
曾燕琴	晋江市磁灶中心卫生院	副主任护师
林惠烦	晋江市安海医院	副主任护师
林绿涓	晋江市安海医院	副主任护师
苏月辉	晋江市安海医院	副主任护师
吴春兰	晋江市安海医院	副主任护师
施雅鸿	晋江市东石中心卫生院	副主任护师
陈莉莉	晋江市东石中心卫生院	副主任护师
郑瑞围	晋江市第三医院	副主任护师
徐　鸣	晋江市第三医院	副主任护师
何燕清	晋江市妇幼保健院	副主任护师

说明：1.本表收录 2022 年晋江市新增高级专业技术职务任职资格人员名表

2.排名不分先后

3.资料来源于晋江市人社局

重要文献

深入学习宣传贯彻党的二十大精神 奋力推进中国式现代化晋江实践谱写“晋江经验”新篇章

——在中共晋江市第十四届代表大会第二次会议上的报告

泉州市委常委　晋江市委书记　张文贤

2022 年 12 月 14 日

一、换届以来的工作

去年以来，我们迎来系列具有里程碑意义的大事盛事，喜迎党的二十大胜利召开，举办“晋江经验”20 周年系列活动，同时也持续经受外部环境深刻变化和新冠疫情严峻考验，在新的赶考征程上，市委团结带领全市广大党员和干部群众，高举旗帜、牢记嘱托、砥砺奋进，全面贯彻党的十九大、十九届历次全会精神，深入学习宣传贯彻党的二十大精神，传承弘扬“晋江经验”，推动“一三一三七”发展格局渐次铺开，各项工作迈上新台阶。我们勇担历史使命，高举“晋江经验”旗帜。高规格举办福建省弘扬“晋江经验”促进民营经济高质量发展大会、“晋江经验”与习近平经济思想理论研讨会，全市域开展解放思想大讨论，多位党和国家领导同志亲临晋江视察指导，晋江成为中央主流媒体宣传报道焦点，主题电视剧《爱拼会赢》在央视黄金时段热播，“晋江经验”的理论价值和实践指导意义更加彰显。我们沉着应对百年变局，高效统筹疫情防控和经济社会发展。坚持“三个坚定不移”，平战结合抓牢常态化疫情防控，快准严实细打赢“03·13”“08·17”“11·24”等输入性聚集性疫情歼灭战、保卫战，高效推进复工复产，精准有力助企纾困，千方百计稳住经济大盘，多措并举稳岗留工，暖心行动保障疫情期间群众生活，全市上下挺过一个又一个极限挑战，最大程度保护人民生命安全和身体健康，最大限度减少疫情对经济社会发展的影响。历经大战大考，整座城市愈加奋发坚韧。我们担纲主力领军，在强产兴城中生动诠释“晋江式干部”担当。坚持一任为一任打基础，一年为一年添后劲，把重大任务、重大斗争一线作为“赛马场”，从有为应对疫情防控到全市域开展党建引领基层网格管理，从产业链长驱动到数智转型、拉开千万平米综合产业园区建设架势，从推进征迁扫尾清零到新区片区建设加码提速、系列重大项目落地，全市上下闻令而动、起而行之，一同攻克了许多以往没有遇到的难题，攻坚了许多事关长远的大事，展现出了特别能攻坚、特别能战斗、特别能奉献的精神特质。

一年多来，我们以“五个年”活动为抓手，坚决落实疫情要防住、经济要稳住、发展要安全重要要求，深入开展提高效率、提升效能、提增效益行动，扎实推进“强产业、兴城市”双轮驱动，全方位高质量发展迈出坚实步伐。

（一）经济承压前行回稳向好。统

筹疫情防控和经济社会发展取得积极成果，全市地区生产总值跃上3000亿元台阶，预计全年一般公共预算收入、城乡居民人均可支配收入分别增长6.17%、5.0%。精准发力“两稳一保一防”，顶格落实各级稳经济一揽子政策和接续措施，千名干部进千企、送政策、解难题、促发展，为企业减负超50亿元，保障中小微企业融资超100亿元，新增培育市场主体4.5万户。开展百大项目攻坚、增量产业项目策划、综合产业园区建设系列路演比拼，对外招商引资和本土企业增资扩产一体推进，获批项目用地面积超5000亩，320个项目签约落地、152个项目开工建设、201个项目建成投产。

（二）产业创新转型步伐加快。围绕产业造生态，锚定科技赋能、数智转型主攻方向，组建14个重点产业发展小组，“一产一策一专班”推动提质强产，实体根基更加稳健，运动鞋原辅材料产业成为国家级中小企业特色集群，新增获评中国陶瓷名镇区域品牌。举全市之力、聚要素资源推进综合产业园区建设，新建产业空间超150万平方米。经济开发区“全市一区”体制机制改革全面破题，提容增效加速推进，产业园区主阵地作用更加彰显。高标准通过验收成为首批国家创新型县（市），入选首批国家知识产权强县建设示范县，建成投用国家级知识产权快速维权中心，引进建设北京石墨烯技术研究院等高能级平台，组建50亿元规模产业母基金，全社会研发投入增长26%以上，高新技术企业突破600家，新增各类高层次人才1240人。启动数字经济发展三年行动，落地北理工东南院、兵装58所等数字化平台，分行业打造一批应用示范标杆，带动超1400家企业上云，入选全国工业互联网推动数字化创新领先县市。

（三）城市能级稳步提升。深入推进新型城镇化，蝉联全省城乡建设品质提升优异县市，跻身Ⅱ型大城市行列。现代立体交通体系加速构建，基本建成福厦高铁主线、二重环湾一期等重要通道，升级打造城市快速交通圈，高铁新区、科创新区等组团片区提速建设，推进梅岭中片区、池峰路南延片区、世纪大道南延伸暨北环片区、英林中心镇区有机更新，一批市政配套、医教文体设施、公园绿地建成投用，区域协同、跨江融合、片区联动发展成效明显。深入推进污染防治攻坚战，扎实抓好中央生态环保督察反馈问题整改，全年空气优良率达99.4%，21条流域水质总体向好。深化集体林权制度改革，全民植树造林、防治松材线虫病、清理互花米草有力推进。实施最严环卫考评新规，城乡人居环境质量明显提升。新型智慧城市建设稳步推进，城市管理联合执法更加协同高效。乡村振兴取得新成效，鲍鱼、胡萝卜育种实现重大突破，全市村集体经营性收入首超2.5亿元，农村集体产权制度改革成为全国先进。

（四）改革开放效应凸显。统筹推进22项国家级、省级改革试点和78个集成改革项目，启动国家盘活利用低效用地试点，“多评合一模拟审批”全省推广，获批中央财政支持普惠金融发展示范区，获评全国法治政府建设示范市。全力稳外贸、抢订单、拓市场，创新“代参展”、包机组团参展模式，增开围头港—马尼拉、围头港—俄罗斯航线，市场采购贸易方式试点出口274亿元，陆地港纳入商贸服务型国家物流枢纽，获批国家进口贸易促进创新示范区。加强港澳侨交流合作，深化晋台融合发展，向金门供水超2400万吨。

（五）民生福祉持续改善。办好22件为民实事、239件民生微实事。深入开展“四帮四扶”，各项保障进一步提标扩面，347户困难家庭脱贫解困，新增城镇就业2.7万人，纳入省级发展保障性租赁住房重点城市，社会救助工作获全国先进表彰。强化“一老一小”服务供给，创新推出高龄补贴免申即享，新建提升一批市镇村养老服务设施，清华附中晋江学校实现小初高一体化招生办学，福州大学晋江校区正式获批，新增学前教育公办学位9840个、义务教育学位15710个、高中阶段学位2440个。深化医药卫生体制改革，实施55个公卫补短板项目，创新推行医疗机构信用监管体系，上海六院福建医院晋东院区启动建设。城市文化文明持续繁荣，世遗点保护扎实推进，五店市传统街区获评国家级旅游休闲街区，文明城市常态创建水平进一步提升，高分通过全国文明城市年度考评。体育城市活力持续迸发，中超、WCBA、NEST全国电竞大赛等品牌赛事精彩演绎，入围全国首批全民运动健身模范市名单。

（六）安全发展有力有效。创新基层网格管理，构建三级网格实体阵地，建成“智慧网格”基础平台，“网格＋网络”融合推动“人房匹配、数据共享、高效治理”。常态化开展扫黑除恶斗争，“六守六无”平安创建不断深化，严打严防电信诈骗、非法集资等各类违法犯罪，有效防范化解企业金融风险，安全生产专项整治三年行动成效明显，全市域开展消防安全综合整治“雷霆”行动、安全生产标准化建设，房屋安全、渔船安全、食药安全、社会治安、防汛抗灾等工作协同推进、全面加强，安全事故指数大幅下降，群众安全感、满意度稳步提升。

（七）党的建设全面加强。兴起学习宣传贯彻党的二十大精神热潮并不断引向深入。风清气正完成市人大、政府、政协换届。顺利圆满实施村级组织换届选举，加快推进党支部标准化规范化建设，健全完善村级组织运行机制，推动非公企业“党建入章”扩面提质增效，建成35个“党建＋”邻里中心，基层党组织战斗堡垒作用和党员先锋模范作用全面增强。旗帜鲜明树好选人用人导向，开设数字经济、现代金融、基层治理等专题研修班，选派干部赴先进地区跟班学习、到一线历练成长，加速培养复合型、专业型干部，干部队伍精气神持续昂扬。全面落实意识形态工作责任制，牢牢把握意识形态工作领导权和主动权。深入推进全面从严治党，持之以恒纠治“四风”，严肃惩治群众身边不正之风和腐败问题，全力抓好各级巡视巡察反馈问题整改，营造廉洁高效干事氛围，政治生态不断向好。党委总揽全局、协调各方，四套班子一起上，分兵把守攻坚重点任务、重大项目，保障司法机关独立行使职权，重视发挥民主党派、工商联和无党派人士作用，爱国统一战线进一步发展壮大，扎实做好群团、人武、老干、党校、档案、党史方志、审计、退役军人、双拥、民族、宗教、老区建设、对口帮扶等工作。

各位代表，同志们，过去一年极不平凡，我们应对了严峻挑战、战胜了重重困难，取得的成绩来之不易。这是习近平新时代中国特色社会主义思想科学指引的结果，是上级党委坚强领导和各方面关心支持的结果，是历届党委沿着习近平总书记指引的道路开拓创新、接续奋斗的结果，是海内外晋江人精诚团结、砥砺奋进的结果。在此，我代表中共晋江市委，向为晋江发展作出贡献的老干部、老领导，向全市人民群众、广大党员、海内外乡亲，向所有关心和支持晋江建设发展的同志们、朋友们，表示衷心的感谢！

在看到成绩的同时，我们也清醒地认识到，晋江的发展还存在着一些问题和不足，主要是：科技创新能力不足，新旧动能转换不快，产业链供应链韧性和竞争力有待提升，低效工业用地占比偏高，空间制约问题亟需解决；城市宜居韧性智慧水平仍需提升，优质公共服务供给与群众期盼还有差距，基层社会治理能力与疫情防控、安全生产等形势要求仍不匹配；一些党员干部思想观念、素质能力、工作作风还不能完全适应新形势新要求，等等。对于这些问题，我们必须进一步增强忧患意识，采取有力措施，认真加以解决。

二、深入学习宣传贯彻党的二十大精神

党的二十大是在全党全国各族人民迈上全面建设社会主义现代化国家新征程、向第二个百年奋斗目标进军的关键时刻召开的一次十分重要的大会，是一次高举旗帜、凝聚力量、团结奋进的大会。习近平同志代表十九届中央委员会所作的报告，是党团结带领全国各族人民夺取中国特色社会主义新胜利的政治宣言和行动纲领，是马克思主义的纲领性文献。

学习宣传贯彻党的二十大精神，事关党和国家事业继往开来，事关中国特色社会主义前途命运，事关中华民族伟大复兴，是当前和今后一个时期的首要政治任务。全市上下要从国家战略全局充分认识党的二十大的里程碑意义，强化学习宣传贯彻的高度政治自觉、思想自觉、行动自觉，在全面学习、全面把握、全面落实上下功夫，坚定自觉统一思想、统一意志、统一行动。必须深刻领会党的二十大精神实质和丰富内涵，对照“五个牢牢把握”重要要求，深刻领会和把握大会主题，深刻领会和把握过去五年工作和新时代十年伟大变革的重大意义，深刻领会和把握习近平新时代中国特色社会主义思想的世界观和方法论，深刻领会和把握以中国式现代化推进中华民族伟大复兴的使命任务，深刻领会和把握今后一个时期党和国家事业发展的重大举措，深刻领会和把握以伟大自我革命引领伟大社会革命的重要要求，深刻领会和把握团结奋斗的时代要求，学思践悟蕴含其中的重要思想、重要观点、重大战略、重大举措，始终沿着以习近平同志为核心的党中央指引的方向阔步前进。必须深刻领悟“两个确立”的决定性意义，“两个确立”是党在新时代取得的最重大的政治成果、最重要的历史经验，是时代的呼唤、历史的选择、人民的期盼，是全党全军全国各族人民的高度共识和共同意志，是党应对一切不确定性的最大确定性、最大底气、最大保证。作为习近平总书记亲自总结“晋江经验”的发祥地，我们要始终带着特殊感情、特殊使命、特殊责任，把坚定拥护“两个确立”、坚决做到“两个维护”作为最高政治原则和根本政治责任落到实处，把对习近平总书记的深厚爱戴之情转化为干事创业的强大动力。必须坚决维护以习近平同志为核心的党中央权威和集中统一领导，全面落实党的二十大关于坚持和加强党中央集中统一领导的各项决策部署，旗帜鲜明讲政治，发自内心拥戴核心、毫不动摇信赖核心、始终不渝忠诚核心、坚定不移维护核心，牢记“国之大者”，做政治上的明白人，不断提高政治判断力、政治领悟力、政治执行力，始终在思想上政治上行动上同以习近平同志为核心的党中央保持高度一致。必须深学细照笃行习近平新时代中国特色社会主义思想，认认真真、原原本本读原著、学原文、悟原理，及时跟进学习贯彻习近平总书记重要讲话重要指示精神，传承弘扬习近平同志在福建工作期间开创的重要理念和重大实践，把“两个结合”“六个必须坚持”作为学深悟透党的创新理念的“金钥匙”，准确把握习近平新时代中国特色社会主义思想的世界观和方法论，坚持好、运用好贯穿其中的立场观点方法，做到至信而深厚、融通而致用、执着而笃行。必须紧密结合晋江实际贯彻落实党的二十大战略部署，准确把握党的二十大精神的总目标、总方向、总要求，注重与贯彻落实省委十一届三次全会、泉州市委十三届四次全会精神紧密结合，与落实市第十四次党代会、“十四五”规划部署要求紧密结合，更好统筹疫情防控和经济社会发展，更好统筹发展和安全，推动经济实现质的有效提升和量的合理增长，确保社会大局安定稳定，持续加强党的建设和全面从严治党，不断提高效率、提升效能、提增效益，以传承弘扬“晋江经验”实效检验贯彻落实成效。

三、奋进新征程，全力做好2023年工作

2023年，是全面贯彻落实党的二十大精神的开局之年。明年工作的总体要求是：以习近平新时代中国特色社会主义思想为指导，全面学习贯彻

党的二十大精神，深入落实习近平总书记重要讲话重要指示精神，加强党的全面领导，弘扬伟大建党精神，围绕统筹推进“五位一体”总体布局、协调推进“四个全面”战略布局，立足新发展阶段、贯彻新发展理念、服务和融入新发展格局，紧扣“四个更大”重要要求，聚焦新发展阶段新福建建设，落实“强产业、兴城市”双轮驱动，全力攻坚中国式现代化建设先行示范、全方位推进高质量发展主力领军、共同富裕县域范例“三大战略目标”，加快构建“一三一三七”发展格局，奋力推进中国式现代化晋江实践，谱写“晋江经验”新篇章。明年目标初步安排：地区生产总值增长6.5%左右，一般公共预算总收入增长7.6%，城乡居民人均可支配收入增长7.0%，“三大战略目标”取得阶段性成效，中国式现代化晋江实践创出更多新经验。实现上述目标，必须坚定不移推进新型工业化、新型城镇化、治理现代化：

——推进新型工业化。心无旁骛做强实业、矢志不移做精主业，一手抓科技创新、数智转型等创新载体，一手抓经济开发区扩容提质、综合产业园区建设等空间载体，加快传统优势产业高新化、新兴产业集群化、现代服务业专业化，发挥多区叠加和侨乡优势，提升经济开放水平，全面构建现代化产业体系。

——推进新型城镇化。理清城市发展脉络，尊重城市发展规律，做好产城人深度融合文章，在优化空间结构、完善功能布局中加快以产聚人兴城、以城留人促产，提升城市宜居韧性智慧水平，统筹城市发展、产业植入、业态提升，全力推进精明增长、精益管理的“新城建”，加快建设国际化创新型品质城市，打造共同富裕县域范例。

——推进治理现代化。深刻反思总结疫情防控、安全生产暴露出的治理短板，坚持党建引领，推动治理重心下移、资源下投、力量下沉，引导更多社会资源、社会力量参与城市治理，深入推进党建引领基层网格管理、“党建+”邻里中心建设，提升自治、法治、德治、智治水平，打造共建共治共享的善治格局。

做好明年工作，必须坚持战略战术聚焦、资源要素集聚，以更加务实的作风、更加扎实的举措，具体做好六方面工作。

（一）加快建设现代化产业体系。坚持把发展经济的着力点放在实体经济上，全力推进新型工业化，加快建设质量强市、品牌强市、智造强市，着力提升产业链供应链韧性和安全水平。

1.以产业基础再造推进强链补链。深入实施链长制，加快全链条全流程升级，推动产业提质扩量增效。筑牢传统优势产业根基。坚持“三化四新”，把增资扩产、提质强产作为主攻方向，纺织鞋服产业加快补齐高端面料后整理环节，培育一批具备进入全球鞋服品牌供应链的精品工厂，全力留住本地优质产能；食品产业抢占大健康赛道，加快布局功能性、特医等技术项目；建材产业加快向大规格、功能性陶瓷转型，支持龙头企业开展并购、做强品牌，整体运作陶瓷名镇区域品牌。加快战略性新兴产业集群发展。坚持高位思维、高端链接、高效推进，全力保障晋华、渠梁等龙头企业增资扩产，支持加快关键技术研发、国产化替代，引进集聚一批产业链上下游配套，拓展电竞、智能穿戴等终端应用领域，做强产业链条、做优产业生态。坚持“领军企业+领军人才”双轮带动，抢抓新赛道，布局若干新兴产业专业园区；医疗健康聚焦医用同位素、核医药、大型医疗装备，发力生物医药领域；新材料聚焦传统优势产业自我配套，加快研发可降解、可再生、功能纤维材料，布局石墨烯、新一代半导体化合物、新型建筑材料等领域，向价值链高端迈进；智能装备聚焦市场换项目，拓展产业机器人、精密加工等领域，落地一批装备整机项目。推动现代服务业与先进制造业深度融合。强化生产性服务业对制造业的支撑作用，大力发展服务型经济、平台型经济，聚焦研发创新、石化贸易、体育服务等业态，策划若干专业楼宇，吸引领军企业生态伙伴整体入驻，打造一批高端现代服务业集聚区。

2.全力推进数智转型。发挥工业基础和产业数据资源优势，推动数字技术与各产业深度融合，以产业数字化加速数字产业化，全力打造全省县域数字化应用第一城。扩面提质企业数字化改造。强化龙头企业示范引领，分行业打造一批数字产线、智慧工厂标杆，带动上下游、供应链企业数字化升级，推动战略思维、生产流程、商业模式、管理架构等全方位数字变革，确保新增400家以上企业上云。构建产业数字化服务生态。组建数字化转型升级服务协作联盟，推动工业互联网产业数字人才培训基地、纺织鞋服大数据中心落地，建设数字经济产业园，集聚一批数字化服务平台、信息系统服务商，推出更多共性通用、个性化系统解决方案，为产业全面升级赋能赋智。

3.优化拓展产业发展空间。坚持“亩均、平米产出论英雄”，向存量要增量，提高空间开发水平、资源配置效率、投入产出效益。推进低效用地盘活利用。系统梳理现状布局、产业特征和要素支撑，因地制宜开展全域土地综合整治、城镇低效用地再开发、集体经营性建设用地入市等工作，通过“政府收、市场换、司法拍、异地挪、低效提”多种方式，分类推动低效用地流通盘活，推行工业用地“标准地”出让，探索增加混合产业用地供给，实施建设用地全流程监管，让每一寸土地发挥最大效用。全面提升经济开发区能级。持续深化体制机制改革，优化“全市一区+若干专业园”“管委会+公司”发展模式，强化统筹运作，推动空间重构、资源重组、品质重塑，实现从“物理空间改造”向“产业生态构建”转变，争创国家级经济开发区。大抓综合产业园区建设。坚持生产空间和产业生态双改造、双提升，抓好产业规划、业态布局、项目策划，探索多种改造模式，实行“单一窗口”服务，加快14个综合产业园区建设，成建制推进跨镇域连片改造项目，引导产业链上下游及协作配套融汇聚合，完善生产生活服务配套，全力建设超千万平米产业空间，打造一批产业综合体、创新综合体。

4. 坚持把扩大内需作为重要牵引。牢牢把握扩大内需战略基点，厚植内循环发展动力，在服务构建全国统一大市场中获得更大市场。深化供给侧结构性改革。以新需求、新消费为导向，深入实施增品种、提品质、创品牌“三品”战略，打造国潮名品之都，大力推进线上线下融合，抢抓传统消费扩容提质、新型消费加快成长契机，建设区域消费中心，让更多“晋江制造”享誉全国。积极扩大有效投资。坚持“谋划为先、项目为基、招商为要、落地为王”，突出系统思维、经营导向，构建项目策划工作体系，实施“纵向链长制＋横向分级调度”机制，探索国企、基金、平台等多模式组合招商，推进项目策划、招商、落地全生命周期管理，提速提质提效项目投资。常态化开展项目攻坚大比拼活动。

5.创建民营经济高质量发展试验区。民营经济是晋江发展的特色所在、活力所在、优势所在，要坚持“两个毫不动摇”，促进民营经济发展壮大。加强企业、企业家梯队培育。大力弘扬企业家精神，重视和引导企业做好代际传承，注重新生代社群培育和圈层塑造，办好青年企业家领航混沌创新班。接续推动企业改制上市，支持龙头企业打造链主企业、腰部企业梯次壮大。优化民营经济发展环境。拓宽机关事业单位与民营企业双向交流渠道，深化社会信用、产权保护等体系建设，依法保护民营企业产权和企业家权益，坚持“亲而有度、清而有为”，营造宜商惠企的政策环境、公平透明的法治环境、公平竞争的市场环境、亲商安商的社会环境，让企业大胆创新、放心创业、放手创造。

（二）高水平建设国家创新型县（市）。树牢“科技是第一生产力、人才是第一资源、创新是第一动力”导向，坚持教育优先发展、科技自立自强、人才引领驱动，开辟发展新领域新赛道，不断塑造发展新动能新优势。

1. 全力建设教育强市。统筹全生命周期教育，深化产学研用融合，加快建设高质量教育体系。完善基础教育布局。实施基础教育高质量发展三年行动，循序推进集团化办学，推动高中教育扩容提质，打造一批省内一流、国内有影响的优质学校，争创国家级学前教育普及普惠县。大力推进产教融合。全力加快国科大福建学院智能制造学院、福大科教园二期建设，推动泉职大通过本科层次职业教育试点评估，支持轻工学院争创省高水平职业院校，探索校企联合建设产业学院、技工学校、职业技能提升中心，推行“1＋X”证书制度试点，打造现代化产教融合实训基地。深化教育改革。优化镇街教育工作体制机制，推进党组织领导的校长负责制，持续做好“双减”工作，探索教育人员控制总量备案管理改革，实施教育人才百千引育计划，培养“名师名校长名班主任”集群，加强师德师风师能建设，用“优秀的人”培养“更优秀的人”。

2. 加快打造区域创新高地。坚持创新在现代化建设全局中的核心地位，强化科创委统筹作用，深入实施创新驱动发展战略，让创新“关键变量”成为高质量发展“最大增量”。优化科技创新体制机制。完善政策配套、企业创新评价、平台运营管理、技术转移转化全链条体系，投补结合构建“团队＋基金＋赛事＋孵化器”四位一体转换机制，推动高层次团队落地集聚。建设高能级平台。加速“一廊两区多平台”落子布点，加快福大微电子研究院、石墨烯产业技术研究院等平台载体建设，推动保利中轻创新综合体、省集成电路创新实验室落地，布局创建国家级重点实验室、制造业创新中心，建设一批中试、加速基地。做强企业创新主体。加快“规升高、高升规”，深化规上企业“三个覆盖”和高企倍增“两大工程”，支持领军企业组建创新联合体、共建实验室，引导龙头企业建设研发总部，整合上下游推动产业链供应链协同创新，“揭榜挂帅”“赛马制”推进关键技术联合攻坚，审慎宽容引导成长型企业规范发展，培育壮大科技型中小企业、科技“小巨人”、高新技术企业群。强化科技成果转化应用。高效运营知识产权聚集区暨海峡科技大市场，大力引进培育技术转移服务机构、技术经理人、科技特派员，发挥政策性基金引领作用，推行作价入股、股权激励等方式，提高科技成果转化和产业化水平，加速从“实验室”走向“生产线”。

3. 坚定不移推进人才强市。深化全省人才发展体制机制改革综合试点，强化政策评估，推动产业人才新政落地见效。市场化组建运营人才创投基金，深入推进“三才行动”，强化高校、科研院所引才育才阵地作用，引进中高端专业化人力资源服务机构，实施“引才合伙人”项目，推行自主认定、柔性引才，持续营造高品质人才“大生态”，造优人才服务“小环境”。

（三）建设高品质Ⅱ型大城市。坚持城市服务产业发展、服务市民生活定位，加快推进新型城镇化，让城市更加宜居、更有韧性、更具智慧。

1. 优化布局推进区域协同联动。全面融入闽西南协同发展、泉州21世纪“海丝名城”建设，围绕“全市一城、一主两辅、双湾双带”总体布局，立足大区域、大产业、大项目，强化产城人深度融合，抓紧制定城市功能布局专项规划，大力实施“强主城优辅城”策略，集中资源力量提升中心市区首位度，加快功能集聚、以主带辅、主辅联动。强主城，坚持环湾向湾做强市区都市能级，按照“百平方公里集聚百万人口”规模标准，以“强功能”为导向，整体谋划产业培育、基础设施建设、公共服务配套，加快晋东新区、科创新区、高铁新区、紫帽片区、梅岭中片区、池峰路南延片区等项目规划建设，推动重点区域实现互联互通、协同互补、连片发展，打造环湾智造商务中心、科创活力走廊、空铁联动门户、展贸物流中心等核心功能板块，策划国际鞋艺小镇、城市“时尚T台”、临空经济园等综合性功能项目，做强高端智造、科创研发、展贸物流、商务办公、现代金融等城市业态，全面提升中心城区综合承载力和辐射带动力。优辅城，梳理用好辅城资源禀赋，联动城际轨道R1线等重大交通轴带发展，加强与主城深度对接，走差异化特色发展道路。晋西辅城，重点前瞻把握厦门东进契机，围绕构筑泉厦合作平台“功能高地”，大力发展空港产业配套、集成电路、智能装备制造、医疗健康等功能业态，加快集成电路工业园、世纪大道南延伸暨北环片区等项目建设，加强安海、东石等镇协同融合形成功能整体，全力打造泉州南翼新城核心区。晋南辅城，重点把握两岸融合发展战略机遇，推进晋南四镇精品建设，构建多层次主辅城联系交通要道，大力发展科教研学、纺织服装、海洋生物、文体旅融合等功能业态，建设产教融合区、渔港经济区、精品特色小镇，打造滨海科教旅游带。

2. 内联外延完善大交通体系。统筹快达慢行交通体系建设，促进内外循环的“骨骼”更强壮、“血脉”更畅通。加快推进福厦高速公路晋江段等“聚城畅通”项目建设，配合做好沈海高速泉州段扩容工程、城际轨道R1线线位规划、东海通道规划和前期工作，基本建成福厦高铁泉州南站集疏道路系统，完成泉州晋江国际机场扩能改造，打通对外交通“大动脉”。深化“三环七射”快速路网建设，加快世纪大道南延伸一期、晋新路快捷化等项目建设，建成东部快速通道一期、晋江南高速出口连接线延伸段工程，畅通区域交通“微循环”，加密公交网络布局，加强交通信息化、智能化管理，扩大智慧停车覆盖面，提高市域通行效率。

3. 精细治理提升城市品质。下大决心提升城乡人居环境。推进英林中心镇区、青阳阳光片区、安海三里街等城市微更新，连线成片改造老旧小区，探索集镇整治，推动环境品质提升、空间机能优化和业态激活创新。试行“大物业”管理，兜底服务零散失管小区。试点推进完整社区建设，优化布局幼托、学校、健身、养老等公共服务设施，构建“15分钟生活圈”。加快构建城市大脑，推进新型智慧城市建设，做实城市信息模型基础平台底座，链接政务、城管、交通、民生、园区等应用场景，努力实现“一屏统览、一网统管”。适度超前布局电力基础设施，推动电力高质量发展。全面强化抗震、防洪、排涝、房屋、消防、人防等各项生命线工程，增强城市安全韧性。

4. 繁荣文化促进全民精神富有。着眼满足群众文化需求，提供更多更好的精神食粮，促进人的全面发展，建设独具魅力的人文之城。统筹文化资源保护开发。完善文化遗产整体保护利用体系，实施传统村落重点改善提升，推动村史村志编修扩面创优，加快草庵文旅街区、金交椅山考古遗址公园建设，推进龙山寺保护提升，实施“数字非遗”工程，培育沉浸式体验等新型文化业态。创新实施文化惠民工程，打造一批嵌入式新型公共文化空间，丰富优质文化供给，建设“书香城市”。常态长效创建文明城市。对标文明典范城市创建，实施公民道德建设工程，拓展新时代文明实践工作，持续改造提升农贸市场、老旧小区、背街小巷等短板弱项，确保高水平通过全国文明城市总评。加速文体旅融合发展。整合世遗、滨海、工业、体育等资源，做优做特A级景区，推动九十九溪田园风光等项目投入运营，促进群众体育和竞技体育全面发展，打造电竞、马拉松、篮球等赛事品牌，加速“文化＋体育＋旅游”业态融通发展。

5. 厚植生态底色建设美丽晋江。坚持一体化保护和系统治理，协同推进降碳、减污、扩绿、增长。加快推进产业结构调整优化，完善落后产能倒逼淘汰机制，加快清洁能源替代，支持发展绿色低碳产业。深入打好蓝天、碧水、净土保卫战，大力整治挥发性有机废气、城市扬尘、黑臭水体等污染问题，启动美丽海湾建设，强化土壤污染源头防控，完善垃圾、污水处置设施，建设地下管网信息化管理“一张图”。推深做实“林长制”，深化“绿满晋江”三年行动，加快紫湖郊野公园等项目建设，塑造更加和谐宜居的绿色空间。

（四）扎实推进共同富裕。坚持在发展中保障和改善民生，坚持尽力而为、量力而行，以“小缺口大变化”解决好群众急难愁盼问题，不断实现人民对美好生活的向往。

1. 全面推进乡村振兴。扛稳粮食安全政治责任，严守16万亩永久基本农田底线，全域推行高标准农田提质增效，加快培育壮大特色现代农业。实施海洋渔业高质量发展倍增计划，大力推进“两区一场”建设。深化“百企帮百村、乡贤促振兴”行动，推广乡贤反哺、村企合作，建设宜居宜业和美乡村。以富民强村为核心，加快国家农村综合改革试验区建设，统筹推进5项国家级农村试点改革。深入实施村集体经济发展“双百计划”，强化农村集体“三资”监管整治。积极培育新型职业农民，加快乡村治理人才孵育。大力支持老区村建设发展。

2. 健全多层次社会保障体系。深化“四帮四扶”，强化就业优先政策，实施企业“引工大使”和招工引才行动，加强零就业家庭、困难群体就业兜底帮扶，探索推行小金额先行救助，巩固拓展脱贫攻坚成果。持续推行全民参保计划，积极发展商业医疗保险。紧盯新市民、青年创业就业群体住房需求，大力发展保障性租赁住房，推动房地产平稳健康发展。着力解决“一老一小”问题，深化长护险制度试点，鼓励发展个人养老金，加快建设多层次养老服务设施体系，系统提升智慧养老水平，落实三孩生育政策及配套支持措施，让老有颐养、幼有善育。探索“慈善＋”共同富裕新路径，持续引导、支持有意愿有能力的企业、社会组织和个人积极参与公益慈善事业。

3.推进健康晋江建设。优化调整医疗卫生资源布局，扎实推进镇村一体化卫生所建设，全面提升基层医疗卫生机构运行效能，加快市医院三甲综合医院创建，实施中医院、第二医院改扩建工程，争创全国中医药工作示范市。高水平建设国家区域医疗中心。深化医药卫生体制改革，加强紧密型医共体建设，完善分级诊疗服务体系，稳步推进医保支付方式改革。完整准确落实国家优化疫情防控措施，加快提升重大疫情防控救治体系和应急能力，完善公共卫生基本服务、应急指挥、智慧防控体系。重视心理健康和精神卫生。倡导全民健身，让每个人成为自己健康第一责任人。

（五）坚定不移深化改革开放。用好改革开放“关键一招”，发挥在外晋商和台港澳侨资源丰富优势，加快建设双循环战略支点城市，为高质量发展赋能增力。

1.以更深层次改革激发活力。强化系统集成，深化拓展科技创新、盘活利用低效用地、国企国资、要素市场化配置等重点领域改革，破解土地、资本、技术等要素瓶颈制约，打造更多标志性引领性改革品牌。推进国企提质增效攻坚专项行动，启动国企分类改革，优化薪酬绩效考核体系，大力引进高级职业经理人，推动国企深度参与城市经营、基础设施建设、产业投资、招商运营，以市场化思维运作项目、培养团队、涵养税源。深化“放管服”改革，系统规划“1610”品牌成长工程，推动数字政府迭代升级，推进审批流程全过程优化、事前事中事后全链条监管、企业发展全周期服务，最大限度把方便留给群众和企业。

2. 以更高水平开放链接市场资源。主动服务和融入新发展格局，深耕“一带一路”、RCEP 市场，推动内外贸一体化发展，提高开放型经济水平，打造全球消费品集采中心，做大做强“买全球、卖全球”贸易格局。加快外贸市场主体培育和自主品牌建设，开展系列优品出海、贸促优配对接活动，推进包机组团出海抢单，大力发展跨境电商、保税集拼等新业态，推动市场采购全国通关一体化，提档升级综保区、海港、陆地港、机场口岸等各类开放平台，完善“通道＋枢纽＋网络”物流体系。全力对接做好福建自贸区扩区工作。高标准建设国家进口贸易促进创新示范区，培育进口消费品集散中心，扩大高端零部件、先进技术设备和原材料进口，打造泉州海丝物贸中心、枢纽门户。

3.深化与台港澳侨交流合作。深化两岸各领域融合发展，扎实做好“通”“惠”“情”文章，深入实施亲情乡情延续工程，完善台胞来晋就业创业扶持政策和服务体系，加强集成电路、装备制造、文创研发等领域合作，争创两岸融合发展先行示范。加快金门供水水源保障工程建设，创建国家级海峡两岸交流基地。加强港澳社团建设，密切青年交流工作，持续发展壮大爱国爱港爱澳力量。发挥侨的比较优势，打好“新侨牌”，用好海外侨亲社团、海外商协会等载体，探索设立新侨创新创业基地，大力引侨资、聚侨力、汇侨智，促进投资兴业、双向开放，发展壮大“晋江人经济”。

（六）推进县域治理体系和治理能力现代化。把握县级大城市特点和规律，加快治理模式创新、治理体系重构，探索治理现代化新路。

1.全力打造法治强市。坚持法治晋江、法治政府、法治社会一体建设，擦亮全国法治政府建设示范市“金字招牌”，深化司法体制综合配套改革、行政执法体制改革，严格公正司法，强化包容审慎监管执法，全面提升执法司法质效和公信力。健全公共法律服务体系，深入实施“八五”普法规划，推动法治委员入校园、进企业、下村社，不断增强全民法治观念、法治素养，努力使法治成为晋江营商环境的显著优势和核心竞争力。

2.筑牢基层治理基础。深化党建引领基层网格管理，推行“小网格＋大治理”，完善三级网格实体阵地建设，压实雇主、房主、户主“三主”自治责任，推动资源力量下沉、服务事项延伸，持续为基层授权赋能，提升“一网统筹、单元自治”能力。动态推进“一标三实”信息采集，迭代升级智慧网格服务管理信息平台，强化功能模块系统集成、实战应用场景开发，整合嵌入疫情防控、安全管理、信访等职能，推动数据融合、业务联动，确保实战管用、群众受用。

3.建设更高水平的平安晋江。坚定不移贯彻总体国家安全观，有效防范化解风险挑战，以高水平安全保障高质量发展。严格落实安全生产责任制，深化重点行业领域安全整治，加强应急救援能力建设，提升安全管理和本质安全水平。坚持数字赋能，探索智慧防控“微单元”建设，推进镇村两级综治中心建设规范化，强化社会治安整体防控，健全完善矛盾纠纷源头化解机制，大力实施人民调解基层治理穿透到户工作机制，常态化推进扫黑除恶斗争，维护社会和谐稳定。

四、坚定不移全面从严治党

迈向新时代，奋进新征程，必须坚决落实新时代党的建设总要求和新时代党的组织路线，坚持以党的自我革命引领社会革命，深入推进新时代党的建设伟大工程，持续巩固发展良好的政治生态，以高质量党建引领保障高质量发展。

（一）加强思想政治建设。坚持把讲政治摆在首位，深刻领悟“两个确立”的决定性意义，增强“四个意识”、坚定“四个自信”、做到“两个维护”。落实各级党委（党组）学习贯彻习近平总书记重要讲话重要指示精神“第一议题”制度，完善推动党中央及上级重大决策部署落实机制。坚持党管意识形态，贯彻落实《中国共产党宣传工作条例》，全面加强意识形态阵地建设管理，发挥网络主阵地作用，持续壮大主流思想舆论。推进学习型党组织建设，坚持理论武装同常态化长效化开展党史学习教育相结合，引导党员干部传承红色基因、赓续红色血脉。按照上级统一部署，深入开展主题教育。

(二)增强党组织政治功能和组织功能。树立党的一切工作到支部鲜明导向,深化党支部达标创星、模范机关创建活动,建强基层党组织战斗堡垒。标准化品牌化推进“党建+”邻里中心建设,强化居住小区“党建+物业”自治,全面提升社区服务和治理能力。完善党组织领导的乡村治理体系,强化村级党组织书记教育培养,探索联合高校定向培养网格员模式,深化抓党建促乡村振兴、促共同富裕。加强新经济组织、新社会组织、新就业群体党的建设,创新打造民营企业“诚信党建”品牌。提升党员队伍教育管理水平,激励党员发挥先锋模范作用。

(三)建设高素质干部队伍。全面落实新时代好干部标准,树牢实干实绩鲜明用人导向,不断优化领导班子结构,增强整体功能和活力。持续办好强素质专题研修班,定期选派干部到先进地区跟班学习,进一步开拓视野、更新观念、提升能力。完善干部抽调机制,精准选派干部到急难险重一线长见识、增才干、磨意志。突出政治标准,完善干部考核评价体系,考准考实干部表现。坚持激励约束并重,用好职级等级晋升、及时奖励、容错纠错等政策措施,完善能上能下机制,让干事者得实惠、让不为者腾位子。

(四)以严的基调强化正风肃纪反腐。严格落实中央八项规定及其实施细则精神,持之以恒纠“四风”树新风,力戒形式主义、官僚主义,科学精准靶向整治打折扣、搞变通、“一刀切”“乱加码”等问题,真正为基层松绑减负。坚持“关键少数”以上率下,加强对“一把手”和领导班子监督,督促领导干部严于律己、严负其责、严管所辖。聚焦群众急难愁盼,持续深入推进“点题整治”,严肃查处群众身边不正之风和腐败问题,大力推进新时代廉洁文化建设,强化廉洁教育,以“全周期管理”不断提高“三不腐”一体推进综合功效。扎实推进政治监督具体化精准化常态化,确保政令畅通、令行禁止。稳妥有序推进十四届市委巡察工作。

(五)凝聚高质量发展合力。充分发挥党委总揽全局、协调各方的领导作用,支持人大、政府、政协和纪委监委、法院、检察院依法依规履职尽责。强化党管武装,发挥工青妇等群团组织优势,做好老干部、关心下一代、双拥、党校等工作,加强与民主党派、无党派人士的团结合作,巩固和发展最广泛的爱国统一战线。树牢“全市一盘棋”思维,强化纵横协同联动,发扬“四套班子一起上、干部群众齐努力”优良传统,充分激发全社会干事创业活力,全面营造“干部敢为、地方敢闯、企业敢干、群众敢首创”的浓厚氛围。

各位代表,同志们!传承弘扬“晋江经验”、走在新征程最前列,需要我们牢记殷殷嘱托,踔厉奋发、勇毅前行。让我们紧密团结在以习近平同志为核心的党中央周围,高举中国特色社会主义伟大旗帜,在省委和泉州市委的坚强领导下,奋力推进中国式现代化晋江实践,谱写“晋江经验”新篇章!

附注:

*三个坚定不移:坚定不移坚持人民至上、生命至上,坚定不移落实“外防输入、内防反弹”总策略,坚定不移贯彻“动态清零”总方针。

*五个年:“晋江经验”20周年、工业(产业)园区标准化建设推进年、城市品质提升年、开放招商科技创新项目落地攻坚年、世中运举办年。

*两稳一保一防:稳增长、稳市场主体、保就业、防风险。

*多评合一模拟审批:强化项目前期技术支撑保障,将方案审查与项目前期手续并行推进,由自然资源部门会同相关联合技术审查部门、技术指导单位对建设项目建筑设计方案提前介入并进行实质性审查,待项目前期手续完成后可实现工程规划许可证快速办理,助力建设项目快审批、快落地。

*四帮四扶:帮就业、帮就医、帮就学、帮安居,扶贫困、扶老幼、扶伤残、扶志气。

*六守六无:守诚无失信、守德无纷争、守约无陋俗、守规无事故、守法无案件、守廉无贪腐。

*四风:形式主义、官僚主义、享乐主义和奢靡之风。

*五个牢牢把握:牢牢把握过去五年工作和新时代十年伟大变革的重大意义;牢牢把握习近平新时代中国特色社会主义思想的世界观和方法论;牢牢把握以中国式现代化推进中华民族伟大复兴的使命任务;牢牢把握以伟大自我革命引领伟大社会革命的重要要求;牢牢把握团结奋斗的时代要求。

*两个确立:确立习近平同志党中央的核心、全党的核心地位,确立习近平新时代中国特色社会主义思想的指导地位。

*两个维护:坚决维护习近平总书记党中央的核心、全党的核心地位,坚决维护党中央权威和集中统一领导。

*两个结合:把马克思主义基本原理同中国具体实际相结合,同中华优秀传统文化相结合。

*六个必须坚持:必须坚持人民至上、必须坚持自信自立、必须坚持守正创新、必须坚持问题导向、必须坚持系统观念、必须坚持胸怀天下。

*“四个更大”重要要求:在加快建设现代化经济体系上取得更大进步,在服务和融入新发展格局上展现更大作为,在探索海峡两岸融合发展新路上迈出更大步伐,在创造高品质生活上实现更大突破。

*三化四新:高端化、数字化、绿色化,新材料、新工艺、新装备、新应用场景。

*工业用地“标准地”:在完成相关区域评估及土地征收、“三通一平”等前期工作,符合“净地”要求的基础上,明确固定资产投资强度、用地容积率等控制性指标并实施全程监管的可出让国有工业用地。

*两个毫不动摇:毫不动摇巩固和发展公有制经济,毫不动摇鼓励、

支持、引导非公有制经济发展。

*“1+X”证书制度：学历证书和若干职业技能等级证书制度。

*教育人才百千引育计划：到2025年，重点引进和培育高层次教育人才100名以上、优秀青年教育人才1000名以上。

*一廊两区多平台：“一廊”即世纪大道“双创”活力走廊；“两区”即科创新区、金井产教融合区；“多平台”即四大高校、九大“国字号”科研平台等。

*规升高、高升规：规上企业培育认定为高新技术企业，规下高新技术企业成长为规上高新技术企业。

*规上企业“三个覆盖”：研发活动、研发机构、发明专利。

*三才行动：科创人才集聚、硕博人才倍增、技能人才振兴行动。

*“全市一城、一主两辅、双湾双带”总体布局：“全市一城”，即全市按照城市的标准进行统筹规划建设；“一主两辅”，即晋江中心城区、晋西辅城、晋南辅城；“双湾双带”，即环泉州湾区域、环围头湾区域和泉厦漳科技创新走廊、滨海旅游发展带。

*“三环七射”快速路网：“三环”即一重环湾（晋新路）、二重环湾（晋明路－晋光路）、三重环湾（西部快速路－大深路）；“七射”即凤池路－兴紫大道、双龙路、世纪大道南拓、中部快速路、东部快速路、市域8号路、西部快速－沿海大通道。

*两区一场：“两区”即国家现代农业产业园区、国家渔港经济区；“一场”即海洋牧场。

*村集体经济发展“双百计划”：超过100个村（社区）集体经营性收入达到100万元以上。

*农村集体“三资”：农村集体资金、资产、资源。

*“1610”品牌成长工程：“1”即明确打造营商环境最优县市；“6”即推动“一门式”集中办理、一窗受理、一链审批、一网好办、一键办结、一网统管等六个场景落地运行；“10”即每年选取10个重点领域进行攻坚。

*RCEP：区域全面经济伙伴关系协定。

*保税集拼：国内货物以视同出口方式向海关申报出口，货物通关进入保税区后，存放于指定物流商的仓库，完成货物出口退税，在保税区仓库进行货物分级分类、分拆分拣等物流增值服务或综合处理，并与同类别货物或者国外以进境备案方式申报进入保税区（关税豁免）的货物进行集拼装箱后，离境到指定口岸。

*一标三实：“一标”即标准地址；“三实”即实有人口、实有房屋、实有单位。

*四个意识：政治意识、大局意识、核心意识、看齐意识。

*四个自信：中国特色社会主义道路自信、理论自信、制度自信、文化自信。

*三不腐：不敢腐、不能腐、不想腐。

政府工作报告

——2022年12月28日在晋江市第十八届人民代表大会第二次会议上

晋江市人民政府市长 王明元

一、2022年工作回顾

2022年是党的二十大召开之年，也是“晋江经验”提出20周年。一年来，市人民政府坚持以习近平新时代中国特色社会主义思想为指导，深入贯彻党的十九大、十九届历次全会和二十大精神，在上级党委、政府和市委的坚强领导下，在市人大、市政协的监督支持下，传承弘扬“晋江经验”，深入开展“三提三效”行动，以“五个年”活动为主抓手，扎实推进“强产业、兴城市”双轮驱动，承压奋进，艰辛突围，取得新的成效，预计全年地区生产总值超3200亿元、增长4.5%，一般公共预算收入150亿元、同口径增长6.17%，城乡居民人均可支配收入突破5万元、增长5.0%。县域经济基本竞争力保持全国第四，跻身II型大城市行列。

这一年，我们接续弘扬“晋江经验”。统筹推进22项国家级、省级改革试点和78个集成改革项目，启动国家盘活利用低效用地试点，获批国家进口贸易促进创新示范区、农村综合改革试验区。高规格举办福建省弘扬“晋江经验”促进民营经济高质量发展大会、“晋江经验”与习近平经济思想理论研讨会等系列活动，多位党和国家领导同志亲临晋江视察指导，晋江高质量发展成为中央主流媒体报道焦点。

这一年，我们从容应对多重考验。按照“疫情要防住、经济要稳住、发展要安全”重要要求，在市委的坚强领导下，尽锐出战打赢艰苦卓绝的“03·13”疫情，迅速扑灭局部爆发的“08·17”疫情，快而有序控住多链并行的“11·24”疫情，平稳落实“二十条”“新十条”措施。统筹经济运行调度，精准助企纾困，高效复工复产、满产达产，逆周期增资扩产、提质强产，有力有效应对严峻复杂的经济形势，实现高基数下的承压增长。

这一年，我们聚力推动“强产兴

城”。确立“数智转型”核心发展战略，启动数字经济三年行动，获评全国工业互联网推动数字化创新领先县(市)。通过首批国家创新型(县)市验收，成为首批国家知识产权强县建设示范县。完成“全市一区”改革，3万亩综合产业园区组团式铺开建设，百万平米产业空间拔节生长。开展“抓城建提品质”专项行动，实施281个城建项目，完成年度投资超200亿元，一批重要通道和重大公共服务项目建成投用，全市域夯实网格基础，城市更加安全、更有韧性、更具品质。

这一年，我们用心创造品质生活。上海六院福建医院入选公立医院高质量发展省级示范点，福大晋江校区正式获批，清华附中晋江学校实现小初高一体化招生办学，高端公共服务更加触手可及。高质量办成22件为民实事、144件民生微实事，暖心保障疫情期间群众生活，社会救助工作获全国先进，高水平通过全国文明城市年度考评，民生福祉持续增进。

一年来，我们把政府工作报告确定的目标任务，分解为162项工作项目，全力推进落实。主要工作和成效是：

(一)因时因势施策，经济稳中向好。面对疫情冲击和经济下行压力，打好“政策＋服务”组合拳，抓好“两稳一保一防”工作，经济大盘保持稳定。纾困措施精准直达。开展“千名干部进千企、一企一策促发展”活动，出台75条稳增长措施，为企业减负超50亿元，兑现政策资金24.9亿元，保障中小微企业融资超100亿元，新增市场主体5万户、规上企业315家、限上企业267家。项目投资逆势增长。完成重点项目投资1200亿元，实现固投增长9.4%，山姆会员商店、华润东大医药等208个项目签约落地，恒安二期、百宏年产33万吨差别化化纤等110个项目开工建设，渠梁二期、利郎物流园等109个项目建成投产。两个“保交楼”项目复工建设。外贸出口稳中提质。举行“买全球•卖全球”跨境电商创新发展大会，启动跨境电商全球开店综合服务平台，开通2条国际航线，启用围头港公共保税仓库、出口监管仓库，提高出口信保补助，组织外贸“微展会”“代参展”、包机参展，开展千企万品出海行动，对RCEP新市场出口突破280亿元，市场采购贸易出口增长12.5%，陆地港片区纳入商贸服务型国家物流枢纽。消费活力持续释放。开展“爱晋江•欢乐购”等系列促消费活动，举办食交会、晋江鞋服超级产地云展等线上线下展会，五店市获评首批国家旅游休闲街区，万五商圈获评省级夜间经济示范区，社消零售总额超1670亿元，居全国县域首位。

(二)多维赋能升级，产业提质增效。坚持集群赋能、科技赋能、数字赋能、园区赋能，深入开展“开放招商科技创新项目落地攻坚年”活动，“一产一策一专班”加快转型升级。集群优势更加明显。实施108个强链补链项目，落地82个增资扩产项目，产业链供应链稳中见韧，磁灶获评“中国陶瓷名镇”，运动鞋原辅材料成为国家中小企业特色产业集群，新一代信息技术产业增加值比增超20%，新增智能制造示范企业10家、“专精特新”企业15家、海交所挂牌企业8家。创新动能加速成形。承办全国机器人大赛、全省石墨烯大会，投用国家知识产权快速维权中心，获批省级高端绿色鞋服制造业创新中心，落地北京石墨烯技术研究院。规上企业研发费用增长27.2%，高新企业保有量突破640家、净增超230家，新增国家博士后科研工作站2家、省级技术转移机构3家，引育高层次人才340名，万人有效发明专利拥有量增至15.34件。数字赋能加力推进。出台产业数字化转型12条措施、软件和信息服务业发展16条措施，承办全省产业数字化转型现场会，引进2个数字化服务平台，分行业打造14个标杆项目，推出7个应用套餐，带动400家企业“上云上平台”，数字经济规模预计达1780亿元，占GDP比重为56%。产业空间重构升级。完成经开区专业园整合交接，组建160亿元晋园发展集团。完成工业用地调查，摸清工业用地“五笔账”，构建园区标准化建设“1＋N”政策体系，14个综合产业园区启动建设，2300亩工业用地提容增效，建成产业空间超150万平米，规上企业入园率提高到41.5%。

(三)统筹城乡建设，城市品质更优。划定国土空间“三区三线”，控规覆盖面积达60平方公里，蝉联全省城乡建设品质提升综合绩效优异县市。城市建设加快步伐。晋东、高铁、科创、紫帽四大新区实施项目25个、完成年度投资53亿元，5个安置房项目竣工验收。池店、安海、英林等片区更新完成征迁。“聚城畅通”工程加快推进，建成福厦客专晋江段、二重环湾一期、东部快速路一期等重要通道，开工世纪大道南延伸工程。城市配套不断完善。实施155个基础设施项目，新增变电容量5万千伏安，5G信号覆盖城乡主要区域，打通12条污水“断头管”，中水回用率达62.5%，农村生活污水处理工程初验率达67%。完成18条重要通道景观提升。实施最严环卫考评新规，城市管理机制进一步完善。生态环境持续改善。扎实抓好生态环保督察反馈问题整改，实施8个流域水质提升工程，完成“蓝色海湾”综合整治5892亩、互花米草除治2318亩、松材线虫病防治926亩。植树造林4100亩，新增绿地面积140公顷，修复矿山生态328亩，建成区绿化覆盖率44.04%。乡村振兴全面推进。成立市乡村振兴促进会，深入开展“百企帮百村、乡贤促振兴”行动，村企合作、乡贤捐赠金额超20亿元。鲍鱼、胡萝卜育种取得重大突破，高标准农田入库达6.92万亩。全市村集体经营性收入首超2.5亿元，共享型集体经济、乡村治理、乡村产业高质量发展成为全国典型，“五个美丽”建设成为全省典型，磁灶、英林获评省级乡村治理试点示范镇，金井获评省级全域生态旅游小镇，湖尾村获评国家美丽休闲乡村。

(四)聚焦重点领域，改革纵深推进。审批改革深化拓展。推出“晋心晋力"营商服务品牌，启动"1610"品牌成长工程。落地省级"一业一证"试点，"免证办"服务获全省推广，新增"省内通办"事项37个、"跨省通办"伙伴县(市)4个，"一件事"集成套餐基本覆盖高频领域。创新长期租赁、先租后让、弹性容积率等做法，出台不动产历史遗留问题处置办法，推行工业项目"四证同发"，实现"交地即交证""拿地即开工"，"多评合一模拟审批"、简化提容增效报建程序等经验获全省推广。要素改革有力破题。发布50亿元产业母基金，入选全国首批中央财政支持普惠金融发展示范区。推行建设用地全流程监管和亩均效益评价，获批用地5100亩、用海770亩，挂牌成交泉州首宗历史围填海项目使用权。创新农村宅基地使用权和农房财产权抵押贷款，出台村镇集合式住宅试点导则，集体产权制度改革成为全国先进，宅基地改革做法获农业农村部推广，农村金融供求对接机制入列全国农村改革典型案例。国企改革扎实推进。完成市属国企第三轮整合重组，形成22家一二级国企为主体的国企架构，新增AAA主体评级企业1家。实施国企实体化项目104个、完成投资150亿元，资产总额超1900亿元。

(五)突出普惠共享，民生质量更高。市财政投入115.7亿元，用于民生领域，占本级支出80.7%。"四帮四扶"166户困难家庭。新增城镇就业2.5万人，开设5个零工市场、2个技能培训输送基地，稳定岗位25万个。新增优质学位1万个，智能制造学院、泉州职业技术大学二期开工建设，晋江一中、养正中学获评全省首批示范性高中，学前教育普及普惠通过省级验收，进修学校通过省级示范性评估。实施55个公卫补短板项目，建成公共卫生应急指挥平台，改造提升120急救中心，新增托育位2229个，上海六院晋东院区开工建设。新增养老床位470个，建成3个区域性养老服务中心、11个长者食堂。主题电视剧《爱拼会赢》在央视黄金时段热播，获国家"五个一工程"优秀作品奖，非遗展示馆正式开馆，金交椅山窑址入列省级考古遗址公园，南天寺保护修缮荣膺亚太地区文化遗产保护优秀奖，梧林入选中国华侨国际文化交流基地。落户全国电竞大赛、中超中立赛区、WCBA常规赛区，获评全国首批全民运动健身模范市。安全生产标准化提升实现全覆盖，生产安全事故数、亡人数分别下降34.8%、41.7%。常态化开展扫黑除恶斗争，电信诈骗案件比降41.3%，破案率提升3.25个百分点，392件治重化积案件全部化解。超额完成粮食播种任务，守牢粮食和食品安全底线。民族宗教、统计档案、防灾减灾、对口帮扶、老干老龄、工青妇儿、红十字、残疾人、退役军人、国防双拥、海防管理等各项事业加快发展。

(六)加强自身建设，效能不断提升。深入学习宣传贯彻党的二十大精神，严格落实全面从严治党，履行意识形态责任制。深化依法行政，获评全国法治政府建设示范市，修订市政府工作规则，推动乡镇(街道)"一支队伍管执法"。深化基层政务公开标准化规范化，主动公开政府信息10.2万条。高效办理人大建议258件、政协提案207件，满意率、基本满意率100%。坚持过"紧日子"，公用经费和经常性业务费压减5%。加强效能督查、政务督查、绩效评估和审计监督，政府工作执行力、规范性持续提升。

各位代表！过去一年，面对多轮疫情冲击和经济下行压力等两难多难考验，我们主动作为，砥砺攻坚，取得了来之不易的成绩，最根本在于习近平新时代中国特色社会主义思想的科学指引，在于上级党委政府的正确领导和市委的坚强领导，在于海内外500万晋江人不断传承弘扬"晋江经验"、勠力同心、拼搏奋进。在此，我代表市人民政府，向全市人民，向人大代表、政协委员、各民主党派、工商联、无党派人士、各人民团体、离退休老同志，向驻晋直属单位、驻晋部队、武警官兵、消防救援队伍，向企业界人士和来晋创业务工人员，向关心支持晋江发展的海内外乡亲和朋友们，表示崇高的敬意和衷心的感谢！

总结成绩的同时，我们也清醒地认识到面临的问题和挑战：一是创新能力还不适应高质量发展要求，产业转型仍在爬坡过坎，产业链高端环节偏弱，高新产业和现代服务业占比偏低，资源要素日益趋紧，空间不足与效益不高并存。二是城市短板仍然明显，中心城区功能集聚不强，亟待加快连片发展，公共服务供给与群众期盼仍有差距，社会治理智慧化、精细化水平还不够高。三是一些政府公职人员思想破冰不够，专业素养有待提升。对此，我们将以高度负责的态度，认真加以解决。

二、2023年主要工作安排

2023年是全面贯彻落实党的二十大精神的开局之年，挑战与机遇并存。尽管外部环境严峻复杂，经济恢复的基础尚不牢固，需求收缩、供给冲击、预期转弱三重压力仍然较大。但我们要看到，晋江作为县域排头兵，有"晋江经验"引领的独特优势；有"爱拼敢赢、敢为人先"的人文优势；有经济韧性强、活力足、底盘稳的基础优势，长期向好的基本面没有改变，多年积累的综合优势没有改变，高质量发展的良好势头没有改变，这是我们最大的信心和底气。只要保持战略定力，坚定必胜信念，迎难而上，顶压前行，我们一定能够战胜风险挑战，推动全方位高质量发展取得更大成效。

根据市十四届党代会第二次会议精神，政府工作的总体要求是：以习近平新时代中国特色社会主义思想为指导，全面学习贯彻党的二十大精神，深入落实习近平总书记重要讲话重要指示精神，加强党的全面领导，弘扬伟大建党精神，围绕统筹推进"五位一体"总体布局、协调推进"四个全面"战略布局，立足新发展阶段、贯彻新发展理念、服务和融入新发展格局，紧扣"四个更大"重要要求，聚焦新发展阶段新福建建设，落实“强产业、兴城市”双轮驱动，全力攻坚中国式现代化建设先行示范、全方位推进高质量发展主力领军、共同富裕县域范例“三大战略目标”，加快构建“一三一三七”发展格局，奋力推进中国式现代化晋江实践，谱写“晋江经验”新篇章。

经济社会发展主要预期目标是：地区生产总值增长6.5%左右，一般公共预算总收入增长7.6%、本级收入增长5.0%，规上工业增加值增长7.6%，全社会固定资产投资增长8.0%，城乡居民人均可支配收入增长7.0%。

围绕上述目标，我们要按照市党代会的部署要求，坚定不移推进新型工业化、新型城镇化和治理现代化，奋力“追赶、突破、引领、提升”。“追赶”就是要坚持目标导向，强化“标兵渐远、追兵渐近”的危机意识，全力对标赶超，把失去的时间抢回来，把发展的速度赶上来。“突破”就是要坚持问题导向，聚力攻坚，全力破解要素制约、空间瓶颈、社会治理等一批事关高质量发展的关键难题，突破一批事关晋江长远发展的重大引领性项目，争创发展新优势。“引领”就是要坚持扛旗领跑，强化走在前列的责任担当，树牢争创一流的责任意识，每个领域都要当标杆、作示范，打造一批全省乃至全国的晋江样板。“提升”就是要坚持质量效益并重，更加注重内涵式发展，深度推进“产城人”融合，推动各项工作迈上新台阶、实现新跃升。重点做好6个方面工作：

（一）稳增长提质效，加快构建现代化产业体系。坚持高质量发展主题，紧扣“4341”现代产业体系，加快产业基础再造，推动经济实现质的有效提升和量的合理增长。

1.大力推动传统产业优化提升。深化产业补短行动。实施105个强链补链项目，纺织产业聚焦功能纤维和后整理短板，推进差异化锦纶、瓶片再生短纤等48个项目，推动5家后整理企业集聚入园；鞋服产业紧扣高端化、功能化方向，推进超临界鞋材、生物基鞋材等35个项目，培育10家鞋服精品工厂；食品产业突出大健康赛道，推进特医食品、冻干技术等12个项目，力争食品软包补短板取得突破；建材产业围绕绿色化、差异化方向，建设研发检测中心，推进超薄板、大规格砖等10个项目，做强陶瓷名镇品牌。深化数智转型行动。坚持“抓示范更要抓融合、抓扩面更要抓提质、抓场景更要抓链条、抓底座更要抓设施、抓服务更要抓生态”，组建产业数字化转型服务协作联盟、中小企业数字化转型促进中心，落地国家级纺织鞋服大数据中心、产业数字人才培训基地。引进数字化服务平台2个以上、信息系统服务商5家以上。拓展食品、建材、机械等行业数字化标杆项目10个，推出8个应用套餐，带动超500家企业“上云上平台”。深化协同增效行动。实施行业协会改革提效计划，拓展集中采购、人才引育、抱团参展、技术研发等服务，优化产业生态环境。依托职业装产业协同发展联盟、纺织鞋服产业链协同创新联盟、军民两用产业发展战略联盟，拓展企业订单来源，建设品牌授权中心，新增ODM企业20家，促成产能回流超35亿元。

2.大力推动新兴动能集聚壮大。按照“龙头大项目＋配套保障＋链式拓展”和“领军人物＋大平台＋技术团队＋项目孵化”的发展路径，加快新兴产业集群化发展，拓展经济新增长点。新一代信息技术产业重点加快集成电路科学园提质增效和工业园建设，成立集成电路专项基金，支持晋华、渠梁两大龙头增资扩产和技术推进，促成18个项目建成投产，落地产业链项目20个以上，加快向电子竞技、智能穿戴、汽车电子等终端应用领域拓展。智能装备产业重点依托传统产业智能化改造需求，建设机加工共享中心，推进智能化成套设备、机器人自动码垛等11个项目，对接引进精密模具、数控机床、工业机器人等补短板项目。医疗健康产业重点引进医用同位素、肿瘤先进粒子治疗设备、新希望生命科技园等龙头项目，设立生命健康产业投资基金，向生物医药、高端医疗设备、可穿戴医疗器械等领域拓展。经济新增长点要立足比较优势，做好海洋经济、绿色经济、文体旅经济等文章，培育新增长空间。重点以建设国家沿海渔港经济区为抓手，推进50个海洋经济项目，启动海洋渔业高质量发展倍增计划，规划建设5000公顷海洋牧场，成立港口公司，开工金井围头一级渔港，加快深沪中心渔港、东石白沙渔港建设，完成省级海洋经济示范县建设任务。实施30个节能改造项目，深化碳排放权和排污权交易试点，创建省级以上绿色制造示范企业10家。坚持以文塑旅、以旅彰文、文体旅融合，争设国家级体育训练基地，举办第二届国际大体联足球世界杯，扩大国际国内品牌赛事效应，策划10条精品旅游线路，创建国家全域旅游示范区。

3.大力推动现代服务业提档升级。加快现代服务业同先进制造业深度融合，着力发展服务型经济、平台型经济、流量型经济，构建优质高效的服务业新体系。高起点建设鞋纺城二期，升级改造旧鞋都成品鞋市场，建设国际网批中心、选品中心，支持龙头企业申报期货交割仓库，构建区域商贸物流集聚地。落地设界时尚产业创新服务综合体，打造全球运动休闲时尚设计长廊，提升国际工业设计园运营，激发工业设计、文创产业活力。大力发展普惠金融、供应链金融，存贷款余额增长13%以上，创建省级共富金融示范区；举办中国上市公司高峰论坛，成立全国股转系统和北交所晋江服务基地，新增上市挂牌企业8家以上。高效运营国际会展中心，办好鞋（体）博会、家博会、食交会，加快构建“会展＋”产业生态圈。有序推进土地出让，加强楼盘建设监管，保持房地产市场平稳发展。

4.大力推动消费投资提质增长。把握扩大内需战略基点，进一步增强消费的基础性作用和投资的关键作用，厚植内循环发展动力。挖掘城市消费潜力。开展消费提质升级十大行动，举办百场展会节会，培育做强首店经济、夜间经济、品牌经济，推动社消零售总额超1780亿元，建设闽西南区域消费中心。打造国潮名品之都。深入推进增品种、提品质、创品牌“三品”战略，开启新国货、新国牌、新国潮“三新”运动，鼓励本土品牌与电商龙头合作，布局推广“商店＋电商＋零售服务”模式，探索建立品牌营销服务中心和超级品牌集合店，提升“晋江造”市场占有率。扩大项目有效投资。搭建全生命周期项目管理平台，实施1065个重点项目，年度投资超1300亿元。坚持开放招商，充实招商服务中心力量，组建国有招商公司，签约项目超220个、总投资超1500亿元。坚持要素跟着项目走，开展项目前期攻坚，滚动推进“征迁扫尾清零”，建立要素保障联动机制，完成用地报批4000亩以上、用海报批1000亩以上。

（二）强平台优生态，打造区域创新高地。坚持教育优先发展、科技自立自强、人才引领驱动，面向产业主战场，高水平建设国家创新型（县）市。

1.提升教育强市内涵品质。推进第三轮中心城区教育资源整合提升，实施98个教育项目，新增优质学位8000个，缓解中心城区教育供需矛盾。争创国家级学前教育普及普惠县，创建省级义务教育管理标准化学校17所以上，加快高中阶段提质扩容，完善集团化办学机制，健全高质量教育体系。持续落实“双减”工作，新增38个学生心理辅导室，建设9个家庭教育指导服务工作室、5个未成年人保护工作站，新改建10个中小学自办食堂，强化校园用餐管理，让孩子们全面发展、健康成长。

2.增强科研平台策源功能。加速“一廊两区多平台”落子布点，加快智能制造学院建设，开工福大晋江校区二期，落地福大微电子学院、集成电路省创新实验室。完善科研平台考核机制，创建国家级高端绿色鞋服创新中心，强化企业主导的产学研深度融合，促成科技型企业与科研平台共建实验室5个以上。加快双创载体建设，引进专业运营商，新增孵化载体1万平米。建设三创园“中试＋创新工场”，创建国家科技企业孵化器。

3.突出科技型企业核心地位。像抓规上企业一样抓科技型企业，探索企业创新积分评价，完善专项扶持政策。深化规上企业“三个覆盖”工程，力争研发投入增长20%以上，研发活动覆盖率超30%，企业研发机构增至160家以上，万人有效发明专利拥有量达17件以上。优化高新企业培育机制，新增科技型中小企业200家，高新企业保有量突破750家。健全企业研发体系，支持龙头企业建设研发总部，认定国家和省级企业技术中心、新型研发机构5家以上，申报各级科技计划项目40个。

4.强化人才团队关键支撑。扎实推进全省人才体制机制综合改革试点。深化科创人才集聚行动，组建人才创投基金，投补结合构建“团队＋基金＋赛事＋孵化器”四位一体模式，遴选高层次人才创业项目10个以上，引育高层次人才500名以上，选任科技特派员150名以上。深化硕博人才倍增行动，引育硕博人才1600名以上。深化技能人才振兴行动，举办全省运动鞋设计技能大赛，建设省级人力资源产业园，建成开发区产教融合基地，培养技能型人才4000名以上。引进中高端专业化人力资源服务机构，实施“引才合伙人”项目，多维度柔性引才，让晋江成为各类人才的创新之地、圆梦之地、向往之地。

5.扩大创新生态聚合效应。推动泉州高新区五里园提质增效。搭建知识产权公共服务中心、展示交易中心，建设知识产权运营服务集聚区暨海峡科技大市场，高水平打造国家知识产权强县建设示范县。高效运作产业母基金，构建“1＋N”产业基金体系，各类股权投资基金规模突破百亿。办好海峡杯系列创新赛事，深化“百企进平台”活动，引进2家技术转移机构，培训技术经纪人300人次，开展成果对接50场次，新增产学研合作、技术服务项目400项以上，转化科技成果300项以上，登记技术合同超1.7亿元。

（三）强功能提品质，打造名副其实的II型大城市。立足城市新起点，坚持“产城人”融合，突出宜居韧性智慧，加快新型城镇化建设，更加主动融入泉州海丝新城和闽西南协同发展，推动城市综合平台跃升。

1.系统完善规划体系。进一步强化规划引领地位，突出规划管理的严肃性和内在延续性。按照“强主城优辅城”策略，系统完善城市发展规划，推动以主带辅、主辅联动。重点完成国土空间总体规划编制，建设自然资源一体化平台，制定城市功能布局、综合交通、产业空间、村庄发展等专项规划，推动城镇开发边界内控规覆盖率达70%以上，实现114个“应编尽编”村庄规划全覆盖。启动总体城市设计，完成4个重点片区城市设计，高水准打造地标式建筑，塑造重要节点城市意象。

2.做强做优中心城区。坚持环湾向湾，以“强功能”为导向，集中力量提升中心城区首位度，打造“产城人”融合样板。以高端资源为牵引，带动功能集聚。提速智能制造学院、安踏全球设计研发中心、高端智能工厂等优质项目建设，加强滨江商务区招商运营，策划国际鞋艺小镇、城市“时尚T台”，带动总部经济、研发设计、高端商务、高端智造等城市业态功能集聚。提速上海六院晋东院区建设，完善清华附中周边配套，推进晋江一中、养正中学、季延中学集团化办学，带动公共服务功能集聚。以重点片区为载体，推动连片发展。推进晋东新区、池店中片区、紫帽片区61个项目，加快功能开发和产业植入，连片打造晋江南岸环湾智造商务中心。推进科创新区13个项目，做好行政中心区、罗山中片区策划研究，完成梅岭中片区征迁，以世纪大道为轴带，联动三创园、洪山文创园以及沿线商圈，连片打造科创活力走廊。推进高铁新区12个项目，完成福厦客专泉州南站和集散通道系统建设，强化高端服务业导入，串联晋江机场，连片打造空铁联动门户。做好城西片区、葫芦山文教园策划研究，有序推进会展中心周边区域开发，连片打造展贸物流集聚区。以“微更新”为抓手，重焕老城区活力。全面梳理城市肌理，针对高密度的老城区，坚持“留改提拆建”并举，在现状基础上，立足空间梳理、配套完善、安全提升、环境优化，推进14个更新项目，重点打造陈埭空间治理样板，深化阳光片区“微更新”，改造49个老旧小区，组建3个新型社区，建设3个完整社区，构建“15分钟生活圈”。

3.做精做特两大辅城。因地制宜推动辅城差异化特色发展，与主城协同互补、高效联动。晋西辅城重点推进世纪大道南延伸暨北环片区5个项目，前瞻布局城际轨道站点TOD片区，开展三里街片区综合整治提升，加快集成电路工业园开发，加强安海、东石等镇协同融合，大力发展空港产业配套、集成电路、智能装备、医疗健康等业态，打造南翼新城核心区。晋南辅城重点开展多层次主辅联系通道规划研究，实施英林镇区更新7个项目，改造提升G228滨海旅游风景道，完善福大晋江校区周边配套，发挥渔港经济区带动效应，大力发展科教研学、纺织服装、海洋生物、文体旅融合等业态，做精特色小镇，打造滨海科教旅游带。

4.畅通内外交通体系。对外层面，促成福厦客专通车，配合做好城际轨道R1线、东海通道等前期工作，完成机场扩能改造，加快空港物流园建设，争取动车站开通货运场站功能，加速打通对外交通“大动脉”。市域层面，围绕完善“三环七射”快速路网，加快推进“聚城畅通”，做细晋光路快捷化、双龙路改造等项目前期，开工建设晋新路快捷化、池峰路南延伸，加快推进一重环湾西滨段、世纪大道南延伸工程，建成晋江南高速连接线、刺桐大桥—江滨南路节点改造等项目，加快快速通道成形成网。市区层面，实施26条市政道路项目，完善重点片区交通配套，打通一批断头路，提高城市路网通达性。

5.坚持智慧精细管理。开展城市体检，完善城市数据底座，建设实景三维晋江、城市信息模型CIM平台，搭建城市大脑，推进“一屏统览、一网统管”。实施电网高质量发展行动，新增变电容量36.6万千伏安，加快热电联产机组扩建、燃气电厂二期、闽投储能二期建设，改造老旧供水管网10公里。建设路面充电桩500个，实施公共自行车无桩化升级。搭建智慧停车监管平台，新增智慧停车泊位3000个。推进城乡环卫一体化，改造城市垃圾收运系统，完善垃圾处理费征收机制。开展2条重要通道环境整治，提升14条道路绿化景观，完成晋江南岸夜景照明工程。拓展新时代文明实践工作，巩固文明城市常态创建成果。

6.强化生态环境治理。实施30个大气减排治理项目，推进制鞋行业有机废气治理，完成10蒸吨及以下燃煤锅炉提升整治。实施78个河长制项目，建成西南片区尾水排海工程，开工10个环保基础设施项目，铺设污水管网20公里，农村生活污水处理工程初验率提高到80%。完成西畲铸造行业整合搬迁，推进小微企业危废收集试点，整治废弃石窟5个。落实林长制责任，深化“绿满晋江”三年行动，新增造林3000亩，复绿裸露山体300亩。实施一批“百姓园林、山水园林、文化园林＋门户廊道”项目，建设10个社区公园、口袋公园，加快推进九十九溪田园风光项目，建成紫湖郊野公园，提升罗裳山—华表山—灵源山慢行福道，打造更多生态自然的绿色休憩空间。

（四）抓改革促开放，打响最优营商环境品牌。以更大的决心和力度，进一步破除发展制约，提振发展信心，快速激发全力拼经济的动力活力，让“干部敢为、地方敢闯、企业敢干、群众敢首创”。

1.更大力度支持民营经济发展。晋江的发展成就，民营经济功不可没，民营企业家贡献重大。我们要始终牢记习近平总书记重要嘱托，坚持“晋江经验”为引领，一如既往地坚持“两个毫不动摇”，把民营企业和民营企业家当作我们自己人，大力弘扬企业家精神，依法保护民营企业产权和企业家权益，全力为民营企业解难题、办实事，当好最坚强后盾。落实组合式税费政策，修订新一轮经济鼓励扶持措施，“第一时间＋顶格优惠”直达企业。做好第五次全国经济普查，开展市场主体倍增行动，建设工业运行监测系统，全力帮企业稳资金、稳预期，抢订单、拓市场，有效避险纾困，新增培育市场主体5.5万户、规上企业400家、限上企业280家。深化龙头企业培优扶强工程，办好领航混沌创新班，扶持腰部企业成长，新增培育产值超50亿元企业2家，省级以上“专精特新”企业15家、制造业单项冠军5家。

2.更大力度推动改革赋能。提升审批服务效能。开设企业政务服务线上专区，开展4个高频服务领域综合窗口试点，实行“一窗式无差别受理”，推行工业项目“五证同发”，试行社会投资项目“用地清单制”改革，对单位工程实行单独竣工验收。开展国企提质增效攻坚专项行动。启动分类管理改革，大力引进高级职业经理人，完善公司治理结构；推进144个国企实体化项目，探索市属国企与大型央国企、产业基金、工业地产等合作，引入外部资金和优质资源，参与城市更新、园区建设、产业发展，以项目运作培养自有团队，打造核心业务品牌，新增AA＋主体评级企业1家。深化农村改革试点。加强农村综合改革试验区建设，稳慎开展国家农村土地“两项试点”、农村产权流转交易、农村乱占耕地建房整治等试点工作，实施20个集合式住宅示范项目，激发农村有形资产、无形资源。推进供销社改革。抓实"三位一体"综合合作试点,开展"五联供销"行动,整合组建大供销集团,筹建供销合作发展基金,新增20个供销为民服务点,完善市镇村三级现代化流通服务网络,构建供销冷链物流、再生资源回收开发利用体系。

3.更大力度重塑高品质发展空间。坚持亩均、平米论英雄,纵深推进空间腾挪盘活。开展经开区基础设施提升行动,强化"全市一区"内部联动,推动从"物理空间改造"转向"产业生态构建",创建国家级经济开发区。编制产业园区总体发展规划,高起点建设14个综合产业园区,推进127个产业项目、38个配套项目,完善研发、设计、检测、供应链金融、邻里中心等功能,建成6个微工业园,新增产业空间超700万平米,集聚入园优质企业100家以上,整体构建高效供应链体系。开展盘活利用低效用地试点,因地制宜推进全域土地综合整治、城镇低效用地再开发、集体经营性建设用地入市等试点,建立低效用地数据库,按照相邻镇域、连片整治思路,策划推进一批全域土地综合整治项目,通过"政府收、市场换、司法拍、异地挪、低效提"等模式,分类盘活低效用地4000亩以上。划定工业产业区块线,推行工业用地"标准地"出让,探索以工业为主导功能的混合产业用地出让。上线亩均效益评价大数据平台,强化"优质精扶、低效倒逼"。

4.更大力度推动开放发展。开展综保区提质增效行动,大力发展跨境电商、保税物流、保税加工;争取纳入自贸区扩区范围,探索培育跨境金融、离岸贸易、融资租赁等新业态;高水平建设国家进口贸易促进创新示范区,扩大高端零部件、先进装备和原辅材料进口,打好"保税+自贸+进口贸易创新"组合拳,赋能产业转型升级。推动市场采购全国通关一体化,落地预包装食品出口试点,力争市场采购贸易出口超225亿元。支持建设电商品牌孵化中心、直播选品中心,培育跨境电商自主品牌,联动国内外直播平台、网红达人、本地供应链,打造"晋江造"全球电商直播中心。开展"聚侨力、走出去、拓市场、稳外贸"专项行动,多渠道助力企业跨境出海,深耕"一带一路"沿线和RCEP市场。深化港澳台交流,加快金门供水水源保障工程建设,支持金门供水工程创建国家海峡两岸交流基地。深化国际友城交往,拓展海外朋友圈。

5.更大力度汇聚侨资侨智侨力。深化实施"留根"工程,评选一批侨乡文化名镇名村,做精晋籍侨领个人侨史馆,完善涉侨文化展示平台。开展"我乡我情""精英故乡行"等交流活动,增进与侨二代、侨三代情感交流,涵养新生代华侨资源。发挥侨商优势,共建新型海外仓、海外展销中心、大宗商品国际贸易平台,探索"两国双园、两港多区"联动模式,构建海外营销网络和跨境产业链供应链。建设海外青年创业服务平台,策划华人华侨经济文化园,搭建吸引侨亲头部企业、人才团队、跨境资金回流的高能级平台,把"晋江人"优势转化为开放融通优势。

(五)补短板提质量,推动优质民生均衡可及。聚焦群众对共同富裕的美好期盼,从细处着手、从小事做起,强化民生保障,让城市更有温度、市民更有幸福感。

1.健全社会保障体系。开展居民收入"扩中提低"行动,落实援企稳岗减负政策,新增城镇就业2.15万人,稳步增加低收入者收入,扩大中等收入群体。建立低收入人口动态监测机制,健全分级分类救助体系,"四帮四扶"200户困难家庭。出台慈善捐赠指引,探索"互联网+慈善",打造"弱有众扶"救助大格局。深化长护险试点,搭建智慧养老服务平台,新建2个敬老院、10个农村幸福院,完成500户老年人家庭适老化改造,争创全国医养结合示范市。开工殡仪馆迁建项目。实施一二级残疾人和失能老人住所火灾报警逃生保障工程,完成500户残疾人家庭无障碍改造。新增保障性租赁住房3400套,让新市民和青年人安居乐业。

2.强化卫生健康保障。实施23个医疗卫生项目,提速紧密型医共体建设,优化调整学科、专科布局,提高县域就诊率、住院量,争创全国基层中医药工作示范市。支持市医院创建三甲医院,高标准建设国家区域医疗中心。实施中医院扩容工程,提升三甲中医院建设水准。启动第二医院改扩建,深化与复旦大学上海医学院合作内涵。加快镇村一体化卫生所建设,建强"村医、校医、厂医"三支队伍,健全家庭医生签约制度,夯实医疗网底。设立医卫学科建设与人才发展基金,出台医卫人才专项政策,引进医疗人才250名以上。创新医防协同、医防融合机制,建设公共卫生应急指挥中心,完善基层公共卫生治理体系。落实新阶段疫情防控优化措施,保障群众就医用药,强化老年人、基础性疾病人员等重点群体保护,着力保健康、防重症。

3.建设宜居宜业和美乡村。深化"百企帮百村、乡贤促振兴"行动,设立"乡村振兴日",鼓励镇村两级成立乡村振兴促进会和基金会。做强"五色"现代农业特色品牌,大力培育农业新型经营主体,完善联农带农富农机制,创建国家现代农业产业园、国家休闲农业重点县。大力发展新型集体经济,带动70个以上村(社区)集体经营性收入超100万元。深化乡村"五个美丽"建设,创建2个整镇推进"五好乡镇",打造一批国家级、省级乡村振兴示范村。支持革命老区村发展,加强对口帮扶工作。

4.坚持以文塑城惠民。深耕世界遗产内涵,启动安平桥修缮,深化龙山寺周边环境整治,系统保护安海湾及大盈溪西岸生态,串联打造安平桥世遗公园;启动草庵文旅街区建设,丰富龙泉书院内涵，串联打造草庵世遗公园；提升泉州古代外销陶瓷博物馆、考古遗址公园，开展梅溪综合治理，串联打造金交椅山古窑址世遗公园。搭建文物保护智慧化平台，推进国保、省保“三防”建设，修缮10处文保单位、5处历史建筑。深化社会主义核心价值观教育，设立中国作协新时代文学实践点，开设5个新型公共文化空间，打响七大文化品牌，打造主客共享的美好文化生活。

（六）抓源头强基础，打造最具安全感城市。坚持底线思维，夯实社会治理基础，更好统筹安全与发展，提升城市安全韧性水平。

1. 夯实“网格＋网络”治理。充实配强网格员力量，加快“网格＋警格”一体融合，压实雇主、房主、户主自治责任，完善部门联动机制，推动资源力量下沉、服务事项延伸，提升“一网统筹、单元自治”能力。升级智慧网格信息平台，强化功能模块系统集成、实战应用场景开发，加快社会治理向数据分析型、主动发现型转变。推进应急广播“村村响”系统建设，提高村级广播联动响应能力。

2. 筑牢安全运行基础。坚持安全第一、预防为主，深化安全生产三年行动，完善基层“一委一站一队”建设，加强重点行业、重点领域安全监管和专项整治，抓好标准化提升“后半篇文章”，健全防灾减灾和应急救援体系，构建大安全大应急框架。落实粮食安全责任制，建设高标准农田3000亩，播种粮食5.21万亩，强化食品药品安全监管，建成“食安晋江”智慧监管平台二期，守好粮食和食品安全底线。

3. 构建平安和谐家园。完善矛盾纠纷多元调处机制，推动人民调解穿透到户，开展“双包双挂”攻坚，深化信访积案化解。常态化开展扫黑除恶，探索智慧防控“微单元”建设，推进“综治＋”治理中心实体化，深化电信网络诈骗、非法集资、禁毒等专项整治，加强网约房、网络直播、密室逃脱等新业态监管，提升群众安全感、满意度。加强退役军人服务保障，落实国动委改革任务，扎实做好国防动员和双拥工作。

三、全面加强新型服务型政府建设

新时代新征程，责任无比重大，使命无上光荣。全市政府系统必须始终牢记“三个务必”，在市委的坚强领导下，强化勇当主力领军的政治自觉、历史自觉，奋力走好新时代赶考之路，建设人民满意的新型服务型政府。

（一）坚定政治引领。坚定不移全面从严治党，深入学习贯彻习近平新时代中国特色社会主义思想和党的二十大精神，坚定拥护“两个确立”，忠诚践行“两个维护”。坚持把党的领导贯穿到政府工作全过程各领域，不折不扣落实各级决策部署，不断提高政治判断力、政治领悟力、政治执行力。坚持党管意识形态，严格履行意识形态责任制，牢牢把握意识形态主动权。按照上级和市委统一部署，深入开展主题教育。

（二）奋勇争先实干。当前，经济加速恢复重振，区域竞争你追我赶，唯有不遗余力、奋力拼抢。我们要大力弘扬“马上就办、真抓实干”的工作作风，以“今天再晚也是早，明天再早也是晚”的效率意识，立说立行、快人一步。大力弘扬“敢为天下先、爱拼才会赢”的奋斗精神，强化“时时放心不下”的责任意识，与最优者对标、与最强者比拼、与最快者赛跑，大干快上，争创一流。大力弘扬“穿透落实、一线落实”的工作方法，“不为不办找理由、只为办好想办法”，做一件、成一件，提高末端执行力。

（三）坚持依法行政。高水平建设全国法治政府示范市，把法治思维和法治方式贯穿政府工作始终，推进法治晋江、法治政府、法治社会一体建设。深化政务公开，优化市长专线、便民服务热线办理，提高政府公信力。高效办理人大建议、政协提案，自觉接受人大法律监督、政协民主监督，主动接受社会监督、舆论监督，加强审计监督，确保权力始终在阳光下规范运行。

（四）打造廉洁政府。深入推进政府系统党风廉政建设和反腐败工作，认真落实中央八项规定及其实施细则精神，驰而不息纠治“四风”，持之以恒正风肃纪。坚持预防为主、标本兼治，强化重点岗位、关键环节监管，扎牢制度“笼子”，深化构建“亲”“清”新型政商关系。坚持节用裕民，带头过“紧日子”，把更多财力倾斜到保民生、补短板上，把宝贵资金用在发展紧要处、民生急需处，换来市场主体稳日子、群众生活好日子。

各位代表，晋江是一座承载荣光与梦想的城市，踏上新的赶考征程，让我们更加紧密地团结在以习近平同志为核心的党中央周围，在上级党委、政府和市委的坚强领导下，踔厉奋发，勇毅前行，奋力推进中国式现代化晋江实践，谱写“晋江经验”新篇章！

附注：

*“三提三效”：提高效率、提升效能、提增效益。

*“五个年”活动：“晋江经验”20周年、工业（产业）园区标准化建设推进年、城市品质提升年、开放招商科技创新项目落地攻坚年、世中运举办年。

*“两稳一保一防”：稳增长、稳市场主体、保就业、防风险。

*RCEP：区域全面经济伙伴关系协定。

*工业用地“五笔账”：全市工业用地面积（及其中闲置、低效面积），厂房面积（及其中闲置、低效面积）；工业园区用地面积（及其中闲置、低效面积），厂房面积（及其中闲置、低效面积）；全市规上工业企业入园率；如入园率提高到40%，需新增的工业用地面积、厂房面积；拟引进并落地标准园区的工业项目数量，需要的工业用地面积、厂房面积。

*园区标准化建设“1＋N”政策体系：“1”即工业（产业）园区标准化建设三年行动方案，“N”即园区标准

化建设指南、十五条措施、亩均效益评价及应用等配套政策。

*国土空间“三区三线”:根据城镇空间、农业空间、生态空间三种类型空间，分别划定城镇开发边界、永久基本农田保护红线、生态保护红线三条控制线。

*“五个美丽”建设:创建一批美丽乡村庭院、美丽乡村微景观、美丽乡村小公园(小广场)、美丽田园、美丽乡村休闲旅游点典型样板。

*“1610”品牌成长工程:“1”即打造营商环境最优县市;“6”即推动“一门式”集中办理、一窗受理、一链审批、一网好办、一键办结、一网统管等六个场景落地运行;“10”即每年选取10个重点领域进行攻坚。

*“一业一证”试点:优化行业准营业务流程,将市场主体进入特定行业涉及的多张许可证整合为一张“行业综合许可证”，大幅压减审批环节和时限,简化审批手续,有效提升行政效能和办事效率。

*“一件事”集成套餐:整合“一件事”涉及的多项关联审批服务事项,围绕申请条件、申报方式、审核程序、发证方式、管理架构等方面进行流程再造,实现“一窗受理、一次告知、一表申请、一套材料、一口出件”。

*工业项目“四证同发”:在土地完成交地手续当天,一次性发放给土地竞得人土地出让合同、建设用地规划许可证、不动产权证书、建设工程规划许可证等四证。

*“多评合一模拟审批”:由自然资源部门会同相关联合技术审查部门、技术指导单位对建设项目建筑设计方案提前介入并进行实质性审查,待项目前期手续完成后可实现工程规划许可证快速办理,助力建设项目快审批、快落地。

*“四帮四扶”:帮就业、帮就医、帮就学、帮安居,扶贫困、扶老幼、扶伤残、扶志气。

*“四个更大”重要要求:在加快建设现代化经济体系上取得更大进步,在服务和融入新发展格局上展现更大作为,在探索海峡两岸融合发展新路上迈出更大步伐,在创造高品质生活上实现更大突破。

*“4341”现代产业体系:鞋服、纺织、建材、食品4大传统优势产业;信息技术、智能装备、医疗健康3大新兴产业;商贸物流、文体旅游、研发创意、金融服务4大现代服务业;探索布局未来产业。

*“双减”:减轻义务教育阶段学生作业负担和校外培训负担。

*“一廊两区多平台”:“一廊”即世纪大道“双创”活力走廊;“两区”即科创新区、金井产教融合区;“多平台”即四大高校、九大“国字号”科研平台等。

*规上企业“三个覆盖”:研发活动、研发机构、发明专利“三个覆盖”。

*“三环七射”快速路网:“三环”即一重环湾(晋新路)、二重环湾(晋明路－晋光路)、三重环湾(西部快速路－大深路);“七射”即凤池路－兴紫大道、双龙路、世纪大道南拓、中部快速路、东部快速路、市域8号路、西部快速路－沿海大通道。

*“两个毫不动摇”:毫不动摇巩固和发展公有制经济，毫不动摇鼓励、支持、引导非公有制经济发展。

*“一窗式无差别受理”:将部门分设的办事窗口整合为综合窗口,完善“前台综合受理、后台分类审批、综合窗口出件”工作模式,实行一窗受理、集成服务,实现“一窗通办”。

*工业项目“五证同发”:在土地完成交地手续当天,一次性发放给土地竞得人土地出让合同、建设用地规划许可证、不动产权证书、建设工程规划许可证、建设工程施工许可证等五证。

*国家农村土地“两项试点”:农村宅基地制度改革试点,集体经营性建设用地入市试点。

*“三位一体”综合合作试点:生产、供销、信用“三位一体”综合合作试点。

*“五联供销”行动:基地联建、产品联名、商贸联通、社企联合、社村联姻行动。

*工业用地“标准地”:在完成相关区域评估及土地征收、“三通一平”等前期工作,符合“净地”要求的基础上,明确固定资产投资强度、用地容积率等控制性指标并实施全程监管的可出让国有工业用地。

*国保、省保“三防”建设:全国重点文物保护单位、福建省级文物保护单位安全防护工程(安防、防雷、消防)建设。

*七大文化品牌:提质百场文艺精品公益性演出、南音演唱节、侨乡谜会、校园灯谜赛、戏剧展演节、悦读节、中小学生南音演唱演奏比赛等七大成届次品牌文化活动。

*“一委一站一队”:消防安全委员会、消防安全工作站、消防救援专职队。

*“双包双挂”攻坚:落实县处级领导及属地或属事部门领导挂钩包案。

*“三个务必”:务必不忘初心、牢记使命,务必谦虚谨慎、艰苦奋斗,务必敢于斗争、善于斗争。

*“两个确立”:确立习近平同志党中央的核心、全党的核心地位,确立习近平新时代中国特色社会主义思想的指导地位。

*“两个维护”:坚决维护习近平总书记党中央的核心、全党的核心地位,坚决维护党中央权威和集中统一领导。

*“四风”:形式主义、官僚主义、享乐主义和奢靡之风。

各组织机构及负责人名录

表 21

2022 年中共晋江市委领导一览表

职务	姓名	籍贯	任职时间
书记	张文贤	泉州安溪	续任
副书记	王明元	泉州鲤城	续任
副书记	吴忠刘	泉州南安	续任
常委	黄天凯	晋江安海	续任
常委	黄少伟	晋江安海	续任
常委	李志强	晋江池店	续任
常委	陈友爱	福建宁德	续任
常委	吴志朴	晋江灵源	续任
常委	庄怀璇	泉州鲤城	续任
常委	付　祥	安徽无为	续任
常委	张健龙	晋江内坑	2022 年 9 月任
常委	赖有为	泉州洛江	至 2022 年 9 月
一级调研员	薛宗炎	泉州鲤城	至 2022 年 1 月
二级调研员	林惠玲	泉州丰泽	至 2022 年 2 月
一级调研员	林惠玲	泉州丰泽	2022 年 2 月至 2022 年 5 月
三级调研员	李自力	晋江池店	至 2022 年 12 月
二级调研员	李自力	晋江池店	2022 年 12 月任
副处级干部	吴淞江	晋江安海	至 2022 年 12 月
三级调研员	吴淞江	晋江安海	2022 年 12 月任
三级调研员	陈希轩	晋江金井	2022 年 7 月任

表 22

2022 年晋江市人大常委会领导一览表

职务	姓名	籍贯	任职时间
主任	林仁达	泉州南安	续任
副主任	黄文福	晋江金井	续任
副主任	潘子良	浙江文成	续任
副主任	洪元程	台湾	续任
副主任	王清龙	福建厦门	续任
副主任	姚志强	泉州安溪	至 2022 年 1 月
二级调研员	曾献礼	晋江内坑	续任
副处级干部	林友竹	晋江陈埭	至 2022 年 1 月

表 23

2022 年晋江市人民政府领导一览表

职务	姓名	籍贯	任职时间
市长	王明元	泉州鲤城	续任
副市长	吴志朴	晋江灵源	续任
副市长	赖有为	泉州洛江	至 2022 年 9 月
副市长	张健龙	晋江内坑	续任
副市长	李森建	泉州鲤城	至 2022 年 8 月
副市长	陈　希	江苏盐城	续任
副市长	王也夫	福建福州	续任
副市长	丁鸿雨	晋江陈埭	续任
副市长	黄建辉	泉州南安	2022 年 8 月任
副市长	陈传芳	晋江金井	续任
副市长	吴尊意	晋江金井	2022 年 10 月任
副市长（挂职）	张　勇	重庆	续任
副处级干部	颜宏达	晋江安海	续任
副处级干部	黄思添	泉州南安	续任
副处级干部	陈文斗	晋江金井	2022 年 7 月任

表 24

2022 年政协晋江市委员会领导一览表

职务	姓名	籍贯	任职时间
主席	许宏程	晋江英林	续任
副主席	张淑语	晋江英林	续任
副主席	张汉杰	晋江内坑	续任
副主席	洪忠信	晋江英林	续任
副主席	吴丽婷	晋江磁灶	续任
四级调研员	林庆峰	泉州永春	至 2022 年 12 月
三级调研员	林庆峰	泉州永春	2022 年 12 月任

表 25

2022 年中共晋江市委机构及负责人一览表

机构名称	职务	姓名	籍贯	任职时间
市纪委 监委	纪委书记 监委主任	庄怀璇	泉州鲤城	续任
	纪委副书记 监委副主任	蔡韵清	晋江东石	续任
	纪委副书记 监委副主任	曾国灿	晋江罗山	续任
	纪委常委 监委委员	庄剑泓	晋江青阳	续任
	纪委常委 监委委员	王龙头	晋江安海	续任
	纪委常委	黄进苹	泉州南安	续任
	纪委常委	施聪智	晋江龙湖	续任
	纪委常委	张谋苗	晋江磁灶	2022 年 12 月任

机构名称	职务	姓名	籍贯	任职时间
市纪委 监委	纪委常委 （挂职）	蔡志鹏	福建莆田	2022年9月任
	监委委员	姚思明	晋江内坑	续任
	监委委员	苏远志	晋江龙湖	续任
	办公室主任	史伯郎	晋江安海	至 2022年9月
	办公室主任	吴文围	晋江永和	2022年9月任
	组织和 宣传部部长	施聪智	晋江龙湖	至 2022年9月
	组织和 宣传部部长	詹淑雅	泉州安溪	2022年9月任
	党风政风 监督室主任	姚思明	晋江内坑	至 2022年9月

续表 25

机构名称	职务	姓名	籍贯	任职时间
市纪委监委	党风政风监督室主任	黄生本	泉州安溪	2022年9月任
	信访室主任	张清泉	晋江内坑	续任
	案件监督管理室主任	陈萍萍	泉州南安	续任
	第一纪检监察室主任	苏远志	晋江龙湖	至2022年9月
	第一纪检监察室主任	胡燕江	泉州安溪	2022年9月任
	第二纪检监察室主任	蔡金情	晋江东石	续任
	第三纪检监察室主任	张长仁	晋江梅岭	至2022年9月
	第三纪检监察室主任	余成龙	晋江安海	2022年9月任
	第四纪检监察室主任	郑金标	福建莆田	至2022年9月
	第四纪检监察室主任	丁春成	晋江陈埭	2022年9月任
	第五纪检监察室主任	桂卓迎	晋江安海	至2022年9月
	第五纪检监察室主任	沈霁雯	广东汕头	2022年9月任
	第六纪检监察室主任	施祖烈	晋江龙湖	续任
	案件审理室主任	苏瑛玉	晋江安海	续任
	纪检监察干部监督室主任	林明温	晋江陈埭	续任
市纪委监委派驻纪检监察组	驻市委办公室纪检监察组组长	蔡开阳	晋江东石	续任
	驻市委组织部纪检监察组组长	姚晓翔	晋江安海	续任
	驻市委宣传部纪检监察组组长	彭志翔	泉州洛江	续任
	驻市委统战部纪检监察组组长	李径宗	晋江罗山	续任
	驻市委政法委纪检监察组组长	罗　敏	广东乐昌	至2022年9月
	驻市委政法委纪检监察组组长	桂卓迎	晋江安海	2022年9月任

机构名称	职务	姓名	籍贯	任职时间
市纪委监委派驻纪检监察组	驻市政府办公室纪检监察组组长	柯金买	晋江新塘	续任
	驻市发展和改革局纪检监察组组长	谢长春	泉州永春	续任
	驻市教育局纪检监察组组长	张尚府	晋江东石	续任
	驻市工业和信息化局纪检监察组组长	张文盾	晋江东石	续任
	驻市民政局纪检监察组组长	吴钰凯	晋江龙湖	续任
	驻市财政局纪检监察组组长	黄工作	晋江安海	续任
	驻市人力资源和社会保障局纪检监察组组长	林承狮	晋江永和	续任
	驻市自然资源局纪检监察组组长	陈俊明	晋江深沪	续任
	驻市住房和城乡建设局纪检监察组组长	许永康	晋江东石	续任
	驻市交通运输局纪检监察组组长	吴炳灿	晋江西园	续任
	驻市农业农村局纪检监察组组长	张明智	晋江内坑	续任
	驻市水利局纪检监察组组长	陈玲玲	晋江罗山	续任
	驻市商务局纪检监察组组长	颜秋娥	晋江安海	续任
	驻市文化和旅游局纪检监察组组长	陈丹蓉	晋江安海	续任
	驻市卫生健康局纪检监察组组长	洪少艾	晋江英林	续任
	驻市市场监督管理局纪检监察组组长	许竟峰	泉州鲤城	续任
	驻市城市管理局纪检监察组组长	蔡永革	晋江永和	续任

续表 25

机构名称	职务	姓名	籍贯	任职时间
市纪委监委派驻纪检监察组	驻市人大常委会机关纪检监察组组长	陈丽娜	晋江罗山	续任
	驻市政协机关纪检监察组组长	陈建新	晋江金井	续任
	驻市总工会纪检监察组组长	洪琼琼	晋江东石	续任
	驻市人民法院纪检监察组组长	林天宝	莆田仙游	至2022年9月
	驻市人民法院纪检监察组组长	张长仁	晋江梅岭	2022年9月任
	驻市人民检察院纪检监察组组长	王云进	晋江内坑	至2022年9月
	驻市人民检察院纪检监察组组长	郑金标	福建莆田	2022年9月任
	驻市公安局纪检监察组组长	吴世钦	福州闽侯	续任
市委办	主任	陈英煌	晋江青阳	续任
	副主任	陈金尚	晋江罗山	续任
	副主任	宋豫闽	河南确山	续任
	副主任	张清常	晋江内坑	续任
机要局密码管理局	局长	吴炳新	晋江磁灶	续任
台港澳办	主任	陈金尚	晋江罗山	续任
档案局	局长	陈英煌	晋江青阳	至2022年9月
	局长	宋豫闽	河南确山	2022年9月任
组织部	部长	陈友爱	福建宁德	续任
	常务副部长	黄建华	泉州南安	续任
	副部长	柯晓钟	晋江罗山	续任
	副部长	洪文惯	晋江英林	续任
	副部长	杨春雷	晋江龙湖	续任
	副部长	施嘉奕	晋江龙湖	续任
公务员局	局长	洪文惯	晋江英林	续任
老干部局	局长	柯晓钟	晋江罗山	续任
市直机关工作委员会	书记	陈友爱	福建宁德	续任
非公有制企业和社会组织工委	书记	施嘉奕	晋江龙湖	至2022年4月
人才办	主任	黄建华	泉州南安	续任
宣传部	部长	黄少伟	晋江安海	续任
	常务副部长	纪刚宏	晋江金井	2022年9月任
	副部长	曾焕铁	晋江新塘	续任
	副部长	张培良	泉州惠安	续任
	副部长	黄华东	泉州南安	续任
	副部长	许自来	晋江东石	续任
精神文明建设办公室	主任	曾焕铁	晋江新塘	续任
	副主任	吴成业	晋江磁灶	续任
统一战线工作部	部长	黄天凯	晋江安海	续任
	常务副部长	施金钟	晋江龙湖	续任
	副部长	谢江漫	晋江金井	续任
	副部长	陈贻得	晋江金井	续任
	副部长	郑科伟	晋江龙湖	续任
民族宗教事务局	局长	谢江漫	晋江金井	续任
政法委员会	书记	李志强	晋江池店	续任
	常务副书记	林劲松	晋江安海	续任
	副书记	李森建	泉州鲤城	至2022年7月
	副书记	黄建辉	泉州南安	2022年7月任
	副书记	陈清棋	晋江永和	续任
	副书记	王经勤	晋江安海	续任
	副书记	朱良志	晋江内坑	续任
机构编制委员会办公室	主任	杨春雷	晋江龙湖	续任
	副主任	王超猛	晋江英林	续任
	副主任	施建侨	晋江龙湖	续任
巡察办	主任	张谋苗	晋江磁灶	续任
	副主任	张彬彬	晋江东石	续任
	副主任	陈继添	晋江罗山	续任
	副主任	史伯郎	晋江安海	2022年9月任
	巡察一组组长	黄志坤	晋江安海	续任

续表 25

机构名称	职务	姓名	籍贯	任职时间
巡察办	巡察二组组长	张小鹏	晋江内坑	续任
	巡察三组组长	高万里	晋江安海	续任
	巡察一组副组长	张东奇	泉州惠安	续任
巡察办	巡察二组副组长	陈流恭	晋江罗山	续任
	巡察三组副组长	苏文璋	晋江安海	续任

表 26

2022 年晋江市人大常委会工作机构及负责人一览表

机构名称	职务	姓名	籍贯	任职时间
办公室	主任	姚　腾	晋江罗山	续任
	副主任	卢智健	漳州南靖	续任
人事代表委员会	主任	陈晶晶	泉州石狮	续任
	副主任	陈长达	晋江深沪	续任
内务司法委员会	主任	许良晓	晋江龙湖	续任
	副主任	谢丽明	泉州洛江	续任
农村经济工作委员会	主任	尤金榜	晋江安海	续任
	副主任	林友彬	晋江青阳	续任
财政经济委员会	主任	蔡银青	晋江永和	续任
	副主任	陈俊毅	晋江深沪	续任
教育科学文化卫生委员会	主任	洪明照	晋江龙湖	续任
	副主任	王鸿锦	晋江永和	续任
华侨民族宗教委员会	主任	柯碧玲	晋江罗山	续任
	副主任	林　楠	晋江深沪	续任
环境与城镇建设委员会	主任	朱文育	晋江安海	续任
	副主任	陈萌雅	晋江安海	续任

表 27

2022 年晋江市人民政府机构及负责人一览表

机构名称		职务	姓名	籍贯	任职时间
政府办		主任	蔡文思	晋江永和	续任
		副主任	蔡祈斌	晋江东石	续任
		副主任	李剑雄	晋江罗山	续任
		副主任	陈文法	晋江青阳	续任
外事办		主任	蔡文思	晋江永和	续任
发展和改革局		局长	张清山	晋江东石	至2022年10月
		局长	林景锋	泉州惠安	2022年10月任
		副局长	饶一兵	湖北武穴	续任
教育局		局长	施正琛	晋江龙湖	续任
		副局长	蔡朝阳	晋江梅岭	续任
		副局长	王晓闽	晋江新塘	续任
		副局长	蔡培塔	晋江永和	续任
科学技术局		局长	蒋家兴	泉州德化	续任
工业和信息化局		局长	林永红	晋江内坑	续任
		副局长	李忠思	晋江东石	续任
		副局长	陈连智	晋江罗山	续任
公安局	市局	局长	李森建	泉州鲤城	至2022年7月
		局长	黄建辉	泉州南安	2022年8月任
		政委	苏家明	泉州丰泽	至 2022年9月
		政委	李　勇	辽宁西丰	2022年9月任
		党委副书记	赖培猛	晋江西园	续任
		副局长	苏　琪	泉州鲤城	续任
		副局长	蔡水抽	晋江东石	续任
		副局长	李天平	晋江梅岭	续任
		副局长	黄　泓	晋江梅岭	续任
		副局长	曾朝阳	晋江内坑	续任
		副局长	洪进南	晋江英林	续任
		副局长	张卫东	泉州丰泽	续任
		副局长(挂职)	蔡辉耀	泉州石狮	续任
		总工程师	施建忠	晋江深沪	续任
	政工室	主任	庄飞虎	晋江梅岭	至 2022年9月
	警务保障室	主任	李章其	晋江金井	续任
	警察公共关系室	主任	陈耀宗	泉州南安	续任
	警务督察大队	大队长	李建民	晋江安海	续任
	指挥中心	主任	龚志勇	泉州石狮	续任
		教导员	陈　勇	福建南平	续任
	国保大队	大队长	颜斯鸿	晋江安海	续任
		教导员	林拥军	晋江陈埭	续任
	刑侦大队	大队长	李卫阳	晋江罗山	续任
		教导员	施文生	晋江龙湖	续任
	交警大队	大队长	张卫东	泉州丰泽	续任
		教导员	杨龙蒲	晋江东石	续任
	治安大队	大队长	林康育	晋江池店	续任
		教导员	蔡长翼	晋江金井	续任
	法制大队	大队长	林宏展	晋江安海	续任
		教导员	赖晓山	福建龙岩	续任
	经侦大队	大队长	王彬辉	晋江安海	续任
		教导员	林金福	漳州平和	续任

续表 27

机构名称		职务	姓名	籍贯	任职时间
公安局	出入境管理大队	大队长	许春江	晋江金井	续任
		教导员	龚晶莹	泉州石狮	续任
	禁毒大队	大队长	蔡乔峰	晋江东石	续任
		教导员	庄剑能	龙岩上杭	续任
	网安大队	大队长	洪松派	晋江金井	续任
		教导员	马永芳	三明宁化	续任
	巡特警反恐大队	大队长	傅国平	河南滑县	续任
		教导员	刘　勇	山西平陆	续任
	诈骗犯罪侦查大队	大队长	王培映	晋江梅岭	续任
		教导员	张　运	河北安平	续任
	户政管理大队	大队长	颜向阳	晋江安海	续任
		教导员	姚红日	晋江内坑	续任
	森林警察大队	大队长	蒋灿阳	晋江金井	续任
	沿海森林派出所	所长	柯晓峰	晋江英林	续任
		教导员	吴欢迎	晋江东石	续任
	看守所	所长	黄鹏程	晋江安海	续任
		教导员	张贻东	晋江磁灶	续任
	拘留所	所长	潘溶芳	泉州丰泽	续任
		教导员	李景峰	晋江池店	续任
	青阳派出所	所长	王　伟	泉州惠安	续任
		教导员	欧阳荣	湖南	续任
	梅岭派出所	所长	陈黄河	晋江东石	续任
		教导员	杨添福	晋江东石	续任
	西园派出所	所长	谢世炎	晋江陈埭	续任
		教导员	庄育坪	晋江青阳	续任
	罗山派出所	所长	陈志远	泉州泉港	续任
		教导员	肖　炜	晋江金井	续任
	灵源派出所	所长	郭东汉	晋江罗山	续任
		教导员	王维柱	晋江东石	续任
	新塘派出所	所长	陈峻峰	泉州惠安	续任
		教导员	杨周阳	泉州安溪	续任
	陈埭派出所	所长	李建设	晋江梅岭	续任
		教导员	王炼武	福州闽清	续任
	滨江派出所	所长	郑志朋	晋江罗山	续任
		教导员	许江洪	晋江安海	续任
	池店派出所	所长	姚常青	晋江永和	续任
		教导员	邱德民	龙岩上杭	续任

机构名称		职务	姓名	籍贯	任职时间
公安局	安海派出所	所长	施　建	晋江龙湖	续任
		教导员	李文权	泉州南安	续任
	磁灶派出所	所长	李明星	晋江梅岭	续任
		教导员	江冬平	南平浦城	续任
	内坑派出所	所长	李进益	晋江池店	续任
		教导员	郑丽绥	泉州永春	续任
	紫帽派出所	所长	苏世源	晋江磁灶	续任
		教导员	李瑞斌	晋江池店	续任
	东石派出所	所长	张　飞	内蒙古商都	续任
		教导员	洪源杉	晋江英林	续任
	永和派出所	所长	张长光	晋江青阳	续任
		教导员	柳良顺	晋江陈埭	续任
	英林派出所	所长	蔡士达	晋江安海	续任
		教导员	唐劲松	泉州泉港	续任
	金井派出所	所长	蔡宗晨	福建厦门	续任
		教导员	洪光约	晋江英林	续任
	龙湖派出所	所长	柯长春	晋江新塘	续任
		教导员	施风扬	晋江深沪	续任
	深沪派出所	所长	洪清昌	晋江英林	续任
		教导员	黄恒梁	泉州永春	续任
	西滨派出所	所长	林荣武	晋江安海	续任
		教导员	魏建烽	宁德柘荣	续任
	安平派出所	所长	林江涛	晋江陈埭	续任
		教导员	张谋泽	晋江英林	续任
民政局		局长	周先进	晋江东石	续任
		副局长	张连侨	晋江内坑	续任
		副局长	施建生	晋江龙湖	续任
司法局	市局	局长	范飞跃	晋江金井	续任
		副局长	张贻潜	晋江东石	续任
		副局长	柯　涌	晋江新塘	续任
	青阳司法所	所长	洪文峰	晋江龙湖	续任
	梅岭司法所	所长	吴华东	晋江灵源	续任
	西园司法所	所长	陈晓君	晋江金井	续任
	罗山司法所	所长	谢少梅	泉州石狮	续任
	灵源司法所	所长	章翠萍	泉州永春	续任

续表 27

机构名称		职务	姓名	籍贯	任职时间
司法局	新塘司法所	所长	金宏勃	晋江青阳	续任
	陈埭司法所	所长	傅龙福	泉州安溪	续任
	池店司法所	所长	庄婉萍	晋江梅岭	续任
	安海司法所	所长	许静宜	泉州南安	续任
	磁灶司法所	所长	陈卫星	晋江罗山	续任
	内坑司法所	所长	王说佳	晋江金井	续任
	紫帽司法所	所长	陈　军	晋江安海	续任
	东石司法所	所长	庄舒怀	晋江梅岭	续任
	永和司法所	所长	赖雪芳	晋江青阳	续任
	金井司法所	所长	陈毅旺	晋江安海	续任
	龙湖司法所	所长	陈　昇	晋江安海	续任
	深沪司法所	所长	林志强	晋江永和	续任
	西滨司法所	所长	李艳仪	晋江池店	续任
财政局		局长	陈元福	晋江磁灶	续任
		副局长	吴绶明	晋江池店	续任
		副局长	洪国财	晋江内坑	续任
人力资源和社会保障局		局长	柯发音	晋江新塘	续任
		副局长	吴清瑜	晋江东石	续任
		副局长	张　杭	晋江西园	续任
自然资源局		局长	陈英俊	晋江金井	续任
		副局长	蔡建明	晋江池店	续任
		副局长	孙文欣	晋江东石	续任
		副局长	刘文斌	泉州泉港	续任
		副局长	邱志军	泉州石狮	续任
		总规划师	张尧进	南平建瓯	续任
自然资源局陈埭分局		分局长	蔡晓旭	晋江紫帽	续任
住房和城乡建设局		局长	陈荣松	晋江罗山	续任
		副局长	曾绍鹏	晋江龙湖	续任
		副局长	蔡安怀	晋江梅岭	续任
		总工程师	洪逸群	晋江英林	续任

机构名称	职务	姓名	籍贯	任职时间
住房和城乡建设局陈埭分局	分局长	陈基鑫	泉州南安	续任
交通局	局长	黄清泉	晋江东石	续任
	副局长	连碧龙	泉州泉港	续任
	副局长	黄贤答	晋江东石	续任
	总工程师	陈毓瑜	晋江磁灶	续任
农业农村局	局长	李友加	晋江罗山	续任
	副局长	朱志新	晋江池店	续任
	副局长	许建林	晋江青阳	续任
	总农艺师	蔡章棣	晋江永和	续任
林业和园林绿化局	局长	曾伙明	晋江内坑	续任
	副局长	洪海港	晋江西园	续任
	副局长	黄志向	晋江内坑	续任
水利局	局长	蒋东晓	晋江金井	续任
	副局长	赖渠鸿	晋江西园	续任
	副局长	蔡夏溪	晋江东石	续任
	总工程师	刘地强	泉州泉港	续任
商务局	局长	蔡伟达	晋江安海	续任
	副局长	施文响	晋江龙湖	续任
	副局长	丁永贵	晋江陈埭	至2022年7月
文化和旅游局	局长	蔡　晖	晋江深沪	续任
	副局长	施清凉	晋江龙湖	续任
卫生健康局	局长	纪刚宏	晋江金井	至2022年4月
	局长	施嘉奕	晋江龙湖	2022年4月任
	副局长	陈文添	晋江内坑	至2022年9月
	副局长	陈鹭旭	晋江安海	续任
	副局长	张白茹	晋江深沪	续任
	副局长	许辉荣	晋江内坑	续任
退役军人事务局	局长	王奇志	厦门翔安	续任
	副局长	陈海鸣	晋江安海	续任
应急管理局	局长	柯荣锻	晋江新塘	续任
	副局长	施得志	晋江龙湖	续任
	副局长	林炳辉	晋江永和	至2022年3月
	安全监管总工程师	苏少森	晋江陈埭	续任
审计局	局长	郭培源	泉州石狮	续任
	副局长	蔡向阳	晋江东石	续任

续表 27

机构名称	职务	姓名	籍贯	任职时间
审计局	副局长	肖子新	晋江东石	续任
	总审计师	曾辉英	福建厦门	续任
市场监督管理局 市局	局长	张志友	晋江东石	续任
	副局长	洪德意	晋江龙湖	续任
	副局长	庄志东	晋江青阳	续任
	副局长	谢海青	晋江英林	续任
	食药总监	陈俊达	晋江深沪	续任
青阳所	所长	庄铭毅	晋江梅岭	续任
梅岭所	所长	施德才	漳州云霄	续任
	教导员	王江萍	泉州石狮	续任
西园所	所长	刘劲松	晋江东石	续任
罗山所	所长	张瑞裕	晋江磁灶	续任
灵源所	所长	肖子逊	晋江东石	续任
	教导员	陈小立	晋江青阳	续任
新塘所	所长	林文斌	晋江永和	续任
	教导员	苏小奔	晋江陈埭	续任
陈埭所	所长	王金川	晋江紫帽	续任
池店所	所长	林俊峰	晋江金井	续任
	教导员	张少鹏	晋江英林	续任
安海所	所长	曾华习	晋江金井	续任
	教导员	王有忠	泉州永春	续任
磁灶所	所长	林文艺	晋江永和	续任
内坑所	所长	吴清波	晋江安海	续任
紫帽所	所长	许青松	晋江龙湖	续任
东石所	所长	林　勤	泉州南安	续任
	教导员	蔡有志	晋江安海	续任
市场监督管理局 永和所	所长	洪文志	晋江东石	续任
英林所	所长	许培坤	晋江青阳	续任
	教导员	高　轮	晋江安海	续任
金井所	所长	林聪谋	晋江深沪	续任
龙湖所	所长	苏凯东	泉州鲤城	续任
	教导员	尤江华	晋江内坑	续任
深沪所	所长	李海晖	晋江英林	续任
西滨所	所长	施荣尧	晋江龙湖	续任
体育局	党组书记	陈茂和	晋江深沪	续任
	局长	许紫竹	晋江安海	续任
	副局长	张步贤	晋江东石	续任
统计局	局长	许自央	晋江安海	续任
	副局长	吴其仁	晋江西园	续任
金融工作局	局长	刘向阳	泉州惠安	续任
	金融分析师	林溢芳	福建厦门	续任
信访局	局长	蔡婉浈	泉州石狮	2022年10月任
	副局长	蔡婉浈	泉州石狮	至2022年10月
	副局长	陈毅伟	晋江安海	续任
城市管理局	局长	王景珊	泉州南安	续任
	副局长	曾长兴	晋江安海	续任
	副局长	施少锋	晋江深沪	续任
城市管理局陈埭分局	分局长	吴长江	晋江灵源	续任

表 28

2022 年晋江市政府派出机构及负责人一览表

机构名称	职务	姓名	籍贯	任职时间
驻深圳办事处	主任	施伟群	晋江深沪	续任
驻福州办事处	主任	蔡长坚	晋江东石	续任
经济开发区管理委员会	党工委书记 主任	许国鑫	晋江龙湖	续任
	纪工委书记	洪肇堆	晋江英林	续任
	副主任	陈钖岑	晋江罗山	续任
	副主任	苏孙慰	晋江安海	续任
	副主任	张百夷	晋江东石	续任
	副主任	庄　鸣	晋江安海	续任
	副主任	王活泼	晋江安海	续任
泉州综合保税区管理局	局长	苏孙慰	晋江安海	续任
行政服务中心管委会	党组书记	洪荣塔	晋江英林	续任
	主任	杨志勇	晋江安海	续任
泉州半导体高新技术产业园区管委会晋江分园区办事处	主任	林嘉达	晋江深沪	续任
	常务副主任	丁少伟	晋江陈埭	续任
	副主任	苏华伟	泉州安溪	续任
	副主任	丁锦茹	晋江陈埭	续任
	副主任（挂职）	林思棋	漳州东山	2022年1月任

表 29

2022 年政协晋江市委员会工作机构及负责人一览表

机构名称	职务	姓名	籍贯	任职时间
办公室	主任	张广德	广东普宁	续任
	副主任	林水清	晋江陈埭	续任
	副主任	施文协	晋江深沪	续任
提案委员会	主任	尤国盘	泉州洛江	续任
	副主任	丁青青	晋江陈埭	续任

机构名称	职务	姓名	籍贯	任职时间
经济与法制委员会	主任	蔡阿炳	晋江陈埭	续任
	副主任	张茂倩	晋江安海	续任
文史资料委员会	主任	许天宝	晋江龙湖	续任
联络委员会	主任	朱哲仁	宁德福鼎	续任
	副主任	林真真	晋江英林	续任

表 30

2022 年驻晋江机构及负责人一览表

机构名称		职务	姓名	籍贯	任职时间
泉州海关驻晋江办事处		主任	辛锡龙	江苏无锡	至2022年9月
		副主任	彭艳青	广西兴安	2022年9月任
		副主任	蔡水狮	泉州南安	至2022年5月
		副主任	梁志军	四川广安	2022年5月至2022年11月
		副主任	方立刚	浙江义乌	续任
		副主任	秦　浩	江西吉安	2022年11月任
晋江海事处		处长	柳明峰	泉　　州	续任
		副处长	宋传中	黑龙江绥化	至2022年5月
		副处长	李文淇	泉　　州	至2022年4月
		副处长	林天信	福建莆田	2022年5月任
消防大队		大队长	陈　鹏	泉州惠安	续任
		教导员	王五福	江西南康	续任
国家税务总局晋江市税务局	市局	局长	谢铭峰	泉州南安	续任
		副局长	施纯望	晋江深沪	至2022年6月
		副局长	张一兵	晋江深沪	续任
		副局长	杨清泽	晋江东石	续任
		副局长	曾振辉	晋江罗山	续任
		纪检组组长	庄东颖	泉　　州	续任
	分局	第一税务分局（办税服务厅）分局长	尤志贤	晋江内坑	续任
		第二税务分局分局长	陈文哲	晋江永和	至2022年7月
		第二税务分局分局长	陈天星	晋江陈埭	2022年7月任
		池店税务分局分局长	张伟煌	泉州惠安	续任
		罗山税务分局分局长	聂招东	龙岩武平	至2022年7月

机构名称		职务	姓名	籍贯	任职时间
国家税务总局晋江市税务局	分局	罗山税务分局分局长	王金池	晋江灵源	2022年7月任
		深沪税务分局分局长	陈天星	晋江陈埭	至2022年7月
		深沪税务分局分局长	吴振东	晋江英林	2022年7月任
		东石税务分局分局长	张连进	晋江英林	续任
		龙湖税务分局分局长	骆炳招	泉州惠安	续任
		安海税务分局分局长	吴振东	晋江英林	至2022年7月
		安海税务分局分局长	聂招东	龙岩武平	2022年7月任
		青阳税务分局分局长	吴志坚	晋江东石	续任
		陈埭税务分局分局长	王金池	晋江灵源	至2022年7月
		陈埭税务分局分局长	陈文哲	晋江永和	2022年7月任
		晋江经济开发区税务分局分局长	林清潭	晋江陈埭	续任
晋江市邮政管理局		局长	徐家森	泉州惠安	续任
泉州市晋江生态环境局		局长	林志雄	晋江永和	续任
		副局长	倪向群	晋江陈埭	续任
		副局长	卢敬东	晋江池店	续任
		副局长	黄永生	晋江安海	续任
		陈埭分局分局长	陈清松	漳州龙海	续任

续表 30

机构名称	职务	姓名	籍贯	任职时间
泉州市医疗保障局晋江分局	局长	黄长沙	泉州石狮	续任
	副局长	陈清漂	晋江永和	续任
晋江经济报社	总编辑	吴美章	三明大田	续任
	副总编辑	方锦枞	漳州龙海	续任
中国人民银行晋江市支行	行长	苏亚民	泉州永春	续任
	副行长	庄家训	泉州泉港	续任
	副行长	黄文忠	晋江安海	续任
晋江银保监管组	组长	黄作影	泉州安溪	续任
晋江市气象局	局长	叶秀枝	南平松溪	续任
	副局长	陈雅莲	泉州永春	续任

机构名称	职务	姓名	籍贯	任职时间
晋江盐务局	局长	张志强	泉州南安	续任
	副局长	吴培铨	福建泉州	续任
	副局长	李成贤	泉州南安	续任
泉州市公路事业发展中心晋江分中心	主任	戴伟顺	泉州南安	续任
	副主任	柳剑飞	福建莆田	续任
	副主任	王宗龙	泉州泉港	续任
泉州市住房公积金中心晋江管理部	主任	张晓光	晋江东石	续任
晋江市烟草专卖局（分公司）	局长 经理	庄进勇	福建泉州	续任
	副局长	张辉扬	泉州安溪	续任
	副经理	吕德锋	泉州永春	续任

表 31

2022 年晋江市民主党派负责人一览表

机构名称	职务	姓名	籍贯	任职时间
中国国民党革命委员会晋江市委员会	主委	吴丽婷	晋江磁灶	续任
中国民主同盟晋江市委员会	专职主委	张开端	晋江内坑	续任
中国民主建国会晋江市委员会	主委	庄伏龙	晋江青阳	续任
	专职副主委	张　榕	晋江安海	续任
中国民主促进会晋江市委员会	主委	许维蓄	晋江龙湖	至2022年9月
	主委	周　莹	泉州南安	2022年9月任
	专职副主委	周　莹	泉州南安	至2022年9月

机构名称	职务	姓名	籍贯	任职时间
中国农工民主党晋江市委员会	主委	王金象	晋江金井	续任
	专职副主委	张琳琳	泉州南安	续任
中国致公党晋江市委员会	专职主委	颜　虹	晋江安海	续任
九三学社晋江支社	主委	林水龙	晋江陈埭	续任
台湾民主自治同盟晋江市支部委员会	主委	洪元程	台湾	续任

表 32

2022 年晋江市群众团体负责人一览表

机构名称	职务	姓名	籍贯	任职时间
总工会	主席	陈友爱	福建宁德	续任
	常务副主席	吴鸿斌	晋江紫帽	续任
	副主席	曾云开	晋江梅岭	续任
	副主席	颜玉苗	晋江东石	续任
共青团晋江市委员会	书记	林　琪	泉州南安	续任
	副书记	张　雯	泉州南安	续任
妇女联合会	主席	许清心	晋江龙湖	续任
	副主席	丁玉梅	晋江陈埭	续任
	副主席	吴秋品	晋江磁灶	续任

机构名称	职务	姓名	籍贯	任职时间
工商业联合会（总商会）	主席（会长）	洪忠信	晋江英林	续任
	常务副主席（副会长）	郑科伟	晋江龙湖	续任
	副主席（副会长）秘书长	庄志森	晋江永和	续任
科学技术协会	主席	吴清淡	晋江东石	续任
	副主席	丁晓岚	晋江安海	续任
文学艺术界联合会	主席	黄华东	泉州南安	续任

续表 32

机构名称	职务	姓名	籍贯	任职时间
社会科学界联合会	主席	尹继雄	湖北天门	续任
归国华侨联合会	主席	陈建军	晋江陈埭	续任
	副主席	高斓斓	晋江安海	续任
台湾同胞联谊会	会长	吴朝晖	台湾	续任
残疾人联合会	理事长	王颖芳	晋江池店	续任
	副理事长	林荣坤	晋江安海	续任
国际贸易促进委员会	会长	孙水滨	晋江东石	续任
	副会长	姚少志	泉州永春	续任
计划生育协会	常务专职副会长	王立民	泉州鲤城	续任
	专职副会长	刘名军	江西	续任
红十字会	专职副会长	卢奕珠	泉州德化	续任
关心下一代工作委员会	主任	陈晋永	晋江磁灶	续任
	常务副主任	许天祥	晋江东石	续任
	副主任	郑清爽	晋江东石	续任
	副主任	许桂扬	晋江东石	续任
	副主任	张孙厚	晋江英林	续任
	副主任	陈孟桔	晋江磁灶	续任
老区建设促进会	会长	黄小闽	晋江东石	续任
	常务副会长	许乔良	晋江东石	续任
	副会长	庄跃进	晋江梅岭	续任
慈善总会	会长	许连捷	晋江安海	续任

表 33

2022 年晋江市镇、街道、场及负责人一览表

机构名称	职务	姓名	籍贯	任职时间
青阳街道	书记	洪永胜	晋江英林	续任
	副书记 主任	蔡少林	晋江永和	续任
	人大工委主任	颜婉媚	晋江安海	续任
	副书记	林晓军	泉州惠安	续任
	纪工委书记	蔡荧莹	晋江金井	续任
	党工委秘书 统战委员	谢阳明	泉州洛江	续任
	政法委员 副主任	黄美霞	晋江东石	续任
	宣传委员	林祥星	晋江陈埭	续任
	组织委员	林振贤	晋江英林	续任
	人大工委 副主任	陈荣辉	晋江西园	续任
	副主任	曾台店	晋江安海	续任
	副主任	吕少欣	晋江深沪	续任
	副主任(科技)	叶世康	晋江梅岭	续任
	综合便民服务 中心主任	丁金铭	晋江陈埭	续任
	社会事务服务 中心主任	郑金福	晋江罗山	续任
	综合执法队 队长	庄景炜	晋江青阳	续任
梅岭街道	书记	洪长江	晋江东石	续任
	副书记 主任	洪志新	晋江英林	续任
	人大工委主任	庄松龄	晋江青阳	续任
	副书记	蔡于洋	晋江东石	续任
	纪工委书记	陈伟廉	晋江安海	续任
	党工委秘书	曾家发	晋江池店	续任
	宣传委员	林积焕	泉州石狮	续任
	政法委员 副主任	王荣誉	晋江东石	续任
	人大工委 副主任	陈德意	晋江罗山	续任
	副主任	陈金元	晋江磁灶	续任
	副主任	庄晓峰	晋江青阳	续任
	副主任(科技)	颜才添	晋江安海	续任
	企业和社会 组织党委专职 副书记	肖志贤	晋江东石	续任
	综合便民服务 中心主任	吕金城	泉州永春	续任
	社会事务服务 中心主任	沈梅梅	晋江池店	续任
	综合执法队 队长	李国业	晋江金井	续任

续表 33

机构名称	职务	姓名	籍贯	任职时间
西园街道	书记	许著赟	晋江安海	至2022年7月
	书记	张清山	晋江东石	2022年9月任
	副书记 主任	王斌斌	晋江青阳	续任
	人大工委 主任	陈世裕	晋江东石	续任
	副书记	杨志远	晋江新塘	续任
	纪工委书记	朱智钰	晋江内坑	续任
	党工委秘书 统战委员	李超鹏	晋江永和	续任
	宣传委员	肖超群	晋江安海	续任
	政法委员 副主任	姚建源	晋江内坑	续任
	组织委员	蔡晓君	晋江金井	续任
	人大工委 副主任	吴马愿	晋江罗山	续任
	副主任	蔡鹰扬	晋江东石	续任
	副主任	蔡建东	晋江内坑	续任
	副主任（科技）	陈飞娜	晋江陈埭	续任
	综合便民服务 中心主任	张良善	晋江内坑	续任
	社会事务服务 中心主任	颜连江	晋江安海	续任
	综合执法队 队长	刘少华	泉州德化	续任
罗山街道	书记	吴再发	晋江西园	续任
	副书记 主任	许特级	晋江东石	续任
	人大工委主任	施纯玺	晋江深沪	续任
	副书记	吴松江	晋江东石	续任
	纪工委书记	李培耀	晋江内坑	续任
	党工委秘书 统战委员	许鸿裕	晋江安海	续任
	组织委员	陈弘毅	泉州鲤城	续任
	宣传委员	蔡继智	晋江东石	续任
	政法委员 副主任	吴雅琳	泉州石狮	续任
	人大工委 副主任	柯康灿	晋江金井	续任
	副主任	陈达森	晋江金井	续任
	副主任	余　洁	福州鼓楼	续任
	副主任（科技）	林志宏	厦　门	续任
罗山街道	企业和社会 组织党委专职 副书记	李其旦	晋江内坑	续任
	综合便民服务 中心主任	张清枝	晋江东石	续任
	社会事务服务 中心主任	张振峰	晋江东石	续任
	综合执法队 队长	陈尤鑫	晋江安海	续任
灵源街道	书记	苏振发	泉州南安	续任
	副书记 主任	陈高攀	晋江磁灶	续任
	人大工委主任	郭俊慨	晋江金井	续任
	副书记	郑伟军	泉州安溪	续任
	纪工委书记	白晓玲	泉州丰泽	续任
	党工委秘书	洪彬鍪	晋江英林	续任
	组织委员 统战委员	张天龙	晋江东石	续任
	政法委员 副主任	陈孟哲	晋江磁灶	至2022年7月
	宣传委员	陈继祖	晋江罗山	续任
	人大工委 副主任	洪志华	晋江安海	续任
	副主任	张金龙	晋江磁灶	续任
	副主任	苏孙庚	晋江安海	续任
	副主任（科技）	许天苔	晋江英林	续任
	综合便民服务 中心主任	张斌强	晋江西园	至2022年7月
	社会事务服务 中心主任	蔡艳红	晋江紫帽	续任
	综合执法队 队长	王晓明	晋江内坑	续任
新塘街道	书记	蔡清渠	晋江东石	续任
	副书记 主任	庄晓芳	晋江梅岭	续任
	人大工委主任	施奕超	晋江安海	续任
	副书记	黄若凡	晋江安海	续任
	纪工委书记	周金水	晋江东石	续任
	党工委秘书	李丹妮	晋江金井	续任
	组织委员 统战委员	李辉瑶	晋江龙湖	续任
	宣传委员	刘铮铭	晋江金井	续任

续表33

机构名称	职务	姓名	籍贯	任职时间
新塘街道	政法委员 副主任	林俊伟	晋江罗山	续任
	人大工委 副主任	曾培镜	晋江青阳	续任
	副主任	吴健军	晋江金井	续任
	副主任	张国钱	晋江东石	续任
	副主任（科技）	张绍萍	晋江青阳	续任
	综合便民服务 中心主任	曾运筹	晋江池店	续任
	社会事务服务 中心主任	林　舟	晋江安海	续任
	综合执法队 队长	张育彪	晋江梅岭	续任
良种场	场长	许英蔚	晋江英林	续任
	副场长	陈金德	晋江罗山	续任
	副场长	丁劲松	晋江安海	续任
陈埭镇	书记	陈希轩	晋江金井	至2022年3月
	书记	张健龙	晋江内坑	2022.3—2022.9
	书记	吴靖宇	晋江内坑	2022年9月任
	副书记 镇长	陈文斗	晋江金井	至2022年7月
	副书记 镇长	许著赟	晋江安海	2022年7月任
	人大主席	张建元	晋江内坑	续任
	副书记	王少欣	晋江金井	至2022年9月
	副书记	丁锦鸿	晋江陈埭	2022年4月任
	副书记（挂职）	苏杜松	泉州安溪	续任
	纪委书记	兰雯雯	晋江安海	续任
	党委秘书	许向楠	晋江安海	续任
	组织委员 统战委员	陈宝佳	晋江永和	续任
	宣传委员	陈建辉	晋江磁灶	至2022年7月
	政法委员 副镇长	丁永达	晋江陈埭	续任
	人大副主席	佘胜琛	晋江永和	续任
	副镇长	吴长挺	晋江深沪	续任
	副镇长	林忠山	晋江陈埭	续任
	副镇长（科技）	林志阳	泉州惠安	续任
	综合便民服务 中心主任	蔡景琳	晋江东石	续任
	社会事务服务 中心主任	曾海峰	泉州丰泽	续任
陈埭镇	经济发展服务 中心主任	许志猛	晋江东石	至2022年3月
	综合执法队 队长	陈程菲	晋江磁灶	续任
池店镇	书记	吴尊意	晋江金井	至2022年12月
	书记	许长俊	晋江安海	2022年12月任
	副书记 镇长	许长俊	晋江安海	至2022年12月
	副书记	蔡清渠	晋江东石	2022年12月任
	人大主席	李逊庆	晋江青阳	续任
	副书记	李　泱	晋江安海	续任
	副书记（挂职）	陈菁菁	泉州安溪	2022年1月任
	纪委书记	施佳琛	晋江龙湖	续任
	党委秘书 统战委员	陈峥嵘	晋江安海	续任
	组织委员	张正平	晋江磁灶	续任
	政法委员 副镇长	杨德谱	晋江永和	续任
	宣传委员	王振峰	晋江新塘	续任
	人大副主席	张　琳	晋江东石	续任
	副镇长	尤丁贵	泉州永春	续任
	副镇长	黄英瑜	泉州石狮	续任
	副镇长	郑绍乐	泉州永春	续任
	综合便民服务 中心主任	肖荣荣	晋江东石	续任
	社会事务服务 中心主任	施超群	晋江深沪	续任
	经济发展服务 中心主任	丁奕龙	晋江安海	续任
	综合执法队 队长	吴淼森	晋江磁灶	续任
安海镇	书记	陈进福	晋江磁灶	续任
	副书记 镇长	黄胜鑫	泉州石狮	续任
	人大主席	王宏华	泉州南安	续任
	副书记	尤国辉	泉州永春	续任
	副书记（挂职）	林志威	泉州德化	续任
	纪委书记	吴黎水	晋江灵源	续任
	党委秘书	李建明	晋江内坑	续任
	组织委员	许珊俐	晋江东石	续任

续表 33

机构名称	职务	姓名	籍贯	任职时间
安海镇	宣传委员 统战委员	吴森森	晋江龙湖	续任
	政法委员 副镇长	施永鑫	晋江龙湖	续任
	人大副主席	黄国裕	晋江东石	续任
	副镇长	刘延良	泉州永春	续任
	副镇长	柯志力	晋江新塘	续任
	副镇长(科技)	郑 炯	晋江东石	续任
	企业和社会 组织党委专职 副书记	肖文书	晋江东石	续任
	综合便民服务 中心主任	吴泓衍	晋江池店	续任
	社会事务服务 中心主任	张谋养	晋江磁灶	续任
	经济发展服务 中心主任	王世涌	泉州德化	续任
	综合执法队 队长	苏鸿斌	晋江池店	续任
磁灶镇	书记	张劲竹	晋江英林	至2022年2月
	书记	蔡文卿	晋江东石	2022年12月任
	副书记 镇长	蔡文卿	晋江东石	至2022年12月
	副书记	李友加	晋江罗山	2022年12月任
	人大主席	吴志峰	晋江安海	续任
	副书记	陈奕忠	晋江深沪	续任
	纪委书记	叶灿辉	晋江梅岭	续任
	党委秘书	颜海林	晋江安海	续任
	组织委员 统战委员	苏佩玲	晋江磁灶	续任
	政法委员 副镇长	吴贻锶	晋江龙湖	续任
	宣传委员	许志文	晋江东石	续任
	人大副主席	许荣题	晋江东石	续任
	副镇长	庄晓东	晋江梅岭	续任
	副镇长	吴式宏	晋江灵源	续任
	副镇长 (科技)	乔莉梦	新疆博乐	续任
	企业和社会 组织党委专职 副书记	洪金清	晋江东石	续任

机构名称	职务	姓名	籍贯	任职时间
磁灶镇	综合便民服务 中心主任	吴志坚	晋江池店	续任
	社会事务服务 中心主任	蔡天文	晋江东石	至 2022 年 7 月
	经济发展服务 中心主任	洪树林	晋江英林	续任
	综合执法队 队长	林小虎	晋江陈埭	续任
内坑镇	书记	林灿煌	晋江陈埭	续任
	副书记 镇长	施荣进	晋江龙湖	续任
	副书记	吴好景	晋江磁灶	续任
	人大主席	陈文路	晋江罗山	续任
	纪委书记	吴文围	晋江永和	至 2022 年 9 月
	纪委书记	范康迎	晋江金井	2022 年 9 月任
	党委秘书 统战委员	张燕娜	晋江磁灶	续任
	组织委员 宣传委员	蔡东升	晋江深沪	续任
	政法委员 副镇长	许国立	晋江内坑	续任
	人大副主席	庄添生	晋江青阳	续任
	副镇长	颜拥军	晋江安海	续任
	副镇长	丁诗铃	晋江陈埭	续任
	副镇长(科技)	洪福禄	晋江英林	续任
	企业和社会 组织党委专职 副书记	柯俊辉	晋江西园	续任
	综合便民服务 中心主任	李倩雯	晋江罗山	续任
	社会事务服务 中心主任	许清楷	晋江东石	续任
	综合执法队 队长	蔡乾坤	晋江安海	续任
紫帽镇	书记	杨双华	晋江新塘	续任
	副书记 镇长	王展招	晋江西园	续任
	人大主席	陈礼新	泉州永春	续任
	副书记	许文理	晋江安海	续任
	纪委书记	李志阳	晋江池店	续任
	党委秘书 组织委员	陈维维	晋江磁灶	续任

续表 33

机构名称	职务	姓名	籍贯	任职时间
紫帽镇	统战委员 政法委员 副镇长	庄跃聪	晋江梅岭	续任
	宣传委员	陈志猛	晋江磁灶	续任
	副镇长	姚昆仑	晋江永和	续任
	副镇长(科技)	黄高雄	晋江东石	续任
	综合便民服务中心主任	曾智伟	泉州鲤城	续任
	社会事务服务中心主任	许武灵	晋江东石	续任
	综合执法队队长	蔡永胜	晋江金井	续任
东石镇	书记	洪建立	晋江英林	续任
	副书记 镇长	李德铭	晋江池店	至2022年12月
	副书记	蒋家兴	泉州德化	2022年12月任
	人大主席	王晓人	晋江金井	续任
	副书记	林雨榨	晋江永和	续任
	纪委书记	许晓东	晋江安海	续任
	党委秘书	苏少伟	晋江安海	续任
	组织委员 宣传委员	刘菁菁	晋江安海	续任
	统战委员	蔡达峰	晋江安海	续任
	政法委员 副镇长	吴友峰	晋江磁灶	续任
	人大副主席	陈连升	晋江安海	续任
	副镇长	许竞宇	台湾	续任
	副镇长	庄景煌	泉州泉港	续任
	副镇长	张清源	晋江英林	续任
	副镇长(科技)	李建基	晋江永和	续任
	综合便民服务中心主任	黄沂均	晋江安海	续任
	社会事务服务中心主任	陈嘉凡	晋江金井	续任
	经济发展服务中心主任	李自强	重庆梁平	续任
	综合执法队队长	陈　喆	山西朔州	续任

机构名称	职务	姓名	籍贯	任职时间
永和镇	书记	陈松柏	晋江罗山	续任
	副书记 镇长	郑英奇	广东普宁	续任
	人大主席	曾远漂	晋江安海	续任
	副书记	林时就	晋江内坑	续任
	纪委书记	许清显	晋江安海	续任
	党委秘书	林荣华	泉州德化	续任
	组织委员 统战委员	谢坤霖	晋江磁灶	续任
	宣传委员	罗　健	江　西	续任
	政法委员 副镇长	林时炮	晋江内坑	续任
	人大副主席	陈廷裕	晋江龙湖	续任
	副镇长	黄鹏程	泉州石狮	续任
	副镇长	许大限	晋江安海	续任
	副镇长(科技)	蔡桂榆	晋江东石	续任
	综合便民服务中心主任	李培雄	晋江罗山	续任
	社会事务服务中心主任	王恭毅	晋江灵源	续任
	综合执法队队长	黄元秋	晋江金井	续任
英林镇	书记	吴靖宇	晋江内坑	至2022年9月
	书记	李德铭	晋江池店	2022年12月任
	副书记 镇长	柯荣国	晋江安海	续任
	人大主席	蔡惠琼	晋江紫帽	续任
	副书记	林萍拉	泉州石狮	续任
	纪委书记	杨　彬	晋江新塘	续任
	党委秘书	纪逸豪	晋江金井	续任
	组织委员	施纯烽	晋江龙湖	续任
	宣传委员	林时楷	晋江内坑	续任
	统战委员 政法委员 副镇长	蔡景福	晋江新塘	续任
	人大副主席	林文尚	晋江内坑	续任
	副镇长	蔡伟群	晋江安海	续任
	副镇长	黄清景	晋江东石	续任
	副镇长(科技)	曾连灯	晋江永和	续任

续表 33

机构名称	职务	姓名	籍贯	任职时间
英林镇	综合便民服务中心主任	王诗金	泉州南安	续任
	社会事务服务中心主任	陈栋梁	晋江安海	续任
	经济发展服务中心主任	洪金中	晋江西园	续任
	综合执法队队长	吴志彬	晋江磁灶	续任
金井镇	书记	林晓为	晋江安海	续任
	副书记 镇长	庄东航	晋江梅岭	续任
	人大主席	周宗仰	晋江安海	续任
	副书记	卓鸿源	晋江紫帽	续任
	纪委书记	侯俊勇	泉州南安	续任
	党委秘书	柯丽娜	晋江东石	续任
	组织委员	林小超	泉州丰泽	续任
	宣传委员 统战委员	苏明春	晋江英林	续任
	政法委员 副镇长	丁永汉	晋江陈埭	续任
	人大副主席	施元庚	晋江龙湖	续任
	副镇长	姚庆祝	晋江内坑	续任
	副镇长	姚卡尔	晋江安海	续任
	副镇长	王耀民	晋江罗山	续任
	副镇长（科技）	许泽润	晋江龙湖	续任
	综合便民服务中心主任	吴翠云	晋江紫帽	续任
	社会事务服务中心主任	施鑫鑫	晋江深沪	续任
	经济发展服务中心主任	李树仁	晋江梅岭	续任
	综合执法队队长	柯振生	晋江灵源	续任
龙湖镇	书记	许文倡	晋江英林	续任
	副书记 镇长	张志雄	晋江安海	续任
	人大主席	朱新旭	晋江池店	续任
	副书记	王义彬	莆田仙游	续任
	纪委书记	翁国栋	晋江灵源	续任
	党委秘书	陈镜安	晋江罗山	续任
	组织委员 宣传委员	蒲丹尼	晋江安海	续任

机构名称	职务	姓名	籍贯	任职时间
龙湖镇	政法委员 副镇长	丁锦鸿	晋江陈埭	至2022年4月
	统战委员	张志向	晋江英林	续任
	人大副主席	洪段宏	晋江东石	续任
	副镇长	蔡文习	晋江东石	续任
	副镇长	李远远	晋江深沪	续任
	副镇长（科技）	谢少聪	泉州石狮	续任
	综合便民服务中心主任	陈文财	晋江青阳	续任
	社会事务服务中心主任	吴松钝	晋江深沪	续任
	经济发展服务中心主任	柯永定	晋江英林	续任
	综合执法队队长	吕幸福	晋江深沪	续任
深沪镇	书记	孙晋展	晋江东石	续任
	副书记 镇长	洪志强	晋江东石	续任
	人大主席	张金祥	晋江英林	续任
	副书记	吴连坛	晋江龙湖	续任
	纪委书记	王振明	晋江青阳	续任
	党委秘书 统战委员	王育民	泉州石狮	续任
	组织委员 宣传委员	黄　璟	晋江安海	续任
	政法委员 副镇长	陈海洋	晋江东石	续任
	人大副主席	许成家	晋江东石	续任
	副镇长	张晨亮	宁德福鼎	续任
	副镇长	沈建中	安徽怀远	续任
	综合便民服务中心主任	丁淼淼	晋江陈埭	续任
	社会事务服务中心主任	姚培森	晋江罗山	续任
	经济发展服务中心主任	李清泉	晋江罗山	续任
	综合执法队队长	林群鸿	晋江陈埭	续任

续表 33

机构名称	职务	姓名	籍贯	任职时间
西滨镇	书记	王沂鸿	山东临沂	至 2022 年 10 月
	书记	黄华君	泉州永春	2022 年 10 月任
	副书记 镇长	周嘉琛	泉州南安	续任
	人大主席	王毓峰	晋江新塘	续任
	副书记	张玉玺	晋江东石	续任
	纪委书记	曾彬虹	泉州鲤城	续任
	党委秘书 组织委员	蔡燕双	晋江罗山	续任

机构名称	职务	姓名	籍贯	任职时间
西滨镇	政法委员 统战委员 副镇长	黄志胜	晋江安海	续任
	宣传委员	庄建良	晋江梅岭	续任
	副镇长	王永万	晋江金井	续任
	综合便民服务中心主任	林一斯	晋江安海	续任
	社会事务服务中心主任	曾春晓	晋江罗山	续任
	综合执法队队长	洪志贤	晋江东石	续任

表 34

2022 年晋江市人民法院负责人一览表

职务	姓名	籍贯	任职时间
院长 党组书记	洪志强	泉州泉港	续任
党组副书记	吴庆锥	晋江深沪	至 2022 年 8 月
副院长	丁银汉	晋江陈埭	续任
副院长	吴明铀	晋江罗山	续任
副院长	陈永固	晋江永和	2022 年 8 月任
副院长(挂职)	张小燕	福建厦门	2022 年 9 月任
政治部主任	苏晓瑜	晋江东石	至 2022 年 8 月
政治部主任	王宛瑜	晋江安海	2022 年 8 月任
审委会专职委员	叶佩芬	晋江东石	至 2022 年 8 月
审委会专职委员	陈维山	晋江梅岭	续任
审委会专职委员	陈永哲	晋江青阳	2022 年 8 月任

表 35

2022 年晋江市人民检察院负责人一览表

职务	姓名	籍贯	任职时间
检察长 党组书记	王文龙	泉州安溪	续任
党组副书记	许昔翻	晋江东石	至 2022 年 8 月
党组副书记	王加贺	福建福鼎	2022 年 8 月任
副检察长	王加贺	福建福鼎	续任
副检察长	庄如梅	晋江青阳	续任
副检察长	许新报	晋江龙湖	2022 年 8 月任
政治部主任	姚婉萍	晋江内坑	续任
检委会专职委员	罗明芳	福建尤溪	2022 年 8 月任

表 36

2022 年晋江市委直属事业单位负责人一览表

机构名称	职务	姓名	籍贯	任职时间
党校	校长	吴忠刘	泉州南安	续任
	常务副校长	颜才镖	晋江安海	续任
	副校长	洪文峰	晋江英林	续任
	副校长	姚煜娟	晋江内坑	续任
档案馆	馆长	宋豫闽	河南确山	2022 年 9 月任
	副馆长	苏飞武	莆田仙游	续任
	副馆长	郑清爽	晋江东石	续任
党史和地方志研究室	主任	蔡斯坤	晋江东石	续任
	副主任	洪春婷	晋江深沪	续任
	副主任	颜清堤	晋江安海	续任
融媒体中心	主任	许自来	晋江东石	续任
	副主任	黄昌木	泉州南安	续任
	副主任	陈惠君	晋江安海	续任
	副主任	陈诗章	晋江安海	续任

表 37

2022 年晋江市政府直属单位负责人一览表

机构名称	职务	姓名	籍贯	任职时间
深沪湾保护区管理处	主任	苏文伟	泉州南安	续任
	副主任	蔡志忠	晋江东石	续任
晋江市供销社	主任	蔡金星	晋江东石	续任
	副主任	张贵锋	晋江青阳	续任
	副主任	张金奖	晋江东石	续任
	副主任	陈志坤	晋江罗山	续任
城镇集体工业联合社	主任	李和范	晋江罗山	续任
	副主任	黄少欣	晋江金井	续任
	副主任	吴燕清	晋江西园	2022 年 9 月任
晋江市教师进修学校	校长	施正琛	晋江龙湖	2022 年 8 月任
	副校长	陈淑端	晋江磁灶	续任
	副校长	施世杰	晋江深沪	续任
	副书记	肖丽婷	晋江东石	续任
泉州市高教发展中心	主任	陈志刚	晋江磁灶	至 2022 年 7 月
	副主任	李冬英	晋江紫帽	续任
地震办	主任	陈瑞伟	晋江安海	续任

表 38

2022 年晋江市级部门直属单位负责人一览表

机构名称	职务	姓名	籍贯	任职时间
财政国库支付中心	主任	庄永速	晋江龙湖	续任
公共就业和人才服务中心	主任	吴灵敏	晋江磁灶	续任
城建项目管理服务中心	主任	李俊颖	晋江池店	续任
交通综合行政执法大队	大队长	颜呈云	晋江安海	续任
国土资源行政执法大队	大队长	蔡秀丽	晋江东石	续任
海洋与渔业行政执法大队	大队长	詹俊峰	晋江深沪	续任
农业行政执法大队	教导员	林国辉	晋江内坑	续任
文化市场综合执法大队	大队长	吴艺敏	晋江安海	续任
卫生监督行政执法大队	大队长	何天票	晋江灵源	至2022年9月
市场监督管理执法大队	大队长	杨金锭	晋江东石	续任
土地储备中心	主任	洪炳钦	晋江英林	续任
不动产登记中心	主任	庄晓红	晋江青阳	续任
区划办	主任	林群雄	晋江内坑	续任
农机站	站长	陈飞熊	晋江东石	续任
机关事业单位社会保险管理中心	主任	赖诗晓	泉州德化	续任
交通运输管理所	所长	蔡志尧	晋江深沪	续任
水保站	主任	洪凤腾	晋江英林	至 2022 年 7 月
防汛办	主任	施文士	晋江深沪	续任
新安水库管理处	主任	洪贻谋	晋江英林	续任
流动人口计生管理站	站长	陈庆谊	晋江罗山	续任
市场服务中心	主任	苏育俊	晋江深沪	续任
质量计量检测所	所长	张英俊	晋江英林	续任
社会经济调查队	队长	蔡家煌	晋江紫帽	续任
企业上市服务中心	主任	张晓如	晋江青阳	续任
城市管理保障中心	主任	施建成	晋江龙湖	续任
城市卫生管理考评中心	主任	黄永东	晋江安海	续任

表 39

2022 年晋江市部分完中校、职校负责人一览表

机构名称	职务	姓名	籍贯	任职时间
晋江一中	书记 校长	陈燎原	晋江东石	续任
养正中学	书记	颜建增	晋江安海	至 2022 年 8 月
	书记	沈慈勇	晋江安海	2022 年 8 月任
	校长	沈慈勇	晋江安海	至 2022 年 8 月
	校长	王诗坦	晋江永和	2022 年 8 月任
季延中学	书记 校长	曾国耕	晋江安海	至 2022 年 8 月
	书记 校长	陈文段	晋江安海	2022 年 8 月任
侨声中学	书记	蔡安源	晋江东石	续任
	校长	陈昌卫	晋江东石	续任
南侨中学	书记 校长	王诗坦	晋江永和	至 2022 年 8 月
	书记 校长	曾国耕	晋江安海	2022 年 8 月任
毓英中学	书记 校长	王宽购	晋江安海	续任
晋江二中	书记	王劲松	泉州石狮	续任
	校长	吴健康	晋江东石	续任
英林中学	书记 校长	王海墘	晋江东石	续任
平山中学	书记	王毅阳	晋江新塘	至 2022 年 8 月
	书记	黄家策	晋江池店	2022 年 8 月任
	校长	黄家策	晋江池店	续任
磁灶中学	书记 校长	吴伟鸿	晋江磁灶	续任
陈埭民族中学	书记	吴进安	晋江磁灶	至 2022 年 8 月
	书记	黄祖铭	晋江东石	2022年8月任
	校长	黄祖铭	晋江东石	续任
内坑中学	书记 校长	周江浩	晋江安海	续任
永和中学	书记 校长	陈文段	晋江安海	至 2022 年 8 月
	书记 校长	吴进安	晋江磁灶	2022年8月任
首峰中学	书记	杨少伟	晋江英林	续任
	校长	施养胜	晋江龙湖	续任
紫峰中学	书记 校长	施华雄	晋江龙湖	续任
晋江学校	书记	香红联	北京	续任
	常务副校长 执行校长	徐慧琳	北京	至 2022 年 7 月
	常务副校长 执行校长	刘向军	北京	2022年7月任
晋江职校	书记	黄源华	江西	续任
	校长	刘晓斌	晋江安海	续任
华侨职校	书记 校长	陈惠群	泉州泉港	续任
安海职校	书记 校长	李克勤	晋江金井	续任
晋兴职校	书记 校长	谢志全	晋江磁灶	续任

表 40

2022 年晋江市部分医疗卫生机构负责人一览表

机构名称	职务	姓名	籍贯	任职时间
市医院	书记	陈　铭	泉州南安	至 2022 年 9 月
	院长	陈　铭	泉州南安	至 2022 年 9 月
市医院（上海市第六人民医院福建医院）	书记	王建波	山西黎城	2022 年 4 月任
	院长	陈　铭	泉州南安	2022 年 4 月任
中医院	书记	黄东昭	晋江东石	至 2022 年 9 月
	书记	陈文添	晋江内坑	2022 年 9 月任
	院长	陈名智	莆田涵江	至 2022 年 9 月
	院长	刘其聪	晋江陈埭	2022 年 9 月任
安海医院	书记	孙丰裕	晋江东石	续任
	院长	龚飞群	晋江安海	续任
疾病预防控制中心	书记	林友谊	晋江陈埭	至 2022 年 9 月
	书记	苏远连	晋江英林	2022 年 9 月任
	主任	王金象	晋江金井	续任
妇幼保健院	书记	陈扶持	晋江深沪	续任
	院长	吴钦旋	晋江金井	续任

表 41

2022 年晋江市部分企业单位负责人一览表

机构名称	职务	姓名	籍贯	任职时间
文旅集团	董事长	陈文霓	晋江罗山	至 2022 年 7 月
	董事长	姚远志	晋江内坑	2022 年 7 月任
	总经理	柯惠玲	晋江新塘	续任
建投控股集团	董事长	陈奕友	晋江安海	2022 年 7 月任
	总经理	王金钗	晋江灵源	2022 年 7 月任
产业集团	董事长	姚远志	晋江内坑	至 2022 年 7 月
	董事长	丁永贵	晋江陈埭	2022 年 7 月任
	总经理	陈桂金	晋江池店	至 2022 年 7 月
	总经理	陈孟哲	晋江磁灶	2022 年 7 月任
水务集团	董事长	何宏伟	晋江灵源	至 2022 年 7 月
	董事长	洪凤腾	晋江英林	2022 年 7 月任
	总经理	陈正道	晋江安海	至 2022 年 7 月
	总经理	黄传标	晋江安海	2022 年 7 月任
晋园发展集团	董事长	庄特强	晋江青阳	2022 年 7 月任
	总经理	张斌强	晋江西园	2022 年 7 月任
晋融控股公司	董事长	陈志刚	晋江磁灶	2022 年 7 月任
	总经理	林荣盛	晋江安海	2022 年 7 月任
鞋纺城公司	董事长	吴世春	晋江金井	至 2022 年 7 月
	董事长	陈建辉	晋江磁灶	2022 年 7 月任
	总经理	李宵还	晋江金井	续任
城建集团	董事长	陈文霓	晋江罗山	至 2022 年 7 月
	总经理	王金钗	晋江灵源	至 2022 年 7 月
中国农业发展银行晋江市支行	行长	庄学斌	泉州丰泽	续任

机构名称	职务	姓名	籍贯	任职时间
中国银行晋江市支行	行长	朱清禹	晋江池店	续任
中国农业银行晋江市支行	行长	黄文票	泉州晋江	续任
中国建设银行晋江市支行	行长	潘汉彬	泉州惠安	续任
中国工商银行晋江市支行	书记（代行长）	郑一鹏	福建莆田	2022年12月任
交通银行晋江支行	行长	王锦良	泉州南安	续任
晋江市邮政分公司	总经理	吴少洹	泉州晋江	续任
中国电信晋江分公司	总经理	王松勇	莆田仙游	续任
中国移动通信晋江分公司	总经理	陈震毅	福建泉州	续任
中国联通晋江分公司	总经理	陈嘉晖	福建莆田	至2022年11月
	总经理	黄剑群	福建泉州	2022年12月任
泉州铁塔晋江区域	总经理	杨迪广	湖南永州	续任
国网晋江市供电公司	总经理	何海波	龙岩永定	续任
泉州晋江国际机场	董事长	洪冬青	泉州晋江	续任
	总经理	黄剑峰	泉州南安	至2022年12月
	总经理	杨双华	泉州晋江	2022年12月任
福建广电网络集团晋江分公司	总经理	施叔龙	泉州石狮	至2022年3月
	总经理	陈长安	泉州丰泽	2022年3月任
晋江动车站	站长	李鹏程	泉州安溪	续任

说明：本表资料由各有关单位提供，市委党史和地方志研究室汇编，市委组织部审核

统计资料

表 42

2016—2022 年晋江市社会经济主要指标统计表

指标名称	单位	2016 年	2017 年	2018 年	2019 年	2020 年	2021 年	2022 年
年末人口(户籍人口数)	万人	113.54	115.11	117.63	119.37	121.24	123.25	124.91
地区生产总值(当年价)	万元	18210336.17	20726477	23192659	25282075	26011065	29864112	32074335
第一产业	万元	205639.9489	198806	203936	202647	202501	207844	223117
第二产业	万元	11509808	12869989	14383982	15494173	15587967	18252704	19729128
第三产业	万元	6494888.225	7657682	8604741	9585255	10220597	11403564	12122090
农业总产值	万元	411628	394674	405198	404485	412012	428516	471461
全部工业总产值	万元	42233163	47804474	—	—	—	—	—
粮食总产量	吨	39577	44284	23329	23252	23407	23525	24377
社会消费品零售总额	万元	10777016	12412337	14002421	15115615	15135428	16409599	16685156
已批“三资”企业项目(累计)	个	4439	4488	4574	4675	4781	4938	5088
已批“三资”企业合同投资额(累计)	万美元	1334542	1364452	1449048	1479224	1513479	1538940	1572456
固定资产投资额	万元	9149009	10288574	—	—	—	5705472	—
财政收入	万元	2010200	2122345	2300055	2216242	2276732	2569285	2309505
财政支出	万元	1374144	1458274	1355106	1387888	1506765	1247671	1759976
金融机构存款余额	万元	14821794	15209089	16018809	17931066	21078632	23681019	27603056
金融机构贷款余额	万元	12864167	13960576	14253138	15031518	16725578	18107091	20423661
住户存款余额	万元	8021384	8506471	9063303	10272634	11623493	12676974	14999125
城镇居民人均可支配收入	元	42597	45883	49719	53185	54594	59023	62055
农村居民人均可支配收入	元	19882	21870	23781	25965	27344	30201	31916
各类学校数	所	347	344	342	338	334	329	332
各类学校在校学生数	人	281002	280250	287435	295648	302370	312746	320524
各类教职工人数	人	12836	14287	14352	14322	14581	19818	19996
卫生技术人员	人	5910	6357	6741	7553	7725	8212	8663
医院编制床位数	张	4054	3884	3982	4175	4282	5313	5260

表 43

2022 年晋江市户籍人口统计表

单位	年末总户数(户)	年末总人口									
		合 计	城镇人口	乡村人口	性别		年龄				
					男	女	0–15岁	0–17岁	18–34岁	35–59岁	60岁及以上
晋江市	360688	1249083	767794	481289	634084	614999	266944	290737	272496	482927	202923
青阳街道	21793	68868	68868	0	34251	34617	18425	19646	13177	26785	9260
梅岭街道	26889	76284	76284	0	35195	41089	26639	28207	14417	26572	7088
西园街道	10699	42451	18411	24040	22413	20038	8007	8994	9868	16698	6891
罗山街道	17168	60941	60941	0	31261	29680	14348	15524	13811	23389	8217
新塘街道	11096	38395	38395	0	19729	18666	7065	7716	8617	15214	6848
灵源街道	8553	31379	31379	0	16238	15141	6591	7231	7374	11946	4828
安海镇	36706	132428	80141	52287	66581	65847	28218	30942	28172	50949	22365
磁灶镇	25566	97943	47627	50316	51762	46181	19483	21207	22548	38008	16180
陈埭镇	21718	83633	83633	0	42749	40884	14997	16812	19907	32685	14229
东石镇	28369	108629	39966	68663	56043	52586	19615	21818	24133	43544	19134
深沪镇	14449	48977	22473	26504	24978	23999	7300	8125	9915	20590	10347
金井镇	17021	56936	17205	39731	28471	28465	8907	9841	11377	23332	12386
池店镇	34035	107104	107104	0	50719	56385	35196	36932	23415	34643	12114
内坑镇	19117	72714	21566	51148	37880	34834	14350	15889	16012	28256	12557
龙湖镇	28556	83664	23505	60159	43609	40055	12766	14222	18388	34400	16654
永和镇	19119	71176	5850	65326	37549	33627	12486	13913	16473	28950	11840
英林镇	13914	47256	14266	32990	24549	22707	8030	8866	10363	19216	8811
紫帽镇	5236	18308	8183	10125	9066	9242	4191	4489	4065	6874	2880
西滨镇	582	1669	1669	0	874	795	254	276	393	709	291
晋江经济开发区	38	178	178	0	99	79	10	14	43	118	3
泉州综合保税区	64	150	150	0	68	82	66	73	28	49	0

表 44

2016—2022 年晋江市农村社会经济主要指标统计表

项　目	2016 年	2017 年	2018 年	2019 年	2020 年	2021 年	2022 年
农林牧渔增加值(万元)	212631	206364	211908	211507	215632	—	—
其中:农业增加值(万元)	37865	37652	41891	44759	45622	—	—
林业增加值(万元)	283	306	304	496	69	—	—
牧业增加值(万元)	25304	18448	16089	19006	23795	—	—
渔业增加值(万元)	142188	142400	145490	138387	136766	—	—
农林牧渔服务业增加值(万元)	6991	7557	8135	8859	9379	—	—
农林牧渔总产值(万元)	411628	394674	405198	404485	412012	428516	471461
其中:农业总产值(万元)	60666	61310	68346	72962	74336	74927	79188
林业总产值(万元)	540	600	597	974	141	51	169
牧业总产值(万元)	47224	34612	30250	35815	44880	36764	34282
渔业总产值(万元)	288702	282855	289505	276734	273584	296684	336512
农林牧渔服务业产值(万元)	14495	15298	16500	18000	19070	20090	21310
农林牧渔业总产值发展速度(以 1990 年为 100)	240.1	237.2	239.6	237.2	243.7	242.7	250.2
农林牧渔业总产值发展速度(环比)	103.4	98.8	101.0	99.0	102.7	99.60	103.10
农作物播种总面积(亩)	387603	383984	230424	236327	235340	234196	236045
其中:粮食作物面积(亩)	111866	108987	54978	53908	52080	51633	53773
油料作物面积(亩)	37970	38476	24894	26084	26110	25845	26051
粮食作物总产量(吨)	39577	44284	23329	23252	23407	23525	24377
其中,稻谷产量(吨)	8705	7874	4154	3071	3609	3206	3906
油料作物总产量(吨)	7409	8563	5860	6909	6909	6786	6931
水果总产量(吨)	6943	7233	4221	4413	4485	4552	4756
肉蛋奶总产量(吨)	17975	13656	13207	12593	13017	12909	12402
稻谷亩产(公斤)	407	405	403	424	428	433	430
水产品总产量(吨)	255524	247437	250877	245483	251463	239077	249111
其中,海水产品产量(吨)	251031	244736	248319	242674	248646	236261	246265
淡水产品产量(吨)	4493	2701	2558	2809	2817	2816	2846

表 45

2016—2022 年晋江市全部工业总产值统计表

年份	全部工业总产值(万元)	同比增长(%)	规模以上工业产值(万元)	同比增长(%)
2016 年	42503489	8.4	38539709	8.7
2017 年	48704473	9.0	43908276	9.5
2018 年	—	—	49830666	12.7
2019 年	—	—	55840618	9.5
2020 年	—	—	56863593	5.8
2021 年	—	—	70683373	15.4
2022 年	—	—	—	2.5

表 46

2016—2022 年晋江市交通运输主要指标统计表

年份	公路通车里程（千米）	货物运输量（万吨）	货物周转量（万吨）	客运量（万人）	旅客周转量（万人）
2016 年	2404. 05	3765. 33	553450. 11	654. 21	35392. 81
2017 年	2404. 05	4136. 16	616647. 07	189. 03	29214. 78
2018 年	2404. 05	4387. 61	662948. 49	407. 89	34913. 64
2019 年	2412. 64	4577. 09	728861. 74	384. 29	19579. 05
2020 年	2429. 02	5144. 77	782905. 15	187. 48	7667. 55
2021 年	2429. 02	6317. 90	721222. 09	156. 13	9750. 46
2022 年	2463. 72	5893. 71	729695. 26	92. 88	4460. 42

表 47

2016—2022 年晋江市社会消费品零售总额与全国、全省、泉州市对比情况统计表

年份	全国		全省		泉州		晋江	
	绝对数（亿元）	指数 上年=100	绝对数（亿元）	指数 上年=100	绝对数（亿元）	指数 上年=100	绝对数（亿元）	指数 上年=100
2016 年	332316. 3	110. 4	13702. 96	111. 7	3789. 22	112. 8	1077. 70	112. 6
2017 年	366261. 6	110. 2	15393. 90	112. 3	4271. 67	112. 7	1241. 23	115. 2
2018 年	380986. 9	104. 0	17178. 37	111. 6	4856. 73	113. 7	1400. 24	112. 8
2019 年	411649. 0	108. 0	18896. 83	110. 0	5351. 87	110. 2	1511. 56	108. 0
2020 年	391981. 0	95. 2	18626. 45	98. 6	5228. 87	97. 7	1513. 54	100. 1
2021 年	440823. 0	112. 5	20737. 11	109. 4	5819. 72	111. 3	1640. 96	108. 4
2022 年	439732. 5	99. 8	21050. 12	103. 3	5982. 94	102. 8	1668. 52	101. 7

表 48

2022 年晋江市利用外资情况统计表

项 目	单位	2022 年累计	历年累计
1. 投资总额	万美元	38300	2283563
其中：增资	万美元	25883	934396
2. 合同外资	万美元	33516	1572456
其中：增资	万美元	25702	637892
3. 外商实际到资额	万美元	32500	

表 49

2022 年晋江市一般公共预算收支情况统计表

单位：万元

项目	入库数	项目	决算数
一、一般预算收入	1508800	一、一般预算支出	1759976
1. 税收收入	944490	（一）一般公共服务	67864
（1）税务局	944490	其中：共产党事务	20353
其中：增值税	398272	政府办及相关机构事务	27062
营业税改增值税		税收事务	2780
企业所得税 40%	204119	（二）国防	1454
个人所得税 40%	38766	（三）公共安全	73852
资源税	1	其中：武装警察	120
城市维护建设税	46302	公安	62960
房产税	51791	检察	210
印花税	23054	法院	1627
城镇土地使用税	30765	司法	3252
土地增值税	66772	（四）教育	442076
车船税	15212	其中：普通教育	354005
耕地占用税	5618	（五）科学技术	96494
契税	63165	（六）文化旅游体育与传媒	37919
环境保护税	649	（七）社会保障和就业	182886
其他税收收入	4	（八）卫生健康	183496
2. 非税收入	564310	其中：计划生育事务	10000
（1）专项收入	115784	（九）节能环保	6409
其中：教育费附加收入	21976	（十）城乡社区事务	100264
其他专项收入	93808	（十一）农林水事务	152133
（2）行政事业性收费	16280	（十二）交通运输	20005
（3）罚没收入	40939	（十三）资源勘探信息	190139
（4）其他收入	391307	（十四）商业服务业	78464
二、中央级收入	800705	（十五）金融	5689
1.税务局	800705	（十六）自然资源海洋气象	4743
①增值税及改征增值税	398272	（十七）住房保障	57408
②消费税 100%	453	（十八）粮油物资储备	2083
③所得税 60%	364327	（十九）灾害防治及应急管理	10584
④车辆购置税 100%	37653	（二十）其他支出	834
		（二十一）债务付息及发行费用	45180
财政总收入	2309504	财政总支出	1759976

表 50

2022 年晋江市文化事业基本情况统计表

指 标	单位	数量
艺术表演机构数	个	2
从业人员	人	102
国内演出场次	场	444
国内演出观众人次	千人次	220
艺术表演场所机构数	个	1
从业人员	人	5
演出场次	场	0
公共图书馆机构数	个	1
从业人员	人	46
总藏书量	千册(件)	2503
总流通人次	千人次	539
书刊外借册次	千册次	1630
文化馆机构数	个	1
从业人员	人	10
文化站机构数	个	19
从业人员	人	73
博物馆机构数(含纪念馆)	个	1
从业人员	人	34
参观人次	千人次	51

表 51

2022 年晋江市学校基本情况统计表

	学校数(所)	毕业生数(人)	招生数(人)	在校学生数(人)	教职工数(人)	
					合 计	其中:专任教师
普通中学	56	31946	28100	110950	7948	7122
其中:初中	35	22567	16340	78336	3411	3189
高中	21	9379	11760	32614	4537	3933
中职教育学校	4	4525	4935	15037	1036	885
小 学	272	29354	31529	194537	11012	10770
幼儿园	368	30031	27568	80926	9724	5759
特殊教育学校	1	113	149	599	143	120

说明:幼儿园学校数为班数+学前班数,特殊教育学校数为教学点数

表 52

2022 年晋江市卫生机构、床位、人员情况统计表

机构分类名称	机构数(个)	床位数		职工总数											
					卫生技术人员										
		编制床位(张)	实有床位(张)	合计	小计	执业医师(人)	执业助理医师(人)	注册护士(人)	药师(士)(人)	技师(士)	卫生监督员(人)	其他(人)	其他技术人员(人)	管理人员(人)	工勤技能人员(人)
全市合计	1147	5260	6991	10093	8663	595	3011	3302	495	565	22	673	419	216	408
一、公立医院	5	2616	3585	3481	3186	48	1054	1579	147	197	—	161	153	4	138
晋江市医院	1	1432	2112	1557	1439	30	434	726	49	80	—	120	76	4	38
晋江市安海医院	1	508	720	813	743	5	248	377	35	41	—	37	31	—	39
晋江市中医院	1	520	600	947	862	7	311	424	56	64	—	—	42	—	43
晋江市口腔医院	1	50	50	37	32	1	16	13	1	—	—	1	4	—	1
晋江市英墩华侨医院	1	106	103	127	110	5	45	39	6	12	—	3	—	—	17
二、市卫生计生执法大队	1	—	—	33	22	—	—	—	—	—	22	—	—	11	—
三、市疾病预防控制中心	1	—	—	307	269	4	42	—	—	22	—	201	4	20	14
四、市妇幼保健院	1	100	63	233	203	3	83	72	7	30	—	8	18	2	10
五、晋江市第三医院	1	299	320	144	113	2	28	71	5	7	—	—	22	1	8
六、急救中心(120)	1	—	—	19	16	—	—	3	5	—	—	8	—	3	—
七、市卫生进修学校	1	—	—	5	1	—	—	1	—	—	—	—	2	1	1
八、社区卫生服务中心、卫生院	20	1430	1947	2354	2061	94	717	687	167	185	—	211	120	55	118
十、民营医疗机构	79	815	1076	1528	1245	93	397	536	77	120	—	22	82	96	105
十一、村卫生室	525	—	—	409	409	184	135	41	49	—	—	—	—	—	—
十二、社区卫生服务站	109	—	—	245	225	65	80	21	8	—	—	51	9	7	4
十三、诊所、卫生所、医务室	402	—	—	913	889	101	471	276	28	3	—	10	8	14	2
十四、其他	1	—	—	35	24	1	4	15	2	1	—	1	1	2	8

说明：本表人员合计中包括乡村医生 354 人和卫生员 33 人

表 53

2016—2022 年晋江市城乡居民人均可支配收入情况统计表

年份	城乡居民人均可支配收入		城镇居民人均可支配收入		农村居民人均可支配收入	
	绝对值(元)	比上年增长(%)	绝对值(元)	比上年增长(%)	绝对值(元)	比上年增长(%)
2016 年	34080	7.7	42597	6.4	19882	9.4
2017 年	37022	8.6	45883	7.7	21870	10.0
2018 年	40212	8.6	49719	8.4	23781	8.7
2019 年	43441	8.0	53185	7.0	25965	9.2
2020 年	44827	3.2	54594	2.6	27344	5.3
2021 年	48849	9.0	59023	8.1	30201	10.4
2022 年	51467	5.4	62055	5.1	31916	5.7

索引

说 明

一、本索引采用内容分析法。

二、本索引按主题词首字汉语拼音字母（同音字按声调、多音字按其所在词发音）顺序排列。

三、每个检索词条后的数字表示该词条所在页码，页码后的字母a、b、c分别表示对应的左、中、右。

四、本索引检索范围不包括“年度聚焦”“大事记”“人物 荣誉”“综述”“概况”及“附录”。

E

F

K

T

Y